扫码加圈获取课件资源及服务

高等学校规划教材

（第二版）

新课程地理教学论

XINKECHENG DILI JIAOXUELUN

主　编　黄京鸿

副主编　刁承泰　仇奔波　徐宝芳
　　　　余承惠　李淑春　刘桂侠

西南大学出版社

SWUP 国家一级出版社 全国百佳图书出版单位

图书在版编目(CIP)数据

新课程地理教学论/黄京鸿主编. 一重庆:西南师范大学出版社,2011.2(2023.1 重印)
ISBN 978-7-5621-5171-5

Ⅰ.①新… Ⅱ.①黄… Ⅲ.①地理学一教学研究一高等学校一教材 Ⅳ.①K90一4

中国版本图书馆 CIP 数据核字(2011)第 014846 号

新课程地理教学论

黄京鸿 主编

责任编辑:杨光明
版式设计:尚品视觉 周 娟 钟 琛
照 排:夏 洁
出版、发行:西南大学出版社(原西南师范大学出版社)
(重庆·北碚 邮编:400715
网址:www.xdcbs.com)
印 刷:重庆新生代彩印技术有限公司
幅面尺寸:185mm×260mm 1/16
印 张:22.75
字 数:650 千字
版 次:2018 年 8 月第 2 版
印 次:2023 年 1 月第 3 次印刷
书 号:ISBN 978-7-5621-5171-5

定 价:58.00 元

前言

这是新世纪第一个10年后期诞生的一本新编《地理教学论》。毫无疑问，在以“信息化、国际化、高科技”为突出特点的当代，适应世界课程与教学改革澎湃迅猛的潮流，它应该也必须具有较前期同类著述更新的视野及更为丰富、实用的内容。

环顾当今世界，“和谐社会”、“和谐教育”、“和谐发展的人”。“和谐”的吁求振聋发聩，响彻寰宇。这显然不是词令游戏，而是人类对目前面临险象环生困境的反思与觉醒。

“和谐”是一个极具美学意蕴的范畴。其基本含义是作为系统的事物或现象各方面的配合与协调，是多样化中的统一。从古希腊的数学家毕达哥拉斯，到当代众多的美学美育研究者，及至当代众多的政治家、社会学家、经济学家、教育家、文化学者等，都视其为理想的境界与追求，希望众生栖居的绿色星球及其内外环境，更为协调有序并富有诗意。

国际21世纪教育委员会指出，把教育作为和谐精神的一种表现。“和谐教育”是人类朝着“和谐社会”、“和谐世界”迈进的一张必不可少的王牌。作为“和谐教育”基石的各学科教育，有责任以“和谐”的视野，审视历史与现实，运筹未来。

《地理教学论》是高校20世纪90年代以来地理教师本科教育的一门重要必修课。在地理教育肩负“给人类以希望、信心和能力，以建设一个更美好世界”重任的今天，在“高水准地理教育”及地理“专业教师”的期盼比以往任何时代都更为强烈的当代，该课程的重要性不言而喻。在近10余年的学科建设热潮中，多种版本的《地理教学论》及《地理教育学》陆续面世，呈现出前所未有的欣欣向荣和多元化风格，反映了地理教育工作者对学科建设、课程改革的敏锐与赤诚。

当“四个学会”成为现代教育的重要支柱，“学会学习”为核心的教学目的观，“主体自觉”为理念的教学过程观，“参与创造”为宗旨的师生观，“科学与价值”并重的大课程观，“方法与手段”组合的现代技术观等，正成为学科教学论改革的时代特征。作为人类可持续发展支柱科学的地理科学也要求地理教育在“政治、社会、道德、人道、审美和环境教育上发挥实质性的作用”。面对教育科学及地理科学的快速发展，为今日和未来地理教育及地理教师教育担当重任的《地理教学论》，是否作好了充分准备？

调研表明，《地理教学论》于社会改革和教育改革的发展，还有差距。例如，全面展现地理课程改革的风貌与要求，尚存局限；“重认知甚于情意，重原理甚于案例，重理论甚于实践，重传承甚于创造，重教师甚于学生”等问题，较为常见；促进学生“德、智、体、美”等全面和谐发展中的美育，依然薄弱；对于地理教学的相关学科的研究，视野与力度有所不足，等等。这些，都将成为新编《地理教学论》的进一步研究与追求。

《新课程地理教学论》是笔者主持的全国教育科学“十五”规划教育部重点课题“高师地理教育学课程教材审美化设计理论与实践研究”的重要成果之一，旨在“以人为本，和谐为美”理念指导下，反思、研究，继承、创新，为《地理教学论》百花园再添一道新绿。

《新课程地理教学论》基于“以人为本”、“和谐为美”理念，更多关注地理教学系统与社会经济文化系统、与人的素质和谐发展系统、与基础教育课程改革及高等教育课程改革，以及与其他相关学科系统等诸系统的和谐。

为此，该教材以促进地理教师素养的全面和谐发展为目标，以更新地理教学观念、提高地理教师执教能力及地理教学效益为重点。坚持科学性与人文性的统一，理论性与实践性的统一，时代性与实用性的统一，基础性与发展性的统一。以有助于学习者既能高瞻远瞩地洞悉地理教育发展的宏观趋势，明了地理教学系统及其运行规律，又能较全面地获得新课程背景下有效进行地理教学的基本能力及素质，为将来的专业成长奠定良好基础。教材注重：(1)创新性。从“以人为本”、“和谐为美”的审美化视角全面阐释地理教学系统。①指导思想创新。将美学美育理论明确作为教材重要指导理论之一，并与其他指导理论有机结合。②内容创新。从审美化视角构建教材体系，阐释审美化教学原理技术，融入地理美育内容，汇集地理美育案例。③方法创新。充分借鉴现当代美学美育理论及教学与学习理论，在审美化地理教学、地理情感教学方法及地理美育方法、地理学习策略研究运用、地理教学技术与地理教学艺术的结合、地理教师美育素养及综合素养陶冶等方面有所突破。④体例创新。每章前有[提要与结构]呈现端庄清晰的逻辑构架，每章或节后有[案例研究]、[思考、实践与交流]等有助学生乐于接受并利其掌握。(2)广博性。充分融合现当代教育学、心理学、美学、地理科学、系统科学、辩证唯物论及课程与教学论等多种理论，全面反映地理课程改革的新理念、新探索、新案例、新成果。力图南北兼容，东西贯通，荟萃精华，人文深厚。(3)系统性。围绕地理教学系统基本要素，“理论”、“案例”、“应用”三系统并重，协力共建地理教师素质培养系统。(4)综合性。注重学理、心理渗透，理论、实践并重，初中、高中贯通，课堂、社会融合，当前、未来统筹。(5)实用性。注重理论精要，逻辑清晰，重点突出。注重实践操作，案例丰富，利于融汇贯通。注重学、研结合，强化基础，推崇个性，促进创造应用。注重文字流畅，图表美观，利于欣赏研究。(6)多适应性。因其理论视野宽广，案例丰富充实，实践操作性强，可供不同需要及水平的学习者选用，各取其重又能全局在握。

以当代教学论的发展趋势衡量，《新课程地理教学论》还有值得关注的内容。由于课程的有限课时，实现既定预期，已属不易。或许也应留出一些问题及空间，让学习者进一步去探求。

笔者希望，此《新课程地理教学论》能给学习者更多裨益和思考。由于主、客观所限，疏误难免，诚望学习者与有关专家、同行不吝指正，更希望后来者勇于超越。

“和谐”是对一切美好理想境界的追求。马克思曾指出，社会的进步就是人类对美的追求的结晶。以“和谐为美”的观点思教育，看社会，观世界，我们或许能获得更多的感悟和启迪。

谨以这本《新课程地理教学论》，献给长期为地理教育呕心沥血的前辈师长、同行战友，献给一切有志于追求和谐教育、和谐社会的矢志不移的地理教育工作者与研究者，以及所有学科教育的关注者与支持者。

教材基本构架：

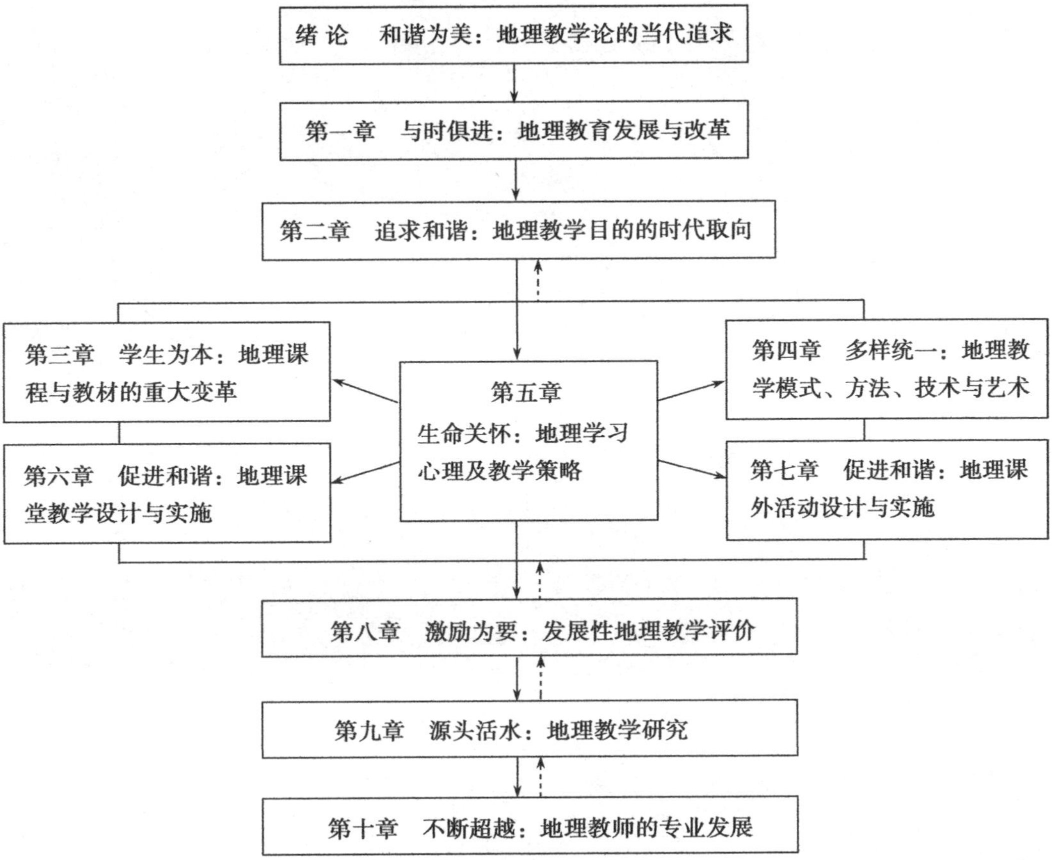
绪 论　和谐为美：地理教学论的当代追求
第一章　与时俱进：地理教育发展与改革
第二章　追求和谐：地理教学目的的时代取向
第三章　学生为本：地理课程与教材的重大变革
第四章　多样统一：地理教学模式、方法、技术与艺术
第五章
生命关怀：地理学习心理及教学策略
第六章　促进和谐：地理课堂教学设计与实施
第七章　促进和谐：地理课外活动设计与实施
第八章　激励为要：发展性地理教学评价
第九章　源头活水：地理教学研究
第十章　不断超越：地理教师的专业发展

目 录

地理教育为今日和未来世界培养活跃而又负责任的公民所必须。

——《地理教育国际宪章》

绪论　和谐为美:地理教学论的当代追求

【提要与结构】

当"和谐社会"、"和谐教育"成为改革时代的强烈呼唤,"地理教学论"有必要从现当代教育科学、地理科学及相关的系统科学、美学、哲学等多种视角反思历史与现实,以进一步更新观念,明确时代重托,规划未来发展。"地理教学论"要在与社会经济文化系统、人的素质和谐发展系统、基础教育及高等教育课程改革系统、相关学科系统等诸系统的和谐与共中确定自己的地位;要在教学目标、学生教师、教学内容、教学方法、教学环境、教学反馈等诸子系统和谐与共中构建地理教学系统,以更有效发挥其促进社会经济文化发展和促进地理素质教育质量提高的功能。"地理教学论"要广泛吸取现当代教育科学、地理科学及相关科学的理论精华,深深植根于地理课程与教学改革的实践沃土,不断追求更新更高的发展。

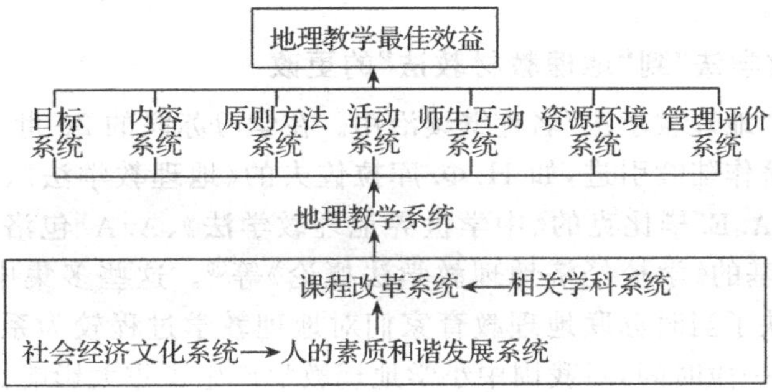

第一节　地理教学论的历史发展

地理教学论是承担高校地理教师教育的一门重要学科。虽然其正式命名只是近 20 余年的事,然而其发展历程却可上溯百年。回顾其历史发展,有助于我们更清楚认识地理教学论的当代使命及发展未来。

一、地理教学论的源流与发展

"地理教学论"目前隶属教育学的二级学科"分科教学论"。从一般师范教育的角度,自 1904 年清政府颁发《奏呈优级师范学堂章程》,规定对师范生开设"教授法"至今,"分科教学论"大致历经"教授法——教学法——教材教法——分科教育学、分科教学论——学科教育学、学科教学论"阶段,已有百年历程。"地理教学论"学科的发展,基本如此。

(一)从"地理教授法"向"地理教学法"的演进

我国地理教育思想及内容与世界古文明相随,源远流长。但地理作为单独的学科,是在西学东渐日盛的19世纪末,才渐趋明朗。如1867年新式学校北京同文馆中便有地理课程开设。1878年张焕纶在上海开办新式小学正蒙书院,设"舆地"等基本科目。以后国人自办新式中小学多有单独地理课程设置。但全国中小学各年级设置地理课,以及各地大学堂的文科及师范院校设地理学课程,还是以1904年1月清政府颁布《奏定学堂章程》为发端。与此同时,初级和优级师范学堂分别开设"教授法"和"各科教授法"。"地理教授法"以"讲授地理的次序、法则"①为宗旨应运而生。不过当时出版的教材,以小学地理教学研究为主,如谢洪赉编写的《地理教授法》、姚明辉编著的《高等小学地理教授法》,以及南洋公学发行的《小学地理教授法》等,中学段的相关著述较少。

1919年,陶行知先生基于"教学合一"的思想,认为"教学两者,实在是不能分离的","先生的教应该和学生的学联络",主张以"教学法"来代替"教授法"②,其鲜明的改革主张渐为学人赞同。1922年,竺可桢先生在《科学》等刊物发表《地理教学法之商榷》,"地理教学法"之名逐渐传播。1925年国颁《新学制师范课程标准纲要》正式规定"教学法"为师范院校必修课,"地理教学法"自此为各师范院校地理系科开设。自20世纪三四十年代,一批有影响的文章、论著先后发表。如褚绍唐的《中学地理教学法述要》、葛绥成的《地理教学法》、刘虎如的《小学地理科教学法》、褚绍唐的《地理学习法》、田世英的《中学地理新教法》等,促进了"地理教学法"学科发展。

(二)从"地理教学法"到"地理教材教法"的更改

新中国成立后,"地理教学法"名称继续沿用。在学习苏联的20世纪50年代,多种苏联版本的地理教学法著作陆续引进,如H. Φ. 库拉佐夫的《地理教学法》、П. A. 鲍格达诺娃的《小学地理教学法》、A. E. 毕比克的《中学世界地理教学法》、A. A. 包洛文金的《自然地理教学法》、H. H. 巴朗斯基的《学校经济地理教学法概论》等③。这些多集中于20世纪50年代初、中期的著作,反映了当时苏联地理教育家们对地理教学过程较为系统、丰富的研究。这些教学思想,在较长一段时间,对我国中小学地理教学产生了重大影响。

20世纪50年代末、60年代进行的教学改革,以批判苏式体系及精简课程为突出特征,"地理教学法"随当时教改潮流,着重研究改革后的中小学地理教材及其教学方法,于是有了"地理教材教法"取代"地理教学法"的更改。

(三)从"地理教材教法"到"地理教学法"的回归

20世纪70年代后期,拨乱反正,教学改革迎来春天。众多学者认为,"地理教材教法"之称谓不够全面、不够正确④。继1978年的北京通县座谈会达成共识,1979年,北京师院、北京师大、吉林师大、西南师院、开封师院、天津师院、陕西师大、华南师院、南京师院九所高师院校联合编写高师院校试用教材《地理教学法》,第一次明确提出"地理教学法的研究对象是地理教学。地理教学法的任务是研究地理教学的普遍性规律,并据以规定地理教师在地理教学活动中应符合的基本要求。"自此,"地理教学法"名称回归并在改革发展中枝繁叶茂。

---

① 中国大百科全书编委会. 中国大百科全书教育[M]. 北京:中国大百科全书出版社,1992:64.

② 方明主编. 陶行知教育名篇[M]. 北京:教育科学出版社,2005:1,3.

③ 陈澄主编. 地理教学论[M]. 上海:上海教育出版社,1999:2.

④ 喻成炳等主编. 地理教学法[M]. 重庆:西南师范大学出版社,1989:3.

据粗略统计，1981～1989 年，由褚亚平、褚绍唐、张恒渤、刁传芳、曹琦、喻成炳等主编、出版的《地理教学法》类教材已达 10 多种，"地理教学法"教材建设进入前所未有的繁荣期。20 世纪 90 年代初、中期，分别有刁传芳、王树声主编的《中学地理教材教法》出版。虽然教材名似同往昔，但以"中学地理教学系统"为研究对象的内容构架已经明晰。

（四）从"地理教学法"到"地理教学论"与"地理教育学"的提升

"地理教学论"及"地理教育学"的名称尽管早在 1978 年北京通县座谈会时就有学者提议[①]，但只是到了 20 世纪 80 年代后期，社会发展和教育发展的双重需要加速了"学科教学论"和"学科教育学"的建设，其发展大环境才得以形成。

1986 年 10 月，新中国成立以来首次全国高等师范理科教学法学科建设研讨会在济南召开。1987 年 4 月，新中国成立以来第一次高等院校教学法研讨会在深圳举行。会上均提出和讨论到学科教育学的建设问题。1987 年，国务院学位委员会发文将教育学科的"教材教法"更名为"学科教学论"。全国高师院校各学科教学论课程相继开设。1988 年 5 月，我国探讨学科教育学的处女作《学科教育学初探》出版。1988 年 12 月，由北京师范学院（今首都师大）学科教育学研究中心发起，在北京召开了我国首届"学科教育学理论研讨会"，会议对该学科建立的必要性和可能性及该学科发展的基本框架，取得较为一致的看法，并认为这次会议在学科教育理论的探索上迈出了重要一步[②]。此后，各学科教育学的发展明显加速。

20 世纪 80 年代末至 90 年代初，在首都师大褚亚平教授等学者的倡导下，"地理教育学"课程得以创立，相应的教材建设也快步跟上。据不完全统计，自 1990～1998 年，不同版本的《地理教育学》教材已近 10 种。这批教材以"地理育人"为根本思想，着重研究"如何在一定的高度"，"全方位地塑造人、培养人"，"由学校地理教学全过程的研究，转向学校地理教育原理以及实现最佳地理教育的能动因素的研究"，从一开始就显示出其较强的理论性、系统性、新颖性，"是地理教学法学科的发展和提高"[③]，标志了地理教学理论研究和地理学科建设的新水平。

虽然学科教育学一开始就定位于应用教育理论学科，但出于其"一定高度"、"全方位"及"比传统的教学法具有更高的理论层次"[④]等基本构想，即使一般的分科教育学，也多体现出较强的系统性、理论性，应用性则不很突出。

褚绍唐先生在为陈澄主编的《地理教学论》（上海教育出版社，1999 年）"序"中指出，对于 20 世纪 80 年代出版的地理教学法或教材教法的书籍，"学术界曾认为这种偏重于经验介绍或教材教法的分析已不能适应当前提高地理教学学术水平的要求，地理教学应着重理论方面的探索。"而对于 20 世纪 90 年代初出版的地理教育学教材，"通过几年来的实践以及深入探研，地理教育界的同志又认识到地理教学的研究应理论与实践并重，并探讨有关地理教学的一切问题"[⑤]。基于此，20 世纪 90 年代末，第一本《地理教学论》应运而生。

《地理教学论》注重强调学科的定位、功能及特点。褚绍唐先生指出"地理教学论是高师地理系科一门很重要的必修课程，它是研究地理教学现象和问题，揭示地理教学规律并用于指导地理教学实践的学科。地理教学论对于培养合格的地理教学工作者具有重要作用。一

---

① 杨尧．试论地理教育学[J]．地理教学研究(2)．上海教育出版社，1984：1.

② 褚亚平等著．地理教育学[M]．上海：上海教育出版社，1992：2.

③ 褚亚平等著．地理教育学[M]．上海：上海教育出版社，1992：3.

④ 孙大文等编著．地理教育学[M]．杭州：浙江教育出版社，1992：序.

⑤ 陈澄主编．地理教学论[M]．上海：上海教育出版社，1999：2.

名通过这门课程学习的学生，踏上工作岗位后往往比没有经过学习的人可以少走弯路。”“其研究的范围应宽广一些，不仅包括教学的目的和过程、课程和教材、教学的方式和方法、地理课堂教学和活动课的设计，也应包括地理教学的反馈、地理教学的环境和设备、学生的学习心理、地理教师的素质以及地理教学的科研等问题的探讨，这样可更有利于对未来教师的培养和现任教师的进修与提高。”“以适应时代对地理教学理论研究和实践开展的要求。”[①]短短几年，多种版本的《地理教学论》相继出版。

与此同时，《地理教育学》的教材建设仍在继续。例如，袁书琪等主编、九院校参与的《地理教育学》列入面向21世纪课程教材，至今仍是一些高师院校本科生或研究生的教学用书。

（五）“地理教育学”、“地理教学论”与“学科教育学”、“学科教学论”的发展与共建

20世纪90年代崛起的“地理教育学”与“地理教学论”是“地理教学法”的发展与升华，体现了由较单一的研究“过程”、“方法”到较综合地揭示地理教学的“法则”、“规律”，由较“具体的、操作性”的研究到“理论性和应用性并重”的进步。但社会经济文化的快速发展与教育改革的持续深入还在不断提出更高要求。事实上，无论是“地理教育学”还是“地理教学论”或是二者的和谐化建设，都还有不少新问题需要研究，有关探讨也正在深入[②]。“地理教育学”及“地理教学论”要适应并引领地理课程改革新形势，必须积极应对种种新挑战，更上一层楼。

除了“地理教育学”及“地理教学论”自身的不断完善，多学科协同的“学科教育学”及“学科教学论”的建设也日趋明显。这不仅因为展望21世纪教育要求的国际教育界倡导广域科学的学科教育学，也基于课程改革设计与实践者对学科整合必要与可能的更多思考。可以预见，在今后较长的一段时期，分科型的“地理教育学”及“地理教学论”与综合型的“学科教育学”及“学科教学论”将和谐与共，共同促进当代教育学等教育科学的发展（参见图绪-1）。笔者基于相关研究，主张“花开两朵，芬芳相映”，以更好满足不同层次学生的学习需要。基于此，以下主要展开对“地理教学论”建设的研究。

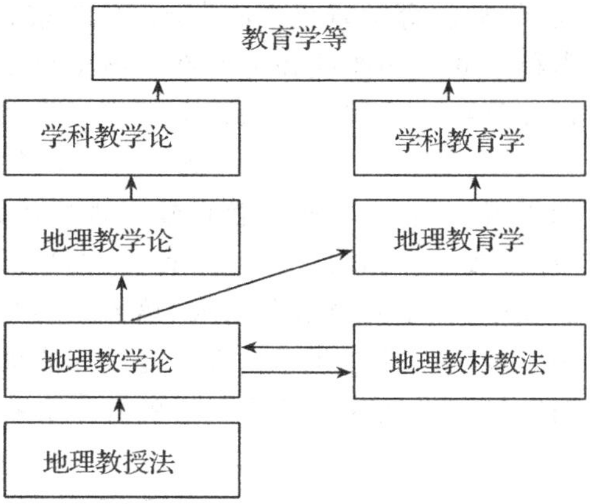

图绪-1　“地理教学论”名称的演变及发展

二、地理教学论面临的挑战与追求

（一）地理教学论面临的挑战

进入21世纪，知识经济对人的素质的全面要求，以“和谐”为主旨的社会发展对教育改革的呼唤，教师教育适应国内外课程改革的种种变革，当代地理科学与地理教育的新发展，学习者对地理教学论改革的期盼等，都是地理教学论建设与发展必须应对的挑战。

1. 知识经济时代对和谐发展人才素质的呼唤

知识经济时代呼唤创新型人才，因为创新是其灵魂。知识经济时代更呼唤素质和谐发

---

① 陈澄主编.地理教学论[M].上海：上海教育出版社，1999：2.

② 黄京鸿.《地理教学论》与《地理教育学》课程教材的和谐化建设研究[J].内蒙古师范大学学报（教育科学版），2009(5).

展的创新型人才。因为“如果手段是先进的，而灵魂是丑恶的，那是人类面临的最大危机”(21世纪国际教育研讨会，北京，1989年)，美好的情感态度价值观是创新的灵魂。

出于对“一个不安宁、不确定的”[①]20世纪的深刻反思，人们已日益认识到，“不应再像过去那样，只是从教育对经济发展发生影响的角度，而应以一种更加开阔的眼光，即以促进人的发展的眼光来确定教育定义。”“教育应当促进每个人的全面发展，即身心、智力、敏感性、审美意识、个人责任感、精神价值等方面的发展。”与此同时，对教师专业素质提出更高要求，“人们要求教师既要有技能，又要有职业精神和献身精神”[②]。对此，《地理教育国际宪章》明确提出了由“知识理解力、技能、态度和价值观的发展共同组成”的教育目标，要“为今日和未来世界培养活跃而又负责任的公民”，“学校的地理课应由专业教师任教”，“地理教师不但要掌握基本的地理专业知识，也要在地理教育方面达到合格的水平”，以更好地引导并促进学生学习，使地理课程得以“在政治、社会、道德、人道、审美和环境教育上发挥实质性的作用”。这对于以知识技能传授为重的传统地理教学论体系，冲击无疑是巨大的。

2. 教学论学科应对和谐教育的理念更新

当“教育作为和谐精神的一种表现”[③]，长期受制于“知识至上”、“主智主义”的传统教学论的根基必然动摇。在教育科学适应知识经济、学习化社会、信息时代的快速发展中，当代国外教学论发展呈现出以下显著特点：教学目标日益综合化，教学内容日益结构化，教学过程日益“工艺化”，教学媒体日益现代化，教学理论日益心理学化，各派教学理论日益相互渗透、互相影响。[④] 我国自20世纪90年代以来在教学论研究方面也表现出诸多新突破。例如，科学精神与人文精神相结合，教学科学论与教学艺术论同注重，教学改革实验研究主方向，课程论研究成热点。“学会学习”为核心的教学目的观，“主体自觉”为理念的教学过程观，“参与创造”为宗旨的师生观，“科学与价值”并重的课程观，“方法与手段”组合的现代技术观等[⑤]，正成为现代教学论面向学习化社会的改革趋势。国内外教学论学科的这些重大改革，要求包括地理教学论在内的各分科教学论与时俱进，积极应变。

3. 地理科学发展对地理教学的时代期望

作为地理教学论重要奠基的地理科学在强调可持续发展及信息技术的当代获得长足发展也面临诸多时代课题。历经“描述地理学”、“解释地理学”到“应用、预测地理学”，突破二元对立的思想樊篱，面向21世纪的地理科学在人文地理和自然地理高度综合；深化微观研究，探究地理事物的成因和变化机理；进一步拓展地理学的应用研究领域，研究方法和技术的现代化等方面表现出鲜明的时代特点。与其相应，全球变化与区域响应，陆地表层过程和格局的综合研究，自然资源保障和生态环境建设，区域可持续发展及人地系统的机理和调控，地球信息科学、技术和“数字地球”研究成为当代地理科学的研究前沿。

地理科学的现当代发展既要求更新地理课程内容、方法，更注重端正地理教学思想。

4. 国际地理教育及课程改革的迅猛发展

社会、经济、科技的快速发展及日益加剧的环境危机，使国际地理教育改革在20世纪90年代空前活跃。无论美、俄、西欧，还是新、日、澳、加，世界各国纷纷采取措施改善本国的地

---

① 国际21世纪教育委员会. 学习——内在的财富[M]. 北京：教育科学出版社，1998：31.

② 国际21世纪教育委员会. 学习——内在的财富[M]. 北京：教育科学出版社，1998：55，85，137.

③ 国际21世纪教育委员会. 学习——内在的财富[M]. 北京：教育科学出版社，1998：19.

④ 李秉德主编. 教学论[M]. 北京：人民教育出版社，2000：391～399.

⑤ 李秉德主编. 教学论[M]. 北京：人民教育出版社，2000：429～434.

理教育。1992年,《地理教育国际宪章》隆重推出,更引导世界地理教育蓬勃向前。各国的地理课程及教学改革普遍具有全局性。例如,地理课程类型及其设置多样化;地理课程目标更加关注学生的全面发展,充分考虑学生的学习兴趣和个性发展的需要;重视培养学生的地理技能和能力;地理课程内容采用区域学习和专题学习的构建方式,以人口、资源、环境、区域发展和人地关系为核心,关注现实社会的重大问题和学生生活实际问题,重视国际理解与合作;重视现代信息技术手段的应用,倡导探究式的学习方式;推行学习过程与学习结果并重的学习评价机制等。这些都要求地理教学论课程教学快步跟上,并引领发展。

5. 地理教学论学科课程教学的改革期待

21世纪前后的地理教学论发展前所未有。自1999年到2003年,粗略统计的《地理教学论》教材已不下10种。各版本教材都有其独到之处,或体系更为健全,或理论性更明显,或增设技能训练,或强调课程教材,或突出最新课改,各具风采。但比照课程改革的时代要求,现行《地理教学论》教材,仍有待完善。例如,2001年及以前出版的该教材,多缺失新一轮基础教育课程改革的内容,这是时段局限使然。2002年及以后出版的教材,注重了对新课程的反映,由于课程改革分步推进,能完整呼应初、高中地理课程改革的,至今不多。再如,高师学生抽样问卷调研表明,“重认知甚于情意,重原理甚于案例,重理论甚于实践,重传承甚于创造,重教师甚于学生”等问题,在现行《地理教学论》教材及教学中仍有所反映。此外,当“教育应当促进人的全面发展”①已成世界趋势,当促进学生“德、智、体、美”等全面发展已明确于我国的教育方针,《地理教学论》中的美育研究,至今仍然薄弱,急待充分关注。

(二)当代地理教学论的追求

地理教学论是研究地理教学系统,揭示地理教学规律并用于指导地理教学实践的学科。因为地理教学系统的主体及关注的重点是和谐发展的人,因为既然是系统就必然追求系统要素协调匹配的结构以实现系统最大功能,因此“以人为本”、“和谐为美”成为当代地理教学论的重要指导理念及理想追求。

1. 确立“以人为本”、“和谐为美”的理念

教学是“以课程内容为中介的师生双方教和学的共同活动,是学校实现教育目的的基本途径”②。教学就其本质是指向人的活动,是引导学生主动地参与学习,使学生在知识能力、情感态度、创新精神等方面都得到主动的发展。教学直接“为了青少年,为了人,为了让人更富有、更聪明、更高尚,为了人的价值实现,为了人的潜能的充分开发,为了人更完美”③,即促进学生“全面而自由的发展”(马克思),并由此促进人、社会与自然和谐与共地向着未来的发展。显然,地理教学论应“以人为本”而非“知识为本”。“和谐为美”是“以人为本”的理念内涵。因为人的发展必然是完整、和谐、多方面和自由的发展。因此,“和谐为美”是“以人为本”的必然追求。

基于此,地理教学论将自始至终全程关注学生,尊重学生,引导学生,促进学生。

2. 追求地理教学论系统的内部和谐

“和谐”是作为系统的事物或现象各方面的配合与协调,是多样化中的统一。地理教学论作为一个系统,对内要努力实现包括系统各基本要素如目标、内容、方法、环境、教师、学

---

① 国际21世纪教育委员会.学习——内在的财富[M].北京:教育科学出版社,1998:85.

② 顾明远主编.教育大词典(第一卷)[M].上海:上海教育出版社,1990:178.

③ 张楚廷著.教学论纲[M].北京:高等教育出版社,1999:97.

生、管理、评价等子系统间的和谐。

基于"以人为本"、"和谐为美"的理念，地理教学论将遵循人、物关联中以人为主，师生关联中以学生为主，历史演进以当代为主，教学过程以引导、促进学生主动研习、反思为主等思路，促进以学生发展为重心的各教学论子系统的内部和谐。

3. 追求地理教学论系统的外部和谐

地理教学论是一个开放、复杂的系统。对外，要努力实现地理教学系统与社会经济文化系统、与基础教育课程改革及高等教育课程改革系统的和谐，以及与其相关诸学科和交融学科的和谐。

借用耗散结构理论的观点，地理教学论必须从其赖以植根的诸系统不断引入大量具有鲜活自由能的负熵流，地理教学论系统才能在远离"热寂"平衡的动态演进中不断达到新的有序而稳定的结构，即新的演进的和谐。基于此，地理教学论要更多反映相关学科发展的先进理论与方法，要更多引入富有活力的课改一线的有效教学经验，要更紧密联系社会经济文化系统发展对地理学科课程与教学的改革要求，并密切关注新世纪人的全面和谐发展对地理学科育人的期望。从而，使地理教学论在吸取、研究、反思、扬弃的进程中，在系统内、外和谐的追求中，焕发应有的活力。

4. 追求地理有效教学的理想境界

20世纪80年代以来，迅猛发展的世界课程与教学改革极大地推进、更新着有效教学。有效教学一般指"教师遵循教学活动的客观规律，以尽可能少的时间、精力和物力投入，取得尽可能多的教学效果，从而实现特定的教学目标，满足社会和个人的教育需求"①，即有效果、有效率、有效益的教学。有效果指达成教学目标，即促进学生素质全面和谐发展；有效率指以尽可能少的教学投入取得尽可能多的教学效果；有效益即满足社会和个人的教育需求。毫无疑问，有效教学的实现即是教学系统优化后能实现最大功能的和谐境界，这自然是地理教学论应努力追求的。

为着有效果的教学，从目标到内容到方法，从设计到实践到评价，从课堂到课外到校外，地理教学论要全方位、全过程注重三维教学目标的科学拟定与有效达成。为着有效率的教学，地理教学论要理论精要，案例丰富，学研配套，在有限的时间为促进学生积极主动而有个性有创意的最大发展拓展时空。为着有效益的教学，地理教学论要始终关注引导学生把自身的和谐发展与社会的和谐发展相联系，把学科的发展与社会发展的需要相关联。这样的地理教学论，才会是卓有成效的。

三、地理教学论的审美化视野及观念变革

(一)美、审美、审美化

"以人为本"、"和谐为美"是新课程地理教学论的重要指导理念即特有的审美化视野，要理解审美化视野及其带来的观念变革，首先需要对以下基本概念有符合时代发展的认识。

1. 什么是美？

什么是美？凡是好的受人喜爱的，使人愉快的人、事、物都可以称为美，这是一般人在日常生活中对美的理解和应用②。在对马克思主义关于美的本质是"人的本质力量对象化"有

① 程红，张天宝．论教学的有效性[J]．上海教育科研，1999(5)．

② 刘兆吉．美育心理学[M]．重庆：西南师范大学出版社，1990：3．

了更深刻的领会后，美学美育研究者们认为，“美是一种客观存在的社会现象，它是人类通过创造性的劳动实践，把具有真和善的品质的本质力量，在对象中实现出来，从而使对象成为一种能够引起爱慕和喜悦的感情的观赏形象。这一形象就是美。”①基于对马克思关于“人也按照美的规律来建造”的深刻理解，有学者指出，美“是表现人的自由创造活动内容的感性形象”②。“美是真与善和谐统一起来的具体而光辉的感性形态”③。符合客观规律即是“真”，体现有益于人类发展进步的目的即是“善”，真与善和谐统一的具体而光辉的形象即是“美”。美体现真与善的和谐统一，即体现合规律性与合目的性的和谐统一。“向来的美学都承认美是和谐”④，“美是和谐”这个源自古希腊数学家毕达哥拉斯的关于美的精辟见解，至今仍闪耀着睿智的光芒并作为当代人致力追求的美好理想而推崇。

2. 什么是审美？

审，一般解释，是详查，细究。在美学理解中，则有观照（直面形象，观察、体验、品味、洞彻）、评价（欣赏、鉴赏）之意。审美，是对美的观照、评价，即对美的“体验、品藻和鉴赏活动”⑤。

因为审美活动中主、客体的关系是审美关系，因此审美也通常被认为是审美主体对审美客体和谐关系的把握。审美的重要目的是培养人的正确审美观、丰富人的审美情趣、发展人的审美理想和审美能力（美的欣赏、表现与创造能力），提升人的精神境界，“使人最终能自觉乃至自然地按照美的规律来改造客观世界和重新塑造主观世界，使每个人都努力成为全面发展的自由的人”⑥。

3. 什么是审美化？

审美化即审美主客体由原来的非审美状态转化为审美状态，由非审美关系转化为审美关系以及由原非和谐系统转化为和谐系统，从而具有新的面貌与生机的结果及过程。

“化”，转化，变化之意，延伸即为发展。显示出审美主客体及其关系里里外外、自始至终地向和谐理想境界不断演进的弃旧图新。

审美化显示了审美主体以系统探究、批判的眼光，以和谐与否的标准，不断研究并促进客观世界、主客体关系以及自身和谐化进程的一种不断探求的态度及精神。

（二）地理教学论的审美化视野及构成

1. 地理教学论的审美化视野

从美、审美、审美化的基本含义，我们可以知道地理教学论的审美化视野即是以系统探究、批判的眼光，以和谐与否的标准，对地理教学论课程教学进行审视、研究、建设的视野。

2. 地理教学论审美化视野的构成

基于审美化视野的丰富内涵和外延，地理教学论的审美化视野应是审美视野、系统视野、生态视野、多学科视野、文化视野、人本视野及哲学视野等的集成。参见表绪-1。

---

① 刘兆吉. 美育心理学[M]. 重庆：西南师范大学出版社，1990：6.

② 蒋孔阳. 美在创造中[M]. 南宁：广西师范大学出版社，1997：13.

③ 赵伶俐，章新建. 高校美育[M]. 重庆：西南师范大学出版社，1995：1～2.

④ 陈望衡. 生态中心主义视角下的自然审美观[J]. 美学，2004(8).

⑤ 董学文主编. 美学概论[M]. 北京：北京大学出版社，2003：202.

⑥ 董学文主编. 美学概论[M]. 北京：北京大学出版社，2003：249.

表绪-1　地理教学论的审美化视野*

构成	基本含义	主要观点
审美视野	能以正确的审美观欣赏、评价、表现地理美和地理教育美的思想和知识领域。	1. 地理世界处处有美。 2. 地理教育处处有美。 3. 要以地理美及地理教学美的欣赏、表现、创造为理想追求。
系统视野	能自觉运用系统理论正确认识地理科学并有效指导地理教学的思想和知识领域。	1. 地理科学无处不系统。 2. 地理教学无处不系统。 3. 要以促进系统协调运行的系统观为重要指导。
生态视野	善于运用生态学的思考方式与研究方法来认识地理科学并有效指导地理教学的思想和知识领域。	1. 地理学研究对象的重心是地球生态系统。 2. 地理教学系统是教育生态系统的重要组成。 3. 要以生态学的观点研究地理科学和地理教学。
多学科视野	善于从学科融合的视角认识地理科学并有效指导地理教学的思想和知识领域。	1. 地理科学是自然科学和社会科学的汇合。 2. 地理教学基于多学科知识的沃土。 3. 要融汇多学科知识促进地理教学。
文化视野	善于从多元文化视角认识地理科学并有效指导地理教学的思想和知识领域。	1. 地理学蕴涵丰富的文化。 2. 地理教学有深厚文化背景。 3. 要以多元文化为地理教学的深广依托。
人本视野	能用“以人为本”的核心理念来认识地理科学并指导地理教学的思想和知识领域。	1. 地理学的研究核心是人地关系地域系统，其能动的主体是人。2. 地理教学以促进学生素养全面发展为宗旨，其能动的主体也是人。3. 要以“人本”的观点指导地理教学。
哲学视野	从对世界和对人自身总体的了解与把握上认识地理科学并有效指导地理教学的思想和知识领域。	1. 地理学从来与哲学相通。 2. 地理教学的最高形式是哲学。 3. 地理教师要引导地理教学走向哲学。

* 参见本教材第十章之“课程改革中地理教师的多维视野与观念变革”。

第二节　地理教学论研究概说

一个学科形成的三要件是具体的研究对象、完整的理论体系以及适合本学科的研究方法。基于上述两节对地理教学论历史发展的回顾及当代指导理念的阐释，有助于我们从时代的视角认识地理教学论的这些基本问题。

一、地理教学论的研究对象

随地理教学论的科学化进程，地理教学论的研究对象也在不断探索、明确之中。

1. 地理教学论研究对象的时代演进

前述地理教学论的历史发展，有助于我们获得其研究对象演进的大致流程，见表绪-2。

表绪-2　地理教学论研究对象的演进

代表时代	课程名	主要研究对象	备注
20 世纪初发端	地理教授法	地理的次序、法则	与《奏定学堂章程》相应
20 世纪 50 年代	地理教学法	地理教学过程	如 H. Ф. 库拉佐夫的《地理教学法》
20 世纪 60 年代	中学地理教材教法	教材及其教法	仅反映“地理教学法”部分内容
20 世纪 80 年代	中学地理教学法 中学地理教学等	地理教学 地理教学系统	影响较广，如褚亚平、曹琦等所编相关教材 如刁传芳、王树声等所编相关教材
20 世纪 90 年代—	地理教学论等	地理教学活动中的一切现象和问题	如陈澄等所编相关教材

从表绪-2可知，地理教学法研究对象，大致呈现“地理的次序、法则—地理教学过程—地理教学—地理教学系统—地理教学活动”五个有代表性的进程。

目前国内外学者对学科教学论研究对象的不同看法，大致可归纳为两类。其一，认为是教学(过程)的一般规律，前苏联学者和我国学者多持这种观点。其二，认为是各种具体的教学变量和教学要素，西方教学论研究者多持这种观点。有学者指出，前一类观点有将教学研究任务代替教学研究对象之误。后一类观点虽较具体、明晰，却易使人只见树木不见森林。

基于比较分析，本教材主张，地理教学论的研究对象以地理教学系统为宜。理由有三：其一，“地理教学系统”包容了“地理教学”这一地理教学论学科的独特研究对象及其主要内容。其二，“地理教学系统”从系统论的视角透视地理教学，思维方法更科学，研究也更全面深入。其三，研究地理教学系统必然涉及地理教学要素、变量及结构，必然进入地理教学过程，也必然研究地理教学活动。以地理教学系统为地理教学论的研究对象，有利于多视角的整合研究，既利于突出重点，也胸有全局。

2. 地理教学系统的结构要素与功能

(1)地理教学系统的结构要素

地理教学系统是若干相互联系、相互作用的地理教学要素组成的具有特定功能的有机整体。对于其相互关联的若干要素，通常有“三因素”说(教师、学生、教学内容)，“四因素”说(教师、学生、教材、教学环境)及“多要素”说，如“六要素”说、“七要素”说等。考虑到地理教学活动研究的实际需要，本教材选择“八要素”说，参见图绪-2。

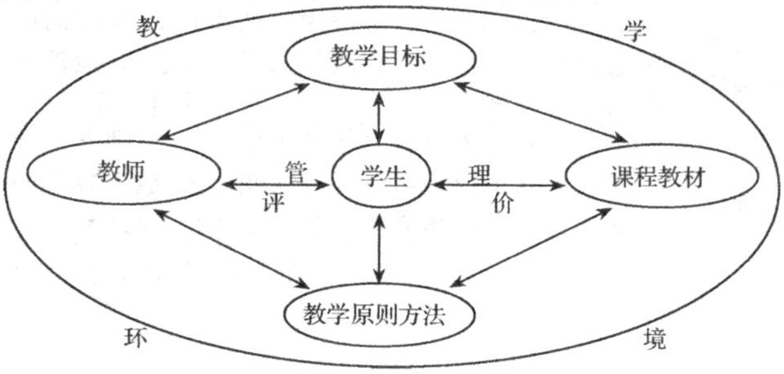

图绪-2 地理教学系统要素关联示意图

八要素中，地理教学目标是该系统的定向子系统。地理教师与学生分别是导控子系统与信息处理子系统，他们是该系统的双主体子系统。地理课程教材是该系统的信源子系统。地理教学原则、模式与方法是地理教学系统的运行支持子系统。地理教学环境是该系统的时空协同子系统。地理教学管理是该系统的保障子系统。地理教学评价是该系统的调节、激励子系统。地理教学八子系统互为呼应与协同，以其优化的结构促成系统整体功能的实现。

(2)地理教学系统的功能

地理教学系统兼有培育个人素质和促进社会整体发展的功能。德国著名地理学家A.赫特纳早就有所论述。对个人而言，“人们在主观上掌握科学，在生活上利用科学和使科学纳入人的性格”。对整体而言，“任何国家与民族，都生存于地理环境中，如果忽略了地理教育就会损害整个民族和国家利益”。[①] 在全球环境与发展问题更加严峻的当代，地理教学系统同样兼有此两大功能，并有了更为宽广的视野和时代的价值。正如《地理教育国际宪章》指出，“既是促进个人教育……也可以对国际教育及环境与发展教育作出重大贡献”[②]。

地理教学系统的功能首先是育人的功能。地理教学系统协调运行的教学活动促使学生获得科学地认识地理环境及协调人地关系的地理知识，锻炼、提高学生联系生活提出并尝试

---

① 左大康主编.现代地理学词典[M].北京：商务印书馆，1990：26.

② 国际地理教育委员会.冯以浤译.地理教育国际宪章[J].地理学报，1993(4).

解决地理问题的思维能力与实践能力，帮助学生树立科学的资源观、人口观、环境观与可持续发展观，增强关注全球生态环境及后代生存环境的宏远视野与责任感。具有全面地理素养的人是今日和未来世界所需要的活跃而又负责任的公民。

地理教学系统的功能同时表现于促进人类社会发展的功能。良好的个人地理素养最终体现为良好的全民地理素养。该素养具有的国际理解的视野，能促进世界各民族、各种文化和谐共生，能促进国际社会的团结与合作。该素养具有的对环境与发展高度负责的观念、知识、能力，能促进人们“时刻准备充分而负责任地把地理知识应用于私人、专业和公共生活上”，“能够就环境问题作出正确的决定和建立一套环境道德规范，作为行动的指南”①。如此，人类社会可持续发展就能成为美好的现实。

地理教学系统要实现上述功能，必须是一个开放的系统，一个不断演进的动态平衡系统。

二、地理教学论的体系结构与目的任务

1. 地理教学论的体系结构

J. S. 布鲁纳曾言，学习一个学科，最重要的是把握它的结构。地理教学论的体系结构以地理教学系统要素及其关联而展开。参见图绪-3。

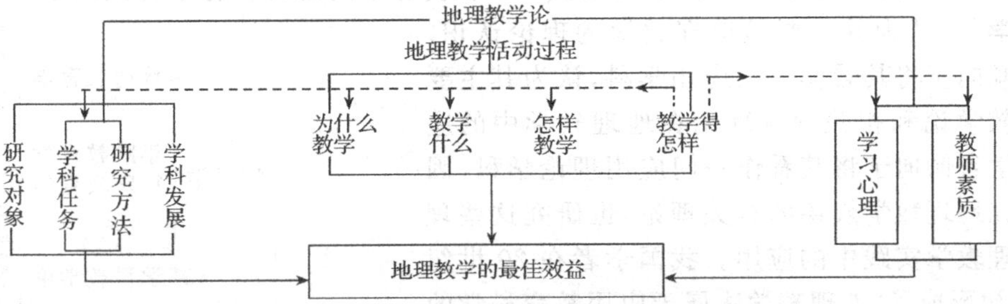

图绪-3　地理教学论体系结构示意图*

（引自：褚亚平等著. 地理教育学[M]. 上海：上海教育出版社，1992：6. 有局部修改。）

2. 地理教学论的目的任务

地理教学论是高校地理科学（师范）专业本科学生的一门专业必修课，是进行地理教师教育的一门重要课程。开设本课程的目的，是让准备从事地理教学工作的学生，通过本课程的学习，认识中学地理教学系统，掌握中学地理教学的一般规律和方法。在此过程中，树立地理素质教育的正确观念，获得适应改革发展所需的初步的地理教学能力和教学研究能力，增强对地理教育事业的社会责任感，为今后顺利从事地理教学、教学研究及自身专业素质的不断发展提高奠定良好基础。

地理教学论的研究任务是：认识地理教学系统，揭示地理教学规律，构建地理教学理论，指导地理教学实践，并据此规定地理教师在地理教学活动中的专业要求。具体体现于：

（1）研究地理教育理论与实践的历史与发展，认识当代地理教育的特征及功能。

（2）研究地理学科的性质、地位及其在学生素质发展中的作用。研究地理教学目的。

（3）研究地理课程教材的历史与变革，把握其当代特征。研究地理课程资源开发的类型与途径。

---

① 国际地理教育委员会. 冯以浤译. 地理教育国际宪章[J]. 地理学报，1993(4).

(4)揭示地理教学的基本规律，研究当代地理教学的基本原则、模式、方法、技术及优化途径。研究地理教学设计的基本理论、方法及实际应用。

(5)研究学生地理学习心理，研究地理教师专业素质，掌握地理有效教学的基本策略。

(6)研究地理教学环境的作用与建设。探讨课内外教学环境及管理一体化的优化途径。

(7)研究发展性评价的基本理念方法。探讨教师教学质量评价与学生学习质量评价的优化指标和方法。

(8)研究地理教师专业发展的重要性、专业素养基本构成及专业持续发展的主要途径。

上述各主要研究任务，地理教学中教与学的关系、教与学的条件、教与学的操作，贯穿始终。这是地理教学论研究对象的特殊矛盾性所在，也是地理教学论理论和实践的重点所在。

三、地理教学论的学科性质、主要特点

1. 地理教学论的学科性质

地理教学论学科性质的明晰，经历了一个过程。20 世纪 50 年代，曾一度将其从属于地理科学。苏联著名地理教学论专家 H. Φ. 库拉佐夫的这一观点，影响了我们的认识。地理科学与地理教学毕竟因研究对象不同而异。当地理教学更多地与教育科学发生联系后，受东、西方学者不同观点的影响，其学科性质的认识仍有不同见解。有学者倾向于将其看作一门理论学科，认为其主要是地理教学的理论认识。有学者倾向于将其看作一门应用学科，认为其主要是一般教学论和相关学科理论在地理教学中的应用。有学者倾向于将其看作一门应用理论学科，因其既研究地理教学规律的有关理论，也研究这些理论在地理教学实践中的应用。我国学者在 20 世纪 80 年代初形成了"地理教学法属于应用教育科学的一门学科"①的较一致认识。至今，仍视其为"应用理论"的学科。②

地理教学论的学科归属，也有助于我们认识其学科属性。地理教学论隶属于"教育学"之"学科教学论"分支群落，主要研究该具体学科教学的特殊规律，是一门理论与实践并重的学科。参见图绪-4。

- 教育科学
  - 教育学
    - 普通教育学
      - 教育原理
      - 教学论
      - 教育论
      - 学校管理
    - 年龄教育学
    - 特殊教育学
    - 学科教学论
      - 语文教学论
      - 数学教学论
      - 物理教学论
      - 地理教学论
      - ……
  - 教育哲学
  - 教育心理学
  - 教育管理学
  - 教育史
  - ……

图绪-4　教育学学科层次示意图

2. 地理教学论的学科特点

由地理教学论的"应用理论"或"理论与实践并重"的学科属性很容易联想到其主要的学科特点，即理论性、实践性、综合性与艺术性。

就理论性而言，表明地理教学论重视科学理论的指导。其理论思维和理论建构是显著的。没有科学理论指导的实践是盲目的实践。事实上，正是教育科学、地理科学、系统科学、辩证唯物论和历史唯物论等重要理论为地理教学论的矗立奠定了坚实基础并使其得以高屋建瓴。这些理论的现当代发展是地理教学论关注并需重点反映的。

就实践性而言，表明地理教学论与地理课程教学改革实践密切相联。这里所说的实践

① 褚亚平，曹琦，周靖馨编著. 中学地理教学法[M]. 北京：高等教育出版社，1981：2.

② 陈澄主编. 新编地理教学论[M]. 上海：华东师范大学出版社，2007：13.

既包括中学地理教学改革实践，也包括高师地理教学改革实践，其中蕴藏着推动地理教学论发展的无尽活力。没有或缺乏实践的理论是空洞也经不起检验的理论。地理教学论的理论以丰富的实践经验和实践活动为生生不息的源泉。

就综合性而言，主要表明地理教学论是一个综合性很强的多基础学科，参见图绪-5。该基础广泛涉及地理学、教育学、心理学、系统学、信息学、计算机学、美学、管理学、社会学、文化学、逻辑学、哲学等。前已述及的地理教学论的多维视野便与此有关。以下侧重地理学、教育学、心理学及唯物辩证法等理论基础略作说明。

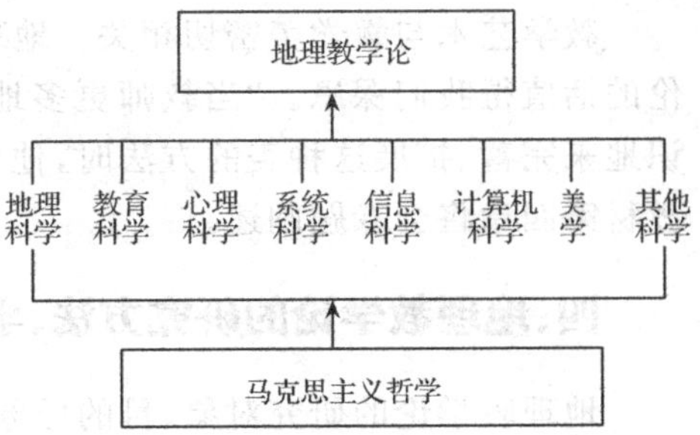

图绪-5　地理教学论的学科基础

地理学是研究地理环境及人地关系的科学，作为反映地理教学论学科特殊性的奠基科学，其自然地理学、人文地理学及地理信息系统的基础知识，人地协调、可持续发展的理论思维，以综合分析、区域研究见长的科学方法，是地理教学论内容体系的重要组成。

教育学是研究教育现象及其规律的科学，对地理教学论的上位指导显而易见。教育学中阐释的课程理论、教学理论、学习理论、评价理论等一般教育理论及其方法是地理教学论的支柱。以教育哲学、教育逻辑学、教育社会学、教育经济学、教育生态学、教育文化学、教育心理学、教育测量学、教育评价学、教育技术学、教育美学或教育艺术等组成的教育学学科群从更宽广的视角拓展了地理教学论的视野。

心理学是研究心理现象及其规律的科学。地理教学论主要作为对“人”而非对“物”的学科，无论对学生学习心理的研究，还是对教师心理素质的研究，或是教学策略的选择运用等，都需要心理学基本理论的指导，此后还有专章阐述。事实上，诸如行为主义学习理论、认知学习理论、社会文化历史学派的学习理论、人本主义学习理论、建构主义学习理论等，已与现当代地理教学理论与方法有了日益更多的融合。

辩证唯物主义和历史唯物主义是马克思主义哲学的精髓，是具统帅作用的科学的世界观和方法论。用“两唯”的观点去解读地理教学，才能真正获得地理世界的真善美，才能真正获得地理教学的真善美。

最后就艺术性而言，表明地理教学论强调地理教学是科学和艺术的统一体。教学的科学性强调“求真”，教学必须建立在遵循学生身心发展规律的科学的诸学科体系基础上。教学的艺术性强调“求美”，教学必须建立在师生认知、情感等自由表现、交流、创造的基础上，因为教学艺术即具有高度个性化、创造性和审美价值的教学设计与操作行为。教学科学性与艺术性的统一是合规律性与合目的性的统一，两者密不可分，如一枚硬币的两面。只是因为观念的问题，或受“经典性论争”①的影响，或受“技术理性”的制约，或受个人经验的局限，长期以来人们通常偏重教学的科学性而忽略其艺术性。前苏联教育家赞科夫曾尖锐指出，传统教育的明显毛病，就是没有向学生展示出艺术的、也只有艺术才具有的那些宝藏。这显然不利于开发学生内蕴的多彩才能与丰富个性，不符合“解放理性”的时代要求。所以要对地理教学的艺术性予以强调。事实上，凡成功教学，无不有艺术与科学相伴。

---

① 17 世纪关于教学是一门科学还是一门艺术的论争，主张前者的是德国教育家拉特克，主张后者的是捷克教育家夸美纽斯。

教学艺术与教学美密切相关。地理教师如何走上教学艺术之路？美国教育家K.E.柯伦的话值得我们深思。“当教师更多地懂得了美的素质怎样深入人心的生活……能够有意识地来完善、扩展这种美的方法时，他们也就踏上了教学艺术之路。”关于地理教学的艺术，教材第四章将会专题阐述。

四、地理教学论的研究方法、学习方法

地理教学论的研究对象、目的任务及学科属性决定了其研究方法。

1. 地理教学论的研究方法

地理教学论的学科属性决定了其研究方法与一般教学科研方法有很大的相关性。诸如观察法、调查法、实验法、文献法、经验总结法等（参见第九章的地理教学科研方法）。

2. 地理教学论的学习方法

如果说地理教学论的某些研究方法如调查法、实验法、经验总结法等，较多地指向课程学习后的从教生涯，那么以下学习方法，则是学习者一进入该课程就要予以重视的。

(1)分清主次，把握结构。学科主要矛盾与学科基本结构是把握学科的关键所在。地理教学中教与学的矛盾是主要矛盾，构成地理教学论基本结构的目的论、内容论、方法论、评价论、学生论、教师论等分论，都围绕此主要矛盾展开。分清主次，把握结构，有利于学习进程中始终把握学习方向，解决主要问题，并化繁为简，抓住重点。

(2)发疑问难，主动探究。学问是在疑问中长进的。故南宋大学问家朱熹说“大疑则大悟，小疑则小悟，不疑则不悟”。当代《地理教育国际宪章》也指出，“鼓励学生采用质疑或探究的方式进行学习”。地理教学论无论理论或实践的内容都很丰富，对于缺乏实践体验的学习者，问题不少，也各有不同。主动探究，才能学得更有针对性，也更有实际收获。

(3)加强合作，积极交流。《学记》曾言“独学而无友，则孤陋而寡闻。”现代群体动力理论也告知我们，良好的合作交流有利于个体和群体高层次学习目标的达成。因而在与教师互动交流的同时，要积极参与班级、小组等组织的各类地理学习与实践活动，主动与不同特长、个性的学友合作交流，与其他有经验者交流。交流共享有助于学习者长善救失，视野开阔。

(4)知行并重，艺德双修。纸上得来终觉浅，绝知此事要躬行。因为地理教学论是理论与实践并重的学科，所以要知行并重。对地理教学论的基本观念、基础知识、基本理论，要清晰明了。对地理教学论要求的各项实践活动，要用心投入。因为地理教学既是科学，又是艺术，因为学高为师，身正为范，所以学习者在知行并重的同时，还需艺德双修。把地理教学论的学习过程，当做教师综合素养及人生境界的不断陶冶和提升的过程，这样的学习过程，将更具充实的生命意义。

(5)勤于总结，反思成长。千尺之台，始于寸土。地理教学论的学习，需不断积累，才有所成。学习又是需要不断反思的，反思是学习进步的动力。故当代教师专业化理论认为，反思＋实践＝成长。大量学习实践表明，写学习随记是一个不断促进总结、反思的好方法。疑难、求解、重要信息、阶段心得、资料拓展等，随学习进程，笔耕不辍。及至课程结束，将收获累累。无论于课程复习，或是执教回味，均大有裨益。

【案例研究】

案例1：唯物辩证法与地理教学

1. 以地理事象的客观存在，说明世界是物质的。如形形色色的自然景观、人文景观及区域特征等。

2. 以地理事象的发展变化，说明物质是运动的。如太阳不断释放能量，地球自转与公转、大气运动、海

陆漂移、物质循环、经济发展等。

3. 从地理事象的时空运动说明物质运动是有规律的。如天体运动规律、地球运动规律、地壳运动规律、大气环流规律、大洋环流规律、区域经济发展规律等。

4. 从地理事象相依相制的整体性说明物质世界是普遍联系的，并反映出对立统一、质量互变、否定之否定规律等。如各要素密切关联的地理表层系统；内营力与外营力、气旋与反气旋、地区资源优势与劣势、人地关系的对立统一；热量带的划分、干湿地区的演变、资源的开发与匮乏；昼夜交替、季风变换、生态系统的动态平衡、生产布局的调整等。

5. 从地理事象分布的复杂性说明事物存在矛盾的普遍性和特殊性。如同为亚热带纬度，荒凉沙漠与绿色原野并存；同为高原，云贵高原与内蒙古高原各异。

6. 以地理事象发展变化的原因说明内因与外因的辩证关系。如地表形态是内、外力共同作用的结果。对全球而言，内力对地壳的发展起主导作用。但矛盾的发展是不平衡的，在一定的时空内往往某一作用占优势。如年轻山地形成，内力作用占优势，河流中下游地区、河流三角洲则往往是外力作用影响很大。

7. 以地理事象的形成变化说明主导要素的决定性意义。如地势高是青藏高原自然地理环境特征的主导要素；亚热带的纬度则是长江中下游平原自然地理环境特征的决定性要素。

此外，还有相应的一分为二的观点看问题，用发展的眼光看问题，尊重客观规律，按客观规律办事，等等。

案例 2："心理效应与地理教学"①

新课改中应积极倡导的"教育心理效应"举样：

1. 罗森塔尔效应：对每一位学生充满期待。
2. 首因效应：重视"先入为主"的积极意义。
3. 自己人效应：做学生的良师益友。
4. 具体效应：使学生的课堂丰富起来。
5. 幽默效应：让笑声激活智慧与情商。
6. 碰撞效应："碰撞"中(擦)迸出知识与思想的火花。
7. 空白效应：给学生更多的主动权。
8. 赫洛克效应：及时合理评价学生。

新课改中应努力克服的"教育心理效应"举样：

1. 马太效应：有失公正、公平的效应。
2. 刻板效应：用老眼光看待学生。
3. 月晕效应：以偏概全的效应。
4. 定势效应：以固定的思维看问题。
5. 镜像效应：视点有误，偏听不明。
6. 超限效应：因刺激过强、负荷过重而逆反。

【思考、实践与交流】

1.《地理教学论》课程教学面临哪些挑战？如何应对？

2.《地理教学论》审美化视野的主要构成？对课程教学改革有何启示？

3. 简述《地理教学论》的研究对象与任务。

4. 绘图说明地理教学系统的构成并简述各要素的地位、作用。

5. 绘简图说明《地理教学论》课程的基本内容结构。

6. 谈谈你对《地理教学论》课程特点的理解，如何学习与研究？

7.《地理教学论》的理论基础有哪些？选择感兴趣的某指导理论撰文深入阐述，并与同学交流。

---

① 胡淑飞，黄京鸿. 注重"心理效应"，用"心"促进课改[J]. 地理教育，2007(4).

教育要面向现代化，面向世界，面向未来。

——邓小平

第一章　与时俱进：地理教育发展与改革

【提要与结构】

地理教育发展历史源远流长，回顾其发展历程，可以看出地理教育必须适应社会、经济、文化、科技发展的需要。现代地理教育的发展与改革，是历史发展的必然。社会不断进步，科技日新月异，国际竞争日趋激烈，对人才素质提出了全新要求，地理课程教学改革应运而生。以现代地理学的新发展为基础，以现代教育科学的理论为指导，地理课程改革正在如火如荼地开展。以史为鉴，面向未来，有助于我们更深刻认识并有力应对新世纪地理课程改革的挑战。

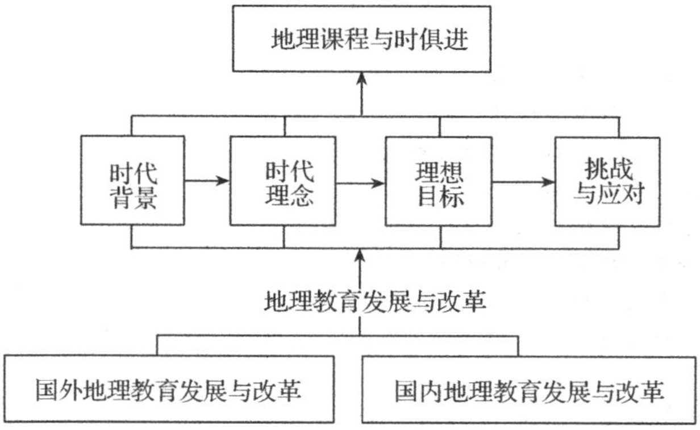

第一节　中外地理教育发展与改革

从古代到当代，地理教育源远流长。社会、经济、文化、科技及地理科学的不断进步，促进地理教育不断发展。当代世界地理教育已在指导思想、内容体系、教与学方式等方面，发生了巨大变化。

一、国外地理教育的发展与改革

（一）古代的地理教育（公元前3世纪～18世纪中叶）

地理是一门古老的科学。远在有文字记载以前，人类为了生存，需要从环境中获取生活资料，了解其生息繁衍的居住环境，考察周围的地理事物和现象等。在这些活动中，人类逐渐积累了地理知识。这些地理知识的口耳相传，产生了原始的地理教育。

在原始社会，限于生产力水平低下，地理知识贫乏、简单，甚至与神话迷信相伴而生。地理教育行为一般是随机的、片断的口头传授，无计划性并缺乏科学理论指导。这从原始人的岩画中可找到例证。

此后，逐渐出现了专门的地理书籍。被称为“地理学之父”的古埃及学者埃拉托色尼（公元前275年～前194年）是第一个使用“地理学”术语的人。“地理”即“地球描述”之意（Geography，geo意即“地球”，graphy意即“描述”）。他所撰写的《大地的记载》是最早的地理名著。古罗马地理学家斯特拉波（公元前64年～约公元23年）著有17卷《地理学》。他认为地理学不仅要研究一个地方的自然属性，还要研究它们之间的相互关系，地理描述要在对世界进行区划分类的基础上进行。《地理学》是古西方地理学中区域地理研究最早的代表作。此时还没有形成独立的地理教育，但积累了大量地理“教材”，为学校地理教育的形成准备了条件。

随着工商业的发展、原料需求以及商品市场的开拓，人们更加迫切地渴求地理知识。马可·波罗是第一个向西方较系统地介绍中国的人，其《马可·波罗游记》盛赞东方的富庶和文明。他的旅行和游记在欧洲人中产生了极大的影响。13世纪起，欧洲一些商业学校开设“商业地理”、“殖民地理”等课程，地理教育开始进入学校。

14～16世纪，随着资本主义发展，商业、航海业范围不断扩大，各国间市场竞争、原料掠夺日趋加剧，对地理学和地理教育都提出了新要求。地理大发现更加促进了近代地理学的发展，极大地丰富了地理知识，加快了地理学科分离成独立学科的步伐。此时，普通教育中开设地理课越来越普遍，学校地理教育逐渐形成。

世界中小学地理教育发源于欧洲。17世纪中叶以前，西欧各国的学校还没有把地理作为一门单独的学科。地理知识只是和历史知识一起，在一门叫“国家学”的课程中讲授。

17世纪中叶，地理学科作为独立的课程设置得以确立，捷克大教育家夸美纽斯（1592～1670年）功不可没。他第一个论证了学校中地理独立设科的必要性。在其巨著《大教学论》中阐述了学校地理的功用，并主张从学前阶段的母育学校起，就应当“按照生长地方的情境，学习山岳……”。他确定了各教育阶段应当学习的地理内容，如中学讲授关于地球的形状、天体、洋流、海岸线、河流的各种变化；世界各大洲、欧洲的主要国家等，尤其重视关于本国的各城市以及河流的知识。夸美纽斯还亲自编写了《世界图解》教科书。在教学理论上，他确定了许多非常有价值的教学原则，其中与地理教学关系最密切的是“直观性”和“由近及远”、“由整体到部分”等原则。这些原则和方法至今仍未失其重要意义。夸美纽斯的论著和教育活动，有力促进了学校地理教育的产生和发展。

17世纪后半叶，地理作为独立的学科开始列入西欧的普通学校。到18世纪前半叶，西欧大多数国家的中小学普遍开设了地理课。在东欧，中小学地理教育的最先发展是在俄国。1705年，莫斯科的格留克中学首次把地理列入教学科目之内。

地理被确立为单独的科目是地理教育史上飞跃式的发展。此时的地理教育适应了资本主义发展及其对外扩张与通商贸易的需要，将前期积累的零散的地理教育内容加以系统化，在形式、内容以及培养对象的数量或质量上，都得到了较大改善。但限于当时地理学与教育学发展水平，其教学内容多为百科全书或古典地方志式的教材，处于“描述地理”阶段，缺乏科学分析。与此相应，教学方法则主要采用注入式。教学形式主要为私学及班级授课。

（二）近代地理教育（18世纪60年代～20世纪上半叶）

18世纪60年代兴起的第一次技术革命，大大推动了自然科学发展。地理学也通过众多地理学家的实践活动得到了快速发展。其中，尤以德国科学家亚历山大·洪堡和卡尔·李特尔的成就最为显著。他们以卓越的科学活动和著作，成为近代地理学的开拓者和奠基人。

洪堡(1769～1859)通过丰富的地理科学考察活动，用比较的方法，正确指出自然界各种事物间的因果关系，如气温垂直递减率、自然地理地带性规律等；坚持用地理学的眼光和立场探究地形、气候和植物的关系；制成了世界第一幅平均气温的等温线图；纠正了当时流行的错误的成岩理论等。洪堡被誉为“自然地理奠基人”。与此同时，李特尔(1779～1859)确立了地理学的概念和体系。他指出，地理学研究的对象不是整个宇宙也不是地球的全部，而是地球表面；用经验法和比较法，研究世界各地区各种地理现象的因果关系；最早阐述了人地关系和地理学的综合性、统一性的思想，奠定了人文地理学基础。其后，在众多地理学家的深入探索下，近代地理学进一步发展，逐步臻于完善。

德国地理学家阿尔弗雷德·赫特纳(1859～1941)被誉为“近代地理学区域学派奠基人”。他认为地理学就是研究地球表面人类和自然的区域性的科学，强调区域比较和地理事实的因果联系是重要的地理学方法。1927年，赫特纳发表《地理学：它的历史、性质和方法》，系统阐明了地理学理论，成为其地理学思想的代表作。

德国地理学家弗里德里希·拉采尔(1844～1904)，致力于研究人类迁移、文化借鉴和人地关系，是近代人文地理学奠基人之一。他提出国家有机体说，创用“生存空间”一词，并成为地理学中“环境决定论”的重要代表人物，著有《政治地理学》。“地理环境决定论”是人地关系理论中最早形成的一种观点。其核心思想是地理环境决定人类的生理和心理特征，进而决定人类的民族特征、文化发展及经济基础、上层建筑等，并由此决定人类社会的发展，人类只能被动地适应环境。该理论的积极意义在于试图解说人地之间的相互关系，以改变单纯描述地理现象的学科传统，但过分夸大了地理环境对人类的影响。此时，地貌学、气候学、水文学、生物学、土壤学、地图学、经济地理学、人口地理学、政治地理学、社会地理学、历史地理学等地理学分支科学也相继发展起来，极大地丰富了地理教学内容，并逐渐形成“以自然地理为基础、以区域地理为中心”的教学内容体系。

近代地理学的形成与发展，促进了中学地理教育的发展，并使其进入一个新的、较为成熟的阶段。首先表现在中学地理教材内容的变革上，由原来的以罗列各地地理事象为主的“描述地理”转变为以因果论为理论基础的“解释地理”。改变了过去只是简单堆砌地理资料，不探讨原因的落后状态，使之不仅描述地理特征，而且还“明其因果，述其关系”，讲清道理，阐述规律，大大加强了教材内容的科学性。同时，近代地理学还为中学地理教育提供科学的方法论。新的教学方法对激发学生学习兴趣，培养学生思维能力，都有极为明显的作用①。

20世纪前半叶，随着地理科学和教育学的演变发展，第二次科技革命的推进，地理教育呈现出课程多样性、重视乡土地理、注重学生动手能力尤其是绘图能力训练等特点。教学内容上包括地理基础知识、本国地理与外国地理，以本国地理为主；教学方法上不断创新，20世纪以来，电化教学发展很快，如法国把电影、幻灯运用于地理教学中。

(三)现当代地理教育(20世纪下半叶至今)

20世纪80年代，该世纪第三次世界性的教育改革浪潮兴起，地理教育也进入改革新时期。新技术革命的冲击、现代地理学的新发展、现代教育科学的理论进步、地理教学方法的更新都成为地理教育改革的推动力。这次改革至今仍在不断发展中。当代地理教育改革与

---

① 刁传芳，高如珊主编. 中学地理教学法[M]. 北京：北京师范大学出版社，1988：13.

发展的主要特点体现在以下几方面：

1. 地理教育理论的科学化、时代化

在国外，构成地理教育理论的主要依据大多源自同时期的地理学理论。在经历了环境决定论、二元论、或然论等人地关系理论后，1980 年日本东京召开的第 24 届国际地理学大会上，提出在当今世界人口剧增、环境变化急剧、资源匮乏和自然灾害频繁的处境中，如何去协调自然环境和人类文化生活的关系，已成为国际地理学界面临的主要研究课题。至此，辩证的人地协调观在世界许多国家的地理教育中开始体现，并形成较为系统科学的人地协调理论。1992 年，巴西里约热内卢召开的联合国“环境与发展大会”首脑会议以“可持续发展”为主题，通过了《世界 21 世纪议程》，这标志着可持续发展理论取得了全球共识。“可持续发展”理论进一步充实发展了“人地关系和谐论”的地理教育指导思想。

2. 地理教育目的趋于全面化、综合化

新技术革命时代对人才综合素质的要求提高。《地理教育国际宪章》(1992)明确指出，“教育的目的在于充分发展人的个性”，“知识、理解力、技能、态度和价值观的发展……组合成三大目标”。[①]《卢塞恩可持续发展地理教育宣言》(2007)再次强调了此三大目标。因此，许多国家从原来以传授地理知识为主的单一教学目标，转变为三维综合性教学目标。例如，日本文部省颁布的《学习指导要领》中明确规定中学地理各年级应达到的能力水平，并将培养认识方法和思维方法置于发展智力的核心地位。1994 年，美国《国家地理标准：生活化的地理》突出地理能力的培养，重视解决生活实际问题，标准所及，几乎都要求学生动脑、动手、动口参与，让学生体验知识获得过程，并尽可能地应用。德国则将“具备生态保护责任行为”作为地理课程重要目标之一。

3. 地理课程类型多元化、交融化

随着社会的发展，教育科学的深入研究，近现代学校的课程越来越丰富，形成了多种流派的课程理论，并设计出不同类型的课程。常见的地理课程类型有学科课程、综合课程、问题课程和活动课程等。除较为普遍的学科课程，日本、澳大利亚的综合课程，德国的问题课程，美、法的活动课程等，都有较大影响。各国在新一轮课程改革中课程类型交融化、综合化趋势也更趋明显。本书将在第三章进行专题讨论。

4. 地理教材内容生活化、人文化

当人类面临的诸多问题，如“人口动态、食物和饥荒、城市化、社会经济差异、文盲、贫困、失业、难民……动植物灭绝、伐林、土壤侵蚀、荒漠化、自然灾害、毒废料和核废料、气候变化、空气污染、臭氧洞、资源限制……‘地球太空船’全球化”[②]等，都带有很强的地理成分，地理教材内容的更新便势在必行。环境、资源、人口、可持续发展等成为各国地理教学的主要内容，体现出鲜明的时代特征。例如，美国主张学习有用的地理，学习生活中的地理。教材不再只是从地理科学的角度来选择和组织，而是明确讲述“生活化的地理”(geography for life)，贴近学生生活、社会生活。为了增强学生适应社会及实践活动能力，涉及个人、公众及日后职业生活的应用性、实践性知识成为教材的重要选择。如德国巴登符腾堡州的地理教科书中就编入“垃圾处理”、“工业废水处理”、“城市工厂布局”等大量与现实生活相关的内容。

地理教材的人文化比重相应加强，打破了“以自然地理为主的区域地理”一统天下的局

---

① 国际地理教育委员会. 冯以浤译. 地理教育国际宪章[J]. 地理学报，1993(4).

② 国际地理教育委员会. 冯以浤译. 地理教育国际宪章[J]. 地理学报，1993(4).

面。系统地理与区域地理成为重要内容。地理教育也进入“应用地理”、“预测地理”新时代。

5. 地理教学方法的现代化、生本化

学习的革命使学法的地位和意义空前提升。《地理教育国际宪章》指出，“鼓励学生采用质疑或探究的方式进行学习”。要求传统的“师传生受”向“师导生学”转变。许多国家积极倡导探究式的教学方式并且细化要求。如澳大利亚新南威尔士州的地理课程对地理探究方法在地理调查和交流方面的具体要求有：“学会按地理的方式调查，通过制定工作计划，提出地理问题：有什么？在哪儿？为什么在那里？有什么影响？如何因时而变？应当像这样吗？未来会像什么样？”地理教学更加重视学生质疑探究的热情、能力与方法。教师努力创设富有情趣的问题情境，让学生在心理自由和心理安全的氛围中，用自己的眼睛去观察、用自己的头脑去探究、用自己的语言去表达。20 世纪后期，美国斯金纳的“程序教学法”、布鲁纳的“发现法”、布卢姆的“教学目标分类法”、奥苏贝尔的“有意义学习”、罗杰斯的“非指导性学习”、施瓦布等的“探究法”、加拿大的“积极学习法”、保加利亚洛扎诺夫的“暗示法”、苏联沙塔洛夫的“纲要信号法”，以及“问题解决法”、“案例教学法”等都在地理教学中广泛运用。

与此相应，质性与量化相结合的、以激励学生发展为突出特征的教学评价与学习评价方式也得以倡导。

6. 地理教学技术手段的信息化、高技术化

现代信息技术的迅猛发展为地理教学媒体技术进步提供强大支撑。《地理教育国际宪章》对学生利用、收集、组织、处理信息等方面的素养作出专门要求。当代地理课程设计及实施都十分重视现代信息技术手段的应用。如美国地理课程明确指出，GIS 是地理教学的工具和学习主题之一。英国地理课程，对学生学习每个阶段在现代信息技术手段的应用方面提出要求。如使用信息技术获取额外的信息来帮助处理、呈现和分析地理证据，通过气象网站收集天气数据，用电子数据表记录环境影响的数值，读光盘获取资源调查的数据，用电脑软件制作反映当地地理问题，用模拟软件来调查水灾的危害等。多媒体、计算机辅助教学、“3S”等现代化手段的运用，使地理教学变得形象、生动，增大了地理课堂教学信息的容量，同时有利于激发学生学习兴趣，增强学生观察、想象、思维等能力，以及对知识的理解和应用。

7. 地理教材表现方式更富情趣与活力

与上述改革特点相适应，地理教材更加注重如《地理教育国际宪章》要求的“高质量的教和学的材料”的建设，并更多体现了由“教材”向“学材”的转变。以地理教科书为例，力求文字简洁生动，图像美观丰富，活动形式多样。除文本教材，还有供参考的多种电子读物、声像教材，供学生丰富感受、拓展视野、学习研究。这已成为多数国家地理教材改革的趋势。欧美地理教材中对探究性或研究性地理学习课题的重视，也正为越来越多的国家所关注和借鉴。

二、我国地理教育的发展与改革

从原始社会起，我国就有了地理知识的萌芽，如旧石器时代的居住遗址、石器原料等都反映出当时人类的地理知识。在我国，地理一词很早就见于文字记载，如“仰以观于天文，俯以察于地理。”（公元前 5 世纪，《易·系辞》）我国古代，地理知识多分散在《经》、《史》、《子》、《集》等书籍中，尤其是历代史书中的“地理志”篇章。前者如周初至春秋中叶《诗经》中有关自然地理、土地利用的知识，后者如《汉书·地理志》等。成书年代约在公元前三、四世纪的两部著作《禹贡》和《山海经》，分别是我国的第一部区域地理专著和最早的山岳地理专著。其中，《山海经》包括一些旅游见闻及传闻记录，并以《山经》为起点，指出各区域的地理方位。

《禹贡》是一篇具有系统性地理观念的作品。以大禹治水来说明有关山川分布的部位和九州贡赋有关的生产发展情况,同时还设想输送贡品的贡道以及由近及远的地理差异。历史上,我国曾以"九州"划分地域。公元前二世纪的《史纪·货殖列传》为我国第一部经济地理专著。公元前一世纪的《汉书·地理志》则是最早以"地理"命名的全国性区域地理志。

私塾性质的地理教育在我国源远流长,西化的学校地理教育则出现较晚。19世纪,我国沿海城市出现了由教会开办的近代学校。如1839年美国传教士在澳门创办的玛理逊学堂,1855年法国天主教传教士在上海建立的徐汇女中,1890年美国女传教士在上海建立的中西女塾等。这些学校的课程表中,均设有分科目、分年级教学的地理或地学课。上海中西女塾则把地理、天文、动植物、物理、化学总称为"格致课"。

地理成为中小学各年级的必修课,始于1904年清政府《奏定学堂章程》的实施。百余年来的中学地理教育,可分新中国成立前后两大时期予以研究,参见图1-1。

(一)新中国成立前的中学地理课程

历清末及民国,大致可分前后两段。

1. 清末时期始创阶段(1904～1910年)

1904年清政府颁布实施的《奏定学堂章程》是我国最早制订并在全国普遍施行的第一个课程方案。在9年小学各年级均设地理课的基础上,中学5年,一、二年级安排地理总论、亚洲地理、中国地理等内容,三、四年级开设外国地理,五年级开设地文学。教学时数,除了二年级每周3课时外,其余年级都是每周2课时,总时数为每周11课时,参见表1-1。

表1-1　清末中学堂各年级的地理课程[①]

年级	一	二	三	四	五
地理科目	地理总论 亚洲地理　中国地理	中国地理	外国地理	外国地理	地文学
每周课时	2	3	2	2	2

1909年后,初小地理不再单独设科,有关史地知识安排到国文课中;高小地理仍单独设置。中学分文、实(理)两科,文科在一、二年级开设中国地理,每周3课时,三、四、五年级开设外国地理,每周2课时,总时数为每周12课时;实科一、二、三年级开设中国地理,四、五年级开设外国地理,每周均为1课时,总时数为每周5课时。

在这一阶段,中国地理教科书多以地理志和地方志的观点与方法编辑,主要叙述中外各国的疆域、山川、各省所辖县、城市、交通、名胜古迹以及物产等。人文地理中,夹杂大量非地理学内容,如军事、邮政、外交、教育、官制等。在地理教学方法上,则强调讲授的重要性,且注重课本的诵读,忽略内容的推究,缺乏必需设备。

2. 民国至新中国成立前阶段(1911～1949年)

该阶段前期,地理课程变动较多。民国初年的地理课程设置,小学阶段精简了初小地理课程,减少了重复。中学地理课程的安排,主要为中国地理和外国地理,也曾在高年级开设过自然地理及人文地理概论;总时数也有变动,每周有8课时、6课时、9课时不等,并且也不是所有年级都开设地理课程。参见表1-2。

---

① 陈尔寿主编.地理教育与地理国情[M].北京:人民教育出版社,1998:3.

表 1-2　1912～1921 年中学地理课程①

年级	第一学年	第二学年	第三学年	第四学年
地理科目	地理概论 本国地理	本国地理 外国地理	外国地理	自然地理概论 人文地理概论
每周课时	2	2	2	2

1914 年，教育部成立了教科书编纂处，拟订教科书编纂纲要，并删除了官制、财政、教育等不属于地理知识的内容。但限于当时地理科学水平和认识，教材仍以记述地理事物为主。自然地理着重介绍自然现象，对概念和成因的论述，也多有疏误。对人地关系的论述不多。由于教材多从西方地理课本转译而来，因而存在地理环境决定论和种族优劣论等错误论点。

1932 年以后是开设地理课教学时数较多的时期之一，总时数达 12 课时，初、高中 6 学年全都开设地理课程，每周均为 2 课时。课程内容在小学、初中、高中基本上都是循环重复，从本国地理到外国地理，区别仅是内容的繁简。参见表 1-3。

表 1-3　1932 年中学地理课程②

年级	初一	初二	初三	高一	高二	高三
教学内容	中国地理	中国地理	外国地理	本国地理	本国地理 外国地理	外国地理 自然地理
每周课时	2	2	2	2	2	2

该阶段地理教科书的编写质量有所提高，打破了以往地方志式的编写框架，也打破了中外地理界限，初中地理纲目全新。教科书的内容以人文地理为主，注重人地关系，其地理性和系统性有所增强。同时，科学性也有明显提高，例如中国的地形、气候、人口等都能采用新的研究成果，用数据和分布图来说明。注意到自然地理现象的解释和人地关系的分析，增加了地图、照片和插图。但初高中地理内容重复，单调枯燥，难以引起学生的兴趣。

地理教学方面，新旧两种方法兼有。旧的是演讲式，师讲生听，运用方便，普遍流行，弊端是学生被动接受知识。新方法来自海外，主要从美国输入，如设计教学法，通过设计活动来进行教学，但仅局部风行一时，未能推广；也有教学实践中摸索出来的讨论、实习方法等。

总体而论，新中国成立前的中学地理教育，近半个世纪也有一定演进，但由于社会、历史的制约，发展缓慢，内容、方法落后，鲜有改革，也难以成功或推广。

(二)新中国成立后的中学地理课程

按其不同历史特征，大致可分为兴盛(1949～1957 年)、萎缩(1958～1976 年)、振兴(1977～2000 年)、全面推进(2001 年～)四个时期。各时期课程安排参见表 1-4。

表 1-4　1949 年以来我国大陆地区中学地理课程设置③(括号内为周课时数)

年份	初一	初二	初三	高一	高二	高三	周课时合计
1949～1952 年	中国地理(2)	中国地理(2)	外国地理(2)	中国地理、自然地理(1950 年)(2)	中国地理(2)	外国地理(2)	12
1953～1957 年	自然地理(3)	世界地理(2/3)	中国地理(3/2)	外国经济地理(2)	中国经济地理(2)		12

① 陈尔寿主编. 地理教育与地理国情[M]. 北京：人民教育出版社，1998：3.

② 陈尔寿主编. 地理教育与地理国情[M]. 北京：人民教育出版社，1998：3.

③ 陈澄，樊杰主编. 地理课程标准(义务)解读[M]. 武汉：湖北教育出版社，2002：41，42.

（续表）

1958 年	地理(3)	地理(2)			经济地理(3)		8
1959～1962 年	地理(3)	地理(2)					5
1963～1965 年	中国地理(3)			世界地理(3)			6
1966～1976 年	地理(0～2)						0～2
1977～1980 年	中国地理(3)	世界地理(2)					5
1981～1993 年	中国地理(3)	世界地理(2)			地理(2)	地理(文)(3)	7(不含选修)
1993～1997 年	地理(3)	地理(2)		地理(3)		地理(选)(3)	8(不含选修)
1997～2001 年	地理(2)	地理(2)		地理(3)	人文地理基础(限选)(1)	区域地理研究(限选)(2)	7(不含选修)
初中 2001～ 高中 2004～ (实验推进)	地理(2)	地理(2)		地理 1～2(必)(2)	地理 3(必)(上学期)(2) 地理选修(2)		8(不含选修及综合实践课)

1. 地理教育兴盛时期(1949～1957 年)

该时期历时近 10 年，地理教育破旧立新，逐渐兴盛。

新中国成立初期，暂时沿用中小学地理课程体系，初中、高中地理课程依然循环重复设置。但教材有所改编，主要运用马克思主义的立场、观点和方法，对其落后错误之处进行批判，基本清除了“地理环境决定论”、种族优劣论等影响，同时加强了爱国主义、国际主义及劳动观点的教育。

1953～1957 年，参照苏联模式，构建了完整的地理教学体系。1956 年，公布了新中国成立后第一部《中小学地理教学大纲》(草案)并据此指导一系列教学活动。本阶段地理教学的特点是：统一由人民教育出版社编辑、出版教材；以苏联地理课本为蓝本，编写出版中小学地理教学参考书；翻译苏联的地理教学法教材，地理教学用具配套供应；地理教师严格依据教学大纲进行教学，既搞好课堂教学，也多开展地理课外活动。课程体系包括自然地理、经济地理、世界地理和中国地理，总课时达每周 12 课时。地理课程教学呈现兴盛景象。该时期地理教科书在内容上较系统、完整，但结合国情不够。而自然地理与经济地理分离，对不同社会制度的国家认识带片面性，教学中刻板推行“五段教学法”等，也造成一些消极影响。

2. 地理教育萎缩时期(1958～1976 年)

该时期从“教育大革命”到“文化大革命”，历时近 20 年，地理课程教学进入萎缩、停滞时期。由于“左”倾思想、错误路线的影响，地理课程大量缩减直至完全消亡。

3. 地理教育振兴时期(1977～2000 年)

“文革”结束，拨乱反正，改革开放。地理教育随国民经济、教育发展的大好形势进入一个恢复、振兴的新时期。

1978～1981 年，初中地理、小学地理和高中地理相继恢复。教育部于 1978 年、1986 年先后颁发新中国成立以来第三个、第四个《中学地理教学大纲》。为了与义务教育的地理教学相衔接，国家教委于 1990 年对第四个教学大纲进行了较大修订。此阶段，中学各学段的地理教科书经多次修改，质量逐步提高。

在课程内容上，初中学段开设区域地理(包括中国地理、世界地理、乡土地理)，高中阶段主要开设系统地理。在指导思想上，逐步明确了以人地关系、可持续发展理论作为地理教学内容的核心论题。在地理课本编写上，由以往“偏重提供事实材料”向“事实与原理相结合”方向转变，区域地理内容的组织由条述法向特征法转变，课本的表述方法也由以往的文字表述为主向图文并茂方向转变。尤其是1993年秋在全国范围内使用的义务教育地理新教材，更是以全新的面貌出现。

为了适应新形势下的地理教育，并与义务教育初中地理教材相衔接，1996年教育部重新制订《高中地理教学大纲》，并于次年开始实验新大纲和新教材。

自1977年恢复高考，地理一直作为文科考试科目之一。这给地理教育快速发展以契机。1993年起，全国大部分省、市不将地理列入高考范围，给地理教学质量、地理教师队伍的稳定带来负面影响，地理教育再次跌入低谷，直到新世纪的复兴。

4. 地理素质教育全面推进时期(2001年～)

2001年秋，我国启动了新中国成立以来改革力度最大的国家课改。地理教育进入全面推进素质教育新时期。

2001年，《全日制义务教育地理课程标准(实验)》颁发。2003年，《普通高中地理课程标准(实验)》颁发。与其同时进行的是新编的地理教科书及其部分地区的实验。2005年，全国除港、澳、台地区，全面进入初中地理课程标准和新编多版本地理教材的使用。2010年，高中新课程在全国较大面积实施。

此次初中地理课程结构改革的突出特点有二。其一是分科课程和综合课程相结合。地理分科设置见表1-4所示。同时有综合课程“历史与社会”(对应历史、地理分科)，及科学、艺术等综合课程。其二是无论分科或综合课程，跨学科的“综合实践活动”及涉及多学科的“地方与学校课程”均纳入其课程体系。参见表1-5。

表1-5　义务教育新课程的设置

	年级		
	初一	初二	初三
课程门类	思想品德	思想品德	思想品德
	历史与社会(或选择历史、地理)		
	科学(或选择生物、物理、化学)		
	语文	语文	语文
	数学	数学	数学
	外语	外语	外语
	体育与健康	体育与健康	体育与健康
	艺术(或选择音乐、美术)		
	综合实践活动		
	地方与学校课程		
周总课时数(节)	34	34	34
学年总课时数(节)	1190	1190	1122

说明：《科学》课程中有部分地学内容。如果学校选择《科学》与分科《历史》、《地理》，可相应减少《地理》中自然地理内容。若选择《历史与社会》与分科《生物》、《物理》、《化学》，则应参照地理课程标准安排自然地理内容。

此次高中地理课程结构改革的突出特点有二。其一是改学年制管理为学分制管理，按“学习领域”—“科目”—“模块”三层次组织课程。其二是以分科课程为主，但有必修系列与选修系列的组合(必修3模块：地理1、地理2、地理3，各2学分，各36课时。选修7模块：“宇宙与地球”、“海洋地理”、“自然灾害与防治”、“旅游地理”、“城乡规划”、“环境保护”与“地理信息技术运用”。每模块36课时2学分。学生选学其中两模块即可)。跨学科的“综合实践活动”单列。参见表1-6。

表 1-6 普通高中新课程的设置

学习领域	科目	必修学分	选修 1	选修 2
语言与文学	语文	10	国家为满足学生的兴趣、爱好和未来发展的需要,在共同必修基础上,各科课程标准设置若干选修模块,供学生选择。	学校根据当地社会、科技、文化以及自身条件开设,供学生选择。
	外语	10		
数学	数学	10		
人文与社会	政治	8		
	历史	6		
	地理	6		
科学	物理	6		
	化学	6		
	生物	6		
技术	信息技术	4		
	通用技术	4		
艺术	艺术或音乐、美术	6		
体育与健康	体育与健康	11		
综合实践活动	研究性学习	15		
	社区服务	2		
	社会实践	6		

进入新世纪的地理课程,正以前所未有的地位和作用适应着社会、学科和学生素质发展的需求。其创新特色将在第三章继续深入研究。当前改革表现出以下突出特点:(1)改革力度大、步伐快;(2)不断渗透当代课改新理念;(3)教学目的更加全面;(4)教学内容加强人文地理,重社会应用,突出人地关系主题;(5)教材编写以学生为本,重活动,重情趣,重能力,图文并茂,形式新颖;(6)计算机辅助教学技术广泛应用;(7)地理教育科研蓬勃开展。

总之,我国大陆地区中学地理教育曾经历过多的沧桑与磨难,近半个世纪就出现过"两起两落",而在新世纪迎来第三次崛起。历史证明,应生产力发展和社会发展需要而产生、发展的地理教育是不可遏制的。参见图 1-1。

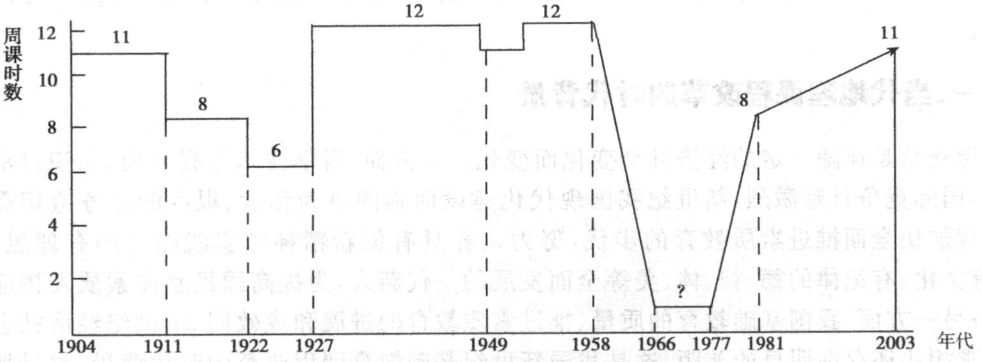

图 1-1 百年来中学地理教学时数的演变①

【学习资料】

香港特别行政区和台湾省的地理教育发展

目前香港学制是:小学 6 年,初中 3 年,高中 2 年(称中四、中五),大学预科 1 年或 2 年。

20 世纪 80 年代以前,香港私立中学较多,后因经济迅速发展,公立学校大大增加,到 1985 年已有 70%

① 梅桃源主编. 高中地理课程标准教师读本[M]. 武汉:华中师范大学出版社,2003:15.

的中学生在公立中学就读。地理课程在香港普通教育中受到重视。一般中学从初一到高二年级都开设地理课。一方面,因其1997年回归祖国前受英国重地理教育的影响较深;另一方面,也因其"自由贸易港"的环境需要。

表1-7 我国香港特别行政区中学地理课程设置

年级	初中			高中	
	中一	中二	中三	中四	中五
课程	香港本土地理	世界地理	世界地理	自然地理	人文地理和经济地理
周课时数	2	2	2	4	3～5

初一到初三不修读分科《地理》的学生学习《社会科》,它是一门综合历史、地理、经济和公共事务的科目。《地理》和《社会》两门学科都是初中阶段持续三年的必修课。香港高中习惯分为文、理、商三组,修读地理的学生较多。

台湾省中小学修业年限为12年。其中,国民教育(即义务教育)为9年,前6年称为国民小学,后3年称为国民中学;3年普通高中,称为高级中学。

表1-8 我国台湾省中学地理课程设置

年级	初中			高中		
	一	二	三	一	二	三
课程	中国地理	中国地理 外国地理	外国地理	地理学通论	外国地理 本国地理(区域部分)	文科:人文地理、经济地理 理科:地球科学
周课时数	2	2	1	2	2	2

近年来,国民中学单独设置地理课程。初中三个年级都开设地理课,周课时总量为5课时。高中三个年级也都开设地理课。高中地理课程分为必修和选修。高一、二年级地理为必修课程,每周2课时。高三年级三门选修课,实行文理分科,文科可选修《人文地理》或《经济地理》,理科选修《地球科学》课程。

第二节 当代地理课程改革的理念和目标

课程改革一向为教育改革的核心而备受关注。当代地理课程改革的理念与目标,既受当代课程改革理念与目标的制约,也与学科自身发展及学科使命有密切关系,时代背景鲜明。

一、当代地理课程改革的时代背景

课程总是伴随一定的经济社会变化而变化。一方面,科学技术迅猛发展,知识经济加速到来,国际竞争日趋激烈,新世纪我国现代化建设面临的更为伟大、艰巨的任务迫切需要基础教育加快全面推进素质教育的步伐,努力培养具有创新精神和实践能力的有理想、有道德、有文化、有纪律的德、智、体、美等全面发展的一代新人,为提高国民整体素质发挥应有的作用;另一方面,我国基础教育的质量、推进素质教育的进展和成效同21世纪经济社会的发展要求相比还存在明显的差距,这是我国新世纪基础教育课程改革的时代背景,也是地理课程改革的宏大背景。

当代社会、经济、科技、文化的深刻变革,地理科学、教育科学的快速发展,世界地理课程改革的蓬勃推进及地理课程现存的诸多问题,都要求地理课程教学全面改革,与时俱进。

(一)知识经济社会对地理课程改革的要求

20世纪后期,主要由知识创新引起的科技进步逐渐成为经济发展的决定性因素,科学技术成为第一生产力,人类社会加速进入知识经济时代。知识经济是建立在知识和信息的生产、分配和使用基础上的经济。在知识经济时代，知识即智力资源成为决定经济增长的关键因素，而非单纯对劳动力资源和自然资源的占有；依托高新知识的高技术产业成为经济支柱，而非劳力密集或物能密集的产业；知识创新、科技进步成为增强综合国力、决胜于激烈国际竞争的决定性因素，而非其他。知识经济的这些特点对传统生产要素观、产业观、国力观无疑是巨大的冲击。“地球是平的”理论与现实挑战着传统的空间经济观。各国企业及跨国企业可在全球范围内寻找最佳的生产资源和市场资源组合方式。任何国家和地区，脱离了经济全球化，都难以发展。这一切，都要求基于传统产业经济的地理课程在价值取向、内容选择、思维方式及研究方法等方面的相应变革。

(二)趋同而多元的社会可持续发展对地理课程改革的要求

冷战结束以后，世界政治经济局势发生深刻变化。趋同而多元及谋求可持续发展成为当代社会两大突出趋势。

从趋同性来看，政治上，和平与发展成为世界主流；经济上，市场经济成为世界通用的经济模式；技术上，以互联网为特征的信息技术冲破传统的国界障碍；文化上，世界各国文化交流日趋频繁，具有普遍意义的优秀文化被广泛学习和仿效。从多元性来看，世界的多极化，市场经济的多种模式，全球文明融合，同时各种亚文化异彩纷呈等，均是其反映。从个人角度，个人可选择的生活方式、机会和机遇空前丰富。社会为各类型的人都提供了生存和发展的空间。①

可持续发展是促进人与自然、人与人及人自身发展世代和谐的世界行动纲领，其“既能满足当代人的需要，又不损害后代人满足其需要的能力的发展”的思想，将引领置身重重困难的人类创造美好未来。

趋同而多元的世界要求地理课程更多反映全球趋势，体现多元文化视野，既要传播世界文明的共同精髓，又要兼容、尊重不同的文化，弘扬本民族文化精华。可持续发展理想则要求地理课程在环境与发展教育上发挥实质性作用，要凸现可持续发展主题，要引领学生以可持续发展观念深刻剖析种种环境灾难，提高理解力与行动力，增强危机感和责任感。

(三)日益丰富开放的文化发展对地理课程改革的要求

广义文化指人类在社会历史发展过程中所创造的物质财富和精神财富的总和。一般包括物质文化、精神文化与制度文化。趋同而多元的世界文化发展日益丰富开放，涉及广义文化的方方面面，地理课程的文化视野，需要拓展。

从日益丰富开放的物质文化看地理课程，传统的产业文化过于狭窄。伴随知识经济的电子信息产业、高新技术产业，将日益主导；资源开发、生产布局、城乡规划、地域特色等，要反映时代特征；交通文化、建筑文化、居住文化、饮食文化、服饰文化等，将扩展地理视野；文化传承、文化扩散、文化联系，将更为重视。

从日益丰富开放的精神文化看地理课程，其蕴涵需要延伸。除了可持续发展理念对科学的资源观、环境观、人口观、发展观的全面渗透，了解、尊重所有民族的精神财富，“宣扬国际间、种族间和宗教集团间的谅解、容忍和友谊”②，宣传天人合一、人地和谐、世界大同的理想境界，都是人类共建和谐世界所必须。

从日益丰富开放的制度文化看地理课程，需更加关注国家、国际社会为人类可持续发展

---

① 钟启泉等主编.基础课程改革纲要解读[M].上海：华东师范大学出版社，2001：2.

② 国际地理教育委员会.冯以浤译.地理教育国际宪章[J].地理学报，1993(4).

而制定的相关法律、公约等行为准则。诸如环境保护法、森林法、野生动物保护法、联合国海洋法公约、气候变化框架公约、生物多样性公约、湿地公约、防治荒漠化公约、保护臭氧层公约等,学习、宣传、导之以行,地理课程责无旁贷。

(四)现代科技进步对地理课程改革的要求

现代科学技术,尤其是计算机、信息技术的迅猛发展,互联网的日益广泛利用,"3S"系统的兴起,数字地球概念的建立,使地理科学的研究技术、方法发生革命性的变化。

以地理空间信息的产生、传输与转换及地理信息系统形成与发展为主要研究对象的地理信息科学,融区域科学、技术科学、系统科学于一体。"3S"技术极大拓展了地理科学的视野,并作为其空间研究和动态分析的强有力技术手段。地理课程如何及时反映这些新变化、新成果,如何借助现代信息技术增强探索地理奥秘的情趣,拓展地理知识的视野,深化地理问题的研究,提升地理研究的方法,确立科学的时间观,需要积极研讨。

(五)当代地理科学发展对地理课程改革的要求

20世纪80年代以来,尤其近十余年,社会、经济、科学技术的快速发展促进了地理科学的蓬勃发展。全球变化导致对地球表层系统的研究深入开展,可持续发展理论的提出使人地关系研究进一步得到重视,"3S"技术及"数字地球"为地理科学插上腾飞的翅膀。

当代地理学综合性、全球性、应用性、高技术性等特色更为突出。"统一地理学"的突出特点要求其注重自然与人文的结合。"综合地理学"的突出特点要求其注重地表各圈层间的相互作用。"全球地理学"的突出特点要求其具有更多关注全球变化的宽广视野。"应用地理学"的突出特点要求其更多关注人地系统的对立与协调。"高技术地理学"的突出特点要求其更多关注"3S"技术及全球应用①。这些都是地理课程改革要应对的诸多挑战性课题。

(六)现当代教育科学发展对地理课程改革的要求

半个世纪以来,教育科学理论快速发展。从20世纪五六十年代人们较为熟悉的发展性教学理论、最近发展区理论、教学过程最优化理论、结构主义教学理论、掌握学习理论、发现教学理论、范例教学理论、暗示教学理论、非指导性教学理论,到20世纪七八十年代的合作教育理论、交往教学理论、多元智力理论、教师专业化理论、情商说、全民教育理论、终生教育理论、校本课程理论,到近一二十年振聋发聩的建构主义学习理论、后现代主义教育理论等,其间伴随着行为主义心理学、认知主义心理学、人本主义心理学的历史发展,成果累累。一个引人注目的历史发展趋势是"教"向"学"的转轨,是"教学客体"到"教学主体"的教学研究重心的转移②,是让学生真正作为一个主动学习、自主探究、自由发展的个体"站立起来"③。也许长期以来对以教为主的教学理论尚未完全明彻,而以学生为本的课程改革已刻不容缓。这种"教的本质是学"④的根本转变,对于长期重教轻学,重师轻生,陷于"教师、教材、课堂"三中心的传统地理课程,挑战同样非常严峻。

(七)《地理教育国际宪章》指导下快速推进的世界地理课程改革

1992年,《地理教育国际宪章》颁发,其对地理教育地位与贡献的充分肯定,对地理教育

---

① 黄京鸿.当代地理学与地理课程教学视野中的《世界自然地理》课程改革[J].西南师范大学学报(自然科学版),2008(5).

② 杜晓利.教育研究重心的转移:从"教学客体"到"教学主体"[J].教育发展研究,2005(12).

③ 叶文梓.教育制度改革的时代命题:让个人站立起来[J].教育发展研究,2005(11).

④ 郭思乐.以生为本的教学观:教皈依学[J].课程·教材·教法,2005(12).

目标、内容、原则、策略等方面的精辟阐述,引领世界地理教育改革进入新时期。课程改革作为教育改革的核心仍居于突出地位。各国纷纷深入进行地理课程改革。

以一些发达国家的地理课程改革为例。美、英、日、俄、法、德、加、澳等国纷纷制定国家地理课程标准或修订地理课程标准。地理课程改革发展蓬勃推进的共同趋势是:(1)地理课程地位普遍提升,多为核心课或必修课。(2)地理课程类型及其设置多样化,有必修课与选修课,分科课与综合课等。(3)地理课程目标更加关注学生的全面发展,注重知、能、情三维目标,注重目标表述的层次性和可测量性等。(4)地理课程内容采用区域学习和专题学习的构建方式,以人口、资源、环境、区域发展和人地关系为核心,关注现实社会重大问题和学生生活实际问题,重视国际理解与合作。(5)重视现代信息技术手段的应用。(6)倡导自主、探究、合作的学习方式,重视实践能力的培养。(7)推行学习过程与学习结果并重的学习评价机制等等。参见表 1-9～表 1-13。

(八)我国地理课程的现实差距

两相比照,我国地理课程在上述诸方面都差距较大。例如:

课程理念方面:过于强调课程的应试功能,公民素养的教育功能被削弱。环境意识、国际视野、可持续发展观薄弱,课程教学的诸多观念已经落后。

课程设置方面:过于强调统一,门类单调,重必修,轻选修,学生的差异发展被削弱。

课程目标方面:过于强调记背知识、应试能力,研究问题的方法与过程、实践能力与创新能力、丰富的情感态度价值观被削弱。

课程结构方面:过于强调学科本位,自然人文结合及相关学科综合被削弱。

课程内容方面:过于注重书本知识、体系完整,主题研究、应用研究不足,社会性、发展性不足,与生活世界及学生发展心理的密切联系被削弱。

课程实施方面:过于强调接受学习,学生自主、探究、合作的学习被削弱。

课程评价方面:过于强调甄别与选拔,评价方法单调,促进发展的功能被削弱。

课程管理方面:过于强调集中管理,地方、学校、教师的创造性被削弱。

表 1-9　部分国家的地理课程开课年限和课时设置*

国家	开课年限和课时
英国	规定所有公立学校小学、初中儿童都必须学习地理课程,课时占中小学所有总课时的 10%。高中可选修,另增地理课时
法国	从初一到高三,每年开设地理课(高中第二、三年为文理班开),总周课时数为 12
美国	地理课程,一般见于初中一年级,每天 1 课时,每周 5 课时。高中地理课时由各校自定。课程有"地球和宇宙科学"、"环境科学"、"经济地理"等可自由选择
俄罗斯	初中、高中共 11 课时/每周,总课时达 374 节(不含高中选修课)。高中各年级均设地理课。必修课有"俄罗斯自然地理"、"俄罗斯人口和经济地理"、"世界经济和社会地理"
日本	初中为地理、历史和公民共同组成社会科。必修课。1～3 学年的授课时数共 295 学时。高中地理为限选必修课,包括地理 A 和地理 B。学年授课时数分别为 70 学时和 140 学时
德国	初中每个年级每周都开设 1～2 节地理课,重视环境教育 高中阶段地理课程每周 5～10 课时,重视环境教育
澳大利亚	一般初中开始正式学习地理科目,必修课为 100 学时。高中(9～10 年级)的地理必修课时为 100 学时。同时有地理选修课(规定至少选择两个专题)。高中(11～12 年级),分为预备课程和高级证书课程,课时分别为 120 学时

表 1-10　俄罗斯十一年级(高中)“全球地理”课程内容体系*

序号	课程内容体系	序号	课程内容体系
1	现代全球问题理论和全球地理	10	全球食品形势
2	人类全球问题	11	全球能源形势
3	生物圈是生物的全球组织	12	全球资源形势
4	人类开发地球	13	全球欠发达国家和地区形势
5	全球生态	14	世界海洋问题
6	大气、水、土壤的污染及其后果，控制污染	15	国家间与地区间的全球问题
7	世界各大区域的生态保护	16	现代的其他全球问题
8	核威胁与保卫和平	17	人类全球问题的相互关系和未来的预测及前景
9	全球的人口形势		

表 1-11　澳大利亚新南威尔士州高中地理课程内容体系*

年级	课程内容体系
11 年级	世界中的澳大利亚 总论：澳大利亚环境　澳大利亚人和生物环境　综合：当代澳大利亚
12 年级	全球环境 核心主题：自然资源的利用　居民聚落和生活方式 单元供选部分：食物和农业　制造业和技术革命　世界经济发展　濒危的地球　核子时代的世界能源　澳大利亚的近邻 总论：澳大利亚近邻的文化多样性和文化接触　自然资源管理　澳大利亚与近邻关系 单元供选部分：食物和乡村地区城市化　经济发展　濒危的环境　政治紧张

表 1-12　德国萨尔州文理中学 7 年级地理课程内容*

地球上的气候与植物区	太阳对地球的辐射　风与海流　气候区与植物区　地区面貌的改变　地球的产生与构造　内力作用　外力作用
人类对大自然的侵犯	亚马孙地区开发　阿斯旺水坝　严寒地区空间开发　可以无限制地污染空气吗　对森林的掠夺性开采以及给地中海地区带来的后果　水的利用与危害　人人都制造垃圾但无人需要垃圾　土地的危害与土地的利用

表 1-13　加拿大安大略省地理学科成绩标准*

知识技能	第一级水平	第二级水平	第三级水平	第四级水平
理解概念	展示对少数概念的理解，极少数给予完全的解释	展示对一些概念的理解，有时给予完全的解释	展示对多数概念的理解，通常给予完全或几乎完全的解释	展示对全部(或几乎全部)概念的理解，一贯给予完全的解释
概念和技能的应用	很少在各种情况下应用概念和技能，很少展示对地理课程与校外世界的联系	有时在各种情况下应用概念和技能，展示对地理课程与校外世界的联系的一些理解	通常在各种情况下应用概念和技能，展示对地理课程与校外世界的联系的真正理解	一贯在各种情况下应用概念和技能，展示对地理课程与校外世界的联系的彻底理解

* 该四表引自：陈澄，樊杰主编．普通高中地理课程标准(实验)解读[M]．南京：江苏教育出版社，2003：12,16,17,20.

二、地理课程改革的时代理念

(一)当代课程改革理念及价值取向

理念是对人的行动具有指向性的理性认识。教育理念是人们在教育实践中形成的对教育发展具有指向性的理性认识。先进教育理念是建立在教育规律之上能导引教育发展的远见卓识。教育理念的突破往往引起教育实践的巨大变革。终生教育、和谐教育、创新教育、环境教育、合作教育、多元智力、建构主义、校本课程等，是当代广为倡导的国际教育新理念。[①] 这些理念对地理课程教学改革深入有重大影响。

教育理念的不同从根本上说是教育价值取向的不同。国际性与民族性统一的多元主义教育价值观，平等与高质量统一的教育民主与教育公平的理念，科学世界与生活世界统一、科学精神与人文精神整合的主体教育观，人与自然统一的生态伦理观及个人与社会统一的个性发展观等，是当代教育改革的价值追求。这些价值取向已在我国新一轮基础教育课程改革中折射出来。

当代价值取向的课程观已经发生重大变革。如课程内涵上，由课程是"课业及进程"的传统阐释，转向课程是"学习者经验与社会文化的互动"，是"教师、学生、教材、环境的动态统一体"的理解。在课程外延上，更多强调显性课程与隐性课程结合，制度课程与空无课程结合，学校课程与校外课程结合等。当代课程与课程研究正表现出以下十大趋势：以人文、自然、社会并重体现课程内涵的融合；以人的发展、经济发展、社会发展并重体现课程价值的融合；以核心课程、边沿课程、外围课程的协同体现课程空间的融合；以本土的、民族的、国际的课程体现课程地域的融合；以国一地一校课程的适当配置体现课程权力的融合；以知识习得、思维训练、人格健全的协同体现课程目标的融合；以逻辑序、历史序、认知序的协同体现课程序的融合；以理论的、应用的、技术的协同体现课程层次上的融合；以归纳的、演绎的、非逻辑的协同体现课程编制方法的融合；以多层次、多样性、多变性体现课程差异中的统一。[②] 这些都深刻影响着地理课程的改革。

(二)当代课程改革理念对地理课程改革的指导

时代先进理念影响下，"为了中华民族的复兴，为了每位学生的发展"已成为我国基础教育课程改革的核心理念，为此需要：

(1)从促进人的发展、社会发展、学科发展的统一认识地理课程价值。(2)以公民必备地理素养为导向构建地理课程目标。(3)根据学生不同学习需要设置地理课程。(4)以科学与生活的融合学习有用的地理。(5)以促进学生发展为本，改变地理学习方式。(6)拓展资源构建开放式地理课程。(7)基于现代信息技术提升地理课程技术。(8)指标多元、方式多样改革地理课程评价。(9)与新的课程观密切联系的教学观念的全面变革。参见表 1-14。

表 1-14　新、旧教育观的比较[③]

教育观	旧教育观	新教育观
价值观	以知识传授为重点	以促进学生知、能、情意等全面发展为中心
课程观	学科内容及其进程	教师、学生、教材、环境交互作用的动态统一体
学生观	被动的接受者	主动的学习者、知识的建构者、学生命意义的人
教师观	传授者、主宰者、管理者	促进者、引导者、平等中的首席、学习者、研究者
师生观	教师中心、师主生从	学生中心、学习共同体中互动的学习伙伴
教材观	教科书	教学利用的一切素材、手段。教材是范例
教学观	师教生学、师讲生听的活动	师生"沟通"与"合作"的活动或对话、交流与知识创生的活动

① 顾明远等. 国际教育新理念[M]. 海口：海南出版社，2001：1～3.
② 张华. 论基础教育课程改革的价值取向[J]. 天津师范大学学报，2002：3.
③ 黄京鸿. 积极探索课改策略，深化地理素质教育[J]. 中学历史、地理教与学(人大复印资料)，2003(7).

(续表)

学习观	机械练习、背诵、复现	自主、探究、合作的学习,自由创意
媒体观	地图、模型等少数常规媒体	常规媒体与现代信息技术融合的多媒体
环境观	孤立的人工背景、课堂环境	创设或引入仿真的及现实生活中的背景
学校观	人才产品批量生产的工厂	学生建构性学习与发展的场所,学习共同体的活动环境
家长观	学生意见的反映者	合作的教育伙伴
评价观	卷面成绩为主,重甄别、选拔	多元评价,多方式评价,多主体评价,过程、结果结合,量化、质性结合,重发展性、激励性评价

三、地理课程改革的基本目标

课程改革目标在时代教育理念指导下,围绕人的培养目标来设计和确定。地理课程改革目标,在基础教育课程改革的总体目标指导下制定,并密切结合地理课程实际。

(一)基础教育课程改革的总体目标

《基础教育课程改革纲要(试行)》(以下简称《纲要》)指出,基础教育课程改革要以邓小平同志关于“三个面向”和江泽民同志“三个代表”重要思想为指导,全面贯彻党的教育方针,全面推进素质教育。新课程的培养目标应体现时代要求。

基础教育课程改革总体目标,即“六具有”、“两形成”的“四有”新人培养目标。《纲要》指出,“要使学生具有爱国主义、集体主义精神,热爱社会主义,继承和发扬中华民族的优秀传统和革命传统;具有社会主义民主法制意识,遵守国家法律和社会公德;逐步形成正确的世界观、人生观、价值观;具有社会责任感,努力为人民服务;具有初步的创新精神、实践能力、科学和人文素养以及环境意识;具有适应终身学习的基础知识、基本技能和方法;具有健壮的体魄和良好的心理素质,养成健康的审美情趣和生活方式,成为有理想、有道德、有文化、有纪律的一代新人。”

为了实现这一总体目标,针对现行基础教育课程存在的弊端,《纲要》还提出了基础教育课程改革的六项具体目标,成为各学科课程改革的基本总体框架。该六项具体目标是:

在课程功能上,改变课程过于注重知识传授的倾向,强调形成积极主动的学习态度,使获得基础知识与基本技能的过程同时成为学会学习和形成正确价值观的过程。

在课程结构上,改变课程结构过于强调学科本位、科目过多和缺乏整合的现状,整体设置九年一贯的课程门类和课时比例,并设置综合课程,以适应不同地区和学生发展的需求,体现课程结构的均衡性、综合性和选择性。

在课程内容上,改变课程内容繁、难、偏、旧和过于注重书本知识的现状,加强课程内容与学生生活以及现代社会和科技发展的联系,关注学生的学习兴趣和经验,精选终身学习必备的基础知识和技能。

在课程实施上,改变课程实施过于强调接受学习、死记硬背、机械训练的现状,倡导学生主动参与、乐于探究、勤于动手,培养学生搜集和处理信息的能力、获取新知识的能力、分析和解决问题的能力以及交流与合作的能力。

在课程评价上,改变课程评价过分强调甄别与选拔的功能,发挥评价促进学生发展、教师提高和改进教学实践的功能。

在课程管理上,改变课程管理过于集中的状况,实行国家、地方、学校三级课程管理,增强课程对地方、学校及学生的适应性。

基础教育课程改革的上述目标,为地理课程改革目标指明了方向。

(二)地理课程改革的具体目标

地理课程改革目标原则上与基础教育课程改革目标一致,在初、高中有关《地理课程标准》中均有明确体现。

1. 转变地理课程功能:改变偏重知识传授倾向,着眼于公民必备地理素养

"全面推进素质教育","着眼于学生的全面发展和终身发展","培养现代公民必备的地理素养",是初、高中《地理课程标准》中阐述的重要指导思想。

基于此,初中地理课程目标重点为:培养学生的地理实践能力和探究意识,激发学生学习地理的兴趣和爱国主义情感,使学生逐步形成正确的人口观、资源观、环境观以及可持续发展观念。高中地理课程目标重点为:弘扬科学精神和人文精神,培养创新意识和实践能力,增强社会责任感,强化人口、资源、环境、社会相互协调的可持续发展观念。并以此构建三维教学目标体系,指导地理教学全过程。

2. 优化地理课程结构:改变"学科中心"倾向,构建开放并基于信息技术的地理课程

优化的地理课程结构,具有显著的综合性、应用性、均衡性、选择性。

首先,具有显著的综合性。其一,体现于分科课程与综合课程的结合,这是对"学科中心"课程模式的突破。如初中地理新课程,既设有分科《地理》课程,也设有《科学》与《历史与社会》(分别有部分地学或地理内容)等综合课程。其二,体现于国家课程、地方课程和校本课程的结合,这是对长期国家课程"单一模式"的突破。

第二,具有显著的应用性。例如,初、高中地理课程均设置的"综合实践课程"(含研究性学习、社区服务、社会实践),具有应用研究特征的"乡土地理"课程,各具特色的"校本课程",地理信息技术等应用技术类课程。这是对"知识本位"课程模式的突破。

第三,具有显著的均衡性。例如,初中区域地理为主课程与高中系统地理为主课程的协同,课堂文本类课程与课外实践类课程的协同,高中地理理论类、应用类、技术类课程的协同等。

第四,具有显著的选择性。即必修与选修、统一课程与个性化课程的结合,这是对课程集权的突破。如高中地理新课程必修三模块与选修七模块(参见第三章)的结合。初中地理课程的选择性更多体现在兴趣小组、乡土地理研究、"综合实践课程"中。

开放而优化的地理课程也必然基于信息技术,这是对封闭式学校课程及地域课程的突破。利用先进的地理信息技术、便捷强大的网络,地理课程资源空前延伸。

3. 更新地理课程内容:改变"知识本位"倾向,学习"有用地理"

学习"有用地理","培养现代公民必备素养",是初、高中《地理课程标准》的基本要求。

"有用地理"追求地理课程内容基础性、时代性、应用性、选择性、发展性的和谐统一。

(1)"有用地理"具有基础性。这主要指地理课程应提供未来公民必备的地理基础知识,培养学生基本的地理学习能力和生存能力,关注人口、资源、环境和区域发展等基本问题,以利于学生正确认识人地关系,形成可持续发展等基本观念。例如,初中地理以易于学生接受、贴近学生生活的地理学基础知识——区域地理为主要内容,原则上不涉及较深层次的成因及较抽象的地理学理论问题。高中地理以系统地理、应用地理的基础知识为主,对学生在分析地理事实,学会运用基本地理原理探究地理成因及地理规律、重要理论与观点的实际运用等方面有更高的要求。

(2)"有用地理"具有时代性。这主要体现在地理课程要反映现代教育理念,反映地理科

学发展，以可持续发展为指导思想，以人地关系为主线，以当前人类面临的人口、资源、环境、发展等问题为重点，以现代科学技术方法为支撑，紧跟时代步伐，使地理课程具有一定的先进性和超前性。

(3)“有用地理”具有应用性。这主要体现于地理科学知识对解决地理世界人口、资源、环境、发展等诸多问题的价值，以及对学生学以致用，分析研究身边地理问题的观点、方法、能力的指导。

(4)“有用地理”具有选择性。这主要体现于地理课程内容设计的弹性、开放性。例如，世界地理和中国地理的分区，可在区域基本地理要素、必须掌握的“双基”及必选区域数量(至少选择一大洲、五地区和五国)前提下自行选择。高中地理选修课程的自由选择等。

(5)“有用地理”具有发展性。立意于素质教育的基本理念，精选生活有用、终生有用的学习内容，关注地理科学、信息技术发展的最新成果，重视学习能力、学习方法和正确观念的形成，学生终生受益。

五性统一，使地理课程内容对学生发展、社会所需、反映学科先进水平，更为有用。

4. 改革地理课程实施：改变学生被动学习倾向，倡导自主探究、合作交流、动手实践

《全日制义务教育地理课程标准》指出：“改变地理学习方式。要根据学生的心理发展规律，联系实际安排教学内容，引导学生从现实生活的经历与体验出发，激发学生对地理问题的兴趣，培养地理学习能力，鼓励积极探究，使学生了解地理知识的功能与价值，形成主动学习的态度。”

《普通高中地理课程标准》指出：“重视对地理问题的探究。倡导自主学习、合作学习和探究学习，开展地理观测、地理考察、地理实验、地理调查和地理专题研究等实践活动。”

“学会学习”是时代的倡导。改变学习方式是新一轮课程改革的突破口。自主强调主体性、主动性、独立性；探究强调自主性、参与性、合作性，强调质疑、探索、发现问题及解决问题；合作交流强调团体性、责任与互助；动手实践是获得真知的必由之路。唯有学生主动参与、勤于探究、乐于合作，其学习与研究能力、分析和解决问题的能力、交流与合作的能力以及创新意识与能力等，才能获得实质性的发展。

以自主、探究、合作为突出特征的学习方式和相应教学方式的变革，将极大改变教师教学模式单一，学生死记硬背应对考试的落后、低效局面。

5. 构建新的地理课程评价：改变偏重甄别与选拔，建立激励学生发展的评价体系

初、高中《地理课程标准》均指出：“注重学习过程评价和学习结果评价的结合。重视反映学生发展状况的过程性评价，实现评价目标多元化、评价手段多样化，强调形成性评价与终结性评价相结合、定性评价与定量评价相结合、反思性评价与鼓励性评价相结合。”“创设一种‘发现闪光点’、‘鼓励自信心’的激励性评价机制。”

评价是试金石，是衡量达标与否的准绳。是否激励、促进学生发展，成为传统地理课程评价与新地理课程评价的分水岭。地理新课程要对现行教师教学评价体系和学生学业成就评价体系进行改造，重点围绕地理教学三维目标展开，构建灵活多样的评价方法。

6. 实行地理课程分级管理：改变管理过于集中倾向，重视国家、地方、学校三级课程的建设与协同

初、高中《地理课程标准》在“构建开放式地理课程”等基本理念，以及“课程资源的利用与开发建议”、“教科书编写建议”等内容改革方面都阐述了三级课程开发建设与协同的思想。

三级课程的建设与协同是共性与个性统一的需要。"一标多本"国家审定课程教材的编写，各具特色的地方课程及校本课程的编写，为学生全面而有个性的发展开拓了更为广阔的空间，也为广大地理教师提供了前所未有的参与课程开发与建设的机会，带来了新的挑战。

四、地理课程改革的挑战与应对

自2001年秋开始初中地理新课程实验，地理新课程迅速推进。一方面在地理新课标与新教材研制开发、地理课程实验广泛深入开展中不断取得喜人成果；另一方面对陈旧的教育观念及教学行为形成强大冲击，带来诸多挑战，需要每一位地理教师积极应对。

(一)地理课程改革的挑战

1. 先进教育理论及理念的挑战

2001年兴起目前仍声势浩大展开的新一轮基础教育课程改革，是我国新中国成立以来第八次也是变革力度最大的一次课程改革，其最显著的特征之一是指导课程改革的理论思维焕然一新，这种"洗脑"式的观念转变使长期受控于传统教学观念的多数教师短期内难以适应。

课改先进教育理念来自先进的教育理论。例如，"教师、教材、课堂"三中心是追求"教学规模"的传统教学理论；"为学生学习而教"、"体验学习"、"发现学习"、"探究学习"、"合作学习"、"建构主义学习"、"多元智能理论"等，则更多反映了以"学生发展为本"的现当代教学理论的精髓。对教学理论历史发展的明晰、对现当代教学理论的认真研读以及对传统地理教学的冷静反思，是地理教师进行"脱胎换骨"式转变的前提。

2. 地理教师角色的挑战

地理教育观念的系列转变首先给教师角色以挑战。当教育作为和谐精神的体现，当学生成为主动的学习者，当师生成为学习共同体中互动的学习伙伴，地理教师的角色就不再是传统的理解。例如，怎样由天经地义的传授者向学习的促进者、引导者转化？课堂上口若悬河、旁若无人是否值得推崇？怎样由无上权威转化为学习的合作者、"平等中的首席"？惯于发号施令、文过饰非，是否正确？坦承不足，相问学生，是否有失尊荣？怎样由无所不能者转化为终生学习者和研究者？地理新课程理念下，"人类灵魂工程师"之说、"园丁"之誉，"一桶水"之说，"蜡烛"之誉等，又如何解读？

3. 地理教学实施与评价的挑战

地理新课程要求改变长期授受式教学模式，由重知识传授向重学生素质发展转变，由重"教"向重"学"转变，由重结果向重过程转变；由统一规格教育向差异性教育转变。地理新课程要求以大量具引导性的案例式、情境式、过程体验式等教学，启迪学生进行发现学习、探究学习、研究性学习，将知识转化为能力，将知识技能丰富为素养。调研表明，对地理新教材的不甚适应，对自主、探究、合作学习方式的不完全理解，沿袭旧方法教学新课程等问题，仍程度不同地存在，地理教学要走出"应试教育"的种种误区，还任重道远。

学习方式及教学方式的挑战必然带来学习评价与教学评价的挑战。学生学习评价怎样体现三维教学目标的协同？怎样体现学习过程与学习结果并重？怎样动员学生积极参与？教师的教学评价怎样从立足于"教"转变为立足于"学"？怎样建立教师、学生、家长三结合的课程教学评价体系？等等，这些都远未完成。

4. 地理课程资源开发及地理信息技术的挑战

传统地理课程资源多被认为是包含地理教科书、地理教学参考书、地理图册、地理练习册等在内的地理教材，主要是地理教科书，延伸多有局限，其建设开发也多与教师无关。新的地理课程资源则是有利于实现地理课程目标的所有因素和条件的总和，既有文本的，也有环境的；既有物化的，也有人力的；既有校内的，也有校外的；既有物质的，也有精神的；既有常规的，也有电子类的，等等。如何开发运用？又怎样优化组合？

5. 地理课程教学新的工作方式和人际环境的挑战

地理新课程从封闭走向开放，地理教师的工作方式、人际环境相应发生重大改变。例如，传统地理教学中教师多独立活动，而地理新课程则需不同学科教师的更多合作，如“综合实践活动”的教学。又如地理课程资源开发，需要地理教师加强与多方面人员的广泛协作与交流。而随着地理新课程的推进，新问题层出不穷，地理教师必须加强与同行、学生等多方面交流，才能凝聚智慧，有效促进教学。地理新课程要求教师具有更强的群体性与合作性。

6. 地理教师知识技能及综合素质的挑战

地理教师角色转变及地理课程教学的全新变革必然带来地理教师知识技能及综合素质的挑战。例如：新课程的时代性要求地理教师掌握现当代地理科学的最新发展，掌握现当代教育科学、心理科学的新理论，以及积累更多有效的教学实践性知识；新课程的应用性要求地理教师具有更丰富的生活地理知识和能力；学习方式的根本变革要求地理教师具有较强的指导学生进行自主、探究、合作学习的能力及开展综合实践活动的能力，具有更多更先进的教学策略以促进学生主动而富有个性地学习的能力；课程资源开发要求地理教师具有较强的课程开发与课程整合能力，人际交往与沟通的能力；基于信息技术的地理课程要求地理教师提高信息技术与地理教学有机结合的能力；地理课程的综合性、选择性要求地理教师有更宽厚的科学素养及文化素养；地理新课程情感、态度与价值观三维目标的确定要求地理教师相应的情感的丰富与观念、境界的提升。

从观念到行为的上述挑战，你准备好了吗？

(二)地理课程改革的应对策略①

1. 认真学习领会课程新理念，积极更新教育观念

先进理论是正确行动的指南。地理课程改革的成败，很大程度上取决于新理念是否确立。因此，地理教师要主动迎接并积极进行“洗脑”式的教育观念的全面更新，树立新的教育价值观、课程观、学生观、教材观、教学观、媒体观等，否则无法进行任何有实质意义的课程改革。这已为课改实践所证明。积极参加培训、个人自学、集体研讨、实践体验、反思总结等多种途径和方法都具有促进意义。

2. 充分关注过程方法、情感目标，精心设计和谐发展的课程目标

课程目标是人才培养的灵魂与指针。“为了每位学生的发展”具体落实到“知识与技能”、“过程与方法”、“情感、态度与价值观”三维课程目标。

与传统教学目标相比，“过程与方法”、“情感、态度与价值观”目标新颖，内容丰富。“过程”强调体验、探究，“方法”强调对多种学习策略的把握。“情感、态度与价值观”则包括从个人到乡土到国家到世界的宽广内容。而此两大目标，较之“知识与技能”，为多数教师所陌生。因此，只有从教学设计的理论思维到教学及评价的行为技术都高度重视三维目标协同，地理教学才能有效转变“高分低能”、“空头政治”等倾向，在地理素质教育中发挥积极作用。

---

① 黄京鸿．积极探索课改策略，深化地理素质教育[J]．中学历史、地理教与学，(人大复印资料)，2003(7)．

3. 积极改革教学方式，为学生拓展自主、探究、合作学习的新时空

学习方式的根本变革是本次课程改革的突破口。地理教师的教学方式、教学策略的改革要走在前面。例如，探究性学习是从学生的现实生活的经历与体验出发，通过"发现问题—分析问题—解决问题—发现新问题"的学习过程，提高学生学习地理的兴趣，掌握分析问题、解决问题的方法，培养他们的创新意识和创新精神。地理教师为此就要有目的、多方式地创设问题情景，例如借助视频、动画等技术，创设饶有兴味、探究性强的问题情境，借助辩论、竞赛、角色扮演等形式创设多向交流、互促共进的活动情境等，引导学生不断提出问题，并指导他们有效地进行资料收集、归纳整理、分析探究、寻求问题解决。在指导学生探究性学习中，认真实现教师角色转变，与学生充分互动交流、创造、分享、共进。

4. 坚持以人为本，积极研究、开发信息技术

随着信息技术的快速推进，计算机辅助地理教学及网络教育技术已在越来越多的学校开始应用，其大容量、广视角、富动感、强冲击等鲜明特征深受学生欢迎，成为促进学生学习的有力助手。为了应对新形势，地理教师要积极研究、开发信息技术，提高网络水平，强化自身信息能力，以便为学生创设多彩又富有探究的教学环境，有效促进地理教学目标的达成。

同时需要重视的是，地理信息技术应用，要坚持以人为本，为学生学习服务，而不能让学生被其束缚。地理教师不会应用地理信息技术显然落后于时代，但若利用地理信息技术搞"注入式"教学，同样有悖于时代。所以，地理信息技术的应用，目的比手段更值得关注。

5. 依托乡土地理，广开课程资源，拓展"生活化"、"信息化"的学习环境

进行地理课程资源建设，依托乡土地理甚为重要。乡土虽小，却包罗万象，是学生观察、体验地理世界最近、最佳、最便利的场所。地理教师需要对家乡山川分布、气候冷暖、民族风情、城乡沿革、资源环境、经济发展、对外交流等自然地理资源及人文地理资源，系统知悉，了然于胸，并联系社会力量，有计划地开发、建设。例如"游京郊学地理"、"重庆巴南十大教育基地的建设"(参见第七章)等，就是地理课程资源开发的很好例子。基于本地，联系域外，借助网络，可形成宽广的地理课程资源网，为学生学习有用地理创设丰富多彩的课程环境。

6. 建立综合性评价新机制，促进学生有个性地全面和谐发展

实践表明，针对传统评价方式的弊端，多元、综合的评价机制建立是突破点。为此，评价指标要注意彰显知、能、情三个维度；评价方式要注意落实教师、学生、家长三个主体；评价手段要注意体现"三结合、一坚持"：单项评价与整体评价相结合，定性评价与定量评价相结合，形成性评价与终结性评价相结合；坚持激励性评价为主。要充分调动学生参与，如活动评价、档案袋评价、师生共同评价等。

7. 坚持开放、兼容、进取、创新，保持向前向上的社会文化心态

课程改革带来多元、开放的社会文化及教育文化。当"教师、教材、课堂"三中心在呼啸而来的改革浪潮中轰然坍塌，开放、进取便不可逆转。教师主宰地位的丧失，课堂话语权的流转，旁观者与主持者的轮换，会带来诸多不适应，但不如此不能完成人才培养模式的根本转变。地理教师不以个人习惯、辛劳计得失，而为学生和社会谋发展，便可以海阔天高的心态，高举双手欢呼学习者解放时代的到来。早在半个多世纪以前，陶行知先生就曾倡导学生学习过程中的"六解放"(脑、手、眼、口、空间、时间)，倡导向前向上的文化。今天，陶先生的理想应由我们创造性地实现。视学生为学习共同体的平等伙伴，视同事为切磋交流的并肩战友，视课程为时空无限的创生资源，视教学为生生不息的创造过程，我们就能不断向前。

8. 勤于实践反思，加强教研交流，不断促进专业成长

20 世纪 80 年代中期以来，反思教学逐渐成为课程教学研究关注的热点，这与 20 世纪后

期世界反思文化的快速推进有关。反思教学是教师对其教学行为及其教学理念合理性、科学性的回顾、审视、批判性考察。毫无疑问，反思能使教师不断校正自己偏离课程改革方向的种种教学行为及观念，并不断在充满流动、复杂、不确定性的教学过程中增长智慧才情，不断创造出更能适应学生发展所需的动态向上的课程文化。勇于实践并勤于反思，地理教师才能和新课程一起成长。从更广义的层面说，反思使地理教师的教学之旅、生命之树常青。

【课改前沿】

国家级课程改革实验区教学改革工作进展调研报告要点①

一、取得成绩

1. 学生变了：爱学习了。学习内容生活化、情趣化；学习方式多样化、个性化；学习评价重激励、发展。学生综合素质明显提高。信息能力、交流表达能力、质疑创新能力、动手实践能力等。

2. 课堂教学变了：教学目标变了——重过程方法，情感体验；课堂教学活了——学生解放了，教材开放了，过程开放了，时空开放了。

3. 教师变了：观念变了——学生观：生本、主体、个性；课程观：合作构建、创生开发；教学观：交往、互动、共同发展。角色变了——学生学习促进者，教学研究者，课程建设者。

二、问题、反思

1. 把"对话"变机械"问答"。2. 为夸奖而夸奖。3. 把"自主"变成"自流"。4. 有活动没体验。5. 活动有形式而无实质。6. 探究的"泛化"与"神化"。7. 贴标签式的情感态度与价值观教育。

【案例研究】

"懒教师"带出"勤学生"②

为配合地理新教材"合作与发展"一章，王老师结合中国"入世"，准备组织一次专题学习"WTO与中国"。为准备此课，他看电视、辑录象、查书刊、剪报纸、上网搜索，忙得不亦乐乎，同事、家人也动员起来，上课前一周还未理出头绪。心烦意乱之际突然想到何不发动学生进行一次研究性学习。经过启发、引导、群策群力，师生收获了意想不到的成功。此次活动带给了王老师深深的思考。

点评：一个"急中生懒"，却获得一次空前的成功。关键是王老师把握住了课改的精要，才引领学生收获了丰硕的成果。

【思考、实践与交流】

1. 分析中外地理教育的改革和发展，得到哪些启示？

2. 20世纪80年代以来国际地理教育改革有哪些突出特征？

3. 对照《地理教育国际宪章》，说说我国地理教育当前存在的主要问题和与国际地理教育的差距。

4. 地理课程改革需要转变哪些教育观念？

5. 初、高中地理课程标准提出了哪些地理教学新理念？反映了哪些国际教育新理念？

6. 地理课程改革的基本目标包括哪些主要内容？

7. 地理课程改革对地理教师提出了哪些挑战？如何应对？

8. 选择课改实验区地理教师的代表性教学研究论文，学习思考并相互研讨。

---

① 林培英，陈澄主编. 初中地理新课程案例与评价[M]. 北京：高等教育出版社，2003：1～19.

② 林培英，陈澄主编. 初中地理新课程案例与评价[M]. 北京：高等教育出版社，2003：55.

把教育作为和谐精神的一种表现。

——国际21世纪教育委员会

第二章　追求和谐:地理教学目的的时代取向

【提要与结构】

地理教学目的是地理教学论的基本问题。地理教学目的(目标)是地理课程教学的出发点与归属,是地理教学活动的灵魂与指针。中学地理教学目的系统与地理教学目标系统的构建,要体现教育总目的、基础教育培养目标及地理教育的时代价值取向,要体现"知识与技能"、"过程与方法"及"情感、态度与价值观"三维教学目标的和谐统一,要关注其行为化、个性化与生成性,要有利于实施与测评,以更有效促进学生全面而有个性地、主动积极地发展。

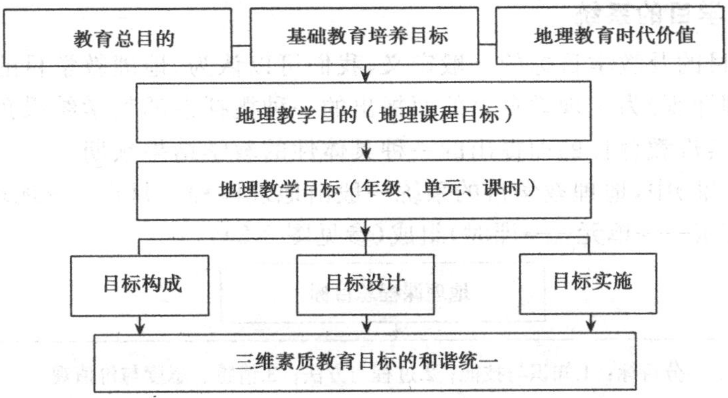

第一节　地理教学目的与功能

地理教学目的(目标)是地理课程教学的出发点与归属,是地理教学活动的灵魂与指针。美国著名教育家B.S.布鲁姆早就指出,有效的教学始于准确地知道,希望达到的目标是什么和达到目标的方法又如何?研究地理教学,必然始于地理教学目的。

一、地理教学目的及其系统

地理教学目的与地理教学目标是长期以来地理教学研究和实践经常应用的基本概念。两者有何关系?能否相互替代?地理课程标准中出现的课程目标与它们有何关联?

(一)教育目的系统

就本质而言,教学目的与教学目标并无大的差异。教学目的是"教学活动预期达成的结果”。[①] 教学目标是“教学中师生预期达到的学习结果的标准”。[②] 不过人们通常用教学目的表示概括性、方向性的教学结果预期，用教学目标表示具体性的教学结果预期，并采用“教育目的系统”来表达教育目的的层级及其关系(参见图 2-1)。

教育目的“是培养人的总目标”[③]，如我国的教育方针。培养目标是教育总目的指导下的阶段性教育目标，如基础教育的培养目标。教学目的(课程目标)是培养目标指导下各学科教学的总要求，如原各科“教学大纲”中的“教学目的”，现各学科“课程标准”中的“课程目标”。教学目标是在教学目的(课程目标)指导下较具体的学习结果的预期，通常包括年级、单元和课时三级。

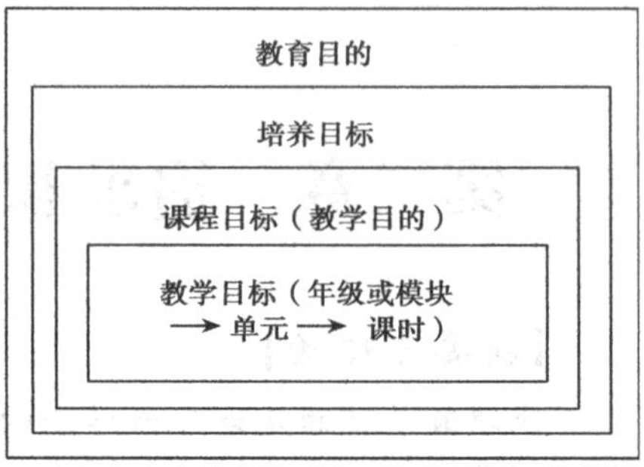

图 2-1　教育目的系统

如图 2-1 所示，教育目的系统中，越上位的概念越具概括性、方向性，如“教育目的”与“培养目标”。越下位的概念越具体，越具可操作性，如“教学目标”。

(二)地理教学目的系统

由上述教学目的及教学目标的一般定义，我们可以认为，地理教学目的(地理课程目标)是地理教学(地理课程)为实现教育目的而提出的一种概括性的教学结果预期。地理教学目标是地理教学为实现教育目的而提出的一种具体性的教学结果预期。

《地理课程标准》中，地理教学目的系统一般由地理课程总目标──→地理课程分目标──→地理教学目标(年级──→单元──→课时)组成(参见图 2-2)。

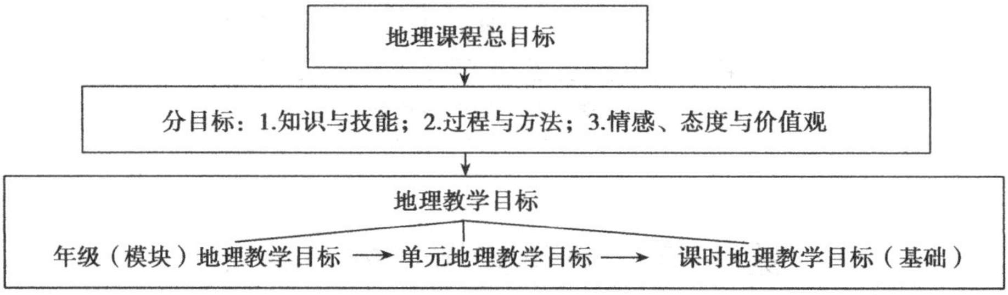

图 2-2　地理教学目的系统

1. 地理课程总目标

地理课程总目标是地理课程教学对学生地理素质培养结果的概括性要求。一般通过国家教育部制订的《地理课程标准》颁布实施，居于教学目的系统的最高层，对其下各层次教学目标具指导意义，参见表 2-1。

---

① 田慧生主编. 教学论[M]. 石家庄：河北教育出版社，1999：4.

② 顾明远主编. 教育大词典[M]. 上海：上海教育出版社，1998：717.

③ 顾明远主编. 教育大词典[M]. 上海：上海教育出版社，1998：714.

表 2-1　地理课程总目标

	初中地理	高中地理
总目标	掌握基础的地理知识，获得基本的地理技能和方法，了解环境与发展问题，增强爱国主义情感，初步形成全球意识和可持续发展观念。（2011 年《义务教育地理课程标准》修订稿）	掌握地理基本知识和基本原理；获得地理基本技能，发展地理思维能力，初步掌握学习和探究地理问题的基本方法和技术手段；增强爱国主义情感，树立科学的人口观、资源观、环境观和可持续发展观念。（2009 年《普通高中地理课程标准》修订稿）

2. 地理课程分目标

地理课程分目标是对地理课程总目标的细化，由知识与技能，过程与方法，情感、态度与价值观三个部分组成，也体现于相应学段的《地理课程标准》中（参见表 2-3）。此三维分目标在教学实施过程中是一个有机的整体。

3. 年级（模块）地理教学目标

年级（模块）地理教学目标是对学段地理课程目标的细化。年级地理教学目标主要针对初中，如 7 年级地理教学目标、8 年级地理教学目标，模块地理教学目标主要针对高中地理各必修模块及选修模块。

4. 单元地理教学目标

单元地理教学目标是对年级或模块地理教学目标的细化。例如，高中必修模块“地理 1”就包括了“宇宙中的地球”、“自然环境中的物质运动和能量交换”、“自然环境的整体性和差异性”、“自然环境对人类活动的影响”四大单元。每单元都有更具体的教学目标，该教学目标设计需要借助有关《地理课程标准》、地理教学用书等参考资料。

5. 课时地理教学目标

课时地理教学目标是对单元地理教学目标的进一步细化，是地理教学目的的基础层。正是日常、大量优化的课时地理教学目标，建起地理素质教育的大厦。课时地理教学目标需要地理教师基于有关《地理课程标准》、地理教学用书等参考资料，基于上述的教学目标层次，并结合班级学生的具体情况，予以拟订，具有更多的灵活性、情境性、创造性。

正是由上到下不断细化并始终体现地理素质教育思想的各层级课程目标、教学目标，保证了地理教学活动统一的标准和应有的质量。

二、地理教学目的的功能

地理教学目的有两大功能，即指导地理教学活动（地理育人）的直接功能与服务社会发展需要的综合功能（参见图 2-3）。

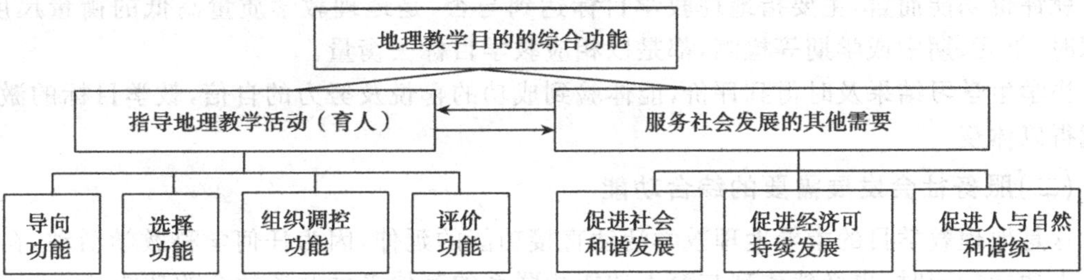

图 2-3　地理教学目的的综合功能

(一)指导地理教学活动的直接功能

该功能主要体现在对地理教学活动的导向、选择、组织、调控、评价等方面。

1. 导向功能

地理教学目的(目标)为地理教学引导方向。地理新课程三维教学目标为地理教学指明了地理素质教育的方向。

地理教师以此为指南,有利于突破"知识本位"、"分数至上"等束缚,在教学中注意引导并促进学生在获取知识基础上更聪明、更高尚、更有价值的全面和谐发展,同时也不断促进自身专业素质全面发展。对地理学习过程中的学生而言,明确知晓近期及远期的学习目标,能清楚看到学习预期及发展前景,有利于引发其主动参与探索的动机、兴趣与热情,力求尽快达到理想目标。教学目标的导向功能无论对激励学生学习动机或教师教学动机,作用都很明显,故亦称动机功能。

2. 选择功能

地理教学目的(目标)决定了地理课程教学内容、方法等选择。例如,地理教学内容的选择,因为是三维地理教学目标,所以课程内容就不能如传统课程那样以"在哪里""有什么"的陈述性知识为主,而要大量增加"为什么"、"怎么做"等地理程序性知识、策略性知识,以及"应该怎么做"等态度价值观类知识。要按地理素质教育目标的要求,精选生活有用和终生有用的知识、能力、方法及积极的情感、态度与价值观,并依据学生心理规律和认知能力进行合理的调整和组合。同理,也决定了地理教学方法的选择。例如,发展学生能力,要注重采用更多有利于学生主动学习的方法,如探究法、讨论法、操作法等。考虑到学生情感、态度与价值观的发展,要注重情境法、辩论法、角色扮演法等。要根据教学目标选择最有价值而可行性强的多种方法,并将其优化组合。

3. 组织、调控功能

地理教学目的(目标)能组织、调控地理教学。就其组织功能而言,地理教学所有教学要素的组织为达成教学目标服务,无论采用的课型、教学模式方法或教学活动组织方式等。就其调控功能而言,教学设计、教学实施、教学评价都要以其为准则。如在课堂教学进程中,当学生反馈的信息与教学目标要求差距较大或相去甚远,教师需要立即采取相应补救措施,否则教学任务难以完成。当然地理教学是一个创造性地实现地理教学目标的过程,课堂教学师生互动中常会出现一些意想不到的情况。如何因势利导,既充分调动学生又优化教学目标,也是一种重要的调控。

4. 评价、激励功能

地理教学目的(目标)有对地理教学活动的价值评定及对学生学习的激发鼓励作用。

就评价功能而言,主要指地理教学目标达到与否,是地理教学质量高低的衡量尺度,无论课时、单元、期中或学期等检测,都是以相应教学目标去衡量。

当学生学习结果及时得到评价,能体验到成功的喜悦及努力的自信,教学目标的激励功能就得以体现。

(二)服务社会发展需要的综合功能

这是地理教学目的指导地理教学活动直接功能的延伸,因为任何学科教学活动,在体现其育人功能的同时,也必然体现与育人功能相联系的其他多种服务社会的功能。

1. 促进社会和谐发展的功能

人与人之间的和谐相处是社会和谐发展的基石。社会小到家庭,大到世界。学会关心、尊重、理解、容忍和友谊是人与人和谐相处的关键。地理教育重视“认识地球上不同的人种和社会，以鉴赏人类丰富的文化”，重视“认识全球相互依存的挑战和机会”，“特别注意宣扬国际间、种族间和宗教集团间的谅解、容忍和友谊”，“了解和尊重所有民族，他们的文化、文明、价值观和生活方式，包括国内各民族的文化和其他国家的文化”①。地理教育大力倡导并致力于培养公民必备的国际理解、多元文化视野及全球意识等，有利于促进社会和谐发展、世界和谐发展。

2. 促进经济可持续发展的功能

经济发展为人类社会提供必要的物质基础。不同的经济发展模式则可能带来完全不同的后果，和谐型的或灾难性的。当代地理教育坚持用可持续发展的观点认识、研究地球上的社会经济系统（农业、工业、聚落、运输、商业、动力、人口及其他），重视资源限制、环境危机、增长极限等种种问题，强调“时刻准备充分地和负责任地把地理知识应用于私人、专业和公共生活上”，“作为工人、雇主、消费者和公民，人人都应意识到他们的决定对国际和环境所产生的影响”。② 这种基于资源节约型、环境友好型的经济发展理念及有关素养的形成，对循环经济等先进模式的推广，对人类社会经济可持续发展，无疑是重要的促进。

3. 促进人与自然和谐统一的功能

协调人地关系从来是地理科学和地理教学的研究主题，可持续发展更延伸了其意义。可持续发展的观念越全面深入，“显著地减低环境破坏和防止将来出现问题的机会就越大”。地理教育中获得的环境伦理、可持续发展观以及相应的良好行为习惯，将促进人与自然重修旧好，建立新的人与自然和谐统一的关系。

地理教学目的两大功能密切联系。前者是后者的基础，后者是前者的宏观效应。基于地理教育对社会发展的独特价值，地理教学目的服务社会发展需要的综合功能在当代得到前所未有的重视。

三、地理教学目的(课程目标)的时代取向

基于全球面临的种种带有很强地理成分的问题，进行高质量的地理教育，提高公民综合素质，以建设美好的和谐世界，成为当代重要趋势。和谐素质与和谐发展教育，成为地理教学目的的时代价值取向。

(一)世界发达国家地理课程目标的时代价值取向

西方一般称地理教学目的为地理课程目标。20 世纪 90 年代以来，英、美、俄、日、德、加、澳等发达国家的地理课程目标改革凸显以下特点：

1. 重视全面的现代公民必备地理素养

上述各国的地理课程目标，都有较明确的三维教学目标指向。自然地理、人文地理、地理信息技术等基础知识，构成了重要的地理知识目标，描述、解释、观察、辨别、探究、收集、组织、分析、构思、表现、评价、决策等技能，构成了重要的地理能力目标。“关心”、“尊重”、“理解”、“欣赏”、“全球意识”、“人类和平合作”、“了解人地关系”、“人类共同家园的热心主人”、“爱护环境”、“可持续发展”等态度、意识，构成了重要的地理情感、态度与价值观目标。

如美国强调“训练负责任、有生产力的公民”。德国巴伐利亚州主体中学规定“通过对观

① 国际地理教育委员会. 冯以浤译. 地理教育国际宪章[J]. 地理学报，1993(4).

② 国际地理教育委员会. 冯以浤译. 地理教育国际宪章[J]. 地理学报，1993(4).

察到的许多现象的探讨，发展学生的实际想象力和必要的知识，使学生了解人地关系。教育学生热爱祖国，尊重现实世界……了解人类和平合作的必要性”。俄罗斯的地理教学目标则按多维目标逐一阐述，参见表2-2。

表2-2 俄罗斯的初中地理教学目标①

知识目标	地理教育是解释地球上自然和社会——经济体系中进行的基本现象和过程，理解地球上每一个地区的社会——经济发展、文化发展和政治发展的性质以及地球上物质和精神文化特点等必要条件
技能目标	根据地图说出或指出；确定并测量描述、记录、制作简单地图；解释；预测天气；观察能力；提出问题并对问题进行阐述的能力；认识差别的能力；运用测量仪和仪器的能力；分析和阐述观察资料的能力；制定工作计划的能力；完成指示的能力；对信息进行分析的能力
方法目标	观察；比较的观点；历史性观点；统计学方法；系统的观点；宇宙航天的方法；地理系统的模型设计；地理生态学监控
情感态度目标	地理教育成为本国和作为人类共同家园的地球的热心主人教育的坚实基础。地理教育能够有效地进行、介入到爱国主义教育和国际主义教育之中，能够促进对现代世界和人类的统一性的认识

2. 注重地理科学素养与地理人文素养的融合

地理科学素养主要指地理科学知识能力、地理科学方法态度等方面的素养，着眼于地理客观世界的“真”。具有地理科学素养能做地理之事。地理人文素养主要指地球人应具有的地理基本态度及基本品质，即正确的地理情感、态度与价值观，着眼于地理人文世界的“善”。具有地理人文素养能为人类的根本利益和长远利益做正确的地理之事。两种素养融合才能造就健全的地理人。

如美国地理课程目标强调“培养见多识广的人。能以一种空间的视角理解人类、区域和环境，能够重视、欣赏我们所居住的不同地区之间的依赖”。日本在课程改革总目标上“重视学生丰富的人性和社会性、独立意识、学习能力和独立思考能力以及个性的发展”，等等。

3. 关注地理科学世界与生活世界的融合

《地理教育国际宪章》要求“时刻准备充分而负责任的把地理知识应用于私人、专业和公共生活上”。1994年，美国国家地理标准以《面向生活的地理：国家地理标准1994》为题，旗帜鲜明地作出回应，并从空间观察世界、地方和区域、自然系统、人文系统、环境和社会、地理的应用六大方面构建了层次清晰的内容目标。澳大利亚的地理课程目标认为“地理教育应该培养学生基本的地理素养，以承担未来的生活角色”。“生活地理”正成为各国地理课程目标的重要内容。

4. 地理教学服务社会与个人发展并重

《地理教育国际宪章》强调地理教育服务社会与个人发展的统一，“地理既是促进个人教育的重要媒介，也可以对国际教育及环境和发展教育作出重大贡献。”这成为众多国家地理课程目标改革的新取向。

例如，美国地理课程目标要求“对全球经济竞争、环境保护、文化交流以及分析国际地理事物中具有地理的视角和能力”。加拿大安大略省7年级地理课程目标关注“尊重环境和对环境负责任，理解和正确评价公民的权利、特权和责任”。日本地理课程目标关注“通过开展地域调查等具体活动提高对地理事物的关心……同时培养表现力与态度”，等等。

5. 追求人—地和谐的生态伦理及可持续发展

1992年，“可持续发展”的新战略和新观念问世。基于地理教育对可持续发展承担的重

---

① 袁孝亭主编.地理课程与教学论[M].长春：东北师范大学出版社，2006：47.

要责任——“保护世界持续发展的关键在于向全人类和在各个阶段推行环境和发展教育”，可持续发展观及其要求的环境道德规范无一例外地在各国地理课程目标中都有明确体现。

6. 强调国际性与民族性统一的多元文化视野

对国际间、民族间、人民间文化差异和多元性的理解和相互尊重是社会和谐、人类和平共处的重要前提，当代诸多争端因文化冲突而起。遵循《地理教育国际宪章》有关国际教育的重要论述，如“地理教育特别注意宣扬国际间、种族间和宗教集团间的谅解、容忍和友谊”，“了解和尊重所有民族，他们的文化、文明、价值观和生活方式，包括国内各民族的文化和其他国家的文化。”诸多发达国家的课程目标都注重学生多元文化视野的构建。如“关于全球社会的个人组织和文化的尊敬、忍耐和理解”（加拿大）；“了解人类和平合作的必要性”，“研究本国地理与其他民族的政治经济关系，促进宽容与仁爱之心”（德国）；“促进对现代世界和人类的统一性的认识”（俄罗斯）等等。

此外，注重促进学生自由而有个性的发展，也是当代地理课程目标的重要价值取向。

（二）我国地理教学目的的历史演进

新中国成立以来，我国颁布执行的中学地理教学大纲共有 7 部（不包括供试验用的教学大纲），分别颁布于 1956 年、1963 年、1978 年、1986 年、1992 年、2000 年、2002 年。2001 年、2003 年，又先后颁布了初、高中地理课程标准。从中可见其历史发展轨迹。参见表 2-3。

表 2-3 我国中学地理教学目的的历史演进*

年份	地理教学目的内容
1956 年《中学地理教学大纲》（草案）	**知识要求**：理解自然地理基础，中、外自然地理，中、外经济地理的地理知识。 **技能与能力要求**：掌握相应的读、绘图，辨认，描述及测量、观察等实践技能。 **思想品德要求**：帮助学生形成辩证唯物主义的世界观。受到爱国主义教育，以无限忠诚献身于伟大祖国的社会主义建设。受到国际主义教育，献身于保卫世界和平事业。
1963 年《全日制中学地理教学大纲》（草案）	**知识要求**：在小学教育的基础上，使学生进一步掌握中国的、全球的地理知识。 **技能与能力要求**：阅读和绘制地图，观测、观察等实践技能。 **思想品德要求**：培养学生爱国主义和国际主义精神。培养学生战胜自然、建设社会主义祖国的雄心。
1978 年《全日制十年制学校中学地理教学大纲》（试行草案）	**知识要求**：使学生掌握中国、世界各大洲、大洋和主要国家的地理知识。 **技能与能力要求**：阅读和绘制地图，观测、观察等实践技能。 **思想品德要求**：培养学生辩证唯物主义观点。培养学生无产阶级爱国主义和国际主义精神。培养学生把社会主义祖国建设成为社会主义强国的雄心壮志。
1986 年《全日制中学地理教学大纲》	**知识要求**：在小学地理的基础上，使学生获得比较系统的地理基础知识。 **技能与能力要求**：使学生获得比较系统的地理基本技能。积极发展学生的地理思维能力和智力。培养学生学习地理的兴趣、爱好和地理获取地理新知识的能力。 **思想品德要求**：使学生进一步受到爱国主义、国际主义、辩证唯物主义、历史唯物主义的思想政治教育以及有关的政策教育。对学生进行科学的资源观、人口观、环境观的教育。结合乡土地理的教学热爱家乡的教育，树立把祖国建设成为社会主义现代化国家的雄心壮志。
1992 年《九年义务教育全日制初中地理教学大纲》（试用）	**知识要求**：使学生获得有关地球、地图的初步知识。使学生获得世界地理、中国地理（包括乡土地理）的基础知识。 **技能与能力要求**：使学生学会运用常见地图、地理图表、以及填绘简单地图和图表的技能。培养学生对地理事物的观察、记忆、想象、思维等能力，以及运用所学知识分析一些地理问题能力。使学生初步具有自学地理的能力。培养学生具有一定的审美能力和分辨是非的能力。 **思想品德要求**：使学生受到辩证唯物主义、爱国主义、国情和国策教育。培养学生实事求是的科学态度和不断追求新知识的精神。初步树立正确的人口观、环境观，懂得要协调人类发展与环境的关系。树立胸怀祖国、放眼世界，把祖国建设成为具有中国特色的社会主义现代化强国的雄心壮志。

（续表）

<table>
<tr><td>2000年《九年义务教育全日制初级中学地理教学大纲》（试用修订版）</td><td colspan="3">知识要求：掌握生活、生存发展和继续发展所需的地理知识，包括了解家乡、祖国和世界地理概况。了解地理环境的变化状况，了解人类所面临的人口、人地资源、环境、发展等重大问题，知道协调人地关系和实现可持续发展的重大意义。
技能与能力要求：使学生初步掌握观察地理图像和地理环境的基本方法，初步学会阅读和使用常用的地图，能够进行简单的地理观测和调查统计，能够绘制简单地图和运用手段获取地理信息。逐步发展对地理图像和地理事物的思维能力、想象能力和理解能力。通过地理实践活动，逐步发展实践能力、团结协作和社会交往能力，并在学习过程中不断培养创新能力。
思想品德要求：使学生初步形成地区差异观点、因地制宜观点、人地关系观点和可持续发展观点，初步具有全球意识和环境意识，增强对家乡和祖国的热爱，培养爱国主义、集体主义和社会主义观念，对国家和民族的命运具有责任感，增强对全球环境和资源的保护意识。尊重其他国家和民族的文化传统，对自然美和环境美具有一定的感受力、想象力、判断力和创造力，初步养成健康的情感、积极的态度、正确的价值观和法制观念，并能够遵守社会主义道德准则和行为规范。</td></tr>
<tr><td>2000年《全日制普通高级中学地理教学大纲》（试验修订版）</td><td colspan="3">知识要求：使学生获得比较系统的自然地理和人文地理基础知识。了解当代中国国土整治和区域发展所面临的重要课题。
技能与能力要求：培养学生的地理基本技能、地理思维能力、地理探究能力。能够独立或与人合作，运用地理学科观念、知识和技能，对人类与环境之间的问题作出正确的判断和评价。
思想品德要求：帮助学生形成科学的人口观、资源观、环境观，以及可持续发展的观念；深化对国情、国力以及国策的认识；积极参与协调人类与环境关系的活动。深入进行爱国主义教育，培养学生热爱祖国的深厚感情，以及对社会的责任感。</td></tr>
<tr><td>2002年《全日制高级中学地理教学大纲》</td><td colspan="3">知识要求：使学生获得对终身发展有用的自然地理和人文地理基础知识，了解当代中国国土整治和区域发展所面临的重要课题。
技能与能力要求：培养学生初步的地理技能、地理思维能力以及地理探究能力。能够与人合作，运用地理科学观念、知识和技能，对人类与环境之间的问题做出独立的判断和适当评价。
思想品德要求：促进学生形成科学的人口观、资源观、环境观，以及可持续发展的观念。深化对国情、国力、国策的认识，增强爱国情感以及对社会的责任感。积极参与协调人类与环境关系的活动。</td></tr>
<tr><td>2001年《全日制义务教育地理课程标准》（2011年修订稿）</td><td>知识与技能：
1.掌握地球的基本知识，学会运用地球仪的基本技能；掌握阅读和使用地图和地理图表的基本技能，初步学会简单的地理观测、地理调查以及运用其他方法获取地理信息的基本技能。
2.能初步说明地形、气候等自然地理要素在地理环境形成中的作用，以及对人类活动的影响；初步认识人口、经济和文化发展的区域差异。
3.了解家乡、中国和世界的地理概貌，了解中国与世界的联系；初步学会根据一个国家或一个地区的地理信息，归纳其地理特征。
4.了解人类所面临的人口、资源、环境和发展等重大问题，初步认识环境与人类活动的相互关系。</td><td>过程与方法：
1.通过各种途径感知身边的地理事物，积累丰富的地理表象；初步学会根据收集到的地理信息，通过比较、分析、归纳等思维过程，形成地理概念，进而理解地理事物分布和发展变化的基本规律。
2.尝试运用已获得的地理基本概念、地理基本原理，对地理事物进行分析，做出判断。
3.尝试从学习和生活中发现地理问题，提出探究思路，收集相关信息，运用有关知识和方法，提出看法或解决问题的设想。
4.运用适当的方法和手段，表达地理学习的体会、看法和成果，并相互交流。</td><td>情感、态度与价值观：
1.增强对地理事物、地理现象的好奇心和学习地理的兴趣，初步养成求真务实的科学态度和地理审美情趣。
2.关心家乡的环境与发展，关心我国的基本地理国情，增强热爱家乡、热爱祖国的情感。
3.尊重世界不同国家的文化和传统，增强民族自尊心、自信心和自豪感，知道国际合作的意义，逐步形成全球意识。
4.知道因地制宜、协调人地关系的意义，逐步形成可持续发展的观念，增强对环境、资源的保护意识和法制意识，逐步养成关心和爱护地理环境的行为习惯。</td></tr>
</table>

（续表）

2003年《普通高中地理课程标准》（2009年修订稿）	1.获得地球和宇宙环境的基础知识；理解人类赖以生存的自然地理环境的主要特征，以及自然地理环境各要素之间的相互关系。 2.了解人类活动对地理环境的影响，理解人文地理环境的形成和特点；认识可持续发展的意义及主要途径。 3.认识区域差异，了解区域可持续发展面临的主要问题和解决途径。 4.学会独立或合作进行地理观测、地理实验、地理调查等基本技能；掌握阅读、分析、运用地图、地理图表和地理数据的技能。	1.初步学会通过多种途径、运用多种手段搜集地理信息，尝试运用所学的地理知识和技能对地理信息进行整理、分析，并把地理信息运用于地理学习过程。 2.尝试从学习和生活中发现地理问题，提出探究方案，作出评价，与他人合作，开展调查和研究，提出解决问题的对策。 3.运用适当的方法和手段，表达、交流、反思自己地理学习和探究的体会、见解和成果。	1.激发探究地理问题的兴趣和动机，养成求真、求实的科学态度，提高地理审美情趣。 2.关心我国的基本地理国情，关注我国环境与发展的现状与趋势，增强热爱祖国、热爱家乡的情感。 3.了解全球的环境与发展问题，理解国际合作的价值，形成正确的全球意识。 4.增强对资源、环境的保护意识和法制意识，形成可持续发展观念，增强关心和爱护环境的社会责任感，养成良好的行为习惯。

*资料来源：教育部制定的各有关文件。

纵观以上，50余年来，我国的地理教学目的适应社会发展需要不断调整、演进，而新一轮课程改革中发生的变革尤其深刻，反映出以下突出特点：

1. 构建了具有时代特色的三维地理课程（教学）目标，体现素质教育新理念。

2. 新设“过程与方法”课程目标，关注学生学习能力发展。

3. 以“情感、态度与价值观”目标替代“思想品德要求”，有了更为深广的时代内涵。

4. 以认识地理环境、协调人地关系、区域可持续发展为主线的“有用地理”、“应用地理”，成为地理知识目标的重心，更为彰显地理教育的特色与价值。

5. 强化用图能力及野外地理活动能力，强调主动获取地理知识的能力，重视地理信息能力、探究能力、发现解决地理问题的能力及交流表达能力等，较全面体现了当代地理教育对学生能力素质的要求。

总之，改革中的我国地理课程目标已成功地体现了与时代趋势接轨，较好地反映了《地理教育国际宪章》所提出的三大课程目标的核心内容。

第二节　地理课程目标系统

地理课程目标是三维子目标构成的系统。其中“知识与技能”目标是基础目标，这是地理素养的基础。“过程与方法”是关键目标，关系学生是否“学会学习”并决定着学习的有效程度。“情感、态度与价值观”是必要目标，决定着学生发展的方向。参见图2-4。

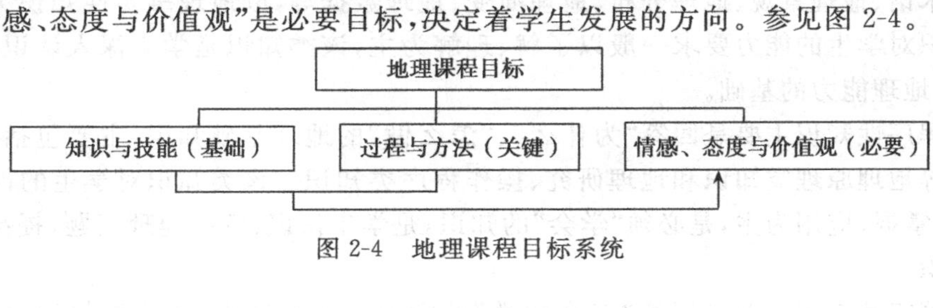

图2-4　地理课程目标系统

为保证地理课程总目标素质教育方向在各级地理教学目标的有效落实，有必要对三维目标深入解析。

一、地理知识与地理技能系统

“知识与技能”是三维地理课程目标系统的基础目标，常称“双基”。

(一)地理基础知识分类、时代特色及重点

1. 地理基础知识

地理基础知识是地理科学知识体系中起奠基作用的知识。中学地理知识主要属于此类。地理课程标准和地理教材中的知识原则上都是地理基础知识。

2. 地理基础知识的分类

地理基础知识有不同的分类：从认识层面，有地理感性知识与地理理性知识；从信息加工角度，有陈述性知识、程序性知识与策略性知识；从地理科学知识体系的划分，有地球地图知识、自然地理知识、人文地理知识、地理信息技术知识；按教学需要，有重点、难点和一般知识等。本节重点阐述前两大分类。

(1)地理感性知识与地理理性知识

地理感性知识是反映客观地理事物的表面现象、外部特征与联系的地理基础知识。地理理性知识是反映地理事物的本质特征和内在必然联系的地理基础知识。两者的主要区别与联系参见表 2-4。

表 2-4　地理感性知识与地理理性知识的区别与联系

	地理感性知识	地理理性知识
特征	反映地理事物表面现象、外部特征与联系，直观、具体	反映地理事物的本质特征和内在必然联系，抽象、概括
分类	地理名称、地理景观、地理分布、地理演变、地理数据	地理概念、地理特征、地理判断、地理规律、地理成因
区别	地理基本事实	地理基本原理
联系	地理感性知识 → 地理理性知识 → 实践（循环往复）	
学习方法	多直观方法	多逻辑方法
学习要求	多了解、理解	多理解、掌握、应用

(2)地理陈述性知识、地理程序性知识与地理策略性知识

地理陈述性知识主要是回答“在哪里”、“是什么”、“怎么样”的地理基础知识，主要包括地理名词术语、地理景观、地理分布、地理演变、地理数据等，以地理事实性知识为主。地理陈述性知识对学生的能力要求一般以了解、理解为主，该类知识是学生深入认识、解决地理问题，提高地理能力的基础。

地理程序性知识主要是回答“为什么”、“怎么做”的地理基础知识，主要包括地理成因、地理规律等地理原理类知识和地理研究、操作程序类知识。该类知识对学生的能力要求一般以理解、掌握、应用为主，是必须“学会”的知识，是学生认识、解决地理问题，提高地理能力的核心知识。

地理策略性知识主要是回答“怎么样学”的学习方法类知识，更多地与学习能力有关。例如，如何选择、处理地理信息？如何集中注意抓住重点？如何有效记忆？如何进行信息编

码？如何思维加工？如何解决地理问题？如何反省调控？等等。这部分知识是“会学”的知识，是学生自主、高效学习的关键知识。

三者的区别与联系在于，地理陈述性知识是地理程序性知识的基础，而地理策略性知识是驾驭前两者的工具。自然对三者的学习方法及学习要求也不一样(参见表 2-5)。

表 2-5　地理陈述性知识、地理程序性知识与地理策略性知识

	地理陈述性知识	地理程序性知识	地理策略性知识
特征	回答“在哪里”、“是什么”、“怎么样”	回答“为什么”、“怎么办”	回答“怎么学”(特殊的程序性知识)
构成	地理名称、地理分布、地理概念、地理命题及网络。狭义“地理知识”	地理成因、地理规律、地理研究方法及操作程序等，更多思维与操作“技能”	地理学习中注意、记忆、编码、问题解决等方法类知识
区别	主要为“会说”类地理知识：“认识世界”	主要为“会做”类地理知识：“对外办事”	主要为“学会学习”类地理知识：“对内加工”
联系	地理陈述性知识（基础）→ 地理程序性知识（核心）→ 实践；地理策略性知识（关键）（循环往复）		
学习方法	多直观方法、多逻辑方法	多逻辑方法、练习方法、反馈调控方法	认知方法、实践方法、反思方法
学习层次	多了解、理解、掌握	多理解、掌握、应用	多理解、掌握、应用

以上两种知识分类作比较，地理陈述性知识更多类同于地理感性知识，但并非一一对应。地理程序性知识有地理理性知识的成分，同时包括了地理技能的成分。地理策略性知识则多是学习方法类知识，更多侧重学生对自身地理学习的内部组织与调控，即地理学习能力的培养。这是该知识分类的优越性和特色所在，也是当代学科教育的重点关注，所以地理新课程目标更多借鉴了此种知识分类。以“知识与技能”突出地理程序性知识，以“过程与方法”突出地理策略性知识，这是地理课程目标的一大创新。

(3)中学地理学科知识体系

中学地理学科知识体系是地理科学知识体系的基础构成，包括了区域地理学、系统地理学及数理地理(地图、“3S”等)三大组块。

初中地理新课程知识体系以区域地理为主，高中地理新课程知识体系以系统地理、应用地理为主，都非常注重自然地理与人文地理的整合，注重地理信息技术的引进和应用。中学地理知识体系没有必要也无可能全面对应地理科学的知识体系，但突出了对地理世界与人地关系的基础认识和核心价值观。

3. 地理基础知识的时代特色与重点

回顾表 2-3 中学地理课程目标历史发展中的知识目标的演进，可知新课改中地理基础知识主要特色：

(1)增强地理理论思维。初、高中地理知识体系中不同程度地渗透人地关系理论、可持续发展理论、区位论、空间结构理论、系统论等，加强对地理要素相互联系的理性思考与整合思考，力图走出描述为主及条块分割的误区。

(2)增加应用地理的知识。以环境和发展为主题，大量选择与现实生活有关的案例。

(3)强调自然地理知识与人文地理知识的统一。

(4)重视地理过程及方法、技术类知识。地理事象的动态发展有了更多时间的维度，展示地理科研新成果与方法，"3S"技术引进，等等。

毫无疑问，人地和谐，可持续发展的理论思维，统一地理学的基础知识，应用地理学的基础知识，以及"3S"技术运用等，在今后很长一段时期，都将是地理基础知识的重点。

(二)地理基本技能分类、时代特色及重点

1. 地理基本技能

地理基本技能是在练习基础上形成的按某种规则或操作程序顺利完成地理认知任务和实践操作任务的心智活动方式和动作活动方式。地理基本技能是综合性地理能力的基础。地理课程标准对此有明确要求。

2. 地理基本技能的分类

地理基本技能可以分为地理智力技能与地理动作技能。

地理智力技能是在认识地理事物或地理实践活动中，学生借助内部言语（概念、规则等）在头脑中进行的认知活动方式，包括地理学习过程中的观察力、记忆力、想象力、思维力等，思维力又包括分析、综合、归纳、演绎、比较、归类、抽象、概括等。读图能力、空间思维、整体思维能力等是特殊的智力技能。

地理动作技能是在地理认识活动和实践活动中，学生按一定技术要求而进行的肢体操作活动方式，包括观测、实验、填绘图表、表演、仪器操作、模型制作等。

地理学习活动中的地图能力、信息加工能力、探究问题能力、实践活动能力、社会交往能力、地理审美能力等多是两种基本技能的综合。

地理智力技能与地理动作技能之间的联系是，前者是后者的"神经中枢"，后者是前者的"操作展示"。地理心智技能和地理动作技能协同，构成学生的综合地理能力及创造能力的基础。参见表 2-6。

表 2-6　地理心智技能与地理动作技能区别与联系

	地理心智技能	地理动作技能
特征	学生在地理学习活动中在头脑里进行的认知活动方式	学生在地理实践活动中，而进行的肢体操作活动方式
分类	要素分类：观察力、记忆力、思维力、想象力等。层次分类：认识—加工—应用—创新	观测、实验、填绘图表、仪器操作、标本制作、模型制作、地理表演等
重点	地理思维能力、地理信息加工能力	填绘图表、仪器操作、模型制作
区别	头脑里的认知活动方式（智力认识）	肢体操作活动方式（实践操作）
联系	心智技能（智力认识） 动作技能（实践操作）} → 综合能力 → 创造能力	
教学方法	案例示范—启发引导—实践体验—反馈调控	操作示范—练习—反馈—校正

地理技能也有其他分类（如图 2-5），地理社会技能的单列或能使"学会共同生活"的时代要求得以强调。

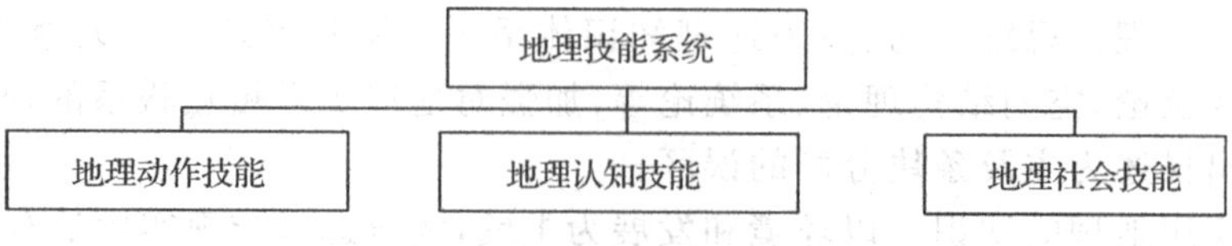

图 2-5　地理技能系统新解

需要说明的是，地理技能的分类，只是侧重点不同，不可将其机械分割。事实上，地理学

习与研究的各种活动，往往都是地理心智技能和地理动作技能的交融。

3. 地理基本技能的时代特色与重点

回顾表 2-3 中学地理课程目标的历史演进，可知新课改中地理基本技能的主要特色：

(1)强调学生运用所学知识分析解决地理问题的能力，对人类与环境之间的问题作出正确的判断和评价。促进学生将地理科学世界与生活世界密切结合，学以致用，知行合一，发展“学会做事”的实践能力。

(2)强调学生的地理探究能力及创新能力，关注学生最具活力与竞争力的能力发展。

(3)强调学生获取地理新知的能力及自学能力，关注学生的主动发展与持续发展。

(4)强调学生团结协作和社会交往能力，关注学生适应社会的能力发展。

(5)强调学生审美能力，使学生的能力素养更为全面而且遵循和谐精神的指引。

毫无疑问，地图能力、地理信息能力、地理思维能力、地理实践能力、主动探究和解决地理问题的能力、社会交往与合作能力、对地理空间度量和国际理解等方面的审美能力等，是地理基本技能的重点。

二、地理过程与地理方法系统

“过程与方法”是地理课程目标的时代亮点，也是三维地理课程目标系统的关键目标。

(一)地理过程主要内容、时代特色及重点

1. 地理过程的含义

地理课程目标中的“地理过程”不是指地理教师的地理教学过程，而是立意于学生的地理学习过程，是学生对一段充满智慧与情感挑战的地理学习、研究活动的时空经历。

地理课程目标中的“地理过程”也不是如地理科学家研究那样真实、严格的科学研究过程，更多的是科学研究的仿真，强调学生对科学探究过程的体验，而非严格操作程序及科学定论的追求。“地理过程”的实质是要学生体验、领悟地理知识或科学结论是在探究地理问题解决的过程中获得的，“像地理学家那样观察、思考、提出问题、提出假设、检验假设、得出结论”，同时锻炼相应的学习、研究、实践等能力。

2. 地理过程的主要内容

分析表 2-3 地理课程目标中的“过程与方法”，可归纳出其重点关注的过程：

(1)感知地理事象的过程。通过各种途径感知身边的地理事物形成地理表象，作为地理思维的基础。(2)收集整理地理信息的过程。通过多种途径、运用多种手段收集整理地理信息，为地理思维作准备。(3)地理思维加工的过程。通过分析、比较、抽象、概括、形成概念，揭示原理；运用已获得的地理概念、地理基本原理，对地理事物进行分析，做出判断等。(4)发现、探究、解决地理问题的过程。从学习和生活中提出地理问题，探究并提出对策。(5)运用适当的方法和手段，表达、交流、反思学习成果的过程。

3. 地理过程的时代特色与重点

(1)地理过程的时代特色

特色之一，是彰显学生为本的课程改革精神。让学生亲历获取知识的步步探索，既锻炼智慧，也丰富了情趣。

特色之二，是还地理学习的应有之义。恩格斯早就指出：“世界不是一成不变的事物的集合体，而是过程的集合体”。地理学习也不例外。地理学习内容不仅仅是现成结论的集合，更重要的是获取结论的过程的集合。传统“重结论，轻过程”的地理教学，“多用简单枯燥

的结论授予取代了形成结论的生动过程，这不仅从源头上剥离了知识与智力的内在联系，而且排斥了学生的思考和个性，这实际上是对学生智慧的扼杀和个性的摧残”①。“地理过程”无论对揭示知识与智力的内在联系，还是激扬学生的思考和个性，都是重要的回归。

关注“地理过程”，也使地理科学的学习和研究更为本真。

(2)地理过程的重点

地理过程的重点是学生体验地理情境，发现、探究、解决地理问题。

(二)地理方法主要内容、时代特色及重点

1. 地理方法的含义

地理方法通常指地理学习及研究的方式、手段、途径等。地理课程目标中的“方法”既包括地理知识的学习方法，也包括了地理科学的研究方法。前者重在一般地理问题认识过程中智力加工的方式、手段及途径。后者重在研究性学习中对一些地理科学研究方法的仿真。

2. 地理方法的主要内容

分析表 2-3 地理课程目标中的“过程与方法”，我们可以归纳出地理方法的有关内容：

(1)经典的地理学习方法，如地理观察法、地理调查法、地理实验法等。(2)收集、整理、加工、评价信息的方法。(3)经典的地理思维方法，如分析、判断、比较、抽象、概括等方法。(4)提出问题、探究问题、解决问题的系列方法。(5)表达、交流、反思学习与研究成果的方法。(6)“会学”的方法。

3. 地理方法的时代特色及重点

地理方法的显著时代特色是让学生学会学习。地理方法的重点是地理学习方法和研究过程中借鉴或仿真的地理科学研究方法。只是为了阐述方便及加深理解，才将“过程与方法”分而论之。实际两者总是相伴而行，过程中有方法，方法总是运用于过程。

三、地理情感、态度与价值观系统②

“情感、态度与价值观”是地理课程目标的又一亮点，它决定着地理课程教学的方向。

(一)地理情感主要内容、时代特色及重点

1.“情感”的内涵与外延

情感是和人的社会性需要相联系的一种较复杂而又稳定的心理体验。它与人的高级的社会性需要相联系，而非与个体需要如喜、怒、哀、乐等相联系的短暂情绪。人的高级的社会性需要通常包括适应、共处、联系、交流、创造等社会需要、精神文化生活需要、成就需要、遵守社会公德需要等等。

情感一般分为三类：道德感、美感、理智感。道德感是从道德原则出发，按照一定的社会道德观念来评价事物或现象所产生的情感体验，如是非感、正义感、内疚感、自豪感、责任感、爱国爱民、热爱世界和平等情感。美感是对美好事物的感受和体验，可由自然美而感应，可因社会美、艺术美、科学美而产生，如对壮丽山川的欣赏，对如虹飞桥的陶醉，对航天英雄的赞美。理智感是人认识事物、获取知识及探求真理过程的情感体验，包括求知欲、质疑感、探究问题的锲而不舍与执著、问题解决后的愉悦与反思等。

---

① 钟启泉等主编.基础教育课程改革纲要(试行)解读[M].上海:华东师范大学出版社,2001:275.

② 黄京鸿,苗静.论地理素质教育中的情感、态度与价值观[J].地理教学,2003(11).

2. 地理情感及主要内容

对地理学习而言，地理情感一般指在地理学习过程中产生并持续产生影响的对地理世界人与物的稳定而积极的心理体验。地理情感包括道德感、美感、理智感等。有着学习兴趣、动机，审美情趣，热爱家乡，热爱祖国，民族自尊、自信，社会责任感等广泛内容。

3. 地理情感的时代特色及重点

(1)地理情感的时代特色

回顾表2-3中学地理课程目标的历史演进，可知其两大时代特色非常显著：

其一是学生个体的情感世界得到应有关注。长期以来，"三主义"是地理德育数十年一以贯之的三大主题，政治色彩浓厚，口号化倾向突出，缺少对学生丰富多彩人格发展的全面关怀；而宏观、笼统口号也难以对学生的情感及行为以有效的指导。新课程目标除了强调对祖国、对世界的情感，首次对地理学习的"好奇心"、"兴趣"、"审美情趣"等方面的个性发展予以应有关注。

其二是将审美情趣纳入地理课程目标。审美情趣指审美主体通过美育过程在头脑中产生的独特的情感体验和审美倾向性。审美情趣是丰富情感的重要组成。由于相当一段时间美育缺位，学生情感发展存在明显缺陷。"审美情趣"进入地理课程目标，将有力促进学生活泼敏锐之灵性、健康高尚之人格的形成。

(2)地理情感的核心及重点

地理情感陶冶的核心是爱国主义情感。爱国主义是人们千百年来巩固起来的对祖国的高度热爱与忠诚。这是每一个国家赖以生存、发展的巨大凝聚力和推动力。地理学科丰富多彩的国情、国策知识及宽广的国际视野是深厚学生爱国主义情感的好教材，其优势为其他学科不可替代。

情感陶冶的重点，首推社会责任感。目前世界面临许多具有很强地理成分的问题和困难，除了不可抗拒的自然力，长期以来人类不负责任的恣意妄为是最根本的原因。《地理教育国际宪章》明确指出，"这些问题的解决需要全人类世世代代的全心投入"，"应该时刻准备充分地和负责地把地理知识应用于私人、专业和公共生活上"。社会责任感关系世界未来。

情感陶冶的重点，还有审美情趣。审美情趣小而言之关系个人丰富个性及和谐发展。大而言之关系社会进步及地理美好世界的创造。因为只有能发现美、欣赏美，才能追求美、创造美，而"社会的进步就是人类对美的追求的结晶"(马克思)。

(二)地理态度主要内容、时代特色及重点

1."态度"的内涵与外延

态度是指个体对某一对象所持的评价和行为倾向或个体对人、事、物的反应倾向。态度包括政治态度、社会态度、工作态度、学习态度、人生态度、科学态度、生活态度等。

2. 地理态度的主要内容

对地理学习而言，地理态度一般指学习者对地理世界人、事、物的反应倾向。地理态度主要包括：积极的学习态度，求真、求实的科学态度，以及尊重、关心和爱护等社会态度。

3. 地理态度的时代特色及重点

(1)地理态度的时代特色

综观初、高中地理课程目标的有关内容，可以清楚看到，强调有兴趣、动机的积极学习态度和求真求实的科学态度，有利于克服"假、大、空"的态度；强调对不同国家的文化和传统的尊重，有利于反对、抵制沙文主义态度和狭隘民族主义等态度；强调对环境的关心和爱护，有

利于纠正“人类中心主义”的态度。这些态度都具有鲜明时代特征。

(2)地理态度的核心及重点

求真、求实、辩证的科学态度是地理态度的核心。地理学是一门研究地理环境以及人地关系的科学，有其固有的客观规律。对地理环境无论是盲目的臣服或是肆无忌惮的征服都曾使人类备尝苦果。求真、求实、辩证的科学态度使受教育者尊重自然、关爱环境、遵循客观规律、促进人地和谐共生，可尽最大可能减少无视地理世界客观规律诸多蠢事的屡屡发生。

“关心”的态度是地理态度的重点。当代科技使地球村越来越小，无论生态危机爆发或战乱蔓延，任何一国最终难以幸免。早在 1989 年，联合国教科文组织在北京召开“面向 21 世纪教育国际研讨会”，就以“学会关心”作为会议主题，并提出“在 21 世纪，人们应该把他们的第一忠诚奉献给地球的生态环境”(参见图 2-6)。“关心”整个世界的和平与发展，这是时代对每一个地球村公民的期待。

关心不仅对周围的人与环境，也包含关心自己，关心自己常葆旺盛精力、愉悦心境、乐观进取。

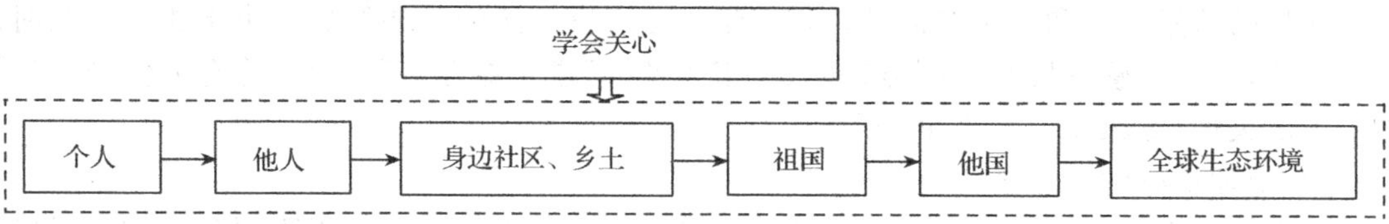

图 2-6 “学会关心”的视野

(三)地理价值观主要内容、时代特色及重点

1. “价值观”的内涵与外延

价值观是关于事物的好坏、善恶、是非等认知，用以区分事物的根本观点。包括价值目标、价值评价、价值取向等。价值观是一个人思想意识的核心，包括科学价值观、生活价值观、文化价值观、交往价值观、审美价值观等。

2. 地理价值观的主要内容

地理课程标准所要求的地理价值观主要包括：科学的人地观、可持续发展观，以及倡导国际理解的多元文化价值观等。

3. 地理价值观的时代特色及重点

(1)地理价值观的时代特色

其一是可持续发展观。可持续发展观将当代人地协调的价值追求延伸到世代人地协调的价值追求，反映了对人类赖以生存的地球生态环境和人类长远根本利益的终极关怀。

其二是倡导国际理解的多元文化价值观。当今是一个文化多元的时代。只有倡导国际理解，多种文化才能共存共荣，化解诸多危机或争端。从长期阶级意识鲜明的“国际主义”走向多元文化融合的“国际理解”、“全球意识”，清楚表明了人类整体利益重于阶级利益的当代价值观。

(2)地理价值观的核心及重点

地理价值观的核心是可持续发展观。“可持续发展”是人类对百年过失深刻反省而制定的重大发展战略，是保障人类建设美好未来的光辉指针。地理学研究主旨、研究内容与可持续发展战略的高度一致，使可持续发展观成为地理教育的核心价值观。如此，才会如《地理教育国际宪章》所期待，“显著地减低环境破坏和防止将来出现问题的机会就越大”。这是保护世界持续发展的关键。

地理价值观培养的重点，是科学的人地观。包括科学的人口观、资源观、环境伦理观、人地和谐观等。

地理情感、态度与价值观是极为丰富的世界，图 2-7 集中展示了其核心与重点。

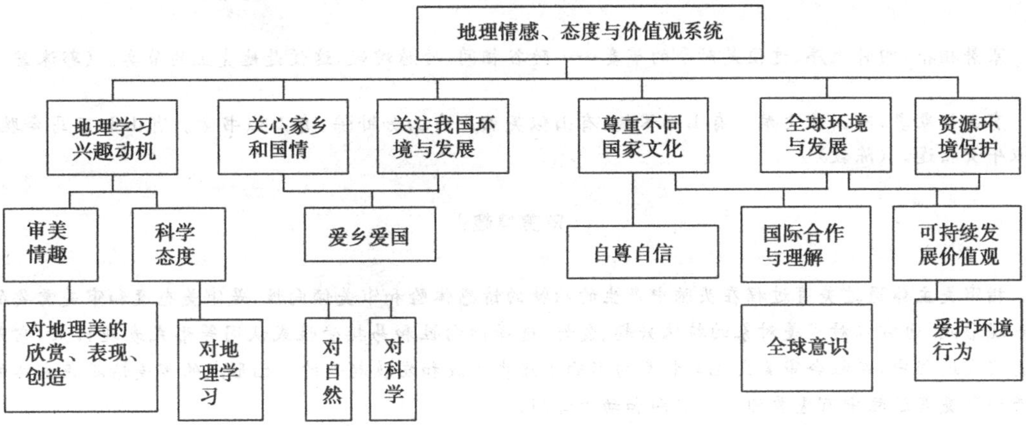

图 2-7　地理情感、态度与价值观系统

表 2-7 反映了其丰富的外延。在地理教学过程中，地理教师既要基于地理课程标准的有关要求，也要进一步丰富、拓展有关要求，这是适应地理素质教育发展的需要，也是进一步推进地理课程改革的需要。

表 2-7　情感、态度与价值观的丰富外延

情感	道德感	爱国爱民、民族自尊、自豪感、正义感、忧患意识、环境伦理等
	美感	自然美感、人文美感，能欣赏美、表现美、创造美等
	理智感	惊奇、质疑、求知欲、成就感、自省自律、不骄不躁、锲而不舍等
态度	社会态度	适应、协调、关心、公正、民主、促进发展、服务社会等
	工作态度	敬业、诚信、负责、勤劳、合作、不断进取等
	学习态度	积极主动、勇于探究、善思、合作、勤于实践、敢于创新等
	人生态度	尊重、进取、理解、宽容、善待、和谐共生等
	科学态度	求实、辩证、富批判意识、不断追求新知等
	生活态度	乐观、豁达、关心、乐于助人、不怕困难、充满信心等
	政治态度	坚持四项基本原则、祖国统一、民族平等、国际谅解、世界和平等
价值观	科学的价值观（造福社会，促进发展等）；文化的价值观（传承创新、丰富多元等）；审美的价值观（合规律性与合目的性的统一）；生活的价值观（适应、创造、协同、共生共荣等）；交往的价值观（沟通、互惠、共进等）……	

【案例研究】

审美情趣及审美意境

日照香炉生紫烟，遥看瀑布挂前川。飞流直下三千尺，疑是银河落九天。（李白）

两个黄鹂鸣翠柳，一行白鹭上青天。窗含西岭千秋雪，门泊东吴万里船。（杜甫）

横看成岭侧成峰，远近高低各不同。不识庐山真面目，只缘身在此山中。（苏轼）

至若春和景明，波澜不惊，上下天光，一碧万顷；沙鸥翔集，锦鳞游泳，岸芷汀兰，郁郁青青。而或长烟一空，皓月千里，浮光跃金，静影沉璧；渔歌互答，此乐何极！登斯楼也，则有心旷神怡，宠辱皆忘，把酒临风，其喜洋洋者矣。（范仲淹）

暮色苍茫看劲松，乱云飞渡仍从容，天生一个仙人洞，无限风光在险峰。（毛泽东）

寒暑相推，四时代序，这便是时令的节奏……陵谷相间，岭脉蜿蜒，这便是地壳上的节奏。（郭沫若）

有山如象鼻，有山似飞龙。有山如军舰，有山似芙蓉。有山如卧佛，有山似书童。有山如万马奔驰，有山似牛女相逢。（陈毅）

审美情趣①

指审美主体通过美育过程在头脑中产生的独特的情感体验和审美倾向性，是审美态度和审美需要的具体表现形式，通常以对审美对象的特殊兴趣、爱好、选择倾向性和易接受性或认同等形式表现出来，它是在审美实践过程中，在社会审美文化与教育的影响下逐步形成和发展起来的。已形成的审美情趣在主体的审美活动和美育过程中有重要的心理定向和动力作用。

【思考、实践与交流】

1. 试述地理教学目的系统的构成。地理教学目的有何功能？
2. 试述我国地理教学目的的改革特色。
3. 什么是地理教学目标？说说你对新课程教学目标三维一体重要性的认识。
4. 从认识的层面，地理基础知识有何分类？各有何特点？区别与联系如何？
5. 地理基本技能有哪些基本构成？各有何特点？区别与联系如何？
6. 地理课程标准重点关注的过程和方法有哪些？
7. 从信息加工角度的知识分类，与教学目标的哪些要素有联系？
8. 地理情感、态度与价值观有哪些基本内容与重点？
9. 考察中学地理课堂并与地理教师交流，分享他们对地理课程目标的见解。

① 刘兆吉，美育心理研究[M]. 成都：四川教育出版社，1993，445.

课程设计者必须密切注意到特殊需要的学生，以及学生在各个发展阶段的不同需要。

——《地理教育国际宪章》

第三章　学生为本：地理课程与教材的重大变革

【提要与结构】

课程是实现人才培养目标的蓝图，课程价值观发展到当代，日益彰显学生为本的特点。以其为指导的地理课程在新一轮课程改革中，无论课程含义、课程目标、课程结构、课程内容、课程实施、管理及评价等都发生深刻变化。

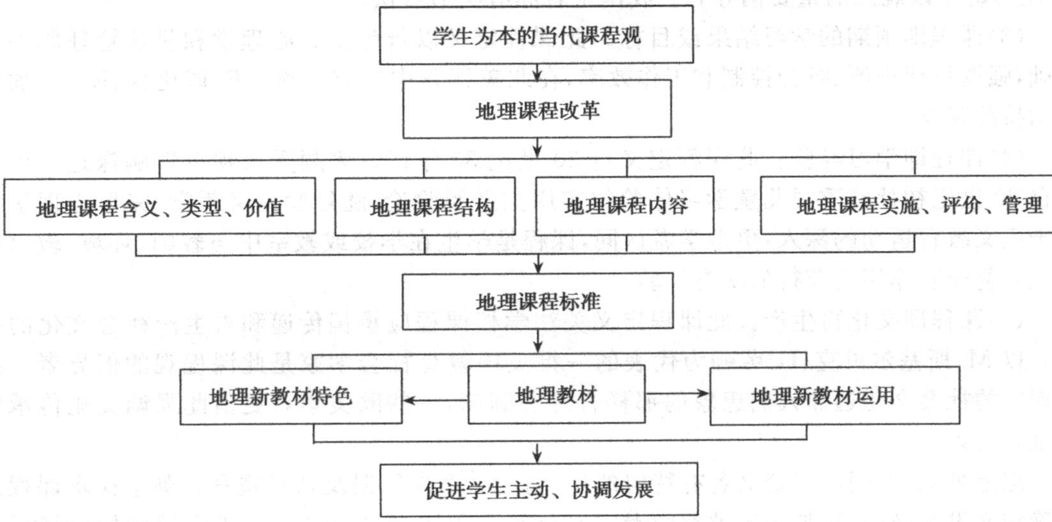

第一节　地理课程及时代变革

课程是实现人才培养目标的蓝图，课程改革是教育改革的核心。对课程的理解，直接影响着课程改革的实践走向。

一、课程与地理课程析义

(一)课程词源与多种定义

1. “课程”词源

在中国，一般认为“课程”一词最早出现于唐朝①，有“伟业”之喻，含义十分宽泛。及至宋

① 张华著. 课程与教学论[M]. 上海：上海教育出版社，2000：66.

朝朱熹在《朱子全书·论学》中提到的“课程”，主要指“功课及其进程”，与今日“课程”的一般理解已甚为相近。

在西方，英国著名哲学家、教育家H.斯宾塞在其1859年发表的著名文章《什么知识最有价值》中最早提出“Curriculum”(课程)一词，意指“教学内容的系统组织”。“Curriculum”在拉丁语中有“跑道”之意。据此，西方最常见的课程定义是“学习的进程”。

在课程的词源考察上，中外颇有共性。而在“课程”含义的发展及运用上，则多有殊异。

2. 课程的多种定义及评析

当代课程的定义依然多样。归纳起来，人们对课程的理解主要有以下几种：

(1)课程即学问或学科。如我国古代的“六艺”、“六经”、“四书”，欧洲中世纪初的“七艺”(文法、修辞、辩证法、算术、几何、天文、音乐)等教育课程，都是强调学问的分科课程，17世纪夸美纽斯的课程设置也承袭了这一观点。时至今日，此观点仍较普遍。

(2)课程即书面的教学(活动)计划。此课程定义把教学的范围、序列和进程安排，甚至教学方法和技术设计都包含在内，以期对课程有一个较全面的把握。美国课程论专家H.A.比彻姆是该观点的重要倡导者。我国学者亦有类似看法。

(3)课程即预期的学习结果或目标。此课程定义以行为主义心理学和科学管理原理为基础，强调目标预测、行为控制和工作效率，在北美课程中颇有影响。F.博比特、R.M.加涅等均持此观点。

(4)课程即学习经验。此课程定义自20世纪30年代以来颇受重视且影响深远。可溯源自20世纪初杜威重视儿童学习体验的实用主义经验论，随经验主义哲学、完形心理学和进步主义教育运动的深入，更多学者认同，课程是学生在学校或教室中与教师、环境、教材等人、事、物交互作用所获得的所有经验。

(5)课程即文化再生产。此课程定义关注学校课程应承担传递和再生产社会文化的任务。以M.斯基尔贝克、D.劳顿为代表的一批英国教育社会学家是此课程观的倡导者。由于现实的社会文化远非人们想象的那样合理和圆满，一些欧美学者更借此强调文化传承中的批判意识。

综上可知，不同课程定义各有特定的社会背景、理论依据及独特视角。刻意探求课程之精确定义没有必要，正如美国课程学者J.J.施瓦布曾告诫：“过分注重于完善诸如‘课程’术语的精确定义等理论问题，将会使课程研究毫无生机。”① 目前人们已普遍较乐意接受“课程定义多样化”的观念。

课程定义还在发展中，20世纪70年代以来，以下趋势明显：(1)从强调学科内容到强调学习者的经验和体验。(2)从强调目标、计划到强调过程本身的价值。(3)从强调教材这一单因素到强调教师、学生、教材、环境四因素的整合。

(二)地理课程释义

一般认为，地理课程是地理课业及其进程。或者，是为实现地理教学目标而选择的地理教学内容的总和。

基于课程定义的历史与发展，我们认为，地理课程的定义这样表述或更利于反映其时代特色：“地理课程是素质教育目标引导下所有地理学习活动的内容及进程。地理课程在适应社会、学生、学科发展需要的地理课程标准指导下进行，在地理教师、学生、教材与环境的动

---

① 靳玉乐著.新课程改革的理念与创新[M].北京：人民教育出版社，2003：59.

态交互作用中创生。”

二、地理课程类型及改革

（一）一般课程分类

在课程理论与实践中，典型的课程类型包括：学科课程与经验课程、分科课程与综合课程、核心课程与边缘课程、必修课程与选修课程、直线式课程与螺旋式课程、显性课程与隐性课程等。

1. 学科课程与经验课程

学科课程是以教学科目为中心设置的课程，如数学、物理、地理等，基于强调以学术为中心的学科课程论。其发展历史最为古老，使用范围最广。有两大显著特征：以学科知识或文化为课程目标、内容的基本来源；课程组织遵循学科知识的逻辑体系。主要优点：系统性、逻辑性、简略性。有助于组织教学和评价，提高教学效率。主要不足：容易导致忽略学生学习需要及忽略社会现实需要；容易导致单调教学组织及授受式教学等。

经验课程亦即“活动课程”、“生活课程”或“儿童中心课程”，是以儿童的主体性活动的经验为中心组织的课程，美教育哲学家约翰·杜威，著名教育家卢梭（法）、斐斯泰洛齐（瑞士）、福禄贝尔（德）等均是其倡导者。当代人本主义经验课程则由 A. 马斯洛、C. 罗杰斯、W. F. 派纳等倡导，反映出由主客二分的“经验课程”到主客一体并具有反思精神的“体验课程”的时代进步。其显著特征：以学习者当下活生生的实践经验为核心；强调动手做，手脑并用，学习者是能动的创造性的存在；学习者是整体的存在，全人格的参与；学习者的个性差异得到重视。主要优点有三：学习者成为真正的学习主体；将学科知识与儿童的经验相整合；将当代社会现实与儿童的经验相整合。主要不足：容易导致对系统学科知识学习的忽略；容易导致肤浅的活动性操作；课程组织对教师有较高要求而增加了适应难度。

学科课程与经验课程虽立足基点不同，一为学科中的逻辑经验，一为学生当下的心理经验，但两者并非不能相融。学科课程不排斥学习者的心理经验，经验课程也不排斥逻辑经验的教育价值，只要不行偏颇。

2. 分科课程与综合课程

分科课程一般也称学科课程，实则是学科课程中的科目本位或学术中心课程，如上述。

综合课程缘起某些学科课程的整合。随其发展，目前已有“学科本位综合课程”、“社会本位综合课程”及“经验本位综合课程”三种基本类型。德国教育家赫尔巴特、美国教育家杜威、派纳等都有重要贡献。

据综合程度不同，“学科本位综合课程”又分为“相关课程”、“融合课程”、“广域课程”。“相关课程”是指两种或两种以上密切联系、配合又保持相对独立性的学科课程。如地理课学习欧洲地理时，历史、语文、音乐、美术等作相关内容的配合。“融合课程”强调两门以上相邻学科的联系及内容糅合，如“环境社会学”、“生态伦理学”等。“广域课程”是合并数门相邻学科的教学内容而形成的综合性课程，如“社会研究”、“综合自然科学”等。

“社会本位综合课程”是以源于社会生活的问题为课程整合的核心，其目的是使学习者适应或改进当代社会生活。如“STS 课程”、“环境教育课程”、“国际理解教育课程”等。

“经验本位综合课程”亦即“儿童本位”综合课程，是以儿童当下的直接经验、需要和动机、儿童的兴趣和心理发展为课程整合的核心，其目的是促进儿童的经验生长和人格发展。20 世纪后期风靡 20 余个发达国家。如美国中学综合理科教材《科学探索者》，法国“动手做”

为主题的科学教育等。

由于学科发展呈现分化与综合并行的趋势，所以分科课程与综合课程各有存在价值。分科并不必然封闭，综合也并不一定牺牲科学体系，重要的是各扬其长，优势互补。

3. 核心课程与边缘课程

按照课程论专家R.泰勒的见解，“共同核心课程”是所有学习者都必须学习的课程，“边缘课程”是根据学生间的差异、环境条件的差异及教学目标的差异而设置的有针对性的课程。

百年以来，核心课程观已有四种典型的理解。其一是学科取向的核心课程观；其二是经验取向的核心课程观；其三是社会取向的核心课程观；其四是综合取向的核心课程观（谋求学生、社会与学科三者的平衡与整合）。后者已成为核心课程的当代追求。

语文、数学、历史、科学等通常被视为核心课程，相对应的其他课程便是边缘课程。尚被排斥在当今课程体系之外的称“空无课程”。

从课程发展与学生发展的关系看，核心课程的设立是必要的。但核心课程也非恒定不变，学科、学生、社会发展的需要都影响着核心课程的选择，例如地理在20世纪90年代被美国等列为核心课程之一。为引起人们对非核心课程的关注，专家们建议用“核心课程”与“拓展性课程”称谓，以更好揭示其有机、生成的关系及展示其于完整人格形成的重要价值。

4. 必修课程与选修课程

必修课程是指所有学生在一定学段必须修习的公共课程，是为保证所有学生的基本学力而开发的课程。选修课程是指依据不同学生的特点与发展方向，允许个人选择的课程，是为适应学生的个性差异而开发的课程。选修制的最早实行是在19世纪初的德国大学，19世纪中期在美国强势推进，到20世纪初开始席卷欧美大中学校。一个世纪以来，伴随追求个性发展、个性解放的进程，选修课程在个性化教育、个性化课程蓬勃发展中迅速推进。20世纪后期，选修课程的多样化、特色化、职业化、适应国际化与信息化，以及设置学分制高中课程等，已成为世界众多国家选修课程的共同发展趋势。

必修课程与选修课程是“公平发展”与“个性发展”的关系。在促进学生的个性发展上，它们价值相等而非有高有低。两者相互渗透、相互作用、有机统一，成为学生全面而有个性发展的强大支撑。

5. 直线式课程与螺旋式课程

直线式课程是将一门学科的内容按照逻辑体系组织，其前后内容基本不重复的课程。例如表1-4中所反映的我国1953～1957年开设的中学地理课程，初一到高二，分别设置自然地理、世界地理、中国地理、外国经济地理、中国经济地理等课程。这种课程组织的优点是能较好反映一门学科的逻辑体系，能避免课程内容的不必要重复。其明显不足是不能恰当体现学生认知发展的特点，也不利于及时反映学科最新发展。

螺旋式课程是在不同学习阶段重复呈现特定学科内容，但后者较前者有所拓展加深的课程。如我国1949～1952年所开设的中学地理课程，初中和高中分别有中国地理、外国地理，但内容有螺旋式上升。该课程组织的优点是能将学科逻辑与学生的心理逻辑较好结合，也有利于在“螺旋式上升”中关注到学科新发展，但也容易造成学科内容的不必要重复。

直线式课程与螺旋式课程，两者各有利弊，也有相对独立性。但螺旋式课程较之直线式课程，更能体现两种逻辑的结合，是一种更为高级的课程形态。当代课程组织更倾向于两者优势的结合，既有学科逻辑的循序展开，又有符合学生心理逻辑的逐步提升。我国20世纪

90 年代以来的课程改革，初中到高中分别有“区域地理”到“系统地理”的学科逻辑及心理逻辑，但“系统地理”中也不时包含对“区域地理”的提升，就是这种改革趋势的反映。

6. 显性课程与隐性课程

一般认为，显性课程指学校教育中有计划、有组织地实施的正式课程。隐性课程是学生在学习环境（包括物质环境、社会环境和文化体系）中所学习到的非预期或非计划性的知识、价值观念、规范和态度，是非正式课程。显性课程（有计划的学习经验）与隐性课程（非预期的学习经验）共同构成了学校课程的全貌——实际课程。

显性课程与隐性课程互有区别，也密切联系。一方面，显性课程的实施总是伴随着隐性课程，而一些隐性课程也不断转化为显性课程。自 20 世纪 60 年代隐性课程明确提出以来，研究日深。学校的物质、文化和社会环境，社会制度中的价值观念、意识形态，情意方面的学习，特殊的认知学习、直觉学习及无意识的学习等方面，已成为当前隐性课程开发的重点。显性课程与隐性课程的统筹对教师的反思意识、生本意识、课程理解提出了更高的要求。

(二)改革中的地理课程类型

基于上述，结合第一章有关内容，不难看出当代我国地理课程类型变革的鲜明特点：

1.“学科中心”地理课程一统格局突破，地理活动课程受到重视。

2001 年兴起的新一轮基础教育课程改革突破了“学科中心”地理课程的一统格局。其重要举措如表 1-5、表 1-6 所示，地方与学校课程、综合实践课程等活动类课程正式纳入初、高中课程计划。初中地理课程标准还对实践性很强的《乡土地理》的内容、教学及时间作出明确要求。除此以外，随着学科课程从“知识本位”向“能力立意”的转轨，大量的活动课程内容向学科课程渗透，地理课程标准中与“内容标准”齐头并进的“活动建议”及若干研究性学习的要求就是显著的例子。

广义的地理活动课程则既包括课内，也包括课外。地理活动课程的加强对学生获得直接经验，发展动手能力，培养多方面素质将更为有利。

2. 地理分科课程有重要地位，综合课程呈现新的模式

新一轮课程改革中，分科课程仍有重要地位，但综合课程明显加强并体现出新模式。

小学阶段以综合课程为主，不再设置独立的小学地理课程，地理教学内容在小学 1～2 年级和 3～6 年级分属“品德与生活”和“品德与社会”学科。

初中阶段（即 7～9 年级）分科课程与综合课程并行。分科的历史、地理与综合的“历史与社会”，分科的生物、物理、化学与综合的“科学”（也有部分自然地理内容）并列，由各地自主选择。地理分科课程一般安排在九年义务教育的 7～8 年级。参见图 3-1。

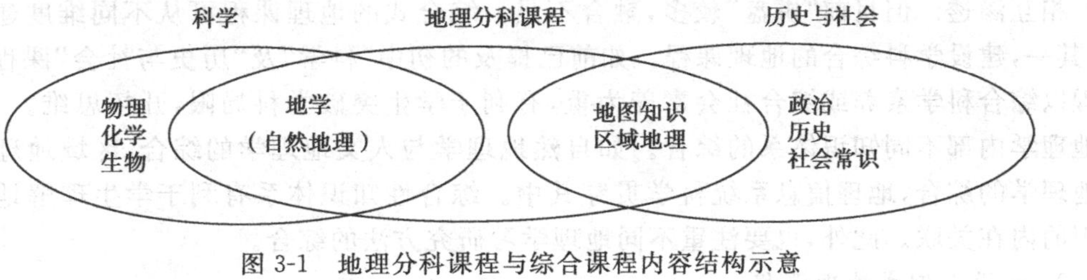

图 3-1　地理分科课程与综合课程内容结构示意

高中阶段则以分科课程为主，无论必修或选修。课程组织更多采用了案例课程，即“地理问题课程”呈现方式。让学生在研究案例解决问题的过程中学习，有利于学生能力与素养发展。用理论阐述与案例结合的方式构建课程内容，已成为新高中地理课程的重要特色。

“综合实践活动”在初、高中的普遍开设，无疑是对学科综合及综合课程的建设以强力推进。“以问题为中心”的研究与实践日益成为“综合实践活动”的主要内容。

还值得一提的是，在综合课程的建设与发展中，不只从学科本位的角度，而是从学科、社会、学生综合考虑的角度来选择综合研究的核心主题，已成为一种重要趋势。

3. 地理必修课程地位加强，地理选修课程趋于多样化、个性化

新的课程改革计划中，地理作为重要必修课程的地位继续得以肯定，这既体现在初中、高中学段的全面设置，也表现于分科课程或综合课程的形式。新一轮课程改革于地理课程改革的鲜明亮点是选修课程日趋多样化及个性化。最显著的是7门高中地理选修课程及“地方与学校课程”的选修类课程，这些选修课程的系列设置无疑为学生的个性发展及创造性发展拓宽了空间。

4. 综合式的地理课程设置更显完善

历半个多世纪的发展，地理课程的设置已日趋优化。初中以地球地图基本知识、区域地理为重点，高中以系统地理及重大地理核心主题为重点，有层次地系统展开。初、高中不同层次的地理课程相对独立又互为呼应，既关注了某一学段地理课程的自身逻辑，也考虑了后段地理课程对前段地理课程的应有提升。而无论哪个学段，对学生地理素养的培养都是基础而全面的，这对公民必要地理素养的形成甚为有利。

5. 地理显性课程受重视，地理隐性课程有了更多关注

在地理显性课程日受重视的同时，地理隐性课程也得到更多关注。对地理课程有效实施的人力、环境资源的开发，对学生学习积极性的关注与调动等，已明确进入了初、高中地理课程标准的基本理念、课程目标、内容标准、实施建议等内容。这是具有时代意义的变革。

（三）建设新型地理课程

地理课程改革的任务依然任重道远。社会、经济、生态、文化可持续发展的需要及创新型、实践型人才培养的需要，要求建设新型的地理课程。

1. 建设实践式地理课程

地理学是研究地理环境及人地关系的科学，具有综合性与地域性显著的特点。该特点决定了地理学是实践性很强的学科。地理课程标准明确提出，“要满足学生探索自然奥秘、认识社会生活环境等需要”，“开展地理观测、地理考察、地理实验、地理调查和地理专题研究等实践活动”，对地理课程的实践性提出明确要求。

2. 建设综合式地理课程

课程综合化就是要将分割过细、彼此孤立的学科知识重组，强调其内在联系及解决问题时的相互渗透。但目前“拼盘”较多，融合不足。综合式的地理课程可从不同维度建设。例如，其一，建设学科综合的地理课程。如前已提及的初中“科学”及“历史与社会”课程。这些课程以综合科学素养或综合社会素养为重，有利于学生突破学科局限，开拓思维。其二，注重地理学内部不同知识体系的综合。如自然地理学与人文地理学的综合，区域地理学与部门地理学的综合，地理信息系统科学贯穿其中。综合性知识体系有利于学生理解地理科学知识的内在关联。此外，也要注重不同地理学习研究方法的综合。

3. 建设案例式地理课程

案例式课程即以社会或生活问题为核心的“核心课程”。20世纪70年代以来，随着世界性人口、资源、环境等问题的加剧，案例式课程成为诸多发达国家设计地理课程的显著特色，如英国20世纪90年代的《世界地理》，就由包括“剑桥现象”、“净化莱茵河”、“印度的农业灌

溉”、“美国西部水资源危机”、“墨西哥的石油工业”等诸多案例。这些案例的分析与研究通常需要自然、人文综合的地理视野,还需要一定的政治、历史、社会等知识,对学生综合分析解决问题的能力及素养非常有利。我国 2004 年秋进行实验的高中地理新教材的多种版本都借鉴了国外案例式课程的优点,但在案例研究的突出地位、案例研究的迁移性及拓展性以及教师积极参与案例开发建设等方面,需要进一步加强。

4. 建设基于现代信息技术的地理课程

基于现代信息技术的地理课程,使学生的信息来源更丰富、探究的视野更广阔、研究的方法技术更综合、合作交流的范围更扩展,也使地理学习更具多元化、个别化,从而显著提高教学及学习效果。高中地理新课程已专门设置地理信息技术选修课。但目前无论地理信息技术选修课或地理信息技术与其他地理课程的结合,还有诸多问题需要深入研究。

5. 建设风格多样、评价多元的地理课程

我国东、中、西地域差异大,“一统模式”的地理课程难以突出区域特色,降低了针对性。经数年改革,迄今为止,已有初中地理七套 8 个版本,高中地理 4 个版本投入全国运行或区域实验(沪、港、澳、台单列)。如何使各版本教材既风格多样,又能很好体现地理素质教育总要求,还需进一步统筹。传统课程评价多依赖学科专家进行。当地理课程日益成为地理教师、学生、教材与环境交互作用的动态统一体,地理教师、学生以及家长等社会成员也有义务参加课程的开发、建设及评价。

【案例研究】

净化莱茵河*

关键问题 1:谁对莱茵河的污染负责?

提供 5 份图、文资料分析(河流概况;工业、农业、家庭污染状况;工厂经理陈述;污染源图片;污染物统计图)

有 5 个“活动”练习、检测(利用资料分析、说明、历史比较、计算、分类识别、对策建议等)

关键问题 2:莱茵河污染对荷兰造成的后果是什么?

提供 3 份图、文资料分析(鹿特丹港军官、饮用水工厂领导的陈述;以及生物污染、排水盆地、清洁饮用水需求的图幅)

有 5 个“活动”练习、检测(据资料分析研究 5 个问题后将有关思考建议给报社写信)

关键问题 3:做什么能停止或减少污染?

提供 3 份图、文资料分析(对盐行动—国际、当地;莱茵河行动计划;控制河流污染的行动—国际、国家、工厂、个人等)

有 4 个“活动”练习、检测(据资料分析研究 4 个问题后,为环保杂志写一篇有文、图、表的“改善莱茵河水质”的短文。)

关键问题 3 后,有“进一步活动”,包含“简答”、“发现”、“图书馆和研究”等。除对莱茵河的进一步研究,还需对另一条大河如泰晤士河进行调查,就重要性、功能、工业、污染程度、控制状况等作比较研究。

* 引自:林培英等译. 世界地理(英). 教学参考资料. 首都师大地理系,1999:53～64.

点评:上述案例(概要),提供文图材料充分,信息视角多维;学生素质训练全面,迁移空间广大;密切联系现实,关注社会生活。这些特点均值得借鉴。

第二节　地理课程标准及其特点

地理课程标准一般是由政府部门制订,反映国家在一定时期内对地理课程基本规范和质量要求的纲领性文件。它是地理教材编写、地理教学实施、评估和考试命题的依据,是国家管理和评价课程的基础，体现国家对不同阶段的学生在知识与技能，过程与方法，情感、态度与价值观等方面的基本要求。2001 年秋实施的《全日制义务教育地理课程标准》(实验)是我国新中国成立以来首次正式向全国颁发、实施的中学地理课程标准。

一、地理课程标准及时代意义

(一)地理课程标准的历史沿革

在我国，“课程标准”最早可追溯到“废科举，兴学校”教育运动之初。1904 年，清政府颁布《奏定学堂章程》，首次规定全国中小学普遍施行包括地理在内的课程方案，这是我国课程标准的雏形。

1912 年，南京临时政府教育部颁布《普通教育暂行课程标准》，以此具体规定学校各学科设置、各学科教学顺序、教学时数及各种活动，并将其作为国家教育行政部门制定的学校教学指导文件。此后，“课程标准”多次重订、修订。1949 年以前(1929～1949 年)，我国先后有 11 部《地理课程标准》颁布。

新中国成立之初，教育部曾拟订《小学地理课程暂行标准(草案)》。20 世纪 50 年代学习苏联，开始以《地理教学大纲》取代了《地理课程标准》，台、港、澳例外。

从 1956 年到 2002 年，先后有 7 部《地理教学大纲》及其修订本颁布(参见表 2-3)。

20 世纪 90 年代，我国中学课程改革蓬勃发展，上海于 1991 年率先制订并试行初中各科《课程标准》。为着素质教育的全面推进，2001 年，教育部正式开始用《课程标准》取代《教学大纲》。2001 年 7 月与 2003 年 4 月分别有《全日制义务教育地理课程标准(实验)》(以下简称初中地理课程标准)及《普通高中地理课程标准(实验)》(以下简称高中地理课程标准)颁布。

(二)地理课程标准的时代意义

《地理教学大纲》在我国使用 40 余年，为何用《地理课程标准》予以取代？

1.《地理教学大纲》的成就与时代局限

《地理教学大纲》历 40 余年发展，对规范地理教学、改善教学条件、提高教学水平、促进地理教育发展，发挥了重要作用。但改革发展使一些问题日益明显，例如，教学内容过于强调知识传承；教学知识点规定过细、统得过死；一些内容已显陈旧；教师、学生自主空间小，特色化、个性化不足；“以(大)纲为纲、以(课)本为本”的教学观念和方式，束缚了师生主动性、创造性的发挥等。

为适应新世纪基础教育课程改革的发展，2000 年 4 月，教育部根据《基础教育课程改革纲要》精神，通过招标形式组建了以全国部分重点师范大学、科研院所等为主体的中学地理课程标准研制组，开始国家地理课程标准的研制，并于 2001 年 7 月与 2003 年 4 月分别颁布了初、高中地理课程标准。

2.《地理课程标准》的时代特点

《地理课程标准》较之《地理教学大纲》，以下特点甚为突出：

(1)《地理课程标准》语意更严密

有专家指出，“教学大纲”此术语是从苏联教育学中引进的，实际上并不符合我国教学的使用习惯，例如，教学大纲往往与教师上课的教学提纲相混淆。《地理课程标准》较之《地理教学大纲》，更能清楚、准确地反映其国家课程准则的引领地位及特点，也避免了混淆。

(2)《地理课程标准》内容更全面,框架更清晰

不妨比较一下《地理教学大纲》与《地理课程标准》的一般体例。参见表 3-1、3-2。

表 3-1　中学《地理教学大纲》的框架结构

<table>
<tr><td rowspan="2">前言</td><td colspan="2">课程性质</td></tr>
<tr><td colspan="2">课程作用</td></tr>
<tr><td>一、教学目的</td><td colspan="2">知识、能力、德育</td></tr>
<tr><td rowspan="4">二、教学内容的确定与安排</td><td>初中</td><td>高中</td></tr>
<tr><td>原则</td><td>课程安排</td></tr>
<tr><td rowspan="2">地球与地图—世界—中国—乡土地理</td><td>必修 1</td></tr>
<tr><td>选修 2</td></tr>
<tr><td colspan="3">三、在教学、编选教材、教学评价和成绩考查中注意的问题</td></tr>
<tr><td colspan="3">四、教学内容和教学要求</td></tr>
<tr><td colspan="3">附录:教学用图、教学设备及设施(2000 年修订版综合)</td></tr>
</table>

表 3-2　中学地理《地理课程标准》的框架结构

<table>
<tr><td rowspan="3">第一部分前言</td><td colspan="2">课程性质</td></tr>
<tr><td colspan="2">基本理念</td></tr>
<tr><td colspan="2">设计思路</td></tr>
<tr><td>第二部分课程目标</td><td colspan="2">知识与技能、过程与方法、情感态度与价值观</td></tr>
<tr><td rowspan="3">第三部分内容标准</td><td>初中</td><td>高中</td></tr>
<tr><td rowspan="2">地球与地图—世界—中国—乡土地理</td><td>必修 3 门</td></tr>
<tr><td>选修 7 门</td></tr>
<tr><td rowspan="2">第四部分实施建议</td><td colspan="2">教学建议　评价建议</td></tr>
<tr><td colspan="2">课程资源的开发与利用　教材编写建议</td></tr>
</table>

两相比较,不难看出《地理课程标准》较《地理教学大纲》有更为丰富的内容。突出表现在:丰富了前言(增加"基本理念"、"设计思路"等);完善了目标(新"三维"目标取代旧"三维"目标);更新了内容(例如,"内容标准"由标准、活动建议、说明三部分组成。再如,高中必修、选修课程系列的建立等);充实了建议(包括教学、评价、课程资源开发、教材编写建议等)。

在内容丰富的同时,《地理课程标准》的框架层次更为简约、扼要、清晰。

(3)《地理课程标准》理念更先进,指导更适切

就基本理念而言,《地理课程标准》体现了现代公民必备素养、生活地理、探究学习、开放式课程、信息技术、多元多要素激励性评价等系列时代新理念。

就课程设计而言,《地理课程标准》有"课程设计思路"对课程指导思想、总体要求、课程构架、课程特点、学习要求等予以概括性说明,便于教学设计与实施者总揽全局。

就课程目标而言,《地理课程标准》提出了全新的"知识与技能"、"过程与方法"、"情感、态度与价值观"三维课程目标,更加关注学生地理素质的全面发展。

就内容标准而言,《地理课程标准》提出对学生某一学段的统一而基本的要求,以能力带知识,注重学生学习结果行为的描述且清晰而可评性强。力求对知识要点淡化、粗化,摆脱具体知识点的束缚;同时,在操作实施上实现优化、细化,以灵活多样、可供选择的"建议"形式体现,供使用者参考。《地理教学大纲》则反映的是对学生某一学段的统一而最高的要求,注重对具体知识点的规定,对学生的学习要求较笼统而模糊(参见表 3-3)。

就实施建议而言,《地理课程标准》以近 1/3 的篇幅详细阐述对教学、评价、课程资源开发利用、教材编写等方面的建议,并辅以典型性、示范性、启发性强的案例。一方面有力加强

了对地理课程教学实践的指导，另一方面对教师及学生作为课程教学的主动开发者、建设者提出了更多要求。相比之下，《地理教学大纲》的大量篇幅在“双基”点的罗列，有关建议甚少，教师更多被视为大纲、教科书的被动执行者。

显然，《地理课程标准》较《地理教学大纲》，更鲜明反映了时代改革精神及更高层次的课程文化追求。

表 3-3 《地理课程标准》与《地理教学大纲》陈述方式的对比

地理课程标准	标准	活动建议
	・分析地球运动的地理意义	・运用教具、学具，或通过计算机模拟，演示地球的自转与公转，解释昼夜更替与四季形成的原因
地理教学大纲	教学内容要点	知识要求
	・地球的自转及其地理意义 ・地球的公转及其地理意义	・了解地球自转的方向和周期。理解昼夜更替和地方时产生的原因。了解地球偏向力对地表水平运动物体的影响 ・了解地球公转的方向、轨道、周期和黄赤交角等。理解四季和五带的形成

二、初中地理课程标准的特色及创新

《基础教育课程改革纲要(试行)》指出，义务教育课程标准应适应普及义务教育的要求，让绝大多数学生经过努力都能够达到，体现国家对公民素质的基本要求，着眼于培养学生终身学习的愿望和能力。初中地理课程标准在课程理念、目标、内容等方面具有以下特色：

(一)六大课程理念：聚焦“以学生发展为本”

初中地理课程标准明确提出了六大基本理念：学习对生活有用的地理；学习对终身发展有用的地理；注重多样的地理学习方式；构建开放的地理课程；关注现代信息技术对地理课程的影响；注重学习结果评价与学习过程评价的结合。

学习“有用地理”的强调使过于学术化的内容得以删减；体验、探究等学习方式的强调使学生更有兴趣和主动；开放式地理课程引导学生走进自然、社会去发现、创造；关注现代信息技术使学生展开自由腾飞的翅膀；多元多要素的激励性评价让学生充满自信，不断进步。显然，六大基本理念集聚一个焦点——促进学生更积极主动地全面发展。

(二)三维课程目标：针对初中学生特点

初中地理课程总体目标的定位是：通过 7～9 年级地理课程的实施，学生能够了解有关地球与地图、世界地理、中国地理和乡土地理的基本知识，了解环境与发展问题；获得基本的地理技能以及地理学习能力；使学生具有初步的地理科学素养和人文素养，养成爱国主义情感，形成初步的全球意识和可持续发展观念。其中“了解”的认知层次及“基本”、“初步”等素养水平对初中生是恰当的。降低了过去《大纲》中一些过于拔高的要求。恰当的学习要求还体现在“知识与技能”、“过程与方法”、“情感、态度与价值观”三维教学目标的进一步表述中。

(三)课程内容定位：以区域地理为主

7～9 年级《地理》分科课程的基本内容和结构，以区域地理为主，参见图 3-2。

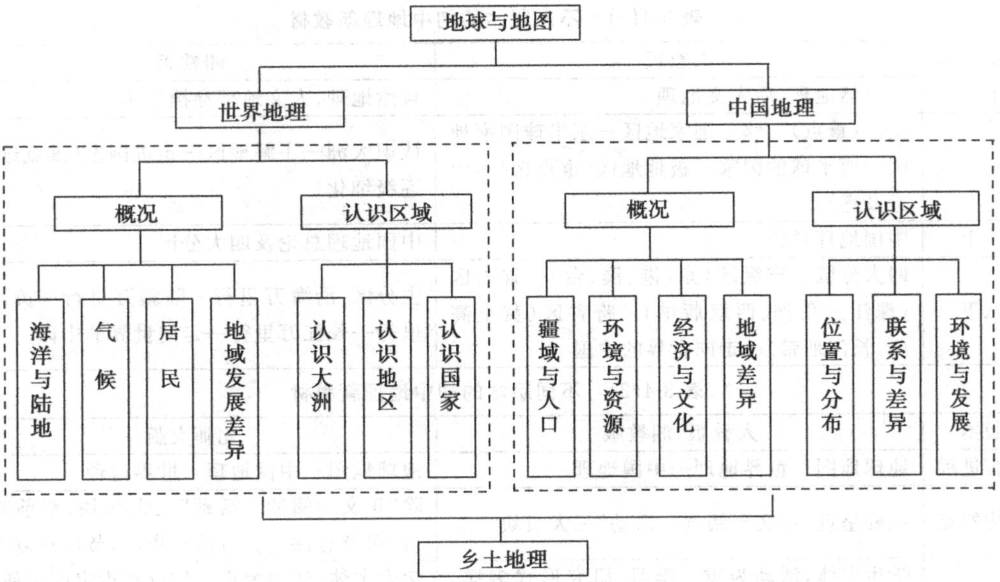

图 3-2　初中地理课程内容结构示意图

7～9 年级《地理》分科课程，以区域地理作为基本的学习内容，有如下理由：

首先，区域地理是地理学的古老核心，目前仍是地理学的重要分支。区域地理强调区域"人地关系"研究，区域性及自然、人文要素的综合性突出。区域地理研究成果对于制定区域发展规划、合理开发和利用自然资源、解决区域生态环境及人口问题等，具有十分重要的科学价值，也是公民必备的最基本地理知识。

第二，区域地理作为主要学习内容，符合初中学生的年龄特点和认知心理。7～9 年级学生通过 3～6 年级科学、社会等综合性课程的学习，对宇宙与地球、中国地理、世界地理等方面的知识，已有一些大致印象，初中学习区域地理有助于学生对小学较零散地理知识的系统化，为其走向社会或进入高中阶段的学习奠定良好科学文化基础。

第三，区域地理作为主要教学内容，比较贴近学生的生活实际，学生对置身其间的区域地理事象日日耳闻目睹，十分熟悉。引导学生从熟悉的"生活地理"进行探究，不仅容易激发学生的学习兴趣和求知欲，也具有较强的服务乡土、服务社会的应用价值。

（四）课程内容排序，不作硬性规定

初中地理课程标准将 7～9 年级地理课程内容分为地球与地图、世界地理、中国地理、乡土地理四大部分。

该四大部分教学内容"排列不分先后"，教材编写者可以自行决定编写顺序（参见表 3-4），地理教师也可以根据教学需要，自由安排授课顺序，即可先教学中国地理，也可先教学世界地理；"地球与地图"的知识可集中学习，也可分散学习；乡土地理也可分散到中国地理和世界地理的有关部分，以利应用。对课程四大部分内容排序的自由开放，有利于教材编写者及教师因地制宜、因人制宜，更好发挥其主动性与创造性，推动教材、教学发展。

表 3-4(1) 不同版本的初中地理新教材

版本册次	人教版	湘教版
七上	先自然地理，后人文地理	自然地理、人文地理穿插编排
七下	亚洲(重点)—邻近国家地区—东半球国家地区—西半球的国家—极地地区(重点选择，由近及远)	认识大洲—了解地区—走进国家(重点选择，逐级细化)
八上	中国地理总论	中国地理总论及四大分区
八下	四大分区—省级区(京、港、澳、台)—省内区(珠江三角洲、西双版纳)—跨省区(黄土高原、长江地带)—走向世界的中国	主分区：沿海万里行—陆疆万里行—黄河万里行—长江万里行—走向世界的中国

表 3-4(2) 不同版本的初中地理新教材

版本	人教版、湘教版	北师大版
内容进程	地球地图—世界地理—中国地理	地球地图—中国地理—世界地理
结构特点	主要呈现"正文－阅读－活动"三大板块	除"正文—阅读—活动"三大板块，章前有纲目，每章有课题。节前有指南，节后有复习
鲜明特色	学生主体，活动为重。学习、研究形式多样、开放	学生主体，活动为重。每章有指定课题研究、专题指导与开放性学习、研究相结合

(五)不追求完整的学科体系，对地理要素的学习采用不同呈现方式

地理要素罗列的"地理八股"是新课改前地理教材长期存在的问题。内容的繁复让学生不堪其重，也降低了教学效果。

由此，初中地理课程标准首先控制区域地理要素等学习内容的总量，大幅度削减内容、降低难度，但具体要求则"有降有升"。例如，大幅削减学习"要点"。原初中地理教学大纲中列出的"基础知识要求"要点 414 个；而初中地理课程标准中所列内容要点仅 105 个(其中，地球与地图 10 个，世界地理 47 个，中国地理 40 个，乡土地理 8 个)。课程内容原则上不涉及较深层次的成因问题，降低了学习难度。但在"学习有用的地理"和发展学生思维水平方面的要求则适当提高。例如，学生须"根据需要选择常用地图，查找所需要的地理信息，养成在日常生活中运用地图的习惯"，还须"初步掌握学习和研究不同尺度区域地理的基本方法"等。学生需要更强的信息能力、开发更多的课程资源进行自主学习。

此外，采用地理要素"单列"或"与区域结合"等不同的内容呈现方式来"减负"。例如，世界地理的自然部分只列出"海陆分布"和"气候"两大要素，中国地理也只是列出"气候"、"地形"、"河流与水资源"、"土地资源"几项最基本的内容，其他内容则结合具体地区和国家学习，这样就大大减轻学习负担，又利于把握核心要素。实验区的反馈已表明了良好的教学效果。

(六)增强课程开放性和弹性，对区域划分和选择留有自主空间

原初中地理教学大纲对世界地理、中国地理主讲内容及程度有很具体的要求。由于统得过死，加上课时有限，学习探究难以深入。

初中地理课程标准不再列述必学地区和国家，只是规范学习研究区域地理必须掌握的基础知识、能力、观点，以及必学区域数量的下限。区域地理内容的安排，概括为"1—5—5—5"(即最少要选择 1 个大洲、5 个地区、5 个国家，以及我国的 5 个地区——必学京、港、澳、台"4"，"1"即至少 1 个其他地区)。例如世界地理，教师可选择亚洲(洲)、东亚(地区)、日本(国家)等，也可选择其他大洲、地区、国家。至于所选大洲、地区、国家以及中国地理分区部分如

何才能达到“内容标准”中的规定，则由教材编写者和教师决定。参见表 3-4(3)。

以“内容标准”中“认识大洲”为例，人教版及湘教版七年级下册，对内容标准中“至少选择一个大洲”的要求，做出了各自不同的全新诠释：前者将其理解为“下部保底”，即只须选择一个大洲，于是便聚焦于我们生活的大洲——亚洲，从自然和人文地理角度作不同层面的探讨，其他大洲则主要结合“认识地区”、“认识国家”学习探究；而后者则理解为“上不封顶”，在“认识大洲”一章中涵盖了除大洋洲和南极洲以外的五大洲，重点采用区域分析与区域对比等方式来落实内容标准中的要求。

在“认识国家”中，两套实验教材除了都选择日本、美国、俄罗斯、澳大利亚和巴西以外，一套选择“人口大国”印度，而另一套则选择了“非洲文明古国”埃及和“欧洲经济大国”法国。

表 3-4(3)　不同版本的初中地理新教材

人教版(七下)目录	湘教版(七下)目录
第六章　我们生活的大洲——亚洲 　第一节　自然环境　第二节　人文环境 第七章　我们邻近的国家和地区 　第一节　日本　第二节　东南亚 　第三节　印度　第四节　俄罗斯 　第五节　北极地区和南极地区 第八章　东半球其他的国家和地区 　第一节　中东　第二节　欧洲西部 　第三节　撒哈拉以南的非洲 　第四节　澳大利亚 第九章　西半球的国家 　第一节　美国　第二节　巴西 第十章　极地地区	第一章　认识大洲 　第一节　亚洲及欧洲　第二节　非洲 　第三节　美洲 第二章　了解地区 　第一节　东南亚　第二节　南亚 　第三节　西亚　第四节　欧洲西部 第三章　走近国家 　第一节　日本　第二节　埃及 　第三节　俄罗斯　第四节　法国 　第五节　美国　第六节　巴西 　第七节　澳大利亚

初中地理课程标准较之原初中地理教学大纲，课程的开放性、弹性大大增强，这对推进我国百花齐放的教材建设，非常有利，对教师也提出了更高要求。地理教师既要有“底气”——精通专业知识并具有较强实践能力，又要有“灵气”——能根据当时、当地、学校、学生的具体情况，在《地理课程标准》指导下进行灵活机动的“再创作”。教师不再是“教科书”的忠实执行者，而应更多是基于“教科书”的创造者。

(七)对综合性学习载体——乡土地理教学作出必要的约束与规范

原初中地理教学大纲虽对本省地理和乡土地理有专条阐述，但要求较为粗化，如内容、要求“自行拟定”等。

初中地理课程标准强调乡土地理教学作为综合性学习载体的重要性。从以下四方面作出必要约束与规范。其一，明确规定“乡土地理为必学内容”，强调“乡土地理帮助学生认识学校所在地区的生活环境，引导学生学以致用，培养学生实践能力，树立可持续发展的观念，增强爱国、爱家乡的感情”。其二，有“内容标准”8 条及“活动建议”6 条阐明乡土地理教学的具体要求。其三，要求“乡土地理教材的编写应纳入地方课程开发的计划中，并切实加以落实”。其四，对乡土地理教学的实践活动，有“至少安排一次野外考察或社会调查”的最低要求。上述举措，保证了乡土地理教学的实施。

三、高中地理课程标准的特色及创新

《基础教育课程改革纲要(试行)》指出，普通高中课程标准应在坚持使学生普遍达到基

本要求的前提下，有一定的层次性和选择性，并开设选修课程，以利于学生获得更多的选择和发展机会，为培养学生的生存能力、实践能力和创造能力打下良好的基础。

较之原高中地理教学大纲及初中地理课程标准，高中地理课程标准具有以下显著特色：

（一）五大课程理念：聚焦“现代公民必备地理素养”

高中地理课程标准明确提出了五大基本理念：培养现代公民必备地理素养；满足学生不同的地理学习需要；重视对地理问题的探究；强调信息技术在地理学习中的应用；注重学习过程评价和学习结果评价的结合。

五大理念在“促进学生发展为本”的指导思想上一脉相承，但要求更高，并有所侧重。

地理素养指一个人经常的地理修养，主要指通过后天训练和实践而获得的地理知识、地理能力以及地理意识、情感、态度、价值观等个性品格的总和。地理素养是公民素养的重要组成。高中是公民身份获得的重要时期，强调“培养现代公民必备地理素养”十分必要。

高中阶段是学生学习能力与品质提升以及个性彰显的关键时期，因此基本理念中有对其选择性学习、探究能力及信息技术的更高要求。

高中阶段也是学生接受高一级学校选拔及进入社会就业的重要准备期。学生的文化知识、能力水平、成长过程、综合素质等成为高校及社会用人单位录取的重要依据。基于此，强调学习过程评价和学习结果的评价无疑是适切而具有前瞻性的。

（二）三维课程目标：针对高中学生特点

高中地理课程总体目标的定位是：要求学生初步掌握地理基本知识和基本原理；获得地理基本技能，发展地理思维能力，初步掌握学习和探究地理问题的基本方法和技术手段；增强爱国主义情感，树立科学的人口观、资源观、环境观和可持续发展观念。其中对地理基本知识和原理、地理基本技能和思维能力、地理基本方法和技术手段等“三基”的“初步掌握”、“获得”等要求，以及对情感、价值观的“增强”、“树立”等要求，明显与初中不同，针对了高中生的地理素养发展要求。

总体课程目标下进一步分解的“三维目标”对高中生“独立或合作”学习、“发现、探究、解决地理问题”以及“表达、交流、反思”等学习能力及素养的强调尤为突出。

（三）课程设计指导思想：谋求基础性、时代性、选择性的和谐统一

所谓“基础性”，即强调地理课程要精选适应时代需要的地理基础知识、基本能力、基本方法及基本观点，要反映地理科学经典、核心的内容，要继承、弘扬地理科学及地理教育科学研究的精华，以有利于学生形成公民必备的基本地理素养。例如，高中地理三必修模块就涵盖了现代地理学中自然地理、人文地理、区域地理三项基本内容，并很好体现了其联系与融合，是所有高中学生都必须具有的共同基础。

所谓“时代性”，即强调地理课程要反映当代社会进步、科技发展和学科的发展趋势，关注学生经验，增强课程内容与社会生活的联系，增强应用性，并根据时代发展需要及时调整、更新内容。既反映社会的时代性，如知识经济、网络社会、国际化、全球化；又反映学科发展的时代性，如对全球变化与人类活动、环境与发展问题的关注及“3S”、数字地球的应用；还应考虑当代社会对学生实践能力、创新精神等的时代要求，等等。高中地理课程的3“必修”、7“选修”模块，对此作出了积极反应。

所谓选择性，是指高中地理课程类型多样化及学生学习更大的选择自由和灵活性，以满足学生探索自然、认识社会、掌握现代地理科学技术方法等各种不同的学习需要，促进学生

全面而有个性的发展。高中选修7模块及综合实践活动等,较好地体现了选择性。

新的高中地理课程以必修、选修结合,学科课程与综合实践课程结合,国家、地方及校本课程结合等突出特点体现上述"三性"的和谐统一(参见表1-6,图3-3)。高中地理课程基础性、时代性、选择性的统一,较好地体现了学科、社会和学生三方面需求的平衡。

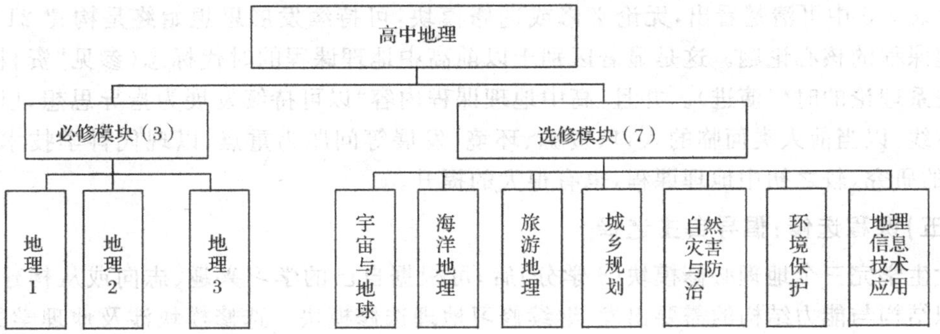

图 3-3 高中必修课程与选修课程的结构

(四)课程内容:以系统地理与应用地理突出可持续发展论题

高中地理课程以侧重系统地理与应用地理的内容及组织为主,既与初中区域地理为主的课程内容相区别,又与其自然衔接并在原理和应用研究中提升。

高中必修课程大体上是学习系统地理,而高中选修课程除了个别模块基本上是学习应用地理。与初中地理"原则上不涉及较深层次的成因问题"不同,高中地理课程"注重与实际相结合,要求学生在梳理、分析地理事实的基础上,逐步学会运用基本的地理原理探究地理过程、地理成因以及地理规律",注重学生科学观点的进一步形成。

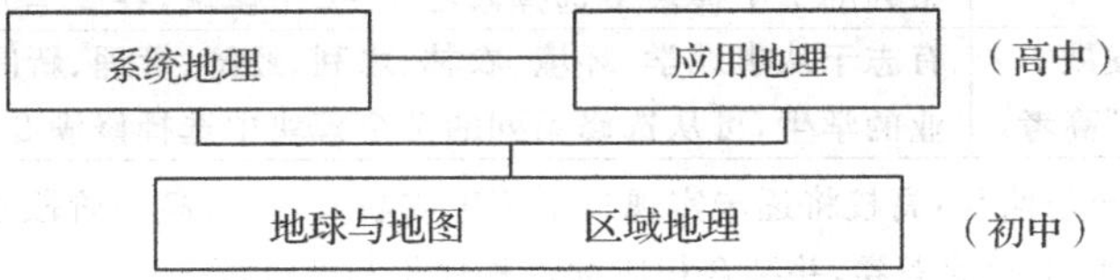

图 3-4 初、高中地理课程的联系

必修3模块(各2学分,36课时),涵盖了现代地理学的基本内容,体现了自然地理、人文地理和区域地理的联系与融合,现代信息技术应用,始终突出可持续发展核心论题。

"地理1"以自然地理内容为主,包括地球的宇宙环境、地球的4大圈层、自然环境的整体性与差异性等传统内容,但又不拘泥于纯自然地理结构,而以"自然环境对人类活动的影响"作为总结,紧扣可持续发展这一核心论题。

"地理2"以人文地理内容为主,包括人口与城市、工农业区位因素等经典内容,但也不拘泥于纯人文地理结构,以"人类与地理环境的协调发展"结尾,阐述可持续发展的缘由、基本内涵和任务。

"地理3"则以区域作为载体,介绍区域同人类的关系、区域的开发整治等,同样紧扣可持续发展这一核心论题。"地理3"的区域研究,与初中区域地理内容不同。着重区域重大地理专题研究,具有更强的综合性、应用性及地理信息技术的应用研究。

选修7模块(各2学分,36课时)涉及地理学的理论、应用、技术等各个层面,选择的内容大都关注人们生产生活与地理密切相关的领域,突显地理学的学科特点与应用价值,并且有些选修模块以中学地理教学实践为基础，以高中学生的兴趣爱好为出发点，有利于开阔学生的视野，进一步提高学生的科学精神与人文素养。选修模块从“科学的地理”、“生活的地理”、“文化的地理”等视角进一步拓展、丰富了必修模块的内容，展示了更为宽广的科学研究与应用研究领域。

从表 3-5 中可清楚看出，无论必修或选修模块，可持续发展思想始终是构建 21 世纪高中地理课程的核心论题。这是显著区别于以前高中地理课程的时代标志(参见“资料检索”：人地关系理论的时代演进)。并且，高中地理课程内容“以可持续发展为指导思想，以人地关系为主线，以当前人类面临的人口、资源、环境、发展等问题为重点，以现代科学技术方法为支撑”的研究，较之初中地理课程，也有很大的提升。

(五)课程选修:倡导自主选择

学生学完三个地理必修模块(6 学分)后，可根据自己的学习兴趣、志向或从构建自身合理知识结构与能力结构的需要出发，继续修习地理选修模块。选修模块涉及地理学的理论、应用、技术各个层面，关注人们生产、生活与地理密切相关的领域，突显地理科学的学科特点与应用价值，有利于开阔学生视野和进一步提高其科学与人文素养。

学生可根据学习兴趣、能力发展倾向、国家高考方案以及学校的条件等，选择以下任一方案修习。

表 3-5 高中地理选修模块研修方案*

选修方案	学生发展倾向	建议选修模块
方案一	人文与社会科学	从选修系列的 7 个模块中选择修习 2～3 个模块，各 2 学分，获得 4～6 学分
方案二	理工科	鼓励有志于从事地学、环境、农林、水利、军事等相关专业的学生，从选修系列的 7 个模块中选择修习 1～2 个模块，各 2 学分，获得 2～4 学分
方案三	综合发展 (“大综合”高考)	有志于从事地学、环境、农林、水利、经济、管理、新闻、旅游、军事等相关专业的学生，可从选修系列的 7 个模块中选择修满 2 个模块，获得 4 学分

* 以后高考基本改革思路是：高校将逐步实现自主招生或联校招生；高中阶段选修不同课程的学生，高考时将采用考试内容有所不同的考卷，并结合相应的过程评价与综合评价。

高中地理课程标准对地理选修模块的学习顺序并不作具体规定，可在必修课之前、之后或者同时开设。主要供感兴趣的学生选择。

“必修＋选修”的模式有助于培养“合格＋特长”的学生，有利于学生特长潜能的充分发挥，也有利于满足社会对各种人才的大量需求。

四、地理课程标准的应用

综上所述，初、高中地理课程标准(以下简称《地理课程标准》)在指导思想、基本理念、设计思路、课程目标、内容体系、体例结构等方面都作了很大改革，将其具体落实在课程实施中，需要注意以下方面：

(一)认真学习理解《地理课程标准》的改革背景、时代精神及基本特点

《地理课程标准》是与时俱进的产物。要真正理解其先进性，必须加强对国家有关教育方针、教育法规及近些年颁发的《基础教育课程改革纲要》等系列课程教学改革指导性文件的学习。只有明了并把握了课程改革大趋势，才能高瞻远瞩地领会《地理课程标准》的改革精神及实质。

《地理课程标准》是由政府部门制定的,反映国家在一定时期内对地理课程基本规范和质量要求的纲领性文件,是地理学科教材编写、教学、评估和考试命题的依据,是国家管理和评价课程的基础。具有先进性和督导性、统一性和基础性、整体性和逻辑性、可理解性与可操作性、开放性和灵活性等特点。

地理教师要形成对《地理课程标准》的以下基本认识:

《地理课程标准》是对学生某一学段学习共同的、统一的基本要求,不是最高要求。

《地理课程标准》主要是对学生某一学段后学习结果的行为表述,不是对教学内容的具体规定。

《地理课程标准》对学生学习结果行为的描述一般是可理解、可达到、可评估的,不是模糊不清、可望而不可即的。

《地理课程标准》隐含着教师不是教科书的执行者,而是课程、教材、教学方案的开发者,即教师是"用教科书教,而非教教科书"。《地理课程标准》教学及评估涉及完整个体发展的三个领域,而不仅仅是知识的要求。

(二)自觉以《地理课程标准》导航,在思想和行动中认真转变陈旧的课程教学观

《地理课程标准》的所有基本理念聚焦在"促进学生素质的全面和谐发展"。由此带来教学观念和教学行为的转变是全方位的。地理教师需要认真对照《地理课程标准》的各项新要求,积极改革教学方法,从传统教学方法的束缚中解放出来。要认真研究如何贯彻《地理课程标准》对激发学生学习主动性和积极性、培养学生能力、提高学生综合素质等方面的要求,更好发挥教师引导者、促进者的作用。例如,教师在使用《地理课程标准》过程中,应从重点关心学生对某个结论的记忆、对某次考试的得分,转向重点关注其学习能力、理论联系实际能力及良好情感、态度与价值观的养成。

(三)初中与高中学段的要求有相对一致性,也各有重点

初、高中《地理课程标准》存在相对一致性,主要体现在改革指导思想及基本理念方面,如培养公民素质,学习有用地理,改变学习方式,构建开放式课程,基于信息技术,改革学习评价等。此外,人地协调、可持续发展思想的指导也是一线贯穿。

但初、高中学段的学习要求也各有不同。例如,初中学段要注意适当降低教学难度,加大体验、活动力度,重视学生生活经验,突出图像学习要求,重视运用地理信息,体现"能力立意"特色,自然、人文紧密结合等。高中学段要增强探究,强调自主,多给选择,对发现问题的敏锐性,解决问题的技术手段、途径以及综合评价能力、反思能力等有更高的要求。

打着课程改革的旗号,随意加大或减低任一学段学生的学习要求,都是不恰当的。

(四)以动态、发展的观点认识《地理课程标准》

《地理课程标准》是一定时期的产物。正因为如此,它处于动态发展中。事实上,《地理课程标准》自颁发以来,就不断征求着社会各方的意见,并予以了数次修订。以辩证的观点看问题,地理教师在使用《地理课程标准》时不宜将其绝对化。认真学习、研究《地理课程标准》,在践行《地理课程标准》的过程中,充分发挥主观能动性,注意将《地理课程标准》的统一要求与本地、本校的具体实际相结合,并勇于解放思想,勤于思考,主动为《地理课程标准》的不断完善作贡献,这是应予倡导的正确态度。

第三节　地理教材系统及其应用

地理教材是地理课程标准的具体化，是实现地理教学目标的重要内容及方法载体。地理教材系统包括哪些组成？地理实验教科书有何特点？如何应用？本节将重点阐述。

一、地理教材系统及地理教科书系统

(一)地理教材及其系统

1. 地理教材的含义

一般认为，地理教材是师生据以进行地理教学活动、达到地理教学目标的一切材料。

广义的地理教材包括地理教学的一切载体，如地理教科书、地图册、练习册、教师教学用书、地理课外读物、各种地理教具、各种地理电子媒体及地理实景等。狭义的地理教材通常指地理教科书，即地理课本。地理教科书是师生进行地理教学活动的最基本材料。课程改革新理念下，地理教科书应更多体现“学材”的特点，应是“引导学生认知发展、生活学习、人格建构的一种范例”①。

2. 地理教材系统

地理教材系统按其表现形式包括三个子系统：

(1)书面教材系统：地理教科书、地图册、练习册、地图、地理教参、地理课外读物等。

(2)电子教材系统：地理电子教材、多种软件及地理幻灯片、电视片、电影、网络信息等。

(3)造型与实物教材系统：地理模型、地理标本、地理实物、地理模拟场景及真实环境等。

(二)地理教科书系统

地理教科书作为学校地理教学最基本的功能系统，其构成因素十分复杂。既有由文字、图像、练习等因素及其编排构成的形式系统，又有由其反映的知识、能力、情感、态度与价值观等因素及其交融构成的内容系统（功能系统），即地理教科书具有多重结构。

褚亚平教授将系统论应用于地理教材研究，于1982年最早提出“学科教材构成的三系统”，要以课文、图像、作业（活动）表达形式的三系统的最优化，促进地理知、能、德、美诸育的完美结合。结合新课程目标，地理教科书系统可如图3-5所示。

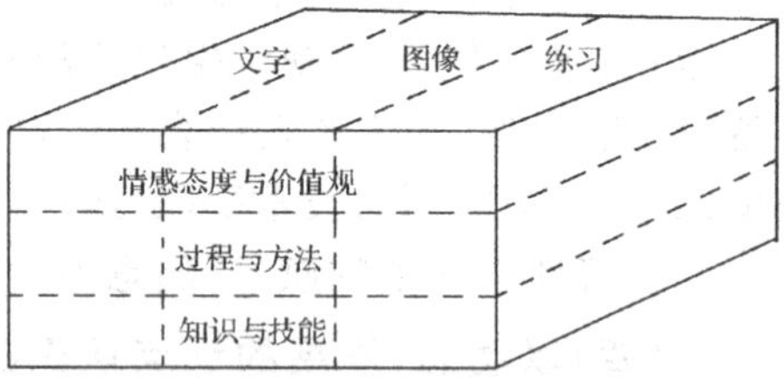

图3-5　地理课本系统结构模式

图中所示文字系统、图像系统、练习系统是地理教科书中的形式系统，即表层系统。图中所示知识与技能，过程与方法，情感、态度与价值观是地理教科书的功能系统即深层系统。高质量的地理教科书是形式系统与功能系统两大系统的协同与完美结合。

1. 地理教科书的表层系统

地理教科书的表层系统由地理课文、地理图像和地理练习三个互为协同的子系统构成。因为它们主要表现在教科书编写的形式上，故称为表层系统。

---

① 靳玉乐等.新教材将给教师带来什么——谈新教材功能[M].北京：北京大学出版社，2002：2.

(1)地理课文系统

地理课文系统是以文字符号(包括数字)的形式储存和传递地理教学信息的系统。其表现形式多为文字叙述,以及部分表格等。不同的地理教科书,课文结构不尽相同。一般由地理基础知识的文字表述、教学指导语以及教学辅助教材的文字表述三部分构成。参见图 3-6。

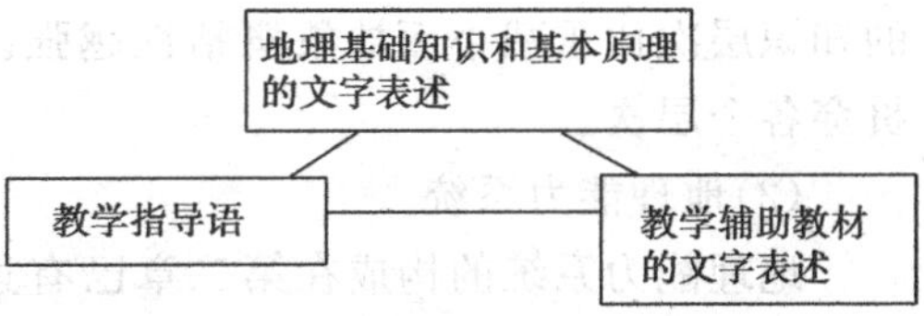

图 3-6　地理课文系统结构示意图

地理基础知识、基本方法的表述(叙述、描述、阐述),反映逻辑构架,是地理教科书的文字主体。教学辅助材料以“阅读”、“知识窗”、“地理小故事”、“案例”等多种形式丰富学生对正文的理解。教学指导语,多体现学习指导的功能,有多种形式。或了解教材结构,如“高中地理讲些什么”;或指导学习内容,如“区别……”、“阅读……”;或采用提示,如对阅读等高线地图的方法提示等。

地理课文系统有“逻辑系统”之称,能准确表述地理知识,对学生的抽象思维能力、运用地理语言的能力等有重要作用。但地理课文系统表述复杂空间关系显得不足。

(2)地理图像系统

地理图像系统是以各种图像符号储存和传递地理教学信息的系统。其突出特点是以形象、直观的形式表示、解释、揭示地理事象。主要类型有地图、地理景观图、地理示意图、地理统计图、遥感及卫星图像、地理漫画等,其形式不一,作用也不尽相同。

地理图像系统有“直观系统”之称,可简要表述复杂空间关系,对突出地理特色、发展学生的地图能力等有重要作用。地理图像系统在地理新教材中比重过半,图文密切配合。

(3)地理作业系统

地理作业系统是以指导学生思考或实践活动形式储存和传递地理教学信息的系统,亦称练习系统或活动系统。作业系统形式多样。按能力特点,或言语表达,或思维训练,或动手操作,或能力综合;按练习类型,或书面,或实践;按进行方式,或独立,或合作;按练习时间,或课堂,或课外等。初、高中地理实验教科书中形式多样的“活动”即是地理作业系统的内容。

地理作业系统有“实践系统”之称,对学以致用,发展学生理论联系实际的学习与研究能力,以及科学态度、健康情感、价值观的养成,意义重大。

2. 地理教科书的深层系统

地理教科书的深层系统是地理知识系统,能力系统和情感、态度与价值观系统的总称。与地理课本的表层系统即形式系统相比,该系统深入体现其内容与功能,故称为深层系统。

(1)地理知识系统

地理知识系统的构成在第二章已有述及。地理教科书知识系统的内容结构一般要考虑两方面的问题。首先是学科体系知识系统的组成与排序。例如地球与地图知识、区域地理知识及系统地理知识,是直线式？是循环式？还是混合式？其次是某知识体系内对不同属性知识的选择与组织。

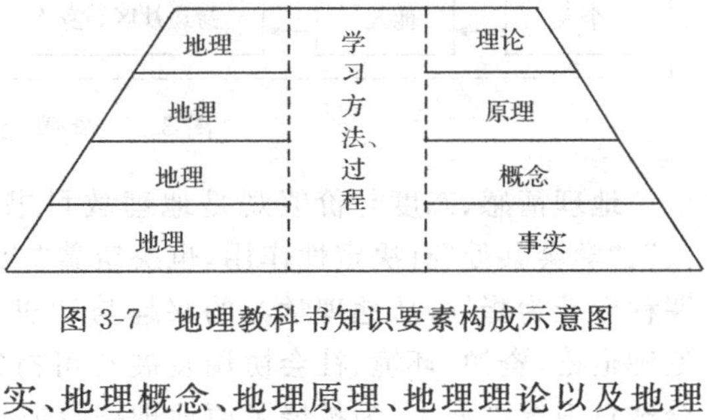

图 3-7　地理教科书知识要素构成示意图

地理教科书知识系统按认识层次由地理事实、地理概念、地理原理、地理理论以及地理学习方法等构成(参见图3-7)。各部分在地理教材中所占的比重不同，呈金字塔形，越上面的知识层次比重减小而抽象概括性越强。初、高中其各层比例不尽相同。学习方法及过程贯穿各个层次。

(2)地理能力系统

地理能力系统的构成在第二章已有述及。地理教科书能力系统的内容结构，首先要注意基础性，即重视地图能力、地理思维能力、地理操作实践能力等基本技能的训练。第二要注重综合性，即运用多种单项地理技能解决地理问题，如对乡土地理问题的探讨。第三要注重生活性，即能力系统的内容要密切结合学生的生活现实环境，增加有用性。第四要注重时代性，即能力系统的与时俱进，如对合作学习能力、社会交往能力、信息能力等要重视。第五要注重层次性，以针对不同学生的学习需要(参见图3-8)。如布鲁纳所主张，把教材分成不同的水平，使之与不同水平学生的接受能力相配合。第六要注重协同性，即能力系统与知识系统及情感态度价值观系统的协调配合。

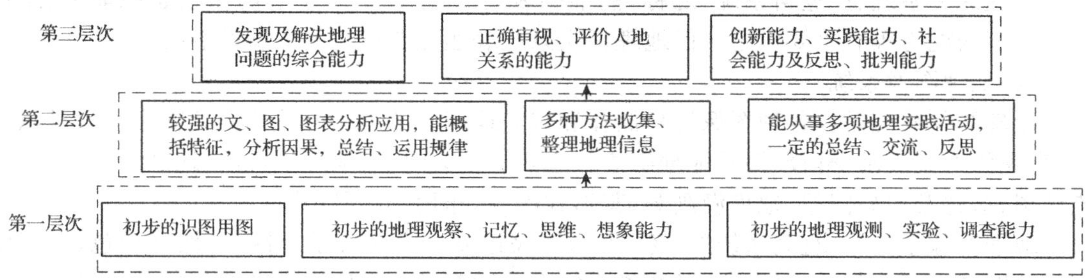

图3-8　地理能力系统层次示意图

地理能力系统是地理教科书深层系统的基础系统与关键系统，对学生“学会认知”、“学会做事”作用重大。传统地理课本中的能力多附着于知识，地理新教材倡导“以能力带知识”，能力系统显著增强。

(3)地理情感、态度与价值观系统

地理情感、态度与价值观系统的构成在第二章已有述及。地理教科书情感、态度与价值观系统的核心内容如《地理教育国际宪章》所指出，是对地理环境及人地关系的兴趣、关心、负责任及全球与共的科学发展的态度，以培养“活跃而又负责任的公民”。这些核心内容从小到大、由近及远体现在从微观到宏观的各个层面(参见图3-9)。

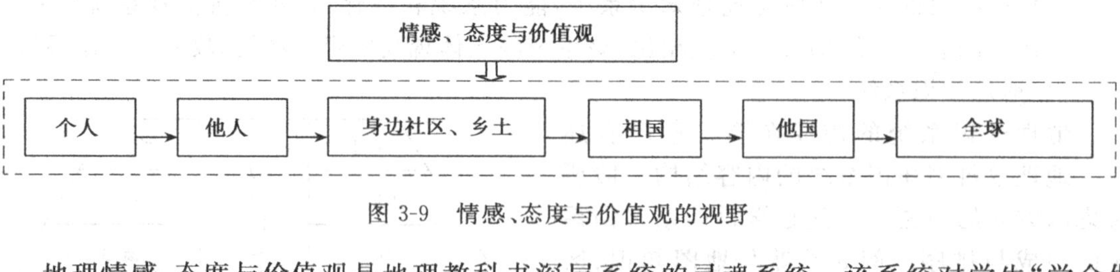

图3-9　情感、态度与价值观的视野

地理情感、态度与价值观是地理教科书深层系统的灵魂系统。该系统对学生“学会做人”、“学会共处”有决定性作用，也决定着“求知”与“做事”的方向。地理实验新教材以地理课程标准为指导，从地理学习的兴趣与动机，求知欲及探索精神，审美情趣，生活素养，环境伦理道德，资源、环境、社会协调发展与可持续发展的观念，国际理解，人文精神，爱国情感，全球意识等方面，广为扩展了原地理德育或思想教育的内容，并力图以更为丰富多彩的形式将其潜移默化于知识学习、能力培养的活动体验中。

21 世纪实验使用的初、高中地理教科书,通过一系列重大改革,其形式与功能两大系统的内部完善及优化组合,面貌焕然一新。不同版本地理教科书,既有诸多共性又个性突出。

二、初中地理实验教科书特色及应用

自 2001 年以来,经“全国中小学教材审定委员会”初审通过、并在全国各地使用的初中地理课程标准实验教科书已达 7 套。

这些教科书依据《地理课程标准》要求,认真体现地理课程改革基本理念,体现出鲜明的改革共性。例如,文、图、练并茂的新颖教材编写结构,科学与人文交融的材料精选,生活化、审美化、富亲和力的文字表述,丰富多彩的知识呈现方式,密切联系生活和生产实际的生动案例,大比重上升的“活动”内容等。其个性又各有千秋。限于篇幅,本节选择以初审通过较早、使用人数较多的人教版、湘教版及北师大版侧重介绍。

(一)人教版初中地理实验教科书

1. 编写指导思想和体系、体例结构

(1)以学生发展为本,引导学生学习生活地理和对终身发展有用的地理。教学内容选择密切联系生活、生产实际,体现地理学实用价值并反映地理科学和社会、经济的新发展。

(2)发展学生的实践能力和创新意识。教学内容组织以学生的活动为重要形式,启发学生在观察、思考、分析、应用中学习地理。

(3)重视爱国主义情感、环境保护意识、科学态度和科学精神,以及人文精神的培养。大量精选的信息材料渗透了核心的情感、态度和价值观。

(4)体现对原有初中地理教科书内容和结构的继承与创新。例如,七(上)在主要内容上体现了继承性,而主要创新点在于以改变学生的学习方式为出发点,建立新的体系结构。

表 3-6　人教版教科书的内容体系结构

模块	章	节
七年级上册	绪言	与同学们谈地理
	第一章　地球和地图	第一节　地球和地球仪　第二节　地球的运动 第三节　地图的阅读　第四节　地形图的判读
	第二章　陆地和海洋	第一节　大洲和大洋　第二节　海陆的变迁
	第三章　天气和气候	第一节　多变的天气　第二节　气温的变化与分布 第三节　降水的变化与分布　第四节　世界的气候
	第四章　居民与聚落	第一节　人口与人种　第二节　世界的语言和宗教 第三节　人类的居住地——聚落
	第五章　发展与合作	
七年级下册	第六章　我们生活的大洲——亚洲	第一节　位置和范围　第二节　自然环境
	第七章　我们邻近的地区和国家	第一节　日本　第二节　东南亚 第三节　印度　第四节　俄罗斯
	第八章　东半球其他的地区和国家	第一节　中东　第二节　欧洲西部 第三节　撒哈拉以南非洲　第四节　澳大利亚
	第九章　西半球的国家	第一节　美国　第二节　巴西
	第十章　极地地区	

（续表）

八年级上册	第一章　从世界看中国	第一节　疆域　第二节　人口　第三节　民族
	第二章　中国的自然环境	第一节　地形和地势　第二节　气候 第三节　河流　第四节　自然灾害
	第三章　中国的自然资源	第一节　自然资源的基本特征　第二节　土地资源 第三节　水资源
	第四章　中国的经济发展	第一节　交通运输　第二节　农业　第三节　工业
八年级下册	第五章　中国的地理差异	
	第六章　北方地区	第一节　自然特征与农业 第二节　“白山黑水”——东北三省 第三节　世界最大的黄土堆积区——黄土高原 第四节　祖国的首都——北京
	第七章　南方地区	第一节　自然特征与农业 第二节　“鱼米之乡”——长江三角洲地区 第三节　“东方明珠”——香港和澳门 第四节　中国的神圣领土——台湾省
	第八章　西北地区	第一节　自然特征与农业 第二节　干旱的宝地——塔里木盆地
	第九章　青藏地区	第一节　自然特征与农业 第二节　高原湿地——三江源地区
	第十章　中国在世界中	

* 以上教材为2012年第1版七年级；2013年第1版八年级。

2. 教科书的主要特色

（1）教材在结构设计中加大了“活动”的力度。教材中的“活动”是教学内容的重要组成部分，其功能已经从复习巩固课堂知识，转而承担一部分新知识的教学。通过“活动”这种形式，切实让学生参与到教学活动中，增强了教材的探究性和实践性。

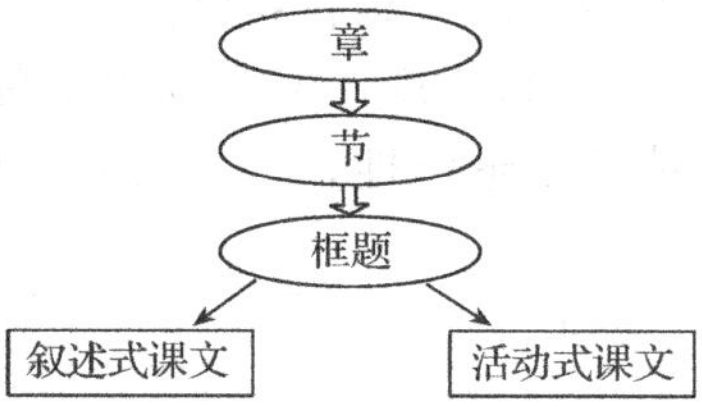

图3-10　人教版课文结构图

表3-7　人教版教科书课文结构示例

目（框题）	内容的分解	
	叙述式课文	活动式课文
认识地球的形状和大小	人类对地球形状的认识过程	通过小实验、分析月食照片，体验古人是如何认识地球形状的
地形图的判读	地形图的基础知识	动手制作等高线地形模型，绘制地形剖面图
七大洲和四大洋	大洲和大洋的分布	通过分析地图，认识七大洲和四大洋的位置和轮廓
天气及其影响	天气的概念	阅读相关资料，总结归纳天气与我们的关系
世界人口的增长	世界人口数量变化的总趋势	分析、计算不同国家或大洲的人口增长情况
聚落的发展与保护	发展和保护传统聚落的意义	结合实例，讨论传统聚落保护的问题
发达国家和发展中国家	发达国家和发展中国家的分布和经济差异	调查说明发展中国家在不断地发展之中

（2）教学内容的呈现形式多种多样。教材中尝试不同的呈现方式，不断给学生以新鲜感，激发他们对地理课的兴趣。例如，一些地理概念的图释，如经线与纬线、天气与气候等；有关地理问题的亲切场景对话，如孩子和姨妈、儿子与父亲、男生与女生，不同大洲、国籍孩

子的对话，不同人种、宗教人们的对话等；展示地理过程的组照或组画，如人类对地球形状的认识过程，世界人口增长组图等。

(3)教学内容密切联系生活和生产实际，尽可能多地联系学生的生活实际，使学生感受到鲜活的地理就在身边，诸如“学习地理，为了更好地生活”、“气温与生活”、“降水与生活”、“我们生活的大洲”等。小到个人衣、食、住、行、游，大到家乡风貌、四化建设、世界环境、经济时政、国计民生、现代科技、文化习俗等大量生动事例及有关思考，广泛渗透于各章节。

(4)平实、生动的语言风格，使教材有亲切感。例如，各篇章首页的问题引入。第一章就有：人类是如何逐步认识地球形状的？地球仪有什么用处？地球运动对人类活动有哪些影响？你会在地图上查找地理信息吗？你会根据需要选择合适的地图吗？再如，小标题尽可能引人入胜。例如“世界海陆分布”改为“地球？水球？”；“地形是不断变化的”改为“沧海桑田”；“天气和气候”改为“多变的天气”；“天气预报”改为“明天的天气怎么样？”等。并在内容叙述中适当使用学生自己的语言。

(5)从文字到图像整体设计。教材中的正文、活动、阅读材料各有统一设计；不同的图像也各有统一风格。教材版式设计活泼有序。

(二)湘教版初中地理实验教科书

1. 编写指导思想和体系、体例结构

(1)体现“学生为本”，关注学生终身发展。以人地关系为主线，着力培养学生的人口、资源、环保意识和可持续发展理念，具有强烈的时代感。

(2)突出“生活地理”，密切联系现实。注重“地理与日常生活”、“地理与生产建设”、“地理与风土人情”的随时联系，通过大量生活性、时代性、体验性强的实例，使学生体会“生活中处处有地理，地理知识就在我们身边”。

(3)知识呈现方式多样，激发学生学习兴趣。书中安排了大量启发性、探究性、可参与性强的“阅读”、“活动”等，拓展学生视野与研究空间。语言亲切自然，如每章前的诗意导言，不时出现的两个卡通人物玲玲与贝贝的有趣对话。设置大量精美地理图像，图文并茂。

(4)重视学习方法、实践应用能力的培养。突出典型个案，创设丰富情景，提供多样活动，让学生获得学习和分析个案的基本方法和基本技能，并注意唤起学生的问题意识。

(5)编写体系、体例结构尝试创新。如自然、人文交互安排，地球、地图难点分散，章前引言设计及图像配合富有美感等。

表 3-8　湘教版教科书的内容体系结构*

模块	章	节
七年级上册	第一章　让我们走进地理	第一节　我们身边的地理　第二节　我们怎样学地理
	第二章　地球的面貌	第一节　认识地球　第二节　世界的海陆分布 第三节　世界的地形　第四节　海陆变迁
	第三章　世界的居民	第一节　世界的人口　第二节　世界的人种 第三节　世界的语言与宗教　第四节　世界的聚落
	第四章　世界的气候	第一节　天气和气候　第二节　气温和降水 第三节　影响气候的主要因素　第四节　世界主要气候类型
	第五章　世界的发展差异	第一节　发展中国家与发达国家　第二节　国际经济合作
七年级下册	第一章　认识大洲	第一节　亚洲及欧洲　第二节　非洲　第三节　美洲
	第二章　了解地区	第一节　东南亚　第二节　南亚　第三节　西亚 第四节　欧洲西部　第五节　北极地区和南极地区
	第三章　走近国家	第一节　日本　第二节　埃及　第三节　俄罗斯　第四节　法国 第五节　美国　第六节　巴西　第七节　澳大利亚

（续表）

八年级上册	第一章　中国的疆域与人口	第一节　中国的疆域　第二节　中国的行政区划 第三节　中国的人口　第四节　中国的民族
	第二章　中国的自然环境	第一节　中国的地形　第二节　中国的气候 第三节　中国的河流
	第三章　中国的自然资源	第一节　自然资源概况　第二节　中国的土地资源 第三节　中国的水资源　第四节　中国的海洋资源
	第四章　中国的主要产业	第一节　农业　第二节　工业 第三节　交通运输业
八年级下册	第五章　中国的地域差异	第一节　四大地理区域的划分　第二节　北方地区和南方地区 第三节　西北地区和青藏地区
	第六章　认识区域：位置与分布	第一节　东北地区的地理位置与自然环境 第二节　东北地区的人口与城市分布 第三节　东北地区的产业分布
	第七章　认识区域：联系与差异	第一节　香港特别行政区的国际枢纽功能 第二节　澳门特别行政区的旅游文化特色 第三节　珠江三角洲区域的外向型经济 第四节　长江三角洲区域的内外联系 第五节　长株潭城市群内部的差异与联系
	第八章　认识区域：环境与发展	第一节　北京市的城市特征与建设成就 第二节　台湾省的地理环境与经济发展 第三节　新疆维吾尔自治区的地理概况与区域开发 第四节　贵州省的环境保护与资源利用 第五节　黄土高原的区域发展与居民生活
	第九章　建设永续发展的美丽中国	

* 此七上、七下与八上教材为2012年6月第2版；八下教材为2013年12月第2版。

2. 教科书的主要特色

（1）充分体现了“以学生为本”、“以学生的终身发展为本”的教育理念。一切从有利于学生个性发展出发。不过于强调知识点的全面性、系统性，注重知识的代表性、趣味性、学生的身体力行性及运用知识分析问题、解决问题的能力，创新和综合实践能力的培养。

（2）教材体系构建强调了学生综合素养与自主学习。打破传统教材“先自然、后人文”的结构，将自然地理与人文地理交相编排，并适当增加了人文地理内容。不拘泥学科知识体系的完整性，将自然地理中较难的部分如地图知识（“学会看地图”、“学看地形图”、“学看气候图（一）、（二）”、“学看经济地图”等），分散编排在七上第一、二章及七下和八下，有利于学生学习。

（3）内容选择富有生活气息及时代气息。知识讲述不再从概念、原理出发，而是从学生生活体验和问题入手，如玲玲与贝贝的诸多情景问题对话。增添了人类所面临的人口、资源、环境、可持续发展的问题研究，反映了国内外地理科学发展动态，如遥感、电子地图、上网查资料、气候变暖与海平面上升、运用现代科技保护世界文化遗产、大气环境监测、与我国关系密切的国际组织等。有利于学生危机感与社会责任感的养成。

（4）知识呈现方式丰富多样，做到了图文并茂、图文合一、图文互补。教材文字资料丰富，图像多姿多彩，不但利于激发兴趣，而且利于学生提高感悟知识的能力、增强地理空间概念及解图、审美的能力。

（5）知识表述充分考虑学生的年龄特点、认知水平。表述尽量深入浅出，文字尽量亲切自然，用浅显生动和明了的图文讲清基本的地理事象、地理技能、地理方法等。

（6）重视地理基本方法、基本技能、地理实践能力和创新能力的培养。摈弃了旧教材面面俱到、罗列要点的做法，重视案例的选取（如俄、加、中、美、澳人口密度的计算与对比等）和活动情景的创设（如天气预报员的角色扮演等），有利于学生习得有用的知识。

（7）重视实践活动和应用环节。教材注重设计启发性、探究性、可参与性强的活动设计，“读图”、“想一想”、“活动”、“材料阅读问答”等栏目，循序渐进，注重知识的迁移、发散。而问题答案又常常有意识地设计为多元，对发展学生的多端思维非常有利。

（三）北师大版初中地理课程标准实验教科书

该套实验教科书于2003年经“全国中小学教材审定委员会”初审通过，并在课程改革实验区使用。这套教科书着眼于学生的全面发展和终身发展，形成了以下鲜明特色。

1.“先中国、后世界”的内容编排

教科书将学习地理特别有用的地球与地图知识集中在最前面学习，然后将中国地理内容置于世界地理内容之前。由近及远，从祖国学起，更能激发学习地理的兴趣和爱国主义情感。同时将乡土地理分散在各章课题中学习。例如，第三章主要讲述中国的自然地理环境，章后课题是“了解家乡的自然环境”，这样有利于学生在中观、微观结合的研究中探究与实践。

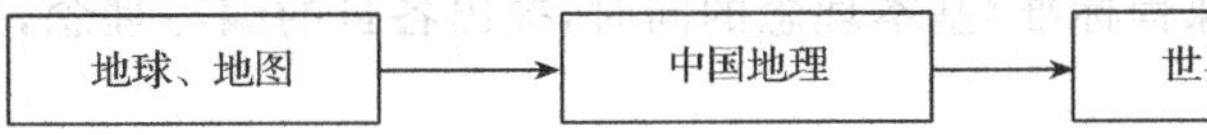

图3-11　北师大版课文内容安排

2.课文学习与课题探究并行，注重探究意识培养

每章都有一个与本章内容紧密联系的“课题”。在章前公示课题，章中有具体活动及阶段小结，章后有总结。每章内容临近结束，课题所需资料也基本准备齐全，学生可在分析资料基础上，得出自己的结论。与课文学习并行的课题研究，引导学生从现实生活的经历与体验出发，研究地理问题。既激发兴趣，又增强探究意识，提高学习能力，形成科学态度，并认识地理知识的价值。

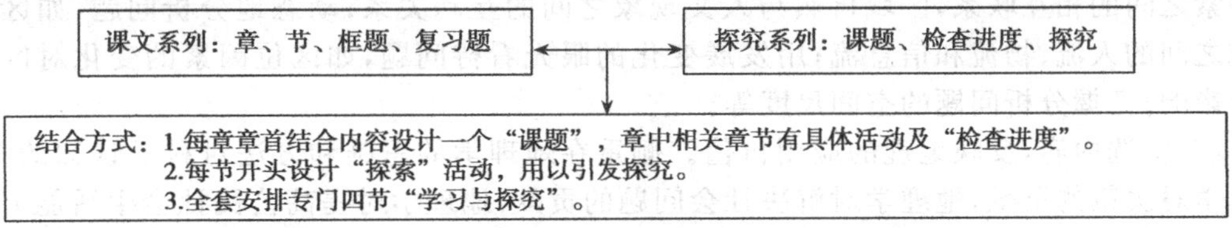

图3-12　北师大版课文、探究双系列课文结构图

3.突出图像系统作用，注重学生读图能力培养

教科书中配备了大量多种类型的地图，其中不少新图像。为引发学生学习兴趣，增强感性认识，理解学习内容，提高地图能力发挥了重要作用。

4.多种方式加强对学生的学习指导

每章前有各节内容要点，利于学生把握逻辑关联。课文中有“探索”、“学习指南”、“阅读提示”、“读图”、“绘图”、“观察”、“讨论”、“实验”、“计算”、“制作”、“思考”等多种栏目对学生各学习环节具体指导，对学生学习能力、方法及科学态度的形成提供有力帮助。

【相关链接】

初中地理新教材改革特色的美学赏析①

1. 科学理论美,以人地和谐、可持续发展理论为指导,充分展示时代发展主题。
2. 教学目标美,以学生素质发展为本,注重知识、能力、情感发展的和谐。
3. 教学内容美,密切联系生产生活,注重地理科学世界与生活世界的和谐。
4. 教材结构美,增"活动",强"探究",注重"教材"与"学材"的和谐。
5. 学科综合美,纵横关联,互为渗透,注重多学科统整的和谐。
6. 表现形式美,图文并茂,亲切生动,注重教材内容形式及与学生心理、学科特点的和谐。

三、高中地理实验教科书特色及应用

2004年初,四套高中地理课程标准实验教科书经"全国中小学教材审定委员会"初审通过,首批在4个国家级实验区使用,2010年其试用范围已扩大到我国东、中、西大部分省、市、自治区。

上述教科书都是根据教育部颁布的《普通高中地理课程标准(实验)》编写的国家教科书。编写者在贯彻《地理课程标准》基本理念的同时,提出各自的编写理念,并形成各自不同的编写风格和创新特色。

(一)人教版高中地理实验教科书

1. 编写指导思想和体系体例结构

(1)以人地关系和可持续发展为核心,注重地理观念和地理视角。重点阐明以下地理观念:自然环境是人类活动的基础,自然环境有其自身的发生、发展和变化规律;人类从事各种活动,都应协调好与环境的关系,尊重自然规律,讲求环境伦理道德;地理环境有明显的区域差异,人类的生产活动应因地制宜;区域之间是有联系的,一个区域内地理因素发生变化,会对其他区域产生影响。注重提供观察和认识世界的独特视角:即综合地看待问题,如揭示地理要素之间的相互联系,区域自然与人文现象之间的互动关系;动态地分析问题,如区域与区域之间的人流、物流和信息流;用发展变化的眼光看待问题,如区位因素的变化对区位选择的影响;把握分析问题的空间尺度等。

(2)精选内容,反映地理的应用价值。侧重在地理学的思维和方法对科学认知的贡献;地理学对决策的贡献;地理学对解决社会问题的贡献;地理学对提高公民社会生活能力和生活质量的贡献等。

(3)促进教学及学习方式的转变,突出学生的自主学习。注重培养学生搜集、处理地理信息的能力,分析、解决地理问题的能力,以及地理再学习的能力。注重激发学生学习地理的兴趣,引导学生主动参与教学过程;有意识地为学生的自主学习创造条件,并使学生通过自主学习获取一些基本的地理技能和方法。

(4)体现基础性、时代性和选择性。教材内容重视基本的地理过程和地理规律,如地理要素的运动、变化过程和规律,地理要素之间相互作用的过程和规律,地理环境的地域分异规律,人地关系的基本原理等。教材注重与时俱进,一方面反映学科研究的最新进展,如人类对太阳系外行星及地外文明的探索,全球气候变化,生物入侵与环境,可持续发展;另一方面,反映社会、经济、文化的新发展,如西部大开发,城市化,经济全球化生态旅游,清洁生产,经济结构调整等。同时注意给学生学习内容、学习方式以更多弹性及选择空间。

(5)体系体例结构新面貌。体系体例结构强调地理思想、注重问题探究、联系现实生活,

---

① 黄京鸿.初中地理新教材改革特色的美学赏析[J].中学地理教学参考,2005(11).

并尝试运用多种表述方式。

表 3-9 人教版(必修)教科书的内容体系结构*

模块	章	节	问题研究
地理必修①	第一章 行星地球	第一节 宇宙中的地球 第二节 太阳对地球的影响 第三节 地球的运动 第四节 地球的圈层结构	月球基地应该是什么样子
	第二章 地球上的大气	第一节 冷热不均引起大气运动 第二节 气压带和风带 第三节 常见天气系统 第四节 全球气候变化	为什么市区气温比郊区高
	第三章 地球上的水	第一节 自然界的水循环 第二节 大规模的海水运动 第三节 水资源的合理利用	如何利用南极冰山解决沙特阿拉伯的缺水问题
	第四章 地表形态的塑造	第一节 营造地表形态的力量 第二节 山岳的形成 第三节 河流地貌的发育	崇明岛的未来是什么样子
	第五章 自然地理环境的整体性与差异性	第一节 自然地理环境的整体性 第二节 自然地理环境的差异性	如何看待我国西北地区城市引进欧洲冷季型草坪
地理必修②	第一章 人口的变化	第一节 人口的数量变化 第二节 人口的空间变化 第三节 人口的合理容量	如何看待农民工现象
	第二章 城市与城市化	第一节 城市内部空间结构 第二节 不同等级城市的服务功能 第三节 城市化	从市中心到郊区,你选择住在哪里
	第三章 农业地域的形成与发展	第一节 农业的区位选择 第二节 以种植业为主的农业地域类型 第三节 以畜牧业为主的农业地域类型	家乡的农业园区会是什么样
	第四章 工业地域的形成与发展	第一节 工业的区位选择 第二节 工业地域的形成 第三节 传统工业区与新工业区	煤城焦作出路何在
	第五章 交通运输布局及其影响	第一节 交通运输方式和布局 第二节 交通运输方式和布局变化的影响	北京的自行车是多了还是少了
	第六章 人类与地理环境的协调发展	第一节 人地关系思想的演变 第二节 中国的可持续发展实践	绿色食品知多少
地理必修③	第一章 地理环境与区域发展	第一节 地理环境对区域发展的影响 第二节 地理信息技术在区域地理环境环境研究中的应用	地理环境为新加坡经济发展提供了哪些条件
	第二章 区域生态环境建设	第一节 荒漠化的防治——以我国西北地区为例 第二节 森林的开发和保护——以亚马孙热带雨林为例	为什么停止开发“北大荒”
	第三章 区域自然资源综合开发利用	第一节 能源资源的开发——以我国山西省为例 第二节 流域的综合开发——以美国田纳西河流域为例	河流上该不该建大坝
	第四章 区域经济发展	第一节 区域农业发展——以我国东北地区为例 第二节 区域工业化与城市化——以我国珠江三角洲地区为例	我的家乡怎样发展
	第五章 区域联系与区域协调发展	第一节 资源的跨区域调配——以我国西气东输为例 第二节 产业转移——以东亚为例	南水北调怎样调

* 必修①、②、③分别为 2008 年 2 月第 3 版;2009 年 4 月第 3 版;2007 年 1 月第 2 版。

2. 教科书的主要特色

在上述教材编写指导思想指导下,强调地理思想,使教材有“魂”;注重问题探究,使教材有“理”;联系现实生活,使教材有“用”;尝试多种表达,使教材有“趣”,形成了以下主要特点:

(1)体系体例结构新发展。例如,必修①自然地理部分基本上从原“四大环境”回归到地球圈层模式体系。必修②人文地理部分则优化调整,进一步突出“以人为本”,以人地关系为主线的编写思路:由人口变化、人口聚居地——城市、人类的生产活动,最后归结到人地协调发展——可持续发展。必修③以案例为主,探究某些典型区域的可持续发展对策及举措。此外,对人地关系的研究,由重理论阐述转向重区域实践研究。

内容呈现方式上,不拘一格,强调实用。各章节按需设栏,除正文、插图外,还有阅读、案例、读图(表)思考、活动等。活动则依据教学内容的需要设计,侧重对问题的分析过程,以启迪思维、自主探究为主。案例的选择突出典型性、说明性,并对课文相关内容起诠释、实证和应用等作用。各章后的“问题研究”,或密切联系现实生产、生活实际,或关心自身生活环境,或关注科技前沿发展,具有研究性学习的性质。

(2)紧密联系社会实际和学生的体验。教材编写抓住时代主题和社会热点,紧密联系生产、生活实际以及学生已有的经验和体验,将理论与实际结合起来,使所学内容变得生动、鲜活,既培养学生学习地理的兴趣,又使学生感到学了地理对自己的终身发展有用。如编写方式上采取:联系实际引入、实例论证、典型案例分析、结合实际设计活动题等多种方式。

(3)遵循研究性学习的思想与方法。教材本着研究性学习的思想与方法,使教学过程成为逐步探究的过程,从而使学生学习新知的过程成为情感态度价值观的培养和能力提高的过程。为使这种方法编写的教材更接近教学实际,教材注意突出了:阶梯性、逻辑性、实践性和开放性。

(4)注重学生对学习内容的再现和灵活应用。教材编写有意识改变死记硬背、机械训练的现状,注重学生对学习内容的再现和灵活应用能力,以实现学以致用。为此,教学内容的组织、安排有意识实现以下突破:强化联系的和综合的观点;加强基本的地理技能和地理方法的训练;把握学习内容的要点和内在联系;设计情境,引发兴趣,在愉悦氛围中感悟观念,掌握技能,学会方法。

(5)为教学改革留下广阔的空间。例如,教材的编写尽可能让教师灵活处理教学内容。如打破教材的知识结构和内容顺序,可以更换教材的事例、图片和活动题等,为促进教学的个性化和多样化提供条件。

(二)南师大版高中地理实验教科书

1. 编写指导思想和体系体例结构

(1)以改革促发展,引导学生掌握未来公民必备的地理知识,形成正确的情感态度价值观。教科书突出时代性、基础性和选择性,精选基础性的教学内容和经典知识,着力反映地理学的发展和应用方向,引导学生正确认识人地关系,形成可持续发展的观念。重视爱国主义情感、环境保护意识、科学态度、科学素养和人文精神的培养。

(2)满足学生不同的学习需求,注意与义务教育地理课程的衔接。必修教科书采取有效方式,适度降低了地理学习“准入门槛”,因而适用于初中阶段选择“分科课程”或“综合课程”,以及不同版本地理教科书的所有学生。通过系列化的“单元活动”等教学活动,循序渐进,夯实基础,培养兴趣,让每个学生经过努力都能学好地理。选修教科书努力满足学生探索自然奥秘、关爱地球环境、体验现代地理科学方法和技术手段等个性化的学习需要,促进喜爱地理及相关学科的学生脱颖而出。

(3)发展素质教育,提高学生的学习能力和创新意识。针对高中生实际,创设地理事实性背景材料以及贴近自然、社会与生活的情境和问题,引导他们在观察、分析与思考的过程中掌握知识,培养能力,提高科学与文化素养,增强创新意识。在实践中接受自主学习、合作学习和探究学习等新的学习方式，养成良好的地理学习习惯。

(4)在内容结构上，对《高中地理课程标准》中的部分内容进行重新整合。例如，将《高中地理课程标准》“地理 2”中“人类与地理环境的协调发展”调整到必修第三册，这样既避免了内容重复，又将必修第二册节省的篇幅，充实“人口与城市”、“生产活动与地域联系”等内容。此外，还设计出“难点分散”、具有创新特色的内容体系结构和“统一划一”的编写体例。

表 3-10 南师大版(必修)教科书的内容体系结构*

模块	单元	节	单元活动
地理必修第一册	院士寄语：学好地理，培养科学发展观		
	第一单元 从宇宙看地球	第一节 地球的宇宙环境 第二节 地球自转的地理意义 第三节 地球公转的地理意义	辨别地理方向
	第二单元 从地球圈层看地理环境	第一节 岩石圈与地表形态 第二节 大气圈与天气、气候 第三节 水圈与水循环	分析判断气候类型
	第三单元 从圈层作用看地理环境内在规律	第一节 地理环境的差异性 第二节 地理环境的整体性 第三节 圈层相互作用案例分析——剖析桂林“山水”的成因	学会应用地形图
	第四单元 从人地关系看资源与环境	第一节 自然资源与人类 第二节 自然灾害与人类——以洪灾为例 第三节 全球气候变化及其对人类的影响	遥感技术及其应用
地理必修第二册	第一单元 人口与地理环境	第一节 人口增长与人口问题 第二节 人口迁移 第三节 人口分布与人口合理容量	学用地理统计图
	第二单元 城市与地理环境	第一节 城市发展与城市化 第二节 城市区位与城市体系 第三节 城市空间结构	地理信息系统与城市管理
	第三单元 产业活动与地理环境	第一节 农业生产与地理环境 第二节 工业生产与地理环境 第三节 旅游业与地理环境	学用电子地图
	第四单元 人类活动的地域联系	第一节 人类活动地域联系的主要方式 第二节 交通运输布局 第三节 交通与通信发展带来的变化	全球定位系统与交通运输
地理必修第三册	第一单元 区域地理环境与人类活动	第一节 认识区域 第二节 自然环境和与人类活动的区域差异 第三节 区域发展阶段与人类活动	学会分析区域差异
	第二单元 走可持续发展之路	第一节 人地关系思想的演变 第二节 可持续发展的基本内涵 第三节 中国的可持续发展之路	学会小区域调查
	第三单元 区域资源、环境与可持续发展	第一节 区域水土流失及其治理——以黄土高原为例 第二节 资源开发与区域可持续发展——以德国鲁尔区为例 第三节 资源的跨区域调配——以南水北调为例	走进“数字地球”
	第四单元 区域综合开发与可持续发展	第一节 流域综合开发与可持续发展——以长江流域为例 第二节 农业与区域可持续发展——以东北地区为例 第三节 经济发达地区的可持续发展——以珠江三角洲地区为例	探究区域开发与整治

* 必修第一、二、三册为 2009 年 12 月第 1 版及 2010 年 7 月第 1 版。

2. 教科书的主要特色

教科书在上述教材编写指导思想指导下，注重以协调人地关系和区域可持续发展为主线；尝试从问题出发，探索与人类生存发展休戚相关的各种地理过程及分布规律；循序渐进地引导学生从生活经历和体验出发，感受身边鲜活的地理，提高学生自主学习、探究、解决问题的能力与可持续发展观，并注意给师生留有创造空间，形成以下鲜明特点：

(1)培养学生地理空间思维与综合分析能力。在学科内容的结构体系上，力求从地球表层系统科学角度，探讨地球圈层之间的相互作用，各要素之间的相互影响及区域联系，自然地理环境分异规律、运行机制以及与人类活动的相互关系等，改变以往教科书中忽视学科知识间交叉与融合的弱点。

(2)在知识呈现方式上，由感性归纳上升到理性。不强求得出唯一答案和固定的结论，而突出探索追寻的过程。在探索追寻中，激发学生的学习兴趣，提高学生发现问题、分析问题与解决问题的能力，树立系统的观点、区域差异与区域联系观点、可持续发展观点，培养学生地理空间思维与综合分析能力。

(3)在学生的地理学科基本技能、基本方法和基本技术手段培养上，循序渐进地引导学生从生活经历和体验出发，感受身边鲜活的地理。通过精心设计的系列化读图、用图等“单元活动”，以及对地理现象观察、体验等实践活动，促进学生学习方式转变。

(4)对全套教科书编写的体系体例结构进行通盘设计，形成创新特色。例如，每册教科书为 4 单元，每单元大多为 4 节(其中一节“单元活动”)，每节教学一般花 1～2 课时，约 32 课时授新课，机动及复习考试 8 课时，总共 40 课时，在教学安排上有较强的可操作性。又如，统一规范“五个一”的编写体例，即“设置一些情境、引发一些问题、提供一些信息、安排一些活动、获得一些启示”。

(5)在表现形式上，运用丰富多彩的地图和地理图表并形成平实、生动的文字风格。注意突出：①零起点：即降低学习准入门槛。教材编写重视基础，循序渐进，以适用于初中阶段选择不同课程类型、不同版本的学生。②一条主线：即整套教材以协调人地关系和区域可持续发展为主线。③“两教”互动：即“基教”与“高教”互动，“试教”与“调教”互动。共建具中国特色地理教材新体系。④三个“有利”：即“利学”——教科书有情趣且便于学生自主学习、合作学习和探究学习。“利教”——教科书让教师有话可说，有事可做；课本变薄，《教参》加厚，有利于教师充分利用各种课程资源，演绎精彩的地理教学。“利质量评估”——课本中教学内容有弹性，命题有空间。⑤四大“单元”(同上)。⑥“五个一”的设计模式(同上)。⑦六项服务：即教材编写组积极做好各级教师培训，所有配套书、图、册，教学光盘、教学网站(地理阶梯 http://geoladder.net)，以及开发 GIS 软件等后续保障工作。实现地理教材教学的综合一体化服务。

附录：湘教版与北师大版高中地理实验教科书*

	湘教版	北师大版
必修第一册	前　言 第一章　宇宙中的地球 　第一节　地球的宇宙环境 　第二节　太阳对地球的影响 　第三节　地球的运动 　第四节　地球的结构 第二章　自然环境中的物质运动和能量交换 　第一节　地壳的物质组成和物质循环 　第二节　地球表面形态 　第三节　大气环境 　第四节　水循环和洋流 第三章　自然地理环境的整体性和差异性 　第一节　自然地理要素变化与环境变迁 　第二节　自然地理环境的整体性 　第三节　自然地理环境的差异性 第四章　自然环境对人类活动的影响 　第一节　地形对聚落及交通线路分布的影响 　第二节　全球气候变化对人类活动的影响 　第三节　自然资源与人类活动 　第四节　自然灾害对人类的危害	第一章　宇宙中的地球 　第一节　地球在宇宙中 　第二节　太阳对地球的影响 　第三节　地球的运动 　第四节　地球的圈层结构 第二章　自然地理环境中的物质运动和能量交换 　第一节　大气的热状况与大气运动 　第二节　水的运动 　第三节　地壳的运动和变化 第三章　地理环境的整体性和区域差异 　第一节　气候及其在地理环境中的作用 　第二节　地理环境的整体性和地域分异 第四章　自然环境对人类活动的影响 　第一节　自然条件对城市及交通线路的影响 　第二节　全球气候变化对人类活动的影响 　第三节　寒潮 　第四节　水资源对人类生存和发展的意义 　探究性学习课题： 　1.寻找正午太阳高度角变化的证据。 　2.模拟大气温室效应。 　3.画出自然地理要素之间的影响链。 　4.我的一日生活与自然资源。

（续表）

必修第二册	第一章　人口与环境 第一节　人口增长模式 第二节　人口合理容量 第三节　人口迁移 第四节　地域文化与人口 第二章　城市与环境 第一节　城市空间结构 第二节　城市化过程与特点 第三节　城市化过程对地理环境的影响 第三章　区域产业活动 第一节　产业活动的区位条件和地域联系 第二节　农业区位因素与农业地域类型 第三节　工业区位因素与工业地域联系 第四节　交通运输布局及其对区域发展的影响 第四章　人类与地理环境的协调发展 第一节　人类面临的主要环境问题 第二节　人地关系思想的演变 第三节　可持续发展的基本内涵 第四节　协调人地关系的主要途径	第一章　人口的增长、迁移与合理容量 第一节　人口增长的模式及地区分布 第二节　人口的迁移 第三节　环境承载力与合理人口容量 第二章　城市的空间结构与城市化 第一节　城市的空间结构 第二节　城市化 第三节　地域文化与城市发展 第三章　生产活动与地域联系 第一节　农业区位因素与地域类型 第二节　工业区位 第三节　地域联系 第四章　人类与地理环境的协调发展 第一节　人类面临的主要环境问题 第二节　人地关系思想的历史演变 第三节　通向可持续发展的道路 探究性学习课题： 1.调查家族人口的增长和迁移。 2.读地图和照片研究城市变化。 3.分析生产活动对环境的影响。 4.关注你身边的环境问题。
必修第三册	第一章　区域地理环境与人类活动 第一节　区域的基本含义 第二节　区域发展阶段 第三节　区域发展差异 第四节　区域经济联系 第二章　区域可持续发展 第一节　荒漠化的危害与治理 ——以我国西北地区为例 第二节　湿地资源的开发与保护 ——以洞庭湖区为例 第三节　流域综合治理与开发 ——以田纳西河流域为例 第四节　区域农业的可持续发展 ——以美国为例 第五节　矿产资源合理开发和区域可持续发展 ——以德国鲁尔区为例 第六节　区域工业化与城市化进程 ——以珠江三角洲为例 第三章　地理信息技术应用 第一节　地理信息系统及其应用 第二节　遥感技术及其应用 第三节　全球定位系统及其应用 第四节　数字地球	第一章　区域地理环境和人类活动 第一节　区域和区域差异 第二节　区域地理环境对人类活动的影响 第三节　人类活动对区域地理环境的影响 第二章　区域可持续发展 第一节　中国黄土高原水土流失的治理 第二节　美国田纳西河流域的治理 第三节　中国东北地区农业的可持续发展 第四节　德国鲁尔区的探索 第五节　中国江苏省工业化和城市化的探索 第三章　地理信息技术的应用 第一节　全球定位系统的应用 第二节　遥感技术的应用 第三节　地理信息系统的应用 第四节　数字地球 探究性学习课题： 1.了解区域地理环境。 2.比较可持续发展的不同对策。 3.认识地理信息技术的运用。
主要特色	1.对《课标》规定的内容进行优化组合。 2.设置多种地理学习层次。 3.重视地理教学信息资源和信息技术利用。 4.注重养成学生批判性思维和创造性思维。 5.选择联系学生实际、反映时代特征的素材。 6.内容呈现方式符合学生的身心特点和接受能力。 7.加强学生的地理理性思维的培养。 8.重视教材的系列化建设。	1.构建了课文、探究双系列呈现方式，贯穿探究性学习的观念和方法。 2.紧密联系社会和学生实际。 3.促进地理教学改革，为教师提供教改空间。 4.教材设计注意引发学生兴趣，展示地理学科的魅力。结构安排上体现新理念；每一章安排一课题；内容设计上凸现新思路；多种活动栏目及案例研究；版式灵活多变，美观大方；基本版式分主副栏，主栏是正文主体，占2/3宽，副栏主要是学习指南、活动栏目等，占1/3宽。版式安排也根据内容灵活变化。

* 湘教版必修Ⅰ、Ⅱ、Ⅲ分别为2011年5月第3版；2012年11月第4版；2011年11月第3版。北师大版必修1、2、3均为2007年6月第2版。

四、地理新教材的应用

为有效达成地理课程改革目标的理想追求，地理新教材的应用必须处理好以下关系：

（一）正确处理地理教材与《地理课程标准》的关系

教师在使用地理教材时，既要体会教材编写者对《课标》的诠释，如教材对《课标》规定的教学目标、教学方法以及教学知识点的表述，又要以《课标》为依据，在教材的基础上，合理把握教材的广度和深度，并考虑地理学科、教学实践的不断发展和变化。教学实践中，应在保证实现地理教学目标的前提下，开放思想，灵活运用。要在《课标》指导下，创造性地“用教科书教”，而不仅是被动地“教教科书”。

（二）正确处理教科书与配套教材的关系

配套教材是指为教科书配发的教师教学用书、教师教学手册、学生地图册、练习册、教学挂图等常规与电子教学参考资料。

配套教材是对教科书的辅助和扩充，是地理教材系统不可缺少的部分，正确处理两者关系，一方面要明确教科书是整个教材系统的基本材料，要引导学生充分利用教材。另一方面，要明确配套教材对提高教师素质、提高教学效果、提高学习质量、进行教学改革研究有重要作用，应结合教学内容优化组合，例如，对学生练习册的及时有效指导，避免“题海”，又训练有素。再如，出版社开发的网络教学资源，包括“备课系统”、“同步资源”、“试题汇集”、“高考专栏”、“个人资源管理空间”等，涉及教学各个环节，要充分加以利用。

（三）正确处理地理教材与学生实际能力水平的关系

审定通过的地理教材一般会考虑到教材在大范围内地区使用的现实特点，关注到某学段大面积学生的平均水平。然而全国地区差异大，办学条件及学生水平都有不同，即使同一地区，校际、班级、学生之间。任一本教材，都难以满足不同需求。这就需要教师在教学中，要“吃透两头”，既掌握教材特点也掌握学生情况，在深刻理解教材改革特点基础上，创造性地重组和生成教学内容，针对学生实际因材施教。

（四）正确处理地理教科书“一本”与“多本”的关系

目前地理新教材已形成多版共存、欣欣向荣的格局。如前所述，各版本教材共性突出，同时也个性鲜明。需要教师充分吸取各教材的特色与长处，精心钻研、创造性地运用教材，更好地为促进学生学习服务。

【案例研究】

谈新课程理念下的教材使用①

（1）领会课改精神，正确认识教材作用。教材是教师组织教学的蓝本，是学生自主学习的依据，是联系课程标准的纽带，是实现课程标准的桥梁。

（2）践行课程标准，高效发挥教材作用。①重组教学内容与呈现方式。其一是不同版本的优点吸取，其二是同版本内部的内容调整，如对湘教版教材中晨昏线知识的调整与加强。②突出学生主体地位。让学生自己看、画、算、想、做，感悟、体验、归纳、总结，教师不能再以“精彩的演讲”赢得教学。③发挥教师主观能动作用。包括选择内容，控制难度，因人而异；灵活调整教学顺序；敢于质疑教材完善教材，如对教材文本、图像、案例的补充完善等。④用好教材所留空间。四版本教材中不少教学要点在“活动”、“读图思考”、“正文”情境问题或“案例”中内含，要引领学生充分发掘及拓展。

---

① 徐国民. 谈新课程理念下的教材使用[J]. 中学地理教学参考，2006(1～2).

【教材研究】

高中地理实验教科书的比较研究①

1. 四套高中地理实验教科书(必修)的图像比较*

	人教版	湘教版	鲁教版	中图版
图像密度 图幅数/书页数	1.71 (539/316)	1.24 (413/332)	1.69 (548/3240)	1.50 (494/330)
图像类型	1.类型多样(地图、景观图、统计图、示意图、卫星影像、漫画等)。 2.景观图比重最大,卫星图、漫画比例小。3.地图比例待提高。 4.使用具有人文气息的图像。			
图像信息容量	1.复杂图象拆分 2.过程图象立体化			
图像组合	1.关联图组合 2.对比图组合 3. 子母图组合 4. 统计图与主题图的组合			
图文结合	1. 文注图 2. 文补图 3. 文析图 4. 文导图			
图像审美	线条、色彩、组合等有较强美感			

* 据闫杰、夏志芳“四套高中地理实验教科书的图像分析”一文整理。

2. 四套高中地理实验教科书(必修)的案例比较*

	人教版	湘教版	鲁教版	中图版
案例数量	78	57	54	49
案例分布	1.地理 2 中案例所占比例普遍较高。 2.人文地理案例数量最多,比例最高。 3.自然地理案例待加强。			
案例篇幅	1.人教版、中图版重材料提供和分析过程,案例所占篇幅较多。对教学条件较差的地区学校比较适用。2.湘教版、鲁教版案例普遍精练,篇幅大多不长。案例简约化,有利于学生自主信息能力的培养。			
案例内容选择	1.案例相对集中几个典型区域及事例。 2.人教版案例地域较广,湘教版、鲁教版案例个性较鲜明。			
案例呈现位置	1.人教版、中图版多在正文之中,正文围绕案例。 2.湘教版、鲁教版案例多在“活动”栏目中。			
案例功能	1.注重合理组合,体现“案例”可选择性功能。 2.注重活动设计,体现“案例”便于探究的功能。 3.注重导入环节(“问题”或“探究”),体现“案例”能力导向的功能。			

* 据闫杰、夏志芳“四套高中地理实验教科书的案例分析”一文整理。

3. 高中人教版和湘教版必修 1“活动”设计研究*

	人教版	湘教版
活动数量	思考性活动:70 个;操作性活动:31 个	思考性活动:105 个;操作性活动:50 个
活动类型	11 类:讨论类、画图类、填图填表类、计算类、观察类、实验类、资料收集类、演示类、野外考察类、调查类、撰写论文类	
活动的开放性	1.开放程度不一的三类活动兼顾。 2.重视对给定信息转化的“封闭式”活动一定比例;重视对多种信息分析、比较的“结构式”活动比重较高;自主提问并开发、评价、利用信息的“开放式”活动较少。	
“活动”设计建议	1. 保持思维活动与操作性活动的适当比例。 2. 紧密联系学生经验与生活实际。 3. 重视较复杂活动的明确方法指导。 4. 加强情境设置。 5. 增强开放性。	

* 据孔云“高中地理教科书活动设计研究”一文整理。

点评:以上 3 个材料是对高中地理教科书改革特色的一些比较研究。这些专题研究逻辑清晰、资料翔实、分析较全面。有助于我们从不同视角全面、深入认识地理新教材。或许还能为你的相关研究提供启迪。

① 夏志芳,李家清主编. 基于课程新理念的高中地理教科书编制研究[M]. 北京:地质出版社,2007:220,233,252.

【思考、实践与交流】

1. 课程是什么？说说你对地理课程概念的思考与理解。

2. 说说地理课程的基本类型、各自特点。建设新型地理课程有哪些途径？

3. 对比初、高中《地理课程标准》的共性与个性，说说对地理教学有何指导意义？

4. 试选择多种版本的初中或高中地理实验教科书。尝试归纳其突出共性及个性。

5. 上网查询不同版本的初、高中地理实验教科书。选择其中两本的相关章节，结合《地理课程标准》相关内容进行对比，并作简要评析。

6. 与同学交流你对不同版本初中或高中地理实验教科书的研读体会。

7. 依据相关《课程标准》编写的综合课程实验教科书《科学》及《历史与社会》，已由上海教育出版社、浙江教育出版社、华东师大出版社等多家出版社出版。登录下列网址，查询其内容及安排，并分析探讨其内容是如何整合的，与同学交流你的想法。

《科学》(华东师大版)http://www.hdsdjc.com/hdsdjc/index.asp

《科学》(浙教版)http://www.zjeph.com/xkbjc/default1.asp

《历史与社会》(人教版)http://www.pep.com.cn/lsysh/index.htm

《历史与社会》(浙教版)http://www.zjeph.com/xkbjc/default1.asp

8. 调查当地中学所用地理教科书，与地理教师交谈新版地理教科书运用的有关感受及建议。

9. 查阅有关资料，尝试对感兴趣的某中外中学地理教材进行比较。

鼓励学生采用质疑或探究的方式进行学习。

——《地理教育国际宪章》

第四章　多样统一：地理教学模式、方法、技术与艺术

【提要与结构】

地理教学过程是多种过程的统一。地理课程教学模式、方法、技术是实现地理课程目标的桥梁。地理课程教学技术艺术化是尊重主体、激扬主体创造性的必然。地理新课程实施过程使地理教学模式、方法体现时代观念多姿多彩，使地理教学技术更加先进，使教学艺术的追求日益强烈。所有改革的宗旨只有一个，让学生成为学习的主人。

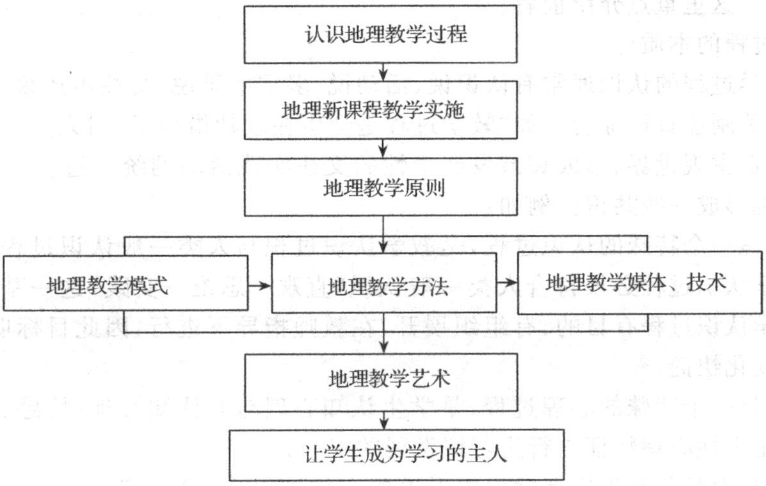

第一节　认识地理教学过程

地理课程内容必须借助地理教学模式、方法、技术与艺术，通过地理教学过程，才能对学生地理素养的形成发生作用。什么是地理教学过程？地理教学过程有何特点？

一、地理教学过程及其理解

教学过程理论是教学论的基本理论，是组织和开展地理教学活动的重要理论依据。只有正确认识、理解地理教学过程的基本特征，才能设计并运用符合其客观规律的教学模式、方法，有效达成地理教学目标。

第二章曾论及学生的地理学习过程。本节重在师生共同参与的地理教学过程。

(一)什么是地理教学过程

1. 教学过程的一般理解

(1)教学过程的含义。一般而言,教学过程指"教学的实施过程。即在教师有目的、有计划的指导下,学生积极主动地、循序渐进地掌握系统的文化科学知识和基本技能,发展智力、增强体质,形成个性及一定的思想品德的过程。"①

(2)教学过程的探讨。自有教学活动,对教学过程的探讨从未止息。在古代,中国孔子的"学、思、行",古罗马昆体良的"模仿、接受理论指导、练习"等,是重要的源流。近现代,德国赫尔巴特的"明了、联想、系统、方法",美国杜威的"困难、问题、假设、验证、结论",前苏联凯洛夫的"感知、理解、巩固、运用"等,有重要影响。现当代,前苏联赞科夫的教学促进发展的理论,美国布鲁纳关于教学过程是发展的或认知结构不断构造的过程的见解,前苏联巴班斯基关于教学过程最优化的理论,美国奥苏贝尔、加涅关于认知发展的理论,美国安德森的信息加工理论等,对教学过程发展有重要的促进。

认识教学过程,主要解决两个问题,一是本质属性问题,二是模式问题(包括结构、环节、阶段、程序等)。这里重点介绍前者。

(3)教学过程的本质

我国对教学过程的认识通常有认识说、活动说、多重本质说、交往本质说等。20 世纪 90 年代以来的有关阐述日显综合。如"教学过程是学生在教师指导下,对人类已有知识经验的认识活动和改造主观世界、形成和谐发展个性的交往实践活动的统一过程"②。学者们对教学过程本质,也形成一些共识。例如:

教学过程是一个特殊的认识过程,是教学认识过程与人类一般认识过程的统一。就一致性而言,教学认识过程必须符合人类一般认识"直观—思维—实践"这一基本路线。就特殊性而言,教学认识过程有目的、有组织展开,在教师指导下进行,因此目标明确,自觉程度高,认知结构变化快捷。③

教学过程是一个特殊的心理过程,是学生认知心理与非认知心理(情感、意志、态度等)发展的统一,是个性心理特征与行为习惯发展的统一。

教学过程是教师与学生以课堂为主渠道的交往过程。④ 这意味着,第一,教师与学生是"交互主体的关系",即师、生都是教学过程的主体,在彼此尊重差异的前提下展开持续的交往,形成"学习共同体"。第二,教师与学生的交往过程以课堂为主,课外为辅,要协调好二者关系。

(4)教学过程的特点及功能

教学过程的特点主要有四:教学的目的、任务和内容受制于社会需要;教学与发展相互制约与促进;教与学相互影响和作用;教学的效果取决于教学诸要素构成的合力。

教学过程的功能包括知识传承的功能、技能形成功能、智能培养功能以及个性发展功能。个性发展是学生素质的整体发展。学生和谐发展的个性,是教学过程的出发点与归宿。

准确理解教学过程需要认识论、心理学、生态学、社会学、美学、系统科学等理论基础。

---

① 邵瑞珍等主编.中学百科全书,教育学·心理学卷[M].华东师范大学出版社、东北师范大学出版社、北京师范大学出版社,1994:145.

② 李秉德主编.教学论[M].北京:人民教育出版社,2000:22.

③ 张楚廷著.教学论纲[M].北京:高等教育出版社,1999:65.

④ 张华.课程与教学论[M].上海:上海教育出版社,2000:358.

2. 什么是地理教学过程？

基于上述，我们或可这样认识：地理教学过程是学生在教师指导下，积极主动地学习掌握地理基础知识、基本技能及基本方法，发展地理能力，形成积极情感、态度与科学观念的多主体交互的认识与实践活动过程。

(二)地理教学过程的多维理解

基于教学过程的理论基础，从多种视角来解读，有助于对地理教学过程的全面把握。

1. 地理教学过程的多维视角

从教育学角度，地理教学过程是一种特殊的认识过程，有其特殊的认识对象、认识条件、认识任务。地理教学过程是师“教”生“学”互动交往、统一的过程。

从心理学角度，地理教学过程是复杂综合的心理体验过程，是不断解决认知与非认知矛盾的过程。从建构主义的观点，地理教学过程是学生主动建构的过程。

学生：　动机 → 感知 → 理解 → 巩固 → 应用

教师：　激发动机 → 创设情境 → 指导学习 → 练习、反馈 → 促进迁移

图 4-1　学生学习心理过程及教师作用

从教育社会学角度，地理教学过程是教师、学生及其他社会成员之间的群体交往与合作的过程。地理教学过程需要多种社会活动的支持，借助网络可极大延伸。

从教育生态学角度，地理教学过程是教师、学生、资源环境诸要素互利共生共荣的和谐化进程。适应与发展，平衡与失衡，共生与竞争等关系，需要随时关注及调控。

从教育美学角度，地理教学过程是师生开发利用一切地理美、地理教学美的要素，欣赏之，表现之，创造之，以不断促进综合地理素养与和谐发展个性的形成过程。

从教育信息学角度，地理教学过程是师生间地理教学信息的流通、传递、反馈、调控等过程。

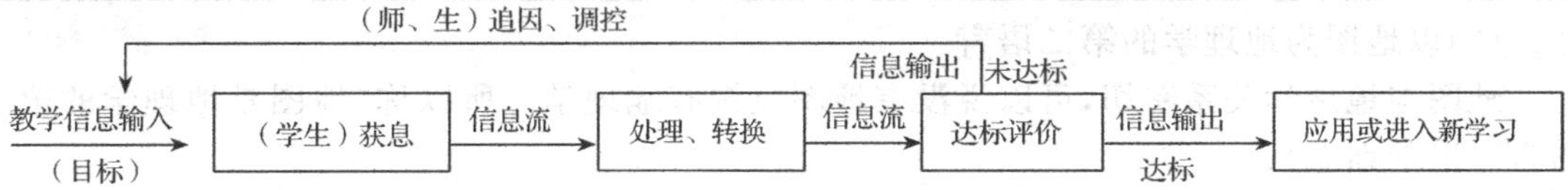

图 4-2　教学信息流及调控

从系统科学角度，地理教学过程是地理教学系统各要素优化组合以其最佳结构实现其最大功能的过程。（参见图绪一2 地理教学系统要素关联示意图）

从地理学科角度，地理教学过程是体现地理学科特色、完善地理素质的过程，独具特色。

2. 地理学科视角中地理教学过程的突出特点

(1)以正确阐明人地关系、可持续发展理论为宗旨

人地关系研究从来是地理学研究的主旨。早在近代地理学创建之初，C. 李特尔就明确指出地理学研究对象是“布满了人的地表空间”[①]，其中心原理是“自然一切现象和形态对人类的关系”[②]。历经“地理环境决定论”、“或然论”、“唯意志论”等人地关系理论的探讨，人们已日益趋同“协调论”、“共生论”的观点，并在 20 世纪 90 年代提出人地协调理论的新发展——可持续发展理论作为地理科学与地理教育研究的指导思想。参见表 4-1.

① L. 迪金森. 近代地理学创建人[M]. 北京：商务印书馆，1980：53.

② L. 迪金森. 近代地理学创建人[M]. 北京：商务印书馆，1980：46.

地理新课程充分重视以人地协调理论、可持续发展理论为主线来编选教材。地理教学过程中要充分利用教材并适当拓展教学内容突出协调人地关系的主题。初中区域地理学习，要多用事实材料，让学生真切体会人地之间的种种尖锐矛盾、突出问题，认识协调人地关系的迫切性及重要途径。高中系统地理、应用地理学习，要引导学生更自觉地运用协调人地关系的理论、观点在现实世界中去发现问题、探究、尝试解决问题。

表 4-1 人地关系理论的时代演进

时间	倡导者	理论	要点	简评
公元前 300 余年~18、19、20 世纪 20 年代	亚里斯多德、孟德斯鸠、黑格尔、拉采尔等	地理环境决定论	人类的身心特征、民族特征、社会组织、文化发展等人文现象受自然环境影响，特别是气候条件支配	过分强调“地”的作用
19 世纪后期~20 世纪 20 年代	法地理学家白兰士及学生白吕纳等	可能论（或然论）	自然环境仅提供了一系列可能的机会，人类具有相当大的选择自由	过分强调“人”的选择能力
20 世纪 20 年代~30 年代	英，罗士培；美，巴罗斯等	适应论、生态论	自然环境与人类活动之间存在互相作用的关系，以及地理学应当研究人类对自然环境的适应	借用生物对环境的适应及其生态关系来比拟人地关系不尽恰当
20 世纪 50 年代~60 年代	苏联学者等	唯意志论	人类可大规模改造、征服自然	过分强调“人”的作用
20 世纪 80 年代，24 届国际地理大会等	美、苏、英等学者	协调论、协同论、共生论、和谐论	人类对自然的开发与利用必须谨慎，以保持自然的和谐与平衡。人类与地理环境共生，共同创造等	提出了一些重要指导原则，但有待完善
1972 年联合国人类环境会议~1992 年联合国环发大会	世界环境与发展委员会等	可持续发展论	强调人地关系的世代和谐发展，经济、社会、生态等相互协调的可持续发展	是促进人与自然、人与人及人自身发展世代和谐的思想指针与行动纲领

(2)以地图为地理学的第二语言

地图与地理学关系密切，可以说没有地图就没有地理学。所以称“地图是地理学的第二语言”(巴朗斯基)。[①]

地图是地理学的第二语言，首先因为地图是地理学的重要内容。自有地理学萌芽便有相应的地图。以后地图随地理学发展及科技发展日益规范与成熟，直到电子地图、数字地球的巨大飞跃。

地图是地理学的第二语言，更在于它是地理学内容的独特表达。地理学的研究对象是复杂巨大的地球表层系统，研究的空间尺度宏观到地球的宇宙环境，时间尺度数十亿年。即使近在咫尺的乡土，也难以尽收眼底。地图以其独特的数理概括化大为小、化远而近，成为“最直观、最简明的地理‘书’”[②]，使我们得以“观古今于须臾，抚四海于一瞬”，方便地识景观，明分布，知联系，辨差异，析规律，探本质，提高学习地理的兴趣、能力与效率。地图凝练而形象的表达为一般语言表达所不及，故美国图论学者哈拉里曾言“千言万语不及一张图”。

地图的上述特点使其成为地理学习最重要的工具及地理教学过程最显著的特点。要在整个地理学习研究的过程中强调用图意识，教以用图方法，密切联系实际问题，善用多种地图，充分发挥地图在学习和生活中的重要作用。

---

① A. M. 别尔良特著. 地图—地理学的第二语言[M]. 北京：中国地图出版社，1991：1.

② 包洛文金. 自然地理教学法[M]. 北京：人民教育出版社，1957：77.

(3)以建立地理空间概念为先导

地理学是研究地理环境空间结构形成与发展的科学，空间性是其显著特征之一。建立空间概念是形成地理空间结构的先导。建立空间概念需要借助多种方法和程序。

首先要立体地认识地理事物的空间位置。例如青藏高原的自然地理位置，平面有经纬度位置、海陆位置，纵向有海拔与相对高度，两相结合，才能构建立体的位置。

第二要多维度认识地理事物的空间分布。各地理要素都有其分布规律。按地域空间延伸，有水平分布、垂直分布；按分布形状，有点状、线状、面状分布；按成因，有自然分布、人为分布、多因分布等。

第三要认识地理事物的空间联系。地理事物的空间联系是由地理环境的整体性决定。各地理要素之间、区域之间，不同地理事物之间，同一时间的不同空间，不同时间的同一空间，地理事象之间总是呈现出其必然的关联。缺少对地理事象空间联系的认识，是导致当今生态灾难频发及种种建设失误的重要原因。基于辩证的观点和系统的思维正确认识地理事物的空间联系，就把握了科学认识地理世界的钥匙。

第四要认识地理事物的空间变化。如沧海桑田，高峡平湖。用辩证的观点看问题，任何地理事象都处在不断变化之中，无论其物质流、能量流或信息流。当前延续着过去，又影响到未来。地理学不仅要看到变化，更要了解变化的过程，分析变化的原因，关注变化的结果，控制不利变化，促进有利变化，以不断协调人地关系，促进科学发展。

空间思维是地理学科思维方式的重要特色，地理教学过程要充分予以重视。

(4)以突出综合性和区域性为显著特点

综合性和区域性向来是地理学的突出特征。

地理环境的综合性即地理环境的整体性，它强调地理环境各组成要素、各组成部分的内在联系性、空间组合性以及动态变化性。地理教学过程突出此特征，才能全面认识各要素密切关联的人地生态系统从而深知“牵一发而动全身”，对全球性的人口、资源、环境、发展等问题有敏感的整体观点和系统思维。

地理环境的区域性即地理环境的差异性，它强调区域地理环境结构内部的分异性，如湿热南美，干旱北非，东亚季风，西欧温润等。全球自然地理环境有纬向、经向、垂直性的地域分异，中国有四大自然地域三大经济地带的区别。无论自然地理或是人文地理，还有更多层级的区域划分。地理教学过程突出此特征，才能随时关注尊重多样、因地制宜。

地理教学过程突出了地理环境综合性和区域性的统一，即整体性与差异性的统一，就抓住了地理学的研究核心。

(5)以密切联系社会实践为方向

地理学因人类认识、利用地理环境的社会实践需要而诞生，从一开始就有很强的社会实践性。地理学家们早就指出，地理不是地理教科书，而是活生生的地理环境本身。

古代“地理大发现”的贡献，当代“数字地球”的伟业，无不彰显着地理学的社会实践成就及意义。新中国成立以来，地理学对地区综合考察、各种区划与规划、多种重大工程建设、区域可持续发展、极地及太空探测等方方面面的辉煌业绩，不胜枚举。当代地理学以其应用地理学、建设地理学的突出特点正在区域及全球可持续发展中发挥着日益重要的作用。地理教学过程密切联系社会实践、乡土建设开展学习和研究，是地理学蓬勃生命活力之必须，也是增强学生社会实践能力与社会责任感之必须。

(6)以促进学生地理综合素质发展为根本目的

《地理课程标准》明确指出，地理课程必须着眼于学生的全面发展和终生发展，培养现代公民必备的地理素养。这是"为今日和未来世界培养活跃而有负责任的公民所必须"。地理教学过程自始至终注重体现三维教学目标的和谐统一,才能保证"高质量的地理教育",才能更充分体现地理科学的终极价值,实现人—地协调可持续发展的美好理想。

综上所述,地理教学过程是"多种过程的统一"。地理教学过程的多维理解有助于我们构建对地理教学过程的科学立体的认识与实践。

二、地理教学过程最优化的探求

多年以来,对地理教学过程最优化的探求从未停止。前苏联教育家巴班斯基的教学过程最优化理论,系统形成于欧美教学科学化运动的有效教学理论等,于今仍有重要引领。

(一)教学过程最优化的理论指引

1. 巴班斯基的教学过程最优化理论①

巴班斯基指出,"教学过程最优化是在全面考虑教学规律、原则、现代教学的形式和方法、该教学系统的特征以及内外部条件的基础上,为了使过程从既定标准看来发挥最有效的(即最优的)作用而组织的控制。"教学过程最优化是"对该条件来说是最佳的结果"。即一定条件下,以最少的时间和精力消耗,取得质量最优良的教育效果。

他强调指出,教学过程最优化,要从系统的角度考虑问题。教学目的和任务要完成教养、教育、发展三方面的任务;教学内容要符合教学目标任务,突出本质内容,减轻学生负担,考虑学科联系,补充最新资料,因班因人而异;教学组织与方法要综合考虑多种因素,遵循教学规律、教学原则并灵活运用,"班、组、个"的形式结合运行,激发动机、组织实施、检查评价互为配合。

并且,基于9条具普遍性的教学规律,引申出利于教学过程最优化的11条教学原则。包括:教学的目的性原则、科学性原则、教学与生活及工作实践相联系的原则;教学的可接受原则;教学创设必要条件的原则;教师指导下发挥学生自觉性和积极性原则;教学的可接受性原则、教学的系统性和循序渐进原则、教学的目的性原则、教学与生活相联系原则、教学的科学性等原则;根据教学任务和内容,结合运用各种教学方法和手段的原则;根据教学任务、内容和方法综合运用各种教学形式的原则;教学结果的巩固性、理解性和实效性原则等。

20世纪50年代,该理论广泛指导了我国各学科教学。至今仍未失其指导意义。

2. 有效教学理论中的教学过程

有效教学理念源于20世纪上半叶西方的教学科学化运动,半个世纪以来长足发展,在20世纪后期的世界课程改革中,极受关注。

有效教学通常指教师遵循教学活动的客观规律,以尽可能少的时间、精力和物力投入,取得尽可能多的教学效果,从而实现特定的教学目标,满足社会和个人的教育需求的教学,即符合教学活动客观规律的有效果、有效率、有效益的教学。

教学质量(教师有效的讲、问、论、导)、教学的适当性(学生的有效准备)、教学的诱因(对学生的有效激励)及时间(学生学习时间充足)是美国学者斯莱文对有效教学过程的见解。

正确的目标,充分的准备,科学的组织,清晰的讲解,饱满的热情,促进了学生的学习,融洽的师生关系,高效的利用时间及激励了学生的学习,是我国学者姚利民②等对有效教学过

---

① 尤.克.巴班斯基.论教学过程最优化[M].北京:教育科学出版社,1982:185,223.
② 姚利民.论有效教学的特征[J].教育评论,2004(11).

程特征的观点。

从上述不难看出，有效教学理论指导下的教学过程，以促进学生全面发展为目的，具体运作或有差异，但其核心与本质，与教学过程最优化并无二致。

(二)地理教学过程最优化的理论与实践探索

我国很多地理教育工作者长期致力于地理教学过程最优化的理论与实践探索，对此不乏独到的见解。

1. 我国学者对地理教学过程最优化的见解①

北师大教科所王树声教授对地理教学过程最优化有多年的研究，他指出，地理教学过程最优化即教师有目的地选择组织教学过程的最佳方案，它并不意味着组成教学过程的要素都是最佳，只要求最充分地发挥现有教师和学生的才智和积极性，尽可能地配以得心应手的教学设备和良好的工作条件，以达到可能的最佳教学效果。

他强调指出，要通过教学过程改革来实现教学目标、教学内容、教学方法、教学形式和教学效果的整体优化。而教学过程是由学生、教师、课程标准、教材、方法、环境、评估等要素构成具复杂结构的有机整体。整体优化不是某个要素的孤立的片面的改革。

他认为优化地理教学过程的标准应包括：

其一，全面考虑学生的发展水平，重视学生的身心发展。一堂成功的地理课，要从学生的发展实际出发，结合其年龄特征、知识水平、身心发展特点、接受能力、储备知识、生活经历等。

其二，有适当的信息量，并符合学生的接受能力。地理教学中的信息量，不仅指知识点，也包括观点，不仅是文字，也包括图像图表。除课本内容，教师要通过对教材的整理加工，适当丰富。如，帮助理解基本内容的辅助材料，说明基本观点的事例、数据，加深感性认识的形象直观画面，揭示知识内容结构、联系、比较、规律等方面的框图、表格等。此外，生动语言以设置情境等，都是可对学生进行影响的信息。这些信息不仅丰富了教学内容，而且对学生的态度、情感、价值观以及能力和技能都会产生影响，从而促进身心全面发展。地理学习中，让学生掌握观点、学会方法、懂得责任，获得终身有用的能力，比掌握知识本身更重要。

其三，有活跃思维的教学因素，给学生参与和表达的机会。学生是学习的“主角”，教师设计的教学过程，不是让学生如何配合自己教学，而应该是为学生主动参与和表达自己的看法提供机会。在教学过程中设计问题让学生问答，启发学生深入思考，让学生到黑板前指图或画图，演示模型，鉴别和观察标本等。让学生通过探究或小组讨论则更需倡导。

其四，具有较好的可控性，准确把握各要素并能及时调整，有通畅的反馈渠道。地理教学过程中，由于知识内容丰富，教学活动多样，学生的视觉、听觉等接受信息频繁。教师要认真计划，合理安排，既不能过于单调，又不能令学生目不暇接，易于疲劳。教学的艺术就在于把这些活动适度而有机地结合，使各种活动和谐统一。

教学过程中教师、学生、教材、教学方法、教学环境诸要素之间常有矛盾，教师有责任协调这些矛盾，并在设计教案时充分估计到可能出现的问题而防患于未然。例如，挂图的位置，电化教学时的电源及光线，学生对教具的好奇心，对难点问题的接受能力与思维水平，对某些逻辑性较强的教学语言的理解程度等。

教学中从学生听讲的眼光、神态即可了解接受的情况，从回答问题中更可了解反馈情

---

① 王树声．谈地理教学过程最优化．中国地理课程网．http://geo.cersp.com

况。有经验的教师都会从中意识到学生听懂与否、满意与否,从而及时调整教学进程,或机智地设计新问题,或即兴地引用生动事例,或以幽默风趣的语言来调节课堂气氛,或将教学内容变换思路来讲解等。使教学过程如顺畅的流水,欢腾跳跃,有张有弛,和谐自然。

其五,有明确的目标,使教育教学任务的效率和质量同师生消耗的时间和精力达到较好的结合。每节课都有教学目标,要在教学过程中完成这些目标并非易事,需要把目标订得明确具体、切实可行,适合教材需要和学生接受能力;同时要保证在教学活动中能完成这些目标。教师在制定目标时就要认真考虑完成目标的策略,如教学形式、教学方法、教学结构及应用的教学媒体等。在规定的时间内,使一定班级教育教学任务的解决达到可能范围内的最大效果。

他认为优化地理教学过程的途径包括:通过教学改革来实现教学目标、教学内容、教学方法、教学形式和教学效果的整体优化;重视教学设计,科学确定教学目标,制定教学策略,进行教学评价;对教材的整理加工;选择最佳的教学媒体,确定媒体最佳作用点和时机;改革课堂结构,恰当运用教学环节等。

2. 中学教师对地理教学过程及其优化的认识[①]

新课程改革极大地促进了地理教师探究地理教学最优化的进程,增长了教育智慧。例如以下两位老师的见解:

山东丁振刚老师在"论地理课堂教学过程"一文中提出,新课程要求的地理课堂教学过程应是:教师创设和谐的学习氛围,引导学生从事地理学习活动、形成学习思维能力的过程;教师与学生的交往、互动的过程,是师生之间平等对话与交流的过程;是教师和学生互惠、互动的过程,是师生共同发展、进步的过程。

河南赵守拙老师在"重视过程式教学"一文中认为,新课程教学要形成重视学生学习过程的"过程式教学"。"过程式教学"要注重学生的经历、感受、思考、表达、练习等活动过程。经历过程能增强记忆,感受过程能领会方法,体会过程能有效学习。以下教学策略有助于地理"过程式教学":①在课内外创设研究性学习情境。②让学生在教学活动中感受过程(如学生模拟演示"三圈环流",画出由家到校的交通图等)。③注重过程式提问(串问、追问、互问、反诘、回头问等)。

限于篇幅,不再枚举,有兴趣者可上网查询更多。

第二节 地理教学规律与地理教学原则

认识并驾驭地理教学过程,需要按地理教学的客观规律办事,熟练掌握基于其上的重要地理教学原则。

一、地理教学规律与地理教学原则

认识地理教学规律与地理教学原则,要基于教学规律与教学原则。

(一)教学规律与教学原则

教学规律与教学原则的主要区别和联系见表 4-2。

---

① 中国新课程资源网 http://zh.eywedu.com

表 4-2　教学规律与教学原则

	教学规律	教学原则
一般定义	教学过程中客观存在的、必然的、稳定的联系。	教学工作中应遵循的基本要求。
两者联系	教学规律是制定教学原则的依据，教学原则是教学规律的反映。它们都是教学过程的指导。	
示例	教学有赖于学生通过感官获得的感觉经验——直观性原则； 教学如自然界发展及其它人类活动井然有序——循序渐进原则； 教学有赖于调动人渴求知识的天性——启发学习愿望和主动性原则； 知识掌握、应用有赖于深刻的记忆——教学的彻底与巩固性原则； 教学有赖于学生认识的感觉及有序——由近及远、由简到繁、由易到难、由已知到未知等。 **参见：**巴班斯基关于教学过程最优化的 11 条教学原则。 我国学者从教学规律概括的教学原则：教学整体性原则，启发创造原则，理论联系实际原则，有序性原则，师生协同原则，因材施教原则，积累与熟练原则，反馈调节原则，教学最优化原则等。	

我国古典教学论名篇《学记》中，有“君子既知教之所由兴，又知教之所由废，然后可以为人师也。”的论述，查查“兴”、“废”之条目，试分析其中包括了哪些教学原则？可为今所用。

教学规律见之客观，教学原则见之主观。教学规律可不断发现，教学原则是否准确揭示了教学规律有待教学实践的检验，所以对教学规律及教学原则，需动态的观点。

(二)地理教学规律与地理教学原则

地理教学规律是地理教学过程中客观存在、必然的、稳定的联系。地理教学原则是地理教学工作中应遵循的基本要求或准则。由于地理教学活动既有一般教学活动的共性，又有本学科教学的个性，地理教学规律及原则必然是一般性与特殊性统一的体系。见表 4-3。

表 4-3　地理教学规律与地理教学原则举要

	地理教学规律	地理教学原则
具一般性	教学是促进人身心全面发展的活动； 兴趣是重要的学习动机； 教学有赖于调动人渴求知识的天性； 学习需要调控、矫正； 学生学习存在明显个性差异； 学习过程：学—思—行； 教学有赖于学生的感官经验； ……	1.知、能、德、美等诸育统一的原则； 2.激发学生学习兴趣的原则； 3.启发式教学的原则； 4.及时反馈原则； 5.因材施教原则； 6.理论联系实际原则； 7.运用直观手段的原则； ……
具特殊性	人地相关律（地理学的研究主旨与理论思维） 综合联系律、区域差异律（地理学的显著特征） 文图结合律（地图是第二语言） 地理是活生生的人—地环境； “地”、“理”结合律； 地理是宏观性的空间科学； ……	1.以协调人地关系、可持续发展为主线； 2.充分反映地理事象相互联系和区域差异； 3.充分利用地图和多种地理直观教具； 4.充分体现生活地理、广泛利用乡土地理； 5.地理原理和地理事实统一； 6.地理课内教学和地理课外活动密切结合； ……

有研究者综合考虑二者，提出如体现地理教育多功能原则，利用地理内容广泛性和生动性原则，以人地空间关系为主线的原则，地理事实和地理原理并重的原则，以综合思维和比较思维为主的原则，坚持“启发式”和用图分析等原则，同样体现一般性与特殊性的统一。

地理教学原则也可基于不同学习结果分类，参见第五章 R. M. 加涅所述学习的条件。

二、地理教学原则的应用研究

地理教学原则是地理教学规律的反映。在地理教学活动中自觉以地理教学原则为指导就是按地理教学的客观规律办事，这对积极引导激励学生、科学确定教学内容、优化教学模式方法、提高教学效率及最终达成地理教学目标有重要作用。限于篇幅，下面略作展开。

(一)激发学生地理学习兴趣的原则及应用

1. 学习兴趣及其作用

学习兴趣是对学习的一种积极的认识倾向与情绪状态。学习兴趣是学生学习的动力及成功的秘诀。布鲁纳指出："最好的学习动机莫过于学生对所学材料本身具有内在的兴趣。"著名科学家杨振宁一言中的："成功的真正秘诀是兴趣。"正因为如此，学科教学中激发学生兴趣十分重要。蔡元培先生早就指出："我们教书，最重要的是引起学生的兴趣。"爱因斯坦曾说："如果把学生的热情激发起来，那么学校所规定的功课就会被当做一种礼物来接受。"苏霍姆林斯基勉励："让学生把你们教的学科看做是最感兴趣的学科。让尽量多的青少年象向往幸福一样的想着在你们教的这门学科领域里有所创造。"有效学习就是必然的了。

2. 激发学生地理学习兴趣的方法

地理学习兴趣是对地理学习的积极的认识倾向与情绪状态。地理学习兴趣通常可分为地理直接兴趣(对地理学科本身知识、技能、观念等的兴趣)，地理间接兴趣(对地理学习过程要素、结果要素等的兴趣)，地理相关兴趣(对地理学科相关领域的知识等发生的兴趣)等。以下教学经验反映了多种有关方法。你能归纳出上述方法的共同点吗？你能找到更多激发学生学习兴趣的方法吗？

经验1:	经验2:	经验3:
灵活多样的教学方法 形象直观的教学手段 生动丰富的教学语言 轻松和谐的课堂环境	精心设计引言 广泛联系生活 善于启发思维 组织兴趣高潮 不断变换刺激	创设情景；角色扮演； 设疑置问；运用实例； 联系生活；形式多样

(二)地理启发式教学原则及应用

1. 启发式教学的基本含义

启发式教学是能充分调动学生学习积极性，引导学生独立思考，生动活泼主动学习的各种有效教学方式的总称。启发式教学也是一种与注入式教学相对应的一种教学指导思想。

"启发"一词源于《论语 · 述而》中的"不愤不启，不悱不发，举一隅不以三隅反，则不复也。"南宋朱熹作注："愤者，心求通而未得之意。悱者，口欲言而未能之貌。""启，谓开其意；发，谓达其辞。""启发"即指点、开导之意。该句意思是说，"对于学生，教师应该先让他思考，思考之后，仍然领会不了的时候，去指点他。当学习者经过思考，有所领悟，想说又说不出来的时候，去开导他。一个学生如果不能举一反三，那就不要再去开导他了。"现在教学经验中常说，要当学习者处于"愤悱心理"的学习困窘状态时再去点拨、引导他，便源于此。《学记》中提出了启发式教学三原则："道而弗牵，强而弗抑，开而弗达。"即，启发、引导学生，但不能牵着他们走；严格要求学生，但不施加压力；给学生指明学习途径，但不能代替他们达成结论。地理教学中，怎样体现启发式？

2. 地理教学中贯彻启发式教学原则的方法

例 1:巧设问题

1."地球在宇宙空间的位置"——我们生活在天上，还是地下？
2.日本工业为什么主要集中在太平洋岸和濑户内海沿岸？
3.北美洲三面临海，大部位于西风带，为什么以温带大陆性气候为主？

4. 煤因植物而成——南极洲冰雪世界，寸草不生，无煤。对？错？

5. 热带雨林带主要分布在哪里？赤道附近的陆地都是热带雨林带吗？非赤道地区肯定没有热带雨林？

6. 2 000 多年前的长江口在扬州一带，为何现在移至上海附近？

7. 假如我国青藏高原地区是一片平原，我国气候会有什么变化？

8. 植树造林能防治沙尘暴吗？

例 2：启发的多种思路

1. 据地理事象的发展规律进行启发：

例如，“季风气候”的形成：海陆位置⟶海陆热力差异⟶气温差⟶气压差⟶风向季变

2. 按地理事象对立统一的规律进行启发：

例如：地形的变化 → 高低不平（　力）；→ 趋于平坦（　力） ⇒ 不断变化

3. 按地理事象的相互关系进行启发：例如，赤道雨林—终年高温多雨；“雪域高原”—海拔高。

4. 运用地图启发：例如，我国 1、7 月等温线排列有异，为什么？

5. 据已有知识启发：例如，西北地区的环境特点⟶资源特点

由以上 2 例，你获得哪些启发？你还能补充哪些方法？你能否对重要地理教学原则的应用，收集教学案例或有关资料建立文献夹？并与同学交流分享。

第三节　地理教学模式

地理教学原则需要借助地理教学模式予以贯彻。什么是地理教学模式？有哪些常用的地理教学模式？地理新课程倡导哪些教学模式？

一、地理教学模式及作用

(一)教学模式及其分类

1. *教学模式及其要素*

教学模式“是一定教学理论指导下，为实现特定的教学目标，用来设计课程、选择教材、提供教师活动的基本教学范型”。[①] 或“在一定教育思想指导下，为完成规定的教学目标和内容，对构成的教学的诸要素设计的比较稳定的简化组合方式及其活动的程序。”[②]（美，B. 乔伊斯、M. 威尔）。简言之，地理教学模式即在一定教学理论指导下的地理教学的基本教学逻辑结构或基本教学范型。

教学模式通常包括五要素：教学理论、教学目标、教学程序（结构）、教学策略、教学评价。例如，常见的目标教学模式（参见图 4-3）

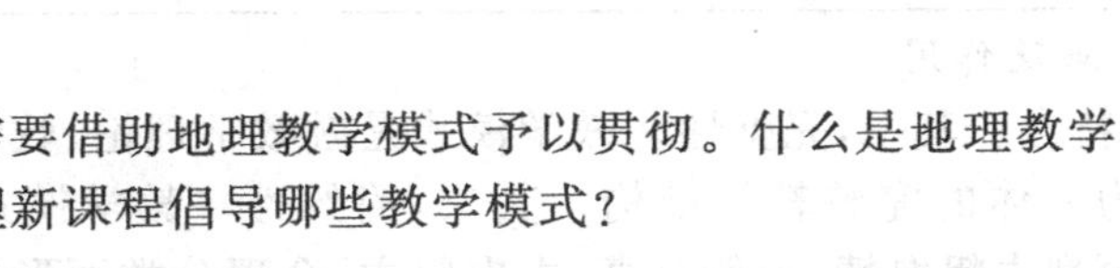

图 4-3　目标教学模式

① 刘克兰主编. 现代教学论[M]. 重庆：西南师范大学出版社，1993：187.

② 吴恒山. 教学模式的理论价值及其实践[J]. 辽宁师范大学学报（社科版），1992(3).

教学理论是教学模式的灵魂。教学目标是教学模式的核心。教学程序是教学在时间上展开的逻辑步骤及主要做法，是教学模式的主体结构。教学策略是教学模式运用过程中的行为方式或活动方式，包括原则、方法、技巧等。教学评价是完整教学过程的必须要素，也是教学模式的价值判断。

人们有时将教学模式、教学策略、教学方法这三个概念相混淆，实际三者有联系但不等同。教学模式包含着教学策略，教学策略则包含着教学方法。可见，教学模式规定着教学策略和教学方法，它们分别居于上、中、下的不同层次。所以，教学模式通常被称为“大方法”，而教学方法则称作“小方法”。

2. 教学模式的分类

从不同的视角，有不同的教学模式分类，例如下表：

表 4-4　教学模式分类举样

基于不同理论基础	基于行为主义学习理论：	程序教学模式 （斯金纳等）
	基于认知主义学习理论：	讲解–接受式（赫尔巴特、凯洛夫、奥苏贝尔等） 引导–发现式（杜威 、布鲁纳等）
	基于 人本主义学习理论 建构主义学习理论：	自主式（人本理论；建构理论；最近发展区理论等） 探究式（人本理论；建构理论；合作学习理论等） 合作式（群体动力理论，认知理论等）
	基于启发式学习理论的：	启发—讨论式（苏格拉底、孔子等） ……
按学生自主程度	封闭型：	讲解—接受式
	引导型：	启发—讨论式， 引导—发现式
	开放型：	自主、探究、合作

3. 教学模式的特点及作用

教学模式有四大特点。其一，完整性。教学模式是融教学理论、教学目标、教学程序、教学策略、教学评价等为一体的完整教学结构。其二，简约性。教学模式是依据某种教学理论，对若干教学活动原型去粗取精，去伪存真，去次留主，合理分类而形成。它较深奥的教学理论更具简约性和可操作性，较具体的教学活动原型更具本质性、深刻性。其三，中介性。教学模式是教学理论与教学实践的中介。它既是教学经验的概括、教学规律的科学抽象，又是教学理论的具体化。其四，可操作性。教学模式为教学操作提供了可仿效的基本范式。

教学模式的作用因其特点显而易见。教学模式的学习与掌握，对教师提高教学理论素养、把握地理教学系统、科学而高效地进行教学实践及教学行为规范化有重要作用，对青年教师尤显重要。同时，对不断丰富、发展教学理论，促进教学实践的科学化，意义深远。

（二）地理教学模式的传统与变革

地理教学模式可溯源自古代最初以“模仿和记忆”或“演绎一辩论”为显著特征的接受式，却更多与近代班级授课制的学校教育及近代教学理论的形成有关。

近现代，我国地理教学模式深受赫尔巴特学派“教学四阶段论”（清楚—联想—系统—方法）、“教学五阶段论”（预备—提示—联合或比较—总扩—应用）之教学模式及“苏联版”凯洛夫“六段”教学模式（组织教学—检查作业—引入新课题—讲授新教材—巩固复习—布置作业）的影响。前者在 20 世纪初通过“取法日本”进入我国影响各科教学。20 世纪 50 年代，则以后者影响为主，至今影响犹存。

步出近 20 年惨痛损失的中国教育在 20 世纪 70 年代后期迎来了春天。改革开放的 80 年代中期到 90 年代中后期，各学科教学模式研究生机勃勃。国外基于多种学习理论的教学模式及国内学者、教师们构建的多种教学模式在地理教学中广为吸取和运用，也包括了地理学科自身的诸多新模式，如“地理综合程序教学模式”（南京师大，周靖馨）、“读、讲、练教学模式”（成都，范学翰）、“目标导控教学模式”（重庆，地理教学界）、“图像信号法模式”（武汉，地理教学界）、“启导学练地理课堂教学模式”（山西，邵铁健）、“地理电教引探教学模式”（湖南，罗育鳌）、地理 CAI 教学模式（北京，李奕）等，为其他学科提供了积极借鉴。

21 世纪初兴起的新一轮基础教育课程改革中，更多基于现当代学习与教学理论的教学模式被吸收、创造，地理教学模式更加丰富多彩。

二、课程改革中的多种地理教学模式

（一）常用地理教学模式概览

不妨对近些年常用的主要地理教学及学习模式作一梳理，可知其体系之丰，也可知各特点所在。参见表 4-5。

表 4-5　常用地理教学及学习模式

教学模式		基本教学程序、理论基础及评析
1	讲解—接受模式	基本程序：组织教学 → 复习旧课 → 引入新课 → 讲解新课 → 巩固新课 → 检查反馈 理论基础：德，赫尔巴特“四阶段”教学；苏，凯洛夫“六阶段”教学等理论。 主要策略：充分准备；教师主讲；教材为主；讲授生动深刻；教师富表现力、感召力等。 优　点：单位时间内较迅速有效掌握系统知识，体现教学过程的简略性。 不　足：易形成学生被动接受状态，不利于其主体地位的充分发挥。
2	启发—讨论模式	基本程序：问题情境 → 学习思考 → 小组讨论 → 全班讨论 → 得出结论 → 学习迁移 理论基础：古代，苏格拉底、孔子等启发式教学思想。 主要策略：循序设疑问难；多路径引导思考；强调群体参与；引导得出结论；重视迁移等。 优　点：利于启迪心智，合作精神等 。　局　限：往往耗时较多 。
3	引导—发现模式	基本程序：发现问题 → 提出假设 → 验证假设 → 提高总结 理论基础：美，杜威等“问题教学”、布鲁纳 等“发现教学”理论。 主要策略：引导发现问题；引导研究方法；放手学生各抒己见；教师全程顾问、协同。 优　点：学生主动性充分发挥，有利于培养学生独立探究能力。 局　限：对学生知识能力素养要求较高，需时间较多。
4	探究教学模式	基本程序：明确问题 → 提出假设 → 组织探究 → 交流研讨 → 反思总结 → 拓展运用 理论基础：　美，　兰本达、萨其曼、施瓦布等探究教学理论。 主要策略：探究符合兴趣；重在观念方法；珍视学生独特体验理解；因势利导提供足够支持。 优　点：学生自主、探究、创新能力的培养。局　限：操作难度大，较广泛用于第二课堂。
5	自学辅导模式	基本程序：提出要求 → 独立自学 → 讨论交流 → 启发指导 → 练习总结 理论基础：中，　卢仲衡教授、黎世法教授等“自学辅导”思想。 主要策略：学习要求明确；学生自学、交流主线；教师由“讲”转“导”；反馈总结重要。 优　点：利学生自学能力及学习习惯的培养，利因材施教。 局　限：对教师教学能力、学生自觉性、学习基础要求较高，实际操作有一定难度。
6	自主学习模式	基本程序：确定目标 → 指导自学 → 讨论交流 → 总结评价 理论基础：言语自我指导理论，信息加工理论，人本主义理论，建构主义理论等。 主要策略：激发学习兴趣—“想学”；创设学习氛围—“能学”；加强学法指导—“会学”；学生参与管理—“主动学”；提供多样练习—“活学”；认请目标意义—“坚持学”。 优　点：有利于培养学生自我意识、自省、自控能力，发展学生学习能力。 局　限：学生对学习范围全面选择或调控的难度。

（续表）

7	合作学习模式	基本程序：　异质分组 → 责任分工 → 成果交流 → 成效评估 理论基础：群体动力理论，建构主义理论，认知发展理论，需要层次理论等。 主要策略：学习主题共同拟定；目标责任明确分工；组内合作，组间竞争；充分交流，共同评估。 优　点：体现“全纳”教育，提高学业成绩，促进自尊，融洽社会关系。 局　限：针对某些学习内容；同伴依赖等消极心理。
8	自主合作探究学习模式	基本程序：　情境设问 → 自学探求 → 合作探究 → 归纳总结 → 检测、评价 理论基础：自主学习理论、合作学习理论、探究学习理论等。 主要策略：选题适当；学生为主；循序推进；有效调控。 优　点：充分利用三种学习方式优势，促进学生发展。　局　限：统筹、调控的一定难度。
9	活动体验教学模式	基本程序：　提出课题 → 设计活动 → 活动准备 → 活动实施 → 总结评价 理论基础：欧美，“自然教育”、“儿童中心”、“进步主义”等理论。 主要策略：巧设活动；展开过程；学生主体；　直接体验；总结提高。 优　点：利学生能力、自主精神与合作精神培养。 局　限：要求高、难度较大，需时多，学生需要较好基础。
10	情境陶冶模式	基本程序：　创设情境 → 参与活动 → 总结转化 理论基础：保加利亚，洛扎诺夫，暗示教学理论；中国，李吉林等情境教学理论。 主要策略：情为动因；美为突破；思为核心；练为手段；有意无意统一，理智情感协同。 优　点：利学生个性陶冶、人格培养，提高自主精神与合作精神 局　限：富吸引力与感染力的教学情境创设的难度。
11	角色扮演教学模式	基本程序：　确定问题 → 角色分配 → 角色表演 → 讨论评价 → 活动总结 理论基础：洛扎诺夫等暗示教学理论；李吉林等情境教学理论。 主要策略：联系生产生活确定问题；自愿结合推荐分配角色；关注学生角色体验与发挥；重视归纳、总结。 优　点：利学生了解社会实际问题及人际关系；利学生从多种视角思考分析问题；促进学生多元智能发展。　局　限：对学习内容有一定选择性。
12	范例教学模式	基本程序：　典型个例认明特征 → 同类事物普遍特征 → 掌握事物发展规律 → 获得世界普遍经验 理论基础：德，海德姆尔、瓦根舍因、克拉夫基等范例教学理论。 主要策略：精选范例，激发动机；现象出发，追溯原理；耐心助学，遵循逻辑；把握规律，促进应用。 优　点：举一反三，触类旁通。利掌握理论，利迁移能力。 局　限：精选范例、拓展能力的难度。
13	案例教学模式	基本程序：　引入案例 → 案例分析 → 讨论交流 → 总结归纳 → 促进应用 理论基础：美，哈佛大学法学院等的教学改革指导思想。（认知心理、建构主义、人本主义理论等） 主要策略：精选案例，激发动机；现象出发，推及规则；共同研讨，分析评价；掌握原理，促进应用。 优　点：举一反三，触类旁通。利掌握理论，利迁移能力。 局　限：精选案例、拓展能力的难度。
14	图表教学模式	基本程序：　以图设问 → 多图探究 → 据图总结 → 迁移应用 理论基础：中外地理教学思想，地图教学理论等。 主要策略：精心选图；以图导学；方法为主；重视应用。 优　点：直观性强，地理特色鲜明。化繁为简，丰富感知，激发兴趣，促进思维，情感提升。 局　限：逻辑联系的内隐性。

（续表）

15	多媒体教学模式	基本程序：创设情景引入新课 ⟶ 多媒优化展开过程 ⟶ 利用多媒步步深入 ⟶ 开发多媒拓展应用 理论基础：中外，CAI教学理论，地理教学理论等。 主要策略：多种媒体优化组合；以人为本按需而用；文字图象密切配合；认知情感双向互动。 优　点：丰富生动，感染力强。利于激发学生兴趣，引导学生自主探究。 局　限：多媒体优化组合的较高技术要求及难度。
16	目标教学模式	基本程序：明确教学目标 ⟶ 达成目标教学 ⟶ 反馈信息 ⟶ 矫正补救评价小结 理论基础：美，布鲁姆等，教学目标分类理论。 主要策略：目标设计科学；目标全程指导；教学紧扣目标；目标检测恰当；及时反馈补救。 优　点：有利学生掌握教学重点，教学目标达成率较高。 局　限：教学目标预设与生成的矛盾等。
17	愉快教学模式	基本程序：愉悦情境 ⟶ 趣中引疑 ⟶ 激励交流 ⟶ 共享成功 理论基础：情知互促理论，人本主义学习理论，需要层次理论等。 主要策略：关注学生兴趣；鼓励学生参与；应用多种方法；形、情启思导练；及时表彰“闪光点”。 优　点：创设愉悦教学环境，激发学生积极学习动机，在“乐学”氛围中促进学生更为积极主动的发展。 局　限：需要恰到好处的把握。较适合热情、开朗、幽默风格的教师。
18	体验学习模式	基本程序：“亲历”情境 ⟶ 激情探疑 ⟶ 充分研讨 ⟶ 获知冶情 理论基础：“进步主义”教学理论，人本主义、建构主义教学理论等。 主要策略：体验情境精心营造；求知热情激励为先；引导体验步步深入；上升理性重视总结。 优　点：在亲自观察、思索、研究领悟知识，获得理解，激扬求知热情，发展学习能力。 局　限：教学设计的一定难度及需要时间较多。
19	尝试教学模式	基本程序：尝试质疑 ⟶ 尝试自学 ⟶ 尝试检验 ⟶ 讨论矫正 ⟶ 指导矫正、小结 理论基础：探究学习理论，自主学习理论，合作学习理论，最近发展区理论，最优化教学理论等。 主要策略：有指导的尝试；旧知迁移获取新知；迁移、创意发展新知；体验为主；民主合作；体现最优。 优　点：有利于发展学生的学习能力，培养学生的尝试精神、探索精神和创新精神。 局　限：教学设计的一定难度及需要时间较多。
20	实习教学模式	基本程序：确定主题 ⟶ 制定方案 ⟶ 优选场所 ⟶ 实地操作 ⟶ 整理成果 ⟶ 总结交流 理论基础：欧美，“自然教育”理论；美，班杜拉，“社会学习理论”等。 主要策略：激励学习热情；实习要求明确；方法指导到位；学生实践为主；提倡多样成果；促进总结交流。 优　点：促进科学世界与生活世界的沟通，增强理论联系实际的能力。 局　限：对实习场地、实习时间、指导教师等有更多要求。
21	研究性学习模式	基本程序：确定课题 ⟶ 制定方案 ⟶ 实施研究 ⟶ 撰写报告 ⟶ 交流研讨 理论基础：自然教育理论，社会学习理论，人本主义学习理论，建构主义学习理论等。 主要策略：根据需要选题；重视体验目标；结合多种方法；融汇相关知识；注重过程生成；加强调控评价。 优　点：增强探究创新意识，学习科学研究方法，发展综合运用知识能力。密切学校与社会的联系，培养学生社会责任感。 局　限：对活动组织、活动时间、学科协同、教师综合素养及研究实践能力有更多要求。
	……	……

地理教学模式多种多样，之所以如此，是因为教学过程本身的复杂性及教学过程理解的多种角度，教学内容的多样性，教学对象的差异性，以及教师特质、风格的多样性等等。故

"教学有模，教无常模"。有效教学需要地理教师熟知地理教学模式的一般规范，更要求地理教师能结合教学实际灵活选择运用。

【比较释疑】

表 4-6　接受学习与探究学习

比较视角	接受学习	探究学习
价值取向	侧重于学生认知结构的形成	侧重学生认知结构及学习观念、学习能力等的自主建构
信息呈现方式	学习内容多以陈述式直接呈现	学习内容以问题形式呈现
学习侧重点	关注知识的获取，知识以定论的形式呈现	注重学习过程的体验，学习方法，建构知识
思维发展	重抽象思维的发展	更重视直觉思维、批判思维、创造性思维发展
知识结构	获得知识结构完整、精确，有助于记忆	允许知识结构在发展中形成与完善
情感态度	师授书本为重，少有自主思考探求	自主、问题、信息、科研、合作、创新等意识、态度、情感的增强

表 4-7　范例教学与案例教学范例教学

	范例教学	案例教学
相异	范例教学之"**范例**"多指已经发生的某种事件及前人处理某种问题时的经验教训。即范例多呈现已解决的问题。 范例教学则一般用予说明原理。 例如：美国生物圈 2 号实验；意大利新工业区与美国"硅谷"；荒漠化的防治；中国的城市郊区化等等。	案例教学之"**案例**"多是待解决的问题甚至是一种两难选择。即案例多呈现待解决的问题或两难选择。 案例教学通常要求学生诊"病因"，开"药方"并比较被选方案优劣作决策，仿真解决问题全过程。 例如：煤城焦作出路何在？河流上该不该建大坝？药店骤增：是喜是忧？政府是否应当限制小汽车发展？等等。
相似	都遵循由典型事例的个别特点推出同类事物的普遍特征，再由普遍特征上升到掌握事物的发展规律，从而提高学生对客观世界规律性的认识。	
实际运用	教学实践中，很难"井水不犯河水"，通常也见一种"混合式"，如用"范例"先引入一个问题解决的全过程，然后将后遗问题或新出现的问题作为"案例"让学生来处理。例如，家乡快速干道建成及新的交通拥堵的产生与解决等。	

(二)教学模式新介——审美化视点结构教学模式

审美化视点结构教学模式是西南大学美育研究中心赵伶俐教授等人在 20 余年国家级美育课题研究中的重要成果之一。该成果先后在全国华北、华东、华中、西南、华南地区 12 省市 200 余单位大多数学科 500 余实验班实践运用，受益师生数万人，目前该成果仍在推广、深化中。

1. 基本概念

(1)审美化教学：是指"将所有的教学因素(如目标、内容、方法、手段、评价、环境等)转化为审美对象，使整个教学过程转化成为美的欣赏、美的表现和美的创造活动，使整个教学成为内在逻辑美和外在形式美高度和谐统一、静态和动态和谐统一的整体，从而大幅度提高教学质量，减轻学习负担，使师生都充分获得身心愉悦及素质全面和谐发展的一种教学思想、理论、操作模式和方法。"①

(2)视点结构教学：指确立一个清晰的点(知识点、能力点、重要观点、问题焦点等)，从此点沿着一定逻辑联系轨道或结构展开知识、思维及情意等空间的教学。参见图 4-4。

① 赵伶俐等主编.审美化教学原理与实践[M].长春：吉林人民出版社，2000：35.

(3)审美化视点结构教学：指教学中所有教学因素及其结构关系都按照美的原则(内在逻辑美、外在形式美等)进行了审美转化的视点结构教学。由于审美化教学通过视点结构教学具体操作，所以审美化视点结构教学与审美化教学两者相通。

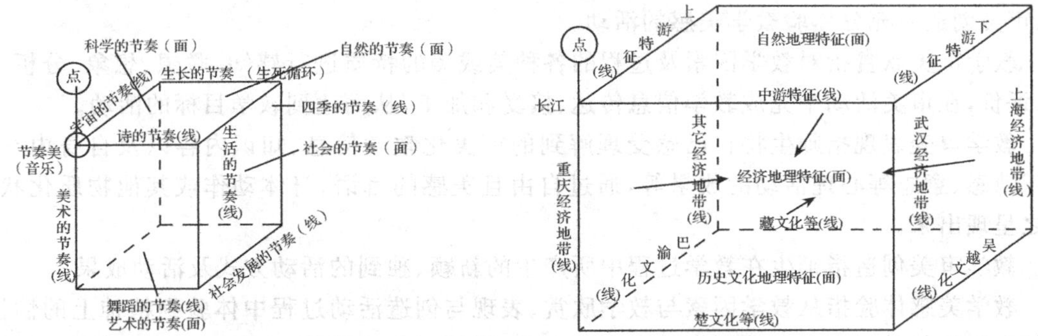

音乐“节奏美”的视点结构①　　　　“长江”的视点结构②

图 4-4　视点结构示意图

2. 基本模式

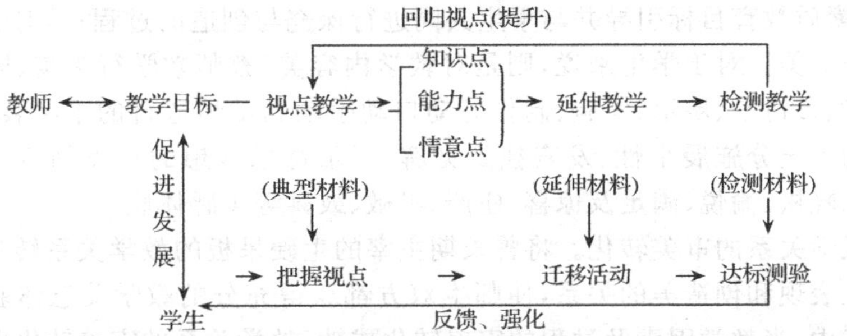

3. 理论基础

古今中外成功的教学，大多强调引导学生从点出发，遵循逻辑，探寻规律，洞悉结构。从孔子的“闻一知十”、孟子的“举一反三”、苏格拉底的层层“反诘”到斯金纳的“程序教学”、布鲁纳的“结构教学”、布鲁姆的“掌握学习”、瓦根舍因等的“范例教学”、奥苏贝尔的“有意义学习”、沙塔洛夫的“纲要信号”、巴班斯基的“最优化教学”、罗杰斯的“非指导性教学”、施瓦布等的“探究性学习”等，点与结构的教学思想无不渗透其中。

任何一种学习，都需要情感的启动乃至喷涌。正如列宁所说“没有人的情感，就从来没有，也不可能有人对真理的追求。”而激发情感、陶冶性灵、解放个性、升华人格等正是美育的特质与追求。从古到今，欧洲如柏拉图、亚里士多德、卢梭、席勒、苏霍姆林斯基等，我国如孔子、孟子、老子、庄子、梁启超、王国维、蔡元培、陶行知等，都对情感陶冶或美育理论有独特建树。

以上诸多教学理论的精髓，以及与现代系统科学、思维科学、大脑科学、美学等多种新视野的整合，形成了审美化视点结构教学模式的沃土。

4. 原理及技术操作

(1)审美化视点结构教学中的三大转化[3]：

---

① 赵伶俐等主编. 审美化教学原理与实践[M]. 长春：吉林人民出版社，2000：130.

② 黄京鸿. 审美化地理教学的基本模式及教学策略[J]. 课程 · 教材 · 教法，2002(2).

③ 赵伶俐等主编. 审美化教学原理与实践[M]. 长春：吉林人民出版社，2000：130.

其一是教学因素的审美转化。将教学的各个因素转化为对于学生来说是具有审美品质或审美价值的对象。这至少包括了教学目标、教学内容、教学方法、教学评价的四大转化。

其二是教学过程的审美转化。将教学过程转化为对于师生来说都是审美欣赏、审美表现、审美创造及充分体验教学美感的活动。

教学审美欣赏指对教学因素及过程的各种美或美的特质进行感知、联想、想象、分析、体验、评价，在审美活动中完成教学信息传达、接受和加工，从而达到教学目标的活动。

教学审美表现指师生将自己感受理解到的审美化教学信息、知识内容以及自身内在的认识情感、意志等心理活动的成果等，通过自由且美感的言语、身体动作或其他物质化状态将之呈现出来。

教学审美创造指师生在教学过程中所产生的新颖、独到的活动方式及活动成果。

教学美感体验指从教学因素与教学欣赏、表现与创造活动过程中体验到精神上的愉悦，即师生从教与学的活动中看到自己的本质力量，看到自己的智慧、人品、情感、个性和教学与学习技能等的神奇力量，从而在精神上获得满足和愉悦体验。例如对教师来说，教学过程是对教学内容逻辑美与形式美的审美欣赏与审美表达；是自身言语美、行为美、心灵美的审美表现；是遵循素质教育目标引导并与学生共同进行探究与创造的过程；是对学生学习与发展由衷的激励与赞美。对于学生来说，则是对教学内容美、教师教学行为美、同伴交流协作美等的欣赏；是通过讨论、展示、实验、制作等动口动手动脑动情进行的审美表达或审美表现；是在学习活动中充分施展个性、发表独到见解、展示奇思妙想的审美创造。而整个教学过程，充满清新、轻松、愉悦、满足及惊喜、庄严、崇敬、鼓舞等美感体验。

其三是教学关系的审美转化。将曾长期主宰的生硬呆板的教学关系转化为师生互为欣赏、共同欣赏、表现和创造美的关系，使师生双方都获得充分的教学美感体验和学习与创造的愉悦。实践中，当教学因素及过程的审美转化成功，教学关系的审美转化也就完成了。

如从事物内、外依存两大关系看，教学因素及过程的审美转化又可分为内在审美转化与外在审美转化。

内在审美转化最为集中地体现为教学内在逻辑美，即指教学因素及其相互关系以及教学过程内在关系的清晰有序、层次分明、环环相扣，充分显示出科学、学科和教学的缜密（关系严谨）、简洁（简要干净）、雅致（逻辑构架端庄清秀）及恰当自由度（延展开阔）等美学特质。

外在审美转化主要体现于教学外在感性美。主要指教学因素及其教学过程中那些外显直观可感部分（教学材料、教学方法、手段和教具、环境及教师教学操作行为、教学组织方式等）在内在逻辑控制范围内尽可能丰富多样化，充分显示出形象（清晰可感）、生动（动感和意趣）、丰富（充分满足需要）、自由（多样、开放、变化）的美学特质。经过审美转化的视点结构教学形成一种崭新的教学和谐状态。

（2）基本程序：

①确定教学目标：教学目标应是知、能、德、美的协调配合，还要明确具体、操作性强、易于测评。

②视点教学：以多种教学方法揭示、阐明、把握视点。如情境引入、概念释义、揭示关系、呈现原理、展示系统、凸现重心等。

③延伸教学：从视点出发进行有序递进的一系列拓展、深化的教学活动。即以点—线—面—体为基本构架，展开学科知识、思维及情意等素质发展空间。这是启发学生以一及多、以小见大、开放视野、透视世界的最具活力的核心环节。

④检测教学:多种方法检查、测评教学目标的达成度。

⑤回归视点:回返、强化视点并拓展、提升学习视野。

其教学主要环节有五:创设情境,引出视点;典型材料,揭示视点;延伸材料,拓展视点;检测材料,检测视点;总结评价,回归视点(理性提升)。

5. 主要策略

美育与智育、德育相融合;形象引入与逻辑思维相结合;情感激发与认知发展相结合;充分自由学习空间与教学目标引导相结合。

6. 突出特点

优点:其"点—线—面—体"的逻辑延伸,有利于学生形成以"一"及"多"、以"小"见"大"的透视世界的观点、方法和能力;其科学、教学的内在逻辑美与外在形式美的统一,有利于学生美育素养及综合素质的发展。局限:对教师美学美育素养及综合素养要求较高。

7. 地理审美化视点结构教学案例

"雪域高原——西藏自治区"教学设计①

教学目标

1. 知识目标:

(1)知道并能说出西藏自治区独特的位置及自然环境、自然资源的特色。

(2)理解并能说明西藏自治区的主要经济、文化特色。

2. 能力目标:

(1)能抓住"雪域高原"(地势高)这一主导因素,分析它对西藏自然环境和经济、文化活动等方面的决定性作用。

(2)通过分析地理要素间的相互联系,学会抓住主导因素把握区域特征的方法。

(3)通过讨论西藏的未来发展,具有初步的参与决策的能力和预测能力。

3. 情感、态度、价值观目标:

(1)通过课前准备、课堂展示及课后延伸,欣赏、表现西藏壮丽、神奇的美。增加审美情趣及对西藏的热爱之情。

(2)通过西藏经济发展、文化繁荣及交通建设的巨大变化,认识我国民族政策、西部大开发政策和协调发展政策的重要性,进一步增强对和平统一社会主义祖国的热爱及责任感。

(3)通过对比优雅、可爱的藏羚羊和残暴、丑恶的偷猎者,激发强烈的生态保护意识,认识经济文化发展与生态保护、资源可持续利用同步的重要性,进一步树立可持续发展观。

教学视点

1. 知识(技能)点:西藏

(关键词:西南边陲、高寒景观、江河之源、清洁能源、经济特色、生态保护、可持续发展)

2. 审美视点:西藏美

(关键词:壮美、神奇、独特、和谐。描绘词:"世界屋脊"、雪峰延绵、巨川大湖、奔腾流急、壮丽峡谷、"日光城"、"地热博物馆"、"高原之舟"、青稞飘香、长号悠远、美丽精灵、浓郁风情、多姿多彩)

3. 重点:雪域高原可持续发展

4. 难点:雪域高原的自然、人文要素关联

教学材料

1. 典型材料:西藏自然景观、民族风情(图片、诗文、歌舞、风光片等)

2. 延伸材料:①西藏特色经济与交通建设成就;②青藏铁路建设与西部大开发;
③藏羚羊及生态保护;④民族政策、可持续发展战略、东西部协调发展。

3. 检测材料:①有关练习(选择、填图等);②为西藏经济文化发展献计献策;③专题壁报作品

教具、技术　多媒体教学

教学方法

启发式谈话法、情境法、研讨法、合作学习法

---

① 张莉,黄京鸿,李维."雪域高原——西藏自治区"教学设计[J].地理教育,2006(2).

板书设计:(见后)

教学过程

创设情境,引出视点:

(呈现"中国地图"视频)上节课,我们欣赏了"彩云南国"多姿多彩的美景。如果从云南向西北飞越横断山脉,将进入一块古老而神秘的土地。这是我国哪一个省区?(生答)很好!西藏有哪些独特的风光?(生答,评价),今天,就让我们一起进入"雪域高原"——西藏。

典型材料,凸现视点:

(播放"西藏风光"视频)莽莽高原、如云羊群、巍峨雪山、热烈歌舞、朝圣彩幡……"西藏——令人神往的地方"(师生共同欣赏)

师导:西藏风光美不胜收。同学们还准备展示、表现哪些西藏的美?让我们一起分享你的感受。

学生展示作品:西藏湖泊、丰美牧场、藏上江南……(或述或诵,或绘或歌或舞)

师评:同学们用优美的语言、美丽的图画、美妙的歌舞展示了西藏的美,也展示了同学们的美。

分析、研讨,深化视点:

启思:西藏是这样的神奇,那么,从地理角度去分析,是哪一个地理因素起了最关键的作用?(生答:地势高)对,多数同学已很好联系了总论学过的知识,正是地势高造就了西藏的神奇。

追问:地势高怎样影响了西藏的地理环境?地势高与其他地理要素有什么关系?请同学们尝试着找找它们之间的关系,画一画它们之间的关系结构图,邻近同学可以交头接耳。(巡视,相机参与、引导)

交流、评价:有谁愿意向大家交流你的思考?我们欢迎几位同学上讲台来展示所绘制的结构图。(学生展示过程中穿插师、生点评)

小结:多数同学的结构图较好体现了主导地理要素与其他地理要素的关联,但逻辑思路还不太清晰,也有欠完善之处。让我们一起来共同探讨,以"雪域高原"为关键点,展开西藏的全景画卷。("雪域高原"板书部分视频引入。以后随教学深入,逐次展开视点结构的板书网络)。

启思:("雪山连绵"视频引入)巍峨的雪山高原,对气候有什么影响?(生答略)对,造就天寒地冻的高寒气候。这样的气候条件下,动植物具有什么特性?(生答:耐寒),有哪些典型的动植物?(生答略)。

这样的气候条件使其农业生产与长江中下游地区有何不同?(生答略)对,高寒畜牧业为主。("西藏独特的农牧业"视频引入)与其他三大牧区相似,但也有差异(书 p8 图比较四大牧区)。

西藏高原有发展耕作业的地域吗?在哪里?为什么?(引导学生进行书 p78 活动 1)

推演:高原地形、高寒气候,对河流、湖泊等会产生什么影响?对哪些河流有重要影响?(地形视频引入)西藏最著名的大江大湖分布在哪里?有什么特点?("西藏的河湖"视频引入,师生共同研讨)

承转:雅鲁藏布江奔腾流急,雅江大峡谷世界第一,蕴藏了丰富的水能资源,急待开发。("羊卓雍湖水电站"视频引入)联系西藏的自然条件,西藏还有哪些宝贵的能源?

讨论:("西藏的能源"视频引入:水能、太阳能、风能、地热能等渐次引入),师生共同研讨,逐次展开。

小结、承转:西藏地势高这一主导地理要素对西藏的地形、气候、动植物、河湖、能源产生深刻影响,形成了独特的自然环境,同时,也使其人文环境独具特色。除了前面已讨论过的特色农牧业,西藏的人口、民族、城市、交通、经济发展等还表现出哪些特色?我们进一步深入研讨。

延伸材料,拓展视点:

启思:西藏自治区,顾名思义,以"藏族"(生答)同胞为主。巍峨雪山,莽莽高原,造就了哪些独特的藏胞风情?("西藏的民族"视频引入)

讨论:藏族服饰、歌舞、宗教、性格、生活习俗等,在民族大家庭中,特色鲜明。

承转:西藏的城市,也以其独特的地域特色和风格享誉世界。最著名的是哪个城市?以什么建筑吸引了世界?("西藏的城市"视频引入)

讨论、欣赏:"日光城"拉萨,布达拉宫等。

承转:宽阔平坦的城市大道四通八达,不仅方便了西藏城乡的地域联系,而且把西藏和广大内地紧密相连。正是解放以后社会主义大家庭的深切关怀,才使长期落后的西藏交通发生了翻天覆地的变化。

检测材料,强化视点:

读图、练习:("中国主要公路"视频引入,学生练习册),辨识进出西藏的主要公路线。

承转:西藏有铁路线吗?现在正建的是哪条铁路?

延伸材料,拓展视点:

讨论:("青藏铁路"视频及"思考题"引入)

①正建的青藏铁路的起始点。

②联系西藏自然环境特点及提供材料，青藏铁路建设会遇到几大难题？能说明理由吗？

③为什么距青藏铁路一期工程17年后，才续建二期工程？

④青藏铁路修建会带来哪些生态问题？你关注过吗？有哪些思考？（师生共同研讨，逐步深入，并提炼要点）

承转：青藏铁路修建中，专门开辟了野生动物通道，表明了对西藏生态的充分关注。现在最令人担心的、也是恶果严重的，是人类的短视与无知。知道是什么吗？（生议）

拓展："青藏高原的无价之宝—藏羚羊"（美丽、灵巧藏羚羊与血腥的枪声、屠杀场景对照），师、生共谈感受。

承转：滥杀野生动物的残暴行为受到举世谴责。生态保护已成为西藏可持续发展的重要问题。联系西藏独特的自然环境、已有基础及西部大开发的要求，你认为西藏未来的经济文化发展应注意哪些方面的问题？让我们一起为西藏的明天献计献策。

检测材料，强化视点：

讨论：（同学相互议论，再自由发言、师生共同归纳出：特色农牧业、农副产品加工、交通建设、清洁能源开发、信息产业、科研基地、特色旅游、文化教育、生态保护等方面的建议）

启思：今天的西藏正以前所未有的发展速度向美好的明天迈进，知道是哪些原因促进了西藏的飞速发展？

讨论、小结：民族政策、科技进步、国力强盛、可持续发展战略、东中西部协调发展国策等。

总结评价、回归视点：

师导：同学们今天的学习紧张而热烈，通过积极参与，有不少收获。我们一起来总结，围绕"雪域高原"都学到了什么？

讨论、小结：大家说得很好。（"视点结构的板书网络"视频引入）首先，我们围绕视点，多角度地认识了西藏的地理环境，较充分地欣赏、感受了"雪域高原"壮丽、神奇的美。其二，我们学到了通过抓主导要素把握区域特征的方法。其三，更重要的，通过认识、展示西藏的美，也展示了同学们的美，展示了大家的聪明才智和创造力。这对你们今后的学习是非常重要的。通过我们今天的共同努力和创造，我们学到了远比课本丰富得多的内容，"雪域高原"的概念与图景，更加清晰、全面、深刻、生动。还未尽意或暂无机会的同学，把你们想展示的作品放到壁报栏里去，与大家共享与交流。

"雪域高原"——西藏的明天一定更美好。让我们共同关心、期待与祝福！（该课视点结构如下）

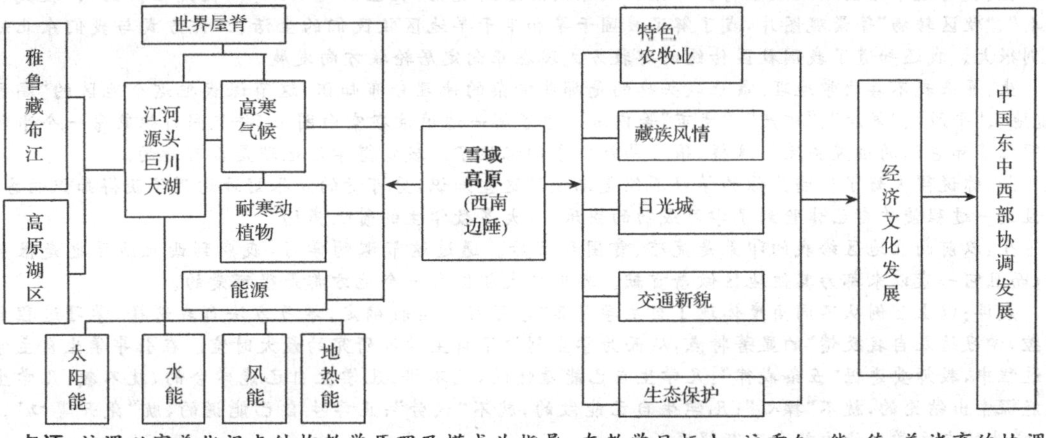

点评：该课以审美化视点结构教学原理及模式为指导，在教学目标上，注重知、能、德、美诸育的协调统一；在科学思维及学科综合上，注重"点—线—面—体"的逻辑延伸；在活动方式上，注重以学生为体验、参与、探究、评价的主体；在教学形式上，注重科学与审美的统一；在课程文化上，注重生生、师生的共同参与、互动、交融与创造，较好地体现了新课程的教学理念、目标与要求。

（三）其他地理教学模式应用案例举样

1. 自主式学习案例①

（1）初一地理"日本"教学片段：

---

① 关文信，苏士成著．新课程理念与初中地理课堂教学实施[M]．北京：首都师范大学出版社，2003：41～44．

师：这节课我们共同来学习分区地理部分中的第一个国家—日本（出示课题）。对于这个国家，我想同学们在以往的学习和生活中都了解不少了。那么，同学们还想知道它哪些方面的情况呢？

生 1：我想知道这个国家在哪里？面积有多大？人口有多少？……

生 2：我想知道日本都有哪些名山秀水？到那旅游，我们应该做哪些特殊准备呢？

生 3：我知道日本很发达。我想知道这个国家是怎样发展起来的？对我们国家发展会有哪些启发。

生 4：我想弄清楚学习一个国家都应该从哪些方面。用什么样的方法来掌握？

师：从同学们想知道的内容中，老师看得出，咱们不少同学确实对我们这个一衣带水的邻邦了解的可真不少！我们今天就先一起来探讨日本这个国家的三个问题（教师根据学生想要知道的问题和课程标准中的要求筛选并板书）那么，同学们又打算怎样学习这个国家呢？

生 1：我想听老师讲。生 2：我想自己看书。生 3：我想先自己学，之后与同学交流、讨论……

生 n：我昨天在网上听了这节内容的讲座，我有两个问题想请教老师。

师：我一会儿就到你那儿与你共同来探讨。

师：现在你们就按着自己选择的方法重点围绕这（指示黑板上的三个问题）三个问题进行学习吧。这里提醒同学们，一定要注意运用各种图表。

(2)初二地理“西北地区”教学片段：

师：我们这节课学习了“西北地区”。（教师出示“学习结果自我总结问题训练单”）

师：同学们，先对照这个问题训练单自己想一想本节课你有什么收获，然后与同桌交流，再把你的想法让全班同学分享。（同学们对照问题训练单认真地反思。教师发现学生准备差不多时，要求学生向其他同学说说自己的想法）

表 1　学习结果自我总结问题训练单

① 这节课我学到了什么？	② 这节课我有什么体会？	③ 我对这节课的学习经历有何感受？
④ 这节课的问题解决主要采用了什么方法？还有别的方法吗？		
⑤ 所采用的方法的适用条件是什么？	⑥ 这节课的学习对我的生活有什么影响？	

生：通过这节课的学习，我知道了西北地区在我国的具体位置和这个地区包括的范围。

生：我掌握了这个地区的自然地理特征：地形是以高原和盆地为主；河流很少；气候干旱、草原和荒漠分布很广；资源丰富而且种类独特。

生：我对这个地区人文地理特征印象特别深刻。通过观察“牧区的定居地”、“牧民在挤奶”、“牧民在剪羊毛”、“牧区转场”等景观图片，我了解了我国干旱和半干旱地区牧民们的生活、工作方式与我们东北地区差别很大。我还知道了我国牧区传统的游牧方式现在正向定居轮牧方向发展。

生：原来我不喜欢学地理．最让我头疼的是那些繁杂的地理分布知识，这节课我把这个地区的“高原”、“盆地”、“平原”、“草原”、“矿产”、“城市”等内容一边了解一边填注在空白图上，并且同时想象每一个事物的空间位置和它们的位置关系。这样，很容易就把它们记住了。我觉得学习地理是很有趣的。

师：你说得太好了！因为你的学习不仅是记住了这些知识，更可贵的是很好地运用了获得知识的方法，并且这一过程使你自己体验到了学习成功的快乐。（大多数学生的赞叹声！）

生：以前西北地区给我的印象是荒凉、贫困和落后。通过这节课的学习，我感到西北地区也是很美丽的，而且它一直以来都为其他地区做着贡献。我们伟大祖国每一个地方都是很可爱的。

点评：以上 2 例从不同角度体现了自主学习其“学习目标自我确定，学习方法自我选择，学习过程自我调控，学习结果自我反馈”的显著特点，从而为学生创设了自主学习研究的最大时空。在引导学生自主学习的过程中，教师要遵循“五条戒律”：凡学生自己能看懂的，就不讲；凡学生自己能学会的，就不教；凡学生自己能探索出结论的，就不“操心”；凡学生自己能做的，就不“代劳”；凡学生自己能说的，就“免开尊口”。这样，学生的自主学习能力就会不断提高。

2．探究式教学案例

“城市空间结构”①（湘教版高必Ⅱ）教学设计

明确问题：城市空间结构探究

确定探究方向（形成预测或假设）：济南市城市功能分区；城市空间结构的成因；不同规模城市服务功能差异

组织探究：课外研究性学习，学生自愿报名自由组合，分商业组、住宅组、工业组按各调查、探究主题活动并提交成果

① 齐昌禹，程菊．“城市空间结构”教学设计[J]．地理教育，2010(3)．

（课前学案下发，全体学生通过阅读教材，完成有关城市功能区？影响因素？CBD分布？西方城市地域结构学说？我国古代城市规划的主要特点？中心地理论？城市等级及其服务范围？等相关问题）

交流探讨：成果展示，各小组发言人及2名助理，将调研成果在班内展示交流。小组互评。（教师适时点评）

探究原理：引导学生自主思考，合作探究。

探究一：城市空间结构的成因（过程略）　探究二：不同规模城市服务功能差异（过程略）

实例探讨：结合济南有关城市规划材料作相应探讨（还可补充其他城市例子）

反思总结：学生反思总结所学内容，当堂完成精选练习。

拓展运用：运用所学原理，对所居住环境开展进一步调查，探究济南市城市发展中存在的问题，向市政府提出建议。

点评：探究式教学或探究式学习，其本质与核心是学生知识的自主建构，其形式见之于课内，也见之于课外。两者进程大体相同，前者多基于课本内容的问题式探究，后者多基于真实情境中的问题探究并考虑社会活动。探究式教学或探究式学习通常课内外贯通，这在本案例中得以很好体现。

三、地理教学模式的建构

一个不断追求改革理想境界的地理教师不仅积极尝试已有的多种地理教学模式，也可以根据教学科研需要，基于一定教学理论及教学实践中建构有新意的地理教学模式。其基本要件是，其一，对学习和教学理论的较深入研究。其二，要通晓教学模式的一般类型。其三，要把握适应新课改理念的教学模式的特点，使新建构的教学模式具有时代性和先进性。其四，要掌握教学模式建构的一般方法，以保证其科学性。其五，要根据课程教学改革的实际需要。最后，要对所建构的教学模式实践效果、指导理论等给以科学评价。

（一）通晓教学模式的一般类型

教学模式的分类有多种视角，参见下表：

表4-8　基于学生不同素质发展的教学模式①

模式类别	主要模式及程序
侧重于掌握知识的教学模式	古代：机械记诵。讲—听—读—记—测。 近代：夸美纽斯。观察—记忆—理解—练习；赫尔巴特“四段”、“五段”论。 现代：凯洛夫等。动机—感知与理解—巩固—运用—检查。 当代：“先行组织概念”、“信息加工”、“认知发展”、“自学辅导”等模式。
侧重于发展思维能力的教学模式	塔巴，归纳思维模式。信息加工—形成概念—资料解释—作出推理—解释新现象。 萨其曼，探究训练模式。问题情境—资料分析—得出解释—进一步探究。 布鲁纳，发现教学。发现问题—提出假设—验证假设—提高总结。（一般—个别） 赞科夫，发展教学；瓦舍根因，范例教学等。
侧重于发展社会性的教学模式	杜威，问题教学，分组探索。问题发生—确定性质—探索假设—合理假设—验证。 谢夫特，角色扮演。问题情景—角色及观察准备—角色表演—讨论评价—经验共享。 西方，模拟教学模式。人生游戏、经济学游戏等。以及“法理探究”、“社会探究”等。
侧重于适应学生需要和个别差异的教学模式	罗杰斯，非指导性教学。 布鲁姆，掌握学习。明确目标—制定计划—测定学习—二次机会—针对性讲授。 斯金纳，直线式程序教学；格罗德，分支式程序教学。（信息—作答—反馈—修正或继续）

上述是针对学生不同素质发展的一般教学模式分类，有无对各学科教学具有一定通用意义的教学模式呢？我国著名学者查有梁教授在多年系统研究教学模式的基础上，认为有五种教学模式可供各学科参考。

---

① 邵瑞珍等主编．中学百科全书，教育学·心理学卷[M]．华东师范大学出版社、东北师范大学出版社、北京师范大学出版社，1994：28，29，30．

表 4-9　具有普适意义的几种教学模式①

模式类别	主要理论、基本程序及变式
启发-创新教学模式	主要理论：一般认识论、发生认识论、发展认识论。 基本程序：感性体验—问题思考—理性讲授—具体应用—反馈评价。 变式：感知—问题—讲授—练习—评价；　问题—发散—收敛—综合—创造；　激趣—讲解—问题—反馈—矫正；等。
交流-互动教学模式	主要理论：孔子，教学相长；夸美纽斯，模仿自然；课程理论；教学理论；系统理论；后现代对话式教学理论。 基本程序：问题启发—交流讨论—对话、练习—反馈反思、整合—评价、解释、创新—达成动态教学目标。 变式：启发—交流—对话—反思—审美；　自学—讨论—练习—批评—评价；　感知—辩论—组合—复习—理解；等。
审美-立美教学模式	主要理论：教育美学。教育美＝艺术美×科学美。真、善、美和谐统一的思想等。 艺术美三原理：情感转移，和谐奇异，多样统一。 科学美三原理：相容一致，简单复杂，结构统一。 基本程序：确定审美视点，真善美统一认识—在艺术美和科学美中展开视点—实现立美建构创造美。 变式：趣味模式、形象模式、和谐模式、奇异模式、幽默模式等。
调查-反思教学模式	主要理论：内省、反思理论；多元智力理论等。 基本程序：设计问卷—调查统计—纵横比较—反馈反思—改进行为 （主要用于定期对教师教学情况及素质、学生学习情况及素质等的调查，以进一步调整、促进）
整体-融合教学模式	主要理论：陶行知，教学做合一；爱因斯坦，真善美统一；德才识统一的人才学理论等。 基本程序：基本事实—形成概念—解决问题—归纳方法—达到目的。 多种模式：讲授模式；自学模式；案例模式等。（强调知识、能力、人格与健康、环境的融合）

（二）熟悉课程改革理念要求的教学模式

2001 年蓬勃兴起的基础教育课程改革，以积极推进素质教育为根本宗旨，以学生学习方式的根本变革为重要的突破口，地理教学模式建构要适应课程改革的新要求。

新一轮基础教育课程改革从素质教育理念出发，关注学生三维素质目标的全面发展。针对长期以来侧重于传授“双基”而且“苦学”特征突出的教学模式，地理教学模式建构要更多关注“知识、能力、人格”整合的教学模式，如“情－知互促”、“情境体验”、“审美－立美”、“社会交往”、“美－乐教学”、“成功体验”、“整体－融合”等教学模式，使科学与艺术共舞，科学与人文比翼，促进学生素质的全面和谐发展。

以自主、探究、合作为显著特征的积极主动的学习方式成为课程改革的重要倡导，这就要求新地理教学模式要突破“授受式”的传统影响。查有梁教授指出，与新课程相适应的教学模式，在理论上应有：

——启发下接受（启导模式）、在活动中探究（探究模式）、在网上自主选择（选择模式）；

——重视学科渗透（渗透模式）、重视情感体验（体验模式）、培养创新意识（创新模式）；

——在合作中学习（合作模式）、在交流中分享（交流模式）、在互动中深化（互动模式）；

——面向社会学习（社交模式）、重视整合方法（整合模式）、培养问题意识（问题模式）；等等。

（三）掌握教学模式建构的一般方法

教学模式建构的主要过程方法，有以下思路：

---

①　查有梁主编. 新教学模式之建构[M]. 南宁：广西教育出版社，2003：66，85，113，144，193.

(1)演绎式的建构：普遍的教学模式──→建构特殊的教学模式──→建构检验后可行的模式。

(2)归纳式的建构：若干个别性教学模式──→建构特殊的教学模式──→建构检验后可行的模式。

(3)从“问题”出发的建构：具体问题建构个别模式──→抽象上升建构特殊模式──→推广拓展建构普遍模式。

(4)从“原型”出发的建构：建构原始的粗坯型模式──→建构动态的修改型模式──→建构相对的稳定型模式。

(5)从“理论”出发的建构：建构理论上可能的模式──→建构实践中可行的模式──→建构检验后可行的模式。

(四)结合教学实际的研究与创造

对地理教学而言，不同的课程类型、不同的教学内容、不同的课型需要不同的教学模式；教师的教学风格差异、学生的学习群体及个性差异等，也需要不同的教学模式。因此，有效的地理教学模式，即便是原理趋同，在具体教学表现上更多则是和而不同的。基于此，地理教学模式倡导借鉴，更倡导创造。这是充满生命律动的地理课程教学改革的需要，是地理教师不断提高的需要。

【案例研究】

1.“兴趣选择，角色参与”地理教学模式①

理论基础：素质教育理论，多元智力理论，个性化学习理论，系统理论等。

基本程序：

创设学习情境 角色及学习类型选择（准备）→ 角色表演活动展开 对话性合作与发现（实施）→ 角色小结集体评价 学习类型多元受益（总结）

主要策略：尊重兴趣，激发主动；知识拓展，充分准备；学生主角，教师催化；角色转换，更多体验。

效果评价：学生学习兴趣提高；多元智能得以开发；学习主体意识增强；课堂学习质量效果显著；地理学科成为学生最喜爱科目之一。如何既促进学生学习优势，又锻炼其学习弱势，提高综合学习能力？如何在适应学生学习兴趣、智力和学习类型的基础上，做到“抓一事，带其他”？还有待深入研究。

活动举样：

(1)学习类型的划分：视觉学习为主型；动觉、触觉学习为主型；听觉学习为主型等

(2)角色选择：例如，

“日本的居民和经济”一课中的“日本人”、“去日本考察的人”、“去日本旅游的人”；

“黄河”一课中的“黄河”、“黄河人”(可适时角色转换)。

2. 地理教学中的“引导发现式”CAI模式②

理论基础：素质教育理论，发现学习理论、建构主义学习理论、教学设计理论等。

基本程序：目标指导 CAI制作 → CAI情景营造 教师指导促进 → 引导发现 感知理解 → 指导探究 分析综合 → 评价方案 论证点评 → 总结优化 拓展应用

主要策略：精心设计CAI，突出其引导发现功能；增强学生主体活动；注意关照个体差异；灵活运用CAI。

效果评价：有利于培养学生探索精神、创新能力；有利于发挥教师主导作用，有效调控课堂教学；有利于突出重点、突破难点，加深对知识的理解和记忆，提高教学质量。如何在有限的时间内充分发挥该模式的优势？如何适应不同水平及需要的学生？还有待深入研究。

点评：以上两例中学地理教师建构的地理教学模式，理论思维清楚，模式构建完整，有一定创意，针对了学生地理学习需要，故实践效果好。

---

① 刘刚.“兴趣选择，角色参与”地理教学模式的初步实验研究[J].首都师范大学学报(社科版)，2001(15).

② 付申珍.地理教学中的“引导发现式”CAI模式及运用[J].地理教育，2003(5).

第四节　地理教学方法

地理教学原则的贯彻需要借助地理教学方法，地理教学模式的运用也包含着若干地理教学方法。地理教学方法是实现地理素质教育目标的舟楫与桥梁。什么是地理教学方法？有哪些常用的地理教学方法？地理新课程倡导哪些教学方法？

一、地理教学方法、本质及意义

（一）什么是地理教学方法？

当代对教学方法仍有多种界说，例如“方式说”、“措施说”、“手段说”、“办法说”、“活动说”等等，理解及用词不尽相同，但将其界定在具体的操作层面是一致的。

教学方法是“为了完成一定的教学任务，师生在共同活动中采用的手段。既包括教师教的方法，也包括学生学的方法。”①“学校中的教学方法是教师激起学生必要活动的活动顺序、行为方式。”②这是一般的理解。有学者为突出教学活动的双边性、教法与学法的相互联系等，认为“教学方法，是在教学过程中，教师和学生为实现教学目的、完成教学任务所采取的教与学相互作用的活动方式的总称。”③笔者认为把握教学双边互动性有利于认识教学方法的本质。

可以这样理解，地理教学方法是地理教学过程中，师生为实现地理教学目标、完成地理教学任务所采取的教学交互的一系列具体活动方式、步骤、手段、技术及行为方式的总称。地理教学方法是地理教法和地理学法的统一。

（二）地理教学方法的本质

从以下四方面有助于认识地理教学方法的本质。

1. 地理教学方法以实现地理教学目的（目标）为旨归

地理教学方法必须为实现地理教学目的（目标）服务，而不是盲目或随意的。地理教学目的（目标）既是地理教学方法的逻辑起点，也是其逻辑终点。地理教学目标多维，地理教学方法亦应多样。

2. 地理教学方法以先进的教学思想、教学原则为指导

不同的教学思想、教学原则有不同的教学方法。例如“素质教育”或“应试教育”，“教师中心”或“学生中心”，教学方法各异。“高难度”、“高速度”教学或“循序渐进”、“因材施教”，教学方法也大相径庭。地理课程改革要求的地理教学方法必然符合地理素质教育理念，体现当代地理教学的基本原则。

---

① 中国大百科全书编委会. 中国大百科全书（教育卷）[M]. 北京、上海：中国大百科全书出版社，1985：164.

② 邵瑞珍等主编. 中学百科全书，教育学・心理学卷[M]. 华东师范大学出版社、东北师范大学出版社、北京师范大学出版社，1994：142.

③ 李秉德主编. 教学论[M]. 北京：人民教育出版社，2000：183.

3. *地理教学方法以动态融合教师的“教”和学生的“学”为突出特征*

教学活动最主要的本质是教学的双边互动性，教学方法必然蕴涵教师教法和学生学法的统一，地理教学方法亦然。例如，有教师的讲，就有学生的听与思；有教师的问，就有学生的答与疑；有教师演示操作，就有学生观察、分析；有教师的情景营造，就有学生的欣赏、探寻等。同样，有学生的或询问或讨论或操作或练习，就有教师的相应指导与应对。教法与学法总是互为对应、相互渗透、紧密联系。渗透课程改革新理念的教法必然导引生动主动的学法，学生的学法也必然折射出教师教法的价值。

4. *地理教学方法以灵活应变、常用常新为生命力*

不同的地理教学内容，需要不同的地理教学方法；不同学生的地理学习特点，需要不同的地理学习方法；即使相同内容、相同学生，不同的时空环境，也需要不同的地理教学方法。不同地理教学方法因不同需要而产生，因不同需要的变化而变化。古人云“大法须有，小法则无。”即指此理。和而不同，常用常新，是地理教学方法的生命力之所在。

综上，可知地理教学方法的目的性、地理性、时代性、综合性、艺术性、多样性、实践性、生成性等特征是非常鲜明的。

（三）地理教学方法的意义

从地理教学方法的本质不难理解其重要意义。

1. *地理教学方法是完成地理教学目标的必要条件*

毛泽东同志在谈到方法与任务的关系时，曾生动指出：“我们的任务是过河，但是没有桥或没有船就不能过。不解决桥和船的问题，过河就是一句空话。不解决方法问题，任务也只是瞎说一顿。”[①]地理教学亦如此。地理教学目标及任务的落实需要借助多种地理教学方法。例如，讲解法、地图法、读书指导法等有助于学生理解地理基础知识；讨论法、练习法、探究法等有助于学生发展地理智能；实验法、实习法等有助于增强学生的实践能力；欣赏法、榜样观察法等有助于陶冶学生的情感态度价值观。地理教学方法是否优化组合及有效运用，成败攸关。

2. *地理教学方法是促进师生和谐互动的纽带与桥梁*

地理教学方法是教法与学法的统一，是科学与艺术的统一，教学过程中师生和谐互动关系的建立是有效教学的重要保障。意趣盎然的多种启发式、探究式方法有利于师生亲切交流、情感共鸣、乐在其中。而枯燥乏味的注入只能使学生深感其苦，避之不及，不愿配合。教师方法得当，也常能化被动为主动，使师生齐心协同如春意融融。

3. *地理教学方法是促进地理教师专业成长的基石*

地理专业素养与地理教学素养从来都是地理教师专业发展的双翼。地理教学方法是地理专业素养与地理教学素养的结合。地理教学方法体现先进的教学思想、教学理论，有利于提升地理教师的专业视野；地理教学方法体现先进的教学手段、教学技术，有利于增强地理教师的教学能力；地理教学方法需要对地理专业“四基”的系统理解，有利于完善地理教师的专业素养；地理教学方法需要对学生的全面了解，有利于巩固地理教师的服务意识；地理教学方法在教学实践中的常用常新，有利于增强地理教师的实践能力和创新精神。

因此，地理教师要十分重视地理教学方法理论素养与实践能力的全面提高。

---

① 毛泽东. 关心群众生活，注意工作方法. 毛泽东选集(第一卷)[M]. 北京：人民出版社，1952：125.

二、地理教学方法体系

在熟悉地理教学方法体系之前，有必要简单了解一下地理教学方法的分类。

(一)地理教学方法分类概述

地理教学方法分类，多参照教学方法的一般分类并结合本学科的特点。

1. 教学方法的一般分类

所谓教学方法分类，就是建立教学方法的次序和系统。从教学活动的不同视角，有不同的分类依据及方法体系。

表 4-10 一般教学方法分类举样①

分类依据	方法体系
按教学任务	传授新知识的方法； 形成技能技巧的方法； 巩固的方法； 检查的方法
按教学形式	班级教学法； 小组教学法； 个别教学法
按教师的教和学生的学	教法体系（讲授、谈话、演示等）； 学法体系（练习、实习、独立学习等）
按学生获得知识的来源	语言方法； 直观方法； 实践方法
按学生认识独立程度	认知法； 复现法； 探讨研究法
按学生认知发展	反应学习法；课文学习法；意义理解学习法；学习策略学习法；思维策略学习法
按教学活动过程	组织认识活动的方法； 刺激形成学习动机的方法； 检查和自我检查的方法
按教法外部形态和学生认识活动特点	以语言传递信息为主的方法（讲授、谈话、讨论、读书指导法等）； 以直接感知为主的方法（演示、参观等）； 以实际训练为主的方法（练习、实验、实习等）；以欣赏活动为主的方法（自然美、社会美、艺术美、科学美的欣赏等）； 以引导探究为主的方法（发现法，探究法等）

以上教学方法分类，各有侧重及不同局限，比较而言，内外结合的教学方法体系更显综合及利于实践。

2. 地理教学方法的一般分类

我国地理教育工作者长期以来进行地理教学方法体系的分类探讨，也有重要建树。

表 4-11 地理教学方法分类举样

分类依据	方法体系
依据各种方法在形成知识体系中的地位和作用（褚亚平等）	一般方法（直观方法、逻辑方法等） 专题方法（普通专题方法、特定专题方法）
依据所完成的任务和方法职能（曹琦等）	讲授方法（讲述、讲解、朗读等）； 引导方法（问答、研讨、读讲练、例证式等） 直观法（地图、形象、直感、图解等）；逻辑方法（分析综合、归纳演绎、比较等） 练习方法（问答、作业、实践）；复习方法（提问、总结、串讲）；考核法等。
依据各种方法在地理教学中的层次及功能（刁传芳等）	学科教学方法（专题地理教学方法）— 整体操作层；整体结构。 基本教学方法（认识方法、教学手段、组织方法）— 协调层；横向结构。 具体教学方法（观察、逻辑等；阅读、演示等；谈话、练习等。）— 基础层，纵向结构。
按照教法外部形态结合学生认识活动特点（陈澄等）	以语言传递信息为主的方法（讲授法、谈话法、读书指导法、板书笔记法）； 以直接感知和以象征符号认知为主的方法（演示法、参观法、地图法、纲要信号法）； 注重学生实践活动为主的方法（调查法、观测法、实验法）； 注重学生探究为主的方法（发现法；案例法、问题解决法）； 注重学生合作交流的方法（合作学习、讨论教学、角色扮演）等。

总体而论，地理教学方法分类，主要从学生获取知识及能力训练的途径划分，并体现出

① 李秉德主编. 教学论[M]. 北京：人民教育出版社，2000：187～200.

由重教法到重学法的显著改变。同时不难看出，上述分类中，利于学生情感陶冶的教学方法等明显不足。

3. 立意于不同学习结果及过程的地理教学方法分类

不同的知识学习和目标达成，其方法不尽一致，不同的组织形式及过程亦然。故也可从此视角构建地理教学方法体系，参见图 4-5。

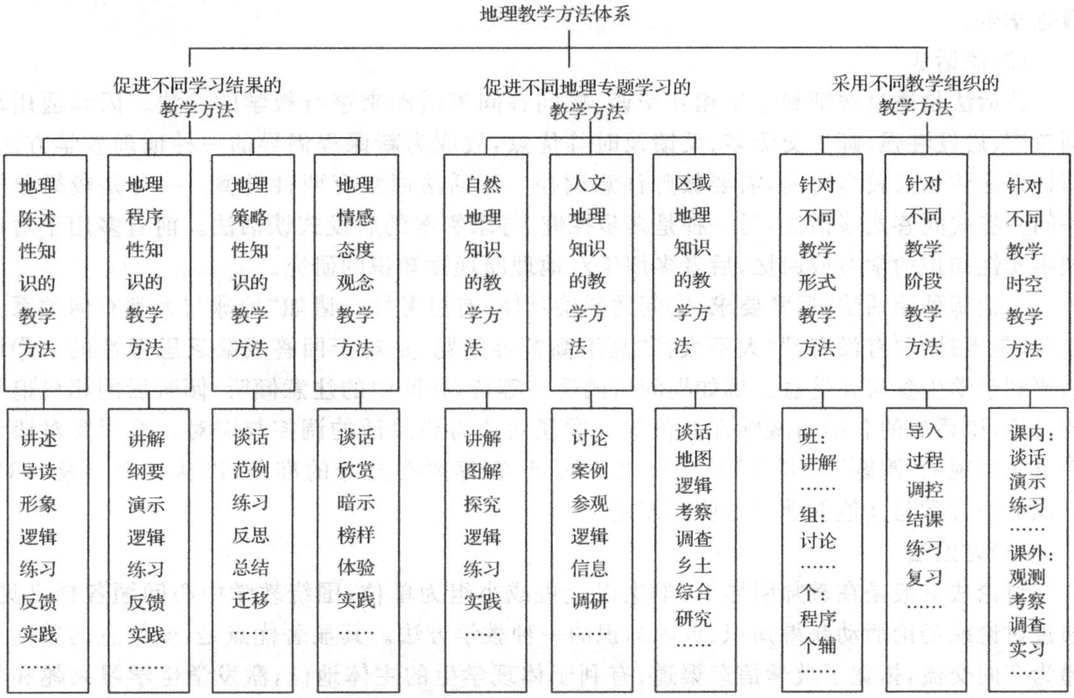

图 4-5　多视角的地理教学方法体系

不难看出，针对不同的学习结果或过程，有不同的方法，也有一些通用的方法。为便于应用，又减少重复，在综合研究基础上，以下推介八大类常用地理教学方法，供系统学习及优化组合、灵活运用。

(二)常用地理教学方法

常用地理教学方法主要包括地理教学的语言交流方法、直观方法、逻辑方法、情感方法、探究方法、实践方法、组织方法、反馈方法等八大类。其中的情感教学方法，是本教材新增的一类教学方法。

1. 地理教学的语言交流方法

地理教学的语言交流方法是以口语、态势语及书面语为传递、交流地理教学信息的工具，进行地理教学活动的地理教学方法。该类方法的突出优点是师生面对面交流，感染力强，信息交流量大，便于调控。但教学仅借助语言也有局限，因此还需与其他方法协同运用。该类方法主要包括讲述法与讲解法、谈话法、讨论法、读书指导法、要点-笔记指导法等。

(1)讲述法与讲解法

讲述法与讲解法属传统讲授法系列，是教师通过简明生动的口头语言向学生传递知识、培养能力、陶冶情感态度价值观的教学方法。因其信息量大、适应性强、便于调控等优点，为较常见的教学方法。但运用不当易制约学生的主动性。因而需注重学生参与，加以活化。

讲述法多用于地理事实的叙述或描述。要求思路清晰，语言准确、生动。讲解法主要用于地理理性知识及地理程序性知识的教学，要求用语严谨、逻辑性强，深入浅出，重点突出。

讲述或讲解中伴有朗读亦称讲读法，具体运用时可师生互为呼应。讲述或讲解围绕某一主题系统发挥、一气呵成即成讲演法。讲演法要求高屋建瓴的视角、翔实的材料、严密的逻辑、精湛的语言、酣畅的气势，可带来科学而美感的享受。该法适用于某些特定场合，亦可锻炼学生。

(2)谈话法

谈话法是通过教师和学生相互交谈、提问答问等活动来进行教学的方法。因其适用范围较广、启发性强、师生交流多、反馈及时等优点，故成为新课程倡导的一种地理教学方法。但谈话法往往需较多时间，需要教师注意调控。谈话法通常有两种类型。一种是较简单的一问一答式问答式谈话法，另一种是多步探究、寻求答案的启发式谈话法。前者多用于对地理事实性知识的学习或回忆，后者多用于对地理原理性知识的研究。

无论哪种谈话法，通常要求：①问题明确具体，有思考性。诸如“地球与人类有何关系?”以及“是不是?”“有没有?”“大不大?”“高不高?”等问题，是难于回答或缺乏思考性的。②谈话要利于学生参与并受益。例如提问后的适当等待，答问中的注意倾听，倾听后的相机追问与讨论，谈话后的总结与激励性评价等。③谈话法需要灵活的调控与应对。教师要对谈话中可能出现的“跑题”、“卡壳”及意料之外的问、答等要有充分的准备，以从容引导及应对。④谈话法常常与其他教学方法协同使用。

(3)讨论法

讨论法一般是在教师引导下，学生以全班或小组为单位，围绕教学中心问题各抒己见，通过讨论或辩论活动获得知识、巩固知识的一种教学方法。其显著优点是：变信息的单向传递为多向交流，拓宽了教学信息渠道；有利于体现学生的主体地位，激发学生学习兴趣和学习主动性，增强其独立思考意识及钻研精神；有利于集思广益、取长补短，既发展能力，又培养合作精神。其局限在于对论题及学生的知识、能力基础有一定要求。此外，有效的讨论也需要较为充裕的时间。

讨论法较之讲授法、谈话法，能更大面积的带动学生参与，所以成为课程改革中倡导的一种重要教学方法。讨论法通常要求：①选择适宜讨论的题目。对地理学科而言，通常应选择贴近生活生产实际的人口、资源、环境、生态、发展等问题，大到全球，小至乡土。讨论题要便于大家各抒己见。辩论题则要注意命题的可辩性，利于两军对垒，如河流上该不该建大坝？政府是否应当限制小汽车发展？西班牙斗牛是否应当废止？等等。②讨论前的必要准备。如资料准备、发言分工等。③讨论会或辩论会的主持人应有较强组织能力及语言能力，善于鼓舞与会者情绪及对活动进程的有效调控。对学生为主展开的讨论，教师要给予适当的引导、指导。辩论则需按相关程序进行。如简短的引言、辩论方法的说明、辩论进程的合理把握、辩论后的总结等。④注重活动后的总结。充分肯定成绩，提出建议。

(4)读书指导法

读书指导法又称学习指导法，是教师指导学生通过阅读教科书和课外读物(包括参考书)获得知识、养成良好读书习惯并培养自学能力的教学方法。读书指导法比讲读法对学生的自学能力要求更高。

地理教学中，读书指导法首先运用于对地理教科书的指导阅读，包括了对文字、图像、练习的正确理解及运用。读书指导法同时应用于对更多地理课外读物及相关学科书籍的指导阅读。诸如《中外地理学家》、《神州万里行》、《世界览胜》、《奥秘》、《百科》、《博览》、《科学探索者》、《山水审美》、《学习的革命》、《规划你的一生》等。这对学生深化学科知识、拓展知识领域、丰富精神生活、促进融会贯通等都大有好处。

读书指导法通常要求：①了解学生的学习基础与读书能力。②读书结合或配合教学内容。③指导读书方法。如教科书文字理解的关键词法、关系解读法，图像理解的图例对应法、多图组合法等。对课外读物，也要给予方法指导，如浏览法、精读法、编写概要、摘录精要等。④加强读书后的交流。

(5)要点-笔记指导法

要点-笔记指导法是教师通过课堂教学板书或投影板书指导学生笔录教学要点及教学进程以利于学习的方法。指导学生笔记，有利于学生明确教学要点、掌握知识逻辑结构，也便于前后照应、比较、联系。同时，笔记法在课堂上能有效引起并保持学生的注意，在课后能满足学生复习的需要，是一种重要学习策略。

地理教学中，要点-笔记指导法通常要求：①教师要科学而艺术的设计多种板书。②教给学生选择、归纳教学要点的方法。③组织学生适当交流。

2. 地理教学的直观方法

地理教学的直观方法是运用各种地理直观教具、直观手段进行地理教学活动，使学生通过直接或较为直接的感知形成正确认识的地理教学方法。该类方法的突出优点是生动、具体，有利于学生获得感性认识、丰富形象思维、增强生活体验，为理性认识、抽象思维及情感发展奠定基础。一般可按直接感知程度的不同分为形象直观法、地图法、纲要信号图示法等。

(1)形象直观法

形象直观法是通过各种形象生动的地理直观教具和直观手段进行地理教学的方法，形象直观法主要包括地理景观图片、地理标本、地理模型、地理电子影像等的运用，也常包括实地直观的地理参观。

地理景观图的运用一般要注意：①增强用图认知。地理景观图是学生学习地理的好向导。②根据教学内容，选择最为典型、最具感染力的景观图。③适时出图及收图。④在欣赏观察中提问、探究，由表及里揭示特征原理。⑤建立地理景观资源库，方便选用。

地理标本的运用一般要注意：①根据教学需要选择相对体大、特征明显、易观察的地理标本。②全班展示与小组观察相结合。③重视地理标本的鉴别练习及背景说明。④为地理标本建档，不断丰富以供教学之用。

地理模型的运用一般要注意：①运用前的检查、试用。②运用中有明确的观察目的和观察程序、要领。如对地球仪的重要点、线、自转方向等的观察认识，在等高线地形图上从不同侧面对山顶、山脊、山谷、鞍部、陡坡、缓坡、断崖等的观察认识等。③熟练演示与恰当的讲解相结合。④模型演示与适当的板书、板图或视频图像相结合。⑤让学生参与简易地理模型制作与解说。⑥建立地理模型资源库。

地理电子影像的运用一般要注意：①结合教材，针对需要。②课前试播，预防故障。③放收有度，有效调控。④欣赏、解析，学有要求。

地理参观要注意：①参观内容的确定，要根据教学需要与实际可能。②作好计划，有序进行，确保安全。③参观要求明确，作好参观记录及整理，交流拓展收获。

(2)地图法

地图法是指教师运用各种地图进行地理教学的方法。由于地图是以一系列惯用的象征符号来表示地理事物的分布、特征及原理的,此法亦称象征符号直观法。

地理教学中的平面地图常用形式是教学挂图、地图册、课本图等,以及黑板略图。

教学挂图运用一般要注意:①选图:紧扣教材,数量适宜。②示图:位置得当,观察清晰。③读图:图名图例,指导析图。④指图:指图用“具”,面向学生;规范指图,语言辅助。⑤用图:优化配置,文图结合。⑥绘图:主题突出,鲜明醒目。

地图册运用一般要注意:①培养随时查阅的良好习惯。②指导正确读图用图的方法。③教学中挂图、图册随时配合。④布置任务综合用图。

课本图运用一般要注意:①随时注意文图相辅,以图示文,以文释图。②重视以图设问,启发探究。③多种地图,配合主题研究。④前后地图,联系中用。⑤重点勾画,加深印象。

黑板略图运用一般要注意:①紧扣主题,突出重点。②课前精心设计,科学兼具艺术。③课中速绘,提高效率。④讲绘结合,充分发挥功用。

地理教学中还有多种立体地图及影像地图,空间性强,地理信息极为丰富,要积极开发利用。

(3)纲要信号图示法

纲要信号图示法是指教师和学生围绕一种被称为“纲要信号”图表的教学辅助工具进行教学、记忆、复习、应用的教学方法。

所谓“纲要信号”图表,是一种提纲挈领地概括教学内容的图表。它以简要的符号、关键性文字、简洁的示意图等多种形式及组合,把教科书中大段需要记忆的内容简明、逻辑而形象的展示出来,有利于学习、记忆及提取,是又一种简要的象征符号直观法。参见图 4-6。

图 4-6 “纲要信号”图示法示例

“纲要信号”图示法由前苏联教育家 Ф. В. 沙塔洛夫创导,他认为:“不寻常的东西便于记忆”,“思想、形象、语言这三个东西有时可能在一种意想不到的结合中来到我们脑中”。该法的主要优点:①语言与图表结合,有利于大量地理知识的简明表达。②有利于学生把握知识的逻辑结构,学习、理解及记忆。③有利于知识归类和复习。④有利于提高教师专业水平及学生学习能力,提高教学效益。

“纲要信号”图示法通常包括:①教师利用设计好的“纲要信号”图表,引导学生学习。②学生转绘“纲要信号”图表。③要求学生课后复习。④新课时让学生再现图表,回答问题。

运用“纲要信号”图示法的关键是要设计出简明、醒目、准确的“纲要信号”图表。

3. *地理教学的逻辑方法*

地理教学的逻辑方法是运用反映思维过程规律的思维方法来认识地理事物的本质特征和联系、掌握地理规律及原理的地理教学方法。该类方法具有思维的概括性、间接性等特点,对学生学习地理理性知识、发展抽象逻辑思维、提高智能有重要意义。地理教学的逻辑方法有多种,概念、判断、推理、分析-综合、归纳-演绎、比较等。以下着重介绍后三种方法。

(1)分析-综合法

分析-综合法是对立统一的分析法与综合法的结合。认识地理环境及人地关系这一复杂的自然-人文综合体,分析-综合法是最基本、最重要的思维方法。

分析法是把整体事物分解为若干组成部分或若干构成要素来认识的思维方法。例如,认识某区域地理位置,需要从经纬位置、海陆相关位置、四邻相关位置等方面分析;认识某自然地理环境,需要从地形、气候、水文、土壤、植被、动物等方面进行分析;认识某工业区的区位发展因素,需要从原料、动力、土地、水源、劳动力、市场、交通、政策等方面进行分析。分析法有利于学生从多角度对地理系统要素条分缕析,认识清晰而深刻。

综合法是在分析基础上,找出事物各部分、各要素的相互联系,并结合成一个整体的思维方法。例如,对亚洲自然地理环境各要素条分缕析后,抓住主导因素、主要特征予以综合,总结出亚洲自然地理环境强烈的大陆性、显著的季风性及复杂多样性的整体特征;再如,对鞍钢和宝钢形成发展的区位因素进行分析后,再综合取舍,得出鞍钢是原料导向型工业,宝钢是市场导向型工业的整体特征。地理教学中,分析之后常有综合,以形成对一独特地理事象本质特征的整体认识。

地理教学中分析-综合法的运用一般要注意:①根据地理事物本身的结构特点划分分析的维度。②在划分各分析维度的基础上认真分析各要素或各部分的特点、作用。③地理事象的位置、范围通常是分析的起点和基础。④注意分析各要素之间的相互联系。⑤综合是突出主导因素的整体特征概括,而非简单拼合。

(2)归纳-演绎法

归纳-演绎法是对立统一的归纳法与演绎法的结合。

归纳法是从个别到一般的思维方法。地理教学中的归纳法,即从认识同类地理事物的个性开始,通过归纳(概括)得出这类地理事物共性的方法。例如,在学习中国的降水时,从雨带的推移可知,南部沿海地区的降水集中在5、6月,长江中下游地区的降水集中在6、7月,东北和黄河中下游地区的降水集中在7、8月,由此可归纳出,中国东部地区的降水主要集中在夏季,降水季节由南向北推迟,形成原因主要是受季风的影响。再如,从美国"硅谷"、剑桥"硅沼泽"、北京中关村科技园等的布局归纳出高新技术产业的布局条件等。归纳法对发现、概括地理事物的共同特征及规律有重要作用。

演绎法是从一般到个别的思维方法。地理教学中的演绎法,即从同类地理事物的共性出发,通过推演,了解该类地理事物中某一地理事物应具有的特性的方法。例如,地中海气候的分布规律是南北纬30°~40°的大陆西岸,澳大利亚西南临海的城市珀斯地处此范围,由此推知,珀斯属地中海气候类型,具有相应气候特点及成因。再如,从环太平洋火山地震带的分布规律推演出墨西哥是多火山地震的国家,等等。演绎法对发展学生的推理判断、举一反三,利用规律去获取新知有重要作用。

归纳-演绎法的运用一般要注意:①运用归纳法时,要确认归纳对象为同一类别;归纳对象需适当的数量;归纳要概括具体地理事物的共同特点并推及一般特征或规律。②运用演绎法时,要保证推演的前提即一般地理规律或理论是科学的;一定是同一类属内的推演。③归纳-演绎法的运用各有侧重。在概括地理事物的共同特征、规律及原理时,多用归纳法;在以地理规律与理论进行判断及解决地理问题时,多用演绎法。两种方法交替运用,有利于培养学生思维的多样性和灵活性。创新多来自归纳与发现。

(3)比较法

比较法是明确被比较事物异同的思维方法。地理教学中的比较法，即通过对同类地理事象或不同地理区域的比较，使学生获得其共性和个性的方法。地理教学的研究对象有显著的综合性和差异性。比较法在明确地理概念、认识地理特征、理解地理事物的相互联系及发展变化、促进地理知识系统化等方面都有重要的作用，故成为重要而常用的思维方法之一。地理教学中的比较法通常有同类异同比较法、纵比法、横比法、凸聚比较法、联系比较法、综合比较法等。

同类异同比较法是对同类地理事象的相同属性和不同属性进行对比的方法。有同类同型的比较，如亚马孙河与刚果河的比较、美国“硅谷”与北京中关村科技园的比较等。有同类异型的比较，如地中海气候与亚热带季风气候的比较、“厄尔尼诺”与“拉尼娜”的比较等。

纵比法是对同一地理事象在不同发展阶段的不同状况进行比较的方法。如长江三角洲的变迁、百年来全球变暖的气温变化等。纵比法有助于了解某地理事象自身的历史演变进而探究其原因。

横比法是对几个同类地理事象的诸多方面或地理区域并列起来进行比较，找出其共性和个性的方法，也叫并列比较法。如我国各温度带在≥10℃积温、作物熟制、主要作物等方面的比较，世界主要发达国家农业发展类型比较等。该法有助于发现多个比较对象多方面的异同。

凸聚比较法是以一个比较对象为中心，与其他几个比较对象分别进行比较的方法，也叫中心对象比较法。如我国人均水资源与世界主要发达国家人均水资源的比较等。

联系比较法是揭示地理事象内在联系和相互关系的比较方法。如学习世界大陆自然带分布时，将其与世界气候类型分布相比较；学习世界主要渔场分布时，将其与世界的洋流分布相联系等。联系比较法有助于促进学生认识地理事象间联系的普遍性。

综合比较法是对不同地理区域或地理事象进行多要素、较全面的比较方法。如对我国秦淮南北主要自然条件、农业特点、民俗风情的比较，英国、日本自然环境与经济概况的比较等等。综合比较法有助于学生获得对有关地区或地理事象的整体认识及显著异同。

地理教学中的比较法运用一般要注意：①根据教学需要，确定比较目的。②根据已知可比事物，选择比较对象。③要根据综合归纳，列出比较项目。④比较法通常用表格法，简练而又逻辑清晰(参见表 4-12)。⑤比较多是同类地理事象。用一盆沙与一盆水吸、散热的不同与海、陆热力差异相比较，则有了更多类比(据两类事象间某些属性的相同或相似所做的类推)的手法。

表 4-12　海洋性气候与大陆性气候气温、降水要素的比较

气候要素 / 气候类型	气温年较差、日较差	气温最高月	气温最低月	春温与秋温的比较	年降水量	降水的季节分配	降水的年变率
海洋性气候	小	8月	2月	秋温＞春温	大	均匀	小
大陆性气候	大	7月	1月	春温＞秋温	小	不均匀	大

4. **地理教学的情感方法**

地理教学的情感方法是调动多种富有情感因素的方式、手段及技术进行地理教学活动，以陶冶学生情感态度价值观并促进学生综合素质发展的教学方法。这类教学方法对学生地理素质发展突出的动力功能与强化功能，为其他教学方法不可替代。

地理教学的情感方法是本教材根据课程改革中地理素质教育发展需要新增加的一类教学方法。地理教学的情感方法包括欣赏法、情境法、榜样示范法、亲历学习法等，更多与学科美育方法相联系。

(1)欣赏法

欣赏法是指教师在教学中创设一定的情境，或利用一定教材内容和艺术形式，使学生通过对客观存在真善美的观察、体验、品味、判断和评价，陶冶其性情，培养其审美情趣、审美能力及健康高尚审美观的教学方法。地理教学中的欣赏法在内容上包括对地理自然美、社会美、科学美、艺术美等的欣赏。在方式上包括阅读欣赏法、聆听欣赏法、视听欣赏法等。

阅读欣赏法是以默读、朗读或解读形象生动富有意境的文图方式以激发学生积极情感并促进学生主动学习、提高教学效果的教学方法。地理新教材中，形象生动、意境优美的文字、图像随处可见。例如，湘教版七(上)第二章"地球的面貌"开篇："在我们赖以生存的地球上，有浩瀚的海洋，奔腾的河流，巍峨的群山，深邃的峡谷，广袤的平原，雄浑的高原，苍凉的大漠……地球经历了怎样的'沧海桑田'，才造就了如此绚丽多姿、生机盎然的地理景观?"这段文字有形有情有韵，有描述有启思有期待，自然亲切，又朗朗上口，让学生深情一读，很容易激发学生的热爱与探究之情。再如，人教版高中地理必修①图3-1"水圈的构成"的水珠状圆形图表，不仅可从内部的扇形比例上解读出淡水资源的可贵，更可从外部水珠造型上领会其深远的寓意，用心赏析，将受益匪浅。如果阅读材料来自教师或学生的精选萃取，则读起来更有意味。

聆听欣赏法是借助听觉获取有艺术韵味的教学内容以激发学生积极情感并促进学生主动学习、提高教学效果的教学方法。例如，聆听一段《狮子王》的精彩对白或《帝企鹅日记》的精彩片段，对自然世界及自然生灵的深切喜爱与关怀会萦绕于胸；聆听一曲《长江之歌》或《我们是黄河泰山》，那激昂而有壮丽意象的旋律会令人激情澎湃，对课程学习充满向往。聆听欣赏法可以利用故事、诗歌、歌曲、影视对白、网络音乐等多种形式结合教学内容给学生以聆听的享受。

视听欣赏法是利用视、听结合有艺术韵味的教学内容以激发学生积极情感并促进学生主动学习、提高教学效果的教学方法。当地理多媒体教学日益推广，视听欣赏法也被更多地采用了。例如，地理教材八(上)"青藏地区"一课，在莽莽高原、如云羊群、巍峨雪山、热烈歌舞、朝圣彩幡等生动视频播放中，高亢激越的《青藏高原》歌声响起……影像，美不胜收；歌声，荡气回肠。学生们虽置身教室，心却早已飞往那美丽神奇的地方。视听欣赏法是热爱艺术和钟情教学艺术的教师经常采用的方法。

欣赏法的运用一般要注意：①将艺术欣赏与教学内容紧密结合。②欣赏的对象在色彩、声音、形体、组合、节奏韵律、动态变化等方面要具有强烈的美感，欣赏对象越经典，越具有撼人心魄的力量。③把教学艺术欣赏与求知探索、认知发展紧密结合。④地理教师要不断提高自己的艺术欣赏水平与美育素养，以给学生更有效的指导。马克思曾说："对于没有音乐感的耳朵，最美的音乐也毫无意义。"对于缺乏形式美的眼睛，欣赏艺术也无可能。

【案例学习】

地图美欣赏①

一提到地理学科之美，除了生机勃勃、气象万千的自然界，最令人印象深刻的便是地图之美：那奇异多姿的大陆轮廓，蔚蓝深邃的浩瀚大洋，一条条蜿蜒曲折的河流，一片片黄绿色的辽阔平原，清晰可见的星罗棋布的城市……使人遐思无限。地图是人类非凡智慧的创造发明，是地理学科独具的科学内涵与美学品格的结晶。

---

① 黄京鸿.中学地理教育中的美育[M].重庆：西南师范大学出版社，2001:44～45.

地图美首先是其符号美。简洁而明晰的符号系统以其形状、大小、明度、结构、方向等图示变量,记录和传输地理信息,"为发现提供方便"。例如点状符号表不同的山峰、城市……线状符号示不同的河流、交通线、境界线……面状符号表现不同大小的海洋、湖泊、地形区、行政区等,还有其他直观形象的诸多图例,使人可以把丰富多彩的自然资源和各种地理事象及其变化尽收眼底。

地图美包括其色彩美。深绿表平原、低地;棕色、黄色示山地、丘陵、高原;冷色、中色、暖色区分寒、温、热;由蓝色至棕色的色彩递变反映由湿润至干旱的变化。人口疏密,民族分布,资源开发,经济差异……均可用绚丽七彩形象呈现。

地图美表现于多样统一美,即和谐美。丰富的色彩,众多的符号,不同的注记……,所有地图语言有序组织,协调配合,反映出一个个鲜明的地理主题。

地图美更在于其内涵美和功能美。地图以其精美的语言与和谐的结构,笼天地于一物,纳万物于纸端。面对地图,可以使人思接千载,视通万里,神游大地,畅想太空。面对地图,可指点江山,评说时事,运筹帷幄,规划未来。昔日刘玄德三顾茅庐时,诸葛亮就借着一幅中国地图,提出"据荆益,联孙权,伐曹操,进而求统一"的政治军事规则谋略。这就是有名的隆中对。

地图是人类认识世界的重要工具。"有世界地图、星空图和星球图,认识就踏上了胜利坦途"(G.拜伦)。地图可以激活读者的想象和灵感。"只要您仔细察看并研究地图,不要多久您就会成为一名诗人和学者。地图启迪您的想象,把您带到世界四面八方,进入地球内部和无边无际的宇宙以及神奇而凸凹不平的洋底,还把您引向'遥远星球上满布尘埃的小径'。顿时,您萌生起炽热的愿望:想知道地图上所表示的一切,想研究各实体配置的潜在规律,以及它们之间无形的联系,搞清楚它们的结构及其形成和存在的秘因"。地图是学生认识家乡、认识祖国、认识世界、服务社会、造福人类不可缺少的重要工具。充分利用地图美的美育特质,有利于引导学生满怀激情与兴趣走进地理之门。

(2)情境法

情境法通常是指教学中通过人为创设并把握的适合一定教学对象、教学目的与内容的教学物质环境和教学氛围以激发学生积极情感并促进学生主动学习、提高教学效果的教学方法。情境法是"情由境生"、"情由情生"等情感发生心理机制积极而实际的应用。

情境法按创设手段,有语言情境法、图像情境法、演示及实验情境法等;按活动方式,有问题探究情境法、角色扮演情境法、游戏情境法等;按活动内容,有自然情境法、社会情境法、伦理情境法、审美情境法等;按虚实程度,有真实情境法、虚拟情境法等。

语言情境法是借助形象生动、富有表现力的教学语言创设教学情境以激发学生积极情感并促进学生主动学习、提高教学效果的教学方法。地理教学中,教师常可用绘声绘色的语言描述地理景观及创设探究情境。例如"流水小桥多,人家尽枕河。""大漠孤烟直,长河落日圆。"意境、奥秘尽在其中。诗歌、散文、歌词等,都是营造语言情境的好帮手。

图像情境法是借助多种地理图像、影像等创设教学情境以激发学生积极情感并促进学生主动学习、提高教学效果的教学方法。地图是地理学的第二语言,对学生发展认知、丰富情感有重要作用。形式多样、色彩缤纷、亦庄亦谐的多种地理图像为营造富有生趣的教学情境创造了有利条件。例如,在教学"自然资源的开发利用"时,将绿波浩瀚的热带雨林与满目创伤的热带雨林及"水深火热"漫画中的地球等图像相对照而探究,无疑此场景是会令人震撼而忧心如焚的。图像情境法可以利用的图像很多,各种地图、遥感图像、地理照片、地理录像、地理图表、地理标本、地理邮票、地理漫画、地理卡通等,巧妙应用,都可入情入境。

演示及实验情境法是借助多种地理模型演示及地理实验操作创设教学情境以激发学生积极情感并促进学生主动学习、提高教学效果的教学方法。地理科学是空间科学也是实验科学。一些地理仪器演示或实验操作创设的情境为一般语言或图像难以企及。例如,学习地球公转过程中"太阳直射点南北移动的"原因和规律时,让学生亲手演示地球公转运行仪,用心体会、观察,其对天体间井然有序、和谐统一的科学美的感受显然是教师语言难以替代。再如,进行一个水土流失的对比实验,对秃岭荒山严重后果的切肤之痛也会更为强烈。

角色扮演情境法是根据教学内容让学生模拟某种真实生活或工作场景中多种角色借以激发学生积极情感并促进学生主动学习、提高教学效果的教学方法。角色扮演情境法对学生熟悉社会角色、了解人际关系、澄清价值观、探讨社会性地理问题有重要意义。这是地理新课程倡导的一种重要方法。例如，讨论"如何利用水资源"时，安排"农业部门"、"企业老板"、"政府部门"、"环境专家"、"普通市民"等角色扮演。交锋、碰撞中，争论踊跃，情感积极。而争论结束，往往形成对主流价值观的认同。

游戏情境法是根据教学内容让学生通过多种游戏形式以激发学生情感并促进学生积极学习、提高教学效果的教学方法。游戏法寓教于乐的特点十分显著。地理教学中也可营造多种游戏情境。例如，"看符号、识天气，作准备"的课堂小组竞赛游戏，既形成积极参与活跃学习气氛，又有效巩固了所学。游戏情境法更多具有"暗示教学"的特点与功能。

上述地理教学中情境法的运用一般要注意：①精心设"境"。②用心入"情"。③以"情"引"情"。④情知结合。

(3)榜样法

榜样法是指通过向学生提供有示范意义的样本以激发学生情感并促进学生积极学习、提高教学效果的教学方法。亦称示范观察学习法。当代美国著名心理学家 R. M. 加涅、A. 班杜拉等在论及人的情感态度观念养成时都指出了这种重要方法。A. 班杜拉认为人格学习的两条重要途径是"亲历学习"和"示范学习"。[①] R. M. 加涅称为直接法和间接法。[②] 他们所说的后者即榜样法。榜样法通过对榜样的观察而获得自己的行为准则，由此减少因错误努力带来的损失和痛苦。榜样法对学生体现更多潜移默化的影响而非理性说教。所以"长久以来，示范观察学习法一直被认为是传递价值、态度以及思想和行为模式的最有效的手段之一。"[③]榜样法通常可分为真实接触榜样法和符号显示榜样法，地理教学中均可运用。

真实接触榜样法是以学生在现实生活中直接接触的教师、父母、同学或社会公众人物为示范样本的榜样法。这类榜样就在学生身边，真实、普通、亲切，学生往往觉得更为可信，因此对学生有着直接的、大量的积极影响。

符号显示榜样法是通过语言、文字、图像等符号及报刊、广播、影视等传媒呈现示范样本的榜样法。如李四光、袁隆平、杨利伟、献身环保的勇士、南极考察的英雄等，该类榜样往往更为典型、丰满，有更为强烈的社会效应，对学生也常常具有更强烈的人格震撼。

地理教学中榜样法的运用一般要注意：①教学中的榜样通常是正面的。负面的榜样通常加引号以注出，以示警戒。②教师要成为学生的榜样。③要重视发现学生中的榜样。④要重视大众传媒中宣传的对国家、社会有突出贡献的英雄模范人物。⑤重视"强化相依关系"(斯金纳，1968)的运用。良好的榜样模仿行为受到应有的鼓励，会激励其对榜样行为的进一步效仿及认同(A. 班杜拉称此为"替代强化")。⑥要倡导创造性的观察学习。充分估计不同榜样的影响整合所带来的创造力。

(4)亲历学习法

亲历学习法是通过让学生直接参与学习活动并体验到行为后果而激发学生积极情感并促进学生主动学习、提高教学效果的教学方法。该法与体验法、实践法相似。以 A. 班杜拉

---

① 杨心德，蔡维静著. 社会学学科学习与教学设计[M]. 上海：上海教育出版社，2005：220.

② R. M. 加涅等著. 皮连生，庞维国等译. 教学设计原理[M]. 上海：华东师范大学出版社，1999：103.

③ A. 班杜拉著. 林颖等译. 思想和行动的社会基础—社会认知论[M]. 上海：华东师范大学出版社，2001：63.

等为代表的社会认知论者主张的亲历学习与传统行为主义的倡导的亲历学习有很大不同，除了强调学习者的实践体验，还非常重视体验后的结果对亲历学习的动机作用。例如对参加环保行动的学生行为予以表彰，学生就会更加增强环保意识并乐于参加有关环保的活动。同时认为学习者亲历学习中认知与积极的态度及行为是个体内部因素、环境因素及个体行为三者动态交互的产物。而非只要给以强化就能形成。

亲历学习法可以通过多种活动形式和途径。在地理学习中，地理课堂上的多种活动情境亲历、角色扮演亲历，地理课外的多种野外观察、调查访问、社会服务亲历等等。在这些亲历学习活动中，或成功，或失败，或受奖，或自责，都可促进学生对教师引导理想学习目标的深化认识及行为趋近。

地理教学中亲历学习法的运用一般要注意：①重视对学生亲历学习效果的评价。无论奖或惩，都可以成为学生再次亲历的动机。当然评价应更多是激励性的，惩戒也需有艺术。②要重视认知等主体因素在亲历学习中的作用。即亲历前，要注重引导学生对活动功能价值的清楚认识。寄希望于简单的物质刺激来调动学生参与积极性不妥当也不能持久，尤其对于中学高年级的学生。③学生情感态度价值观的培养需要多次的亲历学习。

从美育的形象感染、情感激励、潜移默化、寓教于乐、自由体验与创造等显著特征出发，地理情感教学方法也可从以下美育方法中得到启示。

表 4-13　地理美育的常用方法①

形象感染法	地图欣赏、地理图片欣赏、地理绘画欣赏(漫画赏析)、地理仪器模型演示欣赏、地理标本欣赏、地理幻灯欣赏、地理影视欣赏等
情感激励法	美读法、美听法、美视法、情境法、情感法、视点延伸法等
暗示教学法	语言暗示、形象暗示、氛围暗示、活动暗示 (角色扮演、游戏、辩论、竞赛……)等
寓教于乐法	地理故事会、地理诗歌朗诵会、地理音乐会、地理文艺表演、角色扮演法、地理游园、地理游戏、地理旅游、地理智力竞赛等
实践审美法	地理观测、地理参观、地理考察、地理调查、地理实验、地理实习、社会服务等
自由创造法	地理写作、地理制作、地理摄影、地理活动创意(旅游、探险、环保、献计献策……)等

在概略介绍地理教学的情感方法之后，有必要指出，地理教学的情感方法有直接的目的追求，不仅仅是通常所理解的辅助智育德育的工具。蔡元培先生指出，“美育之目的，在陶冶活泼敏锐之性灵，养成高尚纯洁之人格。”②同时以此为原动力，辅助其他诸育。如神经系，传导、连通诸育。我国近代著名思想家王国维也曾指出“美育者，一面使人之感情发达，以臻完美之域，一面又为德育和知育之手段，此又为教育者所不可不留意也。”③今天读来，仍不失警醒意义。

5. 地理教学的探究方法(发现法、探究法、案例法、问题解决法等)

地理教学的探究方法是以探索研究地理问题的多种方式进行地理教学活动，以达成教学目标的教学方法。该类教学方法的本质特征：教师不是通过系统有计划地讲授，直接告知学生学习定论及策略，而是创造一种特定的学习环境，让学生从问题情境中提出问题并尝试解决问题，最后得出自己的结论及方法，即通过探索去亲自发现和领悟它们。显然，探究方法对激发学生创造性能力及唤醒其人格心灵极为重要，因而成为新课程改革教学的倡导。

地理教学的探究方法以现当代科学哲学、认知结构理论、有意义学习理论、建构主义学

---

① 黄京鸿主编. 中学地理教育中的美育[M]. 重庆：西南师范大学出版社，2001：129.

② 蔡元培. 创办国立艺术大学之提案. 蔡元培美学文选[M]. 北京：北京大学出版社，1983：169.

③ 王国维. 论教育之宗旨. 中国近代教育史资料(下)[M]. 北京：人民教育出版社，1961：108.

习理论、主体性学习理论等为理论基础。主要包括发现法、探究法、案例法、问题解决法等。

(1)发现法

发现法是引导学生基于地理素材和问题，通过一定的发现步骤进行学习研究进而获得结论的一种教学方法。发现教学的步骤一般是：①创设问题情境，使学生产生认知矛盾及发现解决的欲望。②引导学生利用有关材料，尝试发现解决问题的多种路径。③交流表达，从理论上和实践上检验假设，不同观点可以争辩。④对争论作出总结，得出必要的结论。

美国心理学家J.S.布鲁纳积极倡导发现法，他认为："'发现'不限于寻求人类尚未知晓的事物，确切地说，它包括用自己的头脑亲自获得知识的一切方法。"并引用一例——关于芝加哥的地理位置。上课时，教师首先拿出一幅有河、湖、山脉、城镇、矿区等内容的地图，但图中没有标出芝加哥的位置。接着教师启发学生观察地图并思考：大城市芝加哥的正确位置应该在图中的什么地方。学生通过自己观察、发现、思考，分别从矿产分布、运输条件、农产品供给等方面提出了芝加哥位置的几种观点，说明理由，并展开了辩论。最后教师让学生打开课本和地图，找到芝加哥的确切位置，并总结有关城市设置方面的基本原则。学生在发现探讨及总结反思过程中用"自己的头脑亲自获得"了相关的知识和方法。

发现法在我国地理新课程教学中已有大量应用。发现法对培养学生的探索发现精神、提出问题和解决问题的能力及创造能力甚为有利，但其应用对教学内容、学生能力等有一定要求，需恰当、灵活的运用。

(2)探究法

广义的探究法指一切独立探索研究、解决问题的方法。狭义的探究法更多专指科学探究或科学研究的方法。

无论课内、课外的探究，一般都包括了提出问题—提出假设—搜集证据—验证假设—得出结论—交流成果等步骤。从教学实践的情况看，课堂探究更多采用对资料数据的检索与处理，课外探究则更为注重调查、实测、实验等数据的收集处理，当然也有课、内外结合的探究。

探究法的实现，除了探究性问题的精心设计(贴近生活而有系列)，根据探究式活动安排教学顺序，营造探究性学习环境，创建和谐的师生关系，组织切实有效的活动(保证必要时间及学生参与)，重视激励性的过程评价，让探究活动延伸入学生生活，都是有效的策略。

探究法与发现法都兴起于20世纪中期美国的课程改革运动，都以问题的探索发现为始终，但也不尽一致。美国的J.S.布鲁纳从掌握学科的基本结构出发，大力倡导发现法，几乎与此同时，芝加哥大学的J.J.施瓦布从了解科学的性质出发大力倡导探究学习。有学者指出：两者侧重点不同。前者侧重科学概念和原理的再发现，以掌握学科的基本结构；而后者侧重尊重科学研究的一般程序，以了解科学的本质。两者活动过程不同。前者多为问题—假设—上升为概念、原理；后者多为问题—假设—研究—检验—结论，即发现学习大致相当于探究学习的前两阶段。两者结果不同。发现学习的结果多与书本结论相符，即封闭性的；探究学习的结果则可能与书本结论相符或相悖，即开放性的。两者心理机制不同。前者主要是归纳、假设、演绎、直觉；后者还要凭借分析等。① 也许在实际应用中不必将两者严加区别，但对其本源的一定了解，对教学实践及创造应有裨益。

---

①　靳玉乐.探究教学论[M].重庆：西南师范大学出版社，2001:9.

(3)案例法

广义上,案例法是以案例为基本教学材料,引导学生对其进行讨论,借以促进其专业知识、解释现实生活经验、决策能力及行为能力提高的一种教学方法。由于该法主要通过师生之间、生生之间多向互动、平等对话和积极研讨等形式进行,“在一定意义上它是与讲授法相对立的。”①所以纳入探究方法系列。

案例法于19世纪后期兴起于美国哈佛大学法学院,20世纪始逐渐向医学、工商管理、教师教育等领域扩展。因其在学生分析和解决实际问题能力提高及观念培养上的明显优势,在20世纪后期的世界课程教学改革中广受推崇。

地理教学中的案例通常指一个重要地理主题或问题的典型实例,如“太平洋岛国图瓦卢将被迫举国搬迁”、“鞍钢与宝钢的区位选择”等。其中有印证式案例,也有讨论式案例。前者主要用于说明、论证地理规律、原理;后者主要引导学生参与讨论,拟定解决问题的方案。与一般的举例不同,地理教学案例常需要教师引导学生共同参与研讨,或明晰规律、原理,习得观念、方法,或拓展问题研究思路,提高问题意识和问题解决能力,尤其是对于一些开放性的案例,例如:中国的人口究竟多少才合适?河流上该不该建大坝?等等。

案例法的一般应用程序包括:课前准备—课堂实施—课后巩固三阶段。

课前准备的重点是精选案例。一个好的案例通常具有真实性、典型性、故事性(有矛盾冲突、问题情境)、鲜明目的性、表达方式叙述性等特征。教学改革常需教师结合生活地理开发更多的案例,例如“药店骤增:是喜是忧?”、“要湿地还是要度假村?”等就是很好的案例。

课堂实施通常包括:介绍案例、激发兴趣-阅读分析、认真思考-小组讨论、分享借鉴-课堂发言、集体交流-总结归纳、深化认识。

课后巩固主要是完成案例分析报告,包括整理课堂笔记、撰写个人总结、续写案例及思考等。对学生而言,这是吸取集体智慧、深化发展的好机会。教师可酌情于课外适当布置。

案例法的运用灵活多样。先案后理,先理后案,案理同步,可酌情而用。教师也可改编案例,以不完整的案例激发学生的创造想象。在多种解决方案并存的案例讨论中,教师要着重学生讨论的思路和质量,以促进学生能力的发展。在由“个”到“类”的规律发现中,既要揭示其普遍意义,也要注意其特殊性。

(4)问题解决法

一般而言,问题解决法是指导学生发现问题并以系统的方法思考、探索和解决问题,以培养学生问题意识及提高思维和解决问题能力的教学方法。问题解决学习是探究式教学活动的重要学习方式。

美国心理学家J.杜威在19世纪初就提出问题解决教学五阶段:失调(问题)—诊断—假设—推断—验证。美国心理学家R.M.加涅1970年提出问题解决教学四阶段:提出问题—分析问题—形成假设—验证假设。当代学者认为,问题解决学习大致经历六阶段:积极探索、发现问题—识别问题、明确条件—分析问题、提出假设—推断假设、确定方案—执行方案、验证假设—反思结果、总结提高。综上可知,问题—假设—验证,是其共有的。

地理教学中的问题解决学习既体现在课内,也体现在课外。课外的问题解决学习多与乡土或专题研究性学习相联系,一般完整体现上述阶段。地理课堂的问题解决学习往往更为简要灵活。问题可大可小,过程可详可略。一般教师多根据教学内容需要设置系列问题,循序渐进地引导学生去探求问题答案。

---

① 郑金洲.案例教学指南[M].上海:华东师范大学出版社,2000:7.

问题解决法的运用要注意：①问题情境的一定难度。②巧设问题的多种方式。例如，矛盾中设问，比较中设问，分析综合中设问，逆向思维设问，还要注意问题解决过程中的追问，等等。③转变学习方式。要更多采用研讨、辩论、“头脑风暴法”等。④激励学生善于从书本上、生活中主动发现、解决问题。

问题解决法与发现法、探究法、案例法，其共同之处都是探索研究问题，只是从不同的角度提出而已，其侧重点及形式略有差别，要把握其精神实质，在教学实践中灵活运用。

6. 地理教学的实践方法(地理实验法、观测法、调查法、制作法等)

地理教学的实践方法是以实际操作为显著特征去获得地理认知、地理能力及地理情感、态度与价值观的教学方法。该类方法常与探究类方法协同，多延伸在课堂之外。

地理教学的实践方法有实验法、观测法、调查法、制作法等(参见第七章)。

7. 地理教学的组织方法(班级授课法、小组合作学习法、个别指导学习法)

地理教学的组织方法是采用师生相互作用的不同结构形式进行地理教学活动，以达成教学目标的教学方法。地理教学的组织方法一般有班级授课法、小组合作学习法、个别指导学习法等。

(1)班级授课法

班级授课法是以教学班为师生相互作用的结构形式进行地理教学活动，以达成教学目标的教学方法。

班级授课法是近现代重要的教学组织形式。其突出优点：有利于提高教学工作效率；有利于发挥教师优势；有利于学生较系统的学习；有利于发挥班集体的教育作用；有利于有节奏地安排教学；有利于按计划完成教学任务等。但不利于因材施教，不利于培养学生独立学习能力和创造精神，以及教学多在课堂，接触社会生活少等，是其局限。

运用班级授课法要注重改进，扬长避短。例如，改革班级授课的空间和时间结构(如控制班级人数，改“秧田式”座位为“马蹄形”座位，长短课混排等)。改革班级授课的过程(为学生创设最佳精神氛围与环境；注意学生学习兴趣、意志、方法、健康，使其能高兴地学、努力地学、有成效地学、精力充沛地学；让学生明确具体学习要求，增加独立自觉学习、多向交流、主动反馈时间等)。增加班级授课中的个性化成分(对不同学习水平学生提不同学习要求，允许学生对学习材料、学习方法的灵活选择等)。

(2)小组合作学习法

小组合作学习法是以学习小组为生生、师生及更多因素相互作用的结构形式进行地理教学活动，以达成教学目标的教学方法。

小组合作学习法是当代合作学习模式的重要组成，合作学习通常采用班级授课与小组活动相结合的教学组织方式。显然，这是对单一班级授课的重要改革。

教育实践中，人们日益认识到：课堂上生生关系比任何其他因素对学生学习的成绩、社会化和发展的影响都更强有力。当代合作学习思想及模式于20世纪70年代初兴起于美国，并在70～80年代中期取得实质性进展。由于它在改善课堂心理气氛，大面积提高学生的学业成绩，促进学生良好非智力品质的发展等方面实效显著，很快受到世界各国的普遍关注，并成为一种主流教学理论和策略。群体动力理论、社会凝聚力理论、建构主义理论、认知发展理论、需要层次理论等是其重要的理论基础。

小组合作学习法有多种形式，如建构-合作学习、自主-合作学习等。目前在地理教学实践中用的较多的有互助-合作学习、建构-合作学习、自主-探究-合作学习、小组活动比赛，以及切块拼接等。小组活动学习法的一般程序是：目标先导，科学分组，人数适宜（异质分组，每组6人左右），明确分工，组内合作（召集人、讨论人、记录员、报告人等），组间竞争，充分交流，总结成果，共同评估。（异质分组：即小组成员由性别、学业成绩、能力倾向、民族等方面不同的成员构成，成员之间存在着一定的互补性。）

小组合作学习法要求地理教师具有：①和谐目标观。②多元互动观。③师“导”生“演”的师生观。④集体性与个体性统一的形式观。⑤合作与竞争互补的情境观。⑥鼓励合作达标和个人进步的评价观。（合作学习评价将常模参照改为标准参照评价，把小组总体成绩作为奖励或认可的依据。这种以小组总体成绩为评价依据来决定奖励与认可，追求人人进步的评价观，需要大力倡导及深入研究。）

同时必须指出，小组合作学习法在合作的内容选择、合作基础分析、不同合作学习形式的策略、如何消除小组学习交流中的误解、如何减少小组中对个别成员的依赖等，都还有待深入研究。

(3)个别指导学习法

个别指导学习法是教师指导学生以自学—质疑—释疑为主要形式进行地理教学活动，以达成教学目标的教学方法。这种学习方法对培养、发展学生的自学能力、思维能力、创造能力及独立探究意识等有重要作用。

个别指导学习法在地理教学中曾广泛采用的有程序教学法、自学辅导法等。

课程教学改革至今，有了更灵活多样的个别指导学习法，尤其在课外地理学习活动中。

综上所述，不同的教学组织方法，实际上都各有长处，也有局限。教学实践中，有分别实施的，也有结合进行的，早在20世纪50年代，美国教育家特朗普就提出了“灵活的课程表”，即“大班上课、小班讨论与个人独立研究相结合”的教学组织形式。20世纪90年代，我国福建等省、市也曾尝试“大（班）、小（组）、个（人）结合”的教学方法，取得良好效果。这些理论与实践，给更多样而优化的教学组织方法，提供了建设性的思考。

8. 地理教学的反馈方法（问答法、练习法、考核法）

地理教学的反馈方法是通过学习结果的有效回返调节、促进学习者地理学习，以更好达成教学目标的教学方法。控制论创始人维纳曾说，一个有效的行为必须通过某种反馈过程来取得信息，从而了解目的是否已经达到。地理教学反馈方法一般包括问答法、练习法、考核法等。

(1)问答法

问答法是教师通过提问的方式与学生交谈，通过学生回答以了解学生学习反馈信息的方法。问答法与前述语言交流类“谈话法”的要求基本一致，只不过更多作为地理教学结果类信息反馈的问答。除了口头语言上的交流，学生的眼神、视线、面部表情、坐姿体态等，往往都是教师收集反馈信息的渠道。

(2)练习法

练习法是教师通过学生作业演练以了解学生学习反馈信息的方法。

地理教学中，各种练习内容丰富，形式多样。就内容而言，三维地理教学目标的内容，均可设计练习。就形式而言，包括问答练习法、书面练习法、实践操作法等。地理练习有随堂的，也有阶段性的。

地理教学中练习法的运用一般要注意：①引导学生明确练习目的。练习最重要的目的是学以致用。②让学生明确练习的规范要求，必要时需提供示范。③练习方式多样。例如，口头的、书面的，智能为主的、动手能力为主的，单项的、综合的，半独立性的、完全独立的，简单模仿的、复杂多变的，个人的、合作的，等等，以有利于学生的全面锻炼。④练习主要是学生独立或合作完成。教师要注意及时反馈练习的结果，并引导学生反思、矫正。⑥要注重练习的经常化及循序渐进。要及时补充必要的练习。

阶段性练习常与复习法配合。复习法是在教师指导下将一定阶段学习成果系统化的方法。

(3)考核法

考核法是教师通过阶段性检测以了解学生学习反馈信息的方法。考核法注重检测学生综合学习能力与素质。考核法无论对于水平性检测或选拔性考试，都有重要意义。

课程改革中的考核法形式多样，笔试、口试、操作测试，个人考核与小组合作考核相结合，过程考核与结果考核相结合等。

笔试在考核法中仍有重要地位。随着课程改革的深入，一方面笔试命题由识记、复现书本知识为主向着能力立意、贴近社会生活的重点转移；另一方面也相应降低了其在综合评价中的比重。

口试法多由抽题回答的形式进行。教师围绕地理学习的重点内容命题，但覆盖面也较大。学生须在全面复习的基础上参加口试。口试对考查学生的语言表达能力及应变发挥能力有独特作用。口试通常作为笔试的一种重要补充。

操作测试法多通过学生对重要仪器、教具的操作演示或学生制作的有关地理作品进行。显然，操作测试法对考核学生的动手实践能力有独特作用。当“档案袋评价”在课程改革中日受推崇，学生动手与动脑结合的作品，在学生综合成绩考核中，也日受重视。

在过程评价与结果评价相结合的理念指导下，学生平时学习表现成为地理学习考核的重要内容，不少学校将其比重增至40%左右，“一卷定位”的考核已是昔日黄花。同时，个人学习基础分与小组活动加分相结合的考核方法也在积极试行，对学生的合作意识及集体荣誉感大有促进。

综上可知，改革时代的考核法形式多种多样。在促进学生综合素质发展为本的地理教学改革实践中，多种形式结合的综合考核，正成为时代的潮流。

地理教学方法按教学过程的阶段划分还有导入法、过程调控法、结课法等。为避免重复，该部分将结合地理教学设计与实施有关章节进行。

三、地理教学方法的优选

(一)地理教学方法的选择依据

地理教学方法种类较多，多数方法又互为协同。正确选择地理教学方法及优化组合是有效教学的关键。教学实践证明，地理教学方法的优选，通常要考虑教学目的任务、教学内容特点、学生实际、教师个性素养、方法适用条件、教学时间和效率等多方面的因素。

1. 地理教学的目的与任务

地理教学的目的与任务，既是确定教学内容、编写教材的主要依据，也是选择地理教学方法的重要依据。地理教学总的目的与任务是促进学生知、能、情等方面综合素质的全面协调发展，但在某课时教学中，则往往有所侧重。例如，地理感性知识学习为主的课，谈话类、直观类、情感类方法相应选择较多；地理理性知识为主的课，除了语言类、直观类等方法，逻辑方法必不可少；侧重智力、能力训练的课，除了语言交流等方法，探究类方法、练习法、实践法等不可或缺;侧重地理观念树立或地理情感陶冶的课,情境法、案例法、欣赏法、体验法等相应较多。当然,尽管具体教学任务有所侧重,但三维教学目标的协同,始终应是执教者的重点关注。

2. 地理教学内容及教材编排形式

地理教学内容是制约地理教学方法选择的主要依据之一。中学地理教学的内容广泛涉及自然地理、人文地理及地理信息技术,或以区域地理(世界地理、中国地理、乡土地理)表述,或以系统地理、应用地理编排。不同特色的地理教学内容,教学方法的选择、组合也有一定区别(参见图 4-5)。例如:有关系统地理的教学内容,多抽象概念、规律、原理,一般多选择启发式谈话法、演示法、案例法、讲解法、讨论法、探究法、研究性学习等,有利于理解地理概念的内涵及外延,弄清规律、原理的内在和外部联系;区域地理知识,多地名、数据、景观、分布,一般选择地图法、以比较为基础的谈话法、"纲要信号"图示法、练习法等,有利于学生建立丰富的地理表象,并进一步掌握地理事物的空间分布规律,理清知识结构;乡土地理则需采用课堂教学和野外参观实习相结合的方法。

地理教材的表述、编排形式对地理教学方法的选择也有制约作用。地理新教材已在很大程度上改变了长期以来文字平铺直叙为主的表述方式。无论初中或是高中地理教材,动脑、动口及动手、课外实践等形式多样的"活动"随处可见。显然,与这些活动相适应的启发式谈话、讨论、读书指导、自主学习、探究学习法、合作交流、研究性学习等教学方法及学习方法需大量采用。

3. 学生学习地理的年龄心理特征及具体实际

由于教学方法的主要对象及受益者是学生,学生年龄心理特征对地理教学方法的选择,至关重要。

初中阶段的学生还处于少年期,这是一个半幼稚、半成熟的时期,是独立性和依赖性、自觉性和幼稚性错综矛盾的时期。他们的抽象思维虽日益增强,但形象思维仍起着重要作用。相对于高中生,他们的学习更显热情主动。因此直观法、朗读法、小步调的启发式谈话法、角色扮演、小组竞赛等情境法在初中地理教学中常被采用。

高中阶段的学生已处于青年初期,他们的自觉性、独立性已有了显著增长,并且其思维的抽象性、概括性、组织性、深刻性、批判性等都大为增强。照本宣科的讲读、简单的问答、游戏类的方法往往难以有效调动高中生的学习积极性与主动性,而逻辑清晰的讲解、曲径通幽的探究发现、激励思维火花的头脑风暴、磨砺才情的实习实践及研究性学习等,则更能吸引和促进他们投入学习。

所以,对于处于不同学习阶段的中学生,教学方法选择是有一定差异的。即使是运用同一种方法,如谈话法、讨论法,或情境法、探究法等,初、高中学生的层次要求也不尽相同。

处于同一学习阶段的学生,在智力、能力、学习方法、学习态度、学习习惯等方面的水平,以及班级学习纪律、学习风气等,也有差异。教学方法的选择还需考虑学生和学校的具体情况。例如,活泼、好动的学生班级,教师可因势利导多选择利于其展示才情的教学方法;文静、拘谨的学生班级,教师可逐步推进由情境感染到激励发挥的教学方法。

4. 地理教师自身的素养风格

任何一种教学方法的选用,只有适应教师的素养条件及个性风格,才能为教师熟练驾驭并充分而创造性地发挥作用。地理教师在年龄、性别、学历、地理专业知识、教育科学素养、口语及"三板"技巧、思想修养、美育情操、兴趣特长等方面的情况不尽相同,教学风格也有很大差异。因此,地理教师还需要针对自身实际,在教学方法的选择和运用中注意“扬长避短”。例如,长于语言表达、感情丰富的教师,可充分发挥语言类教学方法的优势,引起学生的心智共鸣;长于板书、板图的教师,借助最基本的直观,也可使地理课堂形色兼备;擅长多媒体地理教学技术的教师,可充分利用、开发多种计算机软件、地图软件,让学生更生动、多维、多层次地认识地理世界;长于野外考察研究的教师,可精心组织引导学生的研究性学习,丰富对生活世界的感知并把课内外地理有机融合,等等。总之,地理教师的个性风格各有不同,只有扬长避短,才能获得理想的教学效果。当然,地理教师要努力使自己多才多艺。

5. 各种教学方法的职能、适用范围和使用条件

地理教学方法的优选也要考虑方法自身的优点和局限。例如,谈话法气氛活跃,但需要学生有一定的知识准备、心理准备及良好对话习惯;探究法利于发展学生能力,但需要学生具有利于探究的一定认知基础和积极情感;电子影像、电子地图等可极大地扩展学生学习、研究地理的视角,更新其方法,但需要良好的信息技术条件。总之,优选的教学方法,在满足或针对了种种外部需要的同时,于自身也是能最大限度发挥其优势的,否则难提高实效。

6. 教学时间和效率的要求

有效教学是效果、效率、效益统一的教学。以最少的时间、精力取得最佳的效果,是教学最优化的显著标志。优化的教学方法必然是高效低耗的,至少能在规定的时间内完成教学任务。因此教学方法的优选必须受到教学时间和效率的制约。

教学方法的优选,除上述依据,学校自身的教学环境、设备条件也需顾及,要因校制宜。

以上各点,需要地理教师在选择、运用地理教学方法时予以综合考虑。

(二)地理教学方法的优化组合

由于各种地理教学方法各具特点,一节地理课的教学,通常需要多种地理教学方法的有机结合。例如,因三维教学目标的整合,势必有认知方法与情感方法的优化组合;因学生形象思维与抽象思维的全面发展,势必有直观方法与逻辑方法的优化组合;因师生交流及学生能力发展的需要,势必有语言方法与探究、实践方法的优化组合等。

具体中学地理教学中,可以突出一两种或两三种主要的方法,再辅以其他方法,注意多种方法的互相渗透及补充。一般而言,语言类方法、直观类方法、逻辑类方法及学生学习方法(情感类方法融汇其中)是可供优化组合的基础方法。参见表 4-14。

表 4-14　地理教学方法优化组合举样

	教学内容	教学方法
区域地理	《撒哈拉以南的非洲》	小组合作学习法、情境法、提问导思法、课外拓展法
	《辽阔的疆域》	情境法、地图法、比较归纳法、角色扮演法、竞赛法、启发式
	《雪域高原》	谈话法、情境法、研讨法、合作学习法、视点结构法
自然地理	《地球公转及其地理意义》	多媒体演示、观察法、讲解法、讨论法、绘图法
	《地球气候的昨天、今天、明天》	导学法、多媒体演示、小组提问法、归纳法
	《大规模的海水运动》	讲解法、地图法、讲练法
	《地壳的物质组成和物质循环》	实物教学、多媒体解析、自主学习、小组课后实践
人文地理	《城市化》	案例教学、自主探究、分析归纳、课题研究
	《影响农业区位的因素》	调查研究、网络探究、小组合作、发现总结
	《城市内部空间结构》	案例讨论、分析综合、多媒体教学、课题研究
	《人类与地理环境的协调与可持续发展》	启发式教学、案例教学、多媒体教学、自主探究与合作

地理教学方法的优化组合有很多优越性。它博采众长,相得益彰;它以其方法体系的整体性和综合性保证了多维地理教学目标及任务的全面完成,促进了学生多元智能、操作、实

践、观念情感等综合地理素养的发展;它使地理教学过程多彩而生动,不再单调、枯燥,使师生心向往之。毫无疑问,地理教学方法优化组合对促进地理素质教育有重要意义。

【案例研究】

《俄罗斯——交通和工业》①

教学过程及方法概要:

1. 模拟旅游情境,激活学习兴趣

以2007年在俄罗斯举办"中国年"引入新课,激发学生神往。并随"乐乐"(上海旅游节吉祥物)从上海出发去俄罗斯观光旅游。(学生导游,介绍沿途重要地理景观并辅以一些小问题互动。先乘船至海参崴,再转乘火车去摩尔曼斯克。显示历时9天9夜——俄罗斯东西距离之宽广。)

2. 预设问题情境,彰显学习魅力

伴随旅游路线,设置系列情境问题。例如:1月去,还是7月去好?海参崴为何有两个名称?红场为何不红?回国带什么礼物?等等,将新旧知识、自然地理与人文地理知识等,有机联系。

3. 创设评比情境,促进合作学习

将班上35名学生分4组,分别命名红、蓝、黄、绿队,分别担任海参崴、新西伯利亚工业区、俄罗斯文化、圣彼得堡风光的介绍。以导游介绍是否精彩、导游方式是否新颖、与其他组互动是否良好,小组对"乐乐"提出的各种问题是否深入思考并踊跃发表意见,能否主动质疑三方面展开评比。各小组精心准备、预演、改进,生生互动、师生互动日渐深入。课堂小组竞赛有速度型抢答、睿智型必答、改错竞赛等,生动踊跃。

4. 安排表演情境,丰富学习内涵

例如,开展"与文学大师对话"。让"小先生"扮演"大师",回答同学们提出的有关大师作品创作及社会背景等方面的问题,"小对话"反映了"大思想"。

5. 联系热点情境,升华学生情感

例如,介绍俄罗斯宇航工业水平很高,历数其若干"第一"之后,自然联系中国"神五"、"神六",及杨利伟、费俊龙、聂海胜等航天英雄事迹。介绍俄罗斯军事工业发达时,联系中俄联合军事演习反恐维和。介绍新西伯利亚工业区,联系俄重要原油输出管道建设,加强中俄能源合作,促进互惠互利共同发展新局面等,既拓展学生思维,又升华其思想情感。

6. 重视媒体情境,逼真课堂形态

结合清华同方地图编辑软件、Photoshop等图像处理软件等,使多种地理图像更精致逼真、重点突出、活灵活现,为学生的生动感知注入了活力。

[讨论交流]:以上课例,体现了哪些地理教学方法的优化组合?你对此有何见解?

第五节 地理教学媒体

地理教学媒体是地理教学方法运用的物质基础与技术支撑,是地理教学系统的要素组成,对促进地理素质教育不可或缺。

一、地理教学媒体及其系统

(一)地理教学媒体、作用及类型

地理教学媒体是承载并传递地理教学信息的载体或工具。地理教学媒体是师生进行地理教学活动不可缺少的中介,是学生获取地理知识的信息源,是促进学生地理素养全面发展的重要工具。

地理教学媒体是一个多类型多功能的系统:

---

① 彭梅辉.《俄罗斯—交通和工业》教学设计[J].地理教学,2008(7).

- 按历史发展
  - 传统教学媒体：地理教科书、地图册、板书板图、挂图、图片、实物、标本、模型、实验演示装置等
  - 现代教学媒体：幻灯、投影、录音、录像、广播、电影、电视、计算机及网络等地理电教媒体
- 按使用感官
  - 视觉媒体：板书板图、印刷材料、照片、模型、实物、幻灯、影像等
  - 听觉媒体：教师言语、电唱机类播放音响、自然音响等
  - 视听媒体：电影、电视、录像、交互媒体和多媒体系统等

现代地理教学媒体具有信息丰富、形式多样、强烈视听感受，生动展现过程、交互性强、提高教学效率等特点。传统地理教学媒体也有使用方便、少受环境条件制约等便利。广义地理教学媒体还包括参与地理教学活动演示的师生。随着新材料、新工艺的不断发展，传统地理教学媒体也有向现代地理教学媒体靠近或整合的趋势，如教科书链接的诸多信息及配套光盘，黑板的磁性化，颜色的人性化（白板、绿板）等，两者相得益彰。

对于按使用感官分类的媒体，其信息接受效果通常是视听类＞视觉类＞听觉类。有研究表明，人在记忆学习时，内容相同，仅用听觉，3 小时后原所获信息保持率为 60%，3 天后仅能保持 15%；仅用视觉，3 小时后原所获信息保持率为 70%，3 天后能保持 40%；视听觉并用，3 小时后原所获信息保持率为 90%，3 天后仍能保持 75%。显然，视听觉并用的地理教学媒体，有助于获得更好的学习效率。

（二）地理教学媒体的特性比较

地理教学媒体一般具有专业性、技术性和经济性的特点。充分认识各种地理教学媒体的特性，才能更好发挥其独特优势。

地理教学媒体的专业性指其传递、处理不同地理教学信息的能力。例如，录音更适合语言教学，而录像则更适合包括大量生动图像的教学（参见下表）。

表 4-15　地理教学媒体的专业特性比较①

学习内容 / 教学媒体	地理事实			地理概念原理	地理技能	地理问题解决
	景观	分布	过程			
黑板	L	M	M	H	L～M	L～M
模型、图片	H	H	M	M	L	L
幻灯	H	H	M	M	L	L
投影	M	H	M	H	L～M	L～M
电影	H	M	H	H	M	L
录像	H	M	H	H	M	L
录音	L	L	L	M	L	L
计算机	L～H*	L～H*	H	H	H	H

注：L—低效能；M—中等效能；H—高效能。* 取决于是否为多媒体。

地理教学媒体的技术特性，指在设计和制作过程中人为赋予地理教学媒体的内在特征。地理教学媒体的技术特征集中表现在五个方面：①表现力，表现地理事物内在和外部特点的能力；②再现力，在一定时间内重复展示教学材料的能力；③传播面，指传递教学信息的空间范围；④参与性，学生对媒体的参与程度；⑤调控性，操作的难易程度、灵活性及对外部条件的要求。（参见表 4-16）

① 陈澄主编. 地理教学论[M]. 上海：上海教育出版社，1999：165.

表 4-16 地理教学媒体技术特性比较[①]

特性 \ 种类		黑板	模型图片	幻灯	投影	电影	电视	录像	录音	广播	计算机
表现力	真实性	−	+	+	+	+	+	+	−	−	+
	生动性	−	−	−	−	+	+	+	+	+	+
	深入性	+	−	−	+	+	+	+	+	+	+
再现力		−	+	+	+	−	−	+	+	−	+
传播面		+	−	+	+	+	−	−	+	+	−
参与性		+	−	−	+	−	−	−	−	−	+
受控性	难易程度	+	+	+	+	−	−	+	+	−	+
	灵活性	−	+	−	+	−	−	+	+	−	+

注:“+”表“较强”、“较大”、“较易”等积极方面;“−”表“较弱”、“较小”、“较难”等消极方面。

地理教学媒体的经济特性指选用某种教学媒体,学校、教师、学生所付出的代价。该代价不仅指媒体价格的高低,还包括教学媒体是否及时可得,辅助设施是否齐全等。媒体价格一般包括硬件价格和软件价格。以下是中档媒体价格的大致比较(参见表 4-17)。

地理教学媒体的不同特性表明其各有优势及局限。没有一种地理教学媒体一切全优。合理选用才是最优。故地理教师在优选地理教学媒体时需结合教学目标、教学内容、师生特征、经济条件等因素综合考虑。

表 4-17 地理教学媒体的价格比较[②]

教学媒体	硬件价格	软件制作价格
黑板	L	L
模型、图片	L~M	L~M
幻灯	M	M~H
投影	M	L~M
电影	H	H
录像	M	M~H
录音	L	L
计算机	H	M~H

注:L—较低成本;M—中等成本;H—较高成本。

二、地理教学多媒体的协调配合

(一)不同类型地理教学媒体的主要特点及运用

不同类型的地理教学媒体,特点不一,在运用上要有一定针对性(参见表 4-18),以增强其有效性。

表 4-18 不同地理教学媒体的特点及运用

类型	构成	特点	运用
纸质教学资料	课程标准、教科书、教学用书、多种教参等	教学基本依据,教学重要参照	互为协同,灵活运用
传统直观教具	挂图、地图册、图片、模型、标本、绘画等	直观生动,激趣启思	针对需要,协调配合
一般电教媒体	录音、录像、投影、电影、电视等	强烈视听感受,生动展现过程	针对需要,容量适当 课前调试,配合协调
计算机类	计算机、计算机多媒体、网络技术等	信息丰富,形式多样,交互性强	精心设计,注重探究

关于地图、图片、模型、标本等常规地理教学媒体的具体运用,前“直观方法”已经述及。

---

① 陈澄主编.地理教学论[M].上海:上海教育出版社,1999:163.

② 陈澄主编.地理教学论[M].上海:上海教育出版社,1999:164.

关于投影、幻灯、录像、计算机、网络等电教媒体的应用，一般需要注意：①注重实效。再好的教学媒体也只是传播教学信息的桥梁，它们都要为一定的教学目的服务，不能只求形式，脱离或偏离了教学目标。②精选内容。对可供选择的电教内容，无须刻意追求数量多、篇幅长，能说明问题即可。同时注意师生充分解读。③创设问题情境。播放电教媒体不只为了丰富学生生动感知，与其伴随的问题情境更有吸引力，并能有效发展学生发现问题、解决问题的能力。④增强交流互动。利用电教媒体使用上的灵活性，设计多种学生活动，能使学生更多地参与到学习过程中来。

(二)地理教学多媒体的协调配合

由于不同地理教学媒体在一定条件下各具优势，传统地理教学媒体与现代电子教学媒体互为协同，已成为当代地理教学媒体运用的一大特点，参见表 4-19。

表 4-19　“天气和气候——气温”①一课教学媒体组合

教学媒体运用		相应教学活动
情景图片	→	导入“气温”
情景视频	→	讨论“气温与生活生产”
实物温度计、百叶箱图	→	气温的观测
生活体验、当地气象网站有关信息	→	气温的变化（日、月、年）
多媒体演示（方法）	→	绘制气温年变化图
投影	→	作业展示、评价
多媒体演示	→	三地年均气温曲线对比
投影（问题）	→	考考你
自制 1~12 月份牌	→	情趣答题游戏，总结

该节课，教师综合运用了图片、视频、网站信息、实物、投影、多媒体组合、游戏道具等多种常规和现代教学媒体，发挥各自优势，有效达成了该课的教学目标。实际教学中，教学媒体的组合运用没有固定的模式，应视需要酌情组合优化。经验表明，区域地理特征教学中，录像、投影较地理模型等更显生动，而地理概念和地理原理解析，地理模型和板画等则更显清晰。

地理教学媒体组合中，结合计算机多媒体技术，特别有助于学生进行探究式学习，尤应注意开发。

三、地理计算机多媒体技术及网络教学系统的开发应用

基于信息技术的地理计算机多媒体技术及其网络教学系统，使以往依靠多种设备、技术才能实现的课堂多媒体教学集计算机于一身，创作出具有视、听、作、图文、影像等全方位、多渠道、交互式的多媒体地理课程教学系统，使多种课程资源及教师教学风格、素养等充分展示，从而充分拓展学生的学习视野，发展学生的认知与情感，有效提高地理教学质量和水平。

(一)地理计算机多媒体技术的开发应用

地理教学过程中，对于一些时间、空间跨度极大，抽象难懂的地理概念和地理规律，单纯采用口头讲授或简单的板书、幻灯等教学媒体较难达到理想的教学效果，而计算机辅助教学 CAI(Computer Assisted Instruction)能够较好地解决这一教学难题。

1. 计算机辅助地理教学的发展

计算机辅助教学(CAI)始于 1958 年，首先运用 CAI 的是美国，其次是德国、日本和西班牙等。20 世纪 80 年代始，在我国发展很快。20 世纪 80 年代后期开始，北京、上海、广州等地相继召开过多次 CAI 的专题会议，全国也先后举办了几届计算机教学软件评比大赛。全国地理教学软件评比于 1998 年 5 月和 2000 年 4 月两次在天津和深圳举行。这些活动有力

① 陈娟，付申珍，张文革．初一地理“气温和气温的变化”教学设计[J]．地理教育，2008(5)．

促进了CAI在中学学科教学中的研究。

计算机辅助教学延伸了人脑的逻辑思维功能，充分调动学生的各个感官，实现了动静相间、视听结合的协调统一的教学效果。

普通CAI软件多以文本、静态图形、图表、图像或简单动画呈现教学信息，终端容量小，交互性差。要大量、高速地传递地理教学中庞大的自然和人文景观视频、音频数据，模拟地理规律，演示地理动画，采用普通CAI很难办到。20世纪90年代出现的多媒体计算机辅助地理教学很好地适应了这种需要。

2. 多媒体计算机辅助地理教学的优越性

多媒体计算机辅助地理教学是以电子计算机为主要教育媒介，利用它的逻辑、信息储存等功能为教育服务的一种方式，它可以集中优秀的教育教学经验，显著提高效率，有无可比拟的优势和发展前景。

多媒体计算机辅助地理教学的优越性，突出表现在：

(1)该技术能够分解复杂的教学信息，使学生认知过程由难变易。例如，地理教学难点多在自然地理部分，许多自然地理现象和规律远离学生生活实际环境，学生理解起来吃力，也容易遗忘。这些内容通过多媒体课件以视频图像、动画演示出来后，复杂的地理知识变得形象具体、生动有趣，既激发学生兴趣，又提高学习效率。

(2)该技术的大容量特征适合地理教学信息的庞杂性。地理学科的跨时空特征，往往需要巨大容量的多媒体系统来完成教学任务。如ABC公司和Electronicarts公司开发的三维地图集(3DAtlas)CD—ROM，包含有大量的地形、地图资料，世界各国国情资料(经济、文化、政治、宗教、军事等等)，世界各种自然、人文景观视频和音频资料，各类统计图表、测试题等。而这些往往是普通CAI软件无法容纳和表达的。

(3)该技术能拓展教学空间，提供教学改革的新思路。地理教学除了课堂教学外，往往要开展野外考察、实地观测等。多媒体教学通过动画、视频、音频技术可以将所要观测、观察的教学内容设计成仿真模拟软件或采编文物录像，更具有可观测性和可控制性，能够减少经费开支、提高效率。如因素控制型的模拟软件“海岸侵蚀过程”(英国Hutchinson公司出版的中学地理学习软件)，该软件将海岸岩质、海浪方向和海浪强度三个因素设置成为可控因子，改变任意一个因子，计算机将模拟不同的侵蚀状况，从而使学生可以掌握到类似于野外观察所能学到的地理知识。

(4)非线性的多媒体信息呈现方式有利于学生对教学信息的获取和吸收。多媒体地理教学软件的教学信息不是单向线性流动，而是形成分支、链条式的网状流动结构。这有利于与地理学科相关和交叉学科知识的呈现，人机交互中学生可根据实际情况，用热键、按钮等跳转信息模块，完成学习过程。如在区域地理教学软件中，可设计多个分支学习路径，学生可以随时进入与教学内容相关的人文视频、图表、数据资料等学习模块。

(5)该技术能实现学习方式的多元化。计算机多媒体技术条件下的地理教学允许学生调整学习步调和学习进度，选择不同难度系数的学习路径。同时，优秀的教学软件常常是开放型的，能够适应区域地理等知识更新快的特点。如经济地理、交通运输地理、气象等有关知识的数据软件，学生可以练习或作业的形式，完成数据输入、数据更新和编辑，并允许学生选择不同的学习方式。

(二)多媒体地理课件类型及制作

多媒体计算机辅助地理教学往往通过多媒体地理课件的设计、制作并付诸实施。

1. 多媒体地理课件的类型

课件是一种根据教学目标设计的，表现特定的教学内容，反映一定教学策略的计算机教学程序。多媒体地理课件是以现代教育理论和学习理论为理论基础，运用多媒体计算机及其相关技术，对地理教学资源进行设计、开发而成的应用软件。以不同教学内容及形式，有对话授课型、地理重现型、游戏教学型、编制试题型等，参见表 4-20(1)；按呈现方式不同，有演示型、网络型、演示与网络结合型等，参见表 4-20(2)。①

表 4-20(1)　地理课件类型

课件类型	主要特点
对话授课型	以教材章节为单元来制作课件，将一系列对话框(内容完整，画面清晰、美观，文字简练，配以音乐)按一定的程序逐一展现，引导学生循序学习。学完某知识点后可随即向学生提问，反馈迅速。计算机针对不同反馈作出反应并及时评价(例如，"你错了，请再试试!"，闪烁提示解决本题的关键词；或者"好极了，请继续"，伴随美妙音乐等)，并作出后继处理。该课件使学习方式多样，学习内容生动有趣，不仅课堂气氛活跃，而且提高了学习效率
地理重现型	计算机通过大量珍贵地理图片、地理录像等的重现把学生带入地理有趣环境中。学生多种感官并用，并参与认识过程，如同身临其境，既可增加学习兴趣，又能更好理解教材内容，理解地理事件，留下深刻印象。学生觉得地理不是枯燥无味的文字堆积，而是栩栩如生的生动画卷
游戏教学型	通过有趣的游戏设计形成竞争性的学习情境。要求学生回答问题或者通过操作，在游戏中实现学习。例如，《地理迷宫》的程序要求操作者正确地选择和操作地理知识，或回答一些地理问题才能携带尽可能多的珍宝走出地下迷宫，否则就会碰到一些危险。游戏结束，计算机给出操作者的得分，直观形象，反馈迅速
编制试题型	计算机按照一定的要求(难易和知识点的分布)从题库中选择试题，打印成卷。因试题随机组成且难易得当，知识点分布合理，有较高的信度，可大大提高教师的工作效率

表 4-20(2)　地理课件类型

课件类型	主要特点
演示型	把板书、各种图表、地图、动画都制作在一个软件里，上课时由教师操作主控电脑，利用大屏幕或学生的电脑终端演示课件，通过教师讲解和师生互动等形式完成教学任务。其优点是教师只需操作计算机，无需一会儿挂图、一会儿板书、一会儿开投影仪，从而节省了教学时间。这种课件主要应用于表现教学中的重、难点，也易于引起学生兴趣，调动学生多种感官共同参与，从而提高教学效率。此类课件有利于大班教学和学生共性发展。制作技术要求可低可高，如利用 PowerPoint 或 Authorware 可进行不同水平的制作。但不太利于学生个性发展
网络型	课件应用多媒体和网络技术，通过收集、传输、处理和共享多种媒体教学信息来实现教育教学目标。其特点是：资源共享、交互性强、多任务，有利于因材施教的个性化教育。但网络型课件对制作者的计算机水平要求较高，有时需要复杂的编程，且使用时的硬件要求也较高，需要良好的网络条件和较多的学生使用的电脑
演示与网络结合型	演示与网络结合型课件是指既可以由教师操作主控电脑，用于演示型计算机辅助教学，又可以安装于服务器，用于网络型计算机辅助教学，由学生上网访问搜索所需课件来进行自主学习。这种优势整合的课件形式将会成为多媒体地理课件发展的重要方向

2. 多媒体地理课件的设计

多媒体课件设计过程包括课题确定、教学设计、系统设计、脚本创作、多媒体信息采集加工与合成、教学测评等几大程序(参见图 4-7)。其中多媒体信息的采集加工(包括图像处理、音频处理、视频处理、动画处理)及多媒体信息合成是课件制作整体设计过程的两大重要阶段。

---

① 段玉山主编.信息技术辅助地理教学[M].北京:高等教育出版社,2003:39.

(1)多媒体课件设计的主题选择

并不是所有教学内容都可以或都必须要制作成多媒体课件来教学,也并不是所有的内容用多媒体教学都可取得最佳效果。正如前苏联顿涅茨克工学院教授巴克拉诺夫指出,采用电化教学就是为了提高教学质量与教学效率,离开了这些,电教媒体也就谈不上比传统媒体的新与优。[①] 设计主题的选择,既要考虑到教学目的、内容的客观需要,又要考虑到媒体信息的拥有和教育技术功能的实现。

多媒体课件设计主题选择有以下方法:

①先定主题(教学章节或专题),再准备相应教学媒体信息。②由已具备(或可具备)的教学媒体信息,定出课件主题。③针对教学中的难点或重点选择多媒体课件主题。④综合考虑,选择多媒体课件主题。

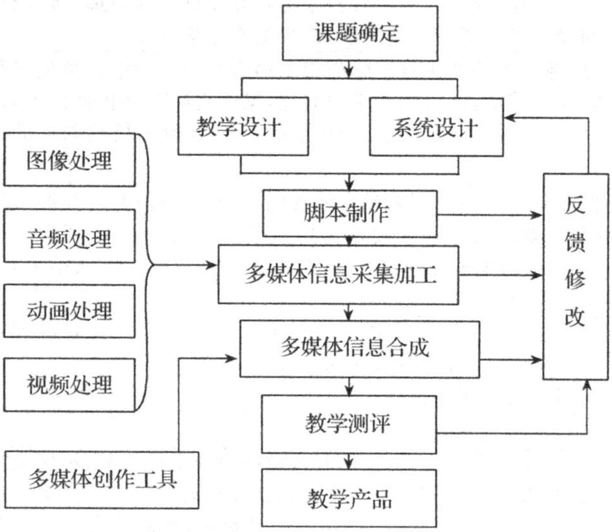

图 4-7　多媒体课件设计过程[②]

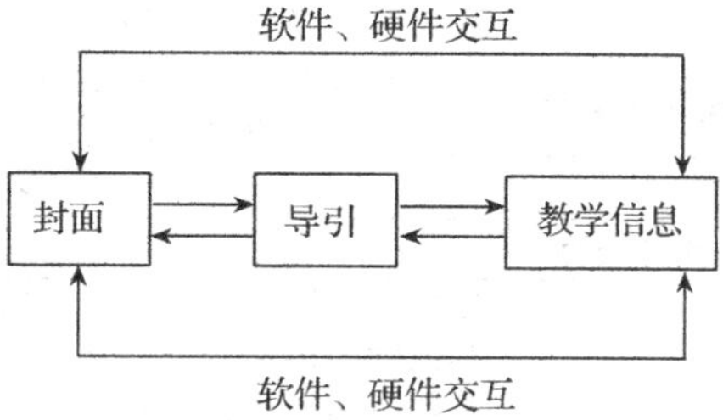

图 4-8　多媒体课件组成[③]

(2)多媒体课件的系统设计

多媒体课件一般包括三大部分,即封面模块、导引信息模块、教学信息模块,其中,教学信息模块是主要模块。三部分都可包括各种媒体数据,在封面、导引、信息模块之间要通过交互界面与跳转手段进行(参见图 4-8)。

课件的系统设计是建立在教学设计基础上组织教学信息的多媒体系统实现方式。系统设计包括系统结构设计、交互界面设计、导引策略设计等。

(3)教学媒体信息的准备、筛选与提炼

教学媒体信息是指可为教学服务的媒体信息,包括文字、声音、图形、图像、动画、视频等。

教学媒体信息可从以下途径获得:①从教材、参考资料中提炼。②到网上查找。③动手拍摄照片,录制录像和声音,自备有关信息。④截取或提炼有关录像带、VCD 片、电视节目内容。⑤利用多媒体课件(软件)资源的可重组性,移植可利用的教学媒体信息。⑥利用地

① 赖才炎. 多媒体地理教学课件的设计与制作[J]. 地理教学,2000(12).

② 段玉山. 地理新课程课堂教学技能[M]. 北京:高等教育出版社,2003:167.

③ 段玉山主编. 地理新课程课堂教学技能[M]. 北京:高等教育出版社,2003:173.

图集、数据表格处理软件的辅助，获得各类地图及图表等。

对于教学媒体信息的筛选和提炼，首先要考虑"目的性原则"，即根据教学目的需要去选择媒体信息，不能为追求形式而盲目、随意地滥用媒体信息；其次要考虑到"针对性原则"，即针对地理学科特点、学习内容、教学目标以及学生的年龄（心理）特点选择合适的媒体信息。

（4）多媒体教学"教案"的设计

教案设计包括：

①教学要点的提炼，知识结构层次的安排，即教学框架的确定。

②"说明"知识要点所需教学媒体信息的落实，即教学内容的确定。

③教学媒体信息"表现"形式与方法的选择。即考虑媒体信息何时用、用多少、怎样用的问题。这涉及所用媒体信息的难与易、正与反、快与慢、多与少、动与静等的选择设计。

④重点设计突破教学难点与重点、转抽象为具体的方法方式。初步考虑各知识点的过渡、所需时间和教学活动的方式。故多媒体"教案"设计不但要考虑到教学目标、内容和教学媒体信息，而且要考虑到学生地位、教师角色及场地设备。多媒体教学设计内容与操作流程简图如图 4-9。

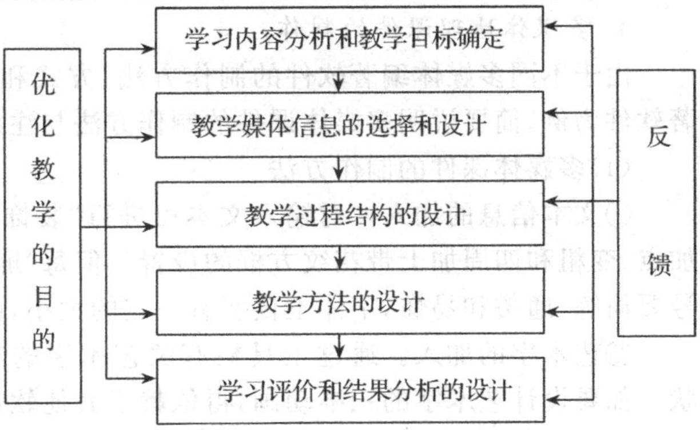

图 4-9　多媒体教学设计内容与操作流程图①

（5）课件脚本编写

脚本是课件设计依据，是多媒体教学过程获得高质量的有效保障。脚本编写是设计课件的基础和关键。高质量的多媒体课件要求脚本编写者：①具备丰富的教学经验。对地理教材内容有透彻分析，善于对教学内容进行动态优化处理，能有针对性地解决教学的重点和难点。②应懂得计算机应用技术及多媒体的基本知识，所设计的脚本容易转换成易于接收和理解的课件。③应与软件制作者经常沟通、交换意见、互相补充，使计算机技术与教学实践相辅相成。

另一方面，从脚本要求来看，编写过程中应注意：①要按总体设计要求编写脚本。按总体设计所划分的功能模块顺序编写，每个功能模块可分解为一个个足够小的显示单元，每一个单元表达一个概念、一个问题、一组图形或练习。内容相近的应尽量组织到一个模块中，这样，后续部分沿用前续部分，大大减少清屏和重现，提高制作效率。②界面设计要合理。界面设计时，要根据屏幕大小分辨率进行。各种媒体安排要合理、美观，尽量少用大段的文本，多用直观的图表、图像和动态文件。③课件可编成一个内容完整的软件，也可将教学中的部分重点、难点各自独立地编成"专题式"小课件。④注意科学性与趣味性的结合。

（6）课件制作所依托的多媒体编著软件的选择

目前，可用来编著多媒体课件的软件不少，各自的编著功能也各有特色。常用的有 Microsoft 公司的 PowerPoint，Macromedia 公司的 Authorware 和 Director，方正公司的 Foun-

① 赖才炎. 多媒体地理教学课件的设计与制作[J]. 地理教学，2000(12).

derAuthortool 等。选择哪一种编著软件，主要从自己对软件功能的了解和实现教学整体目标所需的表现方式共同决定，各个课件制作软件的特点详见下表。

表 4-21 常用课件制作软件比较①

名称	功能	特色	辅助模块	操作	能否调用其他文件
Authorware	很强	导航、交互功能较强	各种函数	稍难	能
方正奥思等	较强	适合国内用户	无	易	能
Flash	较强	二维动画开发，生成文件较小	无	稍难	能
Powerpoint	一般	模板丰富	无	很易	能
Frontpage	一般	网上发布功能	无	很易	能

3. 多媒体地理课件的制作

由于不同多媒体编著软件的制作方法、方式和步骤有很大差异，在此以 PowerPoint 编著软件为例，简要说明多媒体课件的制作方法与注意问题。

(1)多媒体课件的制作方法

①文本信息的加入。对输入文本可进行“装饰”，包括字形大小、字体种类、颜色、背景、加点、变粗和四周加上带花纹方框的设置。但每“屏”所放的文本内容不宜过多，作为文字符号要简练、通俗和易懂，字体不仅要有一定的大小，而且字体颜色与其背景的反差尽量最大。

②艺术字的加入。通过工具栏有关艺术字的功能按钮，设计艺术字的立体、阴影和形状。如要设计艺术字的三维动画，得依赖于其他软件的支持。

③图片信息的加入。图片来源各有渠道，但每张图片都要有一定“质量”，能恰当地“说明”某一问题。图片大多需先用其他软件进行处理，例如 Photoshop 软件，更加突出主要信息。

④声音信息的加入。作为背景音乐，要选择比较柔和的曲调；作为提示音，要选择较亲切、易懂的中(英)文；作为解说词要言简意赅，不宜滥用。

⑤视频信息的加入。视频文件可以 AVI 格式保存，也可以 MPG 格式保存。加入视频信息时需用相关软件进行编辑加工，一方面减少课件容量，另一方面更加突出教学信息。

(2)多媒体课件设计与制作中应注意的问题

①观点正确，文字、语句规范。

②考虑到课件的功用性。指满足教与学的功能需求，主要体现课件的不可取代性及教学交互性。

③考虑到课件的可靠性。指在规定条件下和时间内运行成功的程度，课件的可装配性和可移植性。

④考虑到课件的经济性，即投入与产出的关系。

⑤考虑到课件设计中的美学问题和智能化问题，使课件美观实用。

当多媒体教学课件制作基本完成，调试完毕后，就进行打包处理，生成 Windows 操作系统下可直接运行的文件；然后进行备份操作，抑或是把打包后的课件通过光盘刻录机复制到 CD-ROM 上。

4. 多媒体地理课件的评价

多媒体地理课件的评价有一个综合评价体系。参见表 4-22。

① 方其桂主编. 多媒体 CAI 课件制作教程[M]. 北京：人民邮电出版社，2003：132.

表 4-22　地理课件评估量化评估表①

评估项目	评估要素	评价等级				
		最优	优	良	中	差
教学内容（20分）	准确，符合地理科学和地理教育事实					
	有地理趣味性					
	具有地理科学的教育意义					
	难易适度					
	技术基础要求规范					
	体现知识更新，符合地理科学和地理教育规律					
教学模式（20分）	地理新概念教学适当					
	学生能控制课件播放的步子					
	学生能控制课件播放的顺序					
	地理信息接纳范围广					
	教学反馈有用，说明适当					
	教学反映学习理论的知识					
技术指标（20分）	图表、声音适当					
	显示屏不零乱					
	程序没有缺陷					
	菜单项易于理解，描述性强					
	反映类型清楚					
	阅读水平适当					
	输入正确或错误时，程序反映适当					
文件编制（20分）	硬件要求完整清晰					
	程序安装步骤完整清晰					
	目的/目标说明清楚					
	指明需要的技术基础					
	设计对象说明清楚					
	文档资料正确，水平适当					
操作便利（20分）	学生可以在教师最低限度的帮助下使用程序					
	屏幕指导清楚					
	随时可以查看指导					
	用户可以跳过指导					
	学生无须重新打开程序就能再看前面的内容					
	学生可以随时退出程序					
	学生可以在他们停止的地方重新启动程序					

（三）多媒体网络辅助地理教学

多媒体网络渗透到地理教学活动中，具有更好的生动性、灵活性、交互性及生成性，能有效提高地理教学的质量。多媒体网络辅助地理教学的发展，有利于传统师生地位的根本转变。多媒体网络技术应用到地理教学中，有利于学生自主学习及合作交流，真正成为学习的主人。地理教师致力于教学软件的设计、制作和开发，日益成为学生学习的指导者和学习成果的评估者。

1. 网络辅助地理教学的几种原型

经过几年的发展，网络辅助地理教学已经有了相对成熟的模型，例如以下的三种类型：

① 孙继虎，杨红珍. 地理多媒体教学课件的编制标准和评估. 中国地理课程网：http://geo. cersp. com/sjxyj/jstd/200605/678. 5. html

(1)视听型——以传授基础地理知识为主要目标

一般以常规教室为基地，教室内可使用幻灯机、投影机、录像机、电视机、计算机、局域网等组合成多媒体系统，实现地理教学内容的程序化、自动化、连续化，使教学内容形象化，便于学生学习、理解、记忆。

(2)活动型——以培养学生动手和动脑的实际操作能力为主导方向

多媒体科技活动作为第二课堂，成为培养学生动手、动脑能力的天地。通过理论联系实际，调动学生的积极性，如建设地理园，进行气象观测、大气污染监测、地质地震预报等，还可成立地理课外科技小组，如天文、地质地震、气象和环保等小组开展学习活动。

(3)基地型——从地理电化教室到多媒体网络地理教室

地理电化教室在环境设计上体现出人为的优化，如蓝天白云、青山绿水或者是宇宙苍穹；布置与自然环境相协调的生态教室，在教室内摆放地质模型、岩石矿物的标本，在四周墙壁上挂上地理景观挂图，给人回归大自然的感觉和探索地理奥秘的冲动。在充满美感和智慧的环境氛围中，学生的情感、心理产生共鸣，通过教学环境的“暗示倾向”和学生的“心理场整合”，使学生的“智、趣、美”调整到最佳状态，从而促进教学质量的提高。

多媒体网络地理教室基于信息技术和计算机网络通信手段，综合语音室、地理电化教室和计算机网络教室的功能，整体实现地理教学的现代化。具体而言，就是在网络数据共享的基础上，将与地理知识相关的影视、图形、图像、声音、动画及文字等多媒体信息，实时控制、动态引入到教学过程中。教师通过“教师机”，向学生展示图形、动画、音频、视频和多媒体课件，通过监听、监视了解学生的学习情况，实现学生自主学习和学生间协同学习。

目前，教育网站是开展网络教学实践的先锋，非网络化的计算机辅助教学(CAI)的实践积累，也促进了网络辅助教学的发展。因特网(或校园网)的地理教学网站为地理教学的发展提供了强有力的资源条件，丰富了地理课堂教学的内涵，发挥网络的“助教”、“助学”功能，对推动地理现代化教学改革有重要的现实意义。

2. 网络辅助地理教学的不同模式

据学生在教学活动中的学习方式，网络辅助地理教学可以分为发现式学习与协作式学习。

(1)网络辅助教学环境下的发现式学习

即教学网络中建立一个由学生控制的、允许学生在特定领域探索和验证假设的发现式学习环境。学生通过个别化、自我激发式的学习，以自己适应的方式和步调来建构知识。这样的学习环境对于发展学生的高级思维和分析问题、解决问题的能力十分有益。

(2)网络辅助教学环境下的协作式学习

即在多媒体网络教学环境下，将学生分成若干学习小组，小组成员相互合作，共同解决某个问题。学生通过网络收集大量的感性资料，并利用资料共同协商解决问题，使每个学生都有可能利用自己所掌握的资料，从不同角度思考和解决问题。多媒体网络教学中，还可以让小组中的一些学生负责整理知识，另一些学生把知识点用适当的形式表达出来，通过集体的力量学习知识、掌握技能，让学生享受到获取知识的乐趣，在完成学习任务的同时，也掌握了合作技巧和社会技能，培养团队精神。例如，在“人类对宇宙的新探索”等课，就可采取此种学习方式。

利用多媒体网络开展发现式和协作式学习，应注意以下三个问题：

第一，教师在课堂教学活动中起着管理者和指导者的作用，应充分利用多媒体网络的监视、广播、分组、在线帮助和电子举手等功能，对教学实现有效的监督与控制，防止学生的学习偏离预定的教学目标。

第二，整个教学活动是在学生自己控制的情境中进行，学生查找资料和学生之间的协同学习通过网络实现，网上课件设计要符合学生的发现式学习和协作式学习。

第三，教师的信息素养是制约发现式与协作式学习的另一关键因素，对教师进行相应培训，是发挥多媒体网络教学作用的有效措施。

根据教学活动的组织形式划分，网络地理教学可以分为四种模式：虚拟课堂教学、课件式教学、在线教学和客户化教学。

(1)虚拟课堂教学

虚拟课堂教学是可以在小范围的局域网上或在大范围的宽带网络上进行的类似于电视大学中的实时播放的教学形式。它比电视教学更先进的地方是师生之间可以很方便地进行实时交流。由于虚拟课堂教学同传统的教学模式比较接近，所以在我国这种形式的网络教学目前仍非常流行。

(2)课件式教学

课件式教学主要是在校园网或电脑房的服务器上存放一些 CAI 课件，教师根据教学需要选择课件供学生练习或在讲课时作讲解演示用。由于目前国内市场上的 CAI 课件尚不丰富，课件式教学通常穿插在教师的讲课过程中作为一种教学的补充形式。

(3)在线式教学

在线式教学主要是指通过校园网或将家里、单位的计算机挂接到 Internet 上，学生可以自由选择时间上网接受教育，教师则定期根据学生的情况及反馈信息进行辅导。

(4)客户化教学

客户化教学方式是一种比较先进的教学模式，它采用基于建构主义学习与教学理论的 CAI 系统，客户(学生或教师)可以将要求告诉系统，系统则根据客户的要求组织系统资源自动组合教材，这样可以使网上资源得到充分有效的利用。

3. *多媒体网络地理教学对师生的要求*

多媒体网络地理教学是适应信息时代的学科改革趋势，对教师和学生都提出新要求。

对教师的要求包括：

①具有教育信息化的明确理念。应具有良好的信息意识，掌握信息检索技术，掌握多种教学媒体的选择能力和整合能力。

②有勇于探索和创新的精神。不断探索，能创造性地把新思想、新观点、新方法融汇到多媒体网络地理教学的探索中，为学生创造性思维及能力的发展创设更多机会。

③成为真正的“导”师。引导学生更有效地利用先进的多媒体网络地理教学，有目标地学，有能力地学，有情趣地学，有发展地学，真正成为学习的主人。

④积极的课程设计与开发者。多媒体网络地理教学使传统课程与教材的观念更显局限。地理教师要正确指导学生进入信息高速路等，检索学习研究有关信息，并精心设计、积极开发利用多种课程资源，为学生建设优质地理课程。

⑤主动的教学合作者。交互网络式教学强化群体间和个体间的交流，教师要主动、愉悦地参与生生、师生间多种形式的交流与合作，成为学生的学习伙伴。同时，利用方便条件，进行不同国家、地区间超地域的师师、师生合作，交换意见，分享经验，讨论难题等。

⑥多媒体网络地理教学的持续研究者。

多媒体网络地理教学在不断向前发展，地理教师要不断学习有关新理论、新方法、新技术，有意识地以研究者的心态、视角，去发现问题和解决问题，不断提高地理教学信息技术现代化的质量与水平。

对学生的要求主要体现在有良好的信息素养。

1998年，美国图书馆协会（ALA）和美国教育传播与技术协会（AECT）出版的《信息能力：创建学习的伙伴》中，制定了“学生学习的信息素养标准”，包括三大方面、九大标准。①

“信息素养”方面有三条标准：能够有效和快捷地存取信息；能够熟练和恰当地评价信息；能够准确和创造性地使用信息。

“独立学习”方面有三条标准：要求“作为独立学习者的学生具有信息素养”，并“能探求所需信息，能欣赏作品及对信息进行创造性的表达，能在信息查询与知识创建中做得更好”。

“社会责任”方面有三条标准：要求“对学习团体和社会有积极贡献的学生具有信息素养”，并“能认识信息对民主化社会的重要性，能在信息和信息技术中实施有道德的行为，能在团队中探求和创建信息”。

结合我国的实际，中学生信息素养应包括4方面内容：具有良好的信息伦理道德修养、使用信息技术的积极的态度、较好地掌握信息技术知识、具有较好的应用信息技术的能力。②具体要求详见我国2000年11月颁布的《中小学生信息课程指导纲要（试行）》。

地理教师要积极创造条件，不断培养并深厚学生的信息素养。需要注意：①积极推进基于信息技术课程的有关课程。②建构主义学习理论是培养学生信息素养的重要理论基础。③注重运用多种方法培养学生的信息素养。如通过多种案例情境，引导学生运用信息技术积极参与学习、辩论、交流、评价；有意识地采用基于信息的问题教学法；有意识地要求学生在网上递交作业，注意激励、表彰优秀作业、作品等。④教师要有意识地经常利用信息技术进行教学，解决教学中出现的问题，表现出良好的信息伦理道德修养等，能给学生以潜移默化的重要影响。

【相关链接】

基于演示与网络相结合的计算机辅助地理教学模式③

一、支架式教学模式

支架式教学是为学习者建构对知识的理解提供一种概念框架。这种框架中的概念是为发展学习者对问题的进一步理解所需要的。为此，事先要把复杂的学习任务加以分解，以便把学习者的理解逐步引向深入。该教学思想源于前苏联著名心理学家维果斯基的“最近发展区”理论，建构主义者从维果斯基的思想出发，借用建筑行业中使用的“脚手架”作为上述概念框架的形象化比喻，其实质是利用上述概念框架作为学习过程中的脚手架，使学生沿框架上的知识节点攀登，下面以“日本”一节为例。

支架式教学模式主要由以下几个环节：

1. 搭脚手架——围绕当前学习主题，按“最近发展区”的要求建立概念框架。如“日本”知识结构图（课件主页，如下图所示），可作为学生学习的脚手架。这个框架可由老师设计，也可由学生通过讨论提出想了解日本的内容。框架上的知识点就是学生的“最近发展区”。

---

① 余丽.美国的信息素养及其标准 http://edu.mzedu.com//Test/K12/ty/xxjsjy/zxxxxjsjy/2006－07－06/1152149674d621055.html

② 谢琪.中学生信息素养的内容体系及其培养方法研究[J].中国电化教育，2002(3).

③ 吴照.基于演示与网络相结合的计算机辅助地理教学模式[J].中国多媒体教学学报，2005(4).

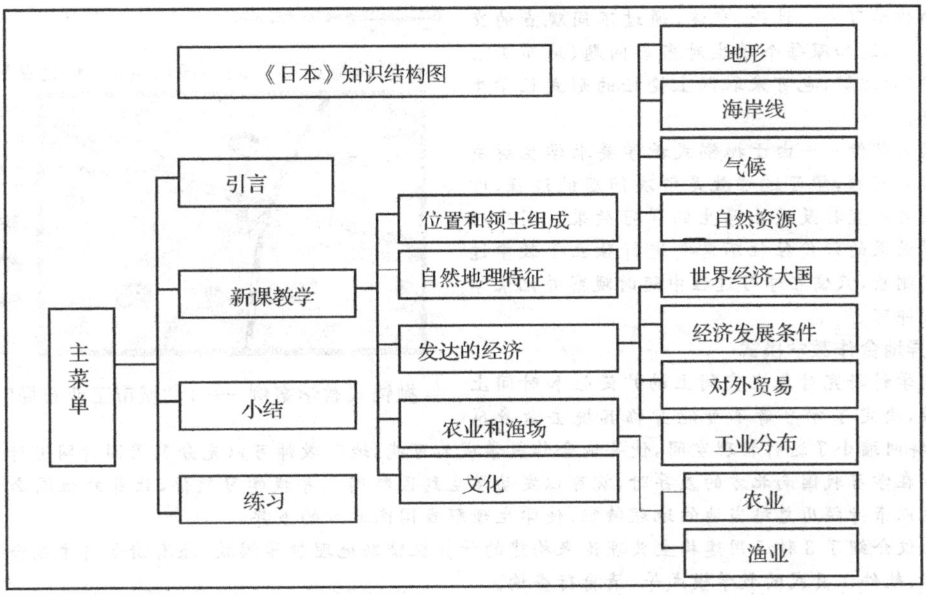

2. 进入情境——将学生引入一定的问题情境(概念框架中的某个节点)。如从“日本的自然条件”这个知识点开始学习，逐渐进入经济和农业知识的学习。

3. 独立探索——让学生独立探索。探索开始时要先由教师启发引导，然后让学生自己去分析；探索过程中教师要适时提示，帮助学生沿概念框架逐步攀升。起初的引导、帮助可以多一些，以后逐渐减少——愈来愈多地放手让学生自己探索。

4. 协作学习——进行小组协商、讨论，发表自己对日本的看法，相互质疑，互相补充，这样，学生对日本的概念更加全面、明确，最终在共享集体思维成果的基础上达到对日本的比较全面、正确的理解，最终完成对所学知识的意义建构。

5. 效果评价——对学习效果的评价包括学生个人的自我评价和学习小组对个人的学习评价，评价内容包括：①自主学习能力；②对小组协作学习所做出的贡献；③是否完成对所学知识的意义建构。

该课课件主页为“日本”知识结构图”，课件由引言、教学新课、小结、练习四部分构成。新课中把教学内容分解成地理位置、自然条件、发达经济、农业生产和文化等部分。每一部分学习都辅以丰富的图片、影视资料、文字录音讲解等，把日本从多方面描述出来。

二、抛锚式教学模式

这种教学要求建立在有感染力的真实事件或真实问题的基础上。确定这类真实事件或问题被形象地比喻为“抛锚”，因为一旦这类事件或问题被确定了，整个教学内容和教学进程也就被确定了(就像轮船被锚固定一样)。建构主义认为，学习者要想完成对所学知识的意义建构，即达到对该知识所反映事物的性质、规律以及该事物与其他事物之间联系的深刻理解，最好的办法是让学习者到现实世界的真实环境中去感受、去体验(即通过获取直接经验来学习)，而不是仅仅聆听别人(如教师)对这种经验的介绍和讲解。由于抛锚式教学要以真实事例或问题为基础(作为“锚”)，所以有时也称为“实例式教学”或“基于问题的教学”，下面以“城市工业布局”为例。

抛锚式教学由以下几个环节组成：

1. 创设情境——使学习能在和现实情况基本一致或相类似的情境中发生。“城市工业布局”一节模拟实际城市工业布局情境(如下图)。

2. 确定问题——在上述情境下，选择出与当前学习主题密切相关的真实性事件或问题作为学习的中心内容，让学生面临一个需要解决的现实问题。选出的事件或问题就是“锚”，这里的“锚”是“城市工业布局问题”。

3. 自主学习——不是由教师直接告诉学生应当如何去解决面临的问题，而是由教师向学生提供解决该问题的有关线索。例如，需要搜集哪类资料、从何处获取有关资料，以及现实中专家解决类似问题的探索过程等，并要特别注意发展学生的“自主学习”能力。该节以“基础知识”、“分析方法”、“参考信息”三个按钮超链为学生提供学习资料，引导学生访问教学网站，搜集相关资料。

4. 协作学习——讨论、交流，通过不同观点的交锋，补充、修正、加深每个学生对当前问题(城市工业布局问题)的理解，也可采取网上论坛的形式让学生各抒己见。

5. 效果评价——由于抛锚式教学要求学生解决面临的现实问题，学习过程就是解决问题的过程，即由该过程可以直接反映出学生的学习效果。因此对这种教学效果的评价往往不需要进行独立于教学过程的专门测验，只需在学习过程中随时观察并记录学生的表现即可。

抛锚式教学案例——以“城市工业布局”为例

三、异地合作教学模式

地理学科研究对象在空间上的广泛性和时间上的无限性，决定了学习者不可能身临其境去亲身感受，而因特网缩小了这种物理空间，使异地合作教学成为可能，地理教师可以充分利用因特网进行异地合作教学。如在学习我国南北方的差异时，就可以发动学生到因特网上寻找学习伙伴，让身处祖国南北不同地区的学生以亲身经历总结当地的地理特征，使学生理解我国南北方的差异。

以上仅介绍了 3 种运用建构主义理论来构建的计算机辅助地理教学模式，还有诸如自主或合作探究式教学模式、软件工具式的教学模式等，请自行查询。

第六节　常用地理教学技术与艺术

教学的基础是科学，教学的实现是技术，教学的创造是艺术。教学原则、模式、方法及媒体运用，必须转化为教学技术才能最终变成教学现实，必须通过教学艺术才能将一般的教学现实提升至卓有成效的教学理想境界。地理教师要不断追求科学、技术与艺术统一的教学最高境界。

一般而言，教学技术是客观化的教学操作方式、方法、规程、要领，是教育科学理论转化而来的行为方式方法即操作方法。对教学技术的掌握是教学技能，对教学技能熟练、自如的掌握是教学技巧。教学艺术是对能取得最佳教学效果的一套优化组合的教学方法、技能和技巧的娴熟而富有创造性、个性与美感的运用。教学技术与教学艺术层次不同，前者是后者的基础，后者是前者的升华。

常用地理教学技术与艺术，一般可分成教学口语与态势语、板书、板图、启发、交流、组织、反馈、评价等(多媒体技术亦在其中)。以下着重于地理教学“说、书、画”的技术与艺术，其他有关教学艺术，将结合后续有关章节进行论述。

一、地理教学口语技术与艺术

地理教学口语是教师通过发声传达、呈现和交流地理教学信息的语言。地理教学口语与态势语、书面语共同构成地理教学语言系统。地理教学口语作为师生间最大量运用的教学交流的基本工具，其表达质量的高低，在很大程度上决定着地理教学效果的优劣。

(一)地理教学口语的技术要素

地理教学口语的技术要素与其他学科教学口语的技术要素并无很大差异，其基本含义及技术要求参见表 4-23。

表 4-23　地理教学口语主要技术要素

口语要素		基本含义	技术要求
语音	语音	语言的声音	普通话标准，语音清晰，吐字清楚，字正腔圆
	音量	言语时声音的响度	音量适中（60 分贝左右），略有变化。前排不震耳，后排听得清
	语速	口头言语进程的快慢	语速适度(单向表述一般 200 字左右/分钟)。疾缓有致，富有节奏
	语调	言语时语句高低强弱的变化	语调抑扬顿挫，富有旋律感；突现重点信息，富有雕塑感
	语气	说话的口气	多种变化，语气传情
	语流	言语操作活动形成的语言进程	语流平稳、流畅，如行云流水
词汇		言语中所有的词和词组的总汇	词汇准确、规范、生动、丰富
语法		语言的结构规律	词、句表达规范，逻辑结构清晰

(二)地理教学口语表达的一般要求

地理教学口语表达要求准确、简明、生动、启思，注重科学美、简洁美、形象美、逻辑美与谐趣美的统一。

(1)准确。要求对地理事象的基本名词概念、事实、原理的有关表述做到读音准确、用词准确、概念准确、方位明确，计量单位规范。例如，地壳、冰碛、侗族、濒临、兖州等词汇的正确发音；山脉与山系，天气与气候，植被与植物，国土与领土，种族与民族，华人与华侨，资源环境与环境资源的准确运用；用“东、西、南、北”而不用“上、下、左、右”表述地理方位等。这是口语表达科学美之要求。

(2)简明。要求表述简练，紧扣教学内容，具有较强的概括性。课堂上不海聊神侃，不说废话，不说无意义的口头语，并避免无意义的机械重复。这是口语表达简洁美之要求。

(3)生动。能用形象描述，吟诵诗词、歌谣，引用故事、资料，采用排比、夸张、拟人等修辞法，以及声情法、美称法、幽默法、意境法等多种艺术方法增强口语表达的感染力。例如，以“横空出世，莽昆仑，阅尽人间春色”、“北国风光，千里冰封，万里雪飘”颂山河之壮美；以“绿满山原白满川，子规声里雨如烟。乡村四月闲人少，才了桑麻又插田”绘江南水乡之秀色；以“滚滚长江向东流，流的都是煤和油”喻长江水能之丰富。这些都会给学生以悦耳悦目、悦心悦意形象美之感受。

(4)启思。能应用恰当的设疑置问、逻辑推理等启迪性语言展示教学内容的逻辑美。例如：“我国的水资源”一课。水有什么用？→水资源及其重要性？→水资源的特点？→水资源的问题？→水资源问题的成因？→有哪些解决对策？→怎样从身边做起？等一系列问题，有序引导，层层递进。不仅揭示出水资源问题研究的内在逻辑，也显示了科学地理与生活地理的内在逻辑。这是口语表达逻辑美之要求。启思也常从发散思维、逆向思维等角度提问，例如：“应对全球变暖，有哪些对策？”“如果黄赤交角变大或变小，会给地球环境带来哪些影响？”这样的设问，容易引发学生探究欲望，也拓展了其思维的方法。

(三)地理课堂常见教学口语的表达要求

地理课堂教学，有不同的教学口语类型，除了满足一般要求，也有一定差异。见表 4-24。

表 4-24　地理常见教学口语表达要求

类型	表达要求
导入语	亲切、简明、生动、激情。能灵活运用温故、点题、直观、趣引、实例等多种方法导入
设问语	设问适时，问题明确，难易适度，由浅入深，数量适宜，启发性强
回答语	回答敏捷，激励语气，针对性强，确切分明，适当追问，思路引导
讲述语	脉络清楚，形象生动，语调丰富，富有感染力，语速适中
阐释语	语句简明，中心突出，逻辑性强，语速稍慢
论辩语	论点明确，语音坚实，语气果敢，语势雄辩，逻辑严密，语速稍快
过渡语	简洁明快，揭示联系，承上启下，衔接自然
应变语	反应敏捷，机智作答，因势利导，速控课堂
组织语	简洁有力，体现关爱，吸引注意，调动学生
结束语	简洁概括，突出重点，明了结构，能灵活运用归纳、点睛、巩固、铺垫、延伸、激励等多种方式

(四)地理教学口语艺术举样

教学口语艺术包括多种类型，各教学口语类型都有由技术层面到艺术层面的提升空间。限于篇幅，以下着重就地理教学口语生动表达的方法以及地理教学幽默艺术举样说明。

1. 地理教学口语生动表达的方法举样

可用形象描述，吟诵诗词、歌谣，引用故事、资料，采用排比、夸张、拟人等修辞法，以及声情法、美称法、幽默法、意境法等多种艺术方法增强口语表达的感染力。例如：

(1)**形象描述**："飞流直下三千尺，疑是银河落九天。"(李白)

(2)**吟诵诗词**："坐地日行八万里，巡天遥看一千河。"(毛泽东)

(3)**歌谣**："五十年代淘米洗菜，六十年代洗锅涮盖，七十年代鱼虾死完，八十年代形成公害。"

(4)**故事**："借东风"、"丢失的一天"、"雾弹之谜"、"猫跳河的真相"等。

(5)**修辞法**：

排比："水圈主体，云雨故乡，资源宝库，贸易通道。"(海洋)

比喻："震级"如同炸弹的"爆炸力"，"烈度"如同炸弹的"杀伤力"。

诗韵："地球，我的母亲，衣的是你，食的是你，我要怎样才能报答你的深恩……"(郭沫若)

对仗："万里长城山海关，龙头为首；独门绝技少林寺，天下无双。"

拟人："我们的母亲，她是一个天资玉质的美人……"(方志敏)"大地在呻吟，母亲在哭泣"(环境灾难)；"中华民族动脉大出血"(黄河水土流失)。

(6)**意境法**："流水小桥多，人家尽枕河"(江南水乡)"云中的神呵，雾中的仙，神姿仙态桂林的山！情一样深呵，梦一样美，如情如梦漓江的水！"(贺敬之)。

(7)**点睛法**："三山夹两盆"；四大高原"高"、"平"、"黄"、"崎"等。

(8)**美称法**："地球之肺"，"绿色水库"，"农田卫士"，"环境美化师"，"天然基因库"(森林)。

2. 地理教学幽默艺术举样①

(1)**巧用笑典法**：即在教学中根据内容需要，精心设计或引用幽默诙趣的典故、逸闻，以达到教学内容与笑典相映成趣的效果，如"救命恩马"等。

(2)**巧譬妙喻法**：即教师在讲解某些地理概念、特征、原理时巧用打比方类方法化难为易，妙趣横生又回味无穷。例如：

"食物链"——"大鱼吃小鱼，小鱼吃虾米。"　"休渔"——"三天打鱼，两天晒网。"

"生态美"——"明月松间照，清泉石上流。"　"桂林山水"——"水作青罗带，山似碧玉簪。"

"地理方位"——"迷途望见北斗星"(绝处逢生)。　"月相"——"十五的月亮"(光明正大)。

---

① 胡淑飞，黄京鸿．地理教学幽默艺术探微[J]．中学地理教学参考，2007(3)．

(3)**婉言释义法**：即根据教学需要，对某些概念、语词的内涵、外延作巧释或曲解，从而形成独特风味的幽默艺术。例如：

“地球”——人类野心的竞技场；“人口”——闻之色变的蘑菇云；“资源”——世纪战争的导火索；“环境”——惨不忍睹的伤心地。

(4)**借题发挥法**：即教师在教学时就某一问题暂停其本义的顺向推进，而旁逸斜出作横向联系，借此题而发挥彼意，从而构成别有意味的幽默。例如：

“到南极去”——某日地理课，不少同学精神不济，睡眼蒙胧。此日正学“两极地区”，老师见状不动声色，咳嗽一声说：“极昼、极夜，两极独有，此时南极已近极夜。哪些同学要补瞌睡，我介绍个好去处，南极当是最佳选择！”学生大笑，打瞌睡的学生也为之一振。

(5)**蓄意夸张法**：即教学中为突出地理事物的某种特征，对其有意加以扩大或缩小以增加谐趣效果。例如：

“跨洋萝卜”——某地理教师批判“人有多大胆，地有多大产”的“唯意志论”时，诵当年“经典”诗作一首“公社萝卜长，骑它下东洋，尾离胶州湾，头到珍珠港”。众生爆笑，深感荒谬，又苦涩有加。

(6)**刻意精细法**：即教师在教学中将通常较模糊定性的东西，刻意地加以精细定量描述，从而产生喜剧性的幽默效果。例如：

“十四年后听到的歌”——某地理教师描述日地间平均距离 1.5 亿千米：“1.5 亿千米的距离要是用光走，需 8 分钟多；如时速 60 千米火车走，约 300 年；如果帕瓦罗蒂在太阳上唱一支歌，我们 14 年后才能听到他的歌声。”学生哗然。

(7)**轻言拔重法**：即教师在教学中以极轻松极平常的语言、事例漫不经心地拨倒本来紧张或重大的难题，而轻易走出困境，并使人因“历惊无险”而畅怀而笑。例如：

“哪里有压迫，哪里就有反抗”——某日，教师讲《气旋与反气旋》，学生老是弄不清它们在高压区还是低压区中形成，教师急中生智说：“哪里有压迫，哪里就有反抗，反气旋就是在高压区中形成的。”学生一听乐了，并长久不忘。例如：

“听不见下课铃了”——某新教师上地理课，学生不甚适应，乱作一团。教师忙乎了近一节课，学生却不以为然。眼看下课临近，该师大声道：“再说话就听不见下课铃了！”话音未落，全场顿时鸦雀无声。

(8)**直落反差法**：即教学时将某事情的进展与结果用大距离反差猛然抖落，使学生始料未及，大笑、惊叹进而顿误。例如：

“地震研究”——某教师一日讲“地震”时说，据有关报道，日本学者花了 30 多年时间，耗费了近 7 亿多美元研究地震，最后得出了结论(师有意“刹车”，生皆翘首以待)——在现有的科学水平下，要准确预报地震是不可能的！生深感意外，继而愕然叹息。

(9)**逻辑归谬法**：即教师对一错误论题不直接否定，而是先假定其真，然后据此推导出荒谬的结果，由结果的荒谬反推该论题的荒谬，使学生在笑声中获得启迪。例如：

“早上有月亮？”——某日师生对话。师：知道月亮什么时候出来吗？生 1：知道！知道！太阳一落坡，月亮就升起来！生 2：不是下午，就是夜里。那首《静夜思》不是写得很明白吗？师：那么“暮伴新月宿，晓随残月行”怎么解释呢？生 1：啊，早上有月亮？太阳还未出来呢！”生 3：是你还未出来吧？众生大笑。

(五)地理教学口语技艺提高途径

1. 掌握科学的语言表达技术技巧

同任何教学技艺，语言表达也有其科学的知识与技术基础。就教学口语而言，如上所述，不同口语要素有各自技术特点；不同口语类型有不同表达要求；不同口语艺术如幽默语言艺术也有供灵活运用的多种方法。因此，立足于科学的基础是甚为重要的。

需要指出的是，口语技艺的提高还需注意口语表达与态势语的协调配合，才能相映生辉，相得益彰。态势语是教师通过表情、手势、姿态等有关肌肉活动或身体动作来传达、呈现和交流教学信息的语言。有研究表明，在信息交流的总效果中，面部表情或伴随语言作出了

50%以上的贡献。协助口语表达的主要态势语类型及其要求参见表4-25。

表4-25 主要态势语类型及其表达要求

类型		表达要求
面部言语	总体	亲切、自然、积极、灵活
	目光	亲切、关注、灵活；适当变换视角、视线长短、视线软硬
	表情	温和、笑意、关注、真诚、积极、鲜明、丰富、适度
手势言语	总体	自然大方、手位恰切、表情达意、协调配合
	形象手势	状物绘形，示意清晰。如示意气旋、反气旋的拳指法，“三山夹两盆”的掌指法等
	指示手势	方位明确，有感召力。如引导学生看图、示意某学生回答问题或上台演示等手势
	情意手势	表情达意，情真意切。如为学生积极学习行为由衷鼓掌，为环境破坏深感愤怒之握拳等
	象征手势	传神达意，心手相通。如赞赏学生的“OK”手势，为学生加油的“V”形手势等
姿态言语	总体	姿态端正，稳重自然
	站姿	身正脚稳头平，挺胸收腹“站如松”
	行姿	开步从容，适度，适时。“走下讲台的一小步，是教学改革的一大步”
	坐姿	身位端正，腿位适当，“坐如钟”
外表修饰言语	总体	符合教师职业特征、文化品味；积极引导学生审美倾向；适当结合不同教学情境。(职业规范+个性)
	服饰	整洁、端庄、富有生气、协调美观
	发型	合身份、合气质
	化妆	淡雅、自然

对师范生和年轻教师而言，口语技艺的提高还需注意用嗓护嗓技术，如用嗓气息技术、用嗓发声技术及护嗓技术等，限于篇幅，不再展开，请自行学习研究，付诸实践。

2. 满怀对教育事业、对学生的执著热爱之情

情感是一个人追求真、善、美，实现理想人生的强大动力。如果一个地理教师能满怀对教育、对学生的执著热爱，他自会像追求其他教学艺术美一样对教学口语艺术及相关艺术一片痴心，精心研习，乐此不疲，也自会在课堂上倾情投入，寓情于声，变化有致。“举手投足皆有意，一颦一笑总关情”。真诚优美的语言似一首抒情的诗、一支悠扬的曲、一道亮丽的景，给学生以韵律、节奏与鲜活，与学生一起分享科学之美、艺术之美。

3. 全面提高德、才、学、识水平

宋代诗人陆游在《示子遹》中说：“汝果欲学诗，功夫在诗外。”教学口语技艺的提高，亦同此理。无德难有远大追求，无才缺损立业根基，学识短少难免捉襟见肘，左右碰壁。古人云：“慧于心而秀于口。”地理教师必须置身于广博深厚的德才学识沃土，才能使教学口语艺术枝繁叶茂，展露芳菲。

4. 刻苦训练，不断攀新

要达口语技艺审美化之境界，是一个长期过程，需要刻苦训练，不断总结、不断提高。孙中山先生言及自己对演讲之重视曾说：“予少时研究演说，对镜练习，到无缺点为止。”以至身登演说台，“其所具风度姿态，即使全场有肃穆起敬之心，举动格式，必须使听者有安静祥和之气。”语言大师老舍也说：“我报告当中，上句末一个字用仄声，下一句我就用平声字，让句子念起来叮当地响。”诸多优秀地理教师，都有不断锤炼教学语言之经历。不断磨砺探索，定能在口语技艺上不断攀新。

鲁迅先生曾在《汉文学史纲要》中指出，语言应具备三美，“意美以感心”，“音美以感耳”，“形美以感目”，追求“真”、“雅”、“信”的统一。前苏联著名教育家苏霍姆林斯基坚信，“教师的语言修养在极大的程度上决定着学生在课堂上脑力劳动的效率”。希望教师语言应是“一

条富有诗意的、感情的和审美的清泉"，这也应是地理教学口语、辅助语言以及书面语应达到的标准。参见表 4-26。

表 4-26　地理教学口语与态势语测评表

评价项目	主要指标					
口语要素（30%）	语音（5%）	音量（5%）	语速（5%）	语调（5%）	语流（5%）	节奏（5%）
口语表达（40%）	准确（10%）	简明（10%）	生动（10%）	启思（10%）		
态势语　（30%）	眼神（6%）	表情（6%）	手势（6%）	身势（6%）	步势（6%）	协调配合（6%）
合计：100%						

等级分值：优（≥ 90）；良（80～89）；中（70～79）；及格（60～69）；差（<60）

二、地理教学板书技术与艺术

地理板书是教师在地理教学过程中为呈现教学要点及其结构于黑板上书写的文字、符号、图表等信息系统。地理板书以书面语言的形式构建地理教学语言系统。地理板书在呈现教学内容，突出教学重点；引导教学进程，指导学生学习；展示思维过程，促进学生理解；听、视、写协同，提高教学效益等方面，有独特作用。①

地理板书有多种类型。就表现形式，有文字式和图画式；按色彩，有素色板书和彩色板书；按布局，有主板书和副板书；按工具，有粉笔板书和非粉笔板书等。无论何种板书，都有其技术要素。

（一）地理教学板书的技术要素

地理板书的技术要素主要体现在书法技术、设计技术、运行技术等方面，参见表 4-27。

表 4-27　地理教学板书主要技术要素

技术要素	基本含义	技术要求	
板书书法	板书文字字体及板面的书写排列方法和书写过程中的行为方法	字体	楷书为主，4~8 cm^2 大小，笔触有力，清晰醒目
		板面	横平竖直，大小均匀，布局美观，板面整洁
		书写	态度从容，动作流畅，速度针对教学需要
板书设计	提取教学内容重点及关键词句并按一定逻辑结构予以整体呈现的操作	关键词句	准确、概括、凸现
		逻辑关系	关系清晰、有序展开
		整体呈现	简明、美观
		切合内容	基于教学内容，针对性强
板书运行	将设计好的板书在教学中由部分到全貌展示的操作	顺序	符合教学内容的逻辑和思维逻辑
		时机	伴随教学，呈现时间恰到好处
		配合	与口语、态势语及板图等配合

（二）地理教学板书的常见类型

通常，地理教学板书有纲要式、解析式、结构式、表格式、图解式、综合式等多种类型。

1. 纲要式板书

由层次不同的番号和教学要点呈现逻辑关系的板书。其主要优点是层次清楚，但逻辑结构直观不足。

例：第三章　中国的自然资源

　　第三节　水资源

① 黄京鸿. 开设《板书与板图板画》课程的设计与实践[J]. 西南师范大学学报（自科版），1994(3).

一、水是宝贵的资源

二、水资源时空分布不均

1. 时间分布：夏秋多，冬春少。

2. 空间分布：南多北少，北方缺水严重。

3. 解决途径：兴修水库；跨流域调水。

三、节约用水，保护水资源

纲要式板书除多字式，还有单字式、数字式等。例如：

单字式：欧洲河流特征："密、缓、短、多"；青藏高原基本特征："高、大、新"。

数字式：南亚的"三、二、一"(三大地形区，二大河流，一种主要气候类型)；西亚的"一、二、三、四、五"(一个世界重要产油区，二条重要石油输出路线，三个重要数据，四大特点，五大产油国)。

2. 解析式板书

主要以教学要点分析形式呈现逻辑关系的板书。其主要优点是要点凸显、体系清晰，但逻辑结构直观不足。例如：

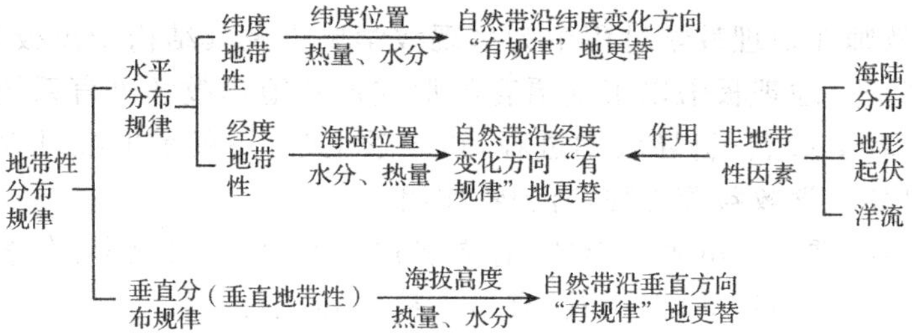

3. 结构式板书

由教学要点加上线条、箭头等联结呈现逻辑关系的板书。其主要优点是逻辑结构清晰，但需要一定加工。例如：

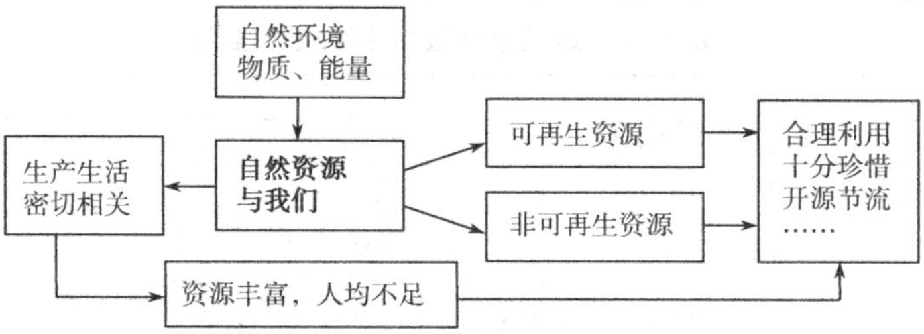

结构式板书也还有更为灵活的一些形式，如网式、递进式等，例如：

"自然资源构成"——网式板书

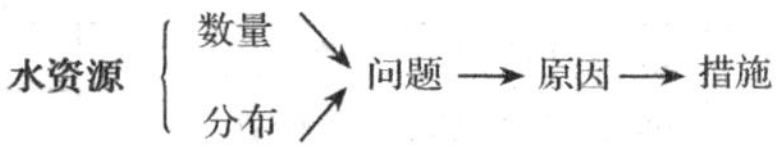

"水资源"——递进式板书

4. 表格式板书

由教学要点和纵横线格呈现逻辑关系的板书。其主要优点是条理清楚，但需要组织。例如：

地区		耕地	主要耕作制	主要农作物	主食、习俗
秦淮以北	东北	旱地为主	一年一熟	春小麦、玉米、大豆、甜菜	面食、杂粮，年节吃饺子
	华北	旱地为主	两年三熟	冬小麦、棉花、花生、烤烟	面食为主，年节吃饺子
秦淮以南		水田为主	一年两熟至三熟	水稻、油菜、甘蔗、热带作物	大米为主，吃年糕、粽子

5. 图解式板书

由教学要点和多种线条、箭头、几何图形呈现逻辑关系的板书。其主要优点是直观形象，但需要加工。例如：

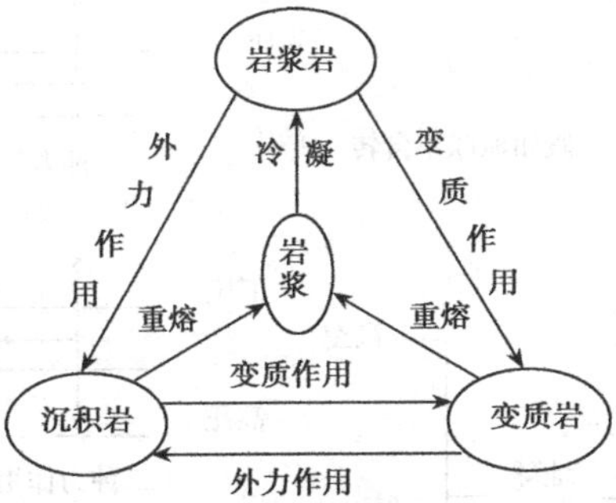

三大类岩石关系

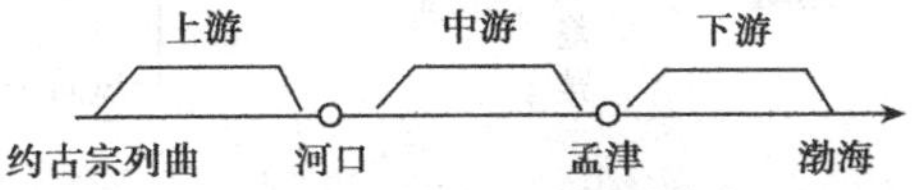

"黄河上中下游划分"线段式板书

6. 综合式板书

由几种板书形式组合的板书。其主要优点是形式多样，优势互补。例如：

地图上的比例尺

一、比例尺 $=\dfrac{\text{图上距离}}{\text{实地距离}}$

二、三种方式 { 数字式、文字式、直线式

三、比例尺大小

比例尺	实地范围	地图内容
大	小	详
小	大	略

(三)地理教学板书的设计与应用

1. 地理板书的设计原则

地理板书设计一般要注意综合体现以下原则：

(1)科学性。首先要求板书内容无科学性错误。其次要求形式结构(空间结构、逻辑结构等)合理。值得一提的是，地理板书要尽可能明示地理方位，以帮助学生建立空间概念。例如，亚洲南部三大半岛自西向东书写胜于自北向南排列；我国濒临的海洋则宜于循序纵列。再如下例：

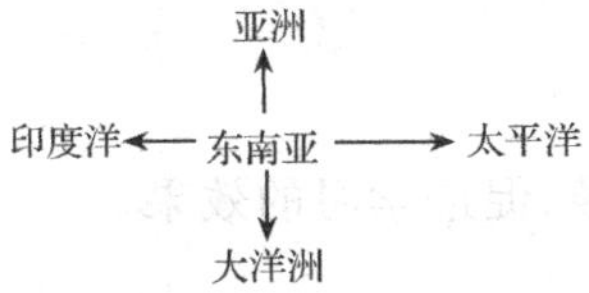

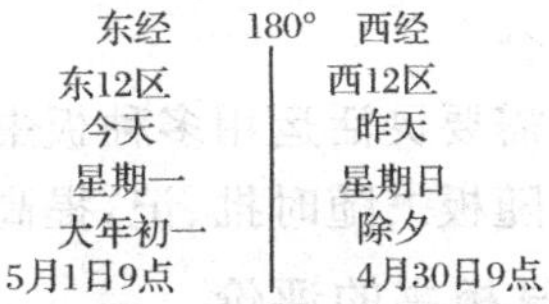

(2)引导性。其一，要点、重点、难点推进有序。其二，内容和形式强调地理板书的思考性。内容如"复杂多样的气候"、"东西部经济发展的差异"等；形式如补白式、递进式、结构式、联系式等。此外，结论性板书多出现于学生活动之后而非之前，也是启发性原则之体现。补白式板书如下例：

三、大运河

1. 大运河是世界上______的运河，全长______千米。

2. 大运河北起______，南到______，所以又称______大运河。它贯穿了______、______、______、______、______等五大水系。

(3)针对性。即针对教材内容及学生特点，灵活多样，不拘一格。如初中地理板书更显简明生动，高中地理板书更显系统深刻。高中地理板书参见下例：

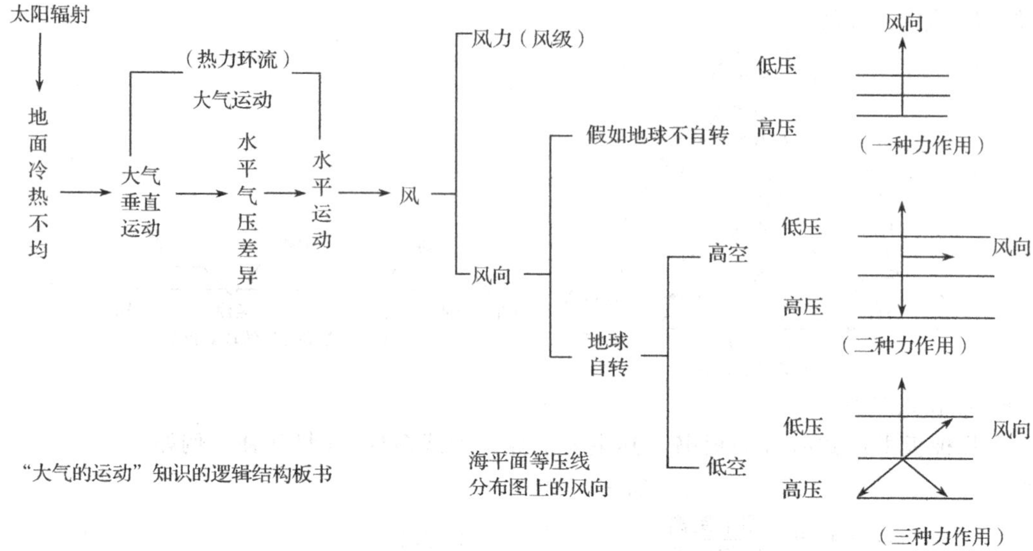

“大气的运动”知识的逻辑结构板书

海平面等压线分布图上的风向

(4)整体性。即内容完整，构架端庄清晰，各部分互为联系呼应。参见以上诸例。

(5)美感性。即注意板书线条、色彩、形体、结构的美学设计。如字体工整、美观、流畅，色彩搭配协调，结构简略而有逻辑，布局合理，富有变化，体现韵律，多样统一等。

2. 地理板书的应用

(1)边导边写。引导性板书先行，结论多书写于学习讨论之后。

(2)主、副板书分工协同。一般主板书居板中主体，副板书居右侧。参见右图。

图 4-10　黑板上挂图、板书、板图的位置分布

(3)板书层次一般不超过三级，逻辑构架要清晰。

(4)结课时主板书或板书主层次完整保留。副板书一般随写随擦。若有教学板图，板书、板图应协调配合。

(5)针对教学需要灵活运用多种板书。

(6)提示学生随板书随时批、记，提高板书引导、促进学习的效果。

(四)地理教学板书的评价

地理教学板书的评价一般可从以下方面着手，参见下表：

表 4-28　地理教学板书评价主要指标

评价项目	主要指标			
板书内容（40%）	重点突出(10%)	逻辑清晰(10%)	简明扼要(10%)	科学无误(10%)
板书形式（30%）	清晰端正(10%)	完整灵活(10%)	板面整洁(5%)	赏心悦目(5%)
板书过程（30%）	板书适时(10%)	引导性强(10%)	书写流畅(5%)	说、书、画协调(5%)
合计：100%				

等级分值：优(≥90)；良(80～89)；中(70～79)；及格(60～69)；差(<60)

三、地理教学板图技术与艺术

地理板图是地理教学过程中，教师根据教学需要，凭借自己的熟练技巧用各色粉笔在黑板上画出的简略地图及其他地理略图。地理板图的突出特点是化繁为简、切中要点、内容突出、鲜明醒目。地理板图在形象直观、增强感知，吸引注意、激发兴趣，重视用图、加强效果，全面提升学生知、能、情等方面有重要作用。[①] 地图是地理学的第二语言，地理板图则是中学地图语言中既方便灵活又美观实用且富于情趣及创意变化的重要形式。

(一)地理教学板图的技术要素

地理板图的一般技术要素参见表 4-29。

表 4-29　地理教学板图主要技术要素

技术要素	基本含义	技术要求
线条	直线、曲线、单线、双线、多线、粗线、细线、虚线、实线等不同点轨迹的总汇	针对需要选用合理；线条匀称、光洁、流畅
运笔	轨迹法、运筹法、线晕法、片描法等笔法的运用	选用合理，各依其法，先主后次，循序运笔（自上而下，从左到右，由源而尾等）
色彩	物体因吸收和反射光量不同而呈现的不同颜色	合理选用，配合协调
构图	在一定空间安排表达物像的关系和位置，把个别或局部的形象组成艺术的整体	简化细节，凸显整体
写意	以简练笔触绘物形神，表达意境	传神达韵，饶有意趣

(二)地理教学板图的常见类型

地理教学板图有多种类型，常见如分布图（各自然、人文要素及其组合），剖面图（地形剖面、原理剖面等），原理图（锋面成因、水循环等），地理图表（统计、联系、纲要等图表）等。参见图 4-11。

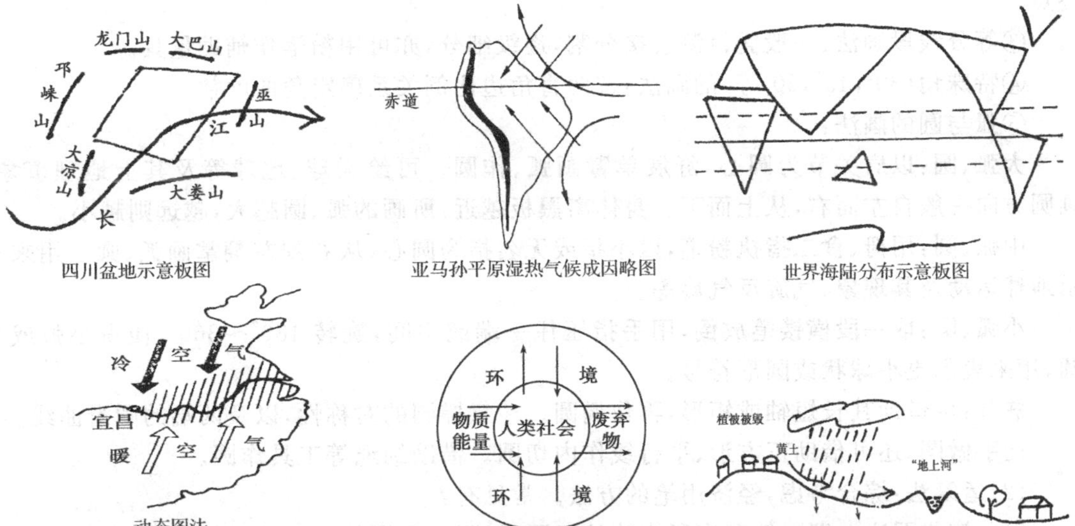

图 4-11　常见板图类型示例

(三)地理教学板图的一般技术操作[②]

1. 基本工具

(1)单只白色粉笔及彩色粉笔。

① 黄京鸿. 开设《板书与板图板画》课程的设计与实践[J]. 西南师范大学学报（自然科学版），1994(3).

② 宋济平编著. 简易地理教学板图板画板书基本功系列[M]. 北京：高等教育出版社，1993：9，12，14.

(2)加工组合粉笔。例如:

①纵镂笔:把粉笔用小刀或小锯片沿纵向镂刻成纵镂笔,用来画双线条的河流、交通线、输油管道等符号。②横镂笔:沿粉笔横向相间镂刻成横镂笔,用来画多线条的土壤、地层剖面,以及云雨、水体、林木、草场等。③排笔:用竹片、木片、塑料片、铁片等,以及橡皮筋、泡沫塑料做笔夹,把不同颜色粉笔组合在一起成为排笔,用以画多线条的地层、沼泽、树冠等。

(3)水彩笔和投影片(纸):水彩笔用于在电化教室里的白板上绘图。投影片(纸)可辅助板图、板画。

2. 基本线条

(1)实线:表示轮廓、政区界线、山脉、小河等。(2)虚线:表示回归线、极圈、航线、季节河等。(3)复线:表示江河、交通线以及草原、森林景观等。(4)曲线:表示水波、蒸发、云图案等。(5)晕渲:平放粉笔,运笔抹出浓淡适宜的晕渲,用来表示山脉、海岸等,可增强立体感。

3. 运笔方法

(1)轨迹法:运用动点画线作图的方法。

①直线或长线段的画法:宜用长粉笔,用拇指与食指捏住粉笔,其余指托住粉笔,粉笔头接触黑板。绘画中注意:画直线时手及手臂都要做直线运动;运笔方向与所画直线、线段的延伸方向一致;画水平线一般由左向右,右臂肘关节先靠身体,再使手平行于黑板边移动,肘关节也相应自左向右;画垂直线要从上往下,右肘关节置于上方,让手随肘部一起向下移动。

②连线的画法:将粉笔头放在始点,而眼睛注视终点,这样可把粉笔线一气"引导"到终点。

③等分线段画法:一般凭目测直接分割,逐级细分,亦可用粉笔作辅助量具。

④特殊角(30°,45°,60°等)的画法:按两直角边比例关系确定角的度数。

⑤弧与圆的画法:

大弧、圆:以肩关节为圆心,舒展单臂画弧、作圆。可绘天球、地球等及其上地理事象。画圆方向一般自左而右,从上而下。身体离黑板越近,所画的弧、圆越大,越远则越小。

中弧、圆:用拇、食二指执粉笔,以小指或无名指为圆心,从右到左翻掌画弧、圆。用来表示地球运动及其现象、气旋反气旋等。

小弧、圆:取一段横镂笔放倒,用手指压住一端或中间,旋转180°~360°,便得小弧或小圆,用来表示更小球状或圆形符号。

椭圆:可借助其长短轴或矩形,再作椭圆。注意椭圆的对称性,以及两端的圆滑曲线。

徒手做圆,还可借助正方形、平行线作内切圆。借助细绳等工具作圆。

(2)运筹法:综合考虑,经济用笔的方法。常见有:

①一笔成图法。即一笔画完所表达的板图、板画。②顺笔点缀法。即画图时无须回笔,顺势在主线条旁画出辅助符号,如公路上的汽车、航线上的轮船等。③往返运笔法。用双程运笔取代单程运笔,减少空笔。如一次来回画两株树干、几个树杈、几张叶片等。④一次写色法。即一种颜色把需画的物象一次画完,以节约时间。

(3)线晕法:即线描和晕渲相结合的方法。落笔中晕中有线,线间有晕,显示地理事物的明暗,增加立体感。如山脉、海岸、云图、树体的立体效果等。

(4)片扫法:即落笔成片的运笔技法。多用排笔绘成。如地层、沙漠、雨丝、柳丝等。

4. 作图要领:

(1)循序运笔。运笔的顺序一般应自上而下,从左到右,由源而委,由热而冷,由湿而干,先主后从。

自上而下，从左到右：即符合一般书画运笔，也便于目测、比较、画准。

由源而委：即作图时由源头发散。如山脉以山结为起点向外辐射，从主脉向支脉逐次散开；河流从源头起，历上、中、下游，止于河口。先画干流，再依次画一级支流、二级支流等。

由热到冷，从湿到干：即作图遵循一定的地理规律。前者指气温分布，多从低纬到高纬；后者指干湿分布，多从沿海到内陆。

先主后从：即突出主体特征。如南极景观图，可先画代表性动物企鹅，用企鹅的生态特点反应南极洲自然环境的特殊性，然后点缀冰原、冰障、冰山，烘托酷寒气氛。

(2)形象析图。即以形象思维整体构图，以强化对信息的组织和储备。例如，图廓大势，南美洲似三角形，美国主要领土呈矩形，山西形如平行四边形等，海南岛像大菠萝等。

(3)简化细节。即略局部强主体。既减轻作图难度，又突出地理特征。例如，黄河简化为“几”字，长江简化为“V＋W”，塔状示针叶林，球状示阔叶林等。

(4)暗线明描。即课前打底线，课上再明示。可帮助初学者在课堂上从容作图。

(四)地理教学板图的设计与运用①

1. 课前设计

包括以下程序：

(1)原图简化。即舍繁复，弃杂乱，抓根本。

(2)图廓设计。包括几何图形、折线图、曲线图、模拟形象图等设计。通常，几何图形简略但局部失真较大；折线图较为相似但稍显生硬；曲线图神似原形且线条流畅；模拟形象图生动但需较强技巧。

(3)内容设计。包括象征符号法(地图常用符号)、形象符号法(农作物、水果、树木)、圈点线条法、示意法(河流、铁路干线等)、动态图法(含动态箭头)等方法的选用。

课前设计完成后，要熟记图形，反复练习。

2. 课堂速绘

包括以下程序：

(1)简要几笔勾出示意图轮廓。

(2)边讲边画填内容。符号一般采用惯用图例或形象符号；彩笔多用棕色、红色示山地；蓝色示河、湖；绿色示平原；黄色示高原；红色、白色示城市、铁路等符号。

(3)图文并茂，适当批注(重要名称、概念、关键数据等)。

3. 板图绘制及运用

循序启发，引导学生参与，加强师生互动。

(五)几种基本轮廓板图的绘制②

1. 大洲、大洋分布略图

大洲、大洋分布略图，多用几何图形法，参见有关图例，如图 4-12，不再赘述。

2. 中国轮廓板图*

中国轮廓板图可用多种方法绘制，如选点描绘歌诀法、基线描点歌诀法、几何图形法、点弧法等。参见图 4-13。

---

① 黄京鸿主编. 中学地理教育中的美育[M]. 重庆：西南师范大学出版社，2001：162.

② 黄京鸿主编. 中学地理教育中的美育[M]. 重庆：西南师范大学出版社，2001：163～165.

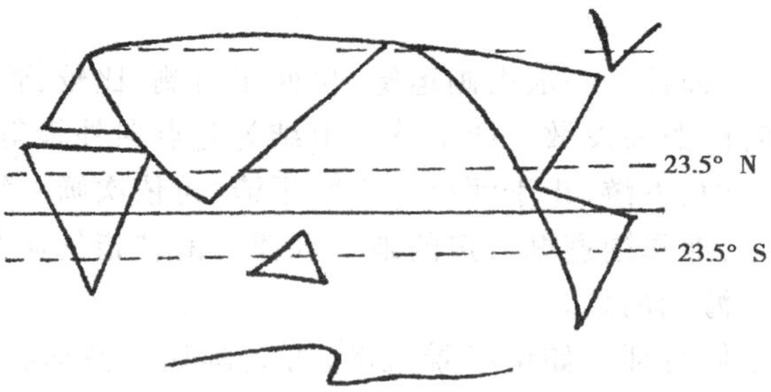

图 4-12　大洲轮廓板图示意图

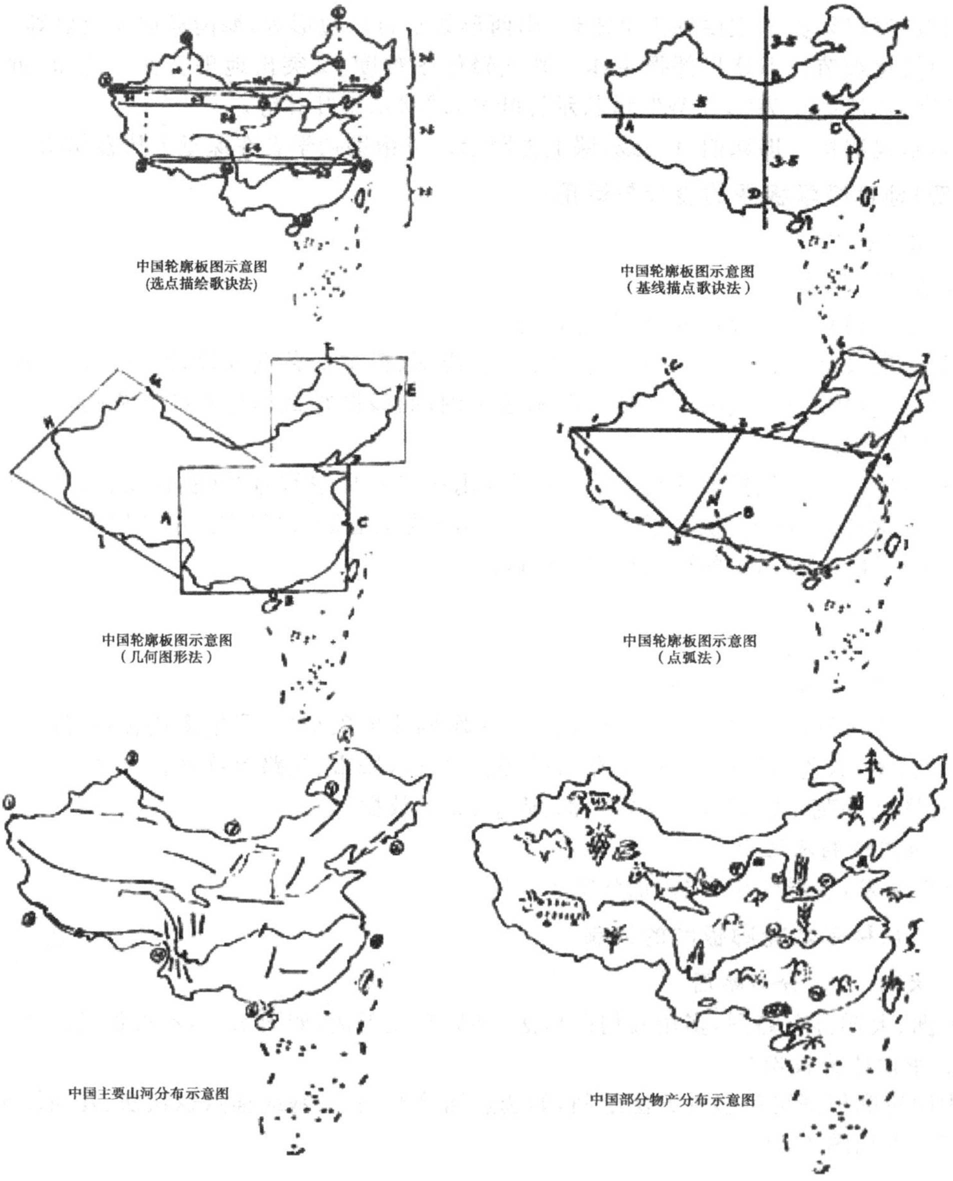

图 4-13　中国轮廓板图多种绘制方法及应用示例

下面以"选点描绘歌诀法"为例略作说明。

选点描绘歌诀法关键步骤:(1)重点选点。(2)由点联系歌诀连线成图。应选哪些点呢?

首选7个控制点:第①②③④点大致控制住图形躯干(大致40°N与30°N两条纬线);第⑤点控制头顶(大致漠河附近);第⑥点控制大陆南端(雷州半岛附近);第⑦点控制后背线中点。该7点之间有一定数量关系(参见图4-14)。

再选3个突出转折点。第⑧点:尾尖。第⑨点:颈后。第⑩点:腿后。该三点与前控制点间也有一定数量关系(见图4-14)。

有此10点,雄鸡之图形轮廓便可"成竹于胸"了。

再按口诀,由①点开始,循自西向东,由上而下之序,环绕一周,一威风凛凛的雄鸡轮廓,便跃然而出!

上三蹬,下三坡,
越座山,探个洞。
左右拐,相对应,
大中高,三座岭。
转个弯,下辽宁。
两半岛,有纵横。
沿跑道,奔广东,
接两角,连弧形。
两大岛,各西东,
似雄鸡,永唱鸣。

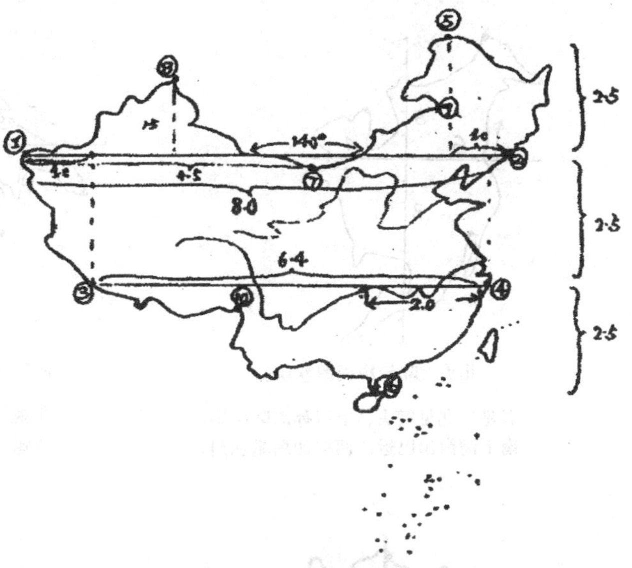

图4-14　中国轮廓板图示意图
(选点描绘歌诀法)

绘制中国轮廓板图的审美情趣之例1:欣赏中国轮廓板图(用心体味其整体特征及态势)

注目中国轮廓,真个妙趣天成,意境无穷。静看,如唱晓雄鸡,栩栩如生;动观,似勇击风浪,奋进抖擞;聆听,激越高亢之声,回响天穹。再看总体结构:尾舒背阔,昂首挺胸,恰似我中华民族,堂堂正正,雍容大度。

巴西大陆,略少对应;澳大利亚,稍逊生动。谁可媲美于我中国轮廓?

绘制中国轮廓板图审美情趣之例2:欣赏中国轮廓板图歌诀。

绘制中国轮廓板图内容审美情趣之例3:伴随中国山河大势或壮丽景观绘制的语言表达。

黄河澎湃,长江奔流。

天山盈雪,阴山含黛;昆仑莽莽,秦岭绵绵;南岭葱葱。(三列东西走向山脉)

高高兴安,巍峨太行,秀丽巫山,神奇雪峰;长白壮美,武夷如画,玉山俊秀。(三列东北—西南走向山脉)

阿尔泰高歌,祁连山吟诵。(二列西北—东南走向山脉)贺兰山奇,横断山险。(南北走向山脉)喜马拉雅雄视天下,珠峰女神举世仰慕。(弧形山脉)——大江东去,英雄辈出。群山巍峨,钢筋铁骨!

南稻北麦,东渔西牧,北国人参,海南椰果,新疆葡萄,台湾甘蔗,山西煤海,渤海石油,大余钨矿,个旧锡都。一座座电站明珠闪耀,一枚枚星箭穿云破雾。——物华天宝,辉煌瞩目!

3. 分洲大陆轮廓板图:基线描点歌诀法

基线描点歌诀法的要点是"基线控主体,选点扼转折,口诀导线行"。其中基线是能大体控制图形轮廓的纵横基线,上有粗略的线段分划,如非洲轮廓以基线交点为中心,其"左、上、右、下"4线段分别是"5,5,5,7"。其中选点是各象限能掌控轮廓线主要转折的控制点。设计完成后,按歌诀自西向东,由上而下之序,环绕一圈即可完成轮廓图。参见图4-15。

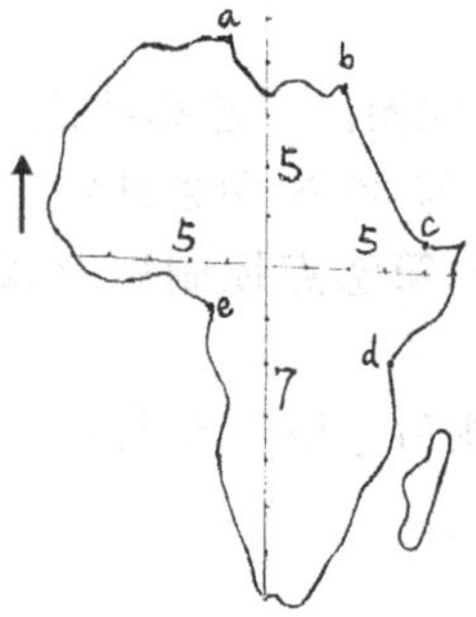

非洲轮廓板图歌诀：

大弧北上过锡湾，
非洲之角在东端，
一波三折出莫峡，
开普两曲到几湾。

南美大陆轮廓板图歌诀：

北渡巴运望马湖，
亚马孙河巴西流，
南下潘帕眺火地，
狭长智利接秘鲁。

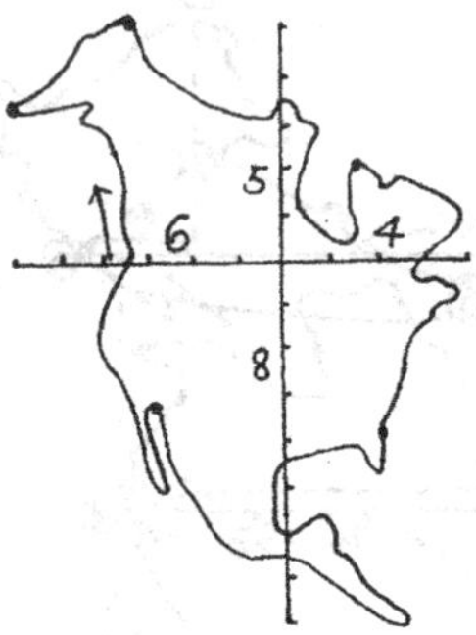

北美大陆轮廓板图歌诀：

温哥华北见熊头，哈得孙湾陆中游。
南下湾海出巴运，西望加岛毗加州。

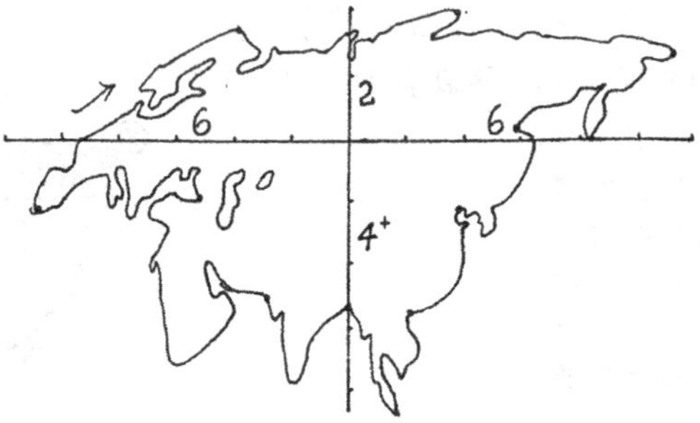

欧亚大陆轮廓板图歌诀：

北观兰岛戏游龙，东望俄兔傲苍穹，
两弧三岛连一统，三大半岛现南欧。

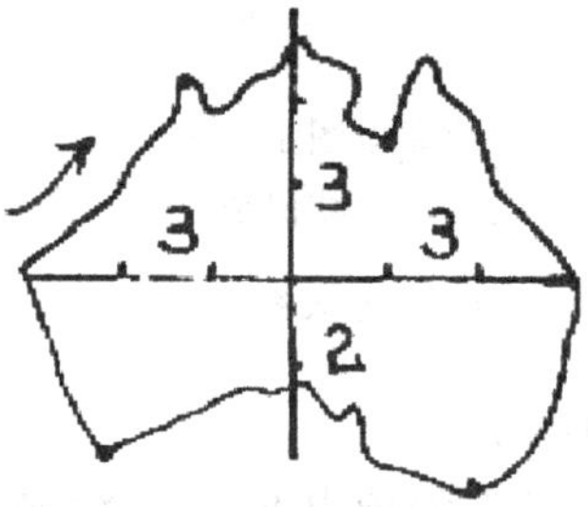

澳大利亚轮廓板图歌诀：

东越高原阿姆地，
卡湾 约角巍然立，
大岭澳山东沿海，
绕过海湾西北行。

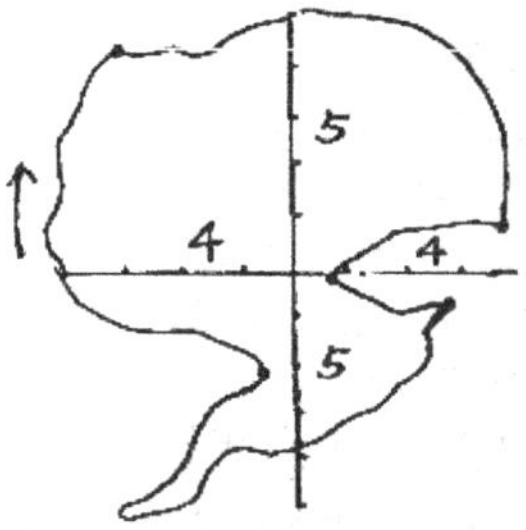

南极大陆轮廓板图歌诀：

蘑菇云升向和平，
罗斯海湾深又奇，
玛利地滨别林海，
南极半岛蜿蜒行。

图 4-15　大陆轮廓板图示意

(六)地理教学板图的评价

地理教学板图的评价一般可从以下方面着手，参见表 4-30。

表 4-30　地理教学板图的评价

评价项目	主要指标
技术操作（一般练习）	准(40%)：绘图状物，形态神似。
	简(20%)：简明扼要，一目了然。
	快(20%)：动作敏捷，快速成图。
	美(20%)：形象美观，鲜明醒目。
整体构图	总体设计灵活，有创意；图文协调配合。可作为加分项目（10%～30%）。
合计：100%	

等级分值：优(≥90)；良(80～89)；中(70～79)；及格(60～69)；差(＜60)

地理板图设计与运用，关键要用心，正所谓"运用之妙，存乎一心。"此外，勤学苦练，方能有成。清代著名画家郑板桥有诗云："四十年来画竹枝，日间挥洒夜间思。冗繁削尽留清瘦，画到生时是熟时。"有郑板桥画竹之执著，一定会技艺日臻，心境日升。

【案例研究】

"月球研究"——"合作学习"一例①

第一步：分组及布置问题

全班 48 人分成 8 个学习小组(A—H)，每组 6 人，然后每组布置 6 个问题：

1. 月亮表面景观与地球相比，有什么不同？
2. 月球的物理环境有什么特点？
3. 月球公转和自转的特点是什么？
4. 如何计"月"？
5. 人类对月球进行了怎样的探索？
6. 我国是否应该发展登月技术？

每组承担相同问题的学生再组成 6 个"专家组"，每组 8 人。

第二步：进行"专家组"研究

每个专家组成员充分运用有关文图资料、模型等自由发言、争论，最后取得较为一致意见(个别不同意见可保留)。教师组间巡视，可用"问题"提示，但不直接给出自己的答案。

第三步："专家"讲解，小组讨论

"专家组"成员各自返回原来小组，给其他同学讲解所承担问题的一致意见及保留意见，陈述完视需要进行小组讨论，对每个问题形成小组解答，可以与"专家组"见解有所不一致。

第四步：小组汇报

各小组由非专家成员或口头或演示等分别汇报学习成果(时间关系)，其他小组成员随时发表不同意见或质疑。

第五步：总结延伸

对已讨论的 4 个问题总结评价，安排未交流的两小组作书面汇报。对需继续研讨的问题布置课后延伸。

简评：这是"切块拼接"合作学习模式典型案例之一。其间进行了三轮生生、师生间的合作交流。由于研究主题涉及面较广，需讨论交流问题较多，选用"合作学习"模式是恰当的。对于未及研讨及有待深入的问题，教师作了必要安排。

【思考、实践与交流】

1. 从新课程理念的角度谈谈对地理教学过程本质及其特点的理解。
2. 实现地理教学过程最优化，有哪些基本途径？结合具体教学实例，与同学探讨交流。
3. 地理教学遵循的一般教学原则与特色教学原则主要有哪些？
4. 什么是地理学习兴趣？地理教学中如何激发学生的学习兴趣？
5. 地理教学中如何体现启发式教学？
6. 什么是地理教学模式？新课程常用的地理教学模式有哪些？其主要特点如何？

---

① 庞国斌等著．合作学习的理论与实践[M]．北京：开明出版社，2003：156.

7.“讲解式”与“发现式”有何异同,在地理教学中如何应用?

8. 试述审美化地理教学模式的理论基础、特色及主要教学环节,结合有关案例予以评析。

9. 结合具体教学案例研究其教学模式的特点及运用,并予以评析。

10. 什么是地理教学方法?常用的地理教学方法有哪些?结合具体案例予以说明。

11. 有利于促进学生能力发展的主要教学方法有哪些?在实际应用中应注意哪些问题?

12. 有利于促进学生情感、态度、价值观发展的主要方法有哪些?在实际应用中应注意哪些问题?

13. 举例说明如何在地理教学中进行地理教学方法的优化组合。

14. 观摩中学地理课堂教学,分析、评价其教学原则、教学模式及教学方法的运用。

15. 试列举常用地理教学媒体,并说明其特点、应用。

16. 结合具体案例说明地理教学多媒体的协调配合。

17. 尝试地理多媒体课件的制作,并与同学研究、交流。

18. 进行多媒体网络辅助地理教学的尝试,并与同学研究、交流。

19. 在实践中掌握“说、书、画”的基本教学技术,并与同学切磋交流。

20. 探讨“说、书、画”的教学艺术,并尝试在地理教学实践中应用。

教育的目的在于充分发展人的个性。

——《地理教育国际宪章》

第五章　生命关怀:地理学习心理及教学策略

【提要与结构】

学生是地理教学活动的核心要素,教学的本质是促进学生发展。只有对学生的学习心理深入研究,才能卓有成效促进地理教学。地理学习心理一般包括地理学习动机,地理知识的掌握与迁移,地理技能的习得,地理情感态度价值观的陶冶、养成等。研究地理学习心理需要吸取现当代学习理论的精华,并据此引导学生积极的学习策略及采取有效的教学策略。

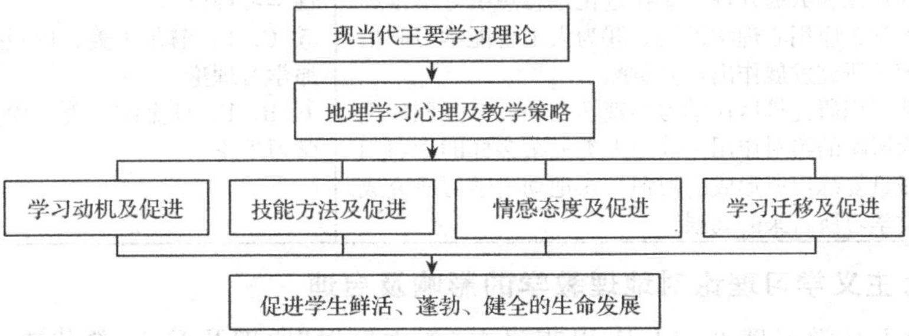

第一节　现当代主要学习理论及启示

从心理学视角,学习是"通过后天经验引起的能力和倾向的相对持久变化"。[①] 学习理论是研究学习现象及其规律的各种学说,旨在阐明学习结果的类型、性质、过程、条件、方法策略等。学习理论的思想可追溯至古希腊哲学家柏拉图、亚里士多德及中国伟大的教育家孔子,但现代学习理论的系统研究只是近一百多年的事。国外尤其在西方,学习理论发展由20世纪60年代前行为主义学习理论占绝对优势,到20世纪60年代后认知主义学习理论成为主流,以及两大学习理论对垒、消长、融合、思辨中,人本主义学习理论的兴起、建构主义学习理论的发展等,有着清晰的脉络。与此同时,苏联的学习理论及我国的学习理论也在发展中。这些学习理论在不同时期给地理教学以重要影响,对当前地理新课程学习心理研究也有诸多指导与启迪。[②]

① 皮连生,刘杰主编.现代教学设计[M].北京:首都师范大学出版社,2005:26.

② 黄京鸿.广采现代学习理论精华,促进地理学与教的变革[J].地理教育,2000(3).

一、行为主义学习理论及其影响与启迪

(一)行为主义学习理论概要

行为主义学习理论又称“刺激-反应”学习理论。20 世纪 20～60 年代受其主宰，至今仍有重要影响。

表 5-1 行为主义学习理论主要观点

	主要观点及简评	代表人物及主要理论
行为主义学习理论	**主要观点：**①学习是刺激与反应的联结（即 S–R），是个体行为的改变。②学习者习得的是一系列的条件反射即行为习惯。③学习过程是一个“试误”的过程。④刺激和影响行为的强化是学习的两要素 **强调：**学习是有机体行为倾向的改变。重知识技能学习，重外部行为研究 **突出贡献：**①抛弃了内省心理学唯意识的研究倾向，强调了研究的客观性和数据处理。②在进化论思想引导下推动了发生心理学、应用心理学发展。③为人工智能学习和信息加工心理学研究发展作出重要贡献 **不足：**①把意识研究排斥在学习心理学之外。②强调环境对学习行为影响的绝对作用。③把人类复杂多样的学习归结为由机械重复练习所形成的习惯。④把动物学习研究成果推及人类学习所带来的局限	① I. P. 巴甫洛夫（苏，1849~1936），经典条件作用理论 ② E. L. 桑代克（美，1874~1949），联结主义学习理论或试误学习理论 ③ J. B. 华生（美，1878~1958，1913 年创立行为主义），行为主义学习理论 ④ E. R. 格斯里（美，1886~1959），接近性学习理论 ⑤ C. L. 赫尔（美，1884~1952），驱力还原学习理论 ⑥ B. F. 斯金纳（美，1904~1990），操作学习理论

(二)行为主义学习理论对地理教学的影响及启迪

早期行为主义学习理论如 I. P. 巴甫洛夫“条件反射”原理及 E. L. 桑代克有关学习的“准备律”(个体对某刺激反应满意与否，与其准备状况有关)、“效果律”(学习行为后满意的效果，如奖励会加强刺激与反应的联结)、“练习律”(练习尤其是有奖励的练习越多，刺激一反应间的联结越强，反之越弱)、“相似律”(类似的刺激情境会产生类似的反应)、“联想律”(有关联的新旧刺激转换可引起已习得的刺激一反应联结)等等，在 20 世纪 30 年代就对我国学科教学产生过影响。新行为主义学习理论主要代表之一——B. F. 斯金纳的操作学习理论，则主要在 20 世纪 80 年代风行，基于该理论的外显式、小步调、即刻强化的程序式教材、程序式教学(地理教学中有“综合程序教学法”、“人机对话”式学习等)就是明显例子。

行为主义学习理论对地理教学有重要影响。例如，对地图等多种直观教具、多种地理情境的运用即在不断引发或加强外在刺激与有关学习反应的联结；教学中往往通过适当增加练习次数与及时反馈促进学生填、绘图等操作性地理技能的形成；用及时表扬鼓励正确学习行为或积极学习行为的继续发生；用程序教学模式指导学生自定学习步调，自主反应学习，逐步达成目标等。

行为主义学习理论对当前地理新课程教学仍不乏启迪：

(1)良好学习行为是地理素质的重要组成，应重视学生操作性、实践性的地理能力及正确行为的培养。

(2)要通过多种手段加强地理教学有效刺激与相应学习行为的联结。

(3)良好的教学环境或学习活动情境创设有助于学生积极、正确的学习行为的发生。

(4)必要的“试误”对正确学习行为养成有积极意义。

(5)积极有效的学习行为产生于适当的练习与及时反馈。

(6)激励性反馈是积极有效学习行为的重要强化。

(7)学习系统需要激活并产生行为的内驱力，积极强化有助于调动内驱力以形成有效学习习惯及反应。

二、认知学习理论及其影响与启迪

(一)认知学习理论概要

认知学习理论又称“认知-组织”学习理论。该理论在批判行为主义学习理论强调外部环境排除内部因素的立场及人的高级学习心理研究中诞生、发展，其主体在 20 世纪 60、70 年代系统形成，并成为当代学习理论的主流，认知学习理论有与行为主义学习理论大相径庭的主张及诸多建树。

表 5-2　认知学习理论主要观点

	主要观点及简评	代表人物及主要理论*
认知学习理论	**主要观点：**①学习公式是 S–O–R，即外界刺激（S）必须借助于学习者（O）内因的变化作为中介，才能引起反应（R）。②学习者习得的是认知结构及其改变。③学习过程是信息加工过程，人脑好似电脑，可用计算机程序解释和理解人的学习行为。④学习凭智力与理解，绝非盲目的尝试。学习是“顿悟”的过程。⑤各种认知活动相互作用、有机联系。⑥认识事物需首先认识其整体 **强调：**学习是个体头脑中认知结构的改变，是对外部刺激的意义的理解和建构。重视学习中认知结构的组织与再组织、建构式地学习及学习迁移。重智能培养，重学习者内部心理机制的研究 **突出贡献：**①将外显行为和内在意识的研究结合起来。②学习是个体和环境相互作用的结果。③将学习研究重点转移到人类高级学习心理研究上。④为信息加工心理学、计算机科学发展作出贡献 **不足：**①过于强调学习者内部心智的局限。②过于强调“顿悟”的局限。③不同认知学习理论各有一定局限	①格式塔学派（20 世纪初发轫于德国，20 世纪前半期具有影响），“完形学习说”、“顿悟学习说” ②E. C. 托尔曼（美，1886~1959），认知–期待学习理论 ③J. P. 皮亚杰（瑞士，1896~1980），建构主义学习理论 ④J. S. 布鲁纳（美，1915~），认知结构学习理论 ⑤D. P. 奥苏贝尔（美，1918~），认知结构同化学习理论（或有意义学习理论） ⑥ B. S. 布卢姆（美，1913~），掌握学习理论 ⑦R. M. 加涅（美，1916~）学习层级理论，信息加工学习理论 ⑧A. 班杜拉（美，1925~），社会学习理论 ⑨M. C. 维特罗克（美，1931~），生成学习理论

* 社会学习理论是吸收认知学习理论思想并对行为主义学习理论的改造，亦称认知行为主义。信息加工学习理论、建构主义学习理论是认知学习理论的新发展。

(二)认知学习理论对地理教学的影响及启迪

认知学习理论对我国学科教学的影响主要在改革开放以后。就地理教学而言，20 世纪 80 年代初，基于认知学习理论的发现教学法等就反映在有关教材和教学研究中，如褚亚平、曹琦、周靖馨 1981 年编著出版的《中学地理教学法》及陈澄等 1982 年发表的《运用发现法“根治海河”》等。以后，有关研究日渐丰富，20 世纪 90 年代初，有了设专章阐述地理学习认知过程及地理学习心理的《地理教育学》(孙大文主编)。21 世纪初，又有了包括认知学习理论研究的首本《地理学习论》(夏志芳著)问世。近 10 余年，认知结构学习理论、认知结构同化学习理论、信息加工学习理论、社会学习理论、建构主义学习理论等多种认知学习理论，正日益进入更多地理教育工作者的理论研究及实践领域。

作为当今学习理论的主流，认知学习理论对当前地理新课程教学改革仍有诸多启迪：

(1)学习不仅是简单、机械的刺激—反应的联结，更是学习者认知结构(记忆中全部知识的内容与组织)的建立和改变。学习者认知结构的建立和完善有助于整体地理解学习内容和学习迁移。

(2)地理教学要通过诸如概念地图、命题网络、知识框图、心理地图等多种形式帮助学生把握学科结构并建立、完善自己的认知结构。

(3)学习者有不断更新、完善自身认知结构的需要，地理教师要善于通过问题情境创设激发学生的这种需要，问题解决式、发现式等教学值得倡导。

(4)学习不仅需要“试误”，更需要充分理解和深思熟虑基础上的“顿悟”。

(5)因人而异的最佳教学及充足学习时间，绝大多数学生可以完成预期的学习。

(6)学习者可习得的素质一般包括认知(言语信息、智慧技能、认知策略)、动作技能、态度三大组成部分。地理教学要关注各类素质习得的内、外条件。

(7)有意义学习发生于新教学内容与学生认知结构已有观念建立联系，无论其形式是接受还是发现。

有意义学习的外部条件需考虑学习材料的逻辑意义，包括材料自身的逻辑及材料与学生学习有关概念建立的联系。有意义学习的内部条件与学习者的积极心向、原有认知结构及学习内容对学习者具有潜在意义有关。以上观点、原理以及基于认知同化理论的渐进分化、综合贯通教学原则及先行组织者教学技术等值得学习借鉴。

(8)学习是一个信息加工过程。来自环境的刺激信息经学习者的感受器进入感觉登记器(形成映象)，再进入短时记忆及长时记忆，由此检索的信息通过反应发生器的转换并由效应器反应出学习的所得。相应的教学因此有“动机—了解—获得—保持—回忆—概括—作业—反馈”8阶段彼此相联的过程。

(9)学习不是学习者被动地接受，而是学习者主动地建构。同化(认知结构拓展)和顺应(认知结构重组)是认知结构构建的基本过程，并在“平衡—不平衡—新的平衡”循环中不断丰富发展。教师要以学习者为中心，借助多种资源，营造“问题情境、协作、会话、意义建构”的学习环境，促进学生积极主动建构地学。抛锚式(“锚”指教学有感染力的真实事件或真实问题)、支架式教学(提供利于学生建构的概念框架)等是可供借鉴的策略。

(10)学习应是积极生成而非机械沿袭。地理教师可以从激发学生生成动机、提高学生注意能力以及教给学生自主整理、概括、组织学习内容等生成技术来促进学生的生成学习。其中，学习者主动、有选择地生成学习材料间的联系及材料与自己原有知识、经验的联系，最为重要。

(11)学习是在人的认知、行为和环境间连续不断的交互作用中进行和完成的。因此在社会环境中进行观察学习尤其是榜样学习是重要的，社会认知是学习者思想和行动的社会基础，学习者应在社会环境中形成和发展其智力和人格。社会认知理论或社会学习理论无疑给地理开放式学习以重要指导和启迪。

三、人本主义学习理论及其影响与启迪

(一)人本主义学习理论概要

人本主义学习理论随人本主义心理学的兴起出现于20世纪60年代。该理论认为行为主义学习理论强调学习者的外显因素，认知学习理论强调学习者的内在认知，两者各有片面性。因为人是有情感的机体，在学习过程中，认知、情感和行为三者密不可分，离开了人的情感，孤立地研究行为和认知都是错误的。

表5-3　人本主义学习理论主要观点

	主要观点及简评	代表人物及主要理论
人本主义学习理论	**主要观点：**①学习是人的自我实现，是丰满人格的形成。②学习者是学习的主体，必须受到尊重，任何正常的学习者都能自己教育自己。③良好人际关系是有效学习的重要条件。真诚、接受（与奖励和信任并用）、设身处地的理解是建立良好人际关系的要件 **强调：**学习的情感因素 **突出贡献：**①视学习为认知、情感和行为的结合，克服了行为主义学习理论及认知学习理论的片面性。②从促进学习者全面发展视角丰富、发展了学习理论 **不足：**①理论研究有待系统。②过于强调学习者实现先天潜能的内在倾向，忽略了时代条件、社会环境对先天潜能实现的影响	① A. H. 马斯洛（美，1908~1970），人的需要层级理论等 ② C. R. 罗杰斯（美，1902~1987），学习自由理论等

(二)人本主义学习理论对地理教学的影响及启迪

人本主义学习理论在我国20世纪80年代以来的素质教育及有关课程教学改革进程中多有倡导。近20年地理教学在重视学生地理素质的全面养成、尊重学生地理学习的自我需

要、创设良好的人际互动学习环境、促进学生有效学习的自我实现等方面已有大量实践。当前，以促进学生发展为本、以改变学生学习方式为重大突破口的课程教学改革已如火如荼。

人本主义学习理论对我们持续深入推进地理新课程教学，仍有诸多重要指导与启迪：

(1)以促进学生全面和谐发展为本指导学生学习。只有使个体行为、态度及个性都发生变化的才是意义学习。

(2)在充分尊重学习者尊严、价值、创造性及自我实现的前提下组织学生学习。

(3)意义学习发生的原则：学习内容与学生自己目的相关；威胁性小的学习环境；基于最直接的个人经验；学生主动参与(全身心投入的学习最深刻)；自我评价为主(能促进其独立性、自主性、创造性)；动态、开放的学习过程等。

(4)同伴教学、分组学习、合作学习、探究式训练、程序教学、利用社区学习资源、自我评价等学习方法人本而有效。

四、其他学习理论及其影响与启迪

(一)基于社会文化历史学派的学习理论

社会文化历史学派是研究社会文化历史发展对人的心理的作用的一个学派，由前苏联心理学家维果茨基、列昂节夫和鲁利亚创建，也称维列鲁学派。该学派在20世纪20年代中期基于维果茨基率先提出的文化历史发展理论的基础发端，后经列昂节夫和鲁利亚的深入研究继续发展，并在20世纪60年代形成较大国际影响。

该学派针对当时流行的行为主义的S-R公式和格式塔心理学的直接经验的观点，认为人的高级心理是在与周围人的交往过程中产生的，是受人类的文明历史所制约的。基于其上的学习理论重视学习的社会性；强调活动(外部活动与学习者内部活动的相互联系和转化)在学习心理发展中的重要作用；每个年龄阶段总有某些活动起主导作用；认为高级学习心理是在社会生活条件影响下不断变化发展的复杂的功能系统；人的任何心理活动都是人脑各部分协同活动的结果；强调教学应走在学习者发展之前等等。维果茨基有关“最近发展区”、“内化说”等“教学与发展理论”，列昂节夫的“活动心理学理论”，加里培林“学习的活动理论”和“智力动作按阶段形成理论”，赞可夫的“发展性教学理论”等都是其重要代表。

毫无疑问，基于社会文化历史学派的学习理论将人的高级心理发展与社会历史条件及社会活动密切联系，体现了辩证唯物主义与历史唯物主义哲学思想对学习理论的指导，克服了已有学习理论上研究上的一些偏颇，这是其重要贡献。当然，对于一些学习理论的普遍指导性，也有学者质疑，需要继续研究、发展。

基于社会文化历史学派的学习理论在20世纪50年代曾对我国各学科教学以重要影响。“学习的活动理论”、“最近发展区”、“内化说”、“发展性教学理论”等也经常出现在20世纪80年代以来的学科课程教学改革中，地理教学亦然。

该学习理论对当前地理课程教学改革仍有诸多指导与启迪：

(1)人类学习不能脱离社会文化历史发展的条件只侧重于外在环境刺激或学习者内在倾向的研究。

(2)学习是人类适应并提高社会生活的需要，在多种社会活动中进行学习是必要的。

(3)活动是有共同目的联合起来完成一定社会职能的各种动作(操作)的总和。引导学生在活动中学，需注重定向、执行、反馈监督三个环节。

(4)学习的内外活动相互联系。内部活动是外部活动的内化，也通过外部活动而外化。引导学习要关注学习内外因的相互作用，同时注意到学习者的学习心理完善与外显行为变化都是重要的。

(5)人类学习更多是高级心理机能的活动，要研究低级学习心理向高级学习心理的发生、发展。

(6)学习需要人脑各部分协同活动，学习调动应多维而全面。

(7)学习者的智力动作形成或一般发展有阶段性，指导学习要循序渐进。

(8)要充分了解学生已有水平及经过努力可达到的水平，促进学生学习的最好发展。

(二)我国源远流长的学习理论

古代中国的学习思想散见于孔子、孟子等先哲为造就"新一代圣人"的"至理名言"中，对学习的意义作用(如学而知之，德才兼备，为"士"、"君子")、学习内容(如《四书五经》)、学习过程(如学、问、思、辨、行等，参见图 5-1)、学习原则方法(如立志乐学，刻苦发奋；量力而行，张弛有致；自强求得，师友资益；博闻强记，慎思明辨；熟读精思，习行结合；博约结合，融会贯通；尊师重道，怀疑求新)[①]等方面有诸多精辟论述，于今仍有重要影响。

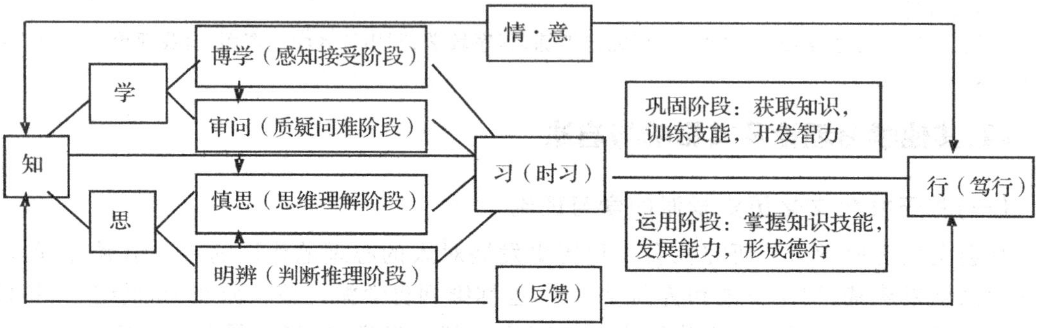

图 5-1　学习过程结构模式图[②]

近现代中国的学习思想在西方文化渗透及列强入侵中孕育。鸦片战争的炮火，使崇尚心性的儒学、理学受到极大质疑，经世致用的学习思想开一代新风。外语、各门自然科学知识、劳动技能等始入学习内容。追逐科举、训诂考据的学风亦受到批判。近代思想家魏源、龚自珍及李鸿章、张之洞等洋务派对此有所建树。其后，在康有为、梁启超、严复等思想家力主下，西方政治学说进入学习内容；在蔡元培等教育家倡导下，军国民教育、美育进入学习内容，倡导"体、智、德、美"四育，养成健全人格，对中国教育产生深远影响。与学习内容、宗旨变革相一致的是学习方法的变革。康有为倡导的"学、疑、评、究"，蔡元培主张的"思想自由，兼容并包"，鲁迅号召的"博采众家"，杨贤江提倡的"自动之力，实为成功之基"，陶行知推崇的"教学做合一"，毛泽东提出的"重研究、重应用"、"理论联系实际"、"实践出真知"等，对革新学风产生重要影响。

新中国成立以后的50年代到60年代中期，我国的学习思想深受苏联影响。凯洛夫、苏霍姆林斯基等苏联教育家们重视个性全面和谐发展的学习内容，重视学生自觉性、积极性、可接受性及个性差异的学习方法及教学方法，对各学科教学有广泛深入的影响。同期，徐特立、吴玉章、黄炎培、成仿吾、陈鹤琴、叶圣陶等我国教育家在学习内容及方法上也有诸多真知灼见。

改革开放以来，西方的多种先进学习理论被翻译引进，我国学者在学习借鉴及实践基础上多有建树。如潘菽对学习类型的新分类(联想的、试误的、模仿的、顿悟的、推理的)[③]；燕国材对学习方法的概括(模仿法、试误法、发现法)[④]，对智力因素与非智力因素结合论的学习理

① 王泽普主编. 学习学概论[M]. 重庆：西南师范大学出版社，1993：80，90.

② 乔炳臣. 中国学习理论的特色和科学性[J]. 教育研究，1989(5).

③ 潘菽主编. 教育心理学[M]. 北京：人民教育出版社，1980：53，54.

④ 燕国材. 谈谈学习心理的几个问题[J]. 上海师范学院学报，1982(1).

论的提出[①]；胡克英对促进儿童智力活动内化的研究（学具操作一观察一表达）[②]；曾欣然对学生学习完整心理结构的研究（由学习心理的动力、智力、能力及学习评定力组成）；乔炳臣提炼的有关“学思结合、知行统一、情意相辅、反思调控”的学习过程结构模式图等。20世纪70年代末到80年代，小学、中学及大学学习方法、学习心理研究蓬勃开展，如黎世法概括的“八环节学习方法”（制订计划一课前自学一专心上课一及时复习一独立作业一解决疑难一系统小结一课外学习）等，1987年，“全国第一届学习科学讨论会”（南京）召开，等等。这些反映了我国20世纪80年代学习思想、理论的重要发展与态势。

20世纪90年代，在广泛学习借鉴及大规模实验研究基础上，我国学习理论研究长足发展。诸如施良方著的《学习论》（人民教育出版社，1994），邵瑞珍、皮连生主编的《学与教的心理学》（华东师范大学出版社，1995，1997），林崇德著的《学习与发展》（北京师范大学出版社，1999），学习策略课题组主编的《学习的策略》（红旗出版社，1999），刘电芝主编的《学习策略研究》（人民教育出版社，1999），张庆林主编的《中学生主体教育》（重庆大学出版社，1998）等，均有重要影响。《化学学习论》（刘知新主编，广西教育出版社，1996）等学科学习论亦有出版。全面论述学生的学习心理结构及学习策略，成为该时段学习理论研究的重点。

近10余年，课程改革如火如荼，学习理论的研究、发展也更全面深入。现当代先进学习理论普遍反映在新出版的各《学习论》、《教学论》、《教育心理学》、《教学心理学》、《课程与教学论》、《教与学的策略》等教材专著中。同时，语、数、理、化、生、地等多种学科学习论教材如雨后春笋。跨学科的学习论著作生机勃勃，如陈刚等著《自然学科学习与教学设计》，杨心德等著《社会学科学习与教学设计》（上海教育出版社，2005）。新学习方式的研究因课程改革需要也更加细致深入，《自主学习》、《合作学习》、《探究式学习》、《研究性学习》等通识性或学科性著述层出不穷。我国学习理论发展迎来了前所未有的大好时期。

即使是对我国学习理论发展的简要回顾，也不难体会其自立于世界民族之林的博大精深及璀璨光芒。尽管我国学习理论的发展多有坎坷，源流千年的学习思想及独特建树依然在学习理论发展中熠熠生辉。

我国源远流长的学习理论对当前地理新课程教学的启迪：

(1)学习的重要性。人“非生而知之”，且“木受绳则直，金就砺则利”，学习方能就善避恶，明辨是非。

(2)学习需有明确目的。如“修、齐、治、平”，澄明丰富自身，服务天下社会。

(3)学习要德学兼修。如“为君子儒！无为小人儒！”要并行“文、行、忠、信”。

(4)学习内容要广泛。如“兴于《诗》，立于《礼》，成于《乐》”，“博学于文，约之以礼”。

(5)学习要有志乐为。如“为学须先立志”，要“笃信好学”，“知之者不如好之者，好之者不如乐之者”。

(6)学习要掌握方法。如要学思结合，“学而不思则罔，思而不学则殆”。要联系实际思考，“切问而近思”。要透彻领会，“下学而上达”。要追求精致，“如切如磋，如琢如磨”。要由博返约，“一以贯之”。要善于运用，“举一反三”。要复习理解，“温故而知新”。要知行统一，“学一问一思一辨一行”，“知为先”，“行为重”。

(7)要善于向同伴学习。如“三人行，必有我师焉”，“以文会友，以友辅仁”。

(8)学习要有自己的见解，如“当仁不让”，“君子和而不同”。

(9)学习要亲近自然、体悟自然。如“知者乐水，仁者乐山”。

(10)要善于在生活中学习，向榜样学习。如“见贤思齐焉，见不贤而内自省也”。

(11)学习要不断进取，抓紧时间。如“学而不厌”，“学如不及，犹恐失之”。

(12)学习需要反思。如“博学而日三省，则知明而行无过”。

* 以上引文多出自《论语》，不再一一注释。

---

① 燕国材．一种新的学习理论的探索．教育评论[J]．1986(6)．

② 胡克英．促进儿童智力活动内化的研究，华东师范大学学报[J]．1986(4)．

不难看出，我国学习思想对近现代崇尚质疑、思想自由、博采众长、师法自然、结合时政、知行统一、德才兼修、服务社会等学习理念及实践不无重要影响，对当代的素质教育、学习内容、学习方法改革也启迪良多。尤其难能可贵的是，我国早期学习思想中对人的学习情意、对人性全面养成的关注所闪耀的人文的光芒，对学习有关认知的综合、辩证的观点等，为西方早期种种学习理论所缺乏。而其反映的学习的重要性、目的性、阶段性、怀疑求新、学习迁移、榜样学习、反思性学习等，又与当今所倡导的先进学习理论有所贯通。在大浪淘沙的历史演进中，我国的学习理论将焕发出更加灿烂的光芒。

综观上述各种学习理论，各有贡献、局限。迄今为止，还没有那一种理论能对复杂的学习现象作出全面的解释。"例如联想理论适合解释机械材料的记忆与遗忘，但不能解释有意义的知识学习。行为主义强化理论适合解释低龄儿童的行为学习和人类的动作技能学习，但不能解释知识的理解。奥苏贝尔的同化理论适合解释知识的理解，但不适合解释技能的形成。加涅的智慧技能层次论适合解释智慧技能的学习，但难以解释品德的学习。所有认知理论都难以解释人的态度和品德学习，但班杜拉的社会学习理论较适合解释人的态度和品德的形成和改变。"①

当前最恰当的方法是用不同的学习理论指导不同类型的学习。如用联想理论指导机械材料的学习，用强化理论指导动作技能的学习，用同化理论指导知识的理解，用智慧技能层次理论指导智慧技能的学习，用社会学习理论指导态度品德的学习等等。前述诸多教学模式都能映射出不同学习理论的指引。当前，基于信息技术及行为习得的操作性学习理论，基于认知结构优化的有意义学习理论、信息加工学习理论、社会学习理论，以及重视学生能动性充分发挥的生成学习理论、建构主义学习理论、人本主义学习理论等，都是课程改革的关注。学习理论也继续在不断发展、完善中。

【案例及点评】

基于建构主义学习理论的学与教示例

"随机进入教学"一例——初二中国地理"华北地区"②

总体设计：

(1)先播放华北地区风光图片，营造教学情境。之后，请学生谈谈，通过看电视、听广播，还对华北地区了解些什么。通过学生自由发言，既活跃课堂气氛，又拓宽了学生学习思路。

(2)学生看书，熟悉教材内容。(自主学习)

(3)学生分组讨论教材内容，然后针对自己感兴趣的专题设计出问题。(生生互动、学生合作学习)

(4)随机进入学习。各组分别提出自己设计的问题，由大家一起讨论，解答。通过学生的提问和回答，实现从不同的角度进入教学内容的学习，从而获得对教学内容多方面的认识与理解；同时，在学习过程中实现生生互动。在互动中，让学生体验学习的方法和过程。

(5)师生互动。对于难点问题，在学生进行充分讨论后，老师再进行深入分析、讲解。之后，老师提出问题，并在学生回答后做简要分析。

教学片段：

(学生们分组讨论完教材内容后，开始各组间的互问互答。)

甲组学生：华北平原是怎么形成的？

师：这个问题提得好，哪组同学能帮他们解答这个问题？

一同学站起：华北平原是由黄河、淮河、海河携带的泥沙冲击形成的。

---

① 杨新德，蔡维静著. 社会学科学习与教学设计[M]. 上海：上海教育出版社，2005：2.

② 周承川. 建构主义教学方式在地理教学中的应用. http://www.jiaoyu.net.cn

师：很好，其他同学还有没有补充？

生：老师，淮河下游和长江下游是连在一起的，哪里是华北平原和长江中下游平原的界线呢？

师：问得好，说明这位同学认真观察了。请大家翻开地图册，我们一起看看，两个平原的界线应该在哪里？

生：我们认为可以以高邮湖为界，高邮湖以北是华北平原，高邮湖以南是长江中下游平原。

生：高邮湖是南北狭长的，究竟是以高邮湖的北端为界，还是以高邮湖的南端为界呢？

生：我们认为应该以高邮湖的北端为界。

生：我们组认为应该以高邮湖的南端为界。（同学们开始争论，这时大家都看着老师。）

师：对不起，这问题我现在也答不出，课后我们一起再去探究，好吗？（学生们都笑了，神情中透着难倒老师的自豪。）

教学反思：

(1)“随机进入式”教学强调以学生为中心，学生围绕教学内容提出的问题是课堂讨论、学习的核心内容。学生在学习过程中提出的问题，都是他们感兴趣的问题，因而其学习的积极性、主动性较高，学生成为自主探究的主动建构者。

(2)由于学生的认知水平不同，提出问题的层次也不同。学生对不同层次的问题进行探讨，使学习有了梯度，教学有了层次，有利于学生的个性发展。通过学生提问、大家共同解答，学生获得的不仅是知识，还有学习方法和学习过程的体验。

(3)该种方式出现的主要问题是，由于学习内容由学生所提问题决定，而学生问题涉比较散乱，因而学习重点有时难以凸显。这需要教师的相机引导。以培养学生综合素质、提高能力为目的，而不以完成教学任务为目的，也许更重要。

(4)学生提出的问题具有不可预知性，讨论有时很热烈，会生成很好的课程资源。这要求教师不仅课前认真充分备课，课后也要及时反思改进。

点评：

随机进入教学是建构主义学习理论的有效教学方法之一。其基本含义是学习者可以随意通过不同途径、不同方式进入同样教学内容的学习，从而获得对同一事物或同一问题的多方面的认识与理解。通常包括呈现基本情境—随机进入学习—思维发展训练—小组协作学习—学习效果评价等环节。该案例对随机进入教学有较正确的理解与积极实践。

基于建构主义学习理论的学与教还有“支架式教学”、“抛锚式教学”等，参见第四章 P148～150【相关链接】。

第二节　地理学习心理及教学策略

地理学习心理一般包括地理学习动机，地理知识的掌握与迁移，地理技能的习得，地理情感态度价值观的陶冶、养成等。地理教学策略应包括教和学的策略。

一、地理学习动机及促进策略

(一)地理学习动机及其作用

地理学习动机是激发与维持学生地理学习的内在动力，包括地理学习的兴趣、意向、愿望、目的、认识、信念、情绪等。地理学习动机基于地理学习需要(包括社会、家庭、学校地理学习要求的内化及个人的地理学习需求)。

地理学习动机对学生地理学习有多种重要作用，例如，能激发学生学习地理的热情与主动性；能驱动学生以持续积极的进取态度参与地理学习；能使学生排除干扰，集中注意并选择达标所需的适当行为于地理学习，等等。可见地理学习动机是地理学习的必要因素。当然，成功的地理学习反过来又增强学习动机。

(二)地理学习动机的影响因素及类型

1. 地理学习动机的影响因素

影响地理学习动机形成的因素有内因与外因。

地理学习动机的内因与地理学习的目标指向、兴趣和情绪、自我图式等有关。

地理学习目标是学生地理学习活动努力追求的结果。明确的目标能激发努力，集中注意，坚强意志，寻求改进。所以关注学生地理学习目标是重要的。

地理学习兴趣是学生对地理事象及地理学习力求认识或趋近的倾向，由学生学习地理的内在需要和外在能满足其需要的地理人、事、物所具有的价值所构成。地理学习兴趣可分为直接兴趣和间接兴趣，前者主要由地理事象或地理学习活动本身的性质所引起，如地理事象的缤纷多彩及无穷奥秘；后者主要由活动结果的工具性价值所引起，如旅行、购物及研究解决种种地理问题的便利等。由于学生凡从事与兴趣一致的活动便感到轻松愉快，其积极主动性便自然迸发。所以，“兴趣是最好的老师”。

地理学习动机还与学生的学习情绪有关，因为学习不是一个思维与解决问题的冷认知过程，而是一个伴有情绪的热认知过程，即有积极情绪伴随的认知容易取得预期的效果。但情绪水平过高或过低都不利于学习，唯中等唤醒水平，学习效果最好。

自我图式是学生对自身的看法，包括对自己的能力、效能的信念和自我价值观等。通常，持能力可变观，对成功完成学习任务的能力自信及自我认同等，有助于学生确立较高的学习目标并努力达成。

地理学习动机的外因则与地理学习中的教师作用尤其是榜样作用以及家庭环境、社会影响等有关。前者对学生学习动机形成具有强力影响，无论是对学生的期望、采取的教学策略或是以身示范的潜移默化。家庭的文化背景、精神面貌，社会的发展需求、风范倡导等也予地理学习动机以重要影响。

2. 地理学习动机的类型

有关学习动机的分类方法很多。从学习动机的内外维度来划分，有内部动机与外部动机。基于成就动机的三种组分来划分，有认知内驱力、自我提高内驱力和附属内驱力。

其一，内部动机与外部动机。

地理学习的内部动机指学习者对地理科学本身的兴趣所引起的动机。该动机不需要外界的诱因来使行动指向目标，因为对学科的喜爱本身就是一种动力。因此，引发学生对地理学科的兴趣与目标是重要的。

地理学习的外部动机指学习者由地理学习的外部诱因所引起的动机。例如令同学羡慕的好成绩，老师、家长的表扬奖励等。显然，该动机不是对地理学习本身感兴趣，而是对地理学习带来的结果感兴趣。

持两种不同动机的学习者在学习的主动性、独立性、学习毅力、挑战精神等方面有较大差异。学生学习地理的内部动机无疑是最重要的，但其外部动机不可忽视，尤对初学者。

其二，有关成就动机的认知内驱力、自我提高内驱力和附属内驱力。这是奥苏贝尔基于成就动机的三种内驱力分类。从学习角度，成就动机即学习者希望成功地完成学习任务的愿望，这是一种较普遍的需要。地理学习亦如此。具体在地理学习中，认知内驱力是学习者一种要求了解、理解、掌握地理知识，以及系统阐述或解决地理问题的需要。多由兴趣、好奇心、求知欲产生，并在实践的成功中趋于稳定。自我提高内驱力是学习者因自己的地理学习胜任能力而赢得相应地位(尊重或褒奖)的需要。附属内驱力是学习者为了保持长者(家长、教师等）的赞许或认可而表现出的成功完成地理学习任务的需要。显然，前者是内部动机，后两者均是外部动机。而自我提高内驱力在成就动机中有重要作用。

成就动机的三种组分在学习者的不同学习阶段有不同比重。通常年级越高，前两种内驱力比重越大。同时，学习者的成就动机也与其社会生活背景及人格结构等有重要关系。

从学习动机分类及影响因素可采取相应的教学策略，这些教学策略与基于行为主义学习理论的强化论，基于认知学习理论的成就动机理论、归因理论、自我效能感理论，基于人本主义学习理论的需要层次说等有内在联系。

（三）地理学习动机的促进策略

教育心理学的研究表明，激发与维持学生的内部学习动机，可以采取培养学生学习兴趣和求知欲，利用学习动机迁移，引导学生正确归因，培养学生对成就的需要和成就感等策略。而设立明确而恰当的学习目标，及时提供反馈信息，适当使用褒奖和批评，激励为主，适当的竞争与合作，学生、教师、家长共同商定学习奖惩协议等，是激发、维持学生外部学习动机的有效策略。以下结合地理学科特点略作阐述。

1. 地理学习内部动机的促进策略

（1）创设问题情境，激发学生的好奇、认知兴趣和求知欲。问题是学生好奇、探究天性的启动力。想方设法创设问题情境引发学生认知矛盾是激发学生学习的重要策略。地理学习充满对自然、社会多种事象尤其是诸多矛盾事象的诘问。例如，为什么日月星辰东升西落，周而复始？为什么墨西哥湾的漂流瓶能达欧洲西海岸？为什么海洋生物化石出现在喜马拉雅山？为什么置身水乡闹水荒？……一个个问题就是一个个学生面临的智力困窘、认知冲突，探究的动力由此而生。

（2）丰富材料呈现方法，引发并保持学生的地理学习兴趣。研究表明，多样、富有变化的学习材料呈现较单一、固定的学习材料更能引发并保持学生的学习兴趣，只是依据课本照本宣科无疑很快会使学生感到厌倦。地理教师需要借助多种方式呈现教学材料，创设问题情境。一种现象，一则新闻，一幅漫画，一首歌曲，一个演示，一段视频，等等，都可使学习活动更富有生气并充满情趣，从而使学生学习兴趣在不断变化、富有吸引的学习活动中不断引发并保持。

（3）密切联系生产生活，引导学生正确的地理学习需要。地理学习需要中最重要的是解决现实地理问题的需要。小至个人衣、食、住、行、游，大至世界人口、资源、环境、和平与发展。诸如日常生活中判断天气变化、出门辨别方向、经济舒适旅游、选择宜居楼房、了解乡土及异地文化；诸如近在身边或经常耳闻目睹的大气污浊、河水污染、海洋污染、土地退化、动植物灭绝、气候变暖、灾难连连、战乱不断，等等。这些经常发生的现实地理问题能使学生深感学习地理的重要与迫切，由此产生更强烈的学习需要。而通过有关问题的解决和研究，更彰显了地理课程在科学、生活、政治、社会、文化、心理发展、人际交往、审美和环境教育等多方面的价值。这也是地理学习目标的正确引导，一旦学生树立了正确的学习目标，地理学习动力与才情会更持久地迸发。

（4）教学模式多样化，强化并保持学生的学习兴趣。当代学习理论与教学理论倡导多样化的教学模式。例如，有意义的接受式与有指导的发现式，自主、探究与合作学习，情境式、案例式、角色扮演、体验式、研究性学习等。不同教学模式的程序、操作不一，学生的活动形式、心情体验也不一。不同的学习模式使课程学习不再因僵化而难以忍受，而是因富有变化而充满新的吸引，从而使学生的学习兴趣在充满情趣的不同学习情境转换中得以不断强化并保持。

(5)让学生成为学习研究的主角,自觉迸发内在动力。主角是对主体地位的高度肯定与认同。只有学生主体地位受到充分重视,他们才有发自内心的当家做主的学习冲动。实践表明,大多由学生担任学习主角的学习活动,其精彩与效果往往大大超过教师的教学预期。因此凡能由学生自己独立或合作完成的学习任务,教师绝不包办代替。需几分指导,便投入几分。“懒教师”也能带出“好学生”。由学生担任学习活动的主角,教师要在学习前鼓励其信心及成功期望,学习中让其体验成功的愉悦,学习后让其与同伴、老师、家长等分享成功的快乐,这是培养学生成就动机及自我效能感的需要。

(6)引导学生正确归因,克服消极心理,积极上进。学生在学习活动中既能体验成功,也会遭遇失败。根据归因理论,学生在遭遇学习失败时,通常有不同归因方式。将学习失败主要归因于缺乏努力和方法不当(内因),而不偏执于任务难度、运气等(外因),这种归因能促使学生积极行动,包括设立更合理的目标,采取新的学习策略,承受失败,争取成功。反之,往往会消极以待并日感无能、无助。引导学生正确归因有助于激发学生的内驱力:其一,帮助学生了解自己的地理学习优势及不足,从而制定切实可行的地理学习目标。其二,以具体教学行为帮助学生达成学习目标,让其相信能控制自己的学习,并引导其正确归因。其三,引导学生如期完成学习计划,并及时反馈。

(7)因势利导,利用原有动机的迁移使学生产生地理学习的需要。学生的学习过程,不仅知识可以迁移,学习态度、动机也可以迁移。如学生对画图感兴趣,便引导其展示地理板图、地理绘画;学生对数学、物理感兴趣,引导其用于地球运动的有关计算、分析;学生对文科学习感兴趣,引导其赏析地理诗文;学生对课外活动感兴趣,引导其观山川日月,探乡土地理。渐渐地,学生对其他学科的兴趣会逐渐向地理学科的学习迁移,对地理学习逐渐产生自发或更强的驱动力。

2. 地理学习外部动机的促进策略

(1)引导学生设立明确且适当的学习目标。明确的目标指目标要具体,适当的目标指难度要合适。这样的学习目标使学生感到适应需要而力所能及,容易引发其成就动机。故教师对学生的学习目标应有科学明确的设计,同时地理教师要适当考虑不同学力层次学生的学习需要,并引导学生学会结合自身实际设立学习目标。这样有利于激励学生的成就动机。

(2)及时反馈学生的学习结果。反馈是一种评价,是对学习初始动机的回应。教育心理学的大量研究表明,及时了解学习结果的学生往往容易取得更好的学习成绩,因为他们通过结果反馈知道了自己的进步和与目标的差距,从而进一步激发了学习动机。因此无论学生的练习、作品、考核,只要教师提出要求并实施,就要及时评价并反馈。

(3)适当使用褒奖和批评,激励为主。教育心理学有关“赫洛克效应”指出,及时评价能强化动机。适当表扬的效果明显优于批评,而批评的效果比不予以任何评价的要好。这说明了及时评价及激励性评价的重要。从行为主义强化论的动机理论看,强化有正负之分。正强化(如取得好成绩及褒奖)有利于巩固、发展学生的学习动机,负强化(如批评、惩罚)则可能挫伤学生的学习动机,尤其是不恰当的批评、惩罚。因此不仅要及时对学生学习结果进行评价、反馈,而且要以激励性评价为主。例如,练习本上一个大大的“×”,常会给学生以负面刺激,而即便一个简要的“好!”或“有进步!”也常会让学生洋溢喜悦,更求上进。地理课堂上,对学生的回答要以激励性为主。例如,“你的回答抓住了一些要点,想想,还有补充吗?”“你观察得真仔细!”“同学们的质疑非常好,希望大家课后继续探讨。”等等。激励性评价并非一味给学生戴高帽，动辄就“非常好！”“好极了！”是应予避免的另一种幼稚倾向。批评则要把握有度。

(4)提供具体的学习榜样。这也是一种正强化策略，亦即替代性强化。当学生看到勤奋努力的先进人物或身边的同学获得成功及褒奖，了解、学习他们，会提高和增强自己的学习动机。基于学生的特点，教师提供的学习榜样要考虑不同层次学生的最近发展区，即该榜样既不是高不可攀，也不是轻而易举，才有实际效果。

(5)适当的竞争与合作。教育实验表明，适当的竞争与合作有利于激发学生学习的外部动机，因为该过程中所获得的对原有学习预期的超越所带来的成就感，会激励学习动机。鼓励学生不断超越自身或同伴，倡导合作学习，开展小组竞赛等，都是可采用的策略。

(6)学习相关方签订奖惩协议。该奖惩协议由学生、教师及家长共同商定。因学习进步而褒奖，因学习退步而受责。这也是基于强化原理的调动学生学习积极性的有效策略。实践表明，学生主动参与并接受的奖惩协议能有效引发、保持学生的学习动机。而且这种协议对学生设置合理的学习目标及自觉遵守有关协议都有帮助。

在从内外两方面了解地理学习动机的促进策略后，有必要指出：学生的内、外学习动机是相辅相成的。只靠内部动机，学习需要会衰减；只靠外部动机，没有足够力量。因此，需内部为主，外部相辅。

二、地理知识、技能、方法学习及促进策略

R. M. 加涅将学习结果分为五类，即言语信息、智慧技能、认知策略、动作技能及态度。前者即陈述性知识，中间三项即程序性知识，后者即情感、态度、价值观。为配合“知识与技能”的课程目标，也利于体现程序性知识的完整，以下从陈述性知识学习、基本技能学习及认知策略学习等方面分述之。

(一)地理陈述性知识的学习及促进策略

地理陈述性知识主要是回答“在哪里”、“是什么”、“怎么样”的地理基础知识，以地理事实性知识为主。陈述性知识的学习在 R. M. 加涅的《学习的条件和教学论》里，即符号、事实、整体性知识的学习。这类知识学习的关键在于建立联系，包括新旧知识的联系、新知识内部的联系。

1. 一般符号、事实类地理陈述性知识的学习与促进

(1)地理名称、地理公式一般符号类的学习

这类学习是在配对联想的心理机制上建立符号和意义间的双向联系。例如“长江”与“中国第一长河”、“双 W 形的黄金水道”的联系，正午太阳高度计算公式 $H=90°-|\varphi-\delta|$ 中，有关符号与其意义的联系。前者多属有意义的学习，后者多属机械学习。该类学习是最基础的学习，其促进策略包括：

①建立联系策略。其一，地理符号与地图的联系，如上例。其二，新旧知识联系，如长江与尼罗河、台风与漩涡，等等。

②适当复述策略。如“塔里木盆地有条塔里木河，塔里木河绕过塔克拉玛干大沙漠”。

③精加工策略。将似无意义的地理符号赋予意义，尽量减少机械记忆。如以“水北为阳，山南为阳”规律巧记地名。

④加强练习与及时反馈策略。如在不同的情境练习中识别、述说长江，并肯定其正确，纠正其错误。

⑤适度策略。一次学习的地理符号不能超过学生的记忆容量。

⑥积极心向策略。用有情趣的多种方式刺激并保持学生学习繁多地名、单调公式的积极心向。

(2)地理景观、地理分布、地理演变、地理数据等地理事实性知识的学习

该类知识通常是对有名称的地理事象间关系的言语陈述，如"热带雨林"、"三山夹两盆"、"三分陆七分海"等。上述策略，都可应用。例如，建立联系策略，将地理事实性知识与真实地理景象或地图、视频影像密切联系；精加工策略，用"高高低低高高低"概括全球气压带分布，用"上上西西日先落，下下东东月先升"概括月相的变化，用"太元古中新，二五六二五七"(各地质年代分别距今25,6,2.5,0.7亿年)等趣化枯燥的地理数据；练习与反馈策略，通过多种情境、形式的练习及反馈让学生熟练记忆与表达，等等。

地理事实性知识的学习，除以上策略，还有组织策略，这将在整体性知识学习中阐述。

2. 陈述性地理概念、地理原理的学习与促进

地理概念和地理原理是构成地理学科理论体系的基石。当地理概念和地理原理处于形成、理解其含义阶段，属地理陈述性知识；当其进入掌握、运用阶段，则属地理程序性知识。这里先介绍前者，后者的学习在"智慧技能"部分阐述，两部分互为关联。

(1)陈述性地理概念的学习

地理概念是反映地理事象本质特征和属性的地理知识。地理概念有具体概念和定义性概念。具体概念指通过直接观察获得的概念，如长江、山东半岛、上海等。定义性概念不是通过直接观察而是通过定义习得的概念，如洋流、季风、城市化等。地理概念教学常指后者，以下阐述主要针对地理定义性概念。

地理概念一般包括概念名称、概念定义、关键特征、概念例子四种成分。前三种构成概念内涵，概念例子属概念外延。例如，"自然资源是指人类可以直接从自然界获得，并用于生产和生活的物质与能量，主要包括矿产资源、土地资源、水资源、生物资源和气候资源等。""自然资源"是概念名称；"人类可以直接从自然界获得，并用于生产和生活的物质与能量"是概念定义，是所有正例的本质特征概括；"自然"、"用于"、"物质与能量"是关键特征，即定义中的关键词；"主要包括矿产资源、土地资源、水资源、生物资源和气候资源等"是概念例子，即所包括的具体对象。地理概念的学习主要是记忆概念符号，理解关键特征，掌握概念运用。陈述性地理概念的学习主要是获得地理概念的关键特征。通常有概念形成与概念同化两种方法。

①概念形成。概念形成是在若干概念例证基础上，经过对概念例证的观察分析和概括而获得概念本质特征的一种方法，是一种自下而上的学习，即D.P.奥苏贝尔所说的上位学习。例如，"自然资源"概念的学习。首先，要提供至少两个或两个以上的正例让学生观察分析，如铁矿、森林、江河水、太阳能等，让学生观察分析概括其共有本质特征：自然性、有用性、物质与能量。此外，为了使概念的关键特征更加突出，可适当使用反例。例如"小麦"、"棉花"等，虽对人类"有用"，但不是从"自然界"直接获得，而是经过了人类培育和加工。这样通过正反例的对照突出了该概念的关键特征，有利于把握概念的内涵和外延。概念形成也叫表象—抽象方法，该法较形象直观，多适合于知识结构不太完善的低年级学生。

②概念同化。概念同化一般是在学生具备同化概念的上位概念情况下，直接向学生呈现新概念的定义，学生将原有上位概念与新概念联系起来而习得概念的一种方法，是一种自上而下的学习方法，即D.P.奥苏贝尔所说的下位学习(即类属学习)，这是高年级学生常用的一种学习概念的方法。例如，在具备"自然资源"概念前提下，对"矿产资源"、"土地资源"、

“水资源”、“生物资源”、“气候资源”等下位概念定义的直接学习；在具备“热力环流”概念前提下，对“城市风”、“山谷风”、“海陆风”等下位概念定义的直接学习。同化学习借助概念同化，只需少数典型例证，该方法使新概念学习较为容易并提高效率。

概念同化有时也用在横向上有彼此吻合关系的概念的学习。例如，在已知“天气”概念基础上，通过比较而获得“气候”的概念；在已知“岛屿”概念基础上，获得“热岛”的概念等。

概念同化对学生认识水平及原有知识结构有一定要求，多适合较高年级的学生。

陈述性地理概念学习中，开发利用课程资源，选择并设计好概念的例证（一定数量，有一定变化，联系经验，突出概念关键特征等），强化学生对地理概念关键特征的分析、比较、综合及抽象，确认或利用“先行组织者”建立能同化地理新概念的相关地理概念等，都是有效的促进策略。

(2)陈述性地理原理的学习

地理原理是反映各种地理事象本质属性、异同，揭示其本质联系及发展变化必然趋势的地理知识，包括地理概念、地理特征、地理成因、地理规律等。地理原理是若干地理概念按一定规则的组合。

陈述性地理原理的学习是着眼于其理解、描述阶段的学习；若着眼于应用，则是程序性地理原理的学习。陈述性地理原理学习也有两种方法，即从例子到规则的学习和从规则到例子的学习，这里的规则即原理、定律、法则、规律等的总称。

①从例子到规则的学习（例-规法）

例-规法是学生先学习规则的若干事例，然后再概括出其中的规则的方法。如学生在学习了日本京-滨及阪-神、意大利塔兰托、中国上海等发达城市带或城市的工业布局特征以及地理环境特征后，自己概括出“二战以后，世界工业布局具有临海性的特征及趋势”的地理原理。该法中学生进行的是发现学习（亦即D.P.奥苏贝尔所说的上位学习），教师在教学过程中起引导和辅助作用。

例 规法有时也借助一个典型例子用以揭示地理原理。例如，用京九铁路建设的例子揭示了“交通运输线的建设要受到经济、社会、技术和自然等因素的影响和制约”。这里，首先该例子选择是能较全面揭示相关原理的；第二，该例子能引起学生平时积累的一些经验、事实，从而扩大其自主发挥的空间。

②从规则到例子的学习（规-例法）

规-例法是先呈现要学习的原理，然后通过分析具体事例来学习原理。如高中地理“城市的区位因素”的学习，即先呈现“城市的形成和发展要受自然地理因素的影响”以及“还要受社会经济因素的影响”这一地理原理，然后结合若干案例分别从地形、气候、河流、资源、交通、政治、军事、宗教等方面的例子来说明此原理。该法中学生进行的多是接受学习。显然，对有些较复杂地理原理的学习，这种方法也是需要的。

陈述性地理原理学习中，引导学生回忆先前的知识、概念，注意例证和规则的有机统一；规则的例证有所变化，必要时辅以反例；注意联系乡土的例子；充分利用地图树立空间观念等。这些都是有效的促进策略。

3. 地理整体性知识的学习与促进

(1)地理整体性知识的学习

地理整体性知识是由相互联系的地理事实、地理概念等构成的知识体系。显然，有机组织的知识信息才是一个有生命力的知识机体。只有清楚了知识的系统层次结构，才能从整体上把握它，并灵活运用。倡导掌握学科结构的美国教育家J.S.布鲁纳早就指出：“教给学生能使他们最大限度超越所给信息的一般编码系统”[①]，地理整体性知识就是把握知识结构、学科结构的不同抽象程度的编码系统。认知地理整体性知识可以通过命题网络、概念图、图式等多种形式学习。

命题网络是一组相互联系的信息。命题是意义的最小单位，通常由句子或句子成分表达。命题网络可以使某教学内容各要点间的逻辑关系清楚呈现，参见图5-2。

概念图(概念地图)是一种由各概念单元及其间相互关系构成的图解，它揭示了重要地理概念间的相互关系(上、下位关系或并列关系等)，参见图5-3。

图式是描述一类事物一般知识结构的有组织的知识体，它是一组观念及关系的集合，与认知框架、认知结构的意义大致相同。图式包容命题网络、概念地图、规则系统等。作为一种认知框架式的表征，图式往往更具抽象性及普遍性。图式包括概念图式、表格组织图式、网络综合图式(参见图5-2～图5-4)，还包括程序式图式、策略性图式等。[②]

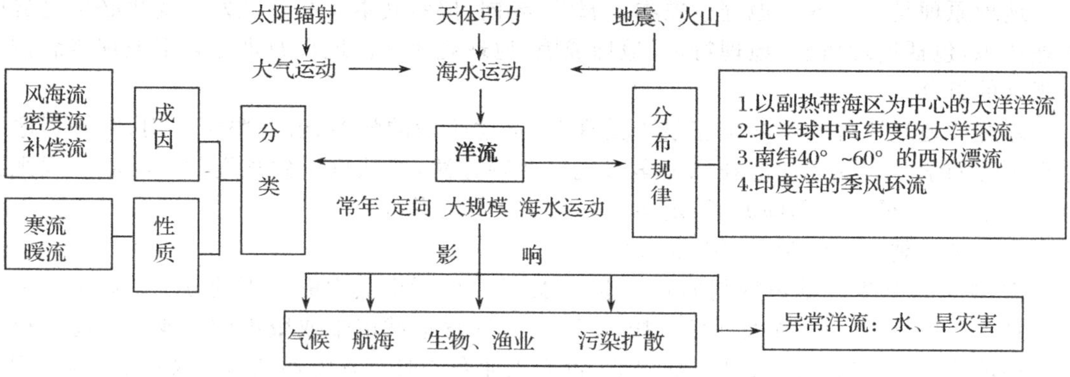

图5-2 高中地理“洋流”的命题网络[③]

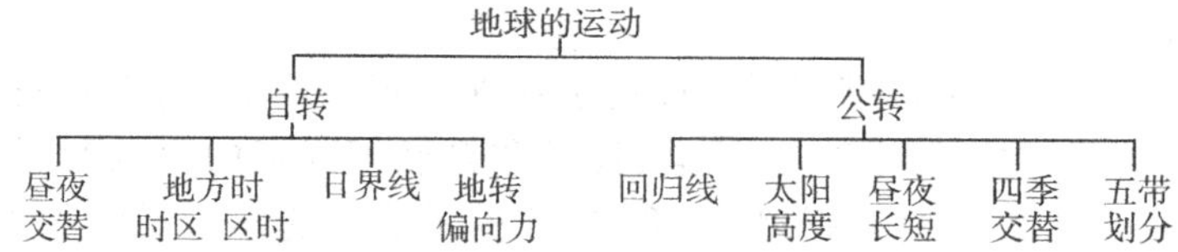

图5-3 高中地理“地球的运动”概念图

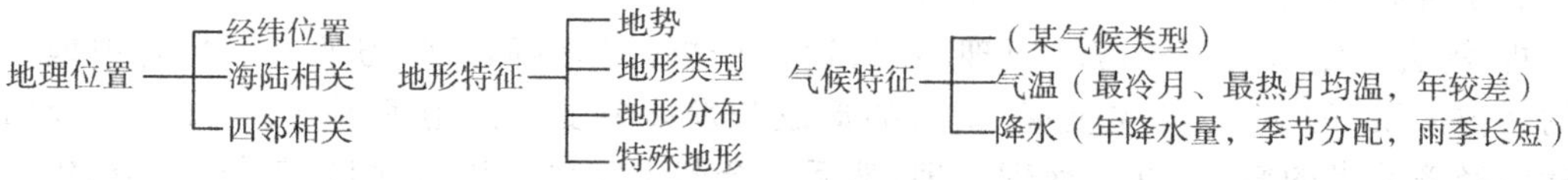

某自然资源	特点	分布	利用状况	存在问题	解决途径

图5-4 地理认知图式举样

(2)地理整体性知识学习的促进策略

毫无疑问，地理整体性知识的学习，有利于学生把握知识结构、学科结构，既便于记忆巩

① 施良方.学生认知与优化教学[M].北京:中国科学技术出版社,1991:167.

② 黄京鸿.图式理论与地理教学[J].西南师范大学学报(自然科学版),2002(1).

③ 黄京鸿,李辉.视点结构教学理论及其在地理教学中的应用[J].中学地理教学参考,2005(1).

固,又便于掌握方法,迁移运用。以下策略,有助于该类学习的促进。[①]

①引导学生找出知识间的联系,包括知识内部的联系及新旧知识间的联系。

②教给学生组织整体性知识的多种方法,如层级法、表格法、网络法等。

③充分引导学生利用已知图式进行联想、概括及延伸。

④引导学生调整、构建新的图式,顺应新的学习情境。

⑤拓宽图式运用的新情境,在学习迁移中促进对图式的巩固、理解。

地理教师要经常关注现实世界中的重大地理问题,以其形成重要问题情境,促进学生在问题解决中巩固、理解已有的图式或构建新的图式。而图式在新情境中的运用也循序进入了地理智慧技能的学习阶段。

(二)地理基本技能的学习与促进策略

地理基本技能是在练习基础上形成的按某种规则或操作程序顺利完成地理认知任务和实践操作任务的心智活动方式和动作活动方式,包括地理智力技能与地理动作技能。

1. 地理智力技能的学习与促进

地理智力技能(亦称地理智慧技能)是在认识地理事物或地理实践活动中,学生借助内部言语(概念、规则等)在头脑中进行的智力活动方式,包括地理学习过程中的感知、记忆、想象、思维等认知因素,以抽象思维因素为主。

地理智力技能既包括了观察、记忆、比较、分析、抽象、概括、解决问题等一般智力技能元素,也有本学科特殊的智力技能。例如,能运用多种地理仪器,能分析运用地图,能进行地理观测、实验,能运用多种手段收集、处理、分析、评估地理资料,以及贯穿其中的地理空间思维能力、地理整体思维能力等。

由于部分内容已在"地理方法"述及,以下着重从智力层级理论及智力技能培养角度阐述有关策略。

(1)地理智力技能学习要由简单到复杂有序推进

R. M. 加涅等西方认知心理学家认为智力技能按其复杂程度分为五个层次:辨别—具体概念—定义概念—规则—高级规则。皮连生教授提出智力技能学习三阶段:(新、旧联系基础上)新意义建构—变式练习,规则程序式转化—智力技能相对自动化。

例如,"在等高线地形图上辨认地面的高低起伏"一节教学,就包含着不同智力层级。首先是具体地面起伏差异的"辨别"区分,而后有山坡、沟谷、陡崖等"具体概念"的列举,然后有海拔、相对高度、等高线、等高线地形图等"定义概念"的理解,进而有等高线地形图识图"规则"的理解及简单运用,最后能识别较复杂的等高线地形图并解决新情境中面临的相关问题,这即是"高级规则"的要求。地理教学中需要循序推进。

(2)地理智力技能学习要重视形成条件化知识

地理智力技能实质是学生对地理陈述性知识的运用,或运用习得的地理程序性知识去办事。地理智力技能形成的关键是把所学知识与该知识应用的条件结合起来,形成条件化知识,即在头脑中储存大量的"如果……那么……"的产生式,并把握该知识在什么情况下适用。例如,某等高线地形图上,如果山顶侧翼诸等高线延伸趋势是由高处向低处突出,那么这是山脊,反之则是山谷;如果某地主要位于副热带高压控制区,那么其气候基本特点是炎热干燥;如果某城市要布置可能污染空气和水体的工业,那么应当布置在该城市的下风向和

---

① 黄京鸿. 图式理论与地理教学[J]. 西南师范大学学报(自然科学版),2002(1).

水源的下游。这些条件化知识多是地理成因、地理规律等地理原理的熟练掌握及灵活运用。复杂的地理问题非简单的条件化知识所能解决，通常需要一个有机联系、递进的产生式系统。

促进学生形成条件化知识，在教学上的重要策略，一是要选择或编制产生式例题，让学生进行样例学习，理解并形成条件化知识。地理新课程教学中大量采用的“案例教学”，如剖析桂林“山水”的成因，长江三角洲地区城市功能案例，区域水土流失及治理——以黄土高原为例等，把相关条件化的知识生动阐述其中，容易为学生理解。二是向学生呈现乡土地理或熟悉的生活地理中的相似例子，提高条件化知识在解决实际问题中的可检索性和应用性。重视地理技能培养的教师，通常会注意引导学生联系实际举一反三。

(3)地理智力技能学习要促进产生式知识的自动化

现代认知心理学的研究表明，产生式知识必须经过练习达到十分熟练的程度，甚至达到自动化的程度，才能变成一种心智技能。例如高一学生与高三文科学生，对同是已学的不同地点气候类型的判读，或是新情境下某等值线图（等高线、等温线、等降水量、等压线等）的判读，某些地理要素过程线（水文变化曲线、产业重心变化线等）的判读，后者比前者迅速准确得多，表达也更为熟练简洁。原因在于高三学生对解决有关地理问题的一系列产生式规则已相当熟悉，一看到题目几乎不假思索就能进行相应操作。因此，无论对高一学生，还是高三学生，要大面积提高其智力技能，必须通过适当练习，让其在多种变化情境中思考、反应，从而使其对规则运用达到自动化。

(4)地理智力技能学习要加强学生的言语活动训练

大量研究表明，言语活动有利于减少学生思维的盲目性，使其注意集中于问题的重点和关键，并帮助学生寻找新的更佳思路，从而提高问题解决的成功率。学生的言语水平可以相当程度地体现内部思维水平，提高解决问题的速度和迁移水平，促使智力活动内化。因此地理教师在教学中要加强对学生言语能力的训练。例如，可以指导或要求学生大声描述观察内容，陈述操作方法，口述思维过程，概括探究结论等。要鼓励学生相互问答、相互议论。教师要注意为学生言语活动创设一个民主、宽松、融洽的课堂心理环境，使学生乐于表达并能畅所欲言。

(5)地理智力技能学习要科学地进行练习

练习是促进地理陈述性知识向地理智力技能转化的必要条件。练习不足或“题海战术”均不妥。为此：

首先，教师要做到精讲多练。“精讲”，即教师讲主干、讲重难点、讲关键、讲方法，内容精要而耗时较少。“多练”，即让学生有较多的时间通过较充分的操作、变式练习等学习活动，增加其灵活运用知识的机会。课程改革实践中，不少教师将“精讲”控制在半节课甚至更少，让学生练习更多，值得倡导。

其次，练习形式多样，注重举一反三。为了防止练习的刻板僵化以致学生产生负迁移，教师特别要注意变式练习。同时，在练习中注意引导学生对练习思路、方法的反思与总结。

第三，练习要适量适度，循序渐进。练习太少，不足以使智力活动达到自动化。练习太多，由于练习有“高原期”，会事倍功半，甚至有害，特别是大量的枯燥练习。新课程配套的练习册，教师要根据学生及教学情况删减增补，灵活处理。

2. 地理动作技能的学习与促进

地理动作技能是在地理认识活动和实践活动中，学生按一定技术要求而进行的肢体操作活动方式，包括观测、实验、填绘图表、表演、仪器操作、模型制作等。

地理动作技能与地理智力技能有所不同，后者主要是某套地理规则支配人头脑内的认知活动，而动作技能主要是某套地理规则支配人的肌肉协调。后者不可模仿习得，前者则可。但二者密切联系，后者是前者的"神经中枢"，前者是后者的"操作展示"。基于此，动作技能的形成不仅仅是行为派认为的一系列刺激—反应的联结，而是如认知派认为的，在有一系列刺激—反应联结的同时，更有感知、记忆、想象、思维等认知成分的参与。因而较复杂动作技能的形成，一般要经历四个阶段：认知阶段、分解阶段、联系定位阶段、自动化阶段，与之相应的学习与促进策略主要有三：

(1)帮助学生认识任务的重要性和学习目标

首先，要让学生认识学习掌握某项动作技能的意义和重要性。这是激发学生学习动机的需要。例如，学习绘制中国轮廓板图前对其重要意义的有情、有理、有例的充分说明，往往很快就能激发学生参与。其次，向学生明确提出该动作技能应达到的切实可行的目标，使其不仅明确"做什么"、"怎样做"，还知道"可以做得怎样"，从一开始就能根据目标要求调控自己的练习过程。

(2)作好示范与讲解

研究表明，教师的示范和要领讲解在学生动作技能形成中具有重要导向作用，能在很大程度上决定学生动作技能是否规范。该策略包括：示范清晰完整；讲解简明扼要，程序清楚；示范结合讲解一般采取总—分—总之序；将程序式的反应系统固定化，以有助于学生熟记程序及动作模仿。

(3)要有足够的练习与及时反馈

任何较复杂的动作技能都必须通过足够练习才能掌握并熟能生巧。但练习不是简单的机械重复，要考虑动作技能形成的顺序、耦合、连贯、强化等条件有效地练习，要有感知、记忆、想象、思维等多种认知成分参与，要注意练习的及时反馈，才能富有成效。

以上主要是地理智力技能和地理动作技能的学习与促进策略。至于地理社会技能，除去言语交流技能（如主动问候、自我介绍、使用敬语、开发话题、选择内容、情感呼应、三思后言、适度幽默等）、非言语交流技能（如恰当体姿仪态、生动面部表情、常带笑意、专注凝视、主动自然亲切接近他人、抑扬顿挫的声调、开放式的手势）等技能中的技术性因素，还需要如自信、移情、合作、关心他人等情感性因子。

（三）地理认知策略的学习与促进策略

认知策略是"学习者用以调节控制其注意、学习、记忆及思维过程的技能"[①]，即学习者所掌握并能运用的认知学习的方法类知识。与主要指向于客体的智慧技能及言语信息不同，认知策略重要特点是对内调控。大量有关实验表明，拥有良好认知策略的学习者，较之他人，其"学习和思维的质量更好，或者更快更深刻"[②]。同时，认知策略是比智慧技能更一般也更泛化的认知技能，即学习者认知策略的改善可在多个学科实现广泛的迁移。显然，认知策略是学习者学会学习的最重要技能。当"过程与方法"成为当今我国课程改革三维教学目标的重要组成，认知策略的学习与促进应有足够重视。

1. 地理认知策略的主要类型及举样[③]

地理认知策略是地理学习策略的重要组成。一般包括注意的策略、复述的策略、编码策

---

① R. M. 加涅著，皮连生等译. 学习的条件与教学论[M]. 上海：华东师范大学出版社，1999：76.

② R. M. 加涅著，皮连生等译. 学习的条件与教学论[M]. 上海：华东师范大学出版社，1999：65.

③ 黄京鸿. 把认知策略作为地理教学的重要目标[J]. 西南师范大学学报（自然科学版），2002(3).

略(精加工策略、组织策略等)、记忆的策略、问题解决策略等。元认知策略是学习主体对自身认知过程的自我意识、自我评价和自我调控的策略,即认知的认知。有时论及认知策略时也述及元认知策略。以下举例说明主要认知策略,以利学习运用。

表 5-1 注意的策略

策略类型	基本含义	样 例
目标定向策略	从明确的教学目标中把握重点	如某教学目标:识别等高线地形图。重点:识图规则
追踪问题策略	从教师或教材提出的问题中探明重点	追踪问题:什么是气象灾害?有哪些主要类型?各有何特点
勾批重点策略	从要求批注之处了解重点	如勾书重点:坡陡,等高线密集;坡缓,等高线稀疏
关注变化策略	从教师教学方法、技术变化观察重点	如教师重音、追问之处,多种教学媒体突出强调之处
注重反馈策略	从师生的反馈评价信息中注意重点	如注意对“经纬网定向法”的练习题评价
记笔记策略	从讲解及板书要点中注意重点	如“秦岭-淮河线”、“三北防护林”、“南南合作”

表 5-2 复述的策略

策略类型	基本含义及适用范围	样 例
逐字复述策略	简明重要的地名、数据、概念、规则等	季风、洋流、“热岛”效应、等高线识别规则
重点复述策略	摘要复述重要地理信息	如“能源:提供能量的……物质……物质的运动”
析义复述策略	分析复述重要地理信息	如解析副热带高气压带的形成
组块复述策略	复述有组织的地理信息板块	如按大区复述矿产分布、铁路干线分布
表象复述策略	形象化复述有关地理信息	如长江两“W”之形,黄河四“几”之貌
出声复述策略	启动口、脑等多种感官复述	如出声复述时区计算的基本方法
圈划复述策略	启动手、口、脑等多种感官复述	类同勾批重点策略,但常伴随口诵

表 5-3 编码策略之一——精加工策略

策略类型	基本含义	样 例
类比法	据两类事象间某些属性的相同或相似所作的类推	如用海绵吸水类比饱和空气
比喻法	用“打比方”理解、比喻地理事象	如将“大陆漂移”喻为筏在水中行
比较法	对两种或两种以上易混淆的地理事象进行对比分析	如天气与气候、时区与区时、分布与布局等
扩引法	对所学地理知识进行扩展和延伸	如池塘生态系统-河湖生态系统-人地生态系统
联想法	通过地理事象间关系产生由此及彼的联系	如亚马逊平原—亚马逊河—热带雨林—“世界之肺”
诗韵法	以诗歌、歌谣等对较难记忆的地理事象加工	如巧记我国34个省级行政区名的歌诀
表象法	以象载文,活化记忆	如以“上弦之箭”图示我国“三沿”开放
情景法	设想情景,深化记忆	如“漂流瓶故事”——洋流循环模式
质疑法	追问“为什么”,深化理解	如生态平衡为何要保护?臭氧为何不降下来
笔记整理法	用新的生成技术建立地理知识间联系	如新疆地形特征旁批:“三山夹两盆”

表 5-4 编码策略之二——组织策略

策略类型	基本含义	样 例
分类法	按学习材料的类别特征进行组织	如可再生能源和不可再生能源
纲要法	提取材料要义,组织纲目要点	如工业布局:两个概念、六种因素、三大要素、一个要求
图式法	在头脑中构建有主题的知识网络	如图 5-2~图 5-4

表 5-5　记忆的策略

策略类型	基本含义	方法举例
积极心向策略	有完全记住的决心和意向	明确目标，主动记忆，限时记忆，重复记忆，要求久远
数量控制策略	掌握适当的信息记忆量	整体记忆、分段记忆相结合
过度学习策略	在刚能记住的基础上进一步记忆，一般最佳过度复习率为 150%	如记忆 34 个省级行政区名（诗韵法）需 4 遍，过度学习则再加 2 遍
优选组合策略	优选组合最佳学习方法促进记忆	及时复习、分散复习、试图回忆、“过电影”等
关键词提取策略	借助关键词促进记忆	如“东加西减”——记忆时区计算基本要则
联想提取策略	通过地理事象间联系促进记忆	如北太平洋洋流模式 → 北大西洋洋流模式
表象提取策略	借助表象提取促进记忆	如从头脑中的月相变化图提取月相类型
图式提取策略	借助图式记忆知识间联系	如从地质作用图式中提取“岩浆活动”

表 5-6　问题解决策略

策略类型	类型举例	问题举例
A 启发式解决问题策略 据问题固有规律及已有经验选择性搜索解决问题的策略	简化策略	在等值线（等温线、等高线等）上作辅助线以助判读
	图解策略	如解决太阳高等角、楼房光照、星体运动等问题
	爬山法	如跨经、纬度复杂飞行问题中的时区计算的逐级推演
	逆推法	如生态环境问题等连锁反应的溯源分析
	联想搜索策略	如低洼谷盆冬季逆温层 → 兰州冬季逆温层 → 洛杉矶冬季逆温层
	关键点策略	如一艘货轮出马六甲海峡驶向科伦坡，当正午的影子朝向北方时，所设四种地理现象的判断选择
B 创造性思维解决问题策略 以发散思维、非逻辑思维等新奇思维方式或多种思维结合，独特、敏锐、突发性地解决问题的策略	发散思维策略	如全球变暖将给地球带来哪些影响
	类比思考策略	如地转偏向力的影响：洋流 → 河流 → 气流
	对立思考策略	如地球自东向西转动，会有哪些地理现象
	分合思考策略	如园林＋城市：园林（生态）城市
	头脑风暴	解决我国林地、耕地人均少的对策（集体讨论）
	转换思考策略	如用物理计算方法替代天体运动的数学计算方法，或置换思考维度

表 5-7　元认知策略

策略类型	基本含义	方法举例
元认知策略	对自身认知过程的自我意识、自我评价、自我调控	我弄清要解决的问题了吗？
元认知监控 （核心策略）	个体对认知过程不断评价、调控 （反身自问）	对这一问题我有哪些已有知识可以利用？
		找到解决问题的方法了吗？方法运用是否合理？
		问题解决了吗？还有什么问题需要解决？
		还有其他解决问题的方法吗？有何经验教训可总结？

2. 地理认知策略的学习与促进①

(1)把认知策略作为地理教学的重要目标

地理教师首先要强化认知策略的教学目标意识，把认知策略教学有机融入“过程与方法”或“地理能力”的教学目标中，缺失或虚设都有悖于课程改革要求。第二，为有效驾驭认知策略教学，地理教师要认真学习研究当代认知策略理论，并在实践中不断丰富头脑中的认知策略库，才能在教学中运用自如。第三，在落实地理教学目标过程中落实认知策略教学。

① 黄京鸿．把认知策略作为地理教学的重要目标[J]．西南师范大学学报(自然科学版)，2002(3)．

(2)加强地理教学过程中的认知策略学习指导

认知策略学习有其自身的过程和条件。就过程而言，通常包括规则习得阶段—变式练习阶段—策略的运用与迁移阶段。就学习的条件而言，内部条件是学生原有的知识背景、反省认知水平及学生的动机水平；外部条件是同时呈现若干蕴含认知策略的例子、提供变式练习、有一套外显的可操作方式等。地理教师若循此过程和条件指导学生的认知策略学习，无论是自编简明地理歌谣或是画地理概念图等，都能取得理想效果。

(3)丰富认知策略教学的资源与方法

地理新课程教学要注重开发认知策略的教学资源。例如，课程设置，可考虑学科认知策略学习与一般认知策略学习相结合。研究与实验表明，一般认知策略如记忆术、精加工方法等也能改善学习者运用策略的心向及技能水平。认知策略教学中，由一般到特殊，由特殊到一般，可结合进行。“学习方法有多好，学习就有多好”，当下学生学习策略训练班不断推出，主要就是改善学生的认知策略。再如地理教材建设，要更多反映认知策略的内容，诸如自拟学习提纲、构建知识网络、多种记忆术、发散思维、反省认知等，以利学生经常学习、运用。现行地理新教材对此已有一定体现，但还需大力加强。地理教师也要丰富教材的相关内容。

(4)充分调动、激励学生学习运用认知策略的内在动机

学生学习认知策略的积极性关乎其最重要的内部条件——学生的动机水平。如学生缺少学习动机，会产生大量无用功。为达到事半功倍的效果，教师要用大量生动的例子引发学生对改善认知策略的关注与热情，要重视认知策略外显可操作技术的设计及学习指导，让学生容易掌握并在学习运用中受益，享受改进认知策略带来的成功喜悦，学习认知策略的积极性可得以长期保持。

三、地理情感态度等学习及促进策略

地理情感态度等学习即指地理课程目标中的情感、态度与价值观的学习，此三者的基本内涵与外延、主要内容、时代特色及重点在第二章第二节已经述及。这里侧重述其习得规律及促进策略。

1. 地理情感、态度与价值观学习的习得规律

与地理认知学习有所不同，地理情感、态度与价值观学习的习得规律主要表现于：

(1)地理情感、态度与价值观的学习兼有认知、情感、行为倾向三种成分或因素

认知成分涉及个体对其情意对象的认识，如对环境保护的认识；情感成分是个体对情意对象认识基础上进行一定评价而产生的喜欢、厌恶、同情等内心体验，如对优美环境的喜闻乐见；行为倾向成分是个体对情意对象准备作出某种反应的倾向，如“想参与环境保护活动”等。三种成分在学习中不能有所偏废。

(2)地理课堂教学对三成分作用不同

地理课堂教学更多地影响地理情感、态度与价值观的认知成分，如通过课堂学习了解到环境保护的重要性，以及通过判断和感受，产生相应对环境保护的情感体验。但学生是否能产生必要的行为倾向，则很难在几十分钟的课堂观察到。

(3)观察学习和亲历学习是地理情感、态度与价值观学习的重要方式

地理情感、态度与价值观学习更多地需要社会学习。观察学习和亲历学习是美国心理学家A.班杜拉在其社会学习理论中提出的两种基本方式。观察学习包括示范学习和替代学习，后者即通过观察他人的行为后果而进行的学习，如因保护植被而获奖或因乱砍滥伐而

受罚的案例学习。前述第四章有关情感教学方法中的榜样法、亲历学习法等，与此有关。

(4)学校课堂教学的作用次于社会的影响

地理学科兼跨文理。如果说自然地理方面力图培养的实验等严谨态度和求真求实的科学精神基本上可以从课堂学习中获得，那么人文地理方面的情感、态度、价值观培养则更多依赖于社会的影响。因为人文地理与社会生产生活有着更加密切的联系。大量人文地理学习内容，例如产业布局、城乡规划、交通通讯、旅游发展、资源开发、环境保护等在现实世界中频频发生，同时也包括了自然地理的一些学习内容。学校学习和社会学习对学生情感、态度与价值观形成双重影响，总体而言，后者影响更甚于前者。

(5)情感、态度与价值观主流指向与亚文化指向之间的不一致性

我们生活在一个多元文化并存的社会，亦即多种情感、态度与价值观并存的社会。例如，地理课程主要指向或表达的是社会理想的主流态度，而青少年群体自己具有的态度和价值文化与此不无差异。如前者推崇集体主义、合作精神，后者多强调独立精神、个人奋斗；前者较推崇古典、高雅的审美情趣，而后者似乎更乐于接受大众媒体中嬉皮、宣泄等类娱乐信息。电视、互联网，对学生情感、态度与价值观产生积极影响的同时，也不无消极影响，这些都应引起地理教育工作者的充分重视。

(6)情感、态度与价值观不是通过外烁而主要由内部因素、环境因素、人的行为彼此作用形成

关于人的心灵世界的构建，自古有“外烁论”和“内求论”之说。A. 班杜拉认为其各有片面性，实际上人的心灵世界主要由内部因素、环境因素、人的行为彼此作用形成。情感、态度与价值观发自心灵。与强制性外部灌输也可获得部分认知不同，强制性外部灌输只会收到负面效果，这已为多年来外烁式地理思想教育或地理德育的收效甚微所证明。所以地理情感、态度与价值观的培养需要借助外部环境、行为参与，最终通过人的思想而内化。因此，从多因素相互作用角度来考虑地理情感、态度与价值观的陶冶甚为必要。

2. 地理情感、态度、价值观学习的促进策略

第四章第四节有关“地理教学的情感方法”已有所提及，以下再作归纳、强调：

(1)充分尊重学生主体，倡导平等交流学习氛围

情感、态度与价值观更多与学生的情感世界相联系。而要学生动之以情，充分尊重学生，让其真正拥有畅抒胸怀的主人地位和愉悦感受是重要前提。由此地理教师一定要改变漠视学生的“师道尊严”，要精心设计能让学生自由表达的多种学习活动，在平等交流、教学相长的和谐氛围中促进学生情感与认知同步发展并相得益彰。

(2)积极营造观察学习和亲历学习的有利环境

地理情感、态度与价值观学习中的观察学习与认知性的地理观察并不完全相同。此处的观察学习主要通过示范学习和替代学习。前者如郑和、哥伦布、徐霞客、魏格纳、李四光、竺可桢、施雅风、钱学森、袁隆平等古今中外一系列星光灿烂的探险家、地理学家、科学家，他们勇于探索的科学态度、不屈不挠的奋斗精神及服务祖国与人类的竭诚精神，无不令后辈肃然起敬而心向往之。后者更多在现实生活中，例如，大批被表彰的社会先进人物如治沙模范、植树先锋、环保卫士等，以及就在学生身边的宣传环保、实践环保的好人好事等，也会让学生感染、感动，深入心灵。亲历学习包括课堂情境亲历及丰富多彩的地理课外亲历，尤其是社会学习活动情境的亲历，更能影响学生的情感、态度与价值观。

(3)更多运用地理美育的有效方法

美育对陶冶情感、情操有独特优势。实践表明,地理美育的多种方法如欣赏法、形象感染法、情感激励法、暗示教学法、寓教于乐法、实践审美法、自由创造法等对地理情感、态度与价值观的培养、陶冶都甚为有效。地理教师要善于将地理科学教育与地理美育融为一体。只有学生更多欣赏、体会到撼人心魄的地理科学之美与人地和谐之美,才会对地理学习迸发出更多更炽热的激情、向往与创造。

(4)情理交融,将地理情意陶冶与地理认知学习密切结合

地理学习中,认知需要情感启动,情感基于认知生发,情、知学习不可分割。例如学生对祖国山河的热爱,总是伴随对祖国山河独特格局及风貌的认识和欣赏油然而生的。将地理情意陶冶与地理认知学习有机融合,其中很重要的,教师不仅是具有深刻认知的人,同时也应是具有丰富情感的人,而且要长于表达,才能更好地促进情理交融。

(5)善于创设有利于学生地理情感、态度与价值观学习的多种文化环境

情感、态度与价值观主流指向与亚文化指向间的不一致性,要求地理教师要善于利用多种文化环境促进学生的情意发展。例如,《春江花月夜》、《长江之歌》、《我们是黄河泰山》等经典或主旋律歌曲欣赏有助于提高学生的审美情趣,而《中国娃》、《我们都有一个家》、《青花瓷》等流行歌曲也不无地理学习的优美意境。对于从小就在多元文化交互环境中长大的学生,地理教师要细心了解他们的所思所想、所喜所爱,要更多运用学生喜闻乐见的活动形式及同龄人易于相互影响的特点,创设富有吸引力的多种文化环境,积极推介健康向上的活动内容,促进学生良好情感、态度与价值观的形成。

(6)激励成功,促进学生地理情感、态度与价值观学习的不断跃升

教育心理学的研究表明,成功体验是学习者建立并巩固良好情感、态度与价值观的重要促进因素,因为成功体验能引发学习者再度尝试的动机和欲望。例如,当学生勤奋学习的优良成绩得到及时表彰,学生合作参与的研究性成果得到社会的肯定或赞扬,学生就会更努力地投入学习或研究,以期更好成果。同时,也会有更多学生仿效他们的态度、行为。这也是教育心理学上常提到的直接强化和替代强化效应。

四、地理学习迁移及促进策略

1. 地理学习迁移及类型

教育心理学中,迁移指一种学习对另一种学习的影响。地理学习迁移即指地理学习中一种学习对另一种学习的影响。在地理学习中,这种影响既表现为已获得的地理知识、技能、方法对新知识、新技能、新方法学习的影响,也表现为后者对前者所产生的影响,但以前者更为突出和普遍。

地理学习中有知识的迁移、技能的迁移、方法的迁移、态度的迁移等学习迁移现象。了解学习迁移的原理,运用迁移规律指导和改进地理教学,对于提高地理教学效率,发展学生的智力、培养能力、激发兴趣等均具有重要意义。

一种学习对另一种学习的影响,可能是积极的,也可能是消极的,前者叫做正迁移,后者叫做负迁移。

正迁移表现为先行的学习有效地促进新的学习,使新的学习变得容易而省时省力。例如,学习了等高线的概念,有助于等温线、等降水量线、等压线等概念的学习;了解了刚果河的水文、水系特征及成因,有助于学习亚马孙河的相关知识。负迁移则相反,表现为先行的学习干扰和阻碍后续的学习,使学习费时费力,甚至产生困难。例如,在学习海洋性气候与

大陆性气候知识时，若教师不恰当地强调了海陆位置的影响，可能使学生造成越近海边降水越丰的错觉，在学习非洲等沙漠直逼海边的知识时，就会发生困难。地理教学中，应采取措施促进正迁移的产生并尽可能使其迁移量最大；另一方面，要尽量避免负迁移的产生。

根据迁移的方向，迁移分为垂直迁移和水平迁移两种类型。

垂直迁移主要指处于不同层次（难度、复杂程度、抽象和概括水平差异较大）学习间的相互影响（通常假设为正迁移效果），也叫纵向迁移。这类迁移又有两种表现形式：一种是由易到难、由低到高的递进式迁移。例如，了解了“水陆热力差异”，有利于学习季风环流的形成。另一种是由高到低、由一般到个别的演绎式迁移。例如，学习了影响气候的主要因素及其分析方法，有利于对各大洲或具体地理区域的气候成因分析，等等。

水平迁移是难度和复杂程度大致属于同一层次的学习间的相互影响（通常也假设为正迁移效果），也叫横向迁移。例如，由城市风学习向海陆风、山谷风学习的迁移，由森林资源学习向土地资源、矿产资源学习的迁移等。水平迁移不仅发生在地理学科内部，也发生在相邻学科，例如，自然景观的季节更替，与历史朝代的兴衰、社会发展的演进，不无相似；数理化、文史哲等学科都有内在关联。

2. 影响地理学习迁移的条件

影响地理学习迁移的主要因素有：地理学习对象之间的共同要素，地理知识经验的概括化水平，地理认知结构的清晰与稳定，以及地理学习者的定势作用等。

（1）地理学习对象之间的共同要素

学习对象之间存在的共同要素是学习迁移得以发生的基本条件之一。共同要素可以指共同的结构成分、共同遵循的同一原理、相同的关系结构或本质联系等。地理学习内容中含有大量的共同要素。例如，大气环流、季风环流、城市风、海陆风、山谷风等，其具有的共同要素是热力环流。再如，无论北京、上海，还是西安、重庆，大力推广汽车尾气净化技术、增加城市绿地面积等都是改善城市大气质量的重要措施。实践表明，先行学习和后续学习间包含的共同要素越多、越明显，迁移就越容易发生。

（2）地理知识经验的概括化水平

地理知识经验的概括化水平越高，即抽象程度越高，使用范围便越广，迁移效果越明显。概括化的地理知识经验主要体现于地理基本概念和地理基本原理，前者如大气环流、城市化等，后者如人口迁移有关因素、港口建设区位条件等，都可以指导或引发诸多学习迁移。之所以如此，主要因为，地理基本概念是地理知识系统构成的最基本要素，地理知识的推演和地理思维的进行，都不能离开地理基本概念。例如，不理解“锋面”的概念，就难以理解“冷锋”、“暖锋”、“静止锋”及锋面过境时的天气，等等。地理基本原理是反映地理事象最有普遍性联系特点的规律性知识，它的解释效应最强，适应性最广，因而也最具迁移价值。例如，在学习欧洲气候时掌握了“凡南、北纬 30°～40°大陆的西岸，都分布有地中海气候”这一基本原理，将其迁移到其他大洲该气候类型分布的学习，就显得容易。

（3）地理认知结构的清晰与稳定

地理认知结构是贮存于学习者头脑内部的地理知识的内容与组织，广义涵盖全部，狭义指某部分。地理认知结构的清晰与稳定有利于大量的同化学习，从而促进迁移。例如地理位置、地形特征、气候成因、区位要素等地理认知结构的清晰与稳定，有利于举一反三、闻一知十，可减少大量的低效重复学习，提高学习效率。

(4)地理学习者的定势作用

定势也称心向,它是指先于一定活动而指向活动对象的一种动力准备状态。例如学习中解决问题的心向,分析思考问题的方式、角度等。定势对学习迁移的影响可能是积极的,也可能是消极的。前者如解决问题的积极心向,分析问题的多种角度、多端思维,后者如消极的心态及思考问题的惯用思维或较少角度等。教师应引导学生充分利用前者,克服后者。

3. 地理学习迁移的促进策略

(1)提高学生对地理共同要素的知觉力

首先要引导学生感知、提取学习中的地理共同要素,可采用如下策略:

从地理教材结构特点中分析获取。总论中阐述的有关空间分布、空间联系的地理一般原理等,通常在分论或专题中再予应用。例如,中国地理总论中述及的"气温分布规律"及"年降水量分布规律"等,在分论的"中国的区域分异"中再予体现。再如,高中地理系统地理中述及的"从人地关系看资源与环境"的诸多方法、原理在"区域水土流失及治理——以黄土高原为例"、"资源的跨区域调配——以南水北调为例"等专题地理中有具体运用。了解此教材结构特点,前后学习间的迁移便易于实现。

提取同类地理知识中共有的认识思路。地理基础知识有不同类型,每类地理知识在认识思路上存在其共性。例如,有关地形特征,多是从地势、地形结构、地形分布、特殊地形等方面去分析归纳;有关气候特征,多是依据气温(最冷月均温、最热月均温、年较差等)、降水(年降水量、季节分配、雨季长短等)两大气候要素的数据作冷热、干湿的性质、类型判断,等等。

找到某地理原理与具体应用情境的同一性。例如,分析某地的气候成因,都要从太阳辐射、大气环流、下垫面状况去分析、综合;分析某地的交通布局是否合理,都要遵循交通布局的基本原理去分析,等等。

找到现实生活一般经验与相应地理学习课题间的相似性。例如,游泳活动中对地温、水温的不同感知与海陆热力差异的相似性,以及生活在山区学生对陡、缓坡的体验与等高线某些判读原理的相似性,等等。

地理共同要素的感知、提取,仅提供了迁移的条件。更重要的,是要加强学生在多种学习、练习情境中应用。以下方法、策略都是可采用的:

其一,总论、分区的地理知识学习相互联系。例如教学中将"中国的气候"与总论"影响气候的主要因素"相联系;学习日本、智利等多火山地震的特点时与"全球火山地震带分布"相联系等。

其二,启发学生运用同类知识共有的认识思路解决具体问题。例如,判读一地的等高线,要从其延伸方向、疏密程度、弯曲方向、高差幅度以及海拔峰值等方面加以认识;解读一城市区位选择,要从自然因素(水、气候、地形、矿产资源等)、社会经济因素(交通区位、经济基础、生产方式、政治和文化历史等)等方面去分析。基于此,可设计多种变化的活动情境让学生练习,促进迁移。

其三,运用地理基本原理和规律认识具体应用情景。例如,学习了影响气候的因素后,为了强调洋流的影响,可设计如下问题让学生分析:①为什么南美洲近赤道的西海岸分布着热带沙漠气候?②为什么地处高纬的斯堪的纳维亚半岛西侧分布着温带海洋性气候?等等。

其四,联系乡土实际,设计与教学内容有关的观察性问题或实践性问题。例如,教学河流的补给类型时,地处不同补给类型地区的学校,都可联系当地河流设计有关河流补给的观察性问题；教学交通布局原理时，可让学生调查当地交通布局的特点、存在问题并尝试提出解决方案等实践性作业。

(2)强化地理基本概念和基本原理的教学，提高学生概括和同化地理知识的能力

如前所述，地理基本概念和原理均具有很高的迁移价值，是影响地理学习迁移的最关键因素之一。

地理基本概念学习，一般通过“概念形成”与“概念同化”两种基本形式(参见前述)。

采用概念形成方式获得地理概念，基于对同类地理事例共性的发现，其思维操作是分析基础上的概括、归纳，这一过程有助于学生概括水平的提高。这种概括水平越高，越能揭示没有认识过的同类新事物的实质，并把新事物纳入已有的知识体系中去，因而也能顺利地迁移。例如，学习外流河和内流河的概念时，教师先给出其若干变式，再通过黑板略图变换内、外流河的非本质属性(如河流流程长短、支流多少、水系形状等)，而保留内、外流河的本质属性(前者最终不入海，后者直接或间接入海)，并提出问题：“两类河流最根本的区别是什么？”让学生概括出内、外流河的本质属性。这样，有助于学生掌握这两个概念，提高概括能力。如果教师再设计适当的练习(如在中国水系图或世界地形图上给出外流河或内流河让学生识别)，巩固学生的概括，就能促进学习的迁移。

采用概念同化方式获得地理概念，则表现为学生主动地用旧知识去理解新概念，把新概念纳入原有的概念体系中去，使新旧概念组成一个整体结构，其思维操作主要是“演绎”。这一过程有助于学生同化知识能力的提高，而同化知识的能力越强，就越有助于迁移。

地理基本原理学习，一般有“例-规法”和“规-例”法(参见前述)。

“例-规”法主要属于归纳法，“规-例”法主要属于演绎法，这是学习掌握地理基本原理的两种基本方法。“例-规”法的概括归纳为学习迁移创造条件，学习迁移大量发生在“规-例”法中，这是对地理基本原理的学习强化及应用。“规-例”法通常教学要领是：①教师结合典型事例讲解并概括出原理。②接着呈现符合该原理的各种应用情境。③在教学时间允许的前提下，尽可能多地安排这种应用性练习。例如，按上述要领教学有关河流凌汛的原理，其步骤是：教师首先结合黄河发生凌汛的河段(下游山东省境内，上游河套段)讲解黄河发生凌汛的原因，并引导学生概括出“凡由低纬流向高纬且结冰的河流，就有可能发生凌汛”的原理。接着呈现若干河流(这些河流或符合由低纬流向高纬，或符合结冰，或两种条件兼备)，如尼罗河、辽河、叶尼塞河、松花江等，让学生依据这一原理进行分析，看哪些河流可能有凌汛，哪些河流不会有凌汛。这样的应用性练习量越大，越有助于巩固已形成的概括，因而也就越有利于发挥原理的解释效应，促进迁移的发生。

总之，必须在地理教学过程中强化地理基本概念和原理的教学，并在这一过程中注意提高学生的概括和同化知识的水平，以产生最佳的迁移效果。

(3)注重学生地理思维方法、认知策略学习，强化认知结构教学

如前所述，地理学习迁移有赖于地理认知结构的清晰与稳定，而认知结构的清晰与稳定基于知识结构的建立及不断强化。有多种地理思维方法、认知策略等有助于学生知识结构的建立及知识结构的清晰稳定。例如，地理逻辑方法有助于建立地理知识之间的联系。归纳法使该联系本质凸显，概括简略；演绎法使该联系生动呈现，富于变化。再如，认知策略之一的图式或概念图等编码策略，有利于学生将零散的知识组织起来，形成知识结构等。

由此，教师在地理教学过程中不仅教知识，而且教思路、教方法，甚为重要。实践表明，以下三种方法都较有效：其一是先介绍某种或某类地理问题的思维方法，再设计适当练习加

以巩固，例如，等值线图的判读。其二是让学生独立发现并归纳解决地理问题的思维方法。其三是注意让学生展现解决地理问题的思维过程。该方法特点在于更有利于启动学生的策略意识及元认知。例如要求学生画“水循环”结构图让其先叙述绘图思路，画完后再反思总结等。

(4)引导学生积极而活跃的学习心向

引导学生积极的地理学习心向，教师要在更多采用质疑探究的教学模式、方法上下苦功夫，同时，用鲜活的生活地理引导学生认识地理学习的有用及重要价值，用学生喜闻乐见的多种方法引发他们的学习热情，用激励性评价让他们能更多体验与分享学习成功的喜悦，这些都是必要而有效的促进策略。

本章有关地理学习心理及教学策略，述及学生不同素质及其习得。以下整理引介的美国著名心理学家 R. M. 加涅有关学生五种不同素质习得的过程与条件的论述，与此有很大关系，能带给我们诸多启示。

表 5-8　五种不同素质习得的过程与条件

素质类型	属性特征	习得过程的主要特点	重要的内外学习条件
言语信息	“知什么”的陈述性知识　(感性)	知识结构化	内：已有知识、编码策略 外：提供有意义情景；促进新、旧知的联系；促进语义编码、储存、提取和迁移
智慧技能	“为什么、怎么办”的程序性知识　(理性)	知道规则、运用规则、规则支配行为自动化	内：先决技能的回忆 外：言语指导、变式练习、创设迁移情景
认知策略	“对内调控”的程序性知识	知道策略、策略练习、在新情景中运用策略	内：对策略概念、规则的理解及反应能力 外：示范策略、提供运用策略的机会，对策略效果反馈
动作技能	程序性知识支配肌肉协调	认知—动作联系形成—自动化	内：回忆或学习动作执行程序 外：提供动作程序的指导，组织有反馈的练习，鼓励运用脑力
态度	改变个体指向客体的行为选择的内部状态	榜样观察与模仿	内：对态度对象的认识，认知失调的出现，要求改变态度的倾向 外：促进观察、认同榜样，安排个人行为选择，行为选择的强化，提供成功的反馈

【案例研究】

学习心理与教学策略①

什么情况下，学生有可能学得最好？

- 当学生有兴趣时
- 当教学内容以多种方式呈现时
- 当学生发现知识的个人意义时
- 当学生能自由参与探索与创新时
- 当学生能学以致用时
- 当学生身心处于最佳时
- 当学生遭遇理智挑战时
- 当学生被鼓舞和被信任能做重要事情时
- 当学生有更高的自我期待时
- 当学生对教师充满信任和热爱时

① 钟启泉等主编. 基础教育课程纲要(试行)解读[M]. 上海：华东师范大学出版社，2001：268～269.

采用哪些教学策略，可以促进学生学得更好？

- 帮助学生确立能够达成的目标
- 密切联系学生的生活世界
- 及时反馈，建造沟通的桥梁
- 帮助学生发现知识的个人意义
- 经常提示本课程与其他课程的关联
- 教师要勇于承认自己的缺失或错误
- 教学方式服务于学生的学习方式
- 激励学生完成富有挑战性的任务
- 不要限制学生的思考方向
- 强调理解而非死记结论
- 引导学生创设融洽和谐的学习氛围

【思考、实践与交流】

1. 国外现当代学习理论有哪些主要流派？各有何重要观点为当前课程改革所用？
2. 我国学习理论有哪些精粹可为课程改革所用？
3. 什么是地理学习动机？有何分类？结合实例说明促进学生学习动机的主要策略有哪些？
4. 地理陈述性知识学习主要包括哪些内容？结合实例说明其学习的促进策略。
5. 地理基本技能有何分类？结合实例说明其学习的主要促进策略。
6. 地理认知策略包括哪些主要类型？结合实例说明其学习的主要促进策略。
7. 地理情感、态度与价值观学习有何习得规律？结合实例说明有哪些促进策略？
8. 什么是学习迁移？地理学习迁移有哪些类型？结合教学实例说明如何促进地理学习的迁移？
9. 考察中学地理课堂，观察、思考、研究学习心理在地理教学中的运用。
10. 结合地理教学实践说明，在什么情况下学生有可能学得最好。
11. 结合地理教学实践说明，采用哪些教学策略，可以促进学生学得更好。

实施新课改，归根到底是将科学先进的教育理论与实践融为一体。

——《现代教学设计》

第六章　促进和谐：地理课堂教学设计与实施

【提要与结构】

地理教学设计与实施是实现地理素质教育目标的核心环节，其内容涵盖课内与课外。地理课堂教学是实现地理课程目标的基本途径。现代地理教学设计基于现代学习论、现代教学论、现代学习与教学技术及有效地理教学的实证经验，与传统“备课”有所不同。地理新课程的课堂教学设计通常包括地理教学目标设计、地理教学任务分析、地理教学策略选择（模式、方法、媒体选择、环境营造等）、地理教学达标检测等重要环节。地理课堂教学实施前通常有“说课”研究、优化地理教学设计，地理教学实施后通常有评课及反思对其诊断及补救。地理课堂教学实施有赖于地理教师对教学结构的整体把握，教学策略、技能的有效运用以及学习团队的积极建设与管理。

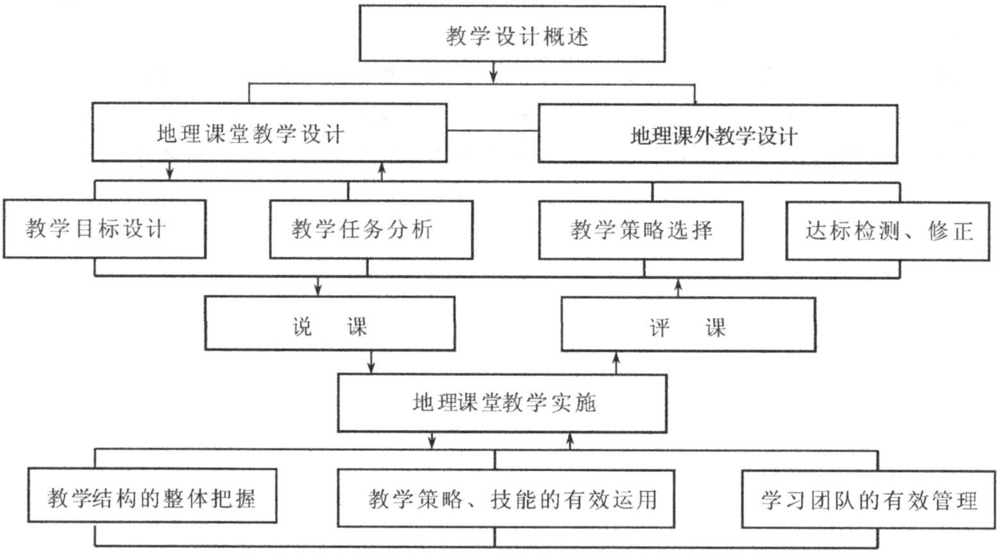

第一节　现代地理教学设计的有关理论

教学设计是教学理论向教学实践转化的桥梁。新课程地理教学设计必须基于现代教学设计思想，才有助于达成地理素质教育目标。

一、现代地理教学设计的定义与特征

(一)现代地理教学设计的定义与特征

1. 现代地理教学设计的定义

现代教学设计是在教学实施前，依据学习论和教学论原理，用系统观点和方法对教学的各个环节统筹规划和安排，为学生学习创设最优环境的准备过程。① 现代地理教学设计即运用现代教学设计理论和方法，对地理教学活动进行系统规划的过程。

2. 现代地理教学设计的特征

现代地理教学设计在体现地理学科特色方面，有着鲜明的地理性、生活性、应用性等特征，不再赘述。

在体现现代教学设计理论、方法上，有下述显著特征：

(1)针对性。即现代地理教学设计针对学习者可习得的不同素质。这些素质包括前面已述及的言语信息、智慧技能、动作技能、认知策略及情感态度等，它们分属三维教学目标，使地理教学目标不再笼统、空泛。

(2)可操作性。即现代地理教学设计有明确具体的可操作程序及策略。现代教学设计倡导"为不同的学习结果提供不同的教学"，由于不同素质的习得有不同的相关条件，故基于此的教学设计更为科学具体，是为"学有定律，教有优法"，减少了诸多随意或笼统。

(3)系统性。即现代地理教学设计以系统设计的方式进行，一个完整的教学设计有诸多阶段，它们始于预期教学目标的定向，每一步骤按其依据进行"输入"，该步骤"执行"后，由"反馈"予以检验，再循新一轮的"输入⟶执行⟶反馈⟶输入……"，如此循环往复，在不断调校中提高整个系统运作效度，达成理想目标。同时，教学设计短有课时，长有单元、学段，这使整个地理教学过程更易整体优化。

(4)个体发展性。即现代地理教学设计以有利于个体发展为重要目的。现代地理教学设计关注学生差异，推崇多种自主、探究、个性化的学习和教学方法，让每个学生尽可能最充分享有发展自己潜能的平等机会。

此外，由于现代地理教学设计的基本理论集多种理论之精粹，因此也很好地体现了继承性、创新性及丰富多样性。上述特征结合后面"现代教学设计的有关理论基础"学习，领会将更为深刻。

(二)现代地理教学设计与传统"备课"的区别

传统"备课"即传统教学设计，其重要教学论基础是哲学与经验取向的教学论。现代教学设计的重要教学论基础是科学心理学与实证研究取向的教学论。要明白二者的区别，需简要了解两种取向的教学论。

---

① 皮连生，刘杰主编. 现代教学设计[M]. 北京：首都师范大学出版社，2005：3.

1. 两种取向的教学论

表 6-1　两种取向的教学论

	哲学与经验取向的教学论	科学心理学与实证研究取向的教学论
历史源流	古代如孔子的“学而时习之”，苏格拉底的“产婆术”。近代如夸美纽斯《大教学论》，赫尔巴特“教学过程的阶段和程序”。现代如杜威主张的教学论及凯洛夫主张的教学论等。 我国的教学论在新中国成立前主要受杜威等的教学思想影响，新中国成立后的教学论在较长时期主要受凯洛夫教学论的影响。	自 19 世纪科学心理学诞生之后。桑代克、斯金纳等是其先驱。20 世纪 60 年代发生革命性的变化，心理学家提出许多学习理论和相应的教学模式。诸如布鲁纳的认知-发展说和发现教学模式，奥苏贝尔的有意义言语学习论及其教学论思想，R.M.加涅有关学习结果分类及学习的条件与教学设计原理，维特罗克的生成学习理论与生成技术，弗拉维尔的当代元认知研究及其教学论含义，A.班杜拉的社会认知论及其情感领域教学方略等等。 我国改革开放以来的课程教学日益受该教学论影响。
应用价值	(1)经验对教学实践有一定直接指导意义。 (2)许多哲学家和教育家能高瞻远瞩，提出符合学习和教学规律的观点，诸如启发式、试误说、顿悟说，教学与学习的阶段论等。 (3)哲学与经验取向的教学论与其时的政治、经济与教学实践较近，易于推广和传播。	(1)学习规律在实证研究基础上获得，基于其上的教学论具体，可操作性强。 (2)具体而可操作性强的教学论有助于教师较快地掌握教学技能。 (3)科学取向的教学论及其相应教学设计技术使教学更富有科学性。
局限	(1)对教学目的、过程、方法和原则等所作的哲学概括，启发性强，操作性弱。 (2)基于经验而非明确规则的师带徒，教师成长慢。 (3)用哲学观点总结教师经验的研究方法很难推动教学理论的实质性进步。	知识的综合运用和解决问题的心理机制还有待研究与突破

2. 传统“备课”与现代教学设计的主要区别

基于其上，可知传统“备课”与现代教学设计的主要区别在于：(1)在教学导向上，前者因缺乏现代学习论基础侧重教师的“教”，而非后者侧重学生的“学”。(2)在观念方法上，前者缺乏系统观及其方法，侧重传统授课方法，完成教学过程；后者则对教学目标、过程、方法、媒体、教学结果测评等教学的诸方面有系统考虑，重在优化教学系统。(3)在教学原则程序上，前者多一般性原则指导或经验指导因而较概括、模糊，后者则更为具体科学，操作性强。(4)在课程资源上，前者多以课本为“本”，后者则着眼于学生素质发展，调动课程资源更为广泛。

显而易见，现代教学设计较之传统“备课”有其独到的优势。

本章基于 R. M. 加涅关于学习结果分类的教学设计原理及相关现代教学设计理论方法，阐述地理教学设计。

二、现代地理教学设计的理论基础及其他前提

现代地理教学设计基于现代学习理论、教学理论、系统理论、传播学等重要理论及教学技术与设计观念更新等重要前提。

(一)现代地理教学设计的学习论基础

现代地理教学设计的学习论基础是综合的，它充分吸取多种学习理论的合理元素。美国教育心理学家 R. M. 加涅是现当代学习理论的巨大贡献者，其《学习的条件和教学论》及其与他人合著的《教学设计原理》两大著述，被视为“代表了 20 世纪末科学心理学与学校教

学相结合的最高成就”。①

关于学习结果分类及学习的一般过程和条件（参见表 5-8），R. M. 加涅等有其独到的见解，对认识学生地理素质及有针对性地进行教学设计很有启迪。

1. 关于学习结果分类

学习是一种十分复杂的现象，对学习结果的深入分类，有利于找出不同类型学习的特殊规律，以切实促进学生的素质发展。基于可习得的素质，现代学习论推崇两种关于学习结果的分类，参见表 6-2。

表 6-2　基于不同理论的学习结果分类

R.M.加涅的学习结果分类	信息加工心理学的知识分类	地理新课程教学目标中的学生素质
言语信息 智慧技能、认知策略、动作技能 态度	陈述性知识 程序性知识	知识与技能 过程与方法 情感、态度与价值观

对比两种分类，可知 R. M. 加涅 5 种学习结果中的“言语信息”与信息加工知识分类即广义知识观中的“陈述性知识”对应，“智慧技能”、“动作技能”、“认知策略”与后者的“程序性知识”对应。此 5 种学习结果分类分属认知、动作技能、情感三大素质领域，地理新课程三维地理素质目标也基于此。

必须指出的是，学习结果分类只是为有针对性的教学提供前提，而非彼此间可截然分开。

表 6-3　R. M. 加涅学习结果分类的学习条件

学习结果分类	必要条件	支持性条件
言语信息	有意义组织的信息	言语技能、态度、认知策略
智慧技能	较简单的智慧技能（规则、概念、辨别）	态度、认知策略、言语信息
认知策略	某些基本心理能力和认知发展水平	智慧技能、态度、言语信息
动作技能	部分动作技能，某些操作规则	态度
态度	某些智慧技能和言语信息	其他态度、言语信息

2. 关于学习的一般过程和条件

从信息加工心理学的角度，学习是一个信息加工过程，经过外部信息（S）输入（即感知）、短时记忆（STM，一般仅保持 20 秒左右，又称工作记忆 WM。信息在此经过加工，形成新知识间联系及新旧知识间联系）、长时记忆（LTM）、储存（E）及反应输出（R）等阶段，如图 6-1 所示：

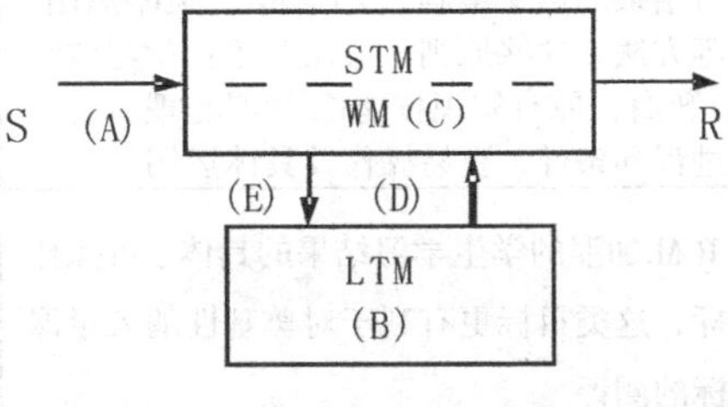

图 6-1　梅耶的学习信息加工模型②

(A)注意

(B)原有知识

(C)新知识的内部联系

(D)新旧知识的联系

(E)新知识进入长时记忆

从图 6-1 可知，学习的关键阶段发生在短时记忆（即工作记忆）中，学习的关键过程是建立两个联系的过程，即学生利用原有知识理解新知识的过程，该过程即奥苏贝尔所说的同化

① R. M. 加涅等著，皮连生等译. 教学设计原理[M]. 上海：华东师范大学出版社，1999：11.

② 皮连生等主编. 现代教学设计[M]. 北京：首都师范大学出版社，2005：30.

过程。据此图可知有效学习的一般条件可概括为：

（1）注意（A）：有注意，可以产生学习，反之则不能。

（2）原有相关知识（B）：有相关的原有知识，学习可能是有意义的，否则只能是机械的，无法理解。

（3）形成两个联系：即内部联系（C）和外部联系（D）。有此两联系，学习是理解而有意义的，而且可以长期保持。形成两个联系意味着学生应有学习的主动性，要积极发现学习材料内外的两种联系。

以上学习的一般过程与条件有助于我们有效指导、促进学生的地理学习过程。

3. 关于5种不同素质习得的过程与条件

R. M. 加涅在5种学习结果分类基础上，进一步研究了该五种不同素质习得的过程和学习的内外条件，以具体指导学生的学习和教师的教学，参见第五章表5-8。

（二）现代地理教学设计的教学论基础

现代地理教学设计的教学论基础侧重于科学心理学与实证研究取向的教学论，因其较哲学与经验取向的教学论更具体而易于操作。参见表6-4。

表6-4　两种取向教学论的有关见解

	哲学与经验取向的教学论	科学心理学与实证研究取向的教学论
学生素质及构成	一般多分为知识与技能，对学习者的先天素质、后天习得素质、发展中自然形成素质未加区分	言语信息、智慧技能、认知策略、动作技能、态度5种学习结果等，均为后天可习得的素质
教学目的与目标	教学目标陈述多停留于宗旨级（aim）、课程级（goal），缺乏单元、课题、课时级（objective）	用预期的学生学习结果陈述具体和可测量的教学目标，例如马杰陈述行为目标的技术、格兰伦认知与行为相结合的目标陈述技术，艾斯纳的表现性目标陈述等
反映学习过程的教学过程	“感知、理解、巩固、运用”或“组织教学—检查复习—教授新课—巩固新教材—布置作业”等。但不能反映不同类型的学程、教程	反映知识分类学习思想，着眼于师生的双边活动，例如R.M.加涅的七步骤教学流程，皮连生的“六步三阶段教学”模型，以及灵活多样的教学模式等（参见后述）
教学原则与方法	如科学性与思想性统一、直观性与抽象性统一、传授知识与发展能力相统一、理论联系实际、循序渐进、教师主导作用与学生自觉积极性相结合等原则，讲授法、讨论法、实验法、练习法等方法。这些原则、方法能提供一般指导，难于具体运用	例如，激励学生学习动机、充分利用学生原有知能基础，适应学生的个别差异，具体教学目标指导教学及评价，依据任务分析进行教学设计等原则及针对不同学习结果的语义编码、变式练习、策略运用、榜样观察等方法。这些原则、方法基于：学习成绩=f（动机，智商，原有知识技能）等学习心理，能反应学习的过程和条件，更易操作及具体运用
学习结果的测量与评价	如基于布鲁姆教学目标分类中对认知目标的测量——“识记、理解、应用”等。由于缺乏学习结果分类的基础，该种测量及评价适合较大教学单元的测量与评价，而难于有效结合如课时等较小教学单元的测评	例如基于R.M.加涅的学生学习结果的具体、可操作的教学目标，这类目标更有利于对奠基性的大量课时教学目标的测评

概言之，科学与实证取向的教学论，基于学生学习结果分类，能更具体有效地地指导现代地理教学设计。

（三）现代地理教学设计的系统论基础

现代教学设计亦称系统教学设计，可知系统论对其的重要指导意义。从系统论的视角，地理教学是一个开放而复杂的系统。从内部要素看，地理教学是有机协同的各教学要素构成的系统。从外部关联看，该系统与教育系统、社会系统等密切联系，地理教学系统内部又有多层级的各子系统。例如，三维地理教学目标系统、地理教学内容系统、地理教学模式方法系统、地理教学评价系统等。现代地理教学设计强调地理教学是一个完整的系统，因此教学设计是整体而非局部的。系统理论有关整体性、关联性、动态性、有序性、最优化等基本原理，以及相应的信息方法、反馈方法、系统模拟方法等研究方法，使地理教学系统优化成为可能。

（四）现代地理教学设计的传播理论基础

传播理论是研究信息传播过程、信息的结构和形式、信息通道、信息的效果和功能等方面的理论，与认知理论中的信息加工理论多有关联。如前所述，学科教学过程实际上是一个教学信息的输入、加工、输出的过程，亦即教学信息传播及增（减）效的过程。借助传播理论有关信息传播规律性及其策略方法的指导，有利于提高地理教学信息传播的效率以及达成最佳效果。例如，信息通道研究表明，味、触、嗅、听、视五官中，视觉的接受能力最强（83.0%），听觉次之（11.0%），这对地理媒体选择与设计以及视听结合的地理教学设计提供了科学依据。此外，信号形式与结构设计的合理与否，信息的多少等，都对其有指导作用。

（五）现代地理教学设计的其他前提

现代地理教学设计还基于促进学生地理学习的教学技术前提，以及地理教师现代教学设计理念与技术的更新。

20 世纪后期学习心理学与教学心理学的长足进展，也带来了促进学生学科学习教学技术的重大进步，例如教学目标的设计技术、知识之间联系的生成技术、有关认知策略的教学技术等。生成技术（即建立联系技术）参见表 6-5。有关认知策略的教学技术，则包括组织知识架构、概念图、先行组织者、类比、复述、表象、记忆术等。新课程学科教学对此已开始关注并有所运用。

表 6-5　生成技术的作用[①]

教学内容之间的生成		教学内容与学生原有知识之间的生成	
教师呈现的	学生生成的	教师呈现的	学生生成的
大标题；　小标题； 问题；　目标； 摘要；　图示； 表格；　主要观点	想出大标题；　列出小标题； 写下问题；　陈述目标； 写摘要；　作图； 准备表格；　构思出要点	演示；　隐喻； 类比；　例子； 图片；　运用； 解释；　释义； 推理	学生教学演示；　打比方； 进行类比；　举例说明； 绘画；　解决问题； 作出解释；　用自己的话解释； 作出推论

三、现代地理教学设计的一般流程及基本类型

（一）现代地理教学设计的一般流程

现代地理教学设计需要借鉴现代教学设计的一般模型。参见图 6-2。

借鉴此模型，现代地理教学设计一般流程中应有：确定教学课题（或目标）、任务分析（目标、内容、条件、学情等）、具体教学目标设计、教学内容设计、教学策略选择、教学过程设计、教学评价设计、修正与补救教学等主要环节。

① 皮连生等主编．现代教学设计[M]．北京：首都师范大学出版社，2005：49．

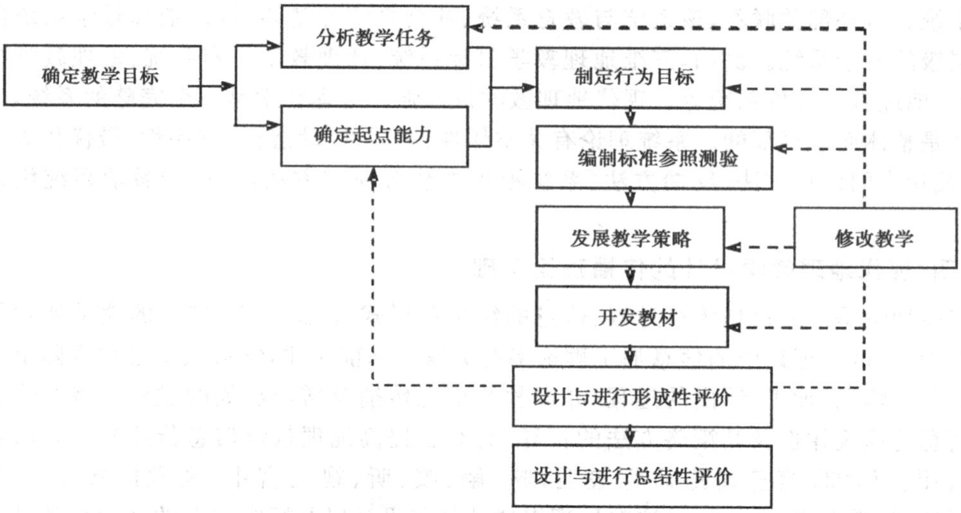

图 6-2　迪克和凯利的系统教学设计模型①

(二)现代地理教学设计的基本类型及其流程

现代地理教学活动设计包括地理课堂教学设计与地理课外(教学)活动设计。前者是新课程实施的核心区域、主要形式;后者是新课程实施的拓展区域、必要延伸。参见图 6-3。

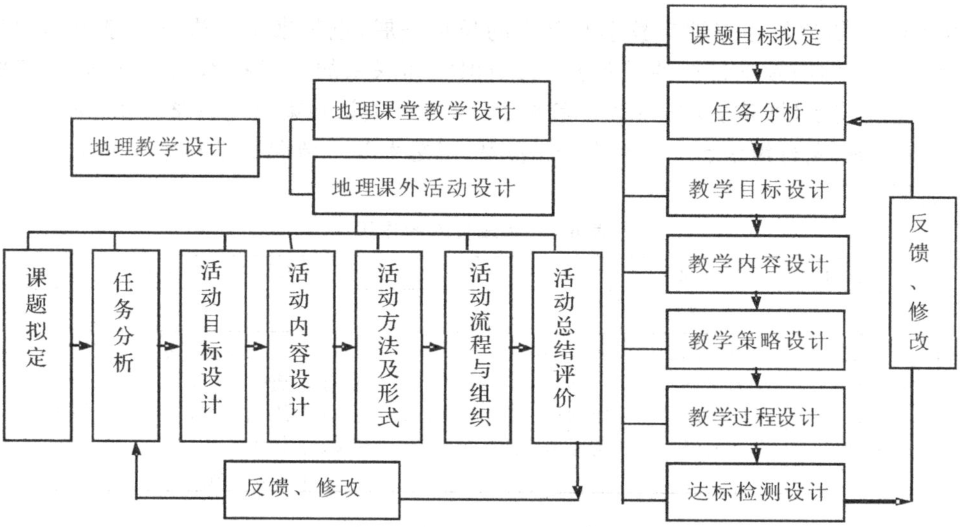

图 6-3　地理教学设计的基本类型及流程

第二节　地理课堂教学设计与实施

地理课堂教学是学校地理教学活动中最普遍、最基本的教学组织形式,是地理课程教学的主渠道。地理课堂教学设计与实施要充分体现地理学科的特点及现代地理教学的特点。

---

① 皮连生等主编.现代教学设计[M].北京:首都师范大学出版社,2005:10.

一、地理课堂教学设计

课改新理念指导下的地理课堂教学设计强调以促进学生素质发展为目标,以知识建构为出发点,以调动学生主体性为中心,以多种方法、技术的优化组合为过程,以面向生活、学以致用为追求。地理课堂教学设计要体现图 6-3 所示的基本程序。其中地理教学任务分析是至关重要的奠基环节。

(一)地理教学课题或目标拟定

地理教学课题拟定意味着一个待解决地理问题的提出。在以课时段为单位编制的教材,无论初中或高中,通常该节或该段教材的标题就是地理教学课题,例如"我们怎样学地理?"、"地球的圈层结构"等。需要时也可自行命题。不管哪种形式,地理教学课题应紧密结合教学内容,主题鲜明,文字简洁。对于已明确的地理教学课题,教师要根据课题构思教学目标,对其进行任务分析。

(二)地理教学任务分析

地理教学任务分析借鉴了现代教学设计理论中的任务分析思想及我国诸多优秀学科教师的教学实践。

任务分析主要指对终点教学目标中规定的能力或倾向的构成成分及层次关系进行分析,为学习顺序的安排和教学条件的创设提供心理学依据。R. M. 加涅的学习结果分类理论、D. P. 奥苏贝尔的同化论、D. H. 乔纳森完善认知结构等思想等,都是指导教学任务分析的理论。任务分析主要包括确定教学目标、对教学目标的学习结果进行分类、对不同类型学习结果进行学习条件分析、确定与教学目标有关的学生的起点状态。显然,任务分析是促进教师依据学生学习的过程和条件进行教学设计,使教学真正成为促进学生学习、发展的关键。

地理课堂(课外)教学的任务分析主要包括课标分析、教材分析、地理学情分析及基于其上的地理教学设计理念与思路的确定。

1. 课标分析,初拟地理教学目标

地理课程标准是国家指导地理教学的纲领性文件,是地理教学的准绳。研读地理课程标准,有领会教学理念、把握课程整体结构及指导具体教学目标三层次的要求。例如,高中必修①(人教版)第三章第二节"大规模的海水运动",地理课程标准中的"标准"要点是"运用地图归纳世界洋流的分布规律,说明洋流对地理环境的影响"。有关"活动建议"是"用计算机设计……洋流运动的动画"。联系教材中"洋流概念及成因、洋流分布规律、洋流的地理意义"等主体内容,结合地理素质教学要求,可知该内容标准含三方面教学目标:(1)洋流概念及其分布规律、地理意义等陈述性知识;(2)"运用地图分析"、"说明"、"设计"等程序性知识即技能及过程;(3)在解析规律、说明意义过程中科学观点、观念的形成。

2. 教材分析,重在地理学习结果分类及学习条件分析

地理教材是地理教学的主要媒介,是实施地理课程目标的重要途径和手段。地理教材是一个系统。

地理教材分析实质是地理教师在新课程理念指导下,研读、理解、选择、加工地理教材,以更好"用教材教",有效促进学生发展。地理教材分析一般包括宏观、微观两个层面,参见图 6-4。前者为后者把握方向,后者是前者的深化。

- 教材分析
  - 宏观分析（整体分析）
    - 时代背景分析
    - 内部结构分析
    - 外部联系分析
  - 微观分析（具体分析）
    - 知识结构分析
    - 能力结构分析
    - 情感、态度、价值观分析
    - 教学重难点分析
    - 文、图、练三子系统特点及优化组合

图 6-4　地理教材分析

地理教材宏观分析是从整体教材出发，分析教材产生的时代背景、教材的整体结构、教材的内部联系与外部联系，以了解整体教材的目的、特点及功能，从而达到宏观掌握、使用教材的目的。重点是教材时代特色、组成部分及其间关系。分析教材特定的社会、经济、科学技术等时代背景，有助于把握教材的时代特点，正确评价和运用地理教材。分析教材的内部结构及逻辑联系，有利于了解教材各组成部分的特点、相互关系与地位、作用，进而正确处理教材。分析教材系统的外在关联如不同学段间、相关学科间、科学与生活间等，有利于活化教材。总之，地理教材的宏观分析，为教师宏观控制地理教材提供了方法论的指导，使教师能在较高认识水平上整体掌握、使用教材。

地理教材微观分析，是对章、节、课时段等局部教材的分析，这是教材分析重点。地理教材微观分析主要包括知识结构、能力构成、情感、态度与价值观以及教材重难点和文、图、练三表述系统特点及优化组合。地理教材的微观分析使三维地理教学目标更为清晰具体，教学重难点明确，同时为师生使用教材提供具体行为指导，使三维教学目标的达成具有较强的可操作性。

地理教材微观分析的重点是知识分类及学习条件分析。因为只有明晰了是陈述性知识（言语信息）还是程序性知识（技能、策略），才能准确把握重难点，并按照该类知识习得的条件，选择恰当策略手段并有效利用现教材及开发新教材（参见第五章“地理教学策略”）。

例如，“大规模的海水运动”一节中，设有“世界表层洋流的分布”及“洋流对地理环境的影响”两目。这是主要的知识要求。当其中“洋流概念及成因、洋流分布规律、洋流的地理意义”处于形成、理解其含义阶段，属地理言语信息，即地理陈述性知识。当上述知识进入地理程序性知识即“运用地图归纳世界洋流的分布规律，说明洋流对地理环境的影响”等，这是能力要求。显然，教学过程中，应以后者为重。

陈述性知识习得过程的主要特点是知识结构化，其学习内部条件是已有知识、编码策略，外部条件是提供有意义情景，促进新、旧知识的联系，促进语义编码、储存、提取和迁移等。程序性知识习得过程的主要特点是知道规则、运用规则、规则支配行为自动化。其内部条件是先决技能的回忆，外部条件是言语指导、变式练习、创设迁移情景等。基于此，该课的教学策略选择就心中有数了。例如“大规模的海水运动”一节，构建知识结构、创设运用洋流分布规律的多种迁移情境说明、解决实际问题等策略的运用。

地理知识结构中知识点的联系，一般有并列、主从、递进、层次、因果等关联。以“大规模的海水运动”为例，从洋流概念—类型—成因—分布规律—地理意义，主要体现递进关系。而其外部，与上节“自然界的水循环”是层次关系，与下节“水资源的合理利用”有一定因果关系。

3. 地理学情分析，要针对学生实际并结合具体教材

地理学情分析与地理教学目标达成有直接关联。奥苏贝尔曾言：“假如让我把全部教育

心理学仅仅归结为一条原理的话，那么我将一言以蔽之曰：影响学习的唯一最重要因素，就是学习者已经知道了什么。要探明这一点并据此进行教学。"可见地理学情分析非常重要。

地理学情分析主要从分析学生的兴趣需要、现有的知识水平和学习能力（起点能力）、学生已有的生活经验等方面着手，弄清学生的已有基础及困难所在。例如"大规模的海水运动"一课，从学生的兴趣需要方面说，学生对浩瀚的海洋多充满好奇和探求的欲望，有较强的学习积极性。从已有知识、能力方面说，本课上节内容是"自然界的水循环"，这使学生理解洋流及其意义，归纳洋流运动的规律有一定知能基础及科学观点。从生活经验方面说，沿海学生对海水运动比内陆学生有更多直观感受，但内陆学生也往往通过多种媒体对此有一定认识而非一无所知。基于此，教学策略设计不尽相同。

地理学情分析还需具体结合教材深入。例如，对于"世界表层洋流的分布"，"洋流分布规律"是重点，诸多重要大洋洋流名称、位置的熟记是难点。对于"洋流对地理环境的影响"，"洋流对地理环境的影响"是重点，"厄尔尼诺"现象及影响对学生较陌生，是又一难点。就难点而言，则因生而异，需要具体分析。

4. 确定地理教学设计理念与思路

确定教学设计理念，即是针对上述分析，将地理课程新理念融入具体教学实践，如"生活地理"的具体化，自主、探究、合作等学习模式选择，或现代地理教学媒体的运用等。在此基础上，说明教学的主要思路亦即主要教学流程。例如"大规模的海水运动"一节，自主探究、合作探究为其主要学习模式，其主要流程设计为：情境导入—新知探究—归纳总结—课堂评价—拓展探究。

（三）地理教学目标设计

针对传统地理教学目标撰写中的种种不足（目标不全、要求笼统、陈述不清、缺少针对性等），地理教学目标设计要体现"素质化、行为化、个性化、系统化"等时代理念，必须通过具体的教学目标设计方法技术增其科学性、实效性。

1. 可供借鉴的教学目标陈述技术

现代教学设计中多推崇三种教学目标陈述方法，即 R. F. 马杰等的行为目标陈述法、N. E. 格兰伦等的内外结合目标陈述法以及 E. W. 艾斯纳等的表现性目标陈述法，各有所长也有局限。基于其上可综合其长。

（1）行为目标 ABCD 陈述法

即基于行为主义心理学的目标陈述法。该陈述法以 R. F. 马杰提出的教学目标三要素（学生外显的行为表现、能观察的这种行为产生的条件、行为表现的公共的准则）为基础，后发展为"ABCD"模式表述法。该法强调用可观察、可测量的外显行为来表述教学目标，认为明确的行为目标应包括以下四方面内容：

①行为主体是学生。学生是教学对象（Audience）。行为目标描述的应是学生的行为而非教师的行为。因此合理的表述应是"（学生）能……"，"（学生）会……"，而非"使学生……"，"培养学生……"等。通常"学生"二字可以从略，但其学习主体地位不可替换。

②学生行为是根本。行为（Behavior），是目标中的最基本成分。学生的学习行为要可供观察、测量，因此要使用明确的行为动词来表述，如"说出"、"识别"、"比较"、"计算"等，用动宾结构（行为动词＋动作对象）说明学习行为及内容。例如"能说明天体系统及其层次"，而非"了解"、"理解"、"掌握"等空泛表述。

③行为条件作前提。条件（Condition），指产生行为的条件，包括人员、活动方式、借助媒

体、特定情境、时间等。例如,“能运用结构图说明天体系统的层次”,“能运用有关资料分析说明地球存在生命的原因”等。

④程度水平有衡量。标准(Degree),亦即程度,指评定学生学习后行为变化的表现程度或最低达标水平。如“能运用世界地形图至少说出3个大洲的地形主要特征”,“能运用中国民族分布图至少说出5个汉族以外的民族分布区”等。

实际运用中,为使教学目标更为简洁,通常也有突出B、C两点的表述法。

行为目标ABCD陈述法使教学目标明确、具体、可操作性强,克服了传统教学目标陈述空泛的弊端。但该种方法过于强调行为,而许多心理过程是无法即时行为化的,因而需要结合其他教学目标陈述法。

(2)内外结合目标陈述法

即内部心理过程与外显行为相结合的目标陈述法。基于学习的认知观也结合了行为观。该法主要基于N. E. 格兰伦等的倡导。该法要求教师在陈述教学目标时首先要明确陈述诸如记忆、理解、创造、欣赏、热爱、尊重等内在的心理变化,再例举可反映这些内在变化的行为样品(一个或多个)供观察,例如“了解并能说出……”,“理解并能说明……”,“掌握并能评价……”等表述。“了解”、“理解”、“掌握”反映出不同的认知层次,“说出”、“说明”、“评价”是相应认知层次的行为动词,这样的目标将内在心理变化与外显行为相结合,优于单一行为目标。但一个认知层次有若干行为样品时,往往陈述繁琐;而学生认知尤其情感的发展并非都能用行为外显,尤其是即时外显。因而也有所局限。

(3)表现性目标陈述法

即基于情境创设与学生个性展现的目标陈述法。为弥补上述两种方法之不足,由E. W. 艾斯纳等提出。该种目标陈述要求明确规定学生应参加的活动,但不明确规定每个学生应从这些活动中习得什么或相应的行为,主要强调组织有情境的活动让学生表现,这即是教学预设的“表现性”目标。

表现性目标陈述法强调教学情境即“际遇”的创设,强调学生在此生动而较复杂的教学情境中的多样性、个性化的表现,而不是一致性的反应。例如,“收集探索‘地外文明’的资料,谈谈自己的想法”,“参观生态农业区并讨论那里有趣的事”等。这种教学目标不像行为目标那样追求结果与预期目标的一一对应,而更多是一种邀请,是一种激励,是一种美学鉴赏式的期待。

由于人的认知和情感变化并非参加一两次教学活动便能立竿见影,教师也很难预料一定的教学活动后学生心理活动的变化,尤其在情感教学领域。所以该种“表现性”目标陈述有了更多的灵活性、开放性,也更符合学生心理变化的过程。

对有利于学生素质发展而言,三种教学目标陈述可各取其长。

2.综合型的地理教学目标陈述方法

基于上述,目前人们普遍赞同采用综合型的教学目标陈述方法,即“认知目标+行为目标+表现性目标”陈述法,地理学科也是如此。具体而言,认知领域的学习结果可用“认知层次+行为动词”的方法使之具体化,如“初步学会阅读世界年平均气温分布图,说出世界降水分布的差异”等。而于情感领域的学习结果则多明确规定学生参加的活动,而不精确决定每个学生活动中的行为习得。如“观看反映地域文化特色的展览或录像,谈谈对地方文化特色的认识”等。有关不同领域学习结果的层次及具体表述,可参见表6-6 。

表 6-6 地理教学目标设计可采用的行为动词举样

结果性行为动词						体验性行为动词		
知识性目标动词			技能性目标动词			经历(感受)水平	反应(认同)水平	领悟(内化)水平
了解水平	理解水平	应用水平	模仿水平	独立操作水平	迁移水平			
说出	说明	应用	尝试	绘制	类比	经历	认同	形成
描述	阐明	运用	模仿	测量	案例发散	体验	接受	养成
复述	解释	设计	模拟	实验	举例说明	尝试	欣赏	树立
举例	概述	撰写	重复	制作	联系实际	参观	关心	确立
识别	分类	总结	再现	查阅	学科联系	访问	尊重	坚持
辨认	分析	检验	例证	计算	灵活运用	调查	抵制	增强
列举	比较	预测		收集	举一反三	考察	支持	领悟
回忆	归纳	编辑		完成	触类旁通	交流	反对	追求
	判断	评价		制定				
了解：再认、识别、举例、描述等。			**模仿**：示范指导下完成。			**经历**：活动中建立感性认识。		
理解：把握内在逻辑，与已知建立联系。			**独立操作**：自身完成。			**反应**：在经历基础上的表达。		
应用：特殊或具体情景中运用。			**迁移**：新情景中运用。			**领悟**：具有较稳定的态度及行为取向。		

3. 地理教学目标设计策略

地理教学目标设计要在认真分析地理文本材料（课程标准、地理教材、地理教学用书等）及学生需要等基础上进行。课时教学目标设计，一般可采取以下策略：

(1)依据地理课程标准初步确定教学目标

一般地理课程标准的“课程目标”中有对某地理教学模块的方向性要求，在相应“内容标准”及“活动建议”中有对某教学单元的基本要求。这些对设计单元教学目标或课时教学目标是重要的指导。这些要求为该节三维地理教学目标设计指明了方向。

(2)依据地理教材、教师教学用书等完善和细化教学目标

地理课程标准中的“内容标准”是地理课程目标的具体化，它大致规定了学生学习后应达到的基本要求，但还不是详细、具体的课时教学目标。因此，还需结合相关教材内容并参考教师教学用书的相关要求。地理教材提供了地理教学目标设计的“物质基础”。教师教学用书对相关内容的教材分析、教学建议、教案示例等对完善、细化教学目标有重要指导。

(3)依据学生的知能情基础、学校教学条件和当地教学资源等初拟教学目标

教学目标只有适合学生实际情况才能最终为学生所内化。学生情况不明，教学目标过高或过低，都不利促进学生发展。例如，如果学生缺乏对天体知识及人类探测宇宙知识的了解，要展开学习讨论就很难实现。如果学生缺乏对宇宙探索的兴趣，要其“异想天开”也会出现冷场。所以必须依据学生学习基础。要着重对学生地理学习的兴趣动机、知能基础、生活经验等进行分析，并结合具体教学条件设计适合的教学目标。

(4)留有灵活处理空间并依据地理教学实践反馈、调整教学目标

留有灵活处理空间，适当征求同行及学生意见调整教学目标，对于新执教的地理教师，尤其值得注意。

即使完全按照上述策略，地理教学目标设计也不可能是完善而终极的。因为学生情况不尽相同，教者的主观认识和所处信息环境也不断在变化。在地理教学目标的设计上，要重视预设和生成的关系。预设为生成奠基，生成完善预设，让预设与生成在教学过程中共舞。

【案例及点评】

八年级地理“自然资源总量丰富，人均不足”教学目标①

1. 知识目标

(1)了解并能说出自然资源的基本含义及意义。

(2)理解并能说明自然资源的分类标准。

(3)理解并能说明我国自然资源的基本国情、面临问题及对策。

2. 能力目标

(1)能根据具体场景辨识日常生活中自然资源的主要类型。

(2)能从生活、生产实例出发，举例说明自然资源与人类生产、生活的密切联系和重要性。

(3)能收集、运用有关资料深入分析我国自然资源总量丰富、人均不足的基本国情。

(4)通过小组交流、师生互动，探讨保护、节约我国自然资源的对策及“从我做起”的行动途径。

(5)通过对自然资源相关要素逻辑联系的梳理，学习归纳知识结构的方法。

3. 情感、态度和价值观目标

(1)通过对我国自然资源丰富多样的认知与欣赏，增强审美情趣，深厚对美丽富饶祖国的热爱。

(2)通过对我国自然资源“人均不足”特点与浪费及不合理利用问题的揭示，激发危机感，增强关心祖国未来发展的忧患意识及责任感。

(3)通过对我国自然资源国情及对策的探讨，学会用辩证的观点看问题。

(4)通过“从我做起，为珍惜、节约自然资源积极行动”的探讨，增强珍惜、节约资源的意识陶冶、爱护环境的行为习惯。学会运用正确的人口观、资源观、环境观及可持续发展观认识中国和世界。

(5)通过分析研究、讨论等学习过程与方法，增强探究意识、合作观念。

点评：该教学目标设计两大突出特点。其一，采用了“认知目标＋行为目标＋表现性目标”的综合设计技术。行为主体是学生；各目标陈述有相应的结果性行为动词或体验性行为动词；各行为动词前多有行为条件，其后多有行为内容；知识目标体现了认知层次与相应行为动词的结合；有多种形式的学习活动为学生的个性表现提供机会。其二，将地理美育的有关要求融合于地理教学目标的设计之中。这样的教学目标较好地体现了地理素质教育的理念，又具体实在，可操作性强，利学利教利评。实践表明，收到很好效果。

(四)地理教学内容设计

地理教学内容是师生进行地理教学活动的主要媒介，基于地理新课程“用教材教”，而非“教教材”的改革理念，地理教学内容设计既要“基于教材”，又要结合实际需要灵活处理、开发教材。

1. 基于教材主体内容

不同版本地理新教材都是依据教育部颁发的相应《地理课程标准》编制，参见表6-7。地理教学内容设计基于教材主体内容，能体现地理素质教育的一般要求，也便于检测评价。

表6-7 《地理课程标准》与对应的教学内容举样

《地理课程标准》该节有关要求	要点：“运用地图归纳世界洋流的分布规律，说明洋流对地理环境的影响” 活动建议：“用计算机设计……洋流运动的动画”
《人教版》必修1该节有关内容	题目一：世界表层洋流的分布（有活动“读图思考”——南北半球中低纬度海区、中高纬度海区以及北印度洋不同季节的洋流流向的比较） 题目二：洋流对地理环境的影响（有活动“案例”——北大西洋暖流与西北欧气候，秘鲁寒流与南美大陆西岸气候，“阅读回答”——神奇的厄尔尼诺现象，“阅读”——波浪和潮汐等）
《鲁教版》必修1该节有关内容	大题目：洋流及其地理意义（有阅读活动“知识篇”——洋流的成因） 小题目一：洋流分布规律（有读图回答“活动”——说明洋流与盛行风关系，对比40°海区南北半球洋流分布规律及中低纬度大洋东西两岸洋流性质差异等） 小题目二：洋流的地理意义（有“知识窗”——洋流与海洋渔场、“活动”——漂流瓶设计等）

① 段春霞，黄京鸿. 初二地理“自然资源总量丰富，人均不足”教学设计[J]. 地理教育，2009(5).

2. 结合教学实际灵活处理、开发教材

尽管不同版本地理教材都能很好体现地理素质教育的一般要求，但无论哪种版本地理教材，都难以完全适应不同区域不同学习水平的学生需要，因此在保证达标要求前提下，根据所在学校、所教学生实际情况“因地制宜”、“因人制宜”地灵活处理、开发教材，能使地理教学内容更适合执教学生的学习需要。

以“大规模的海水运动”一节为例，这节课的学习内容尤其是“洋流分布规律”需要良好的知识基础、抽象概括能力及探究兴趣。对其重难点，不同学习能力水平学生，反应不一。对于学习能力较强学生，教师不仅能顺利引导学生理解掌握教材内容，还可再适当补充一些内容，如引导学生完成分别以大西洋、北冰洋为中心的洋流分布图，指导学生拓展对异常洋流——厄尔尼诺及拉尼娜的研究，拓展洋流对地理环境影响现实案例的研究等。对于后者，教师则重在引导学生归纳洋流运动的基本规律及洋流对地理环境的主要影响即可。

【案例研究】

有效开发教材，优化课堂教学①

1. 运用乡土教材，实现教材内容的乡土化。

如学习“农业区位因素”时，分析苍南台湾农民创业园设立的影响因素。

2. 联系生活经验，实现教材内容的生活化。

如联系学生宿舍感受及其他生活经验，引入太阳高度角的学习。

3. 利用实验研究，实现教材内容的操作化。

如用透明塑料弯管注入颜色水和食用油，探究地质构造中的储水储油构造。

4. 关注认知水平，实现教材内容的问题化。

如探讨洋流分布规律时，不同纬度、不同半球、不同大洋两侧的系列设问。

5. 激发学生情感，实现教材内容的生命化。

如借助有关散文将河流的发育、行程与人的一生历程相联系，提升意境。

（五）地理教学策略设计

地理教学策略是特定地理教学情境中为实现地理教学目标和适应学生地理学习需要而采取的地理教学行为方式或教学活动方式。地理教学策略因不同视角而划分，例如，较宏观的策略（教学全过程的运筹、模式运用等）与较微观的策略（地理媒体运用的策略、讨论的策略等）。还有基于不同地理教学模式的地理教学策略（参见第四章），基于不同地理学习素质的地理教学策略（参见第五章），基于不同地理教学阶段的地理教学策略（参见表 6-8）。

表 6-8 基于不同地理教学阶段的地理教学策略

教学准备阶段	（1）拟定、表述教学目标策略；（2）任务分析与单元、课时教学设计策略；（3）教材加工策略；（4）优化模式、方法策略；（5）优化媒体、技术、教具组合策略；（6）编写及优化教学方案的策略
教学实施阶段	（1）组织教学的策略（按学习心理：动机激发、先行组织者、问题教学、和谐教学氛围等策略；按学习进程：导课、教学高潮引导、教学节奏调控、结课等策略） （2）传输教学内容的策略（言语指导、媒体 - 教学镶嵌、板书结构化引导等策略） （3）深化教学内容的策略（视点结构延伸、头脑风暴、小组合作互促、个性化指导等策略） （4）教学管理的策略（情感融洽、问题吸引、积极评价、生理健康等策略）
教学评价阶段	（1）通用性策略（诊断性、形成性、终结性，激励性评价为主）；（2）不同层次认知目标的评价策略；（3）不同层次情感目标的评价策略；（4）评价性试题的编制策略

① 肖云好. 有效开发教材，优化课堂教学[J]. 地理教学，2010(2).

1. 地理教学模式选择

(1)不同地理教学模式有其特点和针对性

不同地理教学模式有其特点和针对性，在具体地理教学设计中，往往需要结合具体教学内容、学生特点及教学环境条件等予以选择，如表6-9。

表6-9　不同地理教学模式的特点及针对性举样

模式类型	模式特点	针对性
图表教学模式	普适性、工具性	需地理图表较多的教学内容
多媒体教学模式	工具性，技术性	需多种媒体技术呈现地理信息或营造情境的教学内容
案例教学模式、范例教学模式	选择特定内容	通常课标中“以…为例，分析…”、“举例说明…”等教学内容
角色扮演模式	选择特定内容	适用需多方表达交流的某些内容，如“南水北调”、“雨林开发”、“控制全球气候变暖”等议题的多方代表；学生有一定知识背景
探究教学模式	探究性突出	多用于探究性较强的学习内容，如人口、资源、环境、发展等问题
自主学习模式	自主性突出	多用于学生较为熟悉的教学内容，如较熟悉的区域地理的学习
合作学习模式	合作性突出	多用于需多角度分析及交流的内容，如“认识月球”、“环境治理”等
自主-合作-探究学习模式	综合性突出	多用于需独立及合作探究的教学内容，如高中关于地理环境、人地关系以及人口、城市、生产布局、区域可持续发展等诸多议题
讲解-接受模式	选择特定内容	多用于较抽象或较陌生的地理难点内容，如地球运动、大气环流等
引导-发现模式	选择特定内容	多用于有意趣而又有一定能力基础的教学内容，如城市布局、工业布局等
启发—讨论模式	较强普适性	广泛用于初、高中地理课堂教学的诸多内容
情境教学模式	较强普适性	广泛用于初、高中地理课堂教学的诸多内容
目标教学模式	较强普适性	广泛用于初、高中地理课堂教学的诸多内容
审美化教学模式	较强普适性	广泛用于初、高中地理课堂教学的诸多内容；教师一定的美学美育素养
活动参与模式	较强普适性	广泛用于初、高中地理课堂教学及课外教学的诸多内容
实习教学模式	适宜课外教学	主要用于初、高中地理课外教学的内容
研究性学习模式	适宜课外活动	主要用于初、高中地理课外研究性活动的内容

(2)地理教学模式运用要灵活多样

由于某地理教学模式主要体现某教学指导思想，多有其独到之处也往往有其局限，所以要注重多种地理教学模式的结合及灵活运用，以更好适应学生不同的学习需要。

【案例研究】

“全球气候变化”——“图表引导，探究学习”一例①

(一)新课引入

幻灯片1：荒漠中的楼兰古城(引导学生对其今昔巨大反差的原因思考及探究兴趣)；

幻灯片2：楼兰地理位置和自然环境(引发学生更多感悟和思考)。

(二)新课学习

1. 出示课标要求，明确学习目的

幻灯片3：课题及课标要求(明确探究主题)。

2. 第一部分学习内容：全球气候在不断变化之中

幻灯片4：地质时期的气候变化特点(引导学生借助有关图表归纳其气温、降水变化特点)；

幻灯片5：历史时期的气候变化特点(引导学生借助有关图表归纳其变化特点)；

幻灯片6：雪线概念图示(辅助以上分析归纳)；

幻灯片7：近现代气候变化特点(引导归纳其特点)；

幻灯片8：1900～2000年全球年降水量变化趋势(引导思考其带来的可能影响)。

---

① 广东省教育厅教研室编. 高中新课程地理优秀教学设计与案例[M]. 广州：广东高等教育出版社，2005：81～85.

3. 第二部分学习内容：全球气候变暖的可能影响及对策

将学习内容分为 4 个子课题，由“生态环境组”、“自然灾害组”、“农业生产组”、“人为原因与对策组”分别探究，再发言交流，总结评价。

幻灯片 9：各组自主学习探究，欢迎发表意见或看法。

(1)全球气候变暖对现有生态环境的影响；(2)全球气候变暖对自然灾害的影响；

(3)全球气候变暖对我国农业生产的影响；(4)全球气候变暖的人为原因与对策。

幻灯片 10：探究学习评价标准及方法各小组学习探究后归纳要点全班交流，接纳补充。

4. 本课小结和知识网络构建

5. 本课内容的后续学习

(三)练习反馈（略）

(四)教学反思（略）

简评：这是教学模式组合运用一例。在新课学习的前半部分，由于更多是对气候变化基本特点的共同认识，用图表启发引导模式，直观清晰，容易统一认识，奠定基础，也节约时间。新课学习的后半部分，主要探究全球变化的可能影响及对策，发挥空间大，分小组探究再全班交流较为适宜。不难看出，该两模式结合，各扬其长，相得益彰。

2. 地理教学方法选择

不同的地理教学方法各有其针对性。如谈话法、讨论法长于言语，地图法、模型法增强直观，逻辑法、探究法促进思维，欣赏法、榜样法有助情感。而不同的教学目标、内容、学生特点及教学条件等，也需要采用不同的教学方法。一定地理教学模式框架下，地理教学方法的恰当选择与优化组合对保障、提高地理教学效果意义重大。

(1)地理教学方法的选择依据

地理教学方法选择一般要考虑以下依据：

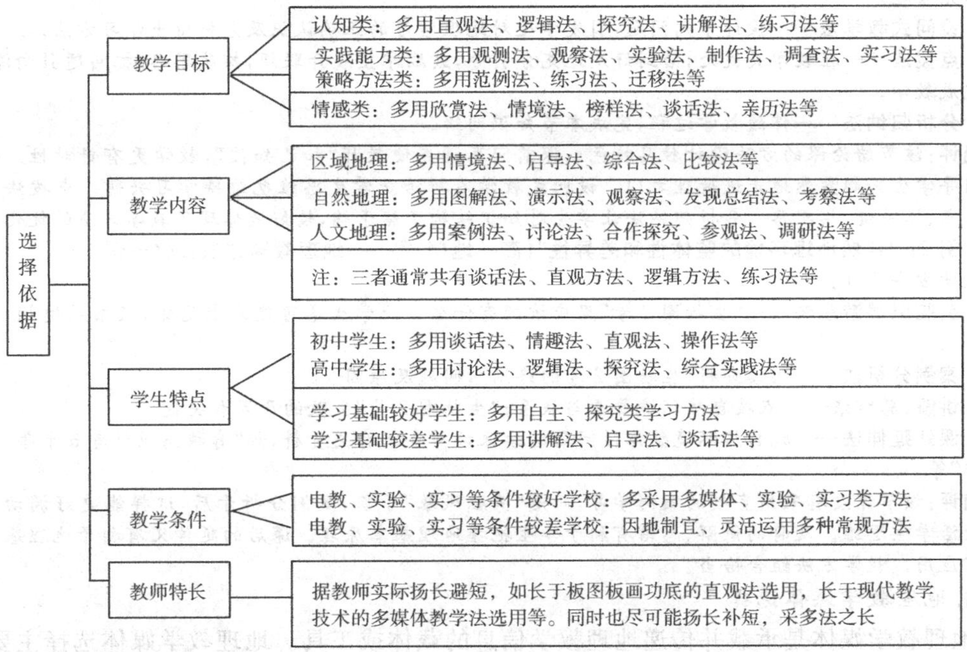

图 6-5　地理教学方法选择依据

此外，不同课型，不同教学组织，教学方法选择也有不同。

(2)地理教学方法选择需优化组合

一方面，因为某种地理教学方法对某地理素质培养有其独到功效，学生综合素质培育需要教学方法的优化组合；另一方面，教学内容也多具综合性，表达方式丰富多样，同样需要教学方法的优化组合。

地理教学方法优化组合能博采众长、相得益彰，在特定教学场合发挥出最大功效，既保证素质地理教学目标高效达成，也使地理教学过程更为多彩、生动，富有吸引力。

具体教学情境中的地理教学方法优化组合，参见图 6-6。

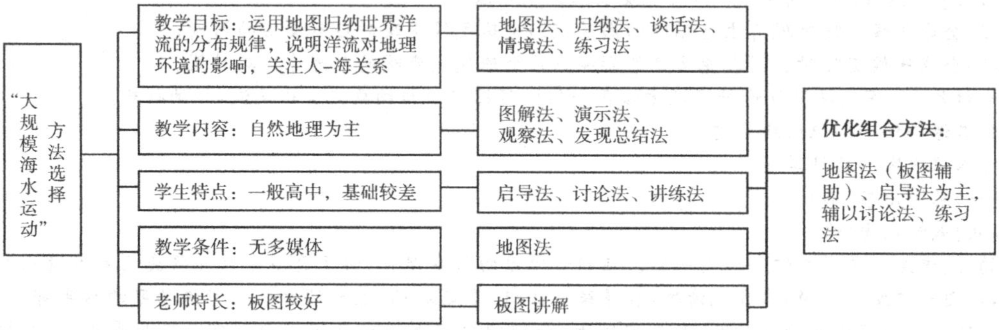

图 6-6　教学方法优化组合一例

还需指出的是，一套优化的地理教学方法组合，往往针对某一特定的教学情境，即某一条件下的最优。所以地理教学方法优化组合有很强的情境性和创造性。

【案例研究】

案例 1："走进地理之门"（高一地理）①——地理教学方法优化设计一例

1. **问卷调查**——为了解学生对地理学习的看法和现有的知能水平，设计简明调查问卷，让学生课前填写并于课前整理。

2. **情境设置法**——以激发学生学习动机为主线，充分利用现代化教学手段，为学生创设丰富问题情境，激起探究兴趣。

3. **设问式教学法**——设计系列问题，引发学生对地理学习的正确认识及分析得出学习方法。

4. **点拨法**——在教学关键处，恰到好处地充分引导，鼓励学生展开联想，拓展思路，把问题引向深处，高质量完成教学。

5. **分析归纳法**——伴随教学过程，完成本节知识网络。

简评：该节绪论课的方法设计独具特色。课前问卷调查使教师"知己知彼"，教学更有针对性。情境设计能引导学生兴趣盎然地走进地理之门。设问式教学不断活跃学生思维也维持学习兴趣。点拨法促进学生明重点、抓关键、拓思路。分析归纳法让学生对知识结构了然于胸，较好地体现了教学方法的优化组合。

案例 2："自然地理环境的整体性和差异性"（高一地理）②——地理教学方法优化一例

教学方法设计：

1. **头脑风暴游戏法**——"生物圈 2 号"里应该拥有什么？让学生尽可能发散思维，板书关键词，并引导分类。

2. **案例分析法**——阅读分析"生物圈 2 号的终结"，问题及原因。

3. **讲解、总结法**——点拨自然环境要素与联系；"生物圈 2 号"失败的原因和关键。

4. **课外延伸法**——就自然环境整体性问题继续探讨并查阅有关资料，如"青藏高原科考五十年"、"水坝惹是非"等。

简评：该节课没有采用直接的案例学习，而是"头脑风暴"于前，案例分析于后，这样能更好调动学生兴趣与激活学生思维。及时的讲解、总结有利于学生把握地理基本原理。课后的延伸又有利于地理基本原理的迁移应用。教学方法组合恰当。

3. 地理教学媒体选择

地理教学媒体是承载并传递地理教学信息的载体或工具。地理教学媒体选择主要因其类型多样，特性不一，而教学需要及条件也不尽相同。

---

① 广东省教育厅教研室编. 高中新课程地理优秀教学设计与案例[M]. 广州：广东高等教育出版社，2005：17～18.

② 广东省教育厅教研室编. 高中新课程地理优秀教学设计与案例[M]. 广州：广东高等教育出版社，2005：138～140.

(1)影响地理教学媒体选择的因素

影响地理教学媒体选择的因素参见图 6-7。

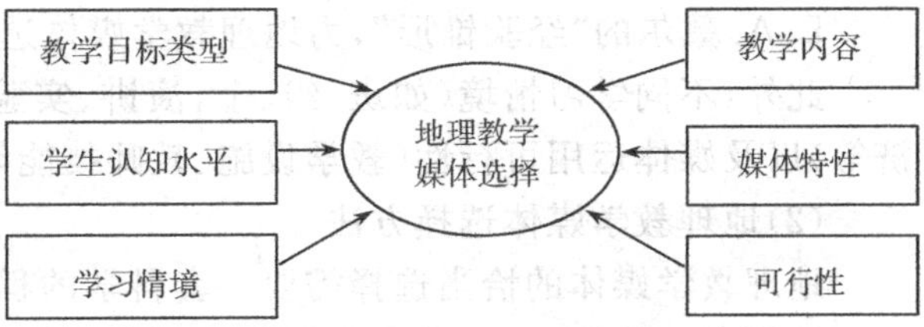

图 6-7 地理教学媒体选择的影响因素

不同类型的地理教学目标，要求的地理教学媒体不尽相同。如识图析图、地理原理运用等智慧技能类学习目标，学生需要获得有关其反应的矫正性反馈，就需要选择交互作用强的媒体，如人机对话或具反馈程序的地理课件等。而一般陈述性地理知识类学习目标，学生往往可以将自身反应与教材正确答案进行比较，就不一定采用交互性媒体，选择能呈现言语信息和细致描述的媒体即可。情感态度类目标学习的有效机制是观察榜样受到激励从而采取与榜样一致的行为，因而富有感染力的视觉媒体如电视、电影、光盘等为更好。动作技能类目标，往往需要提供示范类媒体及实用器材等，如绘制地形剖面图、制作地形模型、操作测绘仪等的教师示范或过程录像以及有关工具、材料。

不同的地理教学内容，要求的地理教学媒体不尽相同。例如，山河分布、生产布局等静态地理事象的观察分析，地图、模型等即可；而如“水循环”、“城市发展”等动态过程则以动画模拟演示更佳。再如，地理景观为主的教学内容多选用色、形、音、动感俱佳的教学媒体，解析地理原理则不一定如此要求。

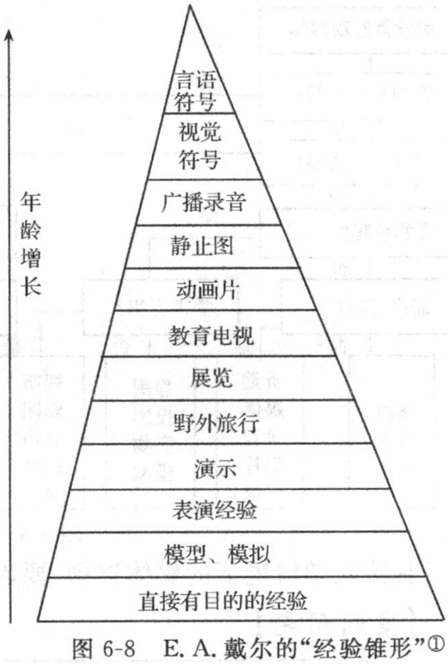

图 6-8 E. A. 戴尔的“经验锥形”①

不同年龄段的学生，借助的地理教学媒体不尽相同。例如，初中学生知识储备少，感知能力较差，抽象思维能力较低，教学中宜多选择那些直观性强、地理要素较单一、易于区分主次的教学媒体，如专题地图、幻灯、投影、简单模型、彩色景观图、影像片段等；而高中学生知识储备较多，感知能力及抽象思维能力显著发展，教学中可选择那些表现手法较复杂、展示信息量大、综合性、连续性较强的教学媒体，如多要素组合图、较复杂模型及仪器、系列影像等。参见图 6-8。

E. A. 戴尔的“经验锥形”揭示了学生年龄与教学媒体选择间的关系。锥形中媒体排列由低到高，显示了由直接到间接、由较单一到较综合的层次。一般说来，越近底部的媒体，适用于年龄越小的学生；越近顶部的媒体，适用于年龄越大的学生。

“经验锥形”同时表明，对于言语学习、智慧技能、认知策略三种认知领域的学习结果，在媒体选择时，为保证学习的发生，应尽可能采用锥形底部的媒体；为提高学习效率，应尽量采用锥形顶部的媒体。而对于态度类目标而言，年龄较小学生容易接受所尊敬的人的言语劝说改变态度，年龄较大学生更易从实践经验中改变态度，年龄与媒体的关系较之认知领域，又有不同。

---

① 皮连生等主编. 现代教学设计[M]. 北京：首都师范大学出版社，2005：184.

E. A. 戴尔的"经验锥形"，为地理教学媒体选择，提供了诸多借鉴。

此外，不同学习情境（如班、组、个，演讲、实验或竞赛等），不同媒体特性（技术、专业、经济等）以及媒体运用可行性（教学设施、教师技能等），都是地理教学媒体选择需要考虑的。

（2）地理教学媒体选择方法

地理教学媒体的恰当选择需要一套科学的程序和方法。

该程序一般为：确定必须由媒体表现的教学内容⟶考虑可供选择的媒体类型⟶选定高效低耗的媒体⟶设计媒体出示的时机、方式、步骤和次数。某教学媒体选用几率可借鉴如下施拉姆公式：

$$媒体选用几率(P)=\frac{媒体产生的功效(V)\cdots\cdots对教学目标作用大小}{需付出的代价(C)\cdots\cdots所需费用、人力、时间等}$$

地理教学媒体选择可采用图 6-9 流程图的方法。即把选择过程分解成一系列有序排列的步骤，每一步骤就是一个问题，一问紧跟一问，如此排列，构成流程图。通过对一个接一个的问题作出"是"或"否"的回答，被引导到相应分支上，每一次回答都会排除一部分媒体，最后留下最适合某特定教学情境的媒体。

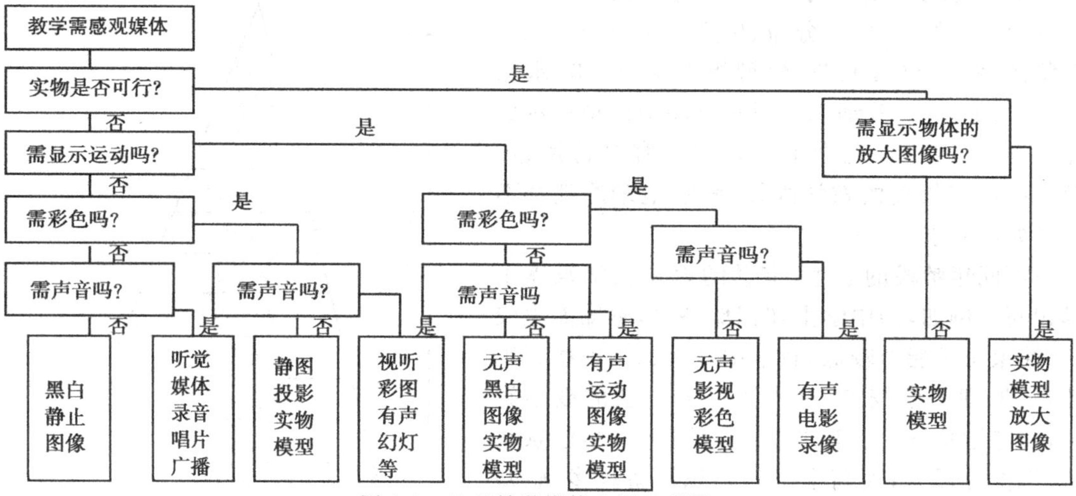

图 6-9 地理教学媒体选择流程图

具体教学情境下的媒体选择，要因"内容、学生、环境条件"而宜，优化组合。

【案例研究】

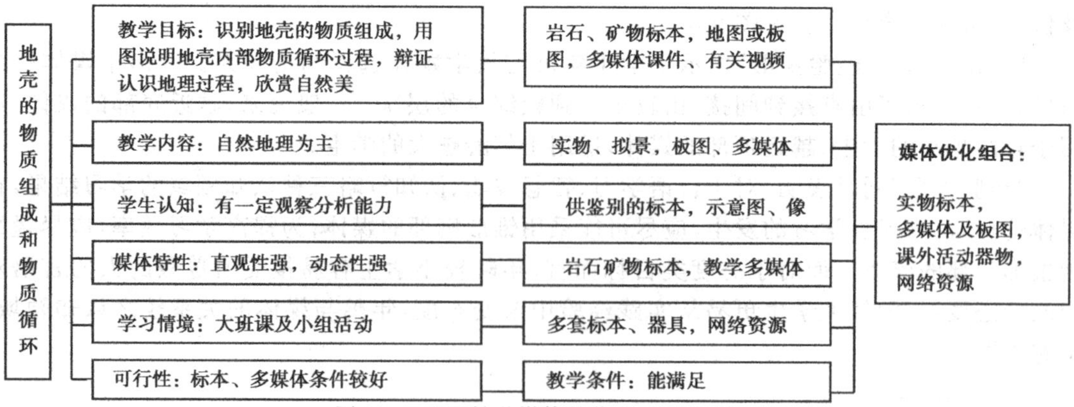

图 6-9 地理教学媒体的优化选择举样

4. 地理教学环境营造

(1)地理教学环境的构成

地理教学环境指师生周围一切可供教学的地理事象或因素、条件的总和。一般分为地理教学物质环境和地理教学心理环境两大部分。前者如地理教室、地理园、地理实习基地及广为延伸的自然环境、社会环境;后者主要指各环境中影响师生学习交流的心理氛围、文化氛围、社会风气等。地理教学环境是一个多层级的开放的生态环境,参见图 6-10。对地理教学生态系统而言,师生学习交流的生理、心理环境是其内在环境,教室、园地等校内环境、自然环境、社会环境是其外部环境。

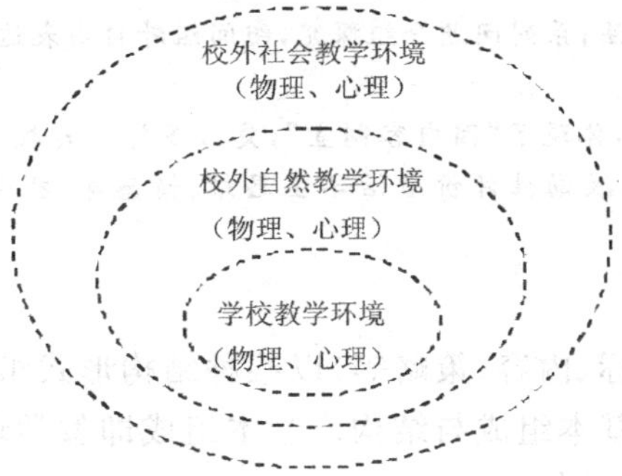

图 6-10 地理教学环境的层级

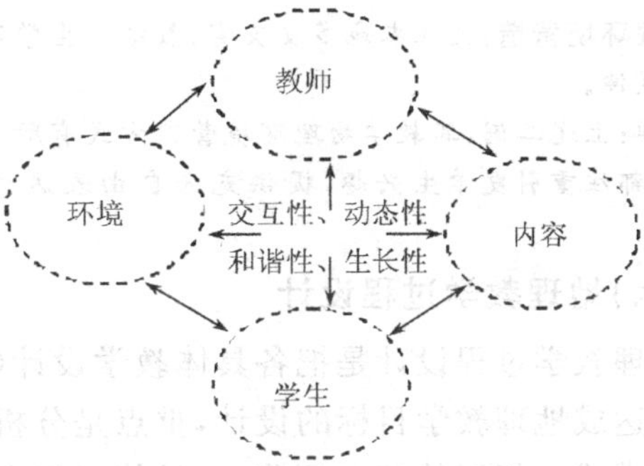

图 6-11 地理教学课堂微生态系统

(2)营造开放、内外因素协同的地理教学环境

课程生态观下的地理教学环境与传统地理教学环境有本质区别。旧观念将地理教学环境与其他教学要素相割裂,过分强调其预设性、封闭性、确定性、控制性和单向性,从而使地理课堂变得机械、沉闷、缺乏活力。秧田式的桌椅、教师控制性的话语、单调的教学媒体、脱离生活的课堂教学环境等,就是典型例子。新观念注重地理教学环境与学生、教师、教学内容等要素间的开放性、不确定性、互动性、多向性,强调生态课堂应有的交互性、动态性、和谐性与生长性(见图 6-11),关注生态环境中人与环境相互应答,学生与教师协同共进。

由此,地理教学环境营造充分关注教学环境心理要素与物理要素的软硬协同、充分关注师生内在生理、心理要素与外在物理、心理环境要素的内外协同,尤其是适应一定教学内容、一定师生教学活动情境下多种地理环境教学要素的综合、灵活运用。例如,教室桌椅排列,有 4 人一组的“田字格形”、6 人一组的“T”字形或“U”字形构成的宴会厅模式或咖啡馆模式,还有半圆模式、圆形模式、马蹄型模式、会议桌模式以及传统桌椅模式,供不同的学习形式灵活选择。地理教室及走廊,也可配合教学内容布置丰富生动的内容。

当然,在改善外部物理环境要素的同时,努力营造民主、和谐、自由、安全的教学氛围更显重要,因为这是激励学生素质发展、个性发展及创新的内在动机的最重要前提。

只有外在环境要素与内在环境要素和谐相融,所有环境要素与教学具体教学情境和谐相融,才能有效促进地理教学系统发挥理想功能。

【案例研究】

案例1:"雪域高原——西藏自治区"——地理教学环境营造①

物理环境营造:有关教学内容的多媒体课件、学生展示作品、表演者的藏族服饰,桌椅布置的相应变化(如集体学习时选择秧田式,小组讨论时选择田字形,舞蹈表演时选择圆形模式),学习园地的相应布置等。

心理环境营造:课前动员及资料准备;课中学生自由讨论、作品展示、角色扮演;激励性评价;课后的活动延伸等。

案例2:"沙尘暴可怕吗?——网络环境下自然灾害的探究性学习"②**——地理教学环境营造**

物理环境营造:网络教室,一人一机;提供清华同方资源库及自制专题网站(减少无用信息干扰);多媒体氛围烘托等。

心理环境营造:关注本地多发灾害;教给学生学习方法;系列问题分组探究,组间组外自由表达;发散思维再作延伸。

简评:上述二例,其教学物理环境营造方式有所不同,体现了"因内容制宜",灵活多样。其教学心理环境营造,都注重引发学生兴趣,提供充分自由表达机会,激励性评价激活学生思维、情感等,提供了好的借鉴。

(六)地理教学过程设计

地理教学过程设计是把各具体教学设计(目标、内容、策略等)以某种结构形式组织起来以最终达成地理教学目标的设计,重点是分析其基本组成与结构。基本组成即教学环节,不同教学模式有相似的基本环节,而具体组织有所不同。

1. 地理课堂教学过程设计的基本环节

基于"感知—理解—巩固—运用"或"直观—思维—实践"的一般认识论,地理综合课(新授课)的基本教学环节通常包括:导入新课—学习新课—总结新课—练习反馈—课外延伸。其中,"学习新课"及"练习反馈"是主要教学环节,前者包括多种学习与交流活动,后者包括不同形式及层次的练习及评价,时间要作重点保证。"五环节"保证了学生认识过程的完整,在地理教学课堂至今仍较常见。

【案例研究】

"地球公转及其地理意义"(高一必修)③**地理教学过程设计**

导入新课:动画演示地球在宇宙中绕太阳不停运动的画面。引入学习主题。

学习新课:读图探讨:地球公转的一般规律(中心、轨道、方向、周期、速度、黄赤交角),(适时点评、小结);

读图、绘图探讨:地表正午太阳高度的变化规律(适时点评、小结);

动画观察、小组讨论交流:一年中全球各地昼夜长短变化规律(适时点评、小结);

引导逻辑推演:四季五带的划分。

总结新课:引导学生梳理本节知识要点及联系网络。

练习反馈:学生作有关练习题。视具体情况作相应点评。

课外延伸:结合日常生活实例讨论:正午太阳高度和昼夜长短变化的现实意义。

基于"感觉登记—短时记忆—长时记忆—提取—反应"的信息加工学习理论,学习过程中的教学环节也可如图6-12中的"教学事件",这在欧美学科教学中较为常见,近些年我国地理教学已有一些运用。

---

① 张莉,黄京鸿,李维."雪域高原—西藏自治区"教学设计[J].地理教育,2006(2).

② 林成策,陈菊主编.走进高中地理教学现场[M].北京:首都师范大学出版社,2008:167.

③ 广东省教育厅教研室编.高中新课程地理优秀教学设计与案例[M].广州:广东高等教育出版社,2005:37~40.

学习过程	教学事件（教学环节）	初二地理《长江》教学设计举样
注意、警觉	1. 引起注意	播放《长江之歌》
预期	2. 告知学习目标，引发动机	告知《长江》学习目标
提取工作记忆	3. 刺激回忆先前知识	激活学生有关河流的知识及长江见闻
选择性知觉	4. 呈现刺激材料	循序呈现有关《长江》的典型图、景、文
编码：进入长时记忆（提取）	5. 提供学习指导	指导学习《长江》突出特征、功能及问题、对策，并引导生成知识网络
反应	6. 引出行为	引出课堂练习等活动
强化	7. 提供反馈	交流，提供反馈
提示提取	8. 评价行为 9. 促进保持和迁移	学习活动评价 课外延伸："我是长江小卫士"等

图 6-12　基于信息加工学习理论的地理教学设计①

2. 不同地理教学模式展示不同特色的教学过程

不同地理教学模式因其指导理论及侧重点不一，因而教学过程各具特色（参见"第四章 地理教学模式"），需要结合具体教学内容选用及设计。例如：

探究教学模式：明确问题⟶确定探究方向⟶组织探究⟶交流探讨⟶反思总结⟶拓展运用。

案例教学模式：提出问题⟶引入案例⟶案例分析⟶讨论交流⟶总结归纳⟶促进应用。

【案例研究】

案例 1："锋与天气"（高中必修 1）②——活动体验教学过程模式

提出课题：冷暖空气相遇会发生什么现象？

设计活动："锋面模拟实验"

活动准备：实验器材：透明玻璃容器；温度较低、比重较大蓝色液体，其容器盖上放有冰块；温度较高、比重较小红色液体及容器；透明玻璃容器隔板（器材准备多少视学生组数而定）。学生分组；实验报告单若干。

活动实施：1. 各小组分开实施。①透明玻璃容器内逢中放置好隔板。②将冷、重蓝色液体及暖轻红色液体分别倒入分隔开的玻璃容器两边。③迅速抽去隔板，观察、记录实验现象。

2. 各小组将讨论后结果，推荐代表向全班汇报。

总结评价：就实验结果达成共识，并评价。

点评：活动体验教学模式中的"活动"，多特指观察、观测、调查、实践操作、探索研究等活动，除智慧技能外，需要动作技能的配合，并有亲历"过程"的体验。本例将实验引入地理课堂，增加了学生动手的机会，也强化了过程体验。

案例 2：鲁尔区"考察"归来（人教版高中必修 2）③——角色扮演过程模式

情境创设：伴随《莱茵河畔》音乐，激活学生旅行欲望。

任务驱动："鲁尔区之旅"—东北工业区经济发展智囊团去鲁尔区考察。

角色分配：学生自由选择愿意体验的角色，相同角色组成一个个小组，完成各自考察任务后，提交集体研讨的考察报告。政府官员考察 19 世纪中叶鲁尔区繁荣的原因；经济学家考察 20 世纪 50 年代后鲁尔区

---

① 黄京鸿. 现代学习与教学论发展对地理素质教育的启示[J]. 中学地理教学参考，2001(5).

② 林成策，陈菊主编. 走进高中地理教学现场[M]. 北京：首都师范大学出版社，2008：124.

③ 刘丽丽等. "鲁尔区考察归来"角色扮演[J]. 地理教学，2005(5).

经济逐渐衰落的原因，对比分析我国东北工业区经济发展存在问题；企业家借鉴20世纪60年代鲁尔区综合整治经验，为我国东北工业区经济可持续发展献计献策；环境保护专家考察对比鲁尔区过去和现在的环境状况，从中得到启示。

角色表演："新闻发布会"上，各角色(发言人主讲，其他协同)汇报展示考察归来的"智慧果实"，并回答记者提问。

讨论评价：表演结束后，全班同学集中，就待研讨的问题继续讨论，然后师生共同对活动进行评价(肯定、激励为主)。

活动总结：请同学们归纳总结，得到完整结论。

点评：角色扮演由于其不同角色体验及对角色间关系的观察，在促进学生认知发展的同时，对价值观教育有独到的作用。本案例将角色扮演由某组替代某人，在成功设计角色扮演过程的同时，也融入了自主及合作探究学习的内容。

3. 地理教学过程中的地理教学模式优化组合

由于某些地理教学模式对教学内容有一定针对性，而一堂课的教学内容通常包括不同类型，因此课堂教学常根据教学需要将几种教学模式优化组合，以获取更大教学效益。如下案例。

【案例研究】

岩石圈与地表形态(鲁教版高中必修1)①——地理教学模式优化组合一例

引入新课：播放视频"岱固地貌"。什么力量，塑造了其千姿百态？

教学新课：

一、内力、外力作用的差异	二、内力作用的足迹	三、外力作用的表现
读图填表比较：内外力作用的差异 **讨论**：岱固地貌形成内外力表现形式？何为主力？ **读图描述**：风化作用过程 **小结承转**：地形是内力主导下内外力共同作用结果。已成历史的地壳运动，如何寻其"足迹"及影响？	**模拟实验**：竹片弯曲及折断，说出其对应的地质构造类型 **观察动画归纳**：地质构造及对应的地表类型 **模拟演示**：(书本)"背斜成山，向斜成谷" **问题探究**：地质构造的实践意义？ 课题1：地质寻油找水 课题2：越山高速公路隧道位置选择 **小结承转**：人说内力提供"粗毛坯"，外力是"雕塑师"，为什么？	**观察视频探究**：黄河三角洲泥沙哪里来？ **绘图小结**：沙土输送及作用 **读图归纳**：流水、风力作用形成地貌形态(我国西北、黄土高原、华北平原) **思考讨论**：流水、风力作用显著的地区气候？顺河流自上而下的地貌类型？沉积物分布？其中主要外力作用形式？

课堂总结：1. 你能用三个问题概括本课所学内容吗？

2. 尝试用结构图表达本课所学主要概念间关系(鼓励多种表达)

课后探究：学生收集相关资料，办宣传板报，并进行评比。

点评：地理教学模式组合恰当，教学过程丰富完整，学生活动充分而有实效。

4. "同课异构"的教学过程设计

不同教学内容，可选择不同教学模式或模式组合，即使相同教学内容，也可结合学生、教师特点设计不同教学过程。近年来，高中新课程教学对"同课异构"进行了教学研讨，这有利于教师"因生而异"，发挥自身优势，更好创设有利于学生发展的课堂。研究以下案例，你能比较其中异同并说明为什么吗？

① 李慎中."岩石圈与地表形态"(第三课时)教学设计[J]. 中学地理教学参考，2009(9).

【案例研究】

"农业生产与地理环境"（鲁教版高中必修2）①——"同课异构"的教学过程

教材内容结构	课例1（山东高唐县二中吕老师）	课例2（上海第三女中王老师）
问题引入：说说我国"明前龙井"在日本种不好的原因？ 一、定义"农业" 二、农业生产的特点 三、影响农业区位的主要因素 1.自然条件 2.社会经济条件 3.技术条件 **案例分析**：你能说出寿光蔬菜生产建设基地有哪些区位优势？	**引入**：不同地域农业生产景观图，从中辨识当地农业景观，揭示农业生产与地理环境关系 **教学新课**： 读图：据图并联系当地农业生产经验定义农业 读图：《我国糖料作物分布图》，判读甘蔗、甜菜不同分布位置，揭示农业"地域性" 读图：观察小麦种植、生长、收获过程并联系当地小麦生产经验，揭示农业生产的"季节性"、"周期性" 讨论：结合实际生产经验，说明农业生产考虑要素 质疑释疑："影响农业的区位因素" "对对碰"练习：某农业生产与其主要区位因素配对（练习、合作并归纳） 案例分析：寿光蔬菜生产基地建设的区位优势 **学习延伸**： 例举：违反自然规律的农业生产方式所导致问题 讨论：结合当地实际思考其农业生产存在的潜在问题及解决措施	**引入**：《新民晚报》报道"走，去巴西当地主"，思考"海宁农民投资海外种大豆能否成功？投资前应作哪些考察？ **教学新课**： 读图：农林牧副渔景观图，提炼其共性并定义农业 "选特产"：说明农业生产"地域性" "赏花语"：揭示农业生产"季节性"、"周期性" 案例："南方水稻生产及生长"，概括农业生产特点 解读"苹果与香蕉"、"玉米与水稻"、"梯田与平原"， 案例分析：为何日本种不好"明前龙井"？ ——概括影响农业区位的自然因素 案例分析：加拿利海枣"折翼"上海；"梨"落库尔勒，样样皆上品，为什么？ "小试身手"：某特色农业与其主导因素配对练习 案例分析：《蔬菜之乡—寿光》，讨论分析其成功及现存问题的区位因素 案例分析：《以色列现代农业》，为何创造沙漠农业奇迹？ ——归纳影响农业区位的社会、经济、科技因素 练习活动：预测巴西种大豆未来结局；农业生产布局及规划的模拟游戏等（分组合作，激活并分享） **课后延伸**：小组合作，家乡农业发展的现状、区位优势与不足及应对

（七）达标检测设计及反馈修改

1. 地理课堂教学的达标检测设计

地理教学达标检测是地理教学目标如期实现的必要保证。地理教学达标检测设计的科学与否，直接关系地理教学的有效性及其评估。

（1）地理课堂教学达标检测的形式及特点

地理教学达标检测有多种形式，如每节课后的即时检测、单元检测、期中或期末的综合检测等（参见第八章第四节"地理考试"）。这里主要针对每节课堂教学后的即时检测。即时检测试题设计着重基础性（源于教材"三基"），以小型单一设问为主，具有练习性质，以帮助学生"重现教材"并通过及时"查漏补缺"更加熟练掌握教材重点，也体现一定程度的"归纳概括，引申迁移"及"灵活运用"。使具基础学力的学生有成功感，又使学有余力的学生有发展空间。

（2）地理课堂教学达标检测试题设计的几条原则

①要对照地理教学目标进行。地理教学目标是地理教学达标检测的重要依据。

②要明确重点，以测试基础知识，基本能力与方法及基本情感、态度与价值观为重。

③要分清三维教学目标的层次，使检测题有层次、有区分。

④在试题难度上要针对学生层次水平。一套好的地理测试题应能适应学生实际学力并能循序渐进引导学生最终达标。

⑤地理教学达标检测设计要重视基础并有一定的综合性与灵活性，重视知识的迁移。

---

① 王海萍. 创设有利于学生发展的课堂[J]. 地理教学，2010(3).

(3)地理课堂教学达标检测试题设计的题型选择。

根据教学目标的素质分类及达标层次,即时性地理教学达标检测的题型有以下选择:

表 6-10 针对不同教学内容的题型选择

	回忆式	选择式	建构式
适用知识	言语信息(陈述性)	智慧技能(辨别、概念等)、态度	智慧技能(规则、高级规则、认知策略等)、态度
测验题型	填充题(填空、填表、填图)、简答题	判断题、匹配题、选择题(单选或多选)、选择并判断等	论述题、简答论述整合题(简要说明、简要分析、简要评述、举例说明等)、操作题(绘图、实验等)
长处与不足	优点:测试内容较广 不足:检测层次较浅	优点:测试内容广泛、能力多种 不足:不利检测学生自主生成能力	优点:有利于测试学生的理解、组织及生成能力 不足:对学力较高学生有更多针对性

(4)地理课堂教学达标检测试题设计的一般步骤

通常可按以下步骤:①按照地理课程标准要求的教学目标及层次,列出知识点、能力层次及情感态度等方面的检测要点。②针对测试学生及测试时间,确定题量和梯度。就一节课而言,课后达标检测时间多为5~10min,2~3个题目,含基础、变式、拓展等层次。③考虑题型及比例。通常有选择题及综合题,基础性检测为重。变式练习或拓展,因初、高中有所差异。

【案例研究】

"自然资源总量丰富,人均不足"(人教版八上)——达标检测练习举样①

课标要求:举例说出什么是自然资源,有哪些主要类型?运用资料,说出我国某自然资源特点及影响。

教学目标:(略)。

检测练习:做做下面的练习,评价一下你这节课学得怎样?

1. 试试看,判断对错:

A. 不断循环的水资源可以永远满足人类需要。( )

B. 我国自然资源总量大,人均占有量丰富。( )

C. 同学们少寄节日贺卡,可以节约木材。( )

D. 水土流失等与人类不合理利用自然资源有关。( )

2. 用你的火眼金睛选出你最中意的一个:

(1)下列自然资源中,属于非可再生资源的是( )

A. 草地 B. 天然气 C. 潮汐能 D. 野生动物

(2)关于自然资源的下列叙述,正确的是( )

A. 可再生资源是取之不尽、用之不竭的 B. 自然资源总有一天会枯竭

C. 我国资源总量丰富,但人均资源不足 D. 我国一直都是一个石油出口国

(3)缓解我国人均资源不足的办法是( )

A. 大力减少我国目前对自然资源的开发 B. 科学合理利用资源,保护资源,探索新资源

C. 使再生资源不断再生,不可再生资源合理利用 D. 大力进口我国缺少的各种自然资源

3. 各抒己见:如何对待中国人均资源不足的问题?(时间不够则延至课后交流)

简评:该检测练习结合课标要求和设计的教学目标,重点对自然资源的概念、我国自然资源的特点及正确的资源观进行检测。检测题型包括判断、选择与讨论建构,体现了识记、理解及应用的层次,也注意到了学生正确观点和良好行为的培养。该检测练习设计总体较好,若适当设计地图情境,或可更好。

2. 地理课堂教学达标检测设计的反馈、修改

根据学生课堂检测或练习的反馈,可知该节课教学的效果及得失,教师要据此修改、调整有关教学设计,使其更适合学生的需要。

---

① 段春霞,黄京鸿."自然资源总量丰富,人均不足"教学设计[J].地理教育,2009(5).

(八)撰写地理课堂教学方案

在经过上述一系列对教学目标、内容、模式、方法、过程、检测的设计以后，地理教师需完成教学设计的最后一项集成工作——撰写地理课堂教学活动的实施方案，简称地理教案，亦即地理课时计划。地理课堂教学方案是先进教学理念与具体教学目标内容、学情教情与教学智慧的结晶，是有效实施地理素质教育的重要保证。地理教案撰写的总要求是结构完整，书写有序，详略得当，时间分配科学。

1. 地理课堂教学方案的基本格式

一份较规范的地理教案通常包含如下内容：

地理教案

教师____________ 学校____________ 班级____________ 日期________

主要栏目	基本要求（格式 1）
课题	完整。如：高中地理（人教版）必修 1 第二章 地球上的大气 第四节 全球气候变化
教学目标	素质化，行为化，个性化
重点难点	明确、简明
课型	多为综合课，故教案撰写时也可省略
教学方法	主要的教、学方法及组合；现代化、综合化、个性化
教学用具	主要地图、模型、电教软件等；现代化、综合化、广域化、人性化
教学提纲	板书提纲或 PPT 展示提纲。简明扼要，结构清晰，不拘一格
教学过程（教案主体）	过程因模式而异；展示教学方法手段及学生活动、行为；突出学生体验、探究、实践的过程；师生互动、发展的过程；内容及方法活化、创新的过程。结构完整，时间安排合理
教学后记	记录教学得失、学生反应、同行评价、反思心得、修改意见等

随着地理课程改革实践的深入，课堂地理教学方案的撰写也增加了一些新的项目，如下所示。地理教师们把一些教学设计的基本思路或课程标准的要求也写入教案，这些与时俱进的多样化表述值得倡导。

“地理教案”的其他书写格式

格式 2	格式 3
课题、撰写者	课题、撰写者
一、课标要求	一、教材分析(地位、作用、内容、重点、难点)
二、教材分析	二、学情分析
三、教学目标	三、教学目标
四、教学重点、难点	四、教学思路(指导理念、教法、学法、教学资源等)
五、教学设计思想	五、教学过程
六、教法、学法设计	六、教学反思
七、教学过程	
八、教学反思	

2. 地理课堂教学方案的基本撰写方式

地理课堂教学方案的撰写方式通常有两种：详述式与简写式。

(1)详述式

详述式即用详尽的文字表述教案的方式，基本上把所有的教学设想、教学双边活动、教学方法程序及教师主要教学语言、学生可能应答等都一一陈述。对实习教师及教学新手，常有此要求。(参见前相关案例)

(2)简写式

简写式即用概括、简练的文字表述地理课堂教学中基本问题和主要环节的方式，常见有表格、图解、流程、纲目等形式。简写式教案言简意赅、提纲挈领、一目了然，多为教学经验较丰富的教师所选择。如表 6-11。

表 6-11　教学过程的表格设计举样

教学环节		教师活动	学生活动	设计意图
情境导入				
知识探究				
提升能力				
课堂延伸				

【案例研究】

“城市内部空间结构”(人教版高中必修 2)①——地理课堂教学方案流程式一例

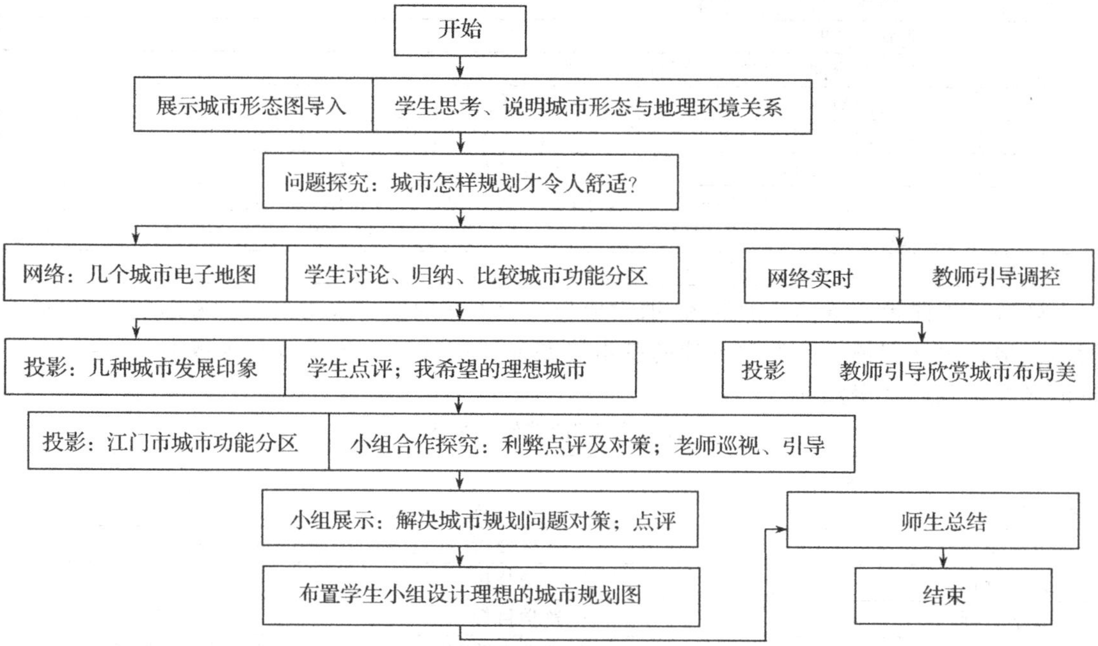

3. 发展中的地理课堂教学方案撰写——以“双动两案”教学模式及其教案撰写为例

随着新课程改革的深入，内蒙古师大徐宝芳教授等在研究“教案导学”与“学案导学”的基础上，展开了“双动两案”教学模式的理论与实践研究。自 2003 年起，历时 6 年，取得一批初步成果，给地理课程与教学改革带来有益启示。

“双动两案”教学模式是在建构主义学习理论、元认知理论、地理学习理论和地理教学理论等理论的指导下建立起来的，以学生的学案和教师的教案为媒介，以学生学习活动、教师教学活动为手段，以提高学生学习能力及地理素养、提高地理教师教学能力为目标，完整的地理学习过程和教学过程有机结合的教学策略体系。该模式学案、教案并用，学生活动与教师活动协同，其教学进程为：“依案自学与依案导学—自学反馈与引导启发—尝试解疑与精讲点拨—课堂练习与教学调控—归纳训练与教学反思”。实验表明，“双动两案”教学模式

① 广东省教育厅教研室. 高中新课程地理优秀教学设计与案例[M]. 广州：广东教育出版社，2005：223.

“先学后教，学教协同”等特点，对促进学生学习能力、教师教学能力及学习效率与教学效率的提高，有积极作用。

“两案”中的“教案”撰写包括课题名称、教学目标、学生分析、教学重点难点、教学方法、教学过程、教学反思等基本项目，其设计原则包括以学定教、同步设计、学科思想、整体协调、简便实用、动态发展等原则，重要的是与“学案”协同互动。“学案”是其特色，包括“课前预习、学法指导、课堂练习、学习小结”四项组成，其设计遵循主体性原则、目标导向原则、方法性原则、图表化原则和有效性原则。

【案例研究】

“环境问题产生的主要原因”①——“双动两案”教学设计一例

第一部分：教案设计

[教学目标]（略）　[教学重点、难点]（略）　[教学方法]（略）

[教学过程]

新课导入：感受影片《难以忽视的真相》。主题：探讨环境问题产生的主要原因。

讨论：你认为环境问题产生的主要原因有哪些？

投影：图 8-5“世界人口增长图”，图 8-6“世界各地区的人口增长(1950～1997)”及“发达国家与发展中国家人口增长”(结合学案分析讨论)。

材料：2007 地球资源环境报告；墨西哥城的环境变化。　讨论：人口增长给环境带来的压力？

导学：“资源的不合理利用”(结合学案)；导学：“片面追求经济的增长”(结合学案)。

材料讨论：泰晤士河的悲剧；总结：人类与环境关系；环境问题的实质及解决。

拓展：中国应走什么样的经济发展道路？

第二部分：学案设计

[课前预习]

1. 你所了解的环境问题有哪些？
2. 环境问题产生的主要原因有哪些？
3. 阅读课文，读图 8.5，了解世界人口增长情况？
4. 近年来全球人口增长放慢的主要原因是什么？
5. 读图 8.6，了解人口增长空间上的差异？
6. 分析二战后世界人口迅猛增长的原因
7. 思考：为什么人口压力会带来环境问题？
8. 思考：为什么说环境问题的产生与资源不合理利用有关？
9. 阅读《玛雅文明的衰落》，说出其衰落原因？
10. 读图 8.8，回答生活质量提高与财富和产品数量间关系。应如何看待？
11. 为何说环境问题的本质是发展问题？
12. 利用网络说明何谓“循环经济”？

[学法指导]

一、环境问题产生的原因之一：人口问题(根源)

1. 结合图 8.5，列表理解人口增长的历史状况

时间	产业革命前	产业革命后	二战后	20 世纪 70 年代后
增长特征				

2. 结合图 8.6，总结世界人口增长的地区差异

地区	人口增长状况及原因
亚非拉许多发展中国家	
欧洲、北美洲的发达国家	

---

① 侯嵘.“环境问题产生的主要原因”教学设计[J].中学地理教学参考，2009(3).

3. 人口增长过快带来的问题

人口压力{基数大、增长率高、劳动者素质低}超出（　　　　）能力，带来（　　　　）问题。（图略）

二、环境问题产生的原因之二：资源问题

分析自然资源与环境问题关系图（图略），并填写其中空白。

三、环境问题产生的原因之三：发展问题（实质）

1. 阅读图1，试说明片面追求经济增长引起的环境问题。

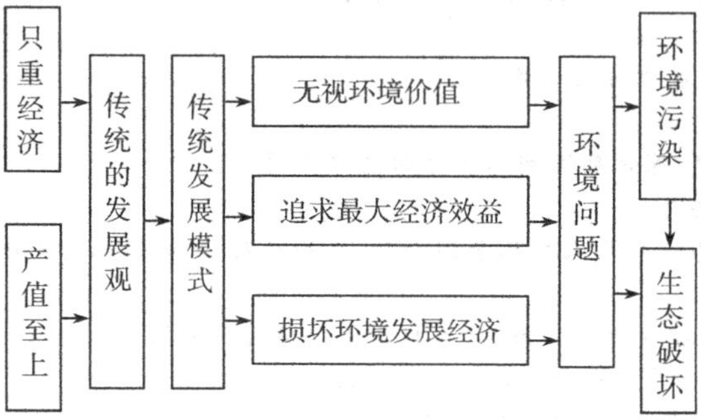

图 1

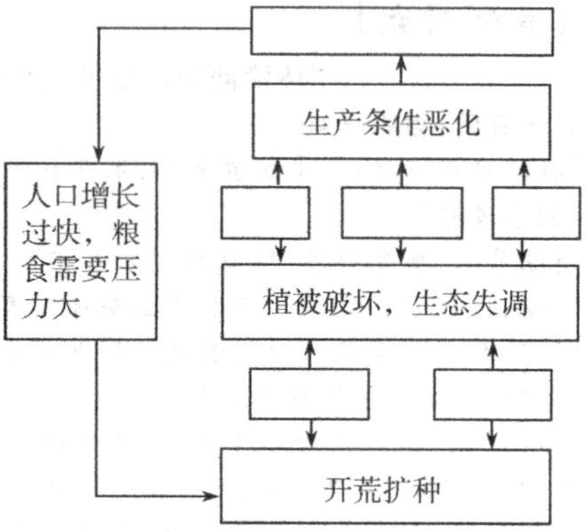

图 2

2. 读课本图8.8，试说明传统工业化道路是一种以牺牲环境为代价的发展道路。

[课堂练习]图2是黄土高原地区农业生态恶性循环示意图，读图回答：

(1)请按因果关系推理，选择字母代表的恰当内容填入图中相应空白方框内（不重复选择）；

A. 土壤肥力衰退　B. 毁林开荒　C. 旱灾加剧　D. 毁草开荒　E. 土地破碎　F. 旱灾加剧

(2)为改变上述地区生态环境，使其逐渐走上可持续发展道路，我们应采取怎样的措施？

[学习小结]（略）。

[思考]你对以上教案、学案设计有何见解？

4. 地理学期教学计划的基本内容

除了平时的教案设计，地理教师需要在学期教学之初制定地理学期教学计划。地理学期教学计划通常包括以下内容（其中的教学进度表参见表6-12）：

一、基本情况分析；

二、本学期教学目的、任务、要求；

三、本学期教学改革重点；

四、教师的学习、交流、进修计划；

五、教学进度安排；

六、其他。

表 6-12 教学进度表基本格式

学年度第　　学期　　年级　　地理学科学期教学进度计划

周次	时间 月 日 —月 日	课次	章节	课题	课型	教具	教学方法	备注
1								
2								
……	……							

二、说课

所有的教学设计完成后,教学实施前,通常有一个重要的保障及研讨环节,即"说课"。

说课对于教学新手,尤其重要,无论是实习、应聘、常规教学或是参加讲课比赛。"说课"是近 10 余年日益发展并很受欢迎的一种教学研究形式,也颇具"中国特色"。

(一)什么是说课?

说课即教师面对同行、领导、教研人员或评委,系统地说出某一具体课题教学设计及其理论依据并参与研讨的一种教学研究活动。

说课与备课虽然都是教学实施前的准备,但其内涵、对象、主要目的、表达形式有所不同,见表 6-13。

说课与上课虽然都有同一教学课题设计的语言表达,但其目的、形式、时间、评价等有所不同,见表 6-14。

表 6-13 说课与备课的异同

		说课	备课
相同	课前准备		
相异	内涵	集体、共同、动态	多为个体、独立、静态
	对象	直接面对教研等人员	不直接面对教研等人员
	目的	主要促进教师提高	立足于促进学生发展
	要求	教什么?怎样教?为什么这样教?全面阐述	教什么、怎样教、重点难点、教学流程等
联系	备课为说课奠基,说课又促进备课		

表 6-14 说课与上课的异同

		说课	上课
相同	同一教学课题设计的语言表达		
相异	目的	主要提高教师专业素养	主要提高学生综合素质
	形式	单边表达于前,多边研讨于后	自始至终面对学生的师生双边活动
	时间	10~15 min	40~45 min
	评价	以教师专业素养为重	以学生综合素质发展为重
联系	说好课为上好课服务;上课经验积累有利于说课水平提高		

(二)说课的功能

作为一种教学研究活动,说课的功能具体体现在:

1. 加强教学研讨

说课通常有与教学有关的多方人员参加,较之传统集体备课,有了更宽广的教学研讨平台。通过说课研讨的形式广泛交流磋商，分享见解，以取长补短、相互学习、共同提高。

2. 提升教研层次

说课不仅要说清教学内容、学情教情、教学流程等，更要说清教学设计的指导思想或指导理论，即“为什么如此教学”。参与说课的有关人员也需运用当代学科教学先进理论参与分析研讨。这显然有助于学科教师与与会人员进一步提升教学理论水平，提升教研层次。

3. 促进反思成长

教师说课以后，通常首先进行反思，再听取听课人员反馈意见并参加研讨。借助集体的力量，反思更加全面深入，由此促进说课者教学理念、教学能力及教学态度等方面的提高。

4. 提高教学效益

教师素质是教学改革和教学效益的关键因素。说课活动促进了教师专业素质发展，必然促进教学效益的提高。十余年来，全国各地说课活动如火如荼开展，尤其在新课程改革实践中，有力推进了新课程理念的传播、新学习方式与评价方式的变革、学科教师的专业成长，促进了地理教学效益的显著提高。

(三)说课的类型

因不同需要或目的，说课类型有所不同。一般多从以下维度划分，参见表6-15。无论哪种类型的说课，都必须注意简便易行、理论与实践相结合、智慧互补、客观评价。

表6-15　说课类型及特点

维度	说课类型及主要特点	
时间先后	课前说课	即预测性说课。上课前借助集体智慧预测课堂教学实际效果，改进和优化教学设计
	课后说课	即反思性说课。上课后在个人反思得失基础上借助集体智慧进一步改进和优化教学
不同目的	研究性说课	即围绕某主题的切磋性说课。多在教研组内展开。轮流说课，有助于广泛提高教师业务素质
	示范性说课	即优秀教师的说课。通过观摩及研讨，从中开阔思路、领悟方法，提高理论指导教学的能力
	评比性说课	即遴选性说课。通过客观公正评判，发现、遴选优秀教师，同时促进教师整体业务素质提高

(四)说课的内容

说课的内容与教学设计的内容大致相同，但更突出主干并更为简约。一般包括：

(1)说教材(课标要求、地位、作用，内外联系，要点、重点、难点，教材编写思路、结构特点等)。

(2)说教学目标(要求：三维完整，具体可行，有层次)。

(3)说教法、学法(要求：结合教材、学情等，优化组合。说出设计的理论依据，突出亮点或独特思路)。

(4)说教学过程(此为重点内容。包括：教学思路及“导入、展开、总结”等教学环节安排；重点与难点的处理；辅助教学手段选择及运用；检测内容及评价方法以及课外延伸等。说课时往往需要结合两级板书展示其进程)。

为更醒目，以上内容也可分解为7项，如：(1)课标基本要求，(2)教学设计理念，(3)教学内容分析，(4)基本学情分析，(5)学习目标预设，(6)基本教学过程，(7)课堂反馈与课后延伸。练习者可自行选择。

【案例研究】

"城市化过程中的问题及其解决途径"①——说课设计一例

一、说课标

运用有关资料,解释城市化对地理环境的影响(本教学设计结合乡土地理)

二、说教材

(一)教材结构:本课是"城市与城市化"主题的最后一个问题,讲述了城市化过程中的问题及解决途径。教材结合实例,分析以"城市环境质量下降"、"交通拥挤,居住条件差"、"增加就业困难,失业人数多"为主的环境问题;接着以北京、上海为例,分析其保护和改善城市环境的措施,从城市规模、城市交通和居住条件,城市环境保护三方面展开。

(二)前后联系:上节"城市化"已为本课作了知识上的铺垫和准备。

(三)重点、难点:基于课标要求及学生学情,环境质量下降是重点;保护和改善城市环境既是重点也是难点。

三、说教学目标

(三维目标,略)

四、说教法、学法(尽最大可能做到,教师是指路牌而让学生当司机)

1. 教法及依据:主要采取图像导学、参与及开放式的教学,激励学生联系置身城区的优势,积极动手、动脑、动口,讨论交流,自主寻求答案。教学手段借助信息技术。重要依据是"生本"教学理论,让学生做学习的主人。

2. 重点、难点处理:对于"环境质量下降"这一重点,利用课件充分展示,给学生以强烈视觉冲击,切实感受问题就在身边,从而主动参与深入讨论,并通过BBS论坛畅所欲言,总结归纳出主要城市问题。对于"保护和改善城市环境"这一重、难点,首先让学生回忆福州近年来解决有关问题的具体措施,再结合上海等城市的具体对策,概括整理并在BBS论坛交流,最后形成纲领性的措施。

3. 说学法:对于"城市化过程中产生的问题",主要让学生就有关展示图景畅所欲言、相互讨论、BBS论坛发表见解等方法;对于"保护和改善城市环境",主要采用联系实际法、案例学习法、总结归纳法等。

五、说教学过程

新课导入:网页中呈现学生描写环境污染的一段作文,全班学生有感情地朗读,让他们仿佛身临其境。(哀伤背景音乐)

教学新课:图景展示(福州典型环境问题)、学生自学后讨论……呈现课件表格:学生填表总结……

承转:城市化过程还有哪些问题?

网页内容学习(交通居住等问题)、讨论…… 汽车密度对比图:谈福州交通问题……福州市场图景引入、学生议论交流……

导引:城市化过程中还有哪些问题? BBS论坛:议论并归纳……承转:面对问题如何解决?

小组合作学习:四小组结合福州有关解决措施及上海、深圳华侨城等案例,各自展开讨论,形成较一致意见。

全班交流:各组汇报成果。

总结:小组相互借鉴,形成一致意见。拓展:周皆宾的"我国城市化过程中的五大新问题"。

课后作业:以4人为一小组,利用课余时间分工完成福州城市现状及建设生态城市的可行性报告,2周内完成。

课外资料:京、沪、穗、港等城市治理资料;相关网站:推荐15个环保类网站、15个规划类网站。

六、自我审视

本课的几个创意点:补充乡土地理;采用"归纳学习";尽量体现新课程理念;学习资源丰富,增强互动……

(五)说课中应注意的问题

鉴于说课的基本要求及说课活动的一些常见问题,说课中应注意:

(1)以课标为指导,基于教材又丰富发展教材。说课不能脱离课程标准,因为课程标准是教学的指导性依据。说课也不能按教材照本宣科,因为教材只是可供教学的基本材料,说课教师要在认真领会课标精神、全面分析掌握教材基础上,结合具体区情、学情对教材进行

---

① 林成策,陈菊主编.走进高中地理教学现场[M].北京:首都师范大学出版社,2008:55~57.

更生活化、生动化、乡土化的处理,才能使说课更有针对性、更为有效而实用。

(2)说课有别于备课,说课不能按教案"照本宣科"。备课最终要完成一份包含多种项目、内容完善的教案,具体陈述"教(学)什么"、"怎么教(学)"。说课要求教师在总体把握教学内容基础上,概略陈述"教(学)什么"、"怎么教(学)",还要重点阐述"为什么这样教(学)",故说课不能按教案逐项讲解。

(3)说课有别于上课,不能视听课对象为学生。上课有鲜活的学习主体——学生,有丰富的师生双边活动及动态生成。说课面对的是特殊听众,主要回答自己怎样上好这堂课的问题,类似于"独角戏",因此在用语、活动方式上皆有不同,不能如正常上课那样讲,时间也有限制。

(4)说课要详略得当,突出"说",切忌"读"或"背"。说课重点是教学主要流程及理论依据,因此该部分内容要详说,其他一般问题如活动细节、资源准备等要略说。此外,说理论依据时不要长篇大论,点明即可,关键说明如何具体运用于教学过程中。如不分主次,面面俱到,反而冲淡了主题。而机械地"读"或"背",常会使听者感到厌烦。

(5)备说课教案时要多问几个"为什么"。作为一种教学研究形式或测评选拔形式,说课者在完成说课后要回答听课者就说课内容提出的有关问题。如果在备说课教案时,对重难点问题不多问几个"为什么",不仅说课难以说透,也难以给疑问、诘问者以满意的解释。故说课前的准备一定要扎实充分。

好的说课,应包括对课标、教材的理解,对教材的解读,对学情的分析,对教学过程的预设,以及对辅助手段的选用等。一句话,通过说课,展示你对某节课的思考和处理过程。

教师在说课时要紧紧围绕一个"课"字(课标、课程内容及进程),突出"说"字(选准"说"法,找准"说"点,把握"说"度),把"课"说"活"。

【小贴士】 说课须知——致实习生及教学新手

★ 态度是给人第一印象的重要评价参数,要充分注意。教师的自信、诚恳是说课成功的重要前提。

★ 教态要自然大方、大气端庄。年轻教师要热情、亲切。成熟教师也要有亲和力、感染力。

★ 口语要清晰、流畅、简洁,不要大量重复、啰嗦,并注意克服不规范的习惯性用语。语音要洪亮、饱满、抑扬顿挫,把握好节奏,切忌平铺直叙。如果普通话不很标准,最好下功夫做足。

★ 为防说漏,可手持简纲式的说课课案卡片,方便即时提示,保证流畅。即便说漏不要慌乱,可通过巧妙承转予以衔接。

★ 时间把握要精准,宁少勿超。可把手机调整到振动以提示,或在座朋友提示。

★ 开场、结束要有礼貌,显示良好素养。如开场时的简单问候,课中口误的致歉,说课结束后的谢谢等。

三、地理课堂教学实施

地理课堂教学实施是实现地理教学目标、促进学生素质发展的关键环节,也是地理教学设计与说课实效的现场验证。地理课堂教学实施要取得理想效果,需注重地理教学结构的整体把握、多种地理教学策略的有效运用,以及地理学习团队的有效管理。

(一)地理教学结构的整体把握

地理课堂教学结构是互为逻辑关联的地理课堂教学要素的组织。地理教学结构的整体把握,可以保证地理教学的完整性、逻辑性、通透性。

1. 把握地理课堂教学的科学结构

地理课堂教学有一个科学的结构。科学结构的本质是合乎规律性。地理课堂教学科学结构的表现之一，是其教学内容结构具有体现地理科学规律、反映地理科学体系特点的内在逻辑。表现之二，是其课堂教学活动结构符合知识展开的科学逻辑以及符合学生认知与情感发展规律的逻辑。

把握地理课堂教学的科学结构，关键是把握地理知识体系的科学逻辑和学生认知与情感发展的逻辑。参见图 6-12、图 6-13。

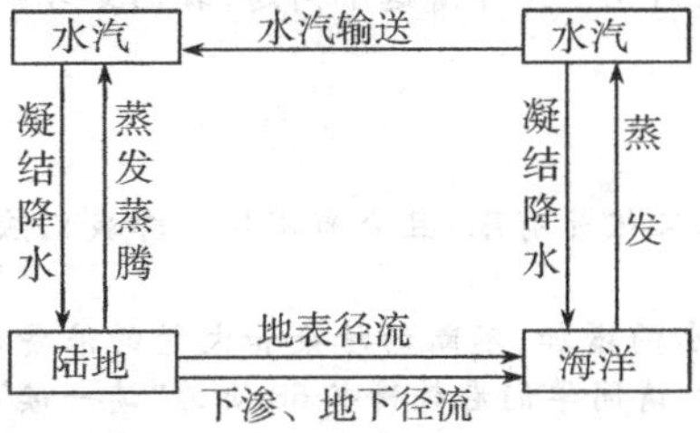

图 6-12 《水循环》知识结构

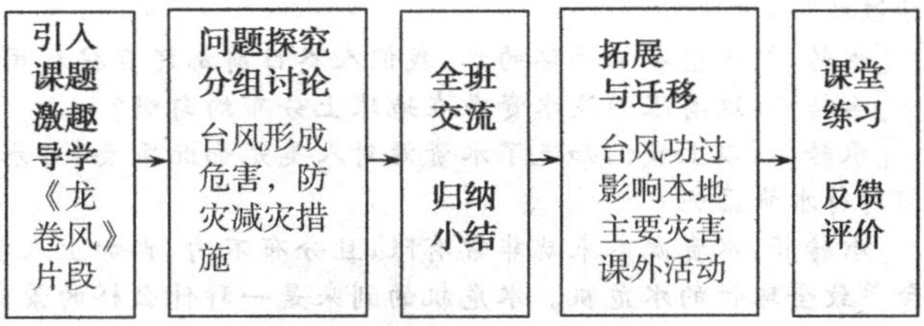

图 6-13 《台风》教学结构

2. 把握地理课堂教学的艺术结构

地理课堂教学有一个艺术的结构。艺术的本质是富有美感的、个性化的创造。地理课堂教学艺术结构的显著表现是各教学要点、各活动环节间的联系并非机械链接，而是时时奔涌着活力、创意的起承转合与贯通；地理教学中的师生活动不是刻板的因循，而是其个性与创造性的快乐释放；地理教学进程不再是枯燥的授受和记背，而是张弛有致、动静相生的愉悦探究和交流，令人充满期待与向往。由于教学艺术往往被忽略，所以下面稍作展开。

在艺术结构的背景下，教学导入，情境生动，引人入胜；教学进程，逻辑清晰，承转自然，重点突出，富有节奏；教学结语，简洁明快，意蕴悠长。

(1)导课艺术举隅

“好的开头是成功的一半。”导课方法通常有温故导课、直入导课、直观导课、新闻导课、故事导课、生活导课、诗曲导课等。导课艺术注重突出主题，贴近学生，因课而异，导出新意，生动简洁，富有情趣。上课伊始就紧紧吸引住学生，使学生有积极的学习动机及审美期待投入学习。

【案例研究】

导课艺术举样

①温故导课一例——“地球的运动”

“坐地日行八万里”形象描绘了我们随地球自转一天遨游的行程，如果真要“巡天遥看一千河”，历尽春夏秋冬，则需要随地球开始一年的公转旅途——地球的公转。

②直入导课一例——“聚落”

或许你曾生活在乡村，傍三方水田依两口池塘听取蛙声一片；或许你正住在城市，高楼林立，人来车往，热闹非凡……人们的聚居地有哪些基本形式？与环境有何关联？今天的学习将告诉我们答案。

③新闻导课一例——“遥感技术及其应用”

据报道，北京中关村某高科技厂家在建设厂房时要求使用一种高科技合成材料(质轻防晒)作屋顶，但施工方贪图利润施行了“调包”，由于外观无异，厂家竟被蒙蔽。一年后，北京某校遥感专业学生判读中关村多波段遥感图像时，发现该材质有异，最终厂家获得了赔偿。遥感“火眼金睛”的功能远不止于此，还有哪些应用呢？今天我们就来具体了解它。

④故事导课一例——“小鸭舰队”

1992 年海上风暴，中国货船数万玩具鸭落海，15 年后，部分玩具鸭抵达英国海岸。何以如此？今天的学习可以解谜。

(2)承转艺术举隅

承转艺术注重教学要点间的逻辑关联，自然有序，承上启下，简练通达。承转艺术有多种技巧，穿针引线、逻辑推演、悬念或激趣过渡等。而紧扣知识逻辑和学生学习心理，亲和自然，巧妙设问，首当推崇。

【案例研究】

《水资源》一课中的承转艺术①

该课主要学习要点逻辑链条为：水资源意义——水资源分布——水危机——水对策

[承转]1：水对人类这么重要，我们日常生活中的水是从哪里来的呢？为弄清这个问题，我们复习一下曾学过的“水循环”。

[承转]2：这些参加循环的水，我们人类目前都能直接利用吗？

[承转]3：这有限的淡水资源在地球上分布均匀吗？

[承转]4：以上我们知道了水资源对人类是如此重要，可水资源又极为有限，且分布不均。那我们应该如何对待水资源呢？

[承转]5：水资源本来就非常有限，且分布不均，再加上人类用水的增加、不断的污染和大量的浪费，必然会导致全球性的水危机。水危机的到来是一种什么样的景象呢？请同学们看教科书68页的“读一读”。

[承转]6：如果人类继续这样下去，将会出现什么样的后果呢？

[承转]7：以上我们讨论的是世界的情况，我们中国的水资源状况又如何呢？

[承转]8：我们都居住在祖国的首都北京，北京的水资源又如何呢？

[承转]9：面对世界水危机、中国水危机、北京水危机，我们作为世界的一员、作为中国的公民、作为北京的一名中学生能为水资源做些什么呢？

简评：该节课的逻辑承转，环环相扣，巧妙设问，亲和自然，值得借鉴。

(3)节奏艺术及举隅

教学艺术节奏指教师教学活动的组织富有美感的规律性的变化。教学节奏艺术指教师对教学艺术节奏富有个性和创造性的运用。地理课堂教学节奏，除了内容上的内在逻辑推进，外在形式上，既体现于引人入胜的导入美，灵活自然的衔接美及富有意蕴的结语美，更体现在起伏有致(过程态势)、张弛有度(行进韵律)、动静相生(活动表现)、快慢得宜(进程速度)、疏密相间(信息密度)、虚实相映(内容场景)的行程美、步调美，抑扬顿挫的言语美以及浑然一体的整体和谐美。

起伏有致的行程美，指教学过程不能一平如镜，水波不兴，而应高潮迭起，错落有效，富有韵律。使学生不断在一个又一个新的刺激兴奋中，激智益情。教育心理学指出，学生听课过程中，其大脑优势兴奋中心随时间演进呈曲线变化，并随刺激物的变化不断转移。教学行程中起伏有致的节奏，有利于不断刺激并抓住学生的优势兴奋中心促进其学习。一节课形成教学高潮的良机一般有3处：课始进入(前置型)、重难点处(单峰或双峰型)、临结尾处(后置型)，可灵活安排。尤其在学生学习进程中的疲劳波谷区，相机创设教学小高潮，能使学生在兴奋与愉悦中顺利度过疲劳波谷区，对提高学习效果十分有利。如图6-14，起落有致的课堂节奏，与学生的生理和心理运动曲线和谐共振或互补，给人以愉悦学习的审美体验。

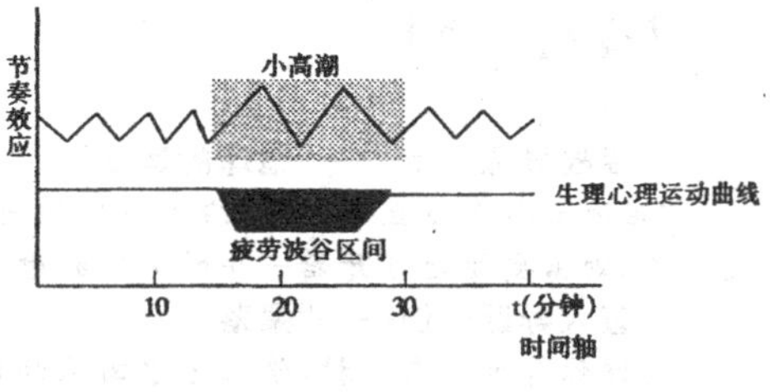

图6-14 课堂的宏观节奏效应

除了教学高潮的有效调控，教学运行中紧张与放松、激动与安静、快节奏与慢节奏、务虚与务实等可视内容而异交替进行。学习有如乘马出游，时而纵马扬鞭，跃上山岭；时而信马由缰，悠闲漫步；时而勒马驻足，遐思无限。张弛有致，意趣自在其中。

充满审美意蕴的教学节奏，使学习活动成为一部美的乐章，使学生从中充分领略到学习

① 安迎.“水资源”教案[J].地理教育，2000(1).

与创造的愉悦和幸福。法国人文主义教育家刺伯雷在评说充满审美体验的教学时曾说："与其说它像学生的学习，毋宁说它像国王的消磨时光。"这种意境，无疑是人人倾心向往的。

【案例研究】

《气温和气温的变化》[①]中的节奏赏析

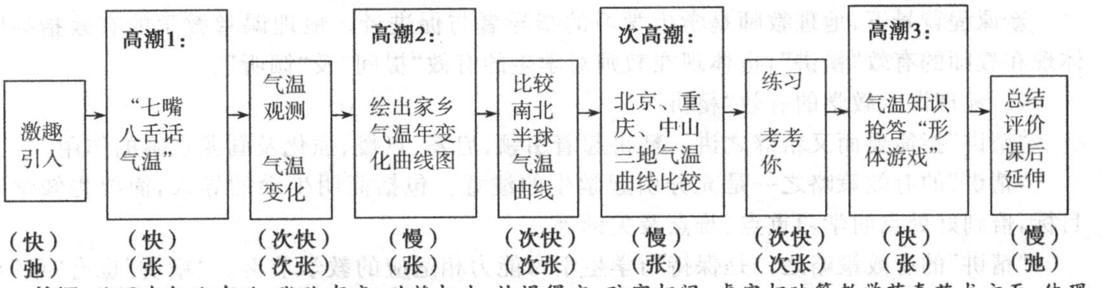

简评：该课在起伏有致、张弛有度、动静相生、快慢得宜、疏密相间、虚实相映等教学节奏艺术方面，体现出较强的美感，也较好地体现了整体的和谐。

(4)结课艺术举隅

"编筐结篓，重在收口。"结课方法通常有总结结课、练习结课、首尾呼应结课、悬念结课、延伸结课、激励结课等。结课艺术注重言简意赅，语言生动，顺势而发，形式灵活，意味悠长。

【案例研究】

结课艺术举样

①**"归纳总结，趣味记忆"**一例——"地球在宇宙中的位置"

今天的学习要点可归纳为"一、二、三、四、五"，谁愿意尝试？

（"一个位置；两种运动；三个运动特征；四个星系级别；五种主要天体。"）

②**"拓展延伸，引导探索"**一例——"自然地理环境的整体性和差异性"

"生物圈2号的终结"向我们清楚揭示了地理环境是一个具有自我更新功能的整体，系统各要素密切联系，使地球能养育万物，为人类提供了舒适的生存空间。但目前灾变因素很多，如果有一天地球遭受不测，人类将如何应对？请先行探索，我们以后再作研究。

③**"热情激励，励志暖心"**一例——"南极洲"

南极洲神奇富饶，蕴含很多奥秘。地球的未来，世界的和平，都需要我们充分关注南极洲。让我们以南极考察英雄为榜样，胸怀理想，努力学习，在需要时能为和平开发利用南极洲一展抱负。

(二)地理教学策略的有效运用

以上地理教学结构的整体把握是宏观教学策略之一，地理课堂教学实施还要借助其他诸多教学策略。

1.地理课堂教学实施的有关策略（见下表）

表6-16　基于不同地理教学阶段的地理教学策略

教学准备阶段	（1）拟定、表述教学目标策略；（2）任务分析与单元、课时教学设计策略；（3）教材加工策略；（4）优化模式、方法策略；（5）优化媒体、技术、教具组合策略；（6）编写及优化教学方案的策略
教学实施阶段	（1）组织教学的策略（按学习心理：动机激发、先行组织者、问题教学、和谐教学氛围、机智应变等；按学习进程：导课、教学高潮引导、教学节奏调控、结课等策略） （2）传输教学内容的策略（言语指导、媒体－教学镶嵌、板书结构化引导等策略） （3）深化教学内容的策略（视点结构延伸、头脑风暴、小组合作互促、个性化指导等策略） （4）教学管理的策略（情感融洽，问题吸引，生理健康，积极评价等策略）
教学评价阶段	（1）通用性策略（诊断性、形成性、终结性、激励性评价为主）；（2）不同层次认知目标的评价策略；（3）不同层次情感目标的评价策略；（4）评价性试题的编制策略

① 陈娟."气温和气温的变化"教学实录[J].地理教育，2009(4).

教学实施阶段教学策略中不少有关教师教学技能及教学方法的运用，对于前面章节已述内容，不再重复。以下重点介绍与地理课堂教学推进密切相关的有效指导、有效激励及机智应变等教学策略。

2.地理课堂教学的有效指导

新课程背景下，地理教师是学生学习的指导者与促进者。地理课堂教学的有效指导既体现在教师的有效"精讲"，也体现在教师对学生的有效"提问"及"倾听"。

(1)地理课堂教学的有效"精讲"

"精讲"指简要而又精辟之讲。精讲起着引领、启发、点拨、强化及画龙点睛的作用。

"精讲"的有效策略之一是充分引起学生的注意。包括简明生动的导入，简要告知学习目标，恰到好处点明学习重点、难点及关键等。

"精讲"的有效策略之二是保持与学生学习能力相适应的教学节奏。"精讲"也有"重"与"轻"、"详"与"略"的韵律。"精讲"之"重"、之"详"要用在教学重难点及学生困惑的"刀刃"上。

"精讲"的有效策略之三是言图结合。地理学区域性、综合性、空间性强，言图结合减少了言语赘述。

"精讲"的有效策略之四是随时关注学生及时反馈，才能"精讲"到位，讲到"点子"上。

(2)地理课堂教学的有效"提问"及"倾听"

地理教学是师生互动的双边活动，"精讲"必须基于有效"提问"及"倾听"，才能讲出成效并有效激发学生的积极投入。

提问是促进学生认知与情感发展的重要途径。有效提问最重要的，其一要使问题具有一定的开放性，或加工提升已学知识或广泛联系生活世界。其二要使问题保持一定的难度，如理解加工型及应用型。有效提问在"问答法"中曾有提及，不再赘述。

倾听是一种积极的对话准备，释放着教师期待学生的善意与真诚。有效倾听最重要的，其一是教师提问后要给学生留出必要的"等待"时间。其二，学生作答时，期待的眼神和笑意让学生感到教师在倾听。其三，教师不要急于打断尚存错误的回答。其四，教师在必要时，适当"追问"、"补充"及客观"赏识"学生的回答。有效倾听中，学生的回应自然而然转化为教学资源，促进了课堂教学的深入和拓展。

【案例研究】

地理课堂的有效提问①

提问案例1"中东地理位置和自然环境"教学片断	**提问案例2**"气温"教学片断
出示一张中东图片，用幻灯片打出下列问题： 1.中东的位置和范围？ 2.中东连接的洲、洋有哪些？ 3.中东附近的五海有哪些？ 4.中东的石油资源集中分布在哪里？	出示一张百叶窗图片，用幻灯片打出下列问题： 1.百叶窗为什么漆成白色？ 2.百叶窗的门朝哪个方向开？为什么？ 3.百叶窗的位置为何要离开地面一段高度？
简评：以上提问，教材中有明确答案，回答即转述，思考空间局限 **转换：**想想你熟悉的中东国家或城市？说说其地理位置对它有哪些影响？	**简评：**问题都由教师设定，不利于培养学生问题意识 **让学生问：**百叶箱中的温度计为何要横放?百叶箱的叶片为何要向下？（这样有利于学生问题意识、良好思维习惯的培养）

案例分析：有效提问要注意分析：①学生思维空间有多大？②师生互动交流有多广？③学生问题意识

① 霍颖斯.地理课堂的有效提问[J].地理教学，2010(2).

有多深？衡量课堂提问有效性的标准：①是否有利于培养学生的问题意识、质疑能力？②是否有利于促进师生互动？③是否有利于激发学生深度思考？④是否有利于激活学生的信息重组？

3. 地理课堂教学的有效激励

激励是教学艺术的重心。正如德国著名教育家第斯多惠所说："我们认为教学艺术不在于传授的本领，而在于激励、唤醒、鼓舞。"地理课堂教学的有效激励既体现于教师对学生学习过程地理学习动机与学习主动性的积极调动，也体现在教师教学过程中十分注重引起学生活跃的学习反馈并对其予以积极评价。

(1)激励学生地理学习动机与学习主动性的有效策略

关于激励学生学习动机的有关策略，联系前第五章，可归纳于表6-17。

表6-17　激励学生地理学习动机的有效策略

地理学习内部动机的促进策略	地理学习外部动机的促进策略
（1）创设问题情境 （2）丰富材料呈现方法 （3）密切联系生产生活 （4）教学模式多样化 （5）让学生成为学习研究的主角 （6）引导学生正确归因 （7）利用原有动机迁移产生新的学习需要	（1）引导学生设立明确且适当的学习目标 （2）及时反馈学生的学习结果 （3）适当使用褒奖和批评，激励为主 （4）提供具体的学习榜样 （5）适当的竞争与合作 （6）学习相关方签订奖惩协议

(2)激励学生积极反馈与调控的有效策略

"一个有效的行为必须通过某种反馈过程来获得信息，从而了解目的是否达到"（维纳），无反馈的教学不能成其为教学。地理课堂教学激励学生积极反馈与调控的有效策略可归纳于表6-18。

表6-18　激励学生积极反馈的有效策略①

地理课堂教学信息反馈的规律	地理课堂激励学生积极反馈与调控的有效策略	备注
（1）眼神反馈律（兴奋或漠然，期待或反感等） （2）面部反馈律（或平静或愉快或怀疑等） （3）体态反馈律（身势、发言手势的表现等） （4）反馈需求律（师生都需要对方的反馈评价） （5）反馈谐振律（教师输出信息频率稍前于学生的固有频率（其知、能、情水平） （6）反馈情绪律（好情绪产生正反馈，坏情绪产生负反馈）	（1）积极而富有变化的目光调控（和蔼、信任、期待等） （2）手势调控（或指示或示意或鼓励或赞扬等） （3）问题调控（提出富情趣性、启发性又灵活多样的问题） （4）评价调控（适时评价、客观评价、激励为主） （5）错例辨析或负反馈调控（以错引正，探求正确目标） （6）定向与反向调控结合（如求同与求异，集中与发散等） （7）利用刺激原则（语言、内容、情境、直观、操作、练习、奖励、热情关怀、循循善诱等）	左述诸多策略的有效运用，最重要的是教师是否具有"激励性人格"如热情、期望、可信任感等

4. 地理课堂教学的机智应变

地理教学课堂是一个在师生互动中不断变化与生成的课堂，即使教师可以充分把握自己，也不可能完全预知学生。当学生在课堂突然提出意外问题，当教学内容不能按预定方案或预定时间完成，当教师在课堂上出错等事先未曾估计的状况发生，就需要地理教师及时、巧妙、灵活处理应变，这是关乎教学机智的艺术。机智应变不仅可及时解除尴尬或危机，更能有效利用意外资源，化尴尬、危机为精彩的生成。机智应变可采用如下多种策略。

---

① 刘显国主编. 反馈教学艺术[M]. 北京：中国林业出版社，1999：14～18.

【案例研究】

机智应变举样

[**案例** 1]**"谁让'鸡公'打倒立的?"**——一位地理教师上"中国的疆域"一课时,刚把地图贴在黑板上一迈步,学生们便笑起来。他回头一看,啊,贴倒了,于是故作惊诧状,"嗯?是谁让'鸡公'打倒立的?"学生们笑得更厉害了,于是他在笑声中转身把地图取下重贴并说"还是把它倒过来,要不我们以后就听不到公鸡啼鸣了。"(幽默矫正应变)

[**案例** 2]**"人类对太空探索的投入太多了"**——某教师执教"人类对太空的探索"时,讲到"神七的发射"以及"中国探月三步曲",有学生提出"老师,我觉得人类对太空探索的投入太多了,不管是人力还是财力都出现了极度的浪费",接着课堂开始乱哄哄,学生们七嘴八舌地争着表达自己的看法。教师见此,立即提出"探讨人类进行太空探索的利弊"新专题,全班同学自然分成两派,双方就此展开了精彩的辩论,对问题有了明晰认识,教学所获大大超出预期。(问答应变)

[**案例** 3]**"错位"的喜马拉雅山**——《印度》(第一课时)结课时,布置作填图练习。有学生将喜马拉雅山填在了西高止山的位置。教师察觉后未露声色,而是期待地望着该学生:"××同学,你能在地图上找出喜马拉雅山吗?"该同学很快意识到自己的错误。教师继续说道:"其实你也是很聪明的,给我们出了一道题。如果喜马拉雅山真的移到了这里,印度的自然环境会发生什么变化呢?让我们大家都来发挥想象。"由此又引发一个思维活跃、热烈讨论的小高潮。(以误引正应变)

[**案例** 4]某教师在黑板上计算夏至日太阳高度角时,不小心出现了错误,学生感到困惑。师已意识,将错就错反问学生:"这个计算结果正确吗?"有生答:"不正确。"师:"哪位同学上来改一改?"(管理应变)

(三)地理学习团队的有效管理

良好的地理课堂管理对和谐人际关系与积极学习情境的创设及维持有重要作用。课堂管理主要是促进教师、学生、情境三大课堂要素的协调,其核心是有效调控课堂内各种人际关系。如果课堂上学生对立,师生关系紧张,再好的教学目标、教学策略也难有实效。地理学习团队的有效管理可借助以下策略:

1.情暖人心,助推群体动力

地理课堂本身是一个群体,里面包括正式群体和非正式群体。地理课堂管理要善于利用群体凝聚力、群体规范、课堂气氛、人际关系等群体动力,调动一切积极因素,尽最大可能减少消极或干扰。

群体凝聚力指群体对每一个成员的吸引力。提高学习群体的凝聚力,可从以下方面着手:其一,让学生了解个体学习目标与群体学习目标一致。其二,引导学生在情感上加入群体,为班、组等学习群体取得的荣誉而自豪。其三,当学生表现出符合群体规范和群体期待的学习行为时,要及时给予赞许与鼓励。

群体规范指约束群体成员的行为准则。最常见的班级群体规范是课堂规则。除了学校成文的相关规则,教师还可有意识地引导学习团队结合自身特点形成约定俗成的一些课堂常规,如学习小组长的课前准备检查,课堂发言的定期回顾,遵守学习纪律的表扬或嘉奖等。形成群体规范时,一要考虑该规范对群体成员的适应性,二要考虑群体规范与社会规范的一致性,这样的群体规范才能既为学生接受,又有积极引导意义。

课堂气氛指课堂里某种占优势的态度和情感综合状态。通常可分为积极的、消极的和对抗的三种类型。积极的课堂气氛表现为恬静与活跃、热烈与深沉、宽松与严谨的有机统一;消极的课堂气氛以拘谨慵懒、心不在焉、反应迟钝为基本特征;对抗的课堂气氛则是失控的气氛,学生或一致沉寂、集体失语,或随便插嘴、故意捣乱,或不听招呼、各行其是。某种课堂气氛一旦形成,往往能维持较长时间。由于教师在课堂起着主导作用,教师的领导方式、移情、对学生的期望、焦虑感等便成为影响课堂气氛的主要因素。实践表明,如果地理教师更多采用民主型而非集权型或放任型的领导方式,更多在教学活动中将自己置于学生位置将心比心及与学生共甘苦，更多地对全体学生的学习表现寄予殷切希望，更多地将自己的焦虑感调节在适中水平，将有利于融洽、和谐、活跃的课堂气氛的形成。

人际关系是人与人在相互交往过程中所形成的比较稳定的心理关系或心理距离。吸引与排斥，合作与竞争是课堂里最主要的人际关系。学生在自然交往中因距离远近、交往多少、态度取向、个性特点及外貌倾向等或吸引或排斥。一个教学班既有人缘好的学生，也有被人嫌弃和遭受孤立的学生。地理教师在执教过程中要注意发挥人缘好的学生的作用，更要关注被嫌弃和受孤立的学生。要有意识地通过小组合作学习、全班交流等集体活动方式，消除成见，增进情谊。对个人而言，则应更多主张超越自身。

无论助推那方面的群体动力，教师的真情与热情最为重要。“感人心者，莫先乎于情”，“情通而理达”。调研表明，教师的热情、真诚通常是最受学生喜爱的重要特征之一。教师的真情挚爱如春风暖阳，成为和谐学习群体形成不可或缺的主因。

2.精妙设问，充分吸引学生注意

充分吸引学生注意是教学管理的重要技术与艺术。著名教育家约翰·洛克曾说：“教师的巨大技巧在于集中和保持学生的注意。”就课堂教学而言，吸引学生注意无疑首推创设多种问题情境并精妙设问。因为青少年学生普遍对疑惑有强烈的探求欲望，当学生沉浸在质疑解惑的乐趣与执著的追求中，还需要教师为课堂管理煞费苦心吗？因此讲究提问技术与艺术不仅是教学的需要，也是管理的需要。

精妙设问有很多技巧，前面地理课堂教学有效“提问”、提问艺术及启发艺术等均有提及。

3.优化课堂结构，维护课堂纪律

课堂结构是教师指导下进行学习的学生、学习过程和学习情境三大课堂要素形成的相对稳定的组合模式。课堂结构一般包括课堂情境结构和课堂教学结构。

课堂情境结构主要包括班级规模、课堂常规及座位分配等。

研究表明，班级规模过大，限制了师生交往及更多学生得到关注并参与活动的机会，纪律问题出现的可能性增大。当教学班规模严重超标，地理教师可以采取加强小组活动、分批次指导等策略维护课堂纪律。

座位安排也与维护课堂纪律有关。研究表明，面对教师的居中位置区(前宽后窄)，是最受教师关注的活动区，置身于区内的学生较区外的学生有更强的纪律性和参与活动的积极性。为了减少一些学生感到被忽略而容易发生违纪行为的可能性，教师需要在课堂上适当改变自己的位置或定期调整学生座位。此外，要根据课堂教学活动方式的变化适当改变“秧田式”的呆板结构。

课堂教学结构主要包括教学时间的合理利用、教学过程的规划等，如前所述，其安排既要注重科学，也要讲究艺术。在保证科学性的前提下，教师要努力在精华的“20%”时间内保证重难点教学；开展更丰富有效的探究活动并把握好教学节奏维持课堂群体的注意焦点；减少不必要的中断、停留等。

美国心理学家 H.C.林格伦曾根据纪律形成的原因，将课堂纪律分为教师促成的纪律、群体促成的纪律、任务促成的纪律及自我促成的纪律。课堂纪律的维护，任务促成的纪律当重于条文约束促成的纪律；自律重于他律。这是值得借鉴的。

4.问题行为矫正，奖惩分明

课堂上的问题行为主要指不能遵守公认的行为规范，不能与人正常交往和参与学习的行为。课堂上通常存在积极的、中性的和消极的三类行为。地理教师在课堂上，要及时表彰积极行为，制止中性行为，转变消极行为。

积极行为是与课堂教学目标一致的行为，如踊跃的态度，活跃的思维，较高质量的应答、操作、练习及创意等。积极学习行为对全班学习有示范、促进的作用，教师要及时表彰并大加倡导。

中性行为是既不促进也不干扰课堂教学的行为，如凝视发呆、心不在焉、低头搞东西等注意力涣散及胆小、退缩、慵懒等，主要影响自己的学习而对他人无太多干扰。教师对于此类行为，不宜中断教学而公开指责由此干扰全班同学注意。教师一般可以采取给予信号、暗示制止、邻近提示、向其发问等措施予以制止。

消极行为是那些明显干扰课堂教学进行的行为，如扮小丑、嬉闹、戏弄同学、乱插嘴、顶撞老师甚至吵架打架等。对于此类行为，教师应及时给予明确警告或制止，也有必要给予如写检查、课后留下谈话等必要的惩罚，但应避免讽刺挖苦、威胁、剥夺、体罚等严重伤害学生自尊心的惩罚。有时，也可采取分步转化策略。先把消极性行为转化为中性行为，再引导中性行为转变为积极行为。如先让吵闹者安静，再引导他(她)在感兴趣的问题上发表意见。

5. 重视教师自控，引导和谐课堂

地理学习团队的有效管理，不仅仅针对学生。事实上，地理课堂的不少失控，与教师自身失控有关，如有时面对课堂喧闹的勃然大怒，对“刺头”学生的高压手段，对有偏见学生的冷嘲热讽等。

由于地理教师的引导者身份对于构建和谐课堂举足轻重，因此地理教师要十分注重自身的情绪调控。首先，要经常保持乐观自信的心态进入课堂，因为你进行的是一项无论于公于私都非常有意义的事业。不要把个人烦恼怨气带进课堂，不能因小失大。第二，要真诚地关心爱护学生，不必过分维护自身权威与自尊。要善待、宽容学生的过失，用真爱化解危机。第三，要切忌对学生有偏见，偏见会造成人际关系紧张。

【案例研究】

课堂调控——矫正十法

1. **激励法**：教师根据学生具体情况，适当表扬遵守课堂纪律、专心学习的学生，号召大家学习，集中全班注意。

2. **提问法**：临时向不专心的学生提问，提醒他专心学习。

3. **分身法**：遇到突发事件，布置学生进行有关思考、练习，自己去处理突发事件。

4. **暗示法**：有学生课堂学习精神不集中时，教师可用眼神、手势等暗示学生，使其回归注意。

5. **停顿法**：当学生一时不能安静时，教师突然住口停顿片刻，以吸引学生注意，安静听课。

6. **就近提醒法**：有学生课堂看课外书或玩小物件入迷，暗示无效，教师可边讲课边行至其身边轻敲其桌或轻摸其头提醒。

7. **有意忽略法**：如有学生想引起注意而故意出声或做动作，倘影响不大，教师不必理会，让其无趣而自行停止。

8. **转移法**：发现学生过于紧张或疲乏困顿时，可做游戏、唱歌等趣味吸引或深呼吸、伸伸懒腰等适当放松，再提精神。

9. **就势法**：当学生遇到感兴趣而又是重点问题时议论纷纷，一时难以平静。教师可因势利导，让讨论适当展开。

10. **嫁接法**：将学生过分的言行与教学内容发生联系。

【小贴士】

地理课堂教学操作要领

课前：端正仪表，做好准备，提前到场。用好课前三分钟，营造良好氛围。
导课：精心开头，把握成功的一半。
推进：有序设问，逻辑承转；学生为本，师生互动；多种活动，灵活安排；张弛有致，富有节奏；多种媒体，互为协同；及时反馈，灵活应变。
结课：突出重点，言简意赅。
课后：注重反馈，认真反思。

【课改实践】

地理课堂八种生成性教学行为及其引导策略①

1. 间断点处引导生成	2. 追问引导生成
3. 示错引导生成	4. 亮点处引导生成
5. 应答错误引导生成	6. 讨论中引导生成
7. 突发引导生成	8. 转换引导生成

【思考、实践与交流】

1. 现代地理教学设计基于哪些指导理论？说说你对较为欣赏的教学设计理论的评价。
2. 地理课堂教学设计流程包括哪些主要项目？
3. 依据教学目标设计方法技术进行某课时的地理教学目标设计，并与老师、同学交流。
4. 试述教材分析的基本方法。选择某节地理教材进行分析，并与他人交流。
5. 教学内容设计要遵循哪些要求？举例说明如何结合教学实际灵活处理及开发教材。
6. 地理课堂教学可供选择的教学策略主要有哪些？
7. 如何进行地理课堂教学设计中教学模式、方法及媒体的合理选择与优化组合？试举例说明。
8. 地理新课程要求的地理教学过程应体现哪些特点？试举例说明。
9. 地理课堂教学环境的创设，应注意哪些方面的要求？
10. 如何设计地理课堂教学达标检测？结合某节教材进行该项设计并与同学交流。
11. 选择某节地理教材完成地理教案设计，并与同学研讨。
12. 说课有哪些基本要求？撰写说课方案并参加模拟说课活动，反思并完善说课方案。
13. 地理课堂教学实施有哪些基本要求？参加模拟讲课或讲课比赛，积累、总结经验。
14. 地理课堂教学艺术有哪些基本内容？收集教学艺术经验及案例并尝试在实践练习中运用。
15. 考察中学地理课堂并与地理教师交流，了解他们对地理课堂教学的认识及经验，并与他们交谈自己的思考及困惑。

---

① 黄莉敏，夏志芳. 地理课堂八种生成性教学行为及其引导策略[J]. 地理教学，2011(5).

要鼓励学生积极参加形式多样的课外实践活动，培养动手能力。

——《中共中央国务院关于深化教育改革全面推进素质教育的决定》

第七章　促进和谐：地理课外活动设计与实施

【提要与结构】

地理教学设计与实施是实现地理素质教育目标的核心环节，其内容涵盖课内与课外。地理课外活动实践性突出，是地理课堂教学必不可少的延续与补充。地理课外活动的设计与实施和地理课堂教学一样，基于现代学习论、现代教学论、现代学习与教学技术及地理课外活动的实践经验。地理课外活动与鲜活的地理世界紧密联系，有着丰富多彩的内容。新课程倡导的研究性学习更开拓了促进学生创新精神、实践能力及综合素质发展的广阔天地。地理课外活动同样需要有效的组织与管理。而无论地理课堂教学或地理课外活动，都需要优质地理课程资源与教学环境的开发和建设。

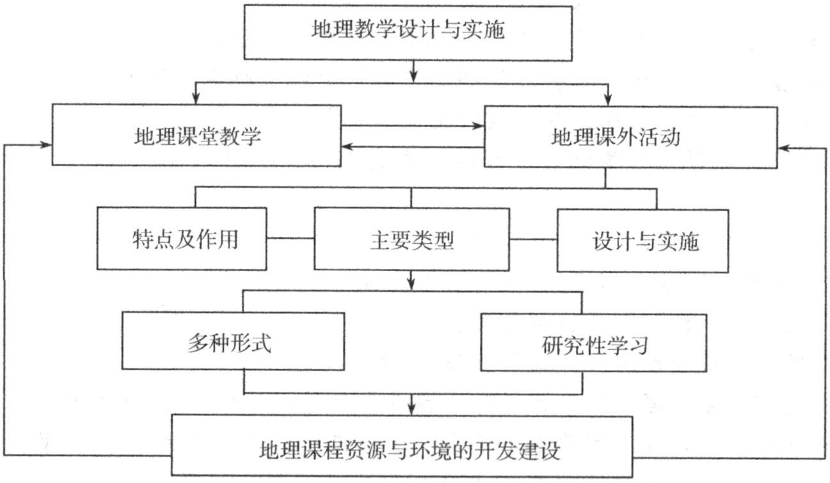

第一节　地理课外活动

地理课外活动是地理课堂教学必不可少的延续与补充。地理课程标准明确指出，要“开展地理实践活动，特别是野外考察”，“开展观察、实践和研究活动”。让学生“学会独立或合作进行地理观测、地理实验、地理调查”，“促进学生主动和富有个性的学习”。多种形式的地理课外学习与实践活动，清晰列举在其“内容标准”的“活动建议”中。

一、地理课外活动的特点及作用

(一)地理课外活动的基本特点

地理课外活动是在教师指导下，学生较独立进行的地理学习与实践活动。通过地理课外活动使学生获得地理知识与技能、学习地理方法、培养地理能力、促进学生情感态度和价值观的发展。其主要特点如下：

1.地理课外活动过程是学生较独立进行的地理学习和实践过程

地理课外活动与地理课堂教学不同，虽然也常需要教师的指导，但学生在活动中有着更多的独立性、自主性。例如，较独立自主进行的地理观测、观察、社会调查、地理科普宣传、地理表演等活动、研究性学习等。为此，地理教师对地理课外活动不必过多干预。教师的指导作用主要表现在：其一，推荐有意义、有情趣的地理课外活动。其二，指导学生进行地理课外活动的方法。其三，在学生需要时提供必要帮助。

2.地理课外活动有更灵活多样的教学对象、内容与形式

首先，教学对象多种。地理课外活动的参加者可以是班内学生，年级、校内、校际等学生团体均可。第二，教学内容多样。既可配合课堂学习，又可在生活世界广泛选题，并可因乡土特点而异，灵活多样。第三，教学场所和方式多样。其活动场所依据活动内容及需要而定，可在地理教室、地理园、野外或社会厂、站、场、馆等不同地方进行。其活动类型、方式也十分多样，参见后续表 7-1。

(二)地理课外活动的作用

地理课外活动是开放型地理教学体系的有机组成，有“第二课堂”、“平行学校”、“蓝天下的学校”之称。其作用主要体现在：

1.完善地理课程体系

地理课外活动的开展使地理必修课程、地理选修课程、地理活动课程完整构建。地理课外活动是文本性地理必修、选修课程的重要实践环节，显然，此类课程不能缺失或削弱。

2.鲜活地理教学内容

以课本为蓝本的地理课堂教学，除地理理性知识，地理材料多是已发生的“过去时”，与现实生产生活存在一定“滞后”。而地理活动课程主要在“现在时”的时空进行，处处充满着鲜活，学生亲临生机勃发的自然与社会这本“活的地理教科书”学习、体验、探究，拓展视野，大显身手，焕发活力，体现价值。

3.改革传统的地理教学模式

长期以来，“课堂中心”、“教师中心”、“教科书中心”的“三中心”灌输式教学模式主宰着地理教学，严重制约了学生智力、创造力、实践能力及个性的全面发展。以开放性、实践性为显著特征的地理课外活动在内容及形式上都实现了对地理课堂教学封闭模式的重大突破，基于新课程理念的多种地理课外活动与地理课堂教学改革密切协同，

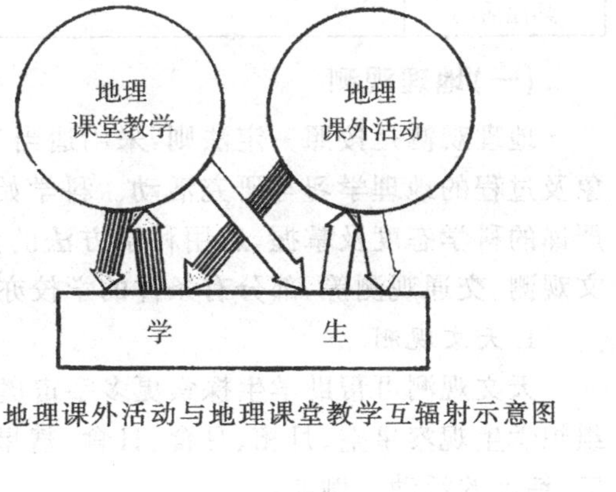

图 7-1　地理课外活动与地理课堂教学互辐射示意图

将有效推进学生学习方式和教师教学方式的根本转变，参见图 7-1。

4. 全面培养学生地理素养

开展地理课外活动，有助于学生巩固在地理教学中获得的地理知识和技能，并扩展学生的知识视野。地理课外活动主要由学生在真实地理环境中以自主合作式较独立地完成，有助于锻炼其多方面的能力。地理课外活动内容丰富多彩，形式生动活泼，有大量实践活动让学生亲自参与，非常适合学生追求新知和好动的心理特点，能够激发学生学习地理的浓厚兴趣。同时在丰富多样的地理美的欣赏、表现、创造活动中，陶冶了情操、发展了和谐个性，也催生了新一代地理工作者的梦想。

二、地理课外活动的主要类型

地理课外活动的类型非常丰富（参见表 7-1），并且随着现代地理学和科学技术的飞速发展而不断扩大。限于篇幅，以下侧重介绍几类。部分内容在"研究性学习"专题继续介绍。未尽内容可通过网络资源学习。

表 7-1　地理课外活动的主要类型

主要类型	主要内容	操作指导
地理观测	天象、气象、地震、水文等观测，经、纬度观测，交通观测等	方案；准备；规范操作；报告
地理实验	地转偏向力证明实验、岩石鉴别、土壤侵蚀实验、模拟热力环流等	方案；准备；规范操作；报告
地理野外考察	地形、地质、水文、土壤、天然植被、河湖、海岸等	方案；准备；实施；总结交流
地理调查研究	土地利用、环境质量、人口状况、资源利用、产业布局、城乡建设等	方案；准备；实施；总结交流
地理教具制作	模型类、图像类、标本类、仪器类等地理教具制作	立项；准备；制作；评价交流
地理宣传展览	地理讲座、地理墙报、地理摄影展、地理主题宣传、地理科普等	主题；准备；实施；总结
地理竞赛	地理智力竞赛、地理辩论赛、地理趣味赛、中学生国际地理奥赛等	试题；规则；实施；总结表彰
地理演习	灾害应急演习、野外遇险自救互救演习、定向行军等	项目选择；组织实施；总结
地理写作	地理论文撰写、地理文艺作品创作等	选题；收集资料；写作；交流
地理旅游参观	观赏地理自然景观、人文景观等	方案；准备；实施；总结交流
地理文艺活动	地理诗、歌、舞、小品表演、地理游园、地理棋艺、地理游戏等	方案；准备；实施；总结交流
研究性学习	参见本章第二节"地理研究性学习"	参见下节
其他活动	……	……

（一）地理观测

地理观测是按照一定法则，采用适当工具，通过观察和量化测定感知或验证室外地理事象及过程的地理学习与研究活动。科学始于观察，测量使观察精细。观测有利于培养学生严谨的科学态度及掌握、运用科学方法的能力。地理观测通常包括天文观测、气象观测、水文观测、交通观测等，部分有条件的学校亦可进行地震观测。

1. 天文观测

天文观测可帮助学生探索更多宇宙奥秘。天文观测的内容非常丰富。在地理活动中可组织学生观察星空、月相、月食、日食、彗星、流星雨、黑子等天文现象，以及开展测定当地经度、纬度的活动。例如：

(1)观察大行星。太阳系的八大行星绕太阳公转,它们在天空中的相对位置会产生明显变化。大行星的公转轨道与太阳赤道平面十分接近,总是出现在黄道(地球上的人看太阳于一年内在恒星间所走的视路径)附近。晴夜观测,行星的光芒看上去是稳定而不闪烁的,相对位置又在不断变动,较容易辨识。其中木星质量大,其亮度超过织女星,用望远镜观察,可以看到绕木星运转的卫星;土星有美丽的光环;火星有红澄澄的光芒,质量比地球小,离地球较近,肉眼能时常看到;金星是除太阳和月亮外天空中最明亮的星,在黎明时的东方和黄昏时的西方都能看到它(金星作为晨星在黎明前出现在东方天空时,叫做启明星;黄昏时出现在西方天空时,叫长庚星)。

(2)星座观测。观测星座要配合星空图观测。由于不同纬度各月星空图都不相同,要根据实际情况选好适用于本地当时观测的星图。还要选择好有利观测的地形位置,在晴朗无云的夜晚进行。恒星星光闪烁不定,相对位置长时间基本不变。认识星座一般方法是认识各星座的亮星所构成的图形。开始时,可先认识几个最突出又最易辨认的星座,如大熊座、仙后座、天琴座、天鹰座、天鹅座、天蝎座、猎户座等。观测过程中,教师可穿插一些神话故事和星座名称来历,并加以科学的解释。

(3)日食和月食观测。观察日食前,应简明介绍一下日食发生的原因、观察日食的意义、观察工具的制作方法。由于阳光强烈,不能直接用肉眼通过望远镜观察太阳,否则会灼伤眼睛,甚至失明。如用望远镜,可把太阳像投影在纸上观察,若无望远镜,可在一块小玻璃上均匀地涂上一层墨汁,使之能看清日轮,又不刺眼。还可用废照相底片挡住眼睛观看,或戴上深墨色太阳镜观看,并做好观察记录,见表 7-2,并作为资料保存。

表 7-2　日食观察记录表

观察时间	年　月　日(农历　月　日)　时　分至　时　分
观察地点	
食分　时　分 初亏　时　分 食甚　时　分 复圆　时　分	
日食发生原因:	

中学　　年级　　班　　观察者

观察月食,应先讲解月食发生的原因和观察月食的意义。若学校有较好的观测场地,时间适宜,可组织学生在学校集体观察,或让学生分散在家中自选观察场地进行观察。无论是集体观察还是分散观察,都应要求学生作好观察记录,并作为资料保存。

(4)测定当地经度纬度。测定当地纬度(见图 7-2):在北半球,利用斜度测角器,在晴夜对准北极星,所测得的北极星的高度角就是当地的地理纬度的约数。

测定当地经度(见图 7-3):在北回归线以北地区(赤道与北回归线之间的地区,秋分到春分的时间内),在春(秋)分日前后,用一支细直的竹竿(或细棒)作日影杆,垂直插在地平面上,以日影杆所插的点(O)为圆心,在上午某时刻(如 9 点)画一个半径稍短于当时杆影的半圆。见杆子的影端落在圆周上时记取 A 点,下午见日影又落在圆周上时,再记取 B 点,然后将两点连成直线,取其中点,中点与圆心的连线就是正南北线(子午线);第二天当日影与这条南北线重合的时刻,就是当地的正午 12 点。然后算出它与北京时间(东经 120°的地方时)正午之间的时间差数,就可算出当地的经度(约数)。

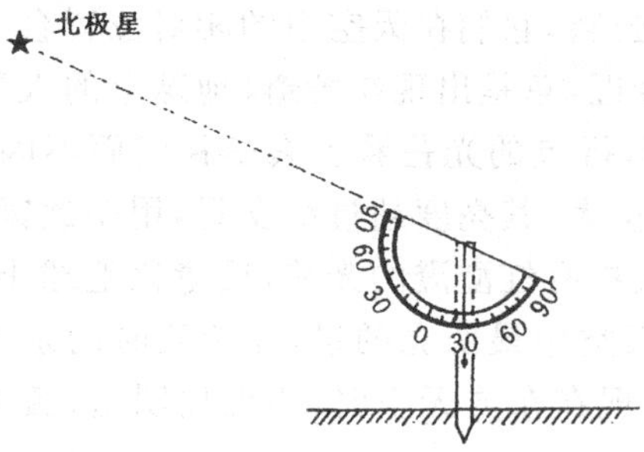

图 7-2 用测角器测北极星的高度角

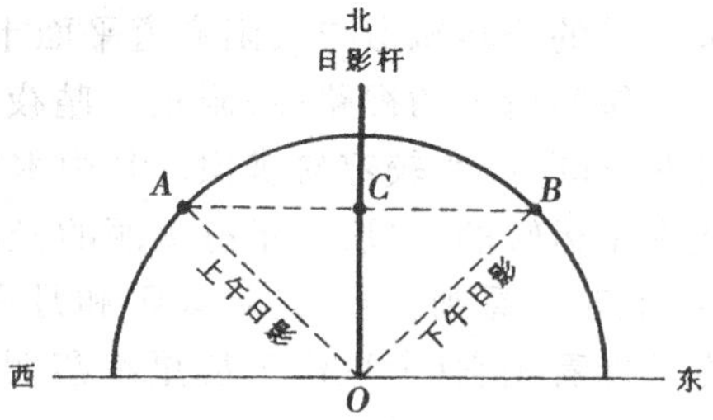

图 7-3 利用日影线测定南北线

2. 气象观测

通过气象观测，学生能更好地理解气温、气压、风、降水等气象要素之间的关系。天气对人类经济活动的影响很大，学生掌握了对本地天气观测的基本技能，还可为家乡生产生活提供有用信息。

(1)气象观测场的设置。气象观测首先要建立观测场，包括场地选择、仪器设置等问题。有条件的学校可参照当地气象台站观测场地的设置要求。不能按照规范的标准建立观测场的学校，可因地制宜地建立一些小型的、简易的观测点。主要目的是通过观察观测，培养学生地理活动的兴趣，从中有所收获。

(2)气象观测内容。气象观测要参照我国气象工作的统一规定，结合学校作息制度。按规定的时间观测并记录，主要包括气温、湿度、气压、风、云、降水等以及天象、物象的观测。

(3)气象观测方法。在气象观测前，教师要先向学生讲明气象观测仪器的使用要领及观察、记录的方法，并给予示范和写出操作规程。再对观测小组成员予以分工，明确观测任务、观测时间及有关记录。如一个观测小组三个人，每次观测需提前 20 分钟入园做好准备；观测时，二人分头观测，一人负责记录。气象要素观察顺序为云、风、气温、湿度、气压、降水及天象、物象等。

(4)气象资料整理。气象观测资料要及时进行整理，如根据需要算出日均温、候均温、月均温、月降水量、风向玫瑰图(某时段或全年)等，为研究或运用提供参考。

(5)补充天气预报。气象观测条件好且连续规范观测时间长的校园观测，可通过按时收看中央电视台、本省市的天气形势预报，结合气象园的实测及分析，参照当地当时的天象、物象变化，作出对当地今、明两天的补充天气预报。预报以后要有天气实况记录及反思，以进一步熟悉当地天气变化的规律，不断提高补充天气预报的准确性。

3. 地震观测

我国处在三大板块的交界地带，地壳活动频繁，是一个多地震的国家。地震测报活动可以使学生学会使用地震仪器测报地震的初步技能，或学会观察地震前兆，为地震台站提供有关预警信息。由于地震观测需要相关精密仪器，一般学校难以购置，但也可以通过一些简易仪器或地震前兆测报了解有关信息，锻炼学生能力，提高防灾抗灾意识，尤其在地震频发区。

(1)地震仪器测报。测报地震的仪器很多，如简易地电仪(见图 7-4)、地磁测量仪、地下水自动记录仪、地倾斜测量仪等，可视不同需要选择。

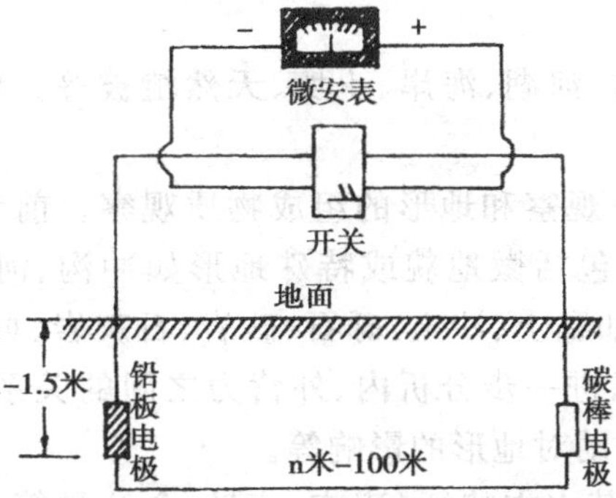

图 7-4　简易地电仪

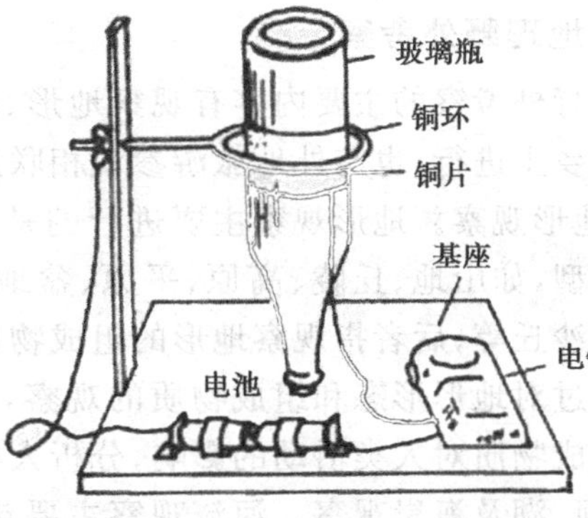

图 7-5　倒立瓶式地震报警器

在地震观测实践中，我国劳动人民还创造了“倒立瓶式地震测报器”（见图 7-5），用来观测小地震，效果比较好。它的结构就是在倒立的瓶子外面包上一块铜片，接上电线，套在串联有电源和电铃的铜环中。因瓶子头重脚轻，地面稍有振动，瓶子就会晃倒，使电路接通，电铃报警。为了防止外界因素干扰，这种简易仪器应安置在地基坚实的地方。

（2）地震前兆现象测报。地震发生前，地理环境中的某些成分会发生变异，被视为地震前兆。例如：观测井水水位、水质的变化，观测动物异常，观测植物异常等。注意做好记录并进行分析，去伪存真。

（3）地震信息汇总慎之又慎，地震信息提供须通过规范途径。一旦观测、发现地震前兆，务必首先综合多方面信息认真反复予以核实，然后迅速向有关地震测报专业部门或地方政府反映情况，不可擅自发布信息，影响社会安定。

（二）地理实验

地理实验是通过人为控制，利用一定仪器、设备，借助一定科学方法、手段，探寻地理规律、验证地理原理或借以感知不易观察的某些地理事象及过程的地理学习及实践研究活动。地理实验使一些地理事象及过程形象化、具体化、动态化，使抽象的概念、原理易于理解，也有利于学生习得科学的方法和态度。地理实验项目部分可在课堂教学中进行，更多则在课外其他场所进行。中学地理实验以感知或验证地理事象及过程为多，又以模拟实验为主。地理实验的分类方法很多，例如，按所创设的“实验环境”与现实环境的关系可分四类：

（1）模拟地理实验。即利用一定实验器材，在模拟某特定地理环境的实验环境中进行的实验。如地球的自转与公转、地转偏向力、热力环流、大气环流、洋流分布规律、水循环、再现降雨过程、模拟锋面形成、植物对土壤侵蚀的影响等。

（2）模型地理实验。即利用现实地理环境中某些具代表性的实物或标本构建的微型环境模型所进行的地理实验。如土壤侵蚀实验、外力作用和地表形态、水流涡旋实验、河口三角洲的形成等。

（3）原型地理实验。即以现实地理环境为实验环境进行的实验。如地理野外考察过程中进行的岩石鉴别、土壤有机质的测定等地理野外实验，现场雨水 pH 值、现场噪声测定，生活环境中验证某些地理原理如气压系统与天气等地理实验。

（4）虚拟地理实验。即在计算机技术及软件系统营造的模拟地理环境中进行的实验。如日、地、月运动关系，以及大气运动、洋流、水循环、地壳物质循环等。

(三)地理野外考察

地理野外考察的主要内容有观察地形、地质、河湖、海岸、土壤、天然植被等。地理野外考察多在乡土进行,也与外地旅游参观相联系。

(1)地形观察。地形观察主要进行的是形态观察和地形的组成物质观察。前者指观察地形的类型,如山地、丘陵、高原、平原、盆地等,包括微地貌或特殊地形如冲沟、河谷、河漫滩、阶地、沙丘等;后者指观察地形的组成物质,如黏土、沙土、砾石、砂岩、石灰岩、页岩、花岗岩等。通过对地形形态和组成物质的观察,可以进一步分析内、外营力之间的关系,分析地形及其组成物质对人类活动的影响,分析人类活动对地形的影响等。

(2)河、湖及海岸观察。河流观察主要包括其水文特征(流速、流量、含沙量等)、水系特征(水网特点、干流、支流、左岸、右岸、源地、上中下游某河段、河口等)、河流水质、河流水生生物及河流利用等观察。湖泊观察主要包括其形态、面积、深度、水温、矿化度、水位变化、补给条件、湖泊自然资源及湖泊利用等。海岸观察主要包括海岸类型(岩岸、泥岸、沙岸)、海岸变化、波浪、潮汐及海洋利用等观察。通过此类观察了解家乡水文基本特征及其资源利用。

(3)土壤和天然植被观察。对土壤的观察主要是对成土母质(如黄土、风化壳等)、土壤类型(如沼泽土、草甸土、水稻土、盐土、红壤、黄壤、灰化土等)、土壤质地(如砂土、壤土、黏土、重黏土等)、土壤酸碱度的观察。通过土壤观察,可了解当地人民是怎样利用和改良土壤的。对天然植被的观察,主要是指对草本、灌木、乔木、阔叶、常绿、夏绿等植被形态种类的观察。通过对天然植被的观察,可认识家乡天然植被的主要特征。

(四)地理调查研究

地理调查研究是以抽样测查或提问等方式搜集资料,在此基础上作出科学的分析、判断、推理,以认识地理事象及其规律、原理的学习与研究活动。地理调查对学生科学思维、社会实践能力及社会责任感等养成,有重要意义。地理调查法通常以抽样测查结合问卷等方式了解自然状态下的实际情况。地理调查法广泛应用于人口、资源、环境与发展等方面多种地理问题的现状调查中。

地理调查主要包括自然资源开发利用、人口状况、产业布局、城乡建设、环境承载力与潜力、环境质量与可持续发展等方面的调查。地理调查研究主要依托乡土地理进行。例如:

(1)土地利用状况调查。包括土地利用现状的主要类型、构成、利用状况、存在问题、解决对策等。农村学生可以农用地及乡镇用地为重点,城市学生可以城市建设用地及功能分区为重点。

(2)社区人口调查。社区人口调查的主要内容包括人口总数、性别构成、年龄构成(包括出生率、死亡率、自然增长率)、文化构成、职业构成,此外还有家庭数量、每户人口数等具有特殊研究用途的调查项目。通过社区人口调查,可使学生认识人口问题的种种表现,加深对人口政策的理解。

(3)产业布局与发展调查。包括工业、农业、交通通讯、商贸、旅游等产业。各产业特点不一,调查内容不尽一致。但产业位置规模、内部构成、布局特点、经济总量、主要产品及市场、资源利用或原料及来源、协作及分布、交通方式及交通运输条件、劳动力数量与素质、科技条件及运用、环境污染及治理等方面,往往是需要考虑的内容。

(4)环境质量调查。环境质量调查涉及的内容也很多,如水污染、大气污染、土壤污染、噪声污染、光污染等环境污染状况的调查、评价与治理,各种自然灾害影响、治理的调查,生态农业系统的观察与调查，自然保护区生态及珍稀濒危物种的调查等。

(五)其他地理课外活动

限于篇幅，不再详述。学习者可据表 7-1 借助网络资源自行学习。

三、地理课外活动的设计与实施

(一)地理课外活动设计与实施的基本原则

地理课外活动设计与实施的基本原则主要包括：

(1)实践性原则。地理课外活动以培养学生的实践能力和创新精神为根本宗旨，因此地理课外活动要着重培养学生的动手能力及从事野外活动和社会调研等方面的实践能力。不要依然只让学生在室内写写、算算、画画、表演，或作一些模拟性、象征性的动作。

(2)学生自主原则。地理课外活动要坚持学生自主活动为主，教师指导为辅。无论课外活动的选择、计划、组织管理、实施及评价，要引导学生自主安排全过程。教师过多包办或干预，不利于学生积极主动性的发挥。

(3)形式多样原则。地理课外活动要形式多样。这既是全面锻炼学生能力、丰富其情感的需要，也是体现多元智能、发展学生个性的需要。单一的课外活动难以满足学生的不同需要，会降低活动动机，也不利于素质教育。

(4)因地制宜原则。我国地域辽阔，地理环境特点各异，各地经济文化背景不尽相同，各校教学设备、条件差异也很大，因而地理课外活动要结合乡土特点、学校条件、学生特长爱好及教师专长等设计出具有本地本校特色的地理课外活动系列项目。

(5)发展性原则。地理课外活动要充分体现促进学生素质的全面发展的要求。为此，要更多开展与生活世界密切相关的地理课外活动，以增长学生对现实世界的认识；要更多开展自主性、探究性或研究性强的地理课外活动，以促进学生思维能力、实践能力、创造能力的发展及个性的张扬；要在多种地理课外活动过程中关注学生合作友爱、求真务实、社会责任感等情感、态度、价值观与其认知能力的协调发展。

(二)地理课外活动设计与实施的组织管理

地理课外活动是个开放的教学系统，在空间上具有广阔性；在时间上具有持续性及灵活性；在活动主体上具有群体性、个体性；在活动客体上具有多样性、复杂性；在活动过程的前、中、后也有不同要求。地理课外活动的组织管理，对地理课外活动的成效至关重要。有关组织管理主要包括以下内容：

1.做好地理课外活动前的规划与计划

通常在学期、学年之初，地理教师要根据地理课程标准要求及教学实际需要、学生意愿等做好地理课外活动总规划，如活动类型及方法、活动次数、具体时间及组织等。计划较规划更细致周密。计划一般有活动目的、活动组织(成员、分工)、活动内容、活动程序方法、活动时间地点、活动成果要求及评价等。地理课外活动计划制定后，对于野外考察等项目，往往需要现场踏勘，以确保安全。还有必要对参与学生进行全员动员，并做好相应心理准备和物质准备。

2.加强地理课外活动进行中的指导调控

一些地理课外活动以学生自主管理实施为主，但教师万不能掉以轻心，应始终关注课外活动全程的进行。当学生遇到困难、疑难需要帮助时要及时提供必要的指导；当学生松懈时给予及时的提醒；当意外情况发生时要及时妥善应对。

3. 及时进行地理课外活动后的总结评价与交流

地理课外活动结束之后，地理教师和学生要按照预定计划，认真进行总结评价与交流。要回顾反思地理课外活动全程，总结经验与不足。并及时认真汇总文、图成果及有关作品，在全班、全校交流或向社会宣传。对乡土建设的有关建议，要及时向有关政府部门提交。

【案例研究】

1. 地理考察一例：大青山南麓地质地貌考察

[考察目的]了解家乡自然环境特点；巩固所学书本知识；锻炼野外观察、实验、收集、整理和分析地理资料及运用多种设备仪器等能力；增强热爱家乡的情感。(教师和学生合作制定考察活动方案)

[考察路线]呼和浩特市—巴彦镇—古楼板(18 千米)—哈拉沁沟(水泥厂北沟)。

[考察地点]一、古楼板；二、哈拉沁沟。

[考察时间]2006 年 11 月 5 日(周日)。

[参加人员](略)。

[考察用品]罗盘、地质锤、放大镜、小刀、铅笔、橡皮、标本袋、野外记录薄、GPS、摄像机等。

[考察内容]

(一)褶曲的观察

1. 观察褶曲要素； 2. 观察褶曲形态； 3. 褶曲成因分析。

(二)断层的观察

1. 观察断层要素； 2. 观察断层存在的标志； 3. 断层成因分析。

(三)岩石的观察

1. 沉积岩特点及成因分析(包括砾岩、泥岩、页岩、砂岩)；

2. 变质岩特点及成因分析(包括片麻岩、片岩和大理岩)。

(四)河流阶地的观察

1. 观察河谷及组成；2. 识别河流阶地类型。

[学生活动]

(一)通过全球定位系统确定观察点的地理位置。

(二)学习使用罗盘测量岩层产状。

(三)采集岩石标本：泥岩、页岩、砂岩、变质岩、火成岩。

(四)绘制褶曲、断层简图(绘制剖面图：剖面方向、比例尺、图例)。

(五)记录实验数据，完成野外观察报告。

[成果交流]

(一)提交实验报告、小论文或考察感想。

(二)召开主题报告会，制作 PPT，介绍自己的收获。

[注意事项]

(一)严格把好安全关，采取教师管理和学生自主管理相结合的方式。

(二)参加此次活动学生，必须在家长签署同意意向书之后方可参与。

(三)考察之前，对参加学生进行考察安全教育和考察内容的学习，熟悉有关仪器、器材的使用方法。教师检查所有器材准备、资料准备、安全协议等要件准备、师生必要用品准备，以及往返交通车辆等，是否完全准备到位。

[活动实施](略)。

2. 地理调查法一例：河水污染调查

[调查目的]通过调查获得某河水污染的基本事实及有关认识。

[调查准备]实地踏勘取水样的河段，确定几处可供比较的取水地点(一般两取样点距离不小于 1 千米；取水点多少视需要而定，通常不少于 5～6 点)。用清水洗净的细颈空玻璃瓶(如酒瓶)若干、长绳一根、白色胶布、记录本和笔等。走访附近居民的调查问卷，有关走访单位及关键人员的事先联系等。

[调查过程]

(1)水样采取及水样分析。

①采水样。将长绳(或细铁丝)拴住玻璃瓶颈放入河水中取水样。在胶布上写好编号，贴在水样瓶上，

并记录下水样编号和取样点的河水状况。保管好水样。可在约 7 千米长的河段取 6 个水样(注意各取样点保持相同的取样水深及近岸距离)。

②捕捉小生物。在附近的水田或水沟里捕捉一些小鱼和小蝌蚪，立即送回学校分别放进水样瓶中，观察其在水样中的活动及生存时间并做记录。

③水样分析。对各水样作相应的 pH 测定、常见离子测定、COD 值测定等，并做记录。记录表格如下：

采样地点	水样颜色	水样气味	放养生物存活时间	pH 值	常见离子	COD 值	备注
……							

(2)发放、收集调查问卷及整理分析。

(调查问卷一般包括被调查人基本情况及调查主题的相关内容。后者一般包括调查事象的现状、历史、主要问题、形成原因、大众及主管方等态度，对策及建议等等。)

(3)走访有关重要单位及关键人员。

(4)整理汇总调查结果，撰写调查报告，总结交流。酌情向有关部门呈送建议或向社会发出倡议等。

注：以上活动全程要切实保证学生人身安全。调查规模、程序可根据实际情况决定。

3. 地理竞赛一例：中学生国际地理奥林匹克竞赛(信息查询)

第二节　地理研究性学习

从广义上说，地理研究性学习也是地理课外活动的一种类型。欧美多国的地理研究性学习有着较久远的历史。在我国，它却是伴随新世纪课程改革大潮而来，有其特别的时代意义，故作专述。

一、地理研究性学习概述

(一)地理研究性学习的含义与地位

1. 地理研究性学习的含义

地理研究性学习指学生在地理教师指导下，用类似地理科学研究的方式，从学习生活和社会生活中自主地发现问题、获取并运用相关知识探究问题、提出解决问题的方法和建议的地理学习活动。

地理研究性学习重在“研究性”。首先是认真研究学习生活和社会生活，尤其是身边的地理，以敏锐发现值得研究的课题。其二是认真研究地理科学研究的常用方法及一般程序，以便研究中借鉴或模拟。其三是自始至终保持研究的科学态度，求真务实。地理研究性学习的核心是地理课题研究或探究性学习活动。基于此，地理研究性学习有以下显著特点：(1)重视生活性、社会性地理问题的观察与发现。(2)重视过程体验和实践能力。(3)重视学生自主与合作。(4)重视正确价值观与辩证唯物观的培养。

2. 地理研究性学习的地位

地理研究性学习是必修课程“综合实践活动”中“研究性学习”的重要组成。

把“研究性学习”作为必修课程设置，是我国基础教育课程改革的一个重大突破。2001 年 6 月颁发的《基础教育课程改革纲要》明确指出：“从小学到高中设置综合实践活动并作为必修课程，其内容主要包括：信息技术教育、研究性学习、社区服务与社会实践以及劳动和技术教育。”这是对我国传统学科课程过于注重知识传授、过于注重课堂教学、过于注重教师作用，而忽略学生解决实际问题能力意识培养等弊端的重大变革。因此，地理研究性学习绝非一般地理课外活动可供选择，而是进入课程计划必须实施。

(二)地理研究性学习的意义及理论基础

1. 地理研究性学习的意义

地理研究性学习是一种新的课程形态，也是一种新的学习方式。《基础教育课程改革纲要》在阐述综合实践活动的作用时指出，该课程有利于学生"增强探究和创新意识，学习科学研究的方法，发展综合运用知识的能力，增进学校与社会的密切联系，培养学生的社会责任感。"这也是地理研究性学习的重要意义。

2. 地理研究性学习的理论基础

地理研究性学习基于教育发展理论、现当代课程与教学理论、现当代心理学理论及现当代地理学。

地理研究性学习基于教育发展理论。教育是培养人、促进人全面发展的社会活动。"发展的目的在于使人日臻完善"，"使所有人的创造才能和创造潜力都能结出丰硕的果实。"地理研究性学习适应了教育发展改革突破传统封闭式学习模式的时代需要。

地理研究性学习基于现当代课程与教学理论。杜威的"做中学"，陶行知的"生活教育"理论、布鲁纳的"发现法"，施瓦布、加涅的"探究学习"、班杜拉的"社会认知论"以及基于创业教育的现代课程论(含学科课程、活动课程、环境课程、创业实践活动)等，都是其重要的理论指导。

地理研究性学习基于以人本主义、建构主义为重点内容的现当代心理学。人本主义主张学习者是必须受到尊重的学习主体；学习是自己教育自己；学习是人的自我实现，是丰满人格的形成。建构主义认为，学习活动不是由教师向学生传递知识，而是学生根据外在信息，通过自己的背景知识，建构自己知识的过程。这些理论对地理研究性学习过程中学生的自主性发挥，均有重要指导。

地理研究性学习基于现当代地理学，更是显而易见的事实。因为地理研究性学习的主题、内容、思维方法、技术应用等，都基于地理学研究的基本理论——人地协调理论及可持续发展理论。

二、地理研究性学习的目标和内容

(一)地理研究性学习的目标

教育部试行《普通高中"研究性学习"实施指南》指出了研究性学习的六项目标：①获得亲身参与研究探索的体验。②培养发现问题和解决问题的能力。③培养收集、分析和利用信息的能力。④学会分享与合作。⑤培养科学态度和科学道德。⑥培养对社会的责任心和使命感。不难看出，地理研究性学习的目标，依然是三维地理素质教育目标，只不过侧重点有所不同。

地理研究性学习的目标主要是体验性目标。例如地理知识方面，更加强调贴近现实生活世界的可体验的地理知识；强调学生经验性知识的唤起和综合性知识的获取。地理技能、能力方面，更加强调学生仔细观察生活，敏锐发现地理"真实问题"的能力；收集、处理地理信息的能力；开展多种野外、社会实践活动的能力；自主探究、合作学习与社会交往等能力，综合运用多种知识解决问题的能力。地理情感、态度与价值观方面，更加强调主动求知、乐于探究的心理品质，提升不同层次学生的创造兴趣；严谨求实的科学态度和科学精神；关注现实世界地理问题的社会责任感；环境意识、全球意识与可持续发展观；乐于合作与分享的团队精神及勇于探索的创新精神等。

(二)地理研究性学习的内容

地理研究性学习的内容十分广泛。主要来自人一地环境中的重大问题，也有跨学科的问题。参见表 7-3。

表 7-3　国外中小学的探究领域及问题举例[1]

自然探究领域	问题举例	社会探究领域		问题举例
粮食资源	粮食生产、农业、耕地保护	历史	社区和乡土历史	地理变迁、历史考察
人口与生存	人口增长、移民、承载能力、建筑		民族和国家历史	国家与民族形成、重大事件
空气质量与大气	酸雨、汽车尾气污染、CO_2、臭氧层衰竭、地球变暖	经济	产业	产业结构、新兴产业、旅游业、生物农业、产业竞争力、IT 产业
水资源	废水处理、河口或港湾、水供应与分配、地下水污染		市场	证券与股票、电子商务、市场开发策略
战争技术	神经错乱性毒气、核发展、核武器威胁		职业	性别与职业、职业的适应性、职业的设计与选择
土地使用	水土流失、开垦、城市发展、森林砍伐、盐碱化	政治	政府	政府结构、军事策略、国际关系
能源短缺	合成燃料、太阳能、化石燃料		民主制度	儿童利益、妇女问题、少数民族、传媒与批评、法律、选举与生活
有害物资	废物垃圾处理、有毒物品及其预防		决策	历史上的决策反思、战争问题
植物	城市植被与绿化、植物多样性遗传与保护	民族	民族文化	饮食文化、黑人文化、印第安人文化、建筑艺术、文化遗产
动物	野生动物保护、动物特征研究		文化交流	外国文化问题、国际理解
人类健康与疾病	疾病、噪声与健康、饮食与营养、锻炼、精神健康	社会危机	政治危机	政治家丑闻、种族歧视、避免战争、地球村
……			经济危机	经济萧条、失业问题、股市星期五
			生存危机	毒品问题、环境保护、AIDS 预防、堕胎、校园暴力

我国地理研究性学习的选题多与地理学研究的内容及现实地理世界有关，与其他学科有一定渗透。参见表 7-4。

表 7-4　我国地理研究性学习选题的主要内容领域

自然地理领域	人文地理领域	自然与人文综合领域	国际视野
1. 某水域水质状况 2. 某区域水资源状况 3. 某区域自然灾害 4. 某区域气候特征 5. 某区域空气状况 6. 某区域地貌考察 7. 某区域土壤资源研究 8. 某区域植物群落及分布研究	1. 社区或故乡的变迁与发展考察研究 2. 社区或地方产业状况与发展研究 3. 社区或地方人口状况的调查研究 4. 固体废弃物污染、光污染、噪声污染等 5. 农村或城市交通问题研究 6. 农村产业问题研究	1. 西部地区开发研究 2. 人口分布与迁移 3. 优势产品的地理条件 4. 旅游活动中的环境问题 5. 家庭汽车的发展对城市环境质量的影响 6. 互联网对某区域旅游业的影响	1. 减少国际冲突 2. 防止荒漠化 3. 消灭贫困 4. 充足的绿色食品 5. 减少噪声 6. 扩大绿地

① 郭元祥编著. 综合实践活动课程设计与实施[M]. 北京：首都师范大学出版社，2001.

（续表）

9. 某区域动物及其保护问题研究 10. 自然资源 11. 区域能源问题研究 12. 区域生态境况研究 ……	7. 城市产业与经济问题研究 8. 某区域工业生产和工业布局的调查研究 9. 某城市商店布局调查研究 10. 城市人口分布与学校布局调查研究 11. 某地域旅游业研究 12. 某区域新兴产业研究 ……	7. 中小学生成长环境问题调查 8. 中小学生的休闲生活调查研究 ……	7. 净化空气 8. 饮用纯净水 9. 保护生物多样性 10. 减少垃圾 11. 种族平等 12. 防治高危疾病 ……

与乡土地理建设有关的诸多问题，多成为地理研究性学习的关注重点。参见表 7-5。

表 7-5　地理研究性学习选题示例

重庆市中学研究性学习选题示例	广东佛山一中学研究性学习选题示例
环境小硕士项目　　（西师附中） 杨家坪空气污染调查　　（杨家坪中学） 重庆渝中区两江水质调查　　（巴蜀中学） 重庆城区光污染现象调查　　（字水中学） 重庆市主城区固体废弃物处理现状及对策（辅仁学校） 合川中学周边污染调查　　（合川中学） 凤凰溪水环境保护　　（重庆一中） 网箱养鱼对琼江水质污染的调查（潼南中学） 观音峡生态景观调查　　（江北中学） 涪陵城区公交车运营状况调查（涪陵实验中学） 铜梁县柑橘产业发展现状及前景调查（铜梁中学） 开县区域中心城市建设文化定位研究（开县中学） 垫江旅游资源现状调查　　（垫江中学） 渝中文化古迹探寻研究　　（求精中学） ……	**地理与环境保护：** 佛山市热岛效应调查 城市摩托车过度发展的危害 汾江河污染的化学分析与对策 陶瓷业对环境的污染及影响 **地理与商业布局：** 佛山市商业中心的分布及对环境的影响 佛山市城区农贸市场经营状况的调查和探索 佛山市部分新建商场的调查分析与建议 **地理与饮食业：**…… **地理与房地产开发：**…… **地理与古建筑保护：**…… **地理与城市绿化：**…… **地理与其他：**……

三、地理研究性学习的设计与实施

（一）地理研究性学习的选题原则与策略方法

1. 地理研究性学习的选题原则

地理研究性学习的选题要结合学生兴趣、地理特点及自然现状与社会现实的共同需要，一般要考虑以下原则：(1)自主性原则。(2)地理性原则，(3)应用性原则。(4)差异性原则（兴趣、认知层次等差异）。(5)生成性原则。(6)可行性原则。当然，一项选题并非要体现所有原则，但一定要符合地理研究性学习的目的和研究范围，体现最基本的原则。

2. 地理研究性学习的策略

(1)考虑学生学习基础与层次。由于研究性学习过程主要依赖于学生主体的信息加工，因此课题选择要符合学生的认知、情感基础，并考虑到不同学习层次的需要。(2)以培养学生创造性为主要任务。课题选择与设计要着重考虑学生创造性才能的培养；课题进程中要注重学生发散性思维等培养。(3)主体性、创造性人格是重要目标。研究性学习需要获得研究问题的结论，但更关心过程，更看重学生过程中主体性、创造性人格的培养，因为这是学生未来发展的重要奠基。(4)教师要重视三个环节的指导与评价，即选题、中期检查及结题时的指导与评价。

3. 地理研究性学习的方法

地理科学研究中常用的观测法、观察法、考察法、实验法、调查法、专家访问法、统计法、文献法、建模法、地理信息技术运用方法、总结法等，都可以在研究性学习中采用。

(二)地理研究性学习的组织实施

1. 地理研究性学习的组织形式

地理研究性学习的开放性、综合性、自主性等需要多样而灵活的学习组织形式。实践表明，地理研究性学习包括小组合作研究、个人独立研究以及班级或更大范围展开的合作研究等多种形式，而较多采用的是小组合作学习形式。课题小组可由同班同学自由组合而成，也可由跨班、跨年级兴趣相近的同学组合而成。课题组一般由 3～6 人组成，学生自己推选组长，聘请有一定专长的成人(如本校教师、校外人士等)为导师。研究性学习过程中，课题组成员有分有合，各展所长，协作互补。

2. 地理研究性学习的一般流程

地理研究性学习的一般流程如下：

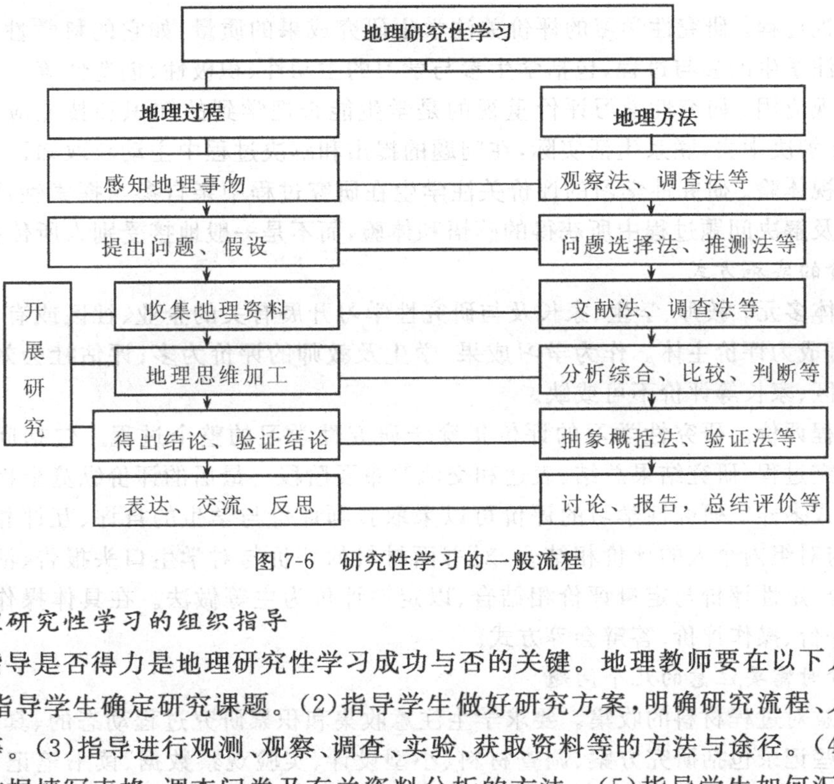

图 7-6　研究性学习的一般流程

3. 地理研究性学习的组织指导

组织指导是否得力是地理研究性学习成功与否的关键。地理教师要在以下几方面做好指导：(1)指导学生确定研究课题。(2)指导学生做好研究方案，明确研究流程、人员分工及时间规划等。(3)指导进行观测、观察、调查、实验、获取资料等的方法与途径。(4)指导学生设计有关数据填写表格、调查问卷及有关资料分析的方法。(5)指导学生如何汇总成果、撰写论文、表达观点。(6)协助学生做好组织工作并特别提醒注意人身安全，要有针对性地做好一些应急预案并告知学生。(7)指导学生进行成果交流与评价。

(三)地理研究性学习的评价

1. 评价的主要内容

研究性学习评价的内容一般由以下几个方面组成：

(1)学生参与研究性学习活动的态度。如是否认真参加每一次课题组活动，努力完成自己所承担的任务，做好资料积累和分析处理工作，主动提出研究和工作设想、建议，在学习中不怕困难和辛苦等。

(2)学生在研究性学习活动中的合作精神。如是否乐于帮助同学、主动和同学配合、认真倾听同学的观点和意见，对班级和小组的学习作出积极的贡献等。

(3)学生创新精神和实践能力的发展情况。可以通过学生在研究性学习过程和结果中实际表现予以全面和客观的评价，也可以通过学生参与研究性学习活动前后的比较和几次活动的比较来评价其发展状态。

(4)学生对学习方法和研究方法的掌握情况。主要评价学生对查阅资料、实地观察记录、调查研究、整理材料、处理数据、运用工具等方面技能、方法的掌握和运用水平。

2.评价的一般原则

(1)正面评价。研究性学习的评价重在发现和肯定学生身上所蕴藏的潜能、所表现出的闪光点，鼓励学生进一步想象、创造和实践，激励和维持学生在探究过程中的积极性、主动性和创造性；要重视通过评价，使学生找到积极的参照点，从而调适自己的学习行为，提高探究和动手实践的水平。

(2)重视过程。研究性学习的评价关注学生研究成果的质量，如它的科学性、可行性、新颖性，更关注学生的参与过程，包括学生参与学习的主动性、积极性、创造性等。

(3)重视应用。研究性学习评价重视的是学生能否把学到的知识和技能应用到实际问题的提出和解决中去，联系生活实际，在问题的提出和解决过程中主动获取知识、应用知识。

(4)重视体验。研究性学习的评价关注学生在研究过程中亲自参与探索性活动、开展人际交往，以及解决问题过程中所获得的感悟和体验，而不是一般地接受别人所传授的经验。

3.评价的实施方式

(1)主体多元。教师、学生、家长及与研究性学习开展有关的企业、社区或有关部门等根据需要都可成为评价主体。作为学习成果，学生及教师的评价为多；评估社会效果，社会有关部门、社区、家长等评价不可或缺。

(2)全程评价。研究性学习的评价贯穿于研究性学习的整个过程。包括问题提出、立题、实施研究过程、研究结果总结、表达和交流等重要阶段。最后的评价纵览全程。

(3)方式多样。研究性学习的评价可以采取教师评价与学生的自评、互评相结合，对小组的评价与对组内个人的评价相结合，对书面材料的评价与对学生口头报告、活动、展示的评价相结合，定性评价与定量评价相结合、以定性评价为主等做法。在具体操作中，可以采用档案袋评价、操作评价、答辩会等方式。

4.评价时需要注意的几个问题

(1)注意对过程材料的收集。要求学生注意收集和积累研究过程动态的、真实的和完整的记录，这些记录包括研究方案、调查材料、小型设计、实验观察数据、读书笔记、学习总结、心得体会等等。这些记录是研究性学习评价不可缺少的重要素材，也是学生自我评价和反思的重要依据。

(2)注意引导学生自我评价与反思。研究性学习的评价要与学生的学习密切结合，与教师的指导密切结合；必须重视学生在学习过程中的自我评价和自我改进，使评价成为学生学会实践反思、发现自我、欣赏别人的过程。

(3)注意评价的激励功能。要鼓励学生的新的想法和创意，努力激发学生参与研究性学习的热情，使得广大学生主动参与研究性学习，在学习中积极实践、勇于实践创新。

【案例及点评】

表 7-6　地理研究性学习评价指标体系表①

一级指标	二级指标及其内容	
过程（40%）	知识层面	选择研究课题的原因及目的意义 运用哪些已有地理知识完成课题 查找所需有关地理信息的依据及方法
	能力层面	学生批判性学习能力 学生地理思维、地理分析、地理判断能力 学生的口头表达能力、社交能力、合作能力 地理创新意识及表现
	人格和谐发展层面	学生学习兴趣、态度、灵活性、公德、自律等 学生学习个性表现（情感变化、特长发挥、学习品质表现等） 学生对地理文化的态度表现（共鸣度、内化度、理想度等）
成果（30%）	完成课题全程的时间 成果的质量（信度、效度、特色及创新） 成果表现形式（论文、汇报；答辩、座谈；成果演示、展示等）	
应用（30%）	成果的现实性 成果的应用性（应用技巧、应用范围等）	

点评:该评价指标分为“过程指标、成果指标和应用指标”,体现了过程评价与结果评价相结合的评价理念,同时注重研究性学习中学生的综合素质发展。但该评价量表还有待完善以更利于操作(参见表 8-17)。

【案例及点评】

《北虹初级中学用电调查》②

(一)研究目的:激发研究热情;习得研究方法;增强问题发现意识与问题解决能力;增强节能减排意识并身体力行。

(二)研究步骤:实施准备阶段——实施研究阶段——汇报展示阶段。

(三)研究方法:访谈法、调查法、统计分析法等。

(四)研究实施:

1. 实施准备阶段(提出问题):

(1)指导选题(贴近生活)。(2)人员组织。(异质分组;4～5 人一组;组长及组员分工)

2. 实施研究阶段(探究问题):

(1)活动之一:走访总务处,了解近三年(2007～2009)全校用电情况。

(2)统计分析。绘制“2007～2009 全校各月用电”折线图及“2007～2009 全校各月平均用电量”柱状图,并分析其趋势、特点及变化原因(趋势变化与季节变化、假期轮转等有关,而三年来各月平均用电量不断上升与学生数量不断上升、学校装修、电脑增加以及师生用电浪费等有关)。

(3)活动之二:问卷调查。(指导学生根据了解情况设计、修改问卷;利用午休时间对学校 100 位师生作了问卷调查)调查主要从了解师生节能意识、节能行为、节能知识方面的态度和意见。共设计以下 8 题:

①你自己班级(办公室)里的灯、电脑、电视等电器是否有专人负责开关?

②如看见有空教室(办公室)里的灯、电脑、电视等电器开着,你会怎么去做?

③你知道节能减排的含义吗?

④你知道普通日光灯与节能灯的区别吗?

⑤如可能你是否愿意学校更换节能灯?

⑥你认为节能减排对环境有什么样的影响?

⑦你认为应该怎样倡导节能减排?(多选)

⑧平时学校里,师生有哪些行为有悖于节能减排?(可多写)

(4)活动之三:调查与计算节能用电的数据(计算普通日光灯与节能灯各自的全年用电总量并对比;计算普通日光灯与节能灯各自的全年 CO_2 排放量并对比)。

---

① 田宏文.地理研究性学习的评价指标[J].地理教育,2004(4).

② 李冬昕.初中地理研究性学习的实践与思考[J].地理教学,2010(4).

3. 汇报展示阶段(解决问题)

学生撰写研究报告,全校展示;发布节约用电(2010 年用电总量减 10%)倡议书;向全校师生征集"节能金点子"等。

4. 反思(问题与改进。略)

点评:该案例进行的研究性学习,贴近学生生活又便于操作,事小意义大,且具普遍性,值得借鉴。

[**信息查询**]地理课外活动及研究性学习的宽广平台——长江水学校项目

(参见《地理教学》2010 年 6~22 期)

第三节　地理课程资源开发与环境建设

加强地理课程资源开发与环境建设是地理课程改革的新视角。初、高中地理课程标准均设专题阐述"课程资源的开发利用"。《地理课程标准解读》明确指出,地理课程资源的丰富性和适切性程度决定着地理课程目标实现的范围和水平。地理课程资源开发与环境建设是一个系统工程。

一、地理课程资源概述

(一)地理课程资源基本含义

从广义来说,地理课程资源是指有利于实现地理课程目标的所有因素和条件的总和。地理课程资源是教学的主要工具,包括在教学活动中利用的一切物质的、精神的、校内的、校外的事物。狭义的地理课程资源则指形成地理课程因素的直接因素来源,如地理课程、教材、教参、教师、教学设备、活动方式、活动场所等。

(二)地理课程资源的主要特点

1. 内涵的动态性

地理课程资源的内涵随时代发展会发生变化而日益丰富。例如,自然环境、区位条件、经济水平的变化,社会发展、文化发展、科技进步、课程理念更新等,都会对地理课程资源的内涵产生影响,地理课程资源的内涵从狭义到广义,就是有力说明。

2. 类型的多样性

地理课程资源形式多样,既有素材型的,也有条件型的;既有校内的,也有校外的;既有来自自然的,也有来自社会的;既有显形的,也有隐形的。所有学生学习与生活环境中有利于地理课程实施、有利于达到地理课程目标的资源都包含其中,参见表 7-7。

3. 内容的开放性

地理课程资源内容的开放性,一是体现于地理课程资源空间上的开放。地理课程资源并不局限于教科书、课堂、教师和学校,自然界和社会生活中蕴藏着丰富的课程资源。二是体现于地理课程资源时间上的开放。在任何需要的时候都可以提取相关课程资源辅助地理教学,尤其在信息技术飞速发展的信息时代。

4. 价值的多重性

地理课程资源不仅能为教学服务,而且具有独特的社会经济价值。例如,其中丰富的自然地理和人文地理类课程资源,不仅可以使学生的地理学习更加生动、活泼,而且在乡土资源开发、经济发展、文化繁荣、生态保护等方面发挥重要作用。

5. 功用的交叉性

地理课程资源与其他相关学科课程资源之间存在着交叉和互补，可以相互为用。例如，地图可以在史、政、语、英等学科应用，而理、数、化、生及文学、音乐等学科课程资源也常为地理教学所用。

(三)地理课程资源主要类型

表 7-7　地理课程资源的分类

划分依据	类型	内容及特点
功能(无绝对界限)	素材性	指直接作用于地理课程中的教学素材或来源，如与地理教学目标、内容、活动直接相关的教材、图册、资料等。其特点是具有直接性
	条件性	指间接作用于地理课程中的教学素材或来源。主要包括人力、物力、财力、时间、场地、媒介、设备设施和环境，以及对地理课程的认识等。其特点是具有间接性
来源	自然资源类	存在于自然界中，如地形、地貌、地势、天气、气候、季节等。其特点是具有天然性和自发性
	社会资源类	存在于社会生活中，如图书馆、地震台、天文馆、气象台、博物馆、展览馆等公共设施,科技活动、政治活动、经济活动等人类交往活动，宗教伦理、风俗习惯等影响人类生产生活的价值观念。其特点是具有人工性和自觉性
空间分布	校内	包括学校内的教材、教学设施等,也包括地理教师、学生等。其特点是具有主导性
	校外	包括博物馆、展览馆、科技馆、天文台、气象站、政府部门、研究机构、厂矿企业、商业中心、交通场站、农业基地，以及家长、校外有关专家等。其特点是具有辅助性
呈现方式	文字类	以印刷品形式存在，主要包括教科书、教学参考书、图册、练习册、期刊杂志等。其特点是具有逻辑性、科学系统性，便于提取和保存
	实物类	以实物形态存在，主要包括动植物标本、矿物标本、地理模型、地理园、天文台、气象站等。其特点是直观、形象、具体
	活动类	存在于活动中，主要包括教师的言语活动，学生的学习活动及社团活动，地理实践活动及师生之间、生生之间的交流活动等。其特点是动态性、生成性
	电子化类	存在于音像、网络媒体中，主要包括广播、电视、计算机网络等。其特点是形象鲜明、容量大
存在方式	显性类	以可观物质形态存在，包括教材、计算机网络、教学设备、广播电视、风景名胜、文物古迹、文化教育机构等自然和社会中的实物。其特点是具有直接性和公开性
	隐形类	以潜在方式存在，包括校风、学风和社会风气、家庭氛围、社会生活方式、价值规范、行为准则及人际关系等。其特点是具有间接性和隐蔽性
存在状态	原生性	指已存在于地理课程教学中的地理课程资源，如既有教材、教学设备、教学场所等，其特点是逻辑性、系统性
	创生性	指在地理课内外教学活动中生成的地理课程资源，如地理课堂教学师生活动中生成的课程内容，课外实践有创意的设计、报告及开发的校本课程等。其特点是鲜活性、灵活性

(四)地理课程资源开发的意义

初、高中地理课程标准均明确指出：“充分开发、利用地理课程资源，对于丰富地理课程内容、开展多样而有效的地理教学，增添地理教学活力，具有重要的意义。”具体表现于：

1. 有利于地理课程内容的极大丰富

地理课程资源的开发利用使学生的学习视野及学习环境极大延伸。例如校外多种地理课程资源的开发，“天地即课堂”、“社会即课堂”，整个生活世界都成为学生地理学习的鲜活内容。再如网络地理课程资源的开发，学生可以“目接千载，视通万里”，还可在国际平台与各国学子、专家等充分交流共享。

2. 有利于多种多样的地理教学与学习方式，增强地理教学活力

丰富的地理课程资源能为教师提供多角度、多途径的教学方式。如教师可以利用多种类型的地图、模拟演示、视频等对学生进行启发式教学；教师可为学生提供多种文字、数据、

图像信息,创设多种演示、实验、观察等教学情境,引导学生进行发现式学习;教师可以积极引导学生到鲜活的自然与社会环境中进行多种形式的研究性学习等。毫无疑问,这有利于从根本上改变灌输式、封闭型的教学与学习方式。

3.有利于全面达成地理素质教育的重要目标

学生在丰富的地理课程资源环境中,在生动活泼的多种地理教学方式和学习活动中,增长活知识,提高理论联系实际、发现问题、解决问题的多种能力,浓厚学习兴趣、审美情趣,培养科学精神,增强社会责任感等,有利于三维和谐的地理素质教育目标全面达成。

4.有利于增强全社会环境意识与可持续发展观念

课程资源开发中的问题发现与分析,对策思考及建议,以及相应的地理主题社会宣传、社会倡议等,一方面提升着师生们的认识、能力与情感世界,另一方面也给社会以积极影响,有利于增强全社会环境意识与可持续发展意识。有利于调动社会各界关注地理教育。

二、校内地理课程资源开发与环境建设

校内地理课程资源开发利用有两方面的重要内容。其一,积极建设学校地理课程资源库。其二,充分利用学校地理课程资源。

(一)积极开发建设学校地理课程资源库

1.调查、建档,逐步建设

首先要通过调查,掌握学校地理课程资源的现状,并分门别类建立地理课程资源档案。要根据学校实际,制定具体计划及规划,逐步建设地理课程资源库。

2.完善学校地理课程资源库的建设项目

学校地理课程资源包括:

(1)常规类:教材以外教学所需地图和地图集;地理模型和标本;地理资料等。包括:东西半球图、世界地形图、世界政区图、中国地形图、中国政区与交通图、本省(自治区、直辖市)、本县(市)地图、世界地理景观图片、中国地理景观图片等;地球仪、等高线地形模型等;主要岩石和矿物标本等。

(2)基于信息技术类:计算机辅助教学软件(课件、题库、备课及教学工具);网络教学平台(交互、双向)。其基本要件:幻灯机、投影机、计算机等电教或交互器材。

(3)教学设施类:地理教室,地理园地,计算机网络教室等学习、实践场地。

3.注意地理课程资源的积累与更新

要通过购置、自制、采集等多种途径,逐步扩大包括各种地理教具、学具、教学软件、电教软件等在内的地理课程资源库的容量,提高地理课程资源库的质量,并及时更新,以适应社会发展、科技进步和地理课程教学改革不断深入的要求。

(二)充分利用学校地理课程资源

地理教师要结合学校的实际和学生的学习需求,充分利用学校已有各种显性的地理课程资源,以及师生可用于地理教学的经历、体验等隐形地理课程资源。

地理教师要充分利用地理专用教室、地理园等地理专用设施进行教学,也要指导学生利用地理板报、地理橱窗、地理主题班会以及校园广播、校园网等开拓和利用地理课程资源。

地理教师还要注重并指导学生进行校际地理课程资源的共建和共享。

(三)地理专用教室的建设

地理专用教室即多媒体网络化特征突出并兼具多种地理活动设备设施的地理教室。建

设地理专用教室既是信息时代地理课程教学改革的必然选择,也是信息时代地理教学实现跨越式发展的技术保障,对学生地理素质全面培养有重要影响。

地理专用教室有进行多媒体网络地理教学及其他多种地理教学活动的功能,为现代地理教学所专用。其主要功能包括:(1)安排日常地理课堂教学。(2)学生在教师指导下或独立完成要求的观察、实验项目等。(3)开展多种地理活动,如观看地理影视节目、地理知识竞赛、地理模拟游戏等。(4)可利用此开发地理课程资源,开展地理教学研究等。

地理专用教室一般包括两大区,即教学准备区(教师备课用的独立房间、贵重仪器、教具存放间等)和教学区(讲台教学演示区、中心学习活动区、地理网络学习区、四周教学用具陈列区、地理信息展示区、地理习作展示区、地理书刊陈列区等)。

地理专用教室配备了多种设施,如网络化多媒体教学设施(多媒体播放设施、网络化教学设施、常用必备软件、教学素材等)、地理标本、地理模型、地理仪器及地理教学所需桌椅等。

有条件的学校,要尽早、尽快建设地理专用教室,为学生学习创设符合时代要求的优质地理教学资源环境。

(四)地理园建设

地理园是在学校内(或附近)的开阔地,由人工建立起来的能反映多种地理现象和特征并能进行地理观测、实习、演示、实验等活动的场所。地理园在中学地理教学中具有重要意义。其突出特点:形象逼真,科学性强;化大为小,一目了然;化远为近,咫尺可观;化繁为简,特点凸显;化静为动,引发兴趣;化书为物,便于理解;现场感受,加强感观;近看乡土,远眺环宇。作为学生地理学习方便实用的仿真性现场,其重要意义不言而喻。

有条件的学校要建设地理园。地理园的布局一般如下:

地理园的场址最好选择在校内或学校附近地势稍高的空旷地上,四周不宜有高大的树木或建筑物遮挡。面积以不小于21 m×12 m为宜,也可根据学校条件适当扩大或缩小。园内平铺浅草,四周应有不高于1.5 m的围栏,以便保管园内设施。

地理园设计布局时,首先要考虑有正确的方位。东、南、西、北四个方位定准后,还可以从中央引出东南、东北、西北、西南四条方位线,最后用有色小石子嵌铺,便于学生识别。

地理园内的设施,观测仪器部分可安置气象观测仪器,如风力风向仪、风速仪、雨量筒、蒸发皿、百叶箱、土壤温度计、测雪标等;天文观测仪器,如测定太阳时的赤道日晷,观测北极星以确定地理纬度的斜度测角器(也可测定其他星体的位置变化)等。有条件的学校还可安置天文望远镜。人造地形地物部分,可堆造坡度有缓有陡的小丘,以向学生讲解缓坡、陡坡、坡底、坡顶以及海拔、相对高度、等高线等地理名词和概念。另外,在小丘的缓坡面上,可开挖"河流"及"支流"汇入"湖泊"或"海洋",使学生识别河流的上游、中游和下游,以及沙岸、岩岸、港湾、沙洲、三角洲、岛屿等。在园内还可设置岩石、土壤标本架,让学生认识各种岩石和土壤;设置沙盘,让学生自由堆造各种地形地物。

实践性地理园中设置的气象、天文等观测仪器,地形地物等实体模型,为学生开展地理活动创造了实践条件。模拟性地理园内的模拟地形,模拟山、河、湖等,其逼真性虽不如自然山水,但人工塑成的某些特征更为突出,为学生理解、掌握一些地理概念、地理原理提供了方便。地理园的建设要量力而行。地理园内许多设置的项目,师生们可以就地取材,动手制作,也同样会丰富生动,充满意趣。参见图7-7、7-8。

图 7-7 广州番禺石基三中地理园全景

图 7-8 重庆一中地理园一景

三、校外地理课程资源开发与环境建设

校外地理课程资源开发利用要充分认识、有效利用校外所有类型的地理课程资源，并高度重视地理教育实习基地的建设及乡土、校本课程的建设。尽最大可能为学生走进大自然、参与多种社会实践提供机会。

（一）充分认识、有效利用校外地理课程资源

校外地理课程资源主要包括：

（1）学校附近的自然地理环境。如学校附近的山、河、湖、海、森林、草原等，可以将其开发建设成地理观察、考察、实习等活动基地。

（2）学校附近的社区。如商业中心、居民住宅区、大专院校、科研机构、科技开发区、政府部门、交通路口等，可以将其开发为学生参观、访问、调查等实践活动的场所。

（3）公共活动场所。如青少年活动中心、科技馆、图书馆、资料馆、教育基地、天文台、地震台、气象台、水文站、博物馆、展览馆、陈列馆、主题公园、植物园、动物园等，都是地理课外学习的重要场所。

（4）大众传媒。如报刊、广播、电视、电影、互联网等形式。为学生广采信息、主动学习提供了诸多机会。

校外地理课程资源的有效利用，要注意：（1）课内外整合；（2）走出、引进相结合；（3）开发利用与因地制宜、动手创建相结合，充分注重具区域特色的乡土地理课程资源开发。

（二）乡土地理教育实践基地建设

乡土是学生最熟悉的地方，是学生最易感知的微型地理世界及锻炼成长的沃土。地理教育实践基地建设是校外地理课程资源开发与环境建设的重要内容。下面引介两例：

【案例研究】

案例 1：重庆巴南十大地理教育实践基地之一——东泉①

1. 东泉基地 10 大教学点及特色：

（1）五布河教学点（自然风光，河流资源开发）；（2）东泉断崖教学点（地形的内外力作用）；
（3）古佛洞基地（喀斯特景观）；（4）复旦遗址教学点（历史文化）；（5）白沙寺教学点（古文化遗产）；
（6）东温泉教学点（喀斯特景观）；（7）抗战新村教学点（历史文化）；（8）杨沧白墓教学点（历史名人）；
（9）古寨群教学点（古建筑与历史）；（10）热洞教学点（喀斯特景观）

---

① 郭清华主编. 创建教育基地课题研究[M]. 成都：四川人民出版社，2000：241.

2.东泉地理教育实践基地活动效果

就学生而言,在基地初步建成的三年时间内,仅基地所在4所学校就有逾千名学生在教师指导下开展多种形式的野外实习,学生提交有关实习心得上千份,撰写爱家乡地理小论文257篇,绘制家乡地图175幅,制作标本45件,办地理实习小报158份,摄制实习照片102张,其他成果18份。参加实践实习的各中学学生,其笔考成绩都有不同程度提高。

就教师而言,所有研究和指导教师在多种期刊发表或指导学生发表了一批成果,提升了专业素质,深受学生喜爱。

师生们一致认为:三年的实验研究,是开展素质教育的一次成功探索;深化了乡土地理的教学与研究;提高了师生实践能力,深厚了爱国爱乡的情感;能促进当地旅游等事业的发展;调动了师生地理教与学的积极性。

案例2:"游京郊学地理"活动之——灵山植被与旅游考察①

主要地理活动目标:

考察点	地理内容	地理技能	地理价值观
1、2	灵山的植被与气温状况	观察能力;运用图表技能	关心家乡的自然环境
3	辨别方向;南北坡植被差异	辨别实际方向技能;观察能力;分析问题能力	增强热爱家乡情感
4	旗形树冠;风对植物的影响	观察能力;分析问题能力	树立辩证的地理思想
5	水土流失及治理	观察能力;分析能力;解决问题能力	增强对环境的保护意识
6	灵山的植被与气温状况	观察能力;运用图表技能;概括能力	增强地理审美情趣

考察步骤:…… **问题解析:**…… **参考信息:**……(略)

点评:以上两例,均是乡土地理系列活动之一。活动设计者将地理课程改革的理念、地理素质教育的目标与乡土地理教育实践基地的建设及考察活动的设计、实践有机融合,值得学习与引介。

四、地方课程及校本课程建设

《基础教育课程改革纲要(试行)》明确指出,基础教育课程改革的重要目标之一,是"改变课程管理过于集中的状况,实行国家、地方、学校三级课程管理,增强课程对地方、学校及学生的适应性"。地方课程、校本课程的开发建设,是增强课程活力、拓展学生学习空间、发展兴趣爱好、促进学生自由而有个性发展的重要举措。无论地方课程或校本课程的开发建设,一定要密切结合当地乡情、校情的区域特点,结合学生学习实际需要及与学科内容相关的社会性重大题材或关注热点。地方课程、校本课程建设可以是分学科的,也可以是跨学科的。以下结合有关案例予以说明。

(一)地方课程建设

地方课程是反映地区差异或特色,用以因地制宜地对学生进行素质教育的课程。地方课程多因适应地方社会经济文化发展而开发。

地方课程建设对促进学生具体深入认识本地地理环境特征、人地关系及区域发展中面临的重大问题,促进学生获得应用性地理技能及综合实践能力,促进学生热爱乡土、服务地方、关注区域发展与全局发展的情感、态度和价值观等方面,都有重要意义。同时,地方课程研究成果也对当地社会经济发展有积极促进作用。在促进学生发展及服务社会过程中,教师专业素质与服务社会能力,也获得发展。

地方地理课程资源开发中的地方课程一般要遵循地方性、地理性、重大性、服务性、开放性、协同性等原则。地方课程建设也是一个系统工程,地方课程建设因地而异,以下即是一例。

① 王海燕,杨光等著.游京郊学地理[M].北京:首都师范大学出版社,2010:16.

【案例研究】

三峡库区中学环境教育地方课程的开发与实践①

重庆市万州区教育科学研究所多学科结合，在近五年的研究与实践中开发出了三峡库区中学环境教育地方课程，总结了系列有价值的经验。

一、课程开发背景

三峡库区是位于长江上游渝东北地区，随着三峡工程的兴建，三峡大坝的修筑，在坝上形成的一个以长江河谷型水库为轴的狭长的地理单元。三峡库区面临的最大问题是人口稠密，生态脆弱，经济落后。淹没区的11座县城、114个集镇的大规模搬迁建设，120万人的庞大移民，给三峡库区先天脆弱的生态系统带来了前所未有的考验。三峡库区的生态环境保护问题是摆在库区人民面前的首要大事，也是三峡库区中学面临的大事。学校环境教育，具有“教育一个，影响全家”。“教育一代，影响几代”的功效，是全民环境教育最经济、最有效的形式。学校环境保护教育正是我们需要的植根于库区、适用于库区的地方课程。构建三峡库区环境教育地方课程是库区环境建设的需要，也是新一轮基础教育课程改革的需要。

二、课程构建原则

1. 互动性原则

主要包括：教材建设与学生学习活动互动；教学实践基地建设与学生实践活动的开展互动；课堂教学突出师生互动。

2. 开放性原则

即在课程目标上体现开放；在教学活动环境体现开放；在教材编写上体现开放；在教学活动组织形式上体现开放；在学习场所选择上体现开放，促使学生面对具体库区环境去感受、发现、自主探索，丰富实践知识、能力体验、环保价值观。

3. 乡土性与全球性结合的原则

强调“本土事件，国际视野”互相联系，充分认识区际环境之间、国家与国家之间相互影响、共存共荣的关系，明确每一个地球公民对全球可持续发展的国际责任。例如，三峡库区酸雨危害与全球变暖的关系等。

三、课程实践探索

（一）培养库区“活跃而负责任的公民”，选择本土化的教学内容

依据有关指导纲要及三峡库区生态环境建设需要，确立了为库区培养“活跃而负责任的公民”的教育目标。即通过该课程学习，让学生树立良好的环境道德和可持续发展观，增强对当地环境和环境问题的关注度和社会责任感，学会基础的环境科学知识和基本技能，初步掌握研究区域性环境问题的科学方法。

与此目标相应，课程教材着重选择与三峡库区生态环境特征及环境问题高度相关的内容。例如“三峡工程与库区移民”、“三峡库区的地理环境特征”、“移民后靠垦殖与库周水土流失的治理”、“库区蓄水对局部小气候的影响”、“积重难返的水污染与水库自净能力减弱的矛盾”、“城市搬迁建设与滑坡、崩塌等地质灾害的防治”、“城市垃圾和污水的处理问题”、“库岸消落带的保护与开发问题”、“库区淹没生物的抢救与保护问题”、“库区劳动力过剩与产业发展不足的问题”、“生态建设与生态经济发展问题”等。

（二）制订实施方案，确保课程扎实有效实施

为确保三峡库区环境保护教育地方课程实施的有效性，制定了《万州区中学环境教育地方课程实施指导意见（试行）》。明确了课程实施的指导思想；规定了前期准备、实施启动、实施深化、完善提升等四个阶段的具体时间和实施内容；提出了“转变教师观念，建立新课程理念”、“坚持理论联系实际，以活动带知识”、“建立三峡库区中学环境保护教育发展性评价体系”、“开发校外课程资源，建立环境教育学生实践基地”等四点要求。同时，还制定了《万州区中学环境教育研究性学习实施方案》，将三峡库区中学环境教育地方课程实施与高中研究性学习课程有机结合，减少矛盾，使地方课程实施更有保障。

（三）选编特色鲜明的环境保护教育地方教材

选编了《三峡库区环境保护教育·高中读本》、《三峡库区环境保护教育·初中读本》和《三峡库区环境保护教育·研究性学习册》。该套教材着力体现以下特点。

第一，乡土性。教材设置“三峡工程”、“三峡移民”和“三峡库区生态环境”专章，每一个单元都以库区的个案研究为载体，呈现生态环境科学的基础知识和基本技能。学生研究性学习的12个专题全是库区最突出的环境问题。

第二，交互性。《研究性学习册》中专题文本呈现方式主要包括两部分：其一为背景知识；其二为学生活动流程、方法指导，成果呈现，个人行动等栏目。学生在学习探究的过程中，逐步将研究性学习成果展现于教材之中，体现学习者与文本的交互。

第三，选择性。该套教材的内容和案例选择涉及整个三峡库区，而位于库区不同县域的学校可观察到

---

① 李淑春. 三峡库区中学环境教育地方课程开发与实践[J]. 中国教育学刊，2009(7)，有删减。

的环境不同,当地所提供的教学资源、学生兴趣爱好等不一,《学习册》对此进行了弹性设计,学生可自主选择其中2～3个专题研究学习。

为了不增加学校和学生的经济负担,又能有效使用,该套地方教材以电子教材的形式免费提供给学生和教师使用。

(四)选建学生环境教育实践活动基地

环境教育具有强烈的实践性特征。为规范、安全地开展学生实践活动,我们主动与环保部门、企业、社区联系,发掘本土环境教育资源;利用寒暑假组织部分地理、生物教师开展野外考察,采取点、线、面结合的原则筛选适合学生开展实践活动的场所。共选建了如"太白岩崩塌与危岩治理工程"、"苎溪水质调查五点一线"、"龙宝河综合治理工程"等8大活动基地。

(五)建立促进教师发展和学生成长的教学评价体系

确定了评价宜粗不宜细,定性重于定量的总体原则。对教师教学能力评价,重点考量教师对乡土环境的认识能力和教学资源的开发能力;活动实施组织管理能力;对学生课题研究的指导能力;学生活动安全保障能力等。建立以教师自评为主,教师、学生、家长、社区共同参与的评价机制,让教师从多种渠道获得信息反馈,不断提高教学水平。

对学生的学习评价在教学目标三个维度上,特别关注后两个维度。评价内容主要包括三个方面。(1)学生对本土环境问题的关注度,是否有环境价值观、环境道德、与环境友好的个人行为。(2)评价学生发现身边环境问题的能力、环境科学的基础知识、基本技能及解决问题的方法和途径。(3)评价学生在参加专题研究、实践活动、公益活动过程中的个人表现。评价方式是以学生自评为主,学生、教师、家长、社区共同参与。评价结论用"优秀"、"合格"、"不合格"定性描述。

四、课程开发实践的主要经验

(一)着力"创造适切每个孩子发展的课程"——独立课程、电子教材、实践基地、活动指导、实施及评价规范等。

(二)提出了"互动性原则"、"开放性原则"、"乡土性与全球性结合的原则"。(见前)

(三)创建了"三化教育模式"——课程化、活动化、互动化的"三化教育模式"。

1.课程化的环境教育

特色之一,以地方课程的形式独立开设环境教育。在高一和初二开设此课程。(1)全学年开课12学时,按2个课时集中安排,每学期3个下午。高中主要采用与研究性学习课程结合的方式,以学生选题探究的形式开展,形成了"理论解析—专题研究—成果交流—个人行动"、"典型案例—问题分解—查找资料—分项研究—合力解决"等学习模式。(2)以基础型课程为主,并与拓展型课程和探究型课程有机结合。基础型课程将重点放在公民环保素质基础层面上的观念品德教育;拓展型课程中着力帮助对环境科学有兴趣的学生进行较系统的自主学习,重在环保知识和能力的培养。探究型课程以专题或问题为切入口,联系当地环境问题开展研究性学习,重在综合能力培养,研究解决现实环境问题。

特色之二,增强渗透式环境教育的主动性和有效性。环境科学是一门综合性学科,与地理、生物、化学等密切相关。因此在开设环境教育专门课程的同时,重视多学科环境教育的渗透,并通过研究课等,着力增强相关学科教师主动性和有效性。

2.活动化的环境教育

(1)环境保护实践活动——环保教育强调实践。课程与研究性学习结合,以综合性或专题性的课题,组织学生选题开展环境考察或环境调查。几年来,我区学生有几万人次开展了多种专项的环境考察、调查等实践活动。产生了一批优秀成果。

(2)环境保护主题活动——环保教育是一种强调参与的自我教育活动。利用环境日、地球日、植树节等,采取学校自己组织或与环保局、共青团等机构联合的方式,开展多种形式的环保活动。有几万名师生参与了"保护母亲河行动"、"库区清漂行动"、"绿化社区行动"、"全民植树活动"、"中学生环境保护征文比赛"、"节能环保我行动"、"学校节水周"等主题活动。

3.互动化的环境教育

(1)学生—家庭互动的环境教育模式——即学校教育学生,学生影响家长,家长督促学生。一些学校建立了学生环保个人行为联系卡,要求家长和学生对节水、节电、减少过度消费、拒绝一次性碗筷等个人行为互相监督。良性互动,共同发展。

(2)学校—社区互动的环境教育模式——即学生利用社区环境教育资源开展活动,促进了社区环境建设。同时,社区也成就了学校环境教育,政府官员、生态农业园农民、污水处理厂技术员等都成了学生环保教育的指导员,形成良好互动。

(四)提出了地方课程开发实施策略

即"专题性研究策略"、"综合性学习策略"、"本土化行动策略""选择性活动策略"、"个人行为养成策略"五大策略。

五、课程开发实践效果

(一)发展了学生。

学生的环保意识与行为普遍增强。对环境保护具有强烈兴趣和优秀潜质的学生大批涌现，如清泉中学的“长江清漂体验活动”，受到当地媒体的广泛关注；万二中的“气候酷派”小组，在重庆市有关比赛中获一等奖；万一中学生的《库岸消落带的保护与开发》、万二中学生的《苎溪河水污染调查》、万三中学生的《太白岩危岩治理研究》、万州高级中学学生的《万州区水土流失研究》等获市、区级研究性学习成果奖；万二中的熊琳琅 2006 年 7 月在重庆市环保局、教委、科协、英国总领事馆联合举办的中学生环保大使评选活动中，以绝对优势获得了中学生“国际环保大使”称号，并赴伦敦参加了全球气候变化青年大会；毕业于万二中的香港科技大学学生蒋春萌以对极地环境保护的热情、优秀科研能力和良好的综合素质入选“中国大学生北极使者”，于 2008 年 2 月赴北极进行了为期半月的科考。

(二)成就了教师。

参加实验的教师通过有关活动树立了新的课程观，增强了课程开发的能力，促进了自身专业成长。几年来撰写了上百篇优秀的环境教育教学设计、实践活动设计和教学案例与反思，集成了《三峡库区中学环境教育教师成果集》，并有 10 余篇论文、成果在《课程·教材·教法》、《中国教育学刊》、《生物学通报》、《林业实用技术》、《中学地理教学参考》、《地理教育》等重要期刊发表，30 多篇论文、案例获全国或市级奖。20 多名教师成长为国家、市、区级骨干教师。有教师获得“特级教师”、“重庆市教育科学研究学科专家库专家”、“重庆市环境保护先进个人”等荣誉。

(三)绿化、美化了学校。

各参与学校因为开展了环境教育，校园更清洁、更绿更美了，用水用电更节约了……区内有 6 所中学成功创建了市、区级绿色学校。

(四)促进了库区环境保护与建设。

三峡库区中学环境教育地方课程的开发与实践的一系列行动与成果对促进学校及社会的环境教育、防灾减灾教育、可持续发展教育，对促进“绿色社区”建设、生态农业园建设、企业污染治理以及政府管理献言献策方面，都发挥了积极作用。

点评：该案例，为新课程理念指导下，进行地方课程开发提供了一个成功借鉴。其特色之一，结合区域重大地理建设——三峡工程，将环境教育与地方课程开发密切结合。特色之二，实施课程化的环境教育，突破了学校环境教育渗透式的单一模式。特色之三，课程建设系列化。课程建设包括课程设置、开发教材、选建实习基地、教学模式改革、教学评价改革以及一系列相关策略的制定。特色之四，教学内容的本土化，以乡土案例带生态环境科学知识。特色之五，以综合性为主要的学习方式。

(二)校本课程建设探索

一般而言，校本课程是在具体实施国家课程和地方课程的前提下，以学校教师为主体，结合本校学生需求和学校办学思想，充分利用当地和学校的课程资源而开发的多样性、可供学生选择的课程。地理校本课程开发建设要明确其目标、重点、开发原则及组织实施。

1. 地理校本课程建设的目标

校本课程是国家课程与地方课程的必要补充。作为三级课程链上的基层级课程，地理校本课程的目标是最大限度满足学生的兴趣爱好，调动其学习地理的积极主动性，学会探究学习、合作学习，浓厚热爱家乡情感，提高综合素质。为此，地理校本课程的选择与建设要充分注重拓展学科、学生需要、开发乡土、关注社会等四方面的有机结合。

2. 地理校本课程建设及实施的重点

地理校本课程建设的重点关注有以下三方面：

(1)做好计划。为了更好与国家课程及地方课程协调共进，每学期或每学年开始就要做好计划，确定课程的活动时间、内容、方式。由于中学生尤其高中学生课业负担较重，有经验表明，每学期开展地理校本课程不要超过 4 次为宜。

(2)遵循规律。例如，依据学生学习的规律，高一年级开设趣味性较强的校本课程，高二开设侧重分析、解决问题的课程。依据学校工作规律，开学后、中段考试后都是开展校本课程的最佳时间。

(3)与国家课程有机结合。例如，学习“必修一”自然地理为主内容时，多结合地理观测、地理实验类校本课程；学习“必修二”人文地理为主内容时，多结合有关乡土建设区位分析类校本课程；学习区域地理内容为主课程时，多结合乡土特色浓郁的校本课程。

3. 地理校本课程建设及实施的原则

(1)课程内容的生活性、实用性

选择与学生当地社会生活密切相关的乡土知识和社区经验,有利于丰富学生对生活世界的真切感受和学有所用的学习自信。例如,广东佛山一中所开设的《地理在社会生活中》的校本课程,设计"生活与地理"(饮食与地理、住宅与地理、健康与地理、风俗与地理、地方病与地理、人类文化与地理等)、"自然灾害与地理"(滑坡、泥石流、水灾、旱灾、台风、寒潮、地震等的成因、分布、防治)、"旅游与地理"(中国旅游资源分区,最佳旅游季节、旅游路线选择,佛山二日游路线设计)等栏目,受到学生欢迎。

(2)教学过程的趣味性

趣味性使学生乐于参与并贯穿全程、乐此不疲。因此,校本课程要密切结合乡土发展,要形式多样,针对学生兴趣,增加指导过程情趣等。如上述《地理在社会生活中》的校本课程第二章《城市与地理》教学过程,就结合国情乡情设计了"我国是否应该加快城镇化"的辩论会、"佛山市并区后的利弊分析"、"我为佛山规划献一计"、"佛山城市'热岛效应'调查"、"汾江河水污染现状及治理"等实践,学生兴趣盎然。

(3)教学内容与教材的互补性

在课改后地理必修课程内容增加、课时有所减少情况下,这种互补既巩固了必修课程,又可有较好的拓展。如《天文入门》校本课程中有关"天文学史、恒星演化、月相变化规律"等对"必修1"的补充。

(4)教学内容的特色性

校本地理课程的特色,既可来自乡土,也可针对时政。如广东佛山一中开设的《趣味军事地理》。就以"美伊战争2003"、"十大兵家必争之地"等专题,吸引了学校众多学生的选学。

同市(区)不同学校,立足市(区)情,突出校情,采取同课异构、异课同构等多种形式,可开发缤纷多彩的系列化地理校本课程,如表7-8:

表7-8　厦门市域系列化高中地理校本课程开发①

异课同构	《厦门海洋地理》	(厦门外国语学校)	同课异构
	《厦门海洋地理》	(厦门六中)	
	《厦门海洋地理》	(海沧区教研中心)	
	《厦门旅游地理》	(厦门禾山中学)	同课异构
	《厦门旅游地理》	(厦门英才学校)	
	《厦门的旅游》	(厦门科技中学)	
	《厦门自然灾害》	(集美、乐安、灌口中学)	同课异构
	《厦门的自然灾害》	(厦门华侨中学)	
	《厦门灾害地理》	(厦门海沧实验中学)	
	《风水文化与地理》	(厦门一中)	
	《厦门文化地理》	(厦门三中)	
	《厦门天文活动》	(厦门双十中学)	
	《走进家乡同安》	(同安一中)	
	《同安农村的环境与发展》	(同安五显中学)	
	《海沧环境问题》	(海沧中学)	
	《厦门商业地产》	(厦门二中)	
	《厦门人口地理》	(厦门二中)	
	《应用地理学》	(厦门同安启悟中学)	

① 李依铭.市域高中地理校本课程系列化开发的探讨[J].地理教学,2010(4).

4. 地理校本课程的评价

校本课程评价注重过程评价与终结性评价相结合的方式。如下例(表 7-9):

表 7-9 佛山一中《天文入门》考核方案[①]

过程分	课时分(10 分)	(上课考勤纪律)
	课堂表现(10 分)	(积极性、纪律性、科学态度、协作精神、创新精神等)
	活动表现(10 分)	(活动中上述表现)
	学习体会(10 分)	(期末撰写的个人学习体会)
考核分	试卷考核(60 分)	(选择题、简答题等)
总分	(100 分)	
认定等级	(A:80~100;B:65~79;C:60~64;D:60 分以下)	

地理校本课程开发建设在遵循以上原则的同时,要认真开展现状调查分析,制定相应课程标准(重点:主要内容、活动安排),收集资料形成体系,教师培训,设置课程(如佛山一中,高一到高二的前三学期,每期开一门供选择,每周 1 课时,学期总课时为 10～15 课时),使校本课程能得以有效实施。

5. 地理校本课程的多样形式

校本课程多以选修课的形式出现,诸如"天文入门"、"环境教育"、"生活地理"、"趣味军事地理"、"农艺活动"、"工艺制作"等。随着校本课程建设的发展,"地理论坛"开始崭露头角。相对于一些内容较固定的校本课程,"地理论坛"更具灵活多样性,它可以就地随时采集重大地理主题,进入论坛供学生学习研究。参见以下"地理论坛"案例之一——"美丽的桥"。

【案例研究】

《美丽的桥》[②]

一、设计思路与说明

桥是与我们生活密切相关的建筑物之一,起着跨越河、湖、峡、谷、人工路障以及经济文化等交流的重要作用。

本课设计四大部分:1. 桥的概念;2. 桥的发展;3. 家乡的桥;4. 桥的价值。

二、教学目标

1. 了解桥梁的基本知识。
2. 学会实地考察、调查访问、查找文献等研究方法。
3. 通过学生自己解说中国桥梁史及展示家乡的桥,锻炼学生的多种能力。
4. 通过学生设计家乡的桥,增强创新意识及对家乡的热爱。

三、资源的开发利用

1. 充分利用当地课程资源。
2. 充分利用电子网络平台。

四、课堂活动过程

1. 学生相声:"桥趣"。
2. 教师点评,承转、引入"何为桥?"(各抒己见)
3. 学生活动:简介中国桥梁史及各个时期有代表性的桥。
4. 教师承转引导,学生活动:介绍家乡的桥(报桥名,智力竞赛,桥梁荟萃,"桥都"探因,新桥设计、点评)。
5. 师生共同探讨桥梁的价值,在诗意总结中结束:桥,沟通天堑,促进经济、交流文化……桥,智慧之美;桥,沟通之美;桥,艺术之美……人也是桥,承接远古,联系现在未来……在时代的洪流上,永远会不断诞生

---

① 蔡清辉.例谈高中地理校本开发[J].地理教学,2010(4).

② 熊强.美丽的桥.2007 年重庆市"高中校本课程建设展示活动"课目之一.

一座又一座的物质之桥、精神之桥、文化之桥、艺术之桥、生命之桥！

点评：该论坛主题富有情趣；内容乡土味浓郁又视野广阔；学生活动主导，形式丰富生动，充分展示其才情个性；集趣味性、知识性、审美性、实践性、开发性为一体，所以受到学生衷心欢迎。

【思考、实践与交流】

1. 地理课外活动的特点和作用是什么？
2. 地理课外活动的主要类型及内容是什么？
3. 设计一个地理课外活动方案并与同学们合作实施。
4. 简述地理课外活动与地理课堂教学的关系。
5. 简述地理研究性学习的设计原则、活动程序及评价。
6. 自选一个感兴趣的题目进行研究性学习设计，并与同学交流。
7. 地理课程资源包括哪些内容？有哪些开发利用途径？
8. 到中学参观地理专用教室或地理园，与教师学生交谈，了解他们的体会和建议。
9. 学习有关资料，谈谈你对地方课程的认识和体会。联系学校所在地，适合开设哪些地方课程？
10. 开发、建设校本课程要注意体现哪些原则？收集有关案例并进行评价。
11. 本校或所在地中学，是否建立乡土地理教育实践基地？考察其具体内容或结合本地实际设计一个野外实践基地建设方案。

改变课程评价过分强调甄别与选拔的功能，发挥评价促进学生发展、教师提高和改进教学实践的功能。

——《基础教育课程改革纲要》(试行)

第八章　激励为要:发展性地理教学评价

【提要与结构】

地理教学评价是地理教学系统的基本要素，其重要作用贯穿地理教学全程。地理课程改革新理念使地理教学评价发生根本性变化。建立促进学生全面发展的评价体系，建立促进教师不断提高的评价体系，建立促进课程不断发展的评价体系，成为新形势下地理教学研究的重要内容。

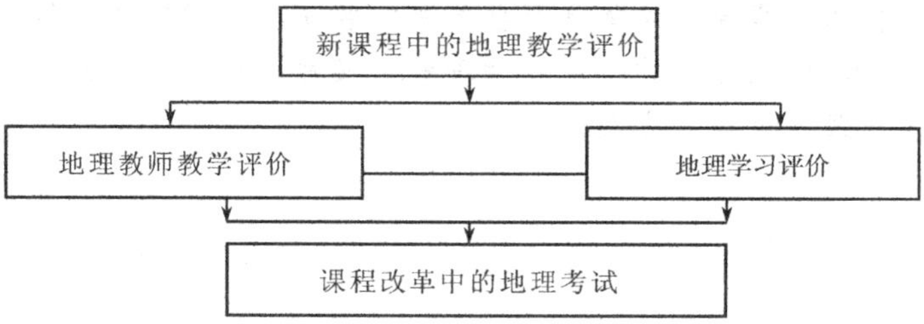

第一节　新课程中的地理教学评价

依据地理教学目的进行的地理教学评价由来已久，但只是在新课程改革理念的指导下，地理教学评价才真正发生了“以促进学生发展为本”的根本变化。

一、地理教学评价的历史发展背景

要真正理解地理教学评价将发生哪些根本转变，需要了解课程与教学评价的历史发展。

课程与教学评价既古老又年轻。说其古老，如我国可追溯至隋朝的科举考试，至今已逾千年。说其年轻，是因为从教育自身发展着眼的系统评价，19 世纪末才出现于美国，距今方过百年。课程与教学评价的大跨度的审视可分为三个时期，见表 8-1。

表 8-1　课程与教学评价的历史发展①

时期	名称	主要特点	重要阶段及特点
发端——一战前	古典考试型时期	口头提问形式为主，试卷为辅	
20 世纪 20 年代~80 年代	心理测验占统治期	多项选择的回忆式纸笔测验为主	1.测验和测量时期（19 世纪末~20 世纪 30 年代）各种统计、测量技术长足发展 2.描述时期（20 世纪 30~50 年代）描述结果与目标的一致性 **"目标取向的评价"**（科技理性或工具理性支配） 3.判断时期（1957~20 世纪 70 年代）确认价值判断是评价本质及评价的过程性（形成性评价、目标游离评价、内在评价等） **"过程取向的评价"**（实践理性支配） 4.建构时期（20 世纪 60 年代末、70 年代初－）多元主义价值观。评价是共同建构过程，基本方法是质性研究（教育鉴赏与批评，档案袋评定、苏格拉底研讨法等） **"主体取向的评价"**（解放理性支配）
20 世纪 80 年代以后	后现代时期	对评价人员及某些心理评价原则置疑	强调多元评价、差异性评价、开放式评价，教学目标并非不可更改，推崇建构与创造，师生民主平等等 **"主体取向的评价"**（解放理性支配）

从上表可见，正是课程与教学评价的历史演进，给地理教学评价改革创造了与时俱进的大背景。

地理新课程比以往任何时候都更加强调建立主体取向的评价观、建立过程与结果并重的评价观。发展性、多元性、多样性、全面性、激励性，成为当代地理教学评价的重要特质。

需要指出的是，我国教育学、教学论是新中国成立后从苏联引进的"大教学体系"，一直只有"教学检查"而无"课程评价"。20 世纪 80 年代以来，随着教育观念的变化，在课程开发方面，逐渐与西方的"大课程观"趋同，类似于西方"课程评价"的"课程与教学评价"开始进入学科教学评价，这在内涵上大大超出了传统教学论中"教学评价"的概念。基于"大课程观"的"教学评价"，也有了更为宽广的时代视野。

二、地理教学评价的理念更新

新课程倡导建立以促进学生发展为核心，以促进学生、教师、教学"三发展"为明确导向的教学评价体系。地理课程标准在"课程的基本理念"对此尤其是前者有具体表述。

《初中地理课程标准》指出，建立学习结果与学习过程并重的评价机制。地理学习评价，既要关注学习结果，也要关注学习过程及情感态度、行为的变化。实施评价目标多元、评价手段多样、形成性评价和终结性评价并举、定性评价和定量评价相结合，创设一种"发现闪光点""激励自信心"的激励性评价机制。

《高中地理课程标准》指出，注重学习过程评价和学习结果评价的结合。重视反映学生发展状况的过程性评价，实现评价目标多元、评价手段多样化，强调形成性评价与终结性评价相结合、定性评价和定量评价相结合、反思性评价与鼓励性评价相结合。

对比传统地理教学评价的诸种弊端，我们可以更深刻领会新课程地理教学评价的理念新意，见表 8-2。

① 张华. 课程与教学论[M]. 上海:上海教育出版社，2000:392～394.

表8-2 地理教学评价的理念更新

	传统地理教学评价	新课程倡导的地理教学评价
评价目标	评价目标单一。偏重知识技能，忽视其他	评价目标多元。注重“三维”目标
评价重心	重终结性评价，轻学习过程评价	重学习过程评价和学习结果评价结合，重动态发展
评价方法	偏重纸笔测验，过于强调量化，忽略多种方法	评价方法多样化，定量评价与定性评价结合等
评价主体	单一。如教师对学生的单向评价等	多元。如师生互评、生生互评等
评价功能	重甄别分等	重激励反思、激励发展

从上表可清楚看出，新课程地理教学评价理念与传统地理教学评价观念已发生根本性变化，“全面、全程、多元、多样、激励”是其显著时代特色。“人本”和“发展”是地理教学评价新理念的核心。评价主体互动化，评价内容多元化、评价过程动态化是地理教学评价始终要予以重视的。

三、地理教学评价的含义与功能

(一)地理教学评价的含义

地理教学评价的概念多从一般教学评价的概念演绎而来。

正规的课程与教学评价发端于20世纪初的课程开发与教学实践，兴盛于20世纪五六十年代，70年代后日益受到人们重视，并普遍成为八九十年代世界性课程教学改革大潮的重要研究领域。

教学评价是一个确定课程与教学计划实际达到预期教学目标的程度的过程。这是被誉为“教育评价之父”的R. W. 泰勒的见解。其后的评价专家们则大多认为教学评价还应是作出价值判断的过程。

一般而言，教学评价是依据教学的目的和原则，运用科学的评价技术对教学目标、计划、过程及效果给予的价值判断，目的是提供信息、改进教学并对评价对象作出某种资格证明。①或者，“教学评价是根据一定的教学价值或教学目标，运用可操作的科学手段，通过系统地收集信息、资料，分析、整理，对教学活动、教学过程和教学结果进行价值判断，从而为不断自我完善和教育决策提供依据的过程。”②

基于上述，地理教学评价可理解为“根据一定的地理教学目标，运用多种科学可行的方法或手段来系统地收集、分析、整理信息资料，对地理教学活动中的对象、过程及结果进行价值判断，从而为学生全面发展和教育决策服务的过程。”③

简言之，地理教学评价即根据一定教学价值及教学目标，运用科学方法技术对地理教学对象进行价值判断以不断促进教学的过程。

(二)地理教学评价的功能

体现新课程理念的发展性地理教学评价，除了基本的检查诊断、区分筛选等功能，更重要的是具有：

1. 反馈调节的功能

地理教学评价是地理教学信息反馈必不可少的重要途径。通过地理教学评价，可以发

① 邵瑞珍，张人杰主编. 中学百科全书教育学·心理学卷[M]. 华东师范大学出版社、东北师范大学出版社、北京师范大学出版社，1994：149.

② 袁振国主编. 当代教育学[M]. 北京：教育科学出版社，1998：132.

③ 段玉山. 地理新课程测量评价[M]. 北京：高等教育出版社，2003：4.

现评价对象（教学计划、方案、方法、过程、教师教学、学生学习等）的优缺点及存在问题。紧接着，对有关问题的改进及对优化教学方案、教学行为采取相应调整。例如，评价时发现学生对某些较抽象地理问题（如太阳高度角等）的理解运用未达理想预期，教师就此要考虑多运用直观法、案例法等，帮助学生更好理解。

2. 展示激励的功能

发展性地理教学评价，把更多的评价活动和过程当做是为被评价者提供的自我展示的平台和机会，例如地理作品展示、地理专题报告会等，鼓励学生展示自己的努力和成绩，增强自信，突破封闭。

发展性地理教学评价，在鼓励展示的同时倡导激励。无论对学生地理学习成效或教师教学成效的充分肯定无疑都会给师生以信心和鼓舞，促使其更有激情地投入学习或工作。

3. 反思总结功能

地理教学评价自然也有反思总结的功能。通过对教学的回顾、反省，清楚利弊得失。教师据此修订教学方案，改进教学方法，完善教学指导；学生据此改进学习策略、方法，增强学习自觉性。经常性的反思、调整有利于教学过程成为一个随时得到反馈调节的可控系统，有力推进教学改革和师生成长。

4. 记录成长的功能

发展性地理教学评价倡导多元化的评价内容及灵活多样的评价方法，尤其重视质性评价方法，如其中的档案袋评价法等，学生可以把学习成长过程中的情况、收获等一一收入成长记录袋建档保存，可以不断看到自己的成长，并在交流中鼓舞继续向前的信心。档案袋评价法兼有记录成长及激励成长的功能。

5. 积极导向功能

地理教学评价是在一定价值标准引导下进行的，不同价值观起着不同的引导作用。例如“分数至上”与“多元智力”，“应试教育”与“素质教育”，不同价值观制约着不同的评价标准及方式，也由此引导着地理学习与地理教学的方向。显然，以“多元智力”、“素质教育”、“和谐教育”等价值观为指导的地理教学评价体系，能有效促进社会进步、学科发展和学生教师素质全面而有个性的发展。

除上述主要功能，地理教学评价也有一定的教学功能，评价引导、促进教学新发展。

评价是一把“双刃剑”。科学评价可以促进地理教学，反之则贻误地理教学。

四、地理教学评价的多种方法

地理教学评价理念的更新使地理教学评价的类型和方法更加丰富多样，参见表 8-3。

表 8-3　地理教学评价的多种类型与方法

主要类型		主要方法
按评价过程和作用	诊断性评价：新学习进行前的前测性评价	测验法、观察法、访谈法等
	形成性评价：教学过程中的监控性评价	测验法、观察、提问、作业法等
	终结性评价：教学结束时的认定性评价	测验法、综合评定法等
按评价所依据标准	相对评价：将个体成绩与同一团体平均成绩相比较的评价	测验法、排序法、谈话法等
	绝对评价：将个体成绩与预定目标设定标准相比较的评价	测验法、观察法、综合评定法等
	个体内差异评价：将个体现在学习表现与以往该表现相比较的评价	测验法、档案袋法、自我评定法等

(续表)

按评价主体	自我评价：学生自身对自己学习表现的评价	总结反思法、档案袋法、自我评定法等
	外部评价：学生主体之外的人员对其学习表现的评价	测验法、观察法、谈话法、问卷法等
按评价方式	量化评价：给评价对象以数量加以描述的评价	标准化测验、量表调查统计、建模分析法等
	质性评价：给评价对象以本质性认定的评价	情境法、档案袋法、鉴赏与评论法、研讨法等

以上诸种评价类型及方法各有优势与不足及适用场景，所以一般应结合需要灵活选用。由于教学评价对象的复杂性，对其科学客观全面评价，往往需要综合运用多种评价类型及方法，并倡导激励性评价。

地理教学评价包含多方面的内容，以下重点阐述地理教师教学质量评价与学生地理学习质量评价。

第二节　地理教师教学评价

地理教师教学评价是根据国家有关地理教师教学工作的目标任务要求，运用科学的方法技术对其专业素质、工作过程、工作绩效进行价值判断，促进其教学效益提高及专业素质发展的过程。地理教师教学评价是地理教学评价的重要内容。由于地理教师是地理教学系统的关键因素，故先作阐述。实际上将"学生地理学习评价"一节提前亦无不可。地理教师教学评价，包括地理教学评价与地理教师评价。对前者，这里侧重大量常规的地理课堂教学评价；对后者，侧重综合素质评价及发展评价。

一、地理教师课堂教学评价

地理课堂教学是地理教师教书育人的主阵地。地理课堂教学评价是一个系统。

(一)地理教师课堂教学评价的主要内容

地理教师课堂教学评价的主要内容有如下地理教学系统基本要素：

(1)地理教学目标。其基本要求：三维素质教学目标全面，切合教材要求和学生实际；三维素质教学明确具体，互为渗透落实于教学过程中；三维教学目标灵活，针对不同层次学生有不同达标要求。

(2)地理教学内容。其基本要求：科学、准确，逻辑性强；丰富充实，难度适中；联系生活，生动实用；时代性强，理、例并重；重点突出，难点突破。

(3)地理教学方法手段。其基本要求：模式、方法、媒体技术，优选灵活运用；创设生动情境，引导学生积极探究，师生互动；演示规范，常规教学技术与现代信息技术有机结合；关注差异，激励不同层次及个性的学生进步。

(4)教学过程。其基本要求：结构合理，有序推进；以问题为纽带，充分调动学生多种方式积极探究；丰富有效对话，师生互动；及时调控，灵活应变，关注学生知识拓展、迁移及创生；有效激励学生不断挑战自我的勇气、学习信心及维护良好学习氛围的积极性。

(5)地理教师基本功。其基本要求：教态亲切；口语规范；驾驭多种方法、技术；推进、组织教学能力强等。

(6)教学效果。其基本要求:完成规定教学任务,三维素质目标达成率高;学生学习全程热情高,思维活跃,学习行为积极;师生积极互动,丰富、拓展教学内容;意犹未尽,学生继续保持较浓厚学习兴趣。

(二)地理教师课堂教学评价的主要方法

新课程倡导评价主体多元、评价方法多样及激励性为主的评价理念,有相应方法及重点。

地理教师课堂教学评价的主要方法有课堂观察、问卷调查、座谈法、学生成绩分析法、自我评定法等。

1. 课堂观察法

即听课法,一般教师或研究者凭借自身感官及有关辅助工具,直接(或间接)从课堂情景中获取教师教学第一手资料的学习、评价及研究的方法。运用此法要注意:(1)明确课堂观察目的要求,了解教材、教师及学校的基本情况。(2)提前熟悉有关教学内容,提前到达听课地点。(3)听课时将重点放在地理教学过程和学生活动的观察上,随堂做好完整记录并听、看、记、思有机结合。(4)课后及时与上课教师反馈评价信息,充分讨论交流,实事求是肯定成绩,提出建议,激励为主。

2. 问卷调查法

问卷调查是调查法的一种(参见第九章地理研究方法)。问卷设计要科学合理。问卷的统计分析结果,可及时转达给上课教师,作为调整或改进教学的重要参照。问卷调查者也可就问卷调查结果与被调查者充分交流,倾听心声,扩大积极效果。

3. 座谈法

是评价者与被评价教师及其相关人员进行有目的的谈话而收集有关信息的调查方法。座谈法多小范围面对面进行,其气氛较课堂观察或问卷更令当事人轻松。有关座谈人员可以较自由地坦露心声,各抒己见,也容易增进多方的沟通。组织座谈要注意:(1)有备而为。(2)态度亲切,交谈友善。(3)措辞准确,善于引导。(4)认真倾听,及时交流。(5)如实记录,客观评价。

4. 学生成绩分析法

即根据学生学习成绩评价教师课堂教学效果的一种间接评价方法。学生成绩是评价地理教师教学效果或查找教学存在问题的重要客观参照。当然,有时也需具体情况具体分析。例如,学生对某地理新教材、某地理教学新模式的适应期等,会出现一些意外的结果,但往往是暂时的。这就需要深入调查研究,对其作出客观评价。

5. 自我评定法

即教师根据教学目标及素质目标对自身教学工作进行价值判断的评价法。这种评价方法最易为教师接受而且促使其养成定期反思、调控的工作习惯。自我评定与他人评价相结合,有利于地理教师更全面客观地认识自身、发展自身、促进有效教学。

从上可见,地理教师课堂教学评价除了方法多样,也体现了评价主体多元。同行、专家、学生、教师等共同参与的有关评价,更为客观全面,在有效促进地理教学的同时,也有效促进了教师专业发展。

新课程地理教师课堂教学评价倡导采用定性与定量结合的方法。定性评价通常采用课后集体口头评议或书面陈述有关结语、意见及建议的方式,对地理课堂教学予以本质性认定。定量或量化评价主要是借助一定数学方法对地理课堂教学进行数量描述。前者较全面但难以精细，有时也难免主观色彩。后者有较强的客观性和准确性，操作较为简便，但也有难以对评价要素全面量化及赋分是否完全客观之虞。两者结合恰可优势互补。定量评价的方法很多，如“标准评分法”和“模糊数学综合评分法”等，但“标准评分法”或称“指标体系评分法”因其标准具体，操作较易，更为常用。

（三）地理教师课堂教学评价的指标体系构建

地理教师课堂教学评价的指标体系构建要符合导向性、科学性、整体性、可行性等原则。

地理教师课堂教学评价的指标体系多由两级指标构成。地理教师课堂教学评价的一级指标主要反映地理教学系统要素（考虑各自权重赋予分值，汇总100%）。其二级指标是基于一级指标的维度展开，更为具体而有可操作性（二级指标按一级指标的权重再作分配）。

每项指标的分值即“标准分”。具体评价时按评价指标要点给评价对象打分，然后各项相加，以总分衡量教师教学的质量水平。总体评价分优、良、中、差四个等级。若以百分制衡量，一般优等为90～100分，良等为75～89分，中等为60～74分，差等为60分以下。参见表8-4。

表8-4　地理教师课堂教学评价指标体系

一级指标（权重）		二级指标		权重	评价等级			
					优	良	中	差
A1	教学目标（12%）	B1	目标全面，符合课标	4				
		B2	目标明确、具体、灵活	4				
		B3	教学目标落实	4				
A2	教学内容（16%）	B4	内容正确，表述科学	4				
		B5	生动丰富，联系生活	4				
		B6	逻辑性强，文图互补	4				
		B7	重点突出，难点突破	4				
A3	教学方法（16%）	B8	方法媒体，优选运用	4				
		B9	注重能力，情知互促	4				
		B10	启发探究，师生互动	4				
		B11	关注差异，激励进步	4				
A4	教学过程（20%）	B12	结构合理，有序推进	4				
		B13	引导探究，指导学法	4				
		B14	学生活动丰富，师生互动	4				
		B15	灵活应变，调控得力	4				
		B16	激励信心，鼓励创意	4				
A5	教学基本功（12%）	B17	口语规范，教态亲切	4				
		B18	技能全面，熟练	4				
		B19	推进有序，组织得力	4				
A6	教学效果（24%）	B20	完成教学任务，教学目标达成率高	12				
		B21	学生兴趣高、思维活跃、收获显著	12				
总评	总分：		等级：					
	评语：							

不同地区或学校，制定的评价指标体系与上表主维度基本一致，局部不尽相同，反映了他们对地理课程改革理念指导下地理教师教学评价的理解。参见表8-5、表8-6。比较不同评价指标体系的异同，有助于我们构建更符合课程改革要求的地理教学评价体系。

【案例研究】

表 8-5　中学地理学科实施课程标准课堂教学评估表（重庆）

一级指标	权重	二级指标	标准分	得分
教学目标与内容	0.23	三维目标有机结合，符合课标要求 内容正确，科学、现实，切合学生实际 重点突出，难点、关键处理恰当，内容深、广适度	8 8 7	
教学过程与方法	0.32	方法恰当，组合优化，运用灵活，提倡自主、探究、合作学习 过程合理，指导学法，学生活动丰富，注重素质发展 教学手段先进、适用，直观性强 激发兴趣、主动性，调控有方	8 8 8 8	
教学基本功	0.21	教学语言简练、生动、规范，条理清楚，普通话标准、自然， 教具、挂图选用合理，运用熟练，板书、板图、板画设计正确、 美观；教态亲切和蔼，体势恰当，现代教学媒体运用恰当	7 7 7	
教学效果	0.24	面向全体，双基落实，能力发展目标达成率高 学生参与度高，思维活跃，师生互动，气氛融洽 教学理念新，学生情感、态度、价值观得到发展	8 8 8	
综合评价	总分：　　　等级： 简评：			

表 8-6　中学地理课堂教学评价表（南京）

一级指标	权重	二级指标	标准分	得分
教学设计	15%	教学思想 教学目标 教学资源整合及个性特色	5 5 5	
教学过程	40%	教学内容呈现形式 教学方法对学生学习的启发性 地理学习方法与思维方法的形成 学生学习体验 教学手段使用的合理性	8 8 8 8 8	
教学效果	30%	教学目标达成度 学生地理学习方法的掌握情况 学生形成正确观念 学生的学习习惯、态度、兴趣 学生思维活跃、有序	6 6 6 6 6	
教师素质	15%	专业素质 职业素质 整体素质	5 5 5	
综合评价			总分：	等级：

简评：以上两例在评价指标体系上各有特色（南京的二级指标下还有具体内容，限于篇幅而省略）。但在主要评价指标选择、充分重视学生学习活动及成效、定量评价与定性评价结合等方面，都较好体现了新课程理念的指导。

【专家视角】

评价一堂好课的标准①

一堂好课有一些可供参考的基本要求，即可以去努力做到“五实”：扎实、充实、丰实、平实和真实。

第一，一堂好课应是一堂有意义的课。对学生来说，至少要学到东西，再进一步可锻炼了能力，进而发

① 叶澜.评价一堂好课的标准[J].素质教育大参考，2004(1).

展到有良好的、积极的情感体验，产生进一步学习的强烈需求。有意义的课，也就是一堂**扎实**的课，不是图热闹的课。

第二，一堂好课应是一堂有效率的课。一是对面上来说，对全班多少学生有效率；二是效率的高低，没有效率就不算是好课。有效率的课，也就是**充实**的课，是有内容的课。

第三，一堂好课应该是有生成性的课。即一节课不完全是预设的结果，而是在课堂中有教师和学生的真实情感、智慧的交流，这个过程既有资源的生成，又有过程状态的生成。这样的课可以称为**丰实**的课，内容丰富，多方活跃，给人以启发。

第四，一堂好课应该是常态下的课。课堂的价值在于通过师生碰撞，相互讨论，生成许多新的东西。这样的课称为**平实**的课。要淡化公开课，多上研讨课。不管谁在听课，教师都要做到旁若无人，心中只有学生。

第五，做到了以上几点，这种课应该是一堂有待完善的课。它不可能十全十美，它应该是真实的、不粉饰的、值得反思的，可以重建的课。只要是真实的，就是有缺憾的。有缺憾恰恰是真实的指标。这种课可以称为**真实**的课。

"五实"并不是一个完善的评价标准，但是教师在追求"五实"的过程中提高了专业化水平，心胸也博大起来了，同时享受到教学作为一个创造过程的全部欢乐和智慧的体验。

【教师见解】

优质的常态课应追求什么

学习目标要确定、达成；教学形式要活动、开放；素材选用要优教、促学；学习指导要得体、贴切。①

追求朴素真实的地理课堂，教会学生求知求真；营造和谐民主的课堂氛围，鼓励学生善思善疑；创新优美独特的教学设计，引导学生品美、享美、创美。②

地理优质课堂教学，要渗透地理课程改革先进理念：激情启智强能，关注学生综合素质发展；密切联系社会生产生活，现实性强生动实用；教学逻辑清晰，重视构建知能体系；创设多样问题情境，促进学生主动探究学习；创造性使用教材，充分拓展学习发展空间；精心融合多种技术，创设愉悦而特色鲜明的学习情境；敏锐思维，激扬情感，科学与审美有机结合；巧用激励性评价，为学生积极的学习及成功喝彩③。

二、地理教师综合素质与发展评价

(一)地理教师综合素质与发展评价的重要性

地理课堂教学评价可以反映地理教师从事的大量教学活动及一些基本素质，并非全部。置身于改革开放时代及课程教学改革大潮中的地理教师，已日益从较单一的"课堂中心"的"传道授业解惑"者向课外实践的引导者、学生身心发展指导者、教学科研的探索者、学校建设与管理的参加者、社会服务的踊跃者以及学校、家庭、社会三者的协调者等多种角色转变。这种转变使地理教师的专业素质与综合素质发展更加立体全面，也会使地理教学的课内外舞台更加绚丽多彩。时代需要这种转变，地理教师评价有必要引领这种转变。地理教师综合素质与发展评价，不仅评点当下，更在指引未来，鲜明体现发展性评价的时代特色，促使地理教师加快步伐跃上一个个更高的发展平台。

(二)地理教师综合素质与发展评价的指标体系与方法

地理教师综合素质与发展评价，可以地理教师的素质维度及职责业绩领域为重点构建较全面的评价指标体系；评价方法倡导自评和他评相结合，过程民主；要定期组织全员参与；要量化评价与质性评价相结合；要重在激励。"全面、全员、多元、多样、激励"仍然是其鲜明特征。参见表 8-7、8-8。

---

① 周辉兵. 优质的常态课应追求什么[J]. 中学历史、地理教与学，2008(8).

② 唐步上. 地理课堂教学的真、善、美[J]. 地理教育，2007(6).

③ 黄京鸿. 新课改视野中地理优质课堂教学评价的思考[J]. 中学地理教学参考，2010(1~2).

表 8-7　地理教师综合素质与发展评价指标体系①②

一级指标		二级指标		三级指标	
A1	地理教师素质（20%）	B1	政治思想道德（20%）	C1	热爱祖国，忠诚地理教育（40%）
				C2	热爱关心学生，关心世界（40%）
				C3	积极向上，推崇真善美，为人师表（20%）
		B2	专业知识（30%）	C4	地理专业知识（40%）
				C5	相关学科知识（20%）
				C6	教育科学与心理科学知识 （（30%）
				C7	信息科学等时代知识（10%）
		B3	专业能力（40%）	C8	地理教学能力 （50%）
				C9	教研、科研能力（30%）
				C10	社会服务与社会交往能力（20%）
		B4	专业心理（10%）	C11	兴趣广泛，从教坚定（40%）
				C12	敏锐观察，思维活跃，勇于创新（60%）
A2	工作过程（60%）	B5	地理教学（60%）	C13	地理课堂教学（60%）
				C14	地理课外指导（20%）
				C15	备、改、导、评等教学常规工作（10%）
				C16	地理课程资源开发建设（10%）
		B6	教研科研（20%）	C17	积极参加各级教研活动（40%）
				C18	积极申报教研、科研项目（20%）
				C19	积极发表成果及参与多种会议交流（40%）
		B7	学校建设与管理（10%）	C20	关心并积极参与学校的环境建设（60%）
				C21	主动承担班级、党政群团等管理工作（40%）
		B8	社会服务（10%）	C22	积极主办或参与多种形式的地理科普、社会教育（40%）
				C23	积极参加多种形式的乡土建设和公益服务（60%）
A3	工作绩效（20%）	B9	学生发展（60%）	C24	学习兴趣浓厚，有良好的学习方法和习惯（30%）
				C25	学业成绩达标（50%）
				C28	具有较强的实践能力、创新意识及较全面综合素养（20%）
		B10	教师业绩及发展（40%）	C27	地理教学工作受到好评或表彰（60%）
				C28	有较高质量教研科研论文发表或获奖（20%）
				C29	学校、社会服务工作有实绩，受到多方好评（20%）
综合评价					

表 8-8　地理教师综合评价可借鉴的指标样表③

项目	评价指标	
教师基本素质	1.崇高的职业道德	·热爱教育　·热爱学生　·以身作则，为人师表
	2.科学合理的知识结构	·本体性知识　·条件性知识　·实践性知识　·文化知识
	3.全面发展的能力结构	·教学能力：教学设计能力；教学语言表达能力；课堂组织与管理能力；运用现代教学技术能力；教学测量与评价能力。 ·通用能力：有效协调人际关系与沟通能力；问题解决与研究能力；创新性思维与实践能力；评判性反思与不断学习能力。

① 袁书琪等主编. 地理教育学[M]. 北京：高等教育出版社，2001：246～247.

② 李家清主编. 新理念地理教学论[M]. 北京：北京大学出版社，2009：229.

③ 段玉山主编. 高中地理教学评价[M]. 长春：东北师范大学出版社，2006：239～240.

（续表）

教师履职行为	1.教师的专业行为	·教师的学生观 ·教师完成育人的基本任务 ·教师严于律己，为人师表 ·做好学生管理工作
	2.教师的组织行为	·遵守学校规章制度 ·履行职约，完成教学任务 ·与同事团结合作、取长补短 ·协调好学校与家庭、社会的教育力量
工作绩效	1.教师完成教学工作的数量 2.教师完成教学工作的质量 3.教师的教育科研能力	
教师发展	1.教师个人未来发展目标及近两年的发展目标 2.教师个人发展目标与学校发展目标的一致性程度 3.教师个人发展目标与教师岗位职责的一致性程度 4.教师个人阶段性发展目标 5.教师发展的保障措施 6.教师参加的发展性培训	

第三节 地理学习评价

地理学习评价是根据地理素质教育目标，运用科学的方法技术对学生学习态度、学习过程、学习实效等进行价值判断，促进其学习效益提高及综合素质发展的过程。

学生是地理教学系统的核心，地理学习评价也是地理教学评价的核心。发展是学生的基本权利，地理学习评价对学生地理学习有着反馈、诊断、定位、激励、导向等多种功能。它有助于学生了解学习起点，拟定适宜学习目标；了解学习进程，合理选择教学策略；了解学习结果，激励内在动机。新课程理念指导下的发展性地理学习评价是促进学生学习提高与素质全面发展的重要工具，也是地理教师了解教学得失、针对学生学习需要不断改进教学的重要途径。

一、地理学习评价的基本要求

（一）充分体现新课程评价理念

地理学习评价要充分体现目标多元、方法多样、关注过程、量化评价与质性评价相结合、他评与自评相结合、张扬个性、重在激励等课程教学评价新理念（见图 8-1），以此作为践行指南。

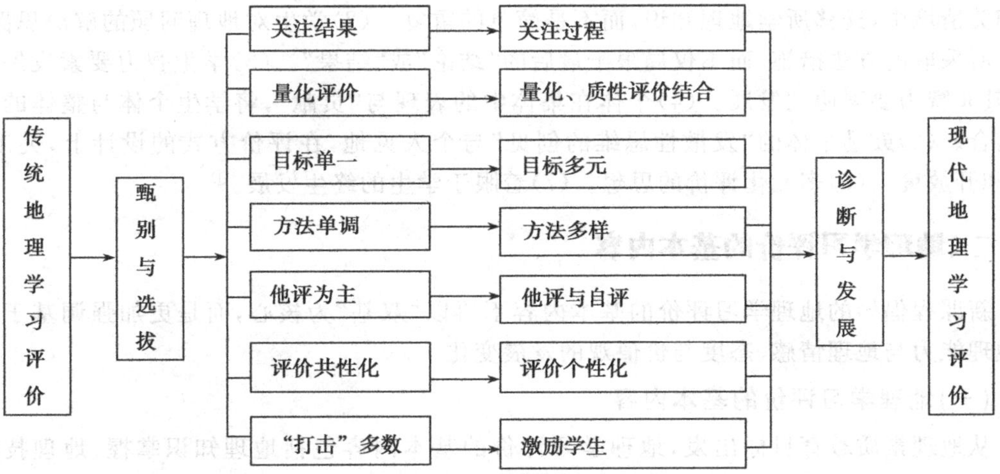

图 8-1 地理学习评价理念的变革

(二)紧紧围绕地理素质教育目标

《初中地理课程标准》强调,要注重评价学生对地理概念、区域自然和人文特征的理解水平;注重评价学生解决地理问题的能力与过程;注重评价学生科学方法掌握状况和参与探索性活动的水平;注重评价学生在地理学习中所形成的情感态度和价值观。

《高中地理课程标准》强调,要重视对地理知识理解与应用的评价;对地理技能形成与运用的评价;对地理科学方法掌握及探究活动质量的评价;对情感态度和价值观形成的评价。

为此,地理学习评价要紧紧围绕地理素质教育的教学目标展开,无论课内还是课外。

(三)突出发展性学习评价的重点

《初中地理课程标准》明确指出,地理学习评价要注重学生的学习结果、学习过程,以及在实践活动中表现出来的情感和态度的变化,强调评价的诊断和发展功能,弱化评价的甄别和选拔功能。地理学习评价的基本内容和要求参见《初中地理课程标准》。

《高中地理课程标准》明确指出,地理学习评价,要在知识和技能评价基础上,关注对学生价值判断能力、评判性思考能力、社会责任感、人生规划能力形成状况的评价。在教学活动和学习评价中要重过程、重应用、重体验,重全员参与。具体内容和要求参见《高中地理课程标准》。

(四)更多采用新课程学习评价倡导的方法

针对传统地理学习评价的弊端,新课程地理学习评价对过程性评价、个体内差异评价、自我评价、质性评价(情境法、档案袋法、鉴赏与评论法、研讨法等)有更多的关注。在课程教学改革实验中,作业法、测验法等传统学习评价方法的不断推陈出新,谈话法、行为观察法、问卷调查法、表现性评价法(活动表现、作品创作、技能实演、报告交流等)个案分析法、档案袋评定法、量表评语结合法等学习评价新方法,正为越来越多的地理教师在教学改革实践中灵活而综合的予以应用。

综上,新课程倡导的发展性地理学习评价凸现以下特点:基于全面的素质教育培养目标;更加注重学生的地理学习方式;关注地理科学方法教育;关注学生的个体差异;注重学生本人在学习评价中的作用。为此,发展性地理学习评价十分注重:(1)学生能否在现实世界或相关情境中，迁移所学地理知识，而不是简单的重复。(2)学生对地理问题的解决思路、过程及所采取的方法措施，而不仅局限于最后的“结论”或“结果”。(3)学生智力要素发展的同时，其非智力要素协同发展。(4)个体在集体中的表现与“贡献”，将学生个体与整体的评价相结合。(5)鼓励个体的“发散性思维的创见”与个人见地，在评价方式的设计上，突出“多解”和开放度。(6)多元化评价的思想。(7)着眼于学生的终生发展。①

二、地理学习评价的基本内容

新课程倡导的地理学习评价的基本内容不再以“双基”为核心，而是更加强调基于其上的地理能力与地理情感、态度与价值观的发展变化。

(一)地理学习评价的基本内容

从地理素质教育目标出发，地理学习评价的基本内容包括地理知识掌握、地理技能形成、地理能力发展、地理情意发展四大方面。(参见初、高中地理课程标准有关内容)。

(1)地理知识掌握状况的评价。涉及地理课程标准所规定的知识范围，包括地理基本事实和地理基本概念、特征、原理等方面的识记、理解、应用状况。传统地理学习评价中，往往过分注重对地理知识“识记”水平的评价，而对“理解”与“应用”水平的评价不够。

(2)地理技能形成状况的评价。包括阅读、填绘地理图表，观察、观测、调查、计算、制作等。传统地理学习评价更多重视纸面技能，而实践性技能评价明显薄弱。

(3)地理能力发展状况的评价。包括运用有关地理事实、数据、图表等阐述、分析地理问题的能力，新情境下的地理知识迁移能力，掌握运用学习方法的能力，综合思考解决问题的能力等，也包括一般的观察、记忆、想象、思维等能力。传统地理学习评价对再现式学习能力过多关注，而对学习迁移能力、学以致用解决实际问题能力以及发展性学习能力等评价重视不够。

(4)地理情意发展状况的评价。主要包括情感、观念、态度、价值观等方面的内容，对学生学业成就、社会责任感等方面起着重要的定向和动力作用。传统地理学习评价对此明显薄弱。

(二)地理学习评价的时代关注

(1)关注学生对地理位置、地理特征、地理空间结构、区域差异、地理因果关系的理解。

(2)关注学生在寻求空间有序性与规律(如空间规律、地理过程等)、解释空间效应(如区际联系、某地理要素变化的连锁反应，人—地间如何相互影响，等等)等学习活动中应用地理知识的状况。

(3)关注学生在地理探究学习过程中的各种表现(如学生怎样提出问题，怎样搜集、整理、分析地理信息，怎样提出假设和验证假设，怎样表达研究成果等)。

(4)关注学生是否学会相应的地理方法(如空间关系分析，区域综合分析，区域比较等)。

(5)关注学生读写能力、计算能力、图解能力的发展。

(6)关注学生是否在地理学习过程中形成了课程目标所要求的情感、态度与价值观。

(三)地理学习评价的主要方法

如前所述，作业法、测验法、谈话法、行为观察法、问卷调查法、表现性评价法(活动表现、

---

① 段玉山主编.高中地理教学评价[M].长春:东北师范大学出版社，2006:174～180.

作品创作、技能实演、报告交流等）个案分析法、档案袋评定法、量表评语结合法等是地理课程改革中地理学习评价的主要方法（参见课程标准中有关案例及本节的【案例研究】）。

（四）地理学习评价的维度与层次

地理学习评价通常以某学习评价主题划分维度，建立相应指标，并有一定的层次或梯度，以更全面地评价学生学习水平及体现个性差异。参见如下样例：

表 8-9　学生地理学习水平评价①

	识记	理解	应用
地理学习水平	能否快速、准确地再认或回忆学过的地理基础知识	1.能否用自己的语言正确表达和解释地理概念及地理事象的成因等原理 2.能否利用相关的信息概括说明地理事象的变化及特征 3.能否对相关概念、地理事物及区域进行比较 4.能否将一种表达方式变换成另一种表达方式	1.能否准确、恰当地选用地理概念、原理等对新情境进行合理解释、说明、评价 2.能否运用所学知识解决实际问题

表 8-10　学生地理学习能力评价表②

评价内容	评价要点
阅读分析地图、图表能力	1.是否熟悉常见的图例符号和注记；2.能否区分不同比例尺地图的功用；3.能否区分普通、专题地图；4.能否根据需要正确选用不同类型的地图；5.能否正确辨别地图上方向；6.能否从地图、地理图表中获取必要的信息；7.能否从照片、图表中推理出某些特定的信息
填绘地图、地理图表能力	1.是否掌握填绘地图、地理图表的原则和要求； 2.能否准确无误、按要求填绘； 3.填绘地图、地理图表的熟练程度如何
地理计算能力	1.能否根据要求合理选用计算公式；2.能否熟练掌握运算技巧；3.能否快速、准确进行运算
地理观测、调查学习能力	1.是否掌握地理观测、调查的原则和方法；2.能否制定合理的观测、调查方案和步骤；3.能否选用合适的观测仪器；4.能否预先考虑各种不利因素，并想好对策，保证活动顺利实施；5.能否全面、准确地做好记录；6.能否将有关观测、调查记录进行合理的归类、整理；7.能否对收集资料进行正确分析，得出科学的结论；8.能否以恰当的方式表达观测、调查的结果
发现、提出地理问题能力	1.问题意识：是否善于发现问题，积极提出可能通过探究能解决的问题，是否领会提出问题的途径和方法；2.对信息的利用：能否有效利用已知信息提出问题；3.问题的质量：所提问题是否合理、完整或新颖、独特，深度、广度如何等
解决地理问题能力	1.能否将已知经验或收集信息与地理问题相联系，提出解答的猜测和假设；2.能否运用地理知识、方法和技能解释现实生活和不同尺度区域的一些地理现象；3.能否通过独立思考获得解决问题的思路；4.能否借助有关图表、观察调查资料探究地理问题并作出表达、判断、评价和决策；5.能否找到有效解决问题的方法，并尝试从不同角度去思考解决问题；6.能否用地理语言有条理地表达自己对问题的思考过程；7.能否与他人合作解决某些实际问题；8.是否有反思自己思考过程的意识；9.是否理解别人的思路，并在同伴交流中获益；10.能否用语言、文字、图表等方式表示探究的过程和结果

---

① 段玉山主编.高中地理教学评价[M].长春：东北师范大学出版社，2006：184.

② 段玉山主编.高中地理教学评价[M].长春：东北师范大学出版社，2006：184.

表 8-11 学生学科认识、科学精神、态度等方面的评价[1]

评价内容	评价要点
对地理学科的认识	1.能否积极主动回答老师问题，参与地理课堂教学；2.能否积极参加多种地理实践活动；3.能否认真完成作业；4.课外能否主动阅读地理书报，关注生活世界地理问题
科学精神与态度	1.能否保证收集资料准确无误；2.能否在观察、观测、调查、实验等报告撰写中一丝不苟；3.当观察、观测、调查、实验等结果与预想不一致时能否实事求是，坚持真理；4.在问题解决过程中能否敢于提出自己的见解；5.能否在困难、非难中坚持正确的见解；6.对自然地理环境与人类社会的认真态度和责任感
……	……

三、地理学习评价的多种方案

针对地理学习活动的不同类型及综合水平，地理学习评价可以从地理课堂学习评价、地理课外实践评价及学生地理综合学习素质发展评价等制定、应用多种评价方案。

（一）地理课堂学习评价

地理课堂学习是地理学习的基本阵地。地理课堂学习评价要充分利用室内多种场景媒体评价学生多种地理知识、技能及情感、态度与价值观的形成。以下通过案例研究具体说明课堂学习评价的有关要素。

【案例研究】

新课程标准下地理学习评价的案例[2]

[案例 1]搜集、整理、分析地理信息资料能力的评价——收集相关信息，提出对问题解答的猜测和假设。

在学习降水对人类影响的相关内容时，呈现下述描述降水的句子，“连续 24 小时的暴雨”、“阴雨连绵一个月”、“盛夏，近 20 天没有下雨”、“某城市下了大雪，路面积雪很厚”。让学生说出上述降水情况可能给人类生产和生活带来的影响。学生解决这一问题，要举出实例或者用推测的方法加以解决。评价重点可以放在学生是否能针对所提出的问题，依据已有的知识、经验，提出相关实例，通过思考作出猜想假设；学生提出的实例与猜想的丰富程度以及它们的合理性。

[案例 2]科学方法掌握状况和参与探索性活动水平的评价——用观察的方法评价学生对地理比较方法的领悟、运用。

假如学习的内容为长江沿岸地区自然环境的差异。教师可先提出探究活动要求：请你根据地图选出几个代表性的地区进行比较，说明区域自然环境的差异性。具体回答这样几个问题：①选择这几个地区的依据；②从哪些方面进行比较；③从比较中得出什么结论。

评价：学生会选择评价对象吗？能提出比较的标准吗？能发现比较对象的共性吗？能发现比较对象的差异吗？

[案例 3]关于地理概念、区域自然和人文特征理解水平的评价——让学生以简略地图、图表、模式图等，反映区域的自然和人文特征，评价学生的理解水平。

在学习“认识大洲”时，如果所选择的内容是北美洲的地形特征，可采用让学生阅读北美洲地形图，将课文中对北美洲地形空间格局的文字表述转绘为地理略图或模式图。如学生能画出北美洲地形呈三个南北纵列带的示意图，实现了图文间的转换，便说明学生对这部分学习内容已经理解了。

[案例 4]关于情感、态度、价值观的评价——观察学生在讨论活动中的表现，评价学生对环境的态度。

展示 1989 年世界环境日主题宣传画——“地球出汗了”，让学生讨论：这幅漫画有哪些寓意？

学生在讨论中发现漫画反映的环境问题多少与深度，在表述这些环境问题时表现出来的态度、情感和价值观，提供了学生对环境问题关心程度、环境道德意识水平等信息。在此基础上，让学生尝试画一幅与环

---

① 段玉山主编. 高中地理教学评价[M]. 长春：东北师范大学出版社，2006：196.

② 陈澄，樊杰主编. 全日制义务教育地理课程标准解读[M]. 武汉：湖北教育出版社，2002：206，214，216.

境问题有关的漫画，并说出寓意。学生表达的想法，是评价学生对环境基本态度的重要依据。

【案例研究】

浅谈发展性高中地理学习评价①

针对不同内容，选择不同评价工具。

1. 对知识与技能的评价

①对知识记忆和理解的评价，可选择图像形式的工具。就学生当前所学知识记忆和理解水平的评价，采用图像形式的评价工具，直观、省时、方便，有利于学生把握知识间的联系，适合于课堂上进行当堂评价。这些方式包括：示意图、知识结构图、空缺提纲、循环图等。

示意图：对地理名称、地理分布等掌握情况可用该方式进行评价，如根据石油运输路线填出重要海峡和海洋名称等。

空缺提纲：对所学的一些地理分类，采取间断性空缺的方法，让学生补充完整。参见图1。

②对分析与批判思维技能的评价，可选择表格形式的工具

该评价主要考查学生对地理问题的理解深度和对现有观点的分析，从中表明自己的态度和立场。包括分类表格、正反辩论表格、关系对比表格等。

分类表格：学生将所学到的地理知识按照概念种类及关系进行系统化归类，教师据此进行评价。

正反辩论表格：学生对所列问题的赞成或反对观点，可以展示学生分析能力、批判意识的广度和深度，以及对待问题的客观性。如针对可持续发展问题，关于人口问题、环境问题、资源问题等全球性问题，设计如下正反辩论表格，参见表1。

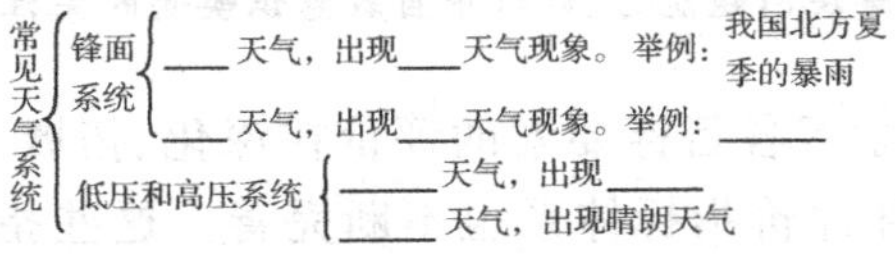

图1 “天气系统”的空缺提纲

表1　有关水资源的正反辩论表格

水循环决定水是不竭的资源	缺水状况说明水是有限的资源
□支持　□反对	□支持　□反对
原因：	原因：
其他	你的观点：

③对综合与批判思维技能的评价，可选择附录形式的工具。该评价着重评价学生的推理能力和思维能力。强调过程，可采用附录式评价工具。这类工具可以清晰地展现学生的推理和思维过程，有助于评价，如内涵拓展、注释性档案袋等。

内涵拓展：教师给出某些知识点，让学生就这些知识点的内涵来进行拓展，根据内涵延伸进行综合，可评价学生对知识点间联系的处理和从整体上把握知识的水平。如“生产活动与地域联系”中有关“交通运输布局”这一知识点，可以设置以下题目：根据图中提供的模型(图2)，以你所熟悉的一个地区为例，分析各因素对其交通布局的影响。

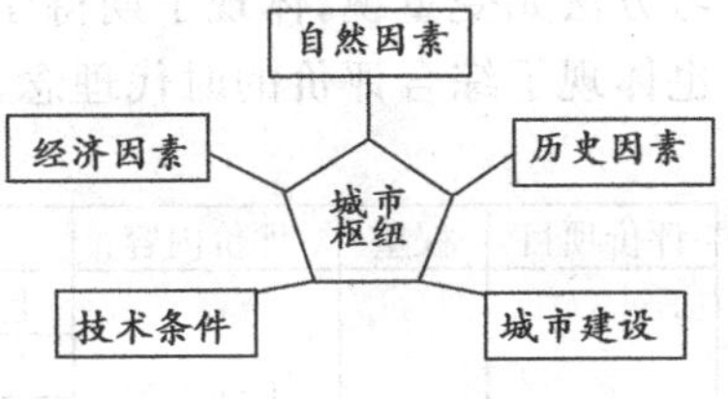

图2 “交通枢纽”联系模型

注释性档案袋：确定能代表学生创新活动的样本。如某一个地区的交通规划图、某一地区的环境调查报告都可以。样本后必须附有学生的活动步骤，以及学生对自己作品的评价，以便教师根据学生的思维过程和批判意识进行评价。

④对研究与解决问题能力的评价，可选择答题形式的工具。该评价主要评价学生是否能从现象中找到问题的本质，能否敏锐地洞察问题的症结，找出解决问题的策略，包括问题认知任务、原理题目以及问题解决录等。

问题认知任务：提供给学生一些相似的地理案例，让学生发现其中的相似之处和从中辨别每个案例的特别之处。教师借此评价学生对问题的洞察力。如针对我国北方目前沙尘暴严重这一环境问题，可给出以下辅助材料进行评价。

材料：(我国土地沙化及沙尘暴事实材料，略)根据以上材料分析沙尘暴形成的原因？

问题解决录：针对所给题目的解答，要求学生把如何找出问题突破口和解决问题的步骤，以及在困难中选择路径的步骤一一写出来，教师根据学生的解答进行评价。

⑤对应用与表现技能的评价，可选择活动形式的工具。该评价考察学生的实际能力，其活动形式给予学生较多的发挥空间，提供知识运用的舞台。自助课、应用反馈卡、项目规划等都是较好的工具。

---

① 卢小丽. 浅谈发展性高中地理学习评价[J]. 中学地理教学参考，2005(3).

自助课:课堂中给学生一定时间,让学生就某部分内容上台讲解,评价学生的概括、思想表达和叙述重要信息的能力。

应用反馈卡:反馈卡上有题目,如日常生活中的地理知识、地理现象和所用到的地理原理等,通过卡上记录予以评价。

2.对情感、态度、价值观与自我意识的评价

①对态度和价值观的评价,可选择记录形式的工具。该评价是新课程评价的一个重要组成部分,抽象性强。可选用判断解释记录、民意调查记录等工具。

民意调查记录:只需要对态度进行评价时,可用该工具。教师提出某一观点,学生举手表明态度,教师根据统计结果,对全部学生的态度作一个初步了解。

②对自我意识的评价,可选择学生自主式工具。对学生自我意识的评价,主要通过学生的一些自主行为来进行评价。宜采用自我鉴定表、自我创新表、自我发展表等。

自我鉴定表:通过一个阶段的地理学习,教师可以给学生一个地理学习自我鉴定表,表中内容可以包括:地理学习方法、地理思维能力、地理学习态度等方面的鉴定。教师通过学生的自我定位,从中获得学生自我意识的信息。

上面所列举的评价工具,只是众多评价工具中的少数几种,仅供参考。可根据不同内容的侧重点选择不同的评价工具。

点评:此"发展性高中地理学习评价"在地理新课程评价理念指导下,针对不同学习目标,选择开发了多种特色、功能不一的学习评价工具,对改变长期过于注重知识学习评价,忽视能力培养及情感、态度与价值观评价的倾向,很有启发。此外,对学生批判性思维、研究解决问题能力、评价中自我意识唤起的关注,也体现了时代的特色。

地理课程改革实践中,一方面,学生地理课堂学习各目标要素的评价在深化、拓展;另一方面,衡量学生地理课堂学习水平与质量的综合性评价指标体系也不断完善。这些指标体系大都以学生的学习态度、学习兴趣、学习方法、学习能力为主要维度,其中的学习能力、学习方法尤受重视,体现了期待学生"学会学习"的时代要求。此外,重视学生平时学习评价,也体现了综合评价的时代理念。参见表 8-12、8-13。

表 8-12　高中地理学力评价标准①

评价项目	权重	评价内容	评价标准	评分办法	得分
学习态度	0.1	上课态度	上课迟到早退	-1 分/次	
			无故旷课	-5 分/次	
			不遵守纪律，高声喧哗	-3 分/次	
			上课不认真，做与教学无关之事	-3 分/次	
		作业态度	不按时交作业	-1 分/次	
			不按要求完成作业	-1 分/次	
			不交作业	-3 分/次	
			作业潦草、敷衍	-1 分/次	
学习兴趣	0.2	发现问题	对不明白问题能主动请教	+1 分/次	
			主动观察自然、社会提出问题	+5 分/次	
			课堂积极思考，提问、答问	+2 分/次	
		探索问题	积极准备，主动上台讲解或自己命题与同学相互测试	+10 分/次	
			主动进行课外观察、探索、调查	+20 分/次	
			自主探索，根据课本自制演示教具等		

① 张哲江主编. 地理教学与学业评价[M]. 广州:广东教育出版社,2005:181～182.

（续表）

学习方法	0.2	上课方法	主动学习，积极配合，会记录要点等	4分	
		复习方法	会归纳知识体系，列表对比等，会反思学习方法并不断调整	6分	
学习能力	0.5	单元练习	认真复习，按时完成单元练习及学习调查	平均分×0.1	
		期中考试	认真复习，沉着考试	考试分×0.15	
		期末考试	认真复习，沉着考试	考试分×0.25	
总评：			等级：	总分	

表 8-13　地理学习平时考察表①

姓名		班级		学号		小组	
学习态度（10分）	1.迟到早退（　）次 3.不交作业（　）次		2.不守纪律（　）次 4.作业不认真（　）次			共扣分： 科代表评分：	
学习兴趣（20分）	1.主动提问（　）次 3.提出有创意问题（　）次		2.主动回答（　）次 4.研究性学习成果（　）次			自我评分： 小组评分：	
学习方法（20分）	自我评价： 上课学习方法		复习方法				
总分（50分）							
家长评语：	（孩子学习兴趣？向家长解释自然、社会现象？学习能力？学习方法？）						
教师评语	（全面评价与个性评价）						

（二）地理课外实践活动评价

地理课外实践学习是地理学习的广阔天地。地理课外学习评价也要围绕地理素质教育目标进行。由于地理课外实践活动多种多样，各具特色，通常需要针对不同实践活动的特点建立评价体系予以评价。在初中课改和高中课改的一批先行试验区，已构建了一系列包括地理观察、地理调查、地理操作演示、地理小制作、地理小设计及地理小比赛等地理课外实践活动评价体系。参见表8-14～表8-16。

表 8-14　"地理观察"实践性活动评价标准②

评价内容	评价要点与等级				
	优	良	及格	不及格	评价等级
比较与分类能力	能将观察对象依特性进行正确分类与比较	能将观察对象依特性进行分类与比较	很少将观察对象依特性进行分类与比较	不能将观察对象依特性进行分类比较	
记录与描述能力	能比较准确地用地理术语记录、描述观察事物	能用地理术语记录、描述观察事物	很少用地理术语记录、描述所观察事物	不能用地理术语记录、描述所观察事物	
观察活动的完整性	对细节充分注意	有一些注意细节	很少注意细节	不注意细节	
观察结论的可靠性	有较全面良好的观察结论	有一定的观察结论	很少有观察结论	没有观察结论	
总评	优	良	及格	不及格	
教师寄语				签名：	

① 张哲江主编.地理教学与学业评价[M].广州：广东教育出版社，2005：183～184.

② 张哲江主编.地理教学与学业评价[M].广州：广东教育出版社，2005：207.

表 8-15 "地理调查"实践性活动评价标准①

评价内容	评价要点与等级				
	优	良	及格	不及格	评价等级
调查计划	计划完整且合理可行	有一定计划性	比较盲目，很少计划性	很盲目，没有计划性	
调查内容	广泛的调查研究	明显有一定调查	很有限的调查	很少调查	
调查事实准确度	充分注意到事实	对事实予一定注意	很少注意事实	不注意事实	
调查材料分析加工	分析充分并符合数理分析规律	有明显加工，但数据分析不够	很少分析，基本为调查材料的堆砌	不能对调查材料进行分析	
调查结论	良好的论证，事实充分证明最后的结论	有一些观点，但最后结论还需证明	对观点很少论证，最后的结论材料证实不足	不能形成清晰的观点	
总评	优	良	及格	不及格	
教师寄语				签名：	

表 8-16 地理小制作评价②

评价项目	评价要求	评价等级			
		优	良	及格	不及格
设计	设计有创新性；利于合作完成；启发思考；发展能力				
使用材料（含软件）	多使用废旧材料；使用软件先进，操作简单，实用性强				
科学性	符合科学性原理，具有一定科技含量				
整体效果	整体效果美观、协调、实用				
总评	优　　良　　及格　　不及格				
教师寄语	签名：				

学生地理研究性学习的评价，有综合性更强的评价指标，如表 8-17。

表 8-17 地理研究性学习评价③

研究题目：		总结形式		班级	
参与人员及分工	姓名				
	任务				
评价项目	分值 100		评价标准	自评	组评
研究目的意义	20		结合社会热点、身边问题，用地理原理解释或解决某些地理问题		
研究方法途径	20		问卷调查、访问咨询、网络检索、文献查阅、观察、实验等多种方法结合		
研究过程	10		时间安排，分工明确，配合协调		
研究特色与创新	20		有借鉴，有自己观点和独到见解		
不足之处	10		条件局限，计划不周等		
运用哪些地理原理	10		地球运动、大气运动、区位选择、城市规划、环境问题、可持续发展等		
发现的问题	10		无法解释或无法解决		
教师评语				总分	

① 张哲江主编．地理教学与学业评价[M]．广州：广东教育出版社，2005：207～208.

② 张哲江主编．地理教学与学业评价[M]．广州：广东教育出版社，2005：209.

③ 张哲江主编．地理教学与学业评价[M]．广州：广东教育出版社，2005：186.

（三）地理综合学习素质发展评价

地理学习评价除了有对不同学习场景或较单一学习活动的评价，也有对学生地理综合学习素质的评价，特别是一学期或一学年的地理学习结束之后。课程教学改革实践中，地理教师们对地理学习素质综合发展评价也有见解独到的研究，参见表 8-18。

表 8-18　学生地理学习成绩评价体系①

一级指标	二级指标	三级指标（略）	评定		
			自评	互评	综评
解决地理问题和过程的评价（20%）	读、填、绘、分析图（5%）				
	提出地理问题，总结地理规律（5%）				
	收集、整理、分析地理信息资料（5%）				
	解决地理问题、制作模型标本、撰写论文（5%）				
科学方法掌握和探索性活动水平的评价（16%）	地理观察（4%）				
	分析与综合（4%）				
	地理比较（4%）				
	调查、实验、讨论（4%）				
情感、态度、价值观的评价（24%）	兴趣、好奇心（4%）				
	合作态度（4%）				
	注意、意志、毅力（4%）				
	探索精神（4%）				
	审美能力（4%）				
	责任感（4%）				
完成作业的水平、地理知识的掌握程度的评价（40%）	完成作业的水平　（10%）				
	地理知识的掌握程度（30%）（卷面分折合分期：中 10%，期末 20%）				
评　语：		总分：			

等级：80 分及以上：优；70～79：良；60～69：及格；60 分以下：不及格。

在学生学习评价的改革理念中，学生学习过程评价及学生参与评价尤受关注。前者使学习评价更为全面、及时、灵活、深入、可持续，后者则使学习评价更客观而且更有激励性，两者都体现了"学生为本"的时代理念。为了更好地体现学习过程评价及学习主体参与评价，除了构建适宜的指标评价等级量表，学习日志、阶段性学习报告单、地理学习档案袋等都是值得倡导的方法。参见表 8-19 及图 8-2。

表 8-19　学生学习报告单②

项目	内容					
学习成绩	名称	考试成绩	标准分	必修课Ⅰ学分	必修课Ⅱ学分	必修课Ⅲ学分
	期中					
	期末					
平时表现记录（教师/学生）（填）	努力程度：口努力 口较努力 口一般 口不努力					
	行为表现：口积极 口较积极 口一般 口被动					
	进步状况：口明显 口有一定进步 口稳定 口下降					

① 谢世正．学生地理学习成绩评价体系研究．2007 年中国地理学会获奖论文．

② 卢小丽．浅谈发展性高中地理学习评价[J]．中学地理教学参考，2005(3)．

(续表)

其他类别记录	课外活动记录:
	论文写作记录:
	教师寄语:
	同学寄语:
	家长寄语:
	自我评语:
优势	(教师 / 学生填写)
需改进的地方	(教师 / 学生填写)
建议	(教师填写)

【案例研究】

新学期开始,可让每名学生建立"地理学习档案袋"。随学习进程主要存放:地理学习计划,地理作业、练习样本,自绘地图、绘画、摄影照片,实验、观察、调查报告,地理小论文,活动设计方案,参与活动的记录、评价,地理软件制作、检测试卷,地理阅读书目、资料检索,教师评价,家长反馈,小组同学评价建议,阶段性总结反思等。参见图 8-2。

地理学习档案袋为学生提供了一个良好的可观察回顾的学习环境和成长记录,利于学生自我教育、自我反思,主动发展,健康成长。

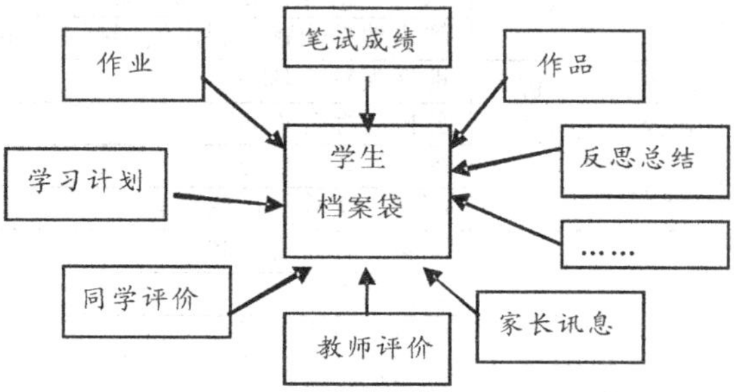

图 8-2　学生学习档案袋评价内容

第四节　课程改革中的地理考试

课程改革中的地理考试是地理教学评价的重要组成,与传统的"应试型"考试相比,"素质型"地理考试在考试理念、考试类型、考试方法及试卷设计上,都发生了根本性的转变。

一、地理考试概述

(一)地理考试的含义、特点与功能

1. 基本含义

地理考试是根据考核的目的,让考生在规定的时间按规定的方式,完成事先设定的地理测试题目,并按其解答结果给予分值或等级评定的学科学习测评方式。地理考试是地理教学评价多种方式中最常见的重要工具和手段。地理考试包括纸笔测试和非纸笔测试。

传统地理考试的基本形式是纸笔测试。新课改倡导根据考试的目的、性质、对象等差异,选择灵活多样的考试方法,倡导纸笔测试和非纸笔测试的结合。

由于纸笔测试是学生学业水平评价主要而较常规的方式,也限于篇幅,以下述及的地理考试侧重于此。

2. 主要特点

地理考试具有现代教育考试的一般特点:(1)具有抽样性和随机性。(2)具有局限性和偶然性。(3)具有很强的技术性。基于上述可知,其一,地理考试不能作为地理学习评价的唯一手段。其二,不能滥用考试。地理考试是一把双刃剑,科学合理的考试有利于促进学生

的地理学习与评价，反之则贻害甚多。其三，地理教师要掌握地理试题编制技术，以减少盲目照搬的差错，从而更积极高效地指导学生学习。

新课程理念下的地理考试是对考生地理学习智力与非智力水平的综合测评。紧扣课程标准，突出地理特色，基于主干知识，坚持"能力立意"，贴近社会现实，注重迁移运用，重视情感观念提升等，正成为地理新课程以促进素质教育为目标的各层次地理考试的共同特点。

3.主要功能

地理考试的主要功能有四。其一，通过考试可以为学生提供地理学习的反馈信息，使其看到自己学习中的长处和不足，有利于激发学习动机，总结或调整、改进学习方法，提高或进一步提高学习效果。其二，通过考试可以检查教师的教学效果，为教师提供必要的信息反馈，有利于教师分析教学得失，加强教学针对性，减少盲目性。其三，地理考试可以为地理教学科研提供数据及分析素材，有利于促进地理教学科研的发展。其四，地理考试的分析结果有利于促进教学评价、管理及教学决策。评价性地理考试的分析结果在常规教学评价管理中有重要作用。基于水平性尤其是选拔性考试分析的有关决策，甚至关乎社会稳定。

(二)地理考试的主要类型与形式

地理考试有不同分类，参见表 8-20。

表 8-20　地理考试的主要类型

划分依据	主要类型
按考试的目的和功能分（按性质分）	**评价性考试：**以检查教学效果或学习效果为目的的考试。其特点是诊断性和评定性，兼有绝对性考试和相对性考试特点。多用于校内的考试。包括摸底考试、形成性考试（单元、期中）、终结性考试（期末、年末）等
	水平性考试：以检验考生是否达到既定目标或水平而设定的考试。其特点是标准性，多用于绝对性测试。如会考、结业考试等
	选拔性考试：以区分考生成绩从而有利于比较或选拔为目的的考试。其特点是区分性，多用于相对性考试。如高考等
按解释考试结果的参照标准不同分	**标准参照性考试：**将考生的表现与既定的教育目标或课程标准相比较，以评价考生在多大程度上达到该标准（也称目标参照性考试）。如会考、文科基础考试、理科基础考试。考试需覆盖不同的能力水平或不同的内容领域
	常模参照性考试：是将考生水平与测验常模（或整个考生群体）相比较，以评价考生在群体中的相对地位的测量与评价类型。学生在试卷上得到的分数要跟他所在的团体的常模比较后，才能显示该生的实力，如高考。用作参照点的特征一般是常模组的平均分、标准差和区分度。试题的区分能力是考虑的首选参数
	潜力参照性考试：是将考生实际水平与其自身潜在水平（能力和潜力）相比较，以评价考生有无充分发挥自身潜力为目的。如某些个性化的选拔性考试。着重考虑个性化潜力参数选择

地理考试的基本形式如前所述，有笔试与非纸笔考试。后者如口试（提问）、辩论（答辩）、地理观测、地理实验、地理考察、绘制图表、模拟表演及课题探究、研究性学习等实践性能力测试。新课程提倡结合素质教育需要，关注非纸笔测试方式的开发运用，以提高学生的创新意识和实践能力。

随着计算机技术的广为运用，计算机辅助测试正成为纸笔测试或实践能力测试的新方式。

由于前述学生地理学习评价中已提到多种实践性活动的有关测试，以下着重研究服务于纸笔测试的地理试卷设计。

二、地理试卷设计

地理试卷设计主要包括地理试卷命题指导思想与设计原则、试卷设计基本程序、试卷设计基本技术、常见试题类型设计、试卷分析技术等五方面内容。

(一)地理试卷命题指导思想与设计原则

地理试卷命题指导思想是:通过考试促进以素质教育为宗旨的地理课程教学改革,全面提高地理教育质量。命题必须根据地理课程标准要求,依据现行教材内容,按有关考试说明进行。命题重点应是学科主干知识、基本能力、基本方法、文化素养。不同类型的地理考试目的、要求不一,试题要求不尽相同,但服务于素质教育的命题指导思想是一致的。

地理试卷的设计原则主要有四:

(1)科学性原则。即试卷符合学科内容与学情的“真”。首先,试题无科学性错误。其次,无偏题、怪题。第三,测试目标全面而有重点。第四,能较好反映出不同学生的学习水平。

(2)可行性原则。即试卷有较强的针对性、可操作性。考试有不同类型,如果把水平性试题设计成选拔性试题,或反之,都不能达到应有的预期。

(3)学科性原则。即试题要体现地理学科的特点,如区域性与综合性、空间性与重图性、实践应用性等。

(4)导向性原则。即考试对地理素质教育有正确引导。考试是“指挥棒”,师、生乃至社会都十分关注。高质量的地理试题,对课程教学改革和学生全面发展有重要促进作用。反之,则会产生诸多不良后果。

以上四条原则相互联系,共成一体发挥作用。

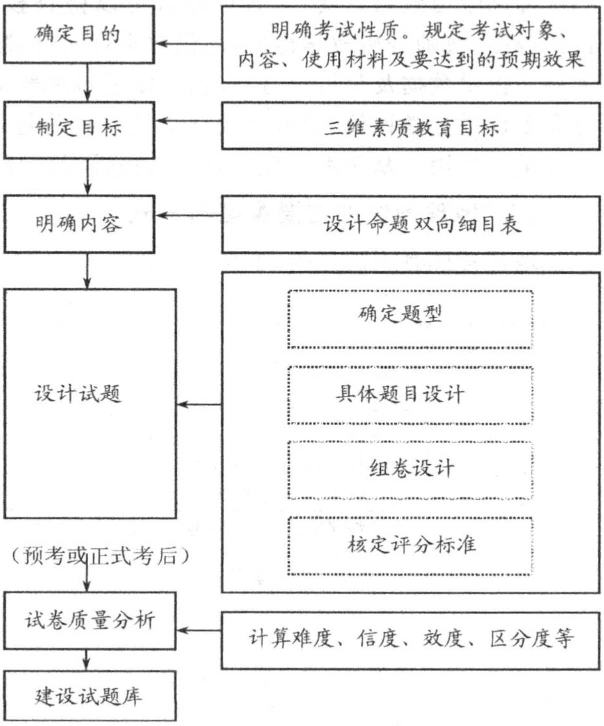

图 8-3　地理试卷设计的基本程序

(二)地理试卷设计的基本程序

地理试卷设计的基本程序如图 8-3 所示。

【信息链接】

命题双向细目表

命题双向细目表是把每一项测验内容及分数比重(或权重)逐一分配到若干必要的测验目标层次上所形成的网络状的命题量化分配方案,也称命题设计蓝图或命题计划表。

命题双向细目表用以规范、指导编题、制卷,使命题者明确测验目标,把握试题的比例与分量,避免盲目性,增强计划性,提高命题的效率和质量。该表对审查试题的效度也有重要指导意义。

命题双向细目表一般包括:试题内容和类别,不同内容在试卷中所占比例,各内容采用的题型,各类试题应占的比例,学习目标要求的层次及比例,分数分布和时间分配等。

制定双向细目表应注意:(1)围绕考试目的设计细目。(2)充分考虑学习目标各层次所占比例。(3)教学中所涉及内容比重适当。(4)各类试题采分点明确。(5)注意学科特点和学生实际。

常见的命题双向细目表包括反映测验内容与测验目标关系的双向细目表、反映测验内容与测验目标、题型之间关系的双向细目表；反映题型与难度、测验内容之间关系的双向细目表；反映题型与难度、测验目标之间关系的双向细目表等。参见表 8-21、8-22。

表 8-21 考试内容与考试认知目标对应的命题双向细目表举样[①]

	识记	理解	应用	合计（总分）
地球和地图	5	5	10	20
世界地理概述	5	5		10
东亚、东南亚、南亚、中亚		10		10
西亚和北非、撒哈拉以南的非洲	5		10	15
欧洲西部、欧洲东部和北亚		5	10	15
美洲	5	10		15
大洋洲和南极洲		5	10	15
合计（总分）	20	40	40	100

【学习卡片】

有关认知目标"识记"、"理解"与"应用"的测试

"识记"类试题主要是考查学生的记忆水平，对知识进行再认和回忆的能力。测题中的行为动词多用列举、描述、复制、说明、复述、辨认、指出名称、列出要点等词语。编制此类试题一般多采用学生较熟悉的已学教材内容。例如，识别常用的天气符号，看懂简单的天气图。学生回答这类问题只要能够正确回忆以前学过的知识就能答出。

"理解"类试题主要考查学生对知识的初步理解，能对学习材料进行转化、解释和推断。测量理解能力的试题多用解释、说明、比较、理解、归纳、判断、区别、预测、对比、收集、整理等词语。例如，试说明"天气"和"气候"的含义和区别。

"应用"类试题要求学生会用已学过的抽象的概念、原理去解决新问题。应用类试题要求学生能将面临的新问题归类到已学过的某类问题中去，独立寻找解决该问题的方法。应用类试题的行为动词多用应用、运用、设计、撰写、总结、评价等词语。例如，为了加快苏州河改造的进程，你作为上海市民，请为上海市有关部门出一个"金点子"，并作简要说明。

表 8-22 地理考试命题多要素组合双向细目表示例

	分值	内容	学习目标及层次			难度
			知识Ⅰ、Ⅱ、Ⅲ	能力Ⅰ、Ⅱ、Ⅲ	情意Ⅰ、Ⅱ、Ⅲ	
选择题：1.						
2.						
……						
综合题：1.						
2.						
……						
总计						

（三）地理试题类型及编制

按正确解答是否唯一，判卷给分是否客观，地理试题通常分为客观性试题和主观性试题。正确解答唯一，不论谁判卷，只要不错判，给分都一致的试题，称客观性试题，如选择题、判断题、填空题、填图题、配对题、排列题等。正确答案可用多种方式表述，判卷教师须凭主观经验给分的试题，称主观性试题，如问答题、论述题等。地理试题中的主观题多结合客观

---

① 李家清主编. 新理念地理教学论[M]. 北京：北京大学出版社，2009：215.

性试题进行，如读图(表)分析题、材料情境题等，多以"综合题"的形式出现。此外，注重动手能力的情境绘图题等近年来也有出现。地理试题的类型将在课程改革中不断发展，以下就几类常见题型说明其编制。

1. 选择题及其编制

选择题是标准化考试中典型的客观性题型。它具有知识覆盖面广，学习目标测试层次多，答案唯一性强，评分客观、迅速，便于用计算机阅卷，答题不受应试者书面语言表达能力的限制等特点，是各类地理考试的主要题型之一。

选择题通常由一个说明题意的"题干"和若干个"选项"组成。"题干"一般为陈述句或陈述句与问句组成。最常见的选择题有四个备选答案(选项)，其中有一个正确答案的，称单项选择题。正确答案不止一个的(两个或两个以上)，称多项选择题。

编制选择题，应注意：(1)题干表述力求准确达意、用语精炼，问题明确，不含无关内容。(2)选项中相同的内容尽可能置于题干之中；干扰项和正确选项间要有一定近似性、迷惑性，即所有干扰项似是而非，但干扰项不能因太明显而形同虚设；同一题的各选项，文字长短、结构力求接近，避免带有暗示性。(3)避免题干与正确选项之间存在语言联系。(4)多道选择题正确答案的序号要随机分布。

干扰项的编制多采用：(1)用学生经常或易犯的错误。(2)干扰项尽可能与题干某部分相关，使其每项看起来都有可能。(3)利用教材上的语言或真理性的措辞作为干扰项。(4)尽可能使干扰项与正确选项保持同质或相似。(5)所有选项在形式上与题干保持平行，语句上与题干保持一致，如都是短语或句子等。(6)所有选项本身在长度、结构和内容复杂程度上基本一致或相似。

新课程改革中的选择题，更加注重活化思维，关注运用，参见下例。

【案例研究】

固化基础、活化思维、优化表达——原创基础性选择题设计例举*

在试题设计中，命题者要尽可能提供具有真实性、动态性、过程性的信息材料来设计问题，注重"固化基础、活化思维、优化表达"。

下图示意的是某种自然资源(阴影部分)的全球分布。依图完成1～3题。

1. 该自然资源主要分布在(　　)
   A. 盆地和湖泊周围　　B. 沿海与大陆架上
   C. 大陆边缘与岛屿　　D. 高纬和高山地区
2. 该自然资源是指(　　)
   A. 湿地　　B. 油田
   C. 冰川　　D. 煤田
3. 近几十年，该自然资源减少的主要原因是因为(　　)
   A. 全球变暖，气温升高　　B. 大气臭氧层变薄
   C. 人们的需求量加大　　D. 火山、地震频繁发生

(答案：1. D　2. C　3. A)

试题立意说明：此组选择题以一拖三的"串题"形式呈现，注重地理基本概念和基本规律，并关注全球变暖问题，图文结合创设题目情景。主要考核广义的自然资源——冰川的空间分布特点和减少的主要原因。完成试题的解答需要对面貌新颖的冰川全球分布地图进行解读和有效信息的读取。试题预设的难度系数在0.80～0.90之间。

下图为南极大陆和边缘海区缓慢的水循环与洋流运动示意图，其中图中序号⑧表示的是冰体的流动。据此并读图完成4～7题。

4.图中序号分别代表水循环蒸发和升华环节的是(　　)

A.①⑤　　B.②③　　C.④②　　D.⑤③

5.图中⑥与⑦示意的是洋流运动,形成此海水大规模运动的首要因素为(　　)

A.盐度差异　　B.热量差异　　C.密度差异　　D.风力差异

6.对图中序号⑨表示的内容,解释最合理的是(　　)

A.太阳光使地表积雪大量融化　B.洋流使大陆冰盖发生位置移动

C.海平面上升使冰体产生裂痕　D.烈风使陆面的积雪产生再分配

7.在南极大陆周围海域几乎见不到冰山漂移现象的时期是(　　)

A.1～2月　　B.4～5月　　C.7～8月　　D.10～11月

(答案:4.A　5.B　6.D　7.C)

试题立意说明:随着我国第25次的南极科考,国人关注着南极昆仑站的顺利竣工。本组选择题取材于南极大陆与边缘海域的自然物质运动,通过对南极地区的水循环、洋流与冰体运动示意图的分析、判读,与原有知识储备建立联系,并用已学的水循环、洋流运动等原理内容及南极地区的环境知识为支持,可完成此组题目的解答。此组试题的难度系数在0.50～0.80之间。

*引自河北省唐山市教研室邵英的交流论文。

对以上选择题的设计,你有何见解?

2.填空题及其编制

填空题是一种传统的题型。该题型是通过编制一个留有空白、不完整的陈述句,要求学生按题意在空白处填上正确答案,使全句完整、正确。填空题形式简便,评分容易,试题覆盖面广,便于测试记忆性的内容,是客观性命题的重要题型之一。改革中的填空题有了更多理解判断、计算、解释、推理等内容。

编制填空题,应注意:(1)题意明确,限定严密,答案唯一;题文避免照抄课本原文。(2)填写内容应为关键性词语,如重要名称、分布、数据等,避免冗长陈述。(3)一题中设计填空不宜过多;空白不宜置于句首;多项填空时所留空白长度大体一致,避免暗示。(4)注意考查重要地理内容,努力于"死"题"活出",使其向读图、分析、计算、综合方向发展。

3.读图(表)分析题及其编制

读图(表)分析题是客观性、主观性结合的综合性题型。其主要特点是以图(表)为基础,图文结合设问编制试题。试题形式多样,如析图、绘图、填充、选择、填表、简答等。该类题考查内容广泛,重在考查学生能力,如地图能力、空间思维能力、分析解决地理问题的能力等,是地理学科特有而常用的题型。

编制读图(表)分析题,应注意:(1)图(表)清晰,明确达意。(2)图(表)选择形式多样,优化组合。(3)图、文相辅,扼要简洁。(4)设问视角多维,体现目标层次。

【题例研究】

雪线高度是指终年积雪下限的海拔。图2表示全球不同纬度多年平均雪线高度、气温、降水量的分布。读图2,回答3～5题。

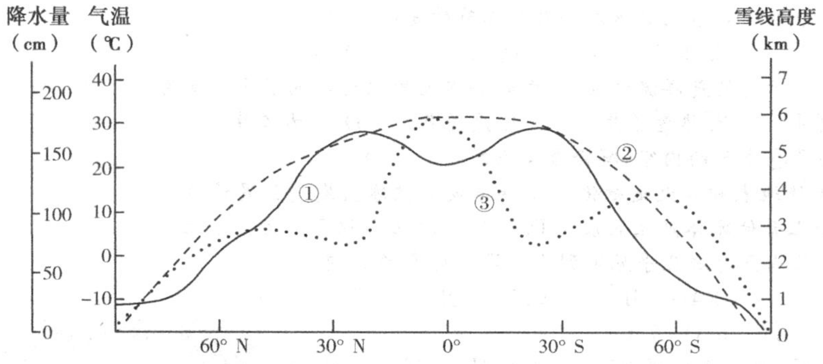

图 2

3. 表示多年平均雪线高度、气温、降水量的曲线依次是(　　)

A. ①②③　　B. ①③②　　C. ③②①　　D. ③①②

4. 多年平均雪线高度(　　)

A. 随纬度增高而降低　　B. 在副热带地区最高

C. 在降水量大的地区较高　　D. 在南半球低纬度地区最低

5. 依图示资料可知(　　)

A. 北半球高纬地区多年平均气温与降水量变化趋势基本一致

B. 南半球中纬地区多年平均雪线高度与降水量变化趋势基本一致

C. 多年平均雪线高度与气温变化趋势一致

D. 北半球高纬地区陆地比重小于南半球

(引自:2006 年高考文科综合能力测试全国Ⅰ卷)

4. 材料情境题及其编制

材料情境题是客观性、主观性结合的综合性题型。其主要特点是以某选定的文、图材料为中心,营造问题情境,兼含填空、选择、读图、简答、论述等多种题型及功能。该类题型题目设计灵活,角度多变,源于教材,高于教材;题在书外,理在书中。多以当前社会生活中的重点和热点问题为背景,注重"有用"地理的考查,是课程教学改革中较为多见的试题题型。

编制材料情境题应注意:(1)选择情境材料生动,与教学内容相关,与教学目标相符。(2)材料选择长短适宜,设题数量与情境材料充实度相匹配。(3)情境材料尽可能用文、图、表等多种形式呈现。(4)设问形式多样,设问层次渐进,围绕材料情境构成一个相对完整的中心。

【题例研究】

1. 阅读材料,回答问题。(10 分)

2010 年 4 月 20 日,位于墨西哥湾的一座海上钻井平台起火爆炸,导致约 1600 米深处漏油,造成严重的海洋污染。由于天气恶劣等原因,虽然有关方面采取多种措施控制污染蔓延,但效果均不好。随即美国南部 4 州进入紧急状态,并宣布在该海域禁捕。有关专家还担心浮油可能"侵入"大西洋,甚至漂向欧洲沿海。右图为墨西哥湾海域示意图。

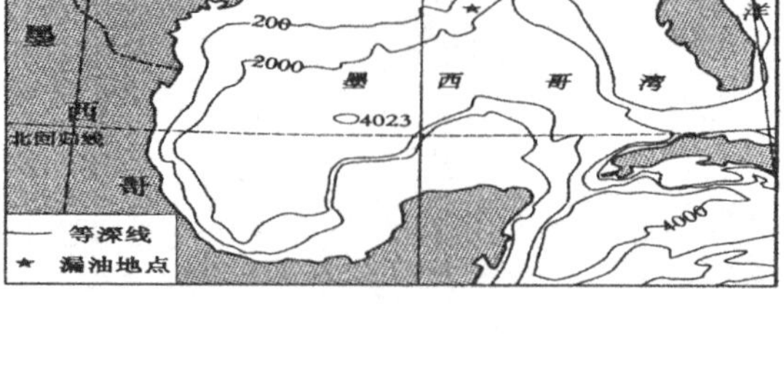

(1)该钻井平台所在地的海底地形类型是________，其形态特点是________。(2分)

(2)该海域石油污染难以控制的主要原因是________和________。(2分)

(3)美国南部4州进入紧急状态的原因是当时该海域风向为________，易造成石油污染向海岸蔓延。(2分)

(4)这次石油污染导致严重的________灾难，宣布禁捕是因为________。(2分)

(5)如果浮油"侵入"大西洋，它将随________、________(洋流)漂向欧洲沿海。(2分)

(引自：2010年高考江苏地理卷第30题。)

(四)常见地理试卷设计

新课程地理试卷设计一般注重以下特点：(1)突出学科主干内容与基本方法，强化学科核心内容与能力，突出实用性。(2)适当结合时政热点，引导学生热爱生活、关注社会并用学科知识分析和解决问题。(3)弱化数理地理的繁琐计算、淡化区域空间地理位置的高强度识记等，真正实现从"知识立意"转向"能力立意"。(4)注意融入情感、态度、价值观的考查。(5)重视3S技术应用等学科新内容考核的力度。

按地理学习进程，地理考试或测试一般有随堂测试、单元测试或半期测试、期末或年末测试以及高考模拟测试等。由于学习积累及考试目的性质不尽相同，题型的组合、题量、达成要求也不尽相同。

1. 随堂测试题的设计

随堂测试是指每节课在学习前或进程中或结束时按教学目标要求对学生地理学习进行的测试，常称课堂练习。前测重在摸底，中测重在监控或强化重点，后测重在检测达标程度。随堂测试除了了解、掌握学生的学习情况与水平，也有不断引发学生学习动机的作用。

随堂测试题的设计要紧扣该节教学目标，基于教材，突出重点。题型相对单一，数量不宜过多。通过测试，一方面让学生在脑海中"重现教材"，另一方面也让他们能及时查漏补缺，更全面熟练掌握所学重点。随堂前测参见下例。(随堂后测参见第六章第二节"地理课堂教学达标检测"有关案例)

【题例研究】

随堂测试题举样

学习"大气运动"的前测试题(诊断性测评)：

(1)空气受热________，受冷________(即____胀____缩)，是空气重要的热力现象。

(2)气压与空气密度的关系：在同一水平面上，一般是空气密度越大，气压越____；反之，空气密度越小，气压越____。

(3)气压与高度的关系：一般来说，海拔越高，气压越____，即气压随高度(海拔)升高而________。

(4)空气流动与气压的关系：在水平方向上，空气的自然流动总是从气压____的地方流向气压____的地方。

2. 阶段性学业测试题的设计

阶段性学业测试题通常包括单元、半期、期终、学年等时段性测试，兼有形成性水平测试及学习诊断的双重作用。为减轻学生负担，单元或半期的测试，有时也并于学生阶段性综合练习中。就学业测试的综合性、灵活性、难度等而言，期终、学年测试胜于前两者。

水平性测试的毕业会考，尤其是选拔性考试的模拟高考，其综合性、复杂性更强。突出对学科主干知识、基本能力、基本方法及情感、态度价值观的考查，强调学科知识的整合、迁移、综合运用，突出考查学生解决社会实际生活问题的能力。不过此类"大综合"基于平时的"小综合"，循序渐进甚为重要。

不管哪种阶段性学业测试，首先要根据教材内容与学习目标建立考试学习水平目标命题双向细目表。第二，根据双向细目表对各节教学要点进行代表性取样，选择相应试题类型编制试题。第三,组卷,核对命题分值,制定相应评分标准。这是科学命题的保证。

综合性测试的试卷一般由选择题和综合题两大类组成,前者稍显单一,后者突出“综合”。期中、学期、学年测试题均体现此特点,只是题量更多,复杂、综合、灵活更甚。可自己上网收集有关试题作为试题编制的参考。

相对于高中地理测试题较为“学术”的面孔,初中阶段性地理测试题设计更显活泼生动,参见以下题例。

【题例研究】

地理新教材八年级学习效果评价个性化试题设计①

第六章“认识省级区域”试题题型(限于篇幅,略去具体内容)

[知识技能]

一、用你的火眼金睛选出备选项最中意的一个,填入题后括号内(10个选择题)

二、开动脑筋,相信你一定很出色(10个填空题)

三、地图是重要学习工具,运用你所学读图技能解答下列问题(4个读图分析题,其中一个材料情境题)

四、活动探究(读一读、比一比、想一想、画一画;小探究:问题及材料分析——结论)

五、拓展提高:

1. 奇思妙想。仔细观察新疆的“疆”字,发挥你的想象能力,你发现了什么有趣的地理现象?

2. 挑战极限。你知道吗?台湾是我国美称最多的省份之一。请你最大可能地答出你所知道的美称。

3. 角色模拟。如果你是2008年奥运会的一名导游,你将如何向外地客人介绍北京?

4. 学以致用。你吃过或知道新疆的哪些水果?你能解释其特别甜的原因吗?

5. 对号入座。下图A、B是我国两个特别行政区的区旗,读后判断并填表。

对以上测试题的设计,你有何见解?

(五)改革中的高考试题

高考是较为特殊的考试。从考试性质看,高考是合格高中毕业生和具有同等学力的考生参加的选拔性考试。从主要价值追求看,高考既要有助于高校选拔人才,也要有助于中学实施素质教育。因此,高考地理试题一方面应有较高的信度、效度、必要的区分度和适当的难度,另一方面要正确引导中学地理素质教育。

高考地理试题设计要遵循地理新课程标准考试目标的要求,注重考查考生的地理学习能力和学科素养,注重其综合运用所学知识、方法分析解决问题的能力。按照有关考纲要求,高考地理试题设计注重:(1)地理基本概念、规律和原理的考查。(2)调动、运用相关地理信息能力的考查。(3)多种类型地理图像读图、析图能力的考查。(4)地理学习能力和基本研究方法的考查。(5)蕴含地理情感、态度、价值观的考查。基于此,其具体试题设计的综合性、生活性、迁移性强,“能力立意”、“情境新颖”等特征非常突出。以下几例试题解析,可略见一斑。

设计模拟高考地理试题是一项科学严密的系统工程,同样有建立综合测试目标命题双向细目表——对各测试目标要点进行代表性取样,选择相应试题类型编制、筛选试题——组卷,核对命题分值,制定相应评分标准等三大步骤,而且更为谨慎和精益求精。

---

① 王文涛.地理新教材八年级学习效果评价个性化试题设计[J].中学地理教学参考,2006(12).

【题例研究】①

(2010 年高考全国文综Ⅰ卷 6~8 题)自某城市市中心向南、向北分别设若干站点,监测城市气温的时空分布。监测时间为 8 日(多云)9 时到 9 日(晴)18 时。监测结果如右图所示。据此完成 6~8 题。

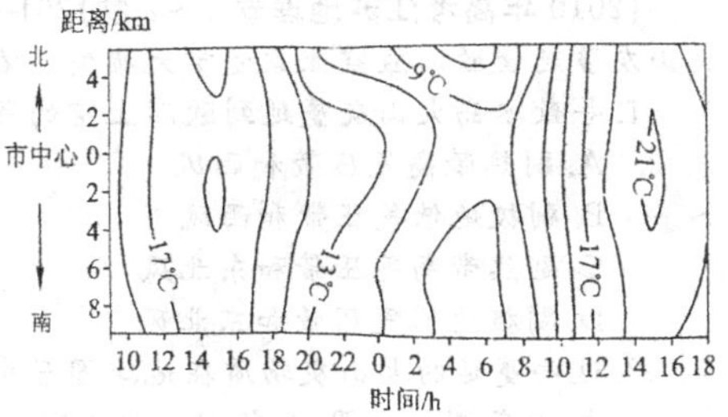

6. 图示的最大温差可能是

A. 4 ℃　　B. 12 ℃

C. 16 ℃　　D. 18 ℃

7. 监测时段被监测区域气温

A. 最高值多云天高于晴天　　B. 白天变化晴天比多云天剧烈

C. 从正午到午夜逐渐降低　　D. 白天变化比夜间变化平缓

8. 下列时间中热岛效应最强的是

A. 8 日 15 时左右　B. 8 日 22 时左右　C. 9 日 15 时左右　D. 9 日 18 时左右

试题评析:本题组以生活中最现实的问题——城市热岛效应切入,以某城市及周围气温时空分布等值线图为载体,在检测基本的地理读图能力、取用信息的能力、等值线分析与运用的思维规律、大气热力作用原理、对城市环境问题(热岛效应)的关注程度等方面具有典型性和代表性。从解题的过程可体会到,只要把等值线相关规律扎实掌握,完全可以应用到任何个例问题中,也即实现学习的迁移。

第 6 题,这是等值线问题中关于数据排列变化规律的推理判断过程,是一个取值范围,观察图中等温线分布规律会发现,最高温区域在 21℃~23℃之间,最低温区域在 5℃~7℃之间,则温差在 14℃~18℃之间,但不等于 18℃。第 7 题,要求在认真阅读坐标图信息的基础上有效运用等值线变化规律和大气的热力作用原理分析问题。第 8 题,热岛效应最强的时段即城郊温差最显著的时段,应该是等温线弯曲变化最明显的地方,即图中 8 日 22 时前后所对应的城郊温度对比。

参考答案:6. C　7. B　8. B

(评析:李福中/山西省忻州实验中学)

(2010 年高考安徽文综卷 29~30 题)11 月 22 日,某地理研究性学习小组在观测房屋采光状况时,发现甲楼阴影恰好遮住乙楼三层中部(如右图所示),在甲楼顶层 GPS 测得纬度为 31.8366°、经度为 117.2179°、高程为 96m。完成 29~30 题。

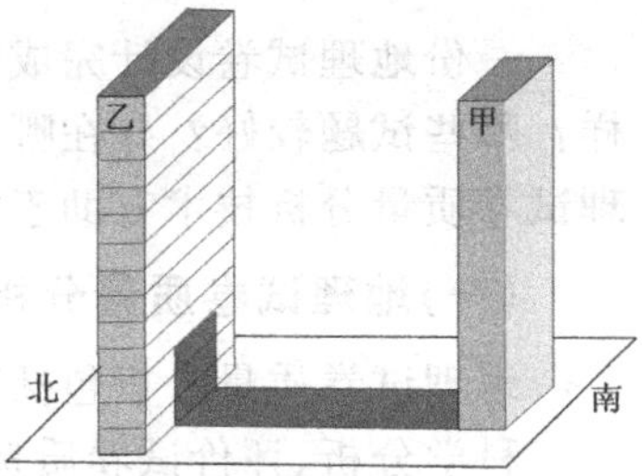

29. 隔 25 小时再次观测时,甲楼阴影可遮挡乙楼

A. 二层西部　　B. 四楼东部

C. 五层西部　　D. 七层东部

30. 此后一个月内

A. 法国进入冷饮畅销期　　B. 广东省进入雨季

C. 澳大利亚播种冬小麦　　D. 云南省昼短夜长

试题评析:本题组主要考查楼间距大小以及不同时段内房屋的采光状况。题目具有很好的区分度,突出了对考生思维过程的考查,不失为一组好题。看似为楼间距太阳高度的计算题(类似考题常以计算形式出现),实为灵活推理的逻辑思维考题。审题为基础,推理是关键。

第 29 题,11 月 22 日,甲楼阴影恰好遮住乙楼三层中部为已知信息,上图与题干中又隐藏了两个重要的解题信息,即 11 月 22 日为北半球冬季和此时为当地正午 12 时,太阳高度最大时的日影状况图。而题中给出的甲楼坐标与高程则为解题的干扰信息。图示南楼阴影恰好遮住乙楼三层中部,说明此时为当地正午 12 时的日影,再过 25h,即当地第二天的下午 1 时(13 时)太阳会逐渐西移,太阳高度会比正午 12 时要小些,则南楼的阴影会稍长于正午时的阴影,由于太阳西移。那么日影将东偏,也就是说此时遮住乙楼的部分不可能仍在中部,也一定是大于三层且偏东了,但不可能遮到第七层的东部。第 30 题,此后一个月内,北半球正处冬季,昼渐短夜渐长,至 12 月 22 日北半球夜长达到最大值。南半球的澳大利亚为夏季应是小麦的收获季节;广东省进入雨季的时间是每年的四、五月份;法国冬季也不可能冷饮畅销。

参考答案:29. B　30. D

(评析:鲍德军/安徽省当涂一中)

---

① 《中学地理教学参考》编辑部. 2010 年高考地理试题解析精选[J]. 中学地理教学参考,2010(8).

(2010 年高考江苏地理卷 1～2 题)2010 年 3 月以来，北大西洋极圈附近的冰岛发生大规模火山喷发，火山灰蔓延使欧洲航空业蒙受重大损失。右图为火山喷发图片。回答 1～2 题。

1. 导致冰岛火山灰蔓延到欧洲上空的气压带和气流是
   A. 副热带高气压带和西风
   B. 副极地低气压带和西风
   C. 副热带高气压带和东北风
   D. 副极地低气压带和东北风
2. 这些蔓延的火山灰物质在地球圈层中迁移的顺序是
   A. 大气圈—水圈、生物圈—岩石圈
   B. 岩石圈—大气圈—水圈、生物圈
   C. 水圈、生物圈—大气圈—岩石圈
   D. 水圈、生物圈—岩石圈—大气圈

试题评析：冰岛火山喷发是一个引起全球关注的热点问题，无论火山喷发还是火山灰蔓延都能用很专业的地理语言来分析和解释，而看似难度较低的试题，通过设问的陷阱，也能很好地反映学生思维的缜密性。

第 1 题，冰岛地处 60°N 与北回归线之间，所处气压带显然是副极地低气压带，且低气压带的上升气流正是加速火山灰蔓延的原因之一，而地处欧洲西北部的冰岛的火山灰蔓延至欧洲上空，无论从风带的位置还是风向都可确定为西风带。第 2 题审题很重要，"蔓延的火山灰"就是提醒学生先从大气圈开始(而不是从岩石圈开始)，再根据地球表层四大圈层的分布规律，就很容易得出答案。另外，笔者还认为，火山喷发是典型的地理现象，而火山喷发无论对气候等地理环境，还是对航空业及其相关产业(花卉、旅游、汽车等)都产生深刻的影响，如果能再深化一点，利用相关知识再编制一道试题，不仅能反映学生的发散性思维能力，更能体现地理学科的实用价值。

参考答案：1. B　2. A

(评析：梁干桥/江苏省南菁高级中学)

三、地理试卷质量分析技术

一份地理试卷设计完成进行预试或考试后，是否实现考试目标预期？试卷总体质量怎样？哪些试题较好？好在哪里？哪些试题较差？差在何处？需要认真评价，以求更好。地理试卷质量分析技术有助于完成试卷质量评价。

(一)地理试卷质量分析

地理试卷质量分析包括对试题质量的分析及整体试卷的分析。

科学分析、评价试卷质量，一般有四个指标：难度、区分度、信度、效度。前两者主要针对试题质量分析，后两者主要针对试卷质量分析。四个指标间互有关联。

1. 难度分析

难度是试题的难易程度。难度通常用答对率 P 来表示。而不同题型计算试题难度的方法不尽相同。

(1)客观性试题难度计算公式：

$$P=R/N$$

式中，P 为某试题难度值，R 为答对该试题的人数，N 为受试总人数或抽样的总样本数。

或者，

$$P=(P_H+P_L)/2 \quad \text{(参考公式)}$$

式中，P_H 为高分组(受试全体中得分最高的 27%)答对率，P_L 为低分组(受试全体中得分最低的 27%)答对率。

(2)主观性试题难度计算公式：

$$P=X/W$$

式中，P 为某试题难度值，X 为某主观题的平均得分，W 为该题的满分。

难度值 P 的取值范围在 0～1 之间。其值越小，难度越大；反之，则越容易。试题难度值过大或过小，都不利于检测学生的实际学习水平及差异。P 值为 0 或 1 的试题，应作为无辨别性题目而删除，一般情况下，难度值>0.6 为容易题，0.3～0.6 为中等难度题，难度值<0.3 为难题。

由于考试目的、考试性质不同，试题的难度会有不同的要求。选拔性考试，试题难度值多在 0.3～0.8 之间，整卷的难度控制在 0.6 左右，中考与高考又有所区别。校内评价性考试与区域性会考等，试题的难度值可视学习目标要求及学生学习水平略作调高或调低。一般水平性考试难度大于升学考试难度。

考试命题时，其题目排列需先易后难，尽量减少学生心理难度。

2. 区分度分析

区分度是试题对不同水平受试者的鉴别程度。即水平高的学生得分高，水平低的学生得分低的一种倾向程度。若某试题能使水平较高的学生得较高分、使水平较低的学生得较低分，该试题就有较高的区分度。

(1)客观性试题区分度的计算公式：

$$D=P_H-P_L$$

式中，D 为区分度，P_H 为高分组答对率，P_L 为低分组答对率。

说明：先把考试总分进行排序，然后选出得分最高的 27%列为高分组，将得分最低的 27%列为低分组。

(2)主观性试题区分度的计算公式：

$$D=\frac{X_H-X_L}{n(S_{\max}-S_{\min})}$$

式中，D 为区分度，X_H、X_L 分别为高分组、低分组在某题上所得总分，$S_{\max}$、$S_{\min}$ 分别为测试考生中某题的最高分和最低分，n 是高分组或低分组的考试人数。

区分度的取值范围在 0～1 之间，一般认为，试题的区分度：0.40 以上，优；0.30～0.39，良好；0.20～0.29，中；0.19 以下，差。

区分度评价为良好、中，可修改完善；其评价为差者，必须淘汰。

考试命题时，可采用使大多数题目的难度与考生水平的平均状态相接近，多用中等难度的试题，使高、中、低难度档次题目的比例适当等方法来提高试题的区分度。

3. 信度分析

信度是反映考试稳定性和可靠性的指标。指同一试题(或相等的两个、多个试题)对同一组被试施测两次或多次，所得结果的一致性程度，或同一试题对不同学校相似学力水平学生测试的一致性程度。试卷信度无论对何种类型考试都很重要，大范围的水平考试或选拔性考试，尤需慎之又慎。

信度大小同相关系数有关，计算相关系数的方法多种。例如，其一，用再测法求稳定性系数，即用同一份试卷对同一批学生先后测试两次，求所得两组分数间的相关系数的方法。其二，用等试法求等值相关系数，即用测试水平相等的两份试卷(如正、副题)对同一批考生进行测验，求两组分数间的相关系数的方法。最常用的是用半分相关法求内在一致性系数，即把一次考试按题目的性质和难度分为基本相似的两组，将其当做两个假定为相等并独立的分测试来计算相关系数的方法。或者，采用以下方法：

把学生按学号奇偶分组，先计算两组学生同一试卷答题情况的相关系数，然后计算出相关系数 R_{xy}。

$$R_{xy}=\frac{\sum X\cdot Y}{\sqrt{\sum X^2\cdot\sum Y^2}}$$

式中，X 为奇数组某题答对人数偏差，Y 为偶数组某题答对人数偏差。

再通过相关系数 R_{xy} 计算出信度值 D。信度计算公式：

$$D=\frac{Z\cdot R_{xy}}{1+R_{xy}}$$

式中，Z 为被试人数，D 为信度值。

信度的计算较为复杂，需借助 SPSS 等统计软件。

信度的取值范围也在 0～1 之间。D 值越接近 1，试卷可靠性、稳定性越高；D 值越趋近于 0，试卷可靠性、稳定性越低。一般考试信度值应大于 0.70。通常认为学业考试的信度在 0.9 以上为好。

考试命题时，经常采用多出题目、出小题目、扩大命题的内容广度，避免试题内容的局限性，避免指示语不清、难易不当等来提高考试信度。此外注意稳定考生情绪和统一评分标准，也是提高试卷信度不可忽视的因素。

4. 效度分析

效度表示考试结果与考试目的的符合程度，是反映有效性的重要指标。它说明的是一个考试能否准确测出受试者对检测目标的掌握程度。

对于学业考试来说，多用准则关系效度，即用某次考试的分数与效度准则之间的相关系数来表示。效度准则是指足以显示检测对象特征的变量，一般用一段时期内，多次考试成绩的总评值来作为效度准则。

效度常用效度系数 R 表示。计算试题效度可采用积矩相关系数法，计算两次考试的相关系数 R，计算公式为：

$$R=\frac{n\sum xy-\sum x\sum y}{\sqrt{(n\sum x^2-(\sum x)^2)(n\sum y^2-(\sum y)^2)}}$$

公式中，n 表示参加测试的总人数；x 表示正在分析中的考试的分数；y 表示作为效度准则用的考试分数。

效度的计算较为复杂，需借助 SPSS 等统计软件。

考试效度系数常在 0.40～0.80 之间。效度系数越大，说明考试的有效性越高。

考试命题时，遵循课程标准或考试标准对有关学习目标的基本要求，多设计基础性强而又重理论联系实际、灵活运用的试题，多设计知识覆盖面较广又难度大小比例适当的试题，有助于提高试题效度。

上述试卷质量分析的“四度”指标，除难度可人工计算，其他“三度”多借助统计软件。

(二)地理考试成绩分析

地理考试成绩分析是地理试卷质量分析的重要参照。地理考试成绩分析的统计指标，主要有平均分、标准差、得分率和分数段频率等。

1. 平均分

平均分表示测试成绩的平均状态和集中趋势。多用两种方法计算。

其一,简单算术平均分,可用样本或总体所有单个成绩之和除以样本或总体的个数求得:

$$\overline{X}=\frac{\sum X}{N}$$

其二,加权算术平均分,在一个样本或总体由很多组成绩构成时,用加权法计算算术平均分:

$$\overline{x}=\frac{f_1x_1+f_ix_i+\cdots\cdots+f_nx_n}{\sum f_i}=\frac{1}{n}\sum_{i=1}^{n}f_iX_i$$

式中,$f_1 \sim f_n$ 表示各组成绩的个数,$\overline{x_1} \sim x_n$ 表示各组成绩的平均分,$\sum f_ix_i$ 表示所有各组平均分成绩之和。

例如,某校高一年级有四个班,各班人数分别为 50、45、55、40 人,某次考试各班的平均分依次为 80、75、85、90,求年级的总平均分。

解:$\overline{x}=\frac{50\times 80+45\times 75+55\times 85+40\times 90}{50+45+55+40}=79.5$(分)。

平均分可以表示测试成绩的平均状态和集中趋势,但不能充分说明一组成绩的具体分布及波动状态。有时虽然两组测试成绩平均分相等,但其分布在平均分左右的疏密和离散程度不同,学生学习的整体水平就有差异。因此,在研究测试总体或样本的集体水平时,需要计算标准差和标准分。

2. 标准差

标准差是描述一组数据离散(差异)程度的量化指标。常用 σ_x 表示。它是各个数据对其算术平均数的离差平方的平均数的方根,其计算公式为:

$$\sigma_x=\sqrt{\sum(x-\overline{x})^2/n}$$

式中,x 为各原始数据;$\overline{x}$ 为平均数;n 为数据项数。

标准差越小,数据之间的差异就越小,数据比较集中;反之,数据分布范围越大。标准差与平均分结合起来,更能说明一个样本的分布情况,平均分越高,标准差越小,则样本的平均水平就越好。例如下表:

	地理测试成绩							σ_x
甲组(7 人)	85	80	92	61	49	40	78	18.1
乙组(7 人)	85	80	92	88	75	70	80	7.0

就选拔性考试而言,标准差过大或过小都会降低考试的区分度,不利于选拔人才。

为更客观反映学生学习的实际情况,可使个体成绩标准化,即用平均分和标准差将个体成绩加以转化,这就需引入标准分。

3. 标准分(标准差的应用)

标准分是一种以平均数为参照点,以标准差为单位的分数,可表示各个分数与其团体平均分数之间的距离。其计算公式:

$$Z=(\text{原始分数}-\text{平均分数})\div\text{标准差},\text{即 } Z=(x-\overline{x})/\sigma_x$$

标准分能使不同计量单位的测量数据标准化,用于各种测量指标的比较和综合评价,如:可比较同一名学生同一学科不同次学习成绩的进步或退步情况;可比较同一名学生不同学科同一次考试成绩的优劣情况;可比较不同学生各个学科同一次考试综合成绩的高低情况。

例如，某生高考前，两次模拟考试的文综成绩分别为 $X_1=110$ 分，$X_2=120$ 分，已知参加这两次考试学生文综平均分分别为 100 分和 125 分，标准差分别为 4.0 分和 5.0 分，问该生文综测试成绩是否有进步？

解：由 Z＝(原始分数－平均分数)÷标准差，$Z_1=(110-100)\div 4=2.5$，$Z_2=(120-125)\div 5=-1$，因为 $Z_1>Z_2$，所以其文综测试成绩有所退步。

4. 得分率

得分率是反映学生完成某题目总体水平的表征量，计算公式：

$$d=\frac{\overline{x}\text{(某题目实得平均分)}}{x\text{(该题目的应得分)}}\times 100\%$$

d 值越高，表示大多数学生对题目考查内容掌握较好。

5. 分数段频率

分数段频率就是通常所说的成绩分数段统计，它能较细致地反映学生成绩的分布情况。对于水平考试来说，如果中间分数段频率大于高、低分数段频率，说明考试成绩呈正态分布，试题难易适中，对考生较适合；在试题符合课程标准及教学目标要求时，则反映教学质量较高。如分数段频率呈高分段＞中间段＞低分段，这就是负偏态分布，说明试题较易；在试题符合检测要求时，则说明学生学有余力，还可提高教学程度。如分数段频率呈低分段＞中间段＞高分段，这就是正偏态分布，说明试题较难；在试题符合检测要求时，则说明学生学习水平较低，应采取降低教学难度等教学措施改进教学。

按以上指标进行的地理考试成绩分析，是地理试卷质量分析不可缺少的参照。在地理试卷质量分析时，两者常有机结合。

(三)常用统计分析软件及运作项目举样

1. 中文 Excel 软件

中文 Excel 的学生成绩统计分析可操作项目：(1)计算总分；(2)计算名次；(3)计算及格率；(4)计算平均分；(5)计算标准差(标准分、变异系数、均差分数)；(6)学科成绩分数段分布情况(频数分析)。

2. SPSS 统计软件

SPSS 统计软件在试卷分析中可操作项目：(1)计算客观试题的难度；(2)计算主观试题的难度；(3)计算试题的区分度；(4)计算试卷的信度；(5)计算试卷的效度；(6)计算考试成绩分析中的描述性统计分析(平均分、标准差、标准分、排序、分数段成绩分布图表等)。

(四)地理试卷质量分析报告

重要阶段或较大规模地理考试之后，需要撰写地理试卷质量分析报告，以促进研究与教学。

1. 地理试卷质量分析报告的主要内容

地理试卷质量分析报告，一般包括以下要点：

(1)考试目的与性质；

(2)考试目标要求与考试内容；

(3)试卷设计、题型结构、考点分布(命题双向细目表)；

(4)试卷评价：试卷质量(平均分与标准差，试卷信度、难度、区分度，难度与区分度的关联及分布等)、试卷特色；

(5)答题情况分析(试题考查的主要学习目标及层次——效度的定性分析、试题设计思路与解题思路、学生得分等考试成绩重要指标分析、常见或典型错误及原因分析等)；

(6)对命题的意见或建议；

(7)对教学的意见和建议。

2. 地理试卷质量分析报告的直观表达

地理试卷质量分析报告要求简明扼要。除了简洁的文字，统计图表类直观表达方式有助于试卷分析报告的精要。以下为某次高考文综模拟考试质量分析报告中的部分图、表举样。

各难度档次题的构成表

题的档次	题号	赋分（分）
容易题	4、36（1）（2）	16
中等难度题	1、2、6、8、9、36（4）、39（2）	42
难题	3、5、7、10、11、36（3）、39（1）（3）	42

自然、人文地理考试分布表

	题　号	分值
自然地理	1、2、3、4、5、6、7、8、36（1）（2）、39（1）（2）	56
人文地理	9、10、11、36（3）（4）、39（3）	44

地理试题考点构成表

题型	题号	考查的主干知识	赋分（分）
选择题	1~3	大洲和大洋的面积大小、世界主要港口和海峡、世界主要航线、正午太阳高度、经度与地方时的换算、世界六大板块分布	12
选择题	4~5	全球变暖的原因分析、澳大利亚混合农业带的农事活动规律、北印度洋的季风洋流、世界陆地自然带分布和景观变化	8
选择题	6~8	黄河、长江的水温变化、坐标图的判读、长江穿越的地形区	12
选择题	9~11	公路选线的原则、比例尺计算、区位条件分析、工业部门的选择	12
主观性试题	36	我国各省轮廓判读、中国铁路分布、中国降水量分布规律及成因分析、我国耕地分布特点、坐标图的分析计算、耕地变化的成因分析、城市化、生态破坏、耕地保护措施、农业结构成因分析	36
主观性试题	39（1）（2）（3）	地球运动、太阳直射点与太阳高度的关系分析、东非大裂谷及其谷地湖泊的成因分析、降水量大小的成因分析、矿产资源开发的区位条件分析	20

地理试题能力考查表

题型	题号	考查的能力	赋分（分）
选择题	1~3	坐标图的判读能力、计算能力、比较能力、空间定位能力、空间想象能力、经度与时间换算能力	12
选择题	4~5	分析判断能力	8
选择题	6~8	坐标图的分析能力、气候的成因分析能力	12
选择题	10~11	计算能力、小区域地图的判读分析能力、交通线路和旅游地的区位条件分析能力、工业布局能力	12
主观性试题	36	区域判读能力、比较分析能力、文字表达能力、归纳整理能力、成因分析能力、读图说话能力	36
主观性试题	39（1）（2）（3）	太阳高度角的计算能力、气候的成因分析能力、课本知识的记忆能力、工业区位条件分析能力	20

I 卷地理试题的成绩统计表

题　号	1	2	3	4	5	6	7	8	9	10	11	I 卷
答　案												
答 A 率(%)												
答 B 率(%)												
答 C 率(%)												
答 D 率(%)												
平均分												
难度值												

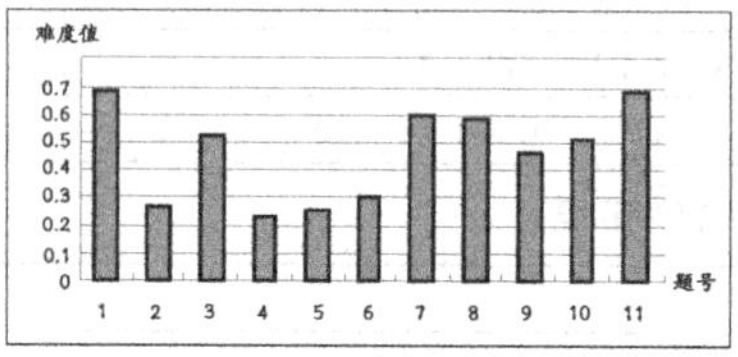

模拟卷一　I 卷各题难度直观图

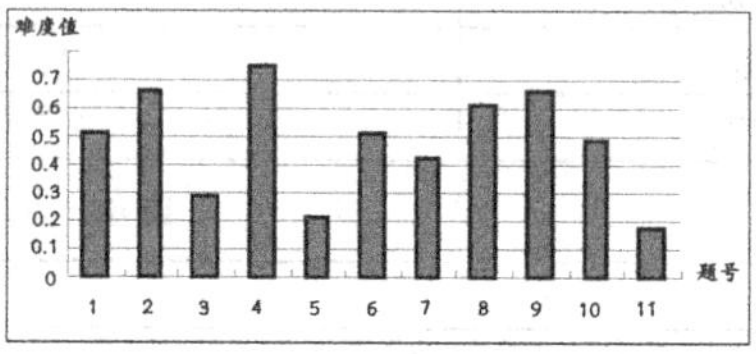

模拟卷二　I 卷各题难度直观图

Ⅱ 卷地理试题的成绩统计表

题号	36	(1)	(2)	(3)	(4)	39	(1)	(2)	(3)	Ⅱ 卷
满分										
平均分										
难度值										

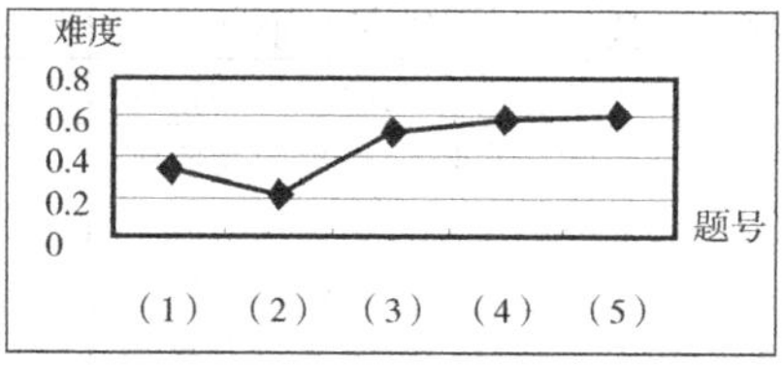

模拟卷一　Ⅱ 卷各题难度值

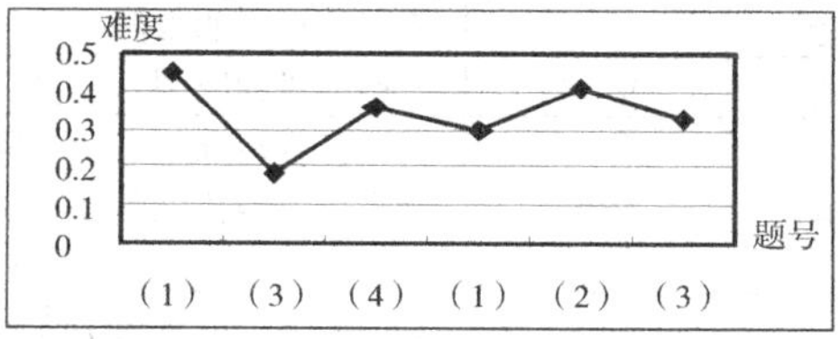

模拟卷二　Ⅱ 卷各题难度值

以上多种图表直观表达方式，使地理质量分析报告中的各种指标分析及结论清晰醒目，既精简了文字，又文图互补，相得益彰。

【思考、实践与交流】

1. 什么是教学评价？发展性教学评价倡导哪些新理念、新方法？

2. 地理教师教学质量评价有哪些主要指标？

3. 结合有关案例、资料，讨论并提出一节优质地理课的评价标准。

4. 地理教师素质综合评价应从哪些方面进行？

5. 结合有关案例，研究、交流怎样全面评价学生的地理学习质量。

6. 设计一份反映课程改革新理念的学生地理学习质量评价方案（课内或课外或综合型）。阐明其依据，探讨其效果，并与学友交流。

7. 到中学了解地理课堂（课外）教学评价、学生地理学习评价、地理教师评价采用了哪些方法？找机会与学生、教师对话交流。

8. 阐述课程改革中地理考试的指导思想及主要理念。地理考试包括哪些主要类型？

9. 检索并选择几份你认为质量优良的地理考试试题，分析其特点，并与同学老师交流。

10. 按命题要求，用常见地理题型设计一份地理测试题（随堂、单元或学期测试），与同学交流。

11. 信息检索，国外地理试题编制及地理考试有何特点？有哪些可借鉴之处？

12. 通过网络或就近联系中学地理教师及教研员，具体了解地理试卷质量分析的有关方法，并尝试进行一些小规模实践。

广大教师要积极参加教学实验和教育科研

——《国务院关于基础教育改革与发展的决定》

第九章　源头活水:地理教学研究

【提要与结构】

地理课程教学是一个永无休止的动态生成过程。变化无处不在,新与旧的矛盾无处不在。学生在变,教学情境在变,教学理念在变,教材在变……只有十分注重并不断自觉有效地进行地理教学研究,才能突破因循守旧的制约,使地理教学时时绽放生命的活力。"问渠哪得清如许,为有源头活水来。"地理教学研究就是鲜活地理课内外教学的源头活水。

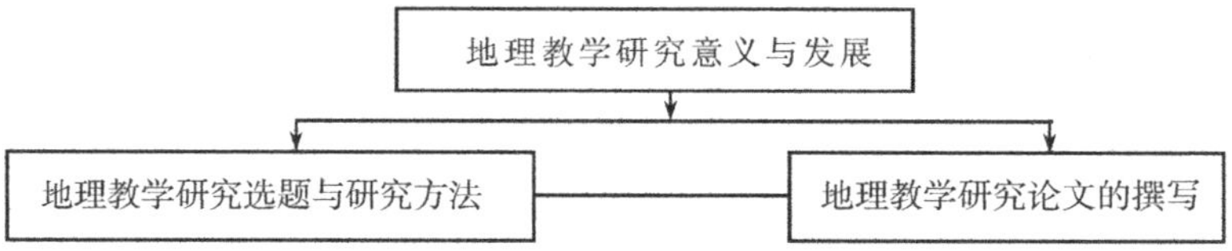

第一节　地理教学研究概述

若行其事,先明其义。为了开展好地理教学研究工作,首先要明确地理教学研究的含义、类型及意义,并了解地理教学研究的动态发展。

一、地理教学研究含义及意义

(一)地理教学研究的含义

地理教学研究是指以教学基础理论为指导,采用科学的态度和方法,去探索和发现地理教学规律,从而发展地理教学理论,指导地理教学实践的教学研究活动。

这里所说的地理教学研究用其广义,既包括有关"科研",也包括有关"教研"。

(二)地理教学研究的意义

1. 全面提高地理教学质量

教学质量是教学研究永恒的主题,对教学高质量的追求永无止境。地理教学研究主要围绕地理教学问题展开。例如,如何优化三维地理教学目标?如何丰富地理教学内容?如何激发学生兴趣?如何体现生活地理?等等。无疑,地理教学系统要素及过程的优化,将促进地理教学质量及效益的显著提高。

2. 推动地理课程教学的改革和发展

新一轮课程教学改革带来教学理念、教学内容、教学模式方法技术、教学管理等方面一系列重大乃至根本性变革,在带给地理教师充满不适应、困惑甚至危机的"压力情境"的同时，也促使地理教师对面临的一个个急待解决的新问题进行深入研究。而改革带来的成效及新问题，又会激发新动力，不断推进改革。

3. 为教育决策科学化提供依据

从教育管理的角度看，教学研究是教育决策的重要基础，它能为教育决策科学化提供有关信息和依据。按正常程序，研究在先，决策在后。重要的教育决策前要进行有关调查研究。试行的教育决策颁发后，还会通过教学研究提供的反馈作出相应调整，进一步完善。例如，此次新课程改革的有关决策，就依托了大量有代表性的教育调研、科研。改革启动后仍在调研反馈中不断完善，课改方案、课程标准、教材编制等仍在调研、调整中。

4. 提高地理教师专业化素质

现代教育呼唤研究型、学者型的教师。《教师法》明确规定，教师有责任开展教育教学改革，从事科学研究。具有一定研究能力是当代教师的必备素养。进行地理教学研究，能使地理教师学会教学科研方法，提高科研能力，形成良好科学态度及理论素养，使其专业化素质更加全面。具有良好教育科研素养与能力的地理教师，更能高瞻远瞩，摆脱平庸，走向卓越。

此外，大量来自基础教育第一线的地理教学研究成果，对丰富发展地理教学理论，促进教育科学理论建设等也有重要贡献。

二、地理教学研究的发展

(一)地理教学研究发展及其成果

改革开放以来，我国地理教学研究取得了较大进展，其成果主要表现在以下几个方面：

1. 地理课程研究成果

20 世纪 80 年代初，我国中学地理课程研究的一大成果是，经过研究恢复了高中地理课程设置，且以人地关系为主线更新了高中地理课程内容，缩小了我国与国际高中地理教育先进水平之间的差距，发表了一批高质量的高中地理课程研究论著。20 世纪 80 年代中期起，研究九年义务教育初中地理课程，20 世纪 90 年代初重构了初中地理课程，以人地关系为主线更新了课程内容及其编排体系，缩小了我国与国际初中地理教育先进水平之间的差距，也发表了一批高质量的初中地理课程研究论著。20 世纪 90 年代中期以来，研究与新的初中地理课程接轨的新的高中地理课程，进一步缩小了我国高中地理课程与国际先进水平之间的差距，尤其在新世纪启动的新一轮课程改革，更取得了划时代的系列重要成果。

2. 地理教材研究成果

伴随中学地理课程研究成果，取得了相应的中学地理教材研究成果。目前我国编制的高中地理新教材，内容及形式已接近国际先进水平。乡土地理教材、校本教材的建设成果卓著、独具特色。大批中学地理教材研究的论文和著作在国内外交流并产生重要影响。

3. 地理教学方法和手段研究成果

在中学地理教学研究成果中，教学方法和手段的研究成果所占比重最大，获奖成果最多。通过多次全国性的比赛、交流，先进的中学地理教学模式、方法获得大面积推广。教学地图研究、教具研究、电化教学手段研究、地理园和地理专用教室建设研究、多媒体计算机辅助教学研究等硕果累累。

4. 地理教学评估研究成果

地理教学评估研究成果包括对教师的评估和对学生的评估两方面，以对学生评估研究为主。对学生评估的研究，以地理考试研究为主，尤以政府行为的毕业考试和高校招生考试为主。课程改革以来，地理教学评价、学生地理学习评价、地理教师评价等构建了具有时代意义的评价体系。高考改革在考试内容、考试方法等方面取得重要突破。

5. 地理教育学研究成果

自从20世纪80年代末我国学科教育学研究兴起以来，与我国中学地理教育研究相结合，地理教育学的研究在我国高等师范院校取得了大批成果。地理教育学系列建设的多项研究成果获得了高校国家级优秀教学成果奖。一批较高质量的地理教育学、地理教学论教材及相关研究的理论与实践成果正有力促进着高校地理教育学的发展。在新世纪推进的高校地理教育学多项研究成果中，还更多体现了高校教师、中学教师、地理教研员在科研中的协同与集体智慧。

（二）地理教学研究发展趋势

当前地理教学研究具有以下发展趋势，有志于地理教学研究的地理教师，要努力顺应教研形势的发展。

1. 地理教学研究指导思想的现代化

先进教学理念及理论指导下的教学研究是教学的生长点和动力源，在当代已成共识。创新教育、多元智力理论、人本主义教学理论、素质教育理论、有效教学理论、建构主义教学理论、教师专业化理论等，成为教学研究的重要指导理论。地理教学研究要能创新，首先必须在思想观念上有较大的转变。其二，地理教学研究是合作的事业而非个体的事情，要组建教学研究团队。教学研究团队组织越有成效，其研究成果也越有成效。其三，要充分吸取最新的有价值的相关科研成果，为我所用。要从我国可持续发展的需要、从知识经济、信息化、学习化社会对我国教育的影响，研究地理教学的改革。

2. 地理教学研究内容的多元化、综合化

当前，地理教学研究内容日益多元化、综合化，不再停留在个别、低层次的课题研究阶段。地理教学研究内容的多元化，要求地理教学研究人员，拓展视野，根据地理素质教育需要，从多个维度选择研究课题。地理教学研究内容的综合化，要求研究人员打破各自为政的研究定势，组建最佳研究团队，协同攻关。

地理教学研究内容的多元化、综合化，不仅扩大其研究领域，也提升了研究层次。

3. 地理教学研究方法的科学化、综合化

地理教学研究方法科学化包括：第一，一些新的研究方法引进地理教学研究领域。例如，系统化研究方法、计量化研究方法、信息化研究方法等。第二，借鉴其他科学领域的研究方法。例如，社会学研究方法、心理学研究方法、生态学研究方法、经济学研究方法等等。第三，使传统的方法科学化。例如，对观察法、调查法、实验法等，使其更为客观，操作更为合理，对其所收集资料的统计处理和定性分析更加科学。地理教学研究方法的科学化应通过对研究人员的培训来加以保证。

地理教学研究方法的综合化主要是多种研究方法互为补充。由于教学研究对象的复杂性，各种教学研究方法各有其长处和不足，如实验法辅以观察法、访谈法等，可从不同角度、不同侧面获得信息，揭示研究对象，使研究的材料更为丰富全面，获得的结论也更为科学。此外，还有定性分析与定量分析相结合等。需要指出的是，定量研究在我国教学研究的运用仍较薄弱。国外普遍采用的模糊数学、主成分分析、聚类分析、多元分析、多层次分析等方法，有待推广运用。

4. 地理教学研究工作的制度化

当前的地理教学研究工作已不是可有可无，或锦上添花，各级教育主管部门正在推进地理教学研究工作的制度化。有关部门根据我国教育、教师方面的法规，规定了地理教学研究工作是教育主管部门、学校、地理教师和教研人员的共同职责，地理教学研究已列入管理部门、学校的工作议程。上上下下已制定出系列促进、保障地理教学研究的政策、制度、计划。地理教学研究工作的制度化还表现在研究课题的申报、立项、开展、评估、验收、推广等工作程序中，因此，地理教师目前面临的不是是否参加的问题，而是如何进行的问题。

此外，教学研究的生态化（强调在现实生活或自然情景中研究）、研究方式的跨学科化和跨文化化等也有所影响于地理教学研究。

第二节　地理教学研究选题与研究方法

地理教学研究课题选择及研究方法是地理教学研究的重要组成，直接关系地理教学研究的实效。

一、地理教学研究课题的选择

地理教学研究课题是指存在于地理教学中需要研究的、前人尚未认识或解决的问题。这里主要探讨地理教学研究课题的类型、来源和选题原则。

（一）地理教学研究课题类型

按照地理教学研究的对象和深入程度的不同，可将地理教学研究的层次分为地理教学基础理论研究、地理教学应用研究和地理教学技术研究三个层次。三者在各自的研究过程中其方法与步骤不尽相同：如地理教学基础理论研究多用文献法、调查法或经验总结的方法，而地理教学技术研究可能多用实验法或考察法。但三者之间密不可分、相辅相成，互相提供理论依据和技术支持。如地理教学的应用研究，首先建立在地理教学基础理论的根基上，或阐明某种教学理论在教学实践中的实施方法，或阐明某种技术手段在教学实践中的应用。如“多元智力理论在地理素质教育中的应用”、“多媒体技术对地理教学原理剖析的作用”等研究课题，则有三类的互通。

1. 地理教学基础理论研究

地理教学基础理论研究是地理教学研究最基本的课题，它具有基础性、理论性的特点。地理教学基础理论研究的任务是充实和发展地理教学论，即用现代教育学、教育技术、心理学以及地理科学中的新内容、新理论发展和更新地理教学理论。

地理教学基础理论研究按地理课程与教学论体系，包括如下研究范畴：地理课程论研究、地理教学方法论研究、地理教学评估理论研究、地理学习理论研究等。地理教学理论研究，需要有关现当代教育科学理论、现当代地理科学理论等较深厚基础，以及对地理教学实践历史、现实与未来发展趋势的清晰认识。

2. 地理教学应用研究

地理教学应用研究主要是对教学实践问题的研究。与基础理论研究相比，应用研究更为具体和细化，如在某基础理论指导下的教学设计、教学模式运用、教学评价方式等。具体课题如“新课程下地理实验教学程式的探讨”、“合作学习评价的有效策略构建”、“地理教学中的‘分层递进教学’研究”、“‘问题驱动，学案导学’教学模式的研究与实践”等。这一类研究的特点是，既具备一定的理论性，又有较强的实践性。

应用研究型课题与地理课程教学实践更为贴近，也是一线广大地理教师多选择的课题。应用型课题研究，需要先进理论指导，需要敏锐发现地理教学改革实践中的共性问题，需要科学完整的研究程序及成果总结、交流。

3. 地理教学技术研究

地理教学技术研究，多指对一些电教技术、计算机辅助教学、多媒体课件开发等教学技术手段的研究。在“构建基于现代信息技术的地理课程”的改革背景下，地理教学技术研究正成为地理教学实践的重要关注，如“GOOGLEEARTH在中学地理教学中的应用”、“着眼GIS运用，重视绘图研究”，“地理选择题编制中的FLASH制作”、“如何利用MAPINFO快捷制作专题地图”等。地理教学技术研究，需要对地理信息技术的良好功底，同时需要将现代地理教学技术与常规地理教学技术相结合。更重要的是，地理信息技术研究，要切实为促进学生发展服务，避免炫耀技术、“见技不见人”的偏颇。

（二）地理教学研究课题的来源

“没有课题”、“找不到课题”……这些是困扰地理教师开展地理教学研究的经常性问题，主要是对教学研究课题来源认识不足所致。地理教学研究课题主要从地理教学实践中来，一般可从以下维度思考：

1. 为提高地理教学质量选择课题

地理教师感到教学质量有问题或需进一步提高地理教学质量，进行诸如“地理教学质量与学生素质的全面发展”、“问题教学法对学生主动学习的作用”、“以研究性学习为突破口，促进学生地理创新能力的培养”等课题研究。

2. 通过地理教学存在的困难、矛盾和不足发现研究课题

地理教学实践中随时可遇困难、矛盾及发现不足。例如，新课标理念如何与地理教学实际紧密结合？地理新教材如何有效使用？如何有效调动学生地理学习的积极性？哪些地理教学模式方法更能为教学实际所用？如何有效开发利用乡土地理教学资源？思考并着手解决这些困难、矛盾及不足，就可以找到大量的地理教学研究课题。

3. 通过对地理教学现象的观察、调查捕捉研究课题

地理课堂观察可以发现诸多地理教学问题，如学生学习注意力方面的问题，学生思维模式、学习方式方面的问题，学生学习兴趣方面的差异，地理学习中男女生的差异，优生或差生学习的共性及规律等等。这些课堂观察所得都可以引出相关的地理教学研究课题。教师在组织学生野外考察、社会调查等过程中，不仅可以发现学生学习的问题，同时还可发现地理教学走进生活世界中的诸多问题，例如大小课堂怎样有机结合？研究性学习有哪些不同内容及模式？地理教学如何与乡土建设有机结合？等等。

4. 总结地理教学成功的经验，发掘研究课题

成功的地理教学经验常常蕴含着有效教学的基本原理，反映着地理教学规律，并具有推广的意义。借助成功的地理教学经验，可以从理论深度、实践论证、推广价值等角度进一步探索、提升。提高其概括化水平及应用价值。如有的学校大力开展地理野外教学或地理课外科技活动，引起学生对地理学科极大兴趣，使教学获得成功。其中就有很好的研究课题。

5. 从地理教育与社会环境的关系中发现研究课题

地理教育不是孤立地存在的，而是整个社会环境的一个部分，与其他文、理、艺术等学科教育和社会生活有着千丝万缕的联系，地理教育与社会环境的关系包含许多相关的规律及问题有待我们进行深入探讨。例如地理学习与中学文、史、生等学科的关系，中学地理教学内容和社会需要的联系，学生习得地理能力与今后生活、工作应用的关系等内容，只要留心观察与调查，都可从中发现研究课题。

6. 从前人研究的成果中开拓新的研究课题

地理教师从各种信息渠道获得专业成长有关信息的同时，也会有所启发、借鉴，发现某些研究的不足，经进一步思考、探索与归纳，将开拓一些新的地理教学研究课题。如10多年来，地理教育工作者对地理素质教育做了很多探讨，理论上构思很好，也形成了一套方法体系，但为何至今成效远未达到预期，其中很多原因，就有待深入研究。

此外，通过有关文献的阅读、挖掘，通过对有关观察、调研情况的缜密思考，也可构建研究课题。

（三）地理教学研究的选题原则

地理教学实践中有很多问题，但问题并非一定都可作为研究课题。课题选择恰当与否，不仅关系课题研究价值，也往往关系着课题研究成败。选题可以规划研究的范围与方向，选题在一定程度上决定着科研的价值和成败，选题有助于研究人员主观能动性的发挥和研究能力的提高。地理教学研究前要注意认真选题。地理教学研究选题，一般有如下原则：

1. 需要性原则——目的原则

需要性原则是指选题要面向实际，着眼于课程教学的需要，讲求社会效益。

地理教学研究选题一定要从客观需要出发，包括社会发展对地理课程教学改革的需要，以及课程教学改革自身发展的需要，或者两者兼有的需要，而非突发奇想或应景、装门面的需要。由此，地理教学研究选题要更多选择社会现实需要的课题、有应用价值的课题、急待解决的课题、总结实践经验的课题等。

2. 可行性原则——条件原则

可行性原则指选题时要考虑现实可能性。现实可能性包括了课题研究的主客观条件。主观条件如研究者的知识结构、科研能力、兴趣爱好、对课题的理解及事业心等。客观条件如经费来源、文献资料、实验场所、仪器设备、时间期限以及学科发展水平等。

地理教学课题研究要考虑现实，量力而行。由此，选题时要注意：就熟弃生，扬长避短，宜实不宜空，宜专不宜泛，宜小不宜大，宜活不宜死。一定要专业对口，难易适中，宽窄适度。

3. 地理性原则——学科特色原则

地理性原则即地理教学研究课题选择要紧扣地理教学，亦即学科特色原则，虽然地理教学研究通常要基于一般教学原理，要涉及普通教学及其他学科教学的问题，但不能喧宾夺主。地理教学研究弱化了地理性，即弱化了其实效性。充分体现地理性，还要注意突出于地理教学有广泛代表性的问题，如与地理素质教育有关的地理教学问题，与地理学重要特征——综合性、区域性有关的地理教学问题等。

4. 合理性原则——科学性原则

合理性原则即要求选题必须符合最基本的科学原理和客观实际，要有理论依据和事实根据。基于此，地理教学研究选题要符合地理科学与教育科学的“真”，不能附和伪科学。要确保研究路线的正确。

5. 创新性原则——价值原则

创新性原则指选题要有新颖性、先进性,有所新发现,而非重复别人套路。教学研究是一种创造性劳动,不断创新是其生命所在,也是其价值所在。

地理教学研究选题要在新观点、新理解、新思路、新方法等方面多作思考,希望能对前人研究有所突破。无论大突破还是小突破,都是促进地理教学能蓬勃发展向前的贡献。

地理教学研究选题可从大量地理教学文献、期刊中得到诸多有益启示。

二、地理教学研究常用方法

地理教学是一门科学,地理教学研究应遵循科学的研究方法,按照科学研究的一般方法论,如科学事实发现论、科学理论发现论、科学理论评价论和系统科学方法论等。地理教学是一门具体的科学,其研究方法还要体现地理教学的学科教学特点。本节主要介绍调查法、实验法、文献法、数学方法、逻辑方法、行动研究法、观察法、总结法等。

(一)调查法

调查法是指围绕研究课题的目的,通过问卷、访谈、测试和座谈等方式,收集被研究对象的客观材料,综合分析被研究对象的特点及其与某些教学现象所发生联系的一种研究方法。常见的调查方式有问卷调查、采访调查、测试调查和座谈调查等。

1. 问卷调查

问卷调查是研究者根据课题研究需要设计问卷,在特定范围内进行调查的方法。问卷调查突出的特点是调查具有广泛性,方法简便、易行,经济有效。问卷调查基本过程如下:

(1)设计问卷。问卷设计必须遵照简短易行、主题突出、问题具体、便于回答的原则。一般宜用选择和填空题型,尽可能不用或少用问答题,使被调查者便于回答。如果大量用简答或问答题,回收率低,达不到调查的预期效果。其次,设计的问题要有价值,同时问题简单明了、言简意赅,不能语意模糊,使被调查人不明究竟。再次,设计的问题要有数量适宜,切忌洋洋洒洒。

(2)发放问卷。发放问卷是在问卷设计好之后,根据课题研究需要,确定调查范围,选择合适的被调查者发送问卷的过程。如调查的学校范围及班级,合适的调查人数与人选(人数过多增加调查工作量;人数过少又使调查代表性不强;一般最少不低于 30 人),被调查对象的人选一般是所调查问题的熟悉者。

(3)回收反馈。根据问卷发放的情况,对反馈回来的问卷要及时整理、清点分类并计算回收率。如果回收率过低,没有达到调查目的时,要采取补救措施。大多数情形下,发放前一般要对回收率有一个期望值,要考虑不能回收的数量,在发放时,发放量应稍微偏大一些。

(4)分析研究。分析研究是问卷调查的最后一步,也是很重要的一步。根据反馈的问卷情况,按照被调查者分布地区以及被调查者答卷情况,将问卷分类整理,分析被调查者对每个问题的态度和观点,总结归纳,得出结论。在分析过程中,应注意保持分析研究的客观性。

2. 采访调查

采访调查适用于对少数人或集体对某一地理教学问题所持观点的调查。与问卷调查相比,采访调查的面要相对狭窄一些,但它具有与被调查者直接面对的特点,并具有灵活、机动的优点。通常有下列步骤:

(1)采访准备。采访前,根据课题需要,要设计好采访提纲,列出需要被采访者回答的问题。也可采取事先告知被采访者问题,或即兴采访。其次,准备好采访所用的材料,如笔录用具、录音、录像器材等，有时还要携带一些相关资料。对采访过程中的突变情况（如不回答、意外回答等），事先也要有所准备。

(2)访谈。访谈就是指采访的进行过程。采访时首先应直接将被采访者引导到所要采访的主题内容上来，渐次让其回答预先准备好的问题。也可以循着被采访者所反映的新问题，作机动灵活的改变。采访过程中，采访者应尽可能地将被采访者所反映的观点和问题完整地记录下来，力求保持采录资料的原始性。

(3)分析研究。采访结束后，要对采访中收集到的材料进行整理、分析。一方面要反映真实，另一方面要科学甄别。

为了弥补个别采访带来的研究的局限，可适当扩大采访对象。分析还包括被调查者本人的情况。

3. 测试调查

测试调查主要用于地理教学评价研究，也可用于对教师专业技术素质、社会对地理教育的认识或对地理知识的了解情况等课题的研究。测试调查侧重被调查者的地理专业素质和地理能力的水平。常见形式有：

(1)日常性测试调查。即对学生平时考试成绩（包括平时、期中和期末等）所进行的调查。日常性测试调查的特点是周期长，调查结果相对可靠，适用于较长期的教学质量评估研究。

(2)专门性测试调查。即根据研究需要专门安排的测试。例如，地理素质教育研究中，为了解学生地理知识素质的情况，可专门安排地理知识素质测试等。

测试调查大多设计考卷进行测试。广义测试调查的形式除考试外，还应包括考查、考核和考评等。测试调查的形式选择，要根据研究对调查精度、调查范围的要求而定。对于测试调查结果，应有偶然性分析和干扰因素分析以及误差分析，排除干扰，从而获得可靠信息。

4. 座谈调查

座谈调查是指根据研究需要，召集一些人对地理教学研究中要探讨的内容进行座谈。座谈调查的步骤主要有确定座谈主题、构想座谈程序、进行座谈和总结分析四步。

座谈讨论的形式分为分组讨论和集体讨论两种。

5. 应用注意事项

(1)不论何种调查法，除遵守研究的一般步骤之外，应特别注意确定调查目的、选择调查对象、确定调查项目、设计调查问题、实施调查、分析整理调查资料几环节的相互联系和制约。

(2)处理好样本与总体的关系。这是关系到调查研究结论正确性、普遍性的重要问题。样本与总体在数量上要保持一定的比例关系，取样方法选择要合理，使样本代表性强。实际样本数要大于规定样本数。每次调查的有效卷不得低于样本数的70%～75%，否则调查结果就会缺乏信度。

(3)严格遵守各种调查方法的要求，保证调查材料的客观性、真实性。

(4)提高问卷编制技术。问卷是调查中使用最为普遍的一种方法。按问卷的答案要求可分不定案型（即允许被调查者自由发表见解，多采用问答式），定案型（要求被调查者在已确定的若干答案中加以选择）、半定案型（上述两型的结合）。不论采用哪种问卷，其编制时都应按有关编制技术科学合理编制。

(5)对重点课题或大规模样本的调查，均要先作小样试调查，以发现问卷、调查表中的问题，作出修改、补充并取得一定经验，然后再实施正式调查。

(6)对分布在多地多校的师生施以问卷、测验、填写调查表的调查前，应培训调查员。

(7)保持调查材料的完整性、可靠性和统一性。

(8)充分应用描述统计和推断统计手段，以及分析综合的方法，对经过检查的、筛选所剩的有效调查材料进行反复的定性和定量的分析研究，以更具体、深刻、精确地揭示研究对象的特征和发展变化规律。

(9)以上不论何种调查方法，在实施后，都须撰写调查报告。调查报告的格式可根据具体的研究需要设计。一般情况下，应包括调查时间、调查地点、调查人、被调查者情况、调查形式、调查结果、资料与数据的处理及分析、结论、备注说明等内容。

(二)实验法

实验法是在人工控制条件的情况下，有组织、有目的的观察、记录、测定教育现象的变化，从而确定条件与现象的因果关系，探求教学规律，检验某一假设的研究方法。实验法最有效的研究领域是对新的地理教学技术手段、方法或教材等的使用效率、价值的研究。实验法有纵向实验研究法和横向实验研究法两种。

1.地理教学纵向实验研究法

地理教学纵向实验研究法是指设置地理教学实验载体(实验校、班、组等)，以时间为轴线通过对比实验载体在采取实验措施前后的状况，评定教学实验因子与教学之间的关系，进行地理教学科学研究的方法。

该法主要用于教学要素的教学过程研究。例如，地理课程实行“三大板块”(必修课、选修课、活动课)结构前后，地理教学质量的研究；推行新版地理教材前后，学生地理素质状况的研究等。有以下步骤：

(1)制订计划。制订计划包括对地理教学纵向研究需要的实验载体、实验的时间以及实验阶段的划分、实验研究所需要的人力和物力等的规划。计划的制订主要是根据研究课题的任务来进行的。例如对实验时间的确定，有的研究可能用一个学期即可以完成；而有的研究可能用几个学年的时间，而且需要分阶段进行。

(2)设置实验载体。实验载体有大有小，大的可以是一个地区的所有学校，小的可以是某个学校的某一教学班或教学小组。除了教育行政部门立项的大型研究课题，一般情况下，实验载体设置以实验班或实验小组为主。

实验载体的设置原则：①适当性原则。实验载体足以能够反馈实验因子的影响效果。实验载体的大小要恰到好处：过多过滥会使人力、物力造成不必要的浪费，甚至影响正常教学秩序；过少过简则容易造成反馈不准、信息不足，使得研究结论不准确。②典型性原则。实验班组必须具有代表性，能够反映同年级、同类学生群体的共同状况。例如，研究地理教学模式对学生主体作用的影响，选择的实验班组本身应该是学生主体性表现处于中等水平的班组，较普遍化的班组。

地理教学纵向实验研究是从时间的轴线上进行的研究，所以确立实验班或实验组时要对实验班组实验前与研究有关的状况有详尽的掌握，以便在实验结束后，进行对比研究。

(3)施加实验因子，展开研究。实验法主要是通过施加实验因子来获取反馈信息。收集反馈的办法有考试、考查、调查等形式。在地理教学实验过程中，需要注意控制其他非实验因子的干扰。例如，实验研究的课题是新的地理教学技术手段对地理教学效率的影响。那么，开展实验后，教学时间(课时、上课的时间长度等)、教学进度、作业量以及考试频次等其他与实验因子无关的教学活动，都要保持在原有的水平上，否则教学反馈的信息就可能是非教学因子的影响结果，造成评定失误。从学生角度来讲，整个实验过程应保持自然的反应状态。如果是教师使用了非实验因子的其他手段产生的教学影响，将直接对实验研究产生负面效应。

(4)分析研究，得出结论。施加了实验因子的实验班组，在地理教学现象上会有相应的反应。在收集了实验前、中、后各种教学现象反馈的信息、数据后，后续工作就是对比分析和推理研究，得出结论。

2.地理教学横向实验研究法

地理教学横向实验研究法是指在实验过程中，设置实验班组和参照班组，对实验班组施加实验因子，根据反馈的结果，与未实施实验因子的参照班组进行对比研究的实验研究方法。基本步骤如下：

(1)制定实验计划。

(2)设置实验载体和参照班组。横向实验研究法设置研究载体的工作还包括设置参照班组，即实验研究的对比班组。参照班组的数量可以与实验班组的数量相等，也可以不等，但必须是与实验班组具可比性的班组。一般情况下，参照班组应在研究内容的相关因素方面与实验班组的水平相当(指在实验研究之前)。横向研究的实验载体设置原则与纵向实验研究原则相同。

(3)施加实验因子，展开研究。实验过程中，首先要排除实验班组的非实验因子在实验过程中的干扰和影响，不要随意加课、减课或随意测试、考核等，避免人为干扰教学实验，要保持实验后较长一段时间的教学情况的稳定性，也要注意保持参照班组的自然教学状态，从而达到对比的真实性和可靠性。

(4)根据实验的反馈，对比分析，得出研究的结论。横向实验过程中，不仅要重视实验班的情况，还需要收集参照班组相应的教学信息，作为比较材料。最后，对实验班和参照班的情况多角度地进行对比分析，最终作出结论。

无论地理教学实验研究方法还是其他研究方法，研究结论一定要以实际研究的结果为准。如果实验失败，或实验证实某种教学方法、教学技术手段不成功，都必须实事求是。

3.应用注意事项

(1)实验法特别要注意实验环节的相互联系和制约。

(2)实验设计要尽量避免或设法减小负面影响。

(3)对实验法来说，假设创设的重要性更为突出。

(4)将因果关系确立的条件贯彻在实验过程的始终。因果关系必须同时满足以下三个条件：①自变量和因变量的共变关系：在特征变化的方向上一致，一个增多，另一个也增多，反之亦然，特征变化需共同出现。②两变量出现的时间顺序：自变量变化要出现在因变量变化之前或两者同时出现。③控制、消除无关变量。用这三个条件不断检查实验过程的各环节，控制好各变量，是提高实验结论准确性的重要保证。

(5)采用多种途径，力控无关变量。尤其对照组、执教者的选择及严控课外强加性因素。

(6)加强实验结果准确性的检验。

【案例研究】

"心理地图对中学生地理空间思维能力影响"实验设计

一、变量界定及变量维度划分

1. 自变量:心理地图(略)

据心理地图的清晰程度分为三个水平:模糊、较清晰、清晰,分析在三个水平上中学生地理空间思维能力水平的高低。

2. 因变量:地理空间思维(略)

在实验中重点考察中学生的地理空间形象思维、地理空间定位思维两种最基本的思维能力。

二、实验假设

在自变量与因变量之间有三种假设:

(1)心理地图对中学生地理空间思维能力培养有积极影响(假设)。

(2)心理地图对中学生地理空间思维能力培养有消极影响。

(3)心理地图对中学生地理空间思维能力培养没有影响。

三、理论论证(略)

四、实验对象及操作

选择初一年级学习水平等相似的两班学生为实验对象,一个实验班,一个对照班。两个班级的授课教师是同一教师,但采用不同的教学方法。实验班偏重地图等直观教具的展示、观察法的使用,设置疑问引导学生进行空间形象思维。对照班采用常规教学。

在实验前对实验班和对照班学生进行检验,看其心理地图的清晰程度(如给学生一张地图,让其观察一分钟,然后检验它们的记忆情况,根据所记内容的多少来划分,共有三个水平:模糊、较清晰、清晰)以及它们的空间形象思维和空间定向思维能力如何(如给出一道题,对学生的地理空间思维进行检验。例:某外宾计划从天津出发游览中山陵、黄鹤楼、遵义会址、山城重庆、杜甫草堂、云南石林等,但其情况是经费不很充裕,时间较紧张。请你设计一条旅游路线—在无地图情况下)。

实验中按教学常规教学管理。实验结束后再设计相关试题对两个班进行后测。本操作中选择合适的题目编制问卷很重要。

五、实验结果与分析

对实验的前测数据和后测数据进行分析,确定心理地图对学生的地理空间思维能力的影响。

(三)文献法

文献法是指通过文献资料(包括图书资料、各种档案资料、录音录像资料、计算机储存资料等)的查阅、鉴别、整理、分析,从中找出地理教学现象本质属性的研究方法。文献法对于地理教育思想研究、地理教材的比较研究和地理教育史研究等都很适用。

1. 根据科研课题,确定文献资料

文献资料应包括与地理教学有关的地理学类、教育学类、心理学类、社会学类、计算机科学或其他科学类的文献资料。

应用文献法,必须有一个较为详细的文献资料清单,将必须用到的或可能用到的资料类别、要求都罗列上去,以便在研究进展中有序可循。

2. 文献资料的收集与学习

文献资料的收集是对所需的文献资料的购买和图书信息的借阅、复印及分类整理。一般情况下,研究者对整个地理教学理论与实践都应有较为全面的掌握。但是,一旦确定到某一领域的具体研究,研究者也不一定就是这方面的专家。所以,研究者要对收集起来的文献资料有一个较为深刻的学习过程。

3. 展开研究

在做了上述各项准备工作之后,就要开始研究工作了。文献法研究的具体途径有文献资料的对比、文献资料的推理、文献资料的整理和文献数据资料的研究等四方面。

(1)文献资料的对比研究。对比研究是指通过对文献的比较分析，从而得出文献的差异性或共同性的研究。文献资料对比研究分为中外文献对比研究和历史文献对比研究。

(2)文献资料推理研究。文献资料推理研究是指对文献资料的知识体系的逻辑关系、理论结构等进行严密的分析研究，从中发现问题，进一步完善地理教学知识体系或结构的研究方法。例如，对地理教学中地理教学方法的分类研究，有一种分类将地理教学方法分为地理专题方法和普通方法两大类，此两大类中又可再分。仔细推敲这些分类之间的关系，可能会发现一些在逻辑上的重叠、交叉问题，根据这些文献资料，就可展开推理研究。

文献资料推理要注重对文献本身的深入而严密的学习，只有对文献进行了深刻的学习和研究，才能推理出正确有益的地理教学理论或方法。其次，文献资料推理的研究方法需要有一个突破口，如上面提到的从知识体系的逻辑关系角度出发进行推理，或从知识体系的理论结构的完整性、合理性角度出发进行推理。

(3)文献资料的整理研究。整理研究是对某些地理教学研究的文献以某一原则作为主线，将其体系框架进行重组，从而形成新的体系结构的文献研究法。整理主线或以时间顺序为线索，或以逻辑关系为线索，或以知识层次为线索等。

(4)文献数字资料的研究。这主要是指地理教学文献研究的数学研究方法和计算机研究方法，即以数学模型或数据原理作为支撑的文献资料研究。特别是对于地理教学测试数据资料的研究，经常采取数学研究与计算机研究。

4.应用注意事项

(1)注意所选文献的时间性。所选文献的时间性要与研究所需相适合。

(2)注意所选文献的可靠性。注意选择有权威的、说服力强的文献。

(3)文献运用注意取其精华，去其糟粕。

(四)数学方法

数学方法是指对地理教学研究中获得的有关特征数值进行计算与分析的方法。数学统计分析方法可以分为描述统计、推断统计两个部分。描述统计一般采用集中量数、差异量数、相关系数等表示；推断统计的内容大致可分为总体参数估计和统计假设检验。有些经过统计、处理的数据，可以用图表清晰、形象地展示出来。作为地理教育研究工作者，有必要适当学习一些数学统计方法。

(五)逻辑方法

逻辑方法指对所收集的材料进行分析、综合、比较、抽象、概括、归纳、演绎研究的方法，是渗透在一切研究方法中的具体方法。运用逻辑方法一般按以下步骤进行。

1.确定研究的问题

首先要明确研究什么问题，这是逻辑方法的前提。这一环节包括以下细节：①选定研究主题。如"地理学习中优等生和后进生课堂发言情况比较"等。②确定研究内容，即确定研究的项目。如以上主题，可以从"被老师提问的机会"、"参与自由发言的机会"、"小组讨论地理问题的发言情况"等方面加以分析比较。③确定研究范围。明确是班内分析比较、校内分析比较或是跨校学区甚至是跨国分析比较。

2.收集资料并加以分类、解释

通过各种途径尽可能多地收集相关资料，并对资料进行鉴别，保证资料的权威性和客观性。然后，对各种资料按研究的指标进行归类。最后，对这些归类好的资料做出解释，即赋予资料以现实意义，为下一步的比较分析奠定基础。

3. 运用逻辑方法开展研究、形成结论

这是逻辑法应用中最重要的一步，这个阶段即对收集到的材料逐项按一定的标准进行比较，并分析产生差异的原因，尽可能地对之进行评价。以客观事实为基础，运用逻辑方法对所有的材料进行全面的客观的研究，进而形成研究结论。需说明的是，逻辑方法常与其他研究方法结合使用。

(六)行动研究

严格地说，行动研究并不是独立的研究方法，而是一种教育研究活动，是一种教师和教育管理人员密切结合本职工作、综合运用各种有效的研究方法，以直接推动教育工作的改进为目的的教育研究活动。“教师即研究者”、“教师即反思的实践者”的观念，正成为时代推崇，行动研究因此广受关注。

1. 行动研究的含义

(1)行动研究的定义

澳大利亚学者 S. Kemmis 给行动研究下的定义是：“由社会情景的参与者，为提高对所从事的社会实践的理性认识，为加深对实践活动及其依赖的背景的理解，而进行的反思研究。”将行动研究运用于教育领域即为教育行动研究。教育行动研究是由教育理论工作者和实践工作者，以研究解决教育教学的实际问题为根本目的，以“对行动进行研究，以研究促进行动”为基本方法的教育教学实践研究活动。

我们可从以下几方面理解“行动研究”：①研究的课题是实际教育教学中迫切需要解决的问题。②在解决实际问题的同时，提出和完善教育理论。③研究者与行动者之间是民主、平等的合作关系。④研究者与行动者都是研究的主体。⑤可以采用多种方法进行研究。既包括“质性”的方法，如访谈法、观察法、个案研究、作品分析法等；也包括量化的方法，如问卷法、测量法、设置对照组的实验法等。在实际研究中，不但经常是这两类方法结合使用，而且要结合其他研究方法的综合运用，方能完成研究任务。

(2)行动研究是教师进行教学科研的最佳选择

行动研究承认每一位参与研究人员的作用。研究过程透明化，使教师能决定研究的主题和过程，可充分发挥教师实践知识的作用，不会因自己“理论基础差”而对研究望而却步。

行动研究是合作式的相互交流，关注理论与实践之间的联系。这使教师能真正弄清自己所采用的理论与外界所倡导的理论之间的差异，从而使理论更有效地指导教学实践。

(3)行动研究具有自然性、持续性和循环性等特点

行动研究在解决一些问题的同时，也发现了新的问题，在这样一个不断解决问题的过程中，促进教师的专业发展。

(4)行动研究更强调质性的研究方法

如运用访谈、观察、实物分析等方法，在自然情境下获得原始研究资料，充分发挥教师身处教学一线的优势。

2. 行动研究的步骤

(1)行动计划

计划阶段主要完成的是，明确问题、分析问题、制订计划。在教师的教育教学实践中，总会遇到一些需要解决的问题或难题，例如班上学生对地理课程的学习积极性不高，某种教学方法可能对某班的学生未能产生预想效果，等等。要解决这些问题，首先要对问题本身进行确认，要尽可能地明确这个问题的种类、范围、性质、形成过程及可能形成的影响。一个总体的行动计划一般包含以下的内容：①计划实施后预期达到的目标；②对课堂教学试图改变的

因素；③行动的步骤与时间安排；④本研究涉及的人员。

行动研究的计划不是在实验室里进行的，它得以实施的背景就是课堂教学的活生生的实践背景，因此，制定行动研究计划时有必要充分考虑到现实中一些可能的有利与不利的因素，以期对计划得以实施的现实性有一个客观的认识。需要考虑的问题如：①教师本人从事研究的经验、能力如何？②所遇问题已有哪些研究或实践解决方案？有何参考价值？③有哪些可以商讨、交流或合作的人？④计划实施可能会受到哪些事或人的影响？⑤在多大的时间跨度上实施该计划？实际情境有哪些物力、人力等方面的限制？

(2)行动实施

实施阶段主要包括两个方面，行动及对行动的观察。把计划付诸行动是行动研究的核心步骤。行动研究的根本目的就是要解决实践(行动)中的问题，改善实践(行动)的质量。因此，行动研究中的行动与其他研究方法(如实验法)中的行动相比，具有更大的情境性和实践性，它是在不脱离正常教学秩序的前提下进行的。

在实施计划的过程中，另一个重要的任务是对行动情况进行观察和记录，收集有关资料，以便及时地对计划实施情况有一个大致的了解，并最终对本研究的过程和结果做出比较全面、深入的分析。教师自己的个人资料也是行动研究的重要材料。教师通过分析自己的实践经验、个人历史，可以获得对于自己所从事的教学实践的清晰认识，并在这一认识的基础上提高自己的实践能力。

教师有意识地记录自己从事教学工作的所见、所闻、所感，并适时地分析和总结这些材料，往往能够获得对于自己实践的比较全面的认识。教师要在从事行动研究的过程中记录和积累自己的“教历”，即系统地记录教师个人对教学实践的设计、观察与思考。一段时间后进行分析与总结，不但能使教师对自己的实践有一个比较清晰的了解，而且也能为行动研究结果的分析提供真实的、体系化的材料。

(3)行动反思

行动反思的主要任务是在经过一段时间的试验，收集了相关数据之后，对原先的“分析”、“计划”和“实施”进行必要的调整。调整需要建立在对行动研究的评价的基础上，对行动研究的评价，大致可以从以下七个方面进行：①问题界定是否明确？②行动的操作定义是否清楚？③研究计划是否周详？④研究者是否按计划执行？⑤资料收集与记录是否详尽无误？⑥研究的信度与效度如何？⑦资料的分析与解释是否慎重恰当？

(七)观察法

观察法就是研究者有目的、有计划地通过自己的感官和辅助工具，对自然状态下的事物和现象进行直接、系统、有目的、有计划地观察和描述，从而获得经验事实的一种科研方法。观察有两个基本特征：第一，观察是一种感性认识活动，所以很大程度上处于地理教学现象发现和信息搜集的范围。第二，观察是对于自然状态下的事物、现象进行观察。地理教学中的观察法通常有地理教学过程观察和地理学习过程观察。

1. 地理教学过程观察

地理教学过程观察是指研究者根据课题计划，观察地理教学各个环节，获得研究信息的方式。地理教学过程观察多从以下几方面入手：

(1)观察教师在教学环节中的情况。教学环节包括许多方面，如教师的教学准备、教学实施、复习与自学指导、练习与考查布置、教学信息反馈处理等。地理教学过程中，教师在各个教学环节中都有相应的行为和表现。观察法的研究就是通过观察收集资料，进行分析研究。

(2)观察课堂中师生的交互情况。课堂教学是师生双边活动,教学的组织形式应是师生交互行为很活跃的过程。诸如人口、资源、环境与发展这些地理学热点问题探讨的情况,是地理教学研究观察的重点。

(3)观察地理活动教学情况。由于地理教学本身的特点,地理活动教学课内外都有。课内如多种研讨、演示、实验等;课外如乡土地理教学、天象观察、地形地貌教学、水文气象教学等。观察要深入到各具体场景。

2.学生学习过程的观察

学生学习过程观察主要包括以下几个方面:

(1)观察学生学习地理的态度。学生学习态度是地理学习的基本出发点,态度端正与否,关系到地理学习的成败。在观察研究中,通常注意:观察学生的预习行为;观察学生的学具准备情况;观察学生学习材料的准备情况;观察学生听讲、回答问题、参加讨论、操作演示、展示等学习活动是否积极。

(2)观察学生的学习方法。可以通过观察学生的课堂学习方法、课后学习方法以及复习方法等多种途径进行。

(3)观察学生的学习效果。学生的学习效果,一般反映形式有学生回答问题时的思维状况、态度倾向、地理技能状况及答题准确率、答题速度,以及其书面检测结果、活动作品制作水平等。对于学生学习的效果观察一般要经过较长的时间。

观察法在实际应用中,形式是多种多样的。有直接观察(研究者与研究对象之间没有中介的观察)、间接观察(通过借用一些手段或仪器进行观察,如通过课堂教学监视录像、录音等的观察)以及长期观察、短期观察、重复观察、一次性观察等等。具体采用哪一种形式,要依据所研究课题的性质和内容而定。

3.应用注意事项

(1)除按研究的一般步骤展开之外,要特别注意确定观察内容和项目,制定具体的观察记录方法,实施观察、整理和分析观察资料各环节之间的相互联系和制约。

(2)要对观察的内容给予明确的限定,观察项目要具体化。

(3)观察项目设计中,要尽可能将定性观察和定量观察结合起来。这是提高课题研究质量的重要手段。定性指标要分出层次(参见第八章有关观察活动的评价指标)。

(4)要事前设计好课题所需的观察记录表,及时做好观察记录工作,积累完整的研究资料。

(5)尽可能应用一些观察工具,如录音机、录像机、秒表、计数器等,实录现场,修正笔误。

(6)尽可能在自然状态下进行观察,排除干扰。

(八)经验总结法

1.经验总结法的含义

经验总结法是指对地理教学的教学经验进行分析、综合、提炼、概括等一系列的研究,从而使人们对相关事物的认识从感性上升到理性,最后形成科学结论的研究方法。苏霍姆林斯基曾说"只有善于分析自己工作的教师,才能成为优秀的有经验的教师",经验总结法也是能促使地理教师专业成长的方法。

2.应用注意事项

(1)注意地理教学经验的广泛收集。经验总结法的基本研究素材来源于地理教学经验,但必须是充足的、来自各个地区和层次的大量的地理教学经验。所以,在地理教学中,需要地理教师及时地将地理教学中一些有益的教学方法、教学思路,以教学经验或教学心得的形式记录下来，以供总结、提炼。

(2)注意地理教学经验的去伪存真。地理教学经验毕竟是建立在感性经验记录基础上，难免主观或片面。所以，应以批判的眼光去分析所获取的地理教学经验，有必要时要亲自再次在教学实践中印证、检验经验。

(3)注意运用归纳、综合等方法，提升经验的理论高度。地理教学经验多属感性知识，往往带有特殊性、局部性。必须将其上升为理性认识即教学理论的范畴才具有对地理教学指导的普遍性。地理教师需重视运用归纳、综合等方法，提升经验的理论性。

在简介完主要的教学研究方法以后，还需指出的是，地理教学研究实践中，一个课题的研究常常需要多种方法的结合才能圆满地完成，所以地理教学科研要重视多种教学研究方法的优化组合。

【链接】

“教学科研课题申请立项书”基本内容

课题名称：　　课题负责人：　　负责人所在单位：　　填表日期：

一、教学科研项目立项数据表

课题名称								
负责人姓名				所在单位			联系方式	
申请经费				中期检查时间			完成时间	
主要参加者	姓名	性别	出生年月	专业职务	研究专长	学历	工作单位	联系方式
	……							
预期最终成果	专著		研究报告		论文			

二、负责人和课题组成员近期取得的与本课题有关的研究成果

成果名称	作者	成果形式	发表刊物或出版单位	发表出版时间
……				

三、课题设计论证

1. 选题：本课题国内外研究现状述评，选题的意义。

2. 内容：本课题研究的主要思路(包括目的、视角、方法、途径等)，重要观点。

3. 价值：本课题创新程度，理论意义，应用价值。

4. 研究基础：已有相关成果，主要参考文献(按有关要求填写)。

四、完成课题的条件和保证

1. 负责人和主要成员曾完成哪些重要研究课题。

2. 科研成果的社会评价。

3. 完成本课题的研究能力和时间保证。

4. 资料设备。

5. 科研手段。

五、预期研究成果

六、经费预算

序号	经费开支科目	经费预算	金额（元）
1	资料费	购买国内外原版图书报刊	
2	国内调研差旅费	到相关省市和部门进行调研和考察	
3	小型会议费	召开小型学术研讨会	
4	计算机使用费	上网、查询用机费	
5	印刷补助费	成果打印、复印费	
6	管理费		
7	其他	不可预计的开支	
8	合计		

七、课题组负责人所在单位意见

八、项目评审专家委员会意见

第三节　地理教学研究论文的撰写

地理教学研究论文是最常见的教学研究成果表现形式与交流形式。地理教学研究论文既具有科研论文的一般格式和特征，又有地理教学研究独有的特征。

一、地理教学研究论文的基本特征和类型

（一）地理教学研究论文的基本特征

（1）具有科学性和地理性。科学性指地理教学研究论文要以事实为依据，结论必须科学、正确，经得起实践的检验。论文论述中，要求引用科学（教育学、心理学、地理学等），概念准确，数据处理方法与结果恰当正确，论述逻辑严密，层次结构完整。地理教学研究论文还需体现地理学科教学的特色。

（2）具有一定的理论高度。地理教学研究论文必须具有较高的理论高度，才有研究与推广的价值。

（3）能指导地理教学实践。地理教学研究论文最终的意义在于指导地理教学实践、服务地理教学实践，脱离了地理教学实践的地理教学研究，没有丝毫价值。为体现此价值，论文要有坚实的地理教学实践基础；在地理教学实践中经得起检验，具有较强的现实意义。

（4）具备研究论文的基本特征。包括有清晰肯定的论点，有充足的论据，有完整的论述结构，有科学的结论等。

（二）地理教学研究论文的基本类型

地理教学研究论文既有理论性的探讨文章，也包括普及型的论文等，可分为不同的层次，各种类型论文的写作要求不同。

（1）心得体会型。论文题目小且内容比较具体，如怎样上好某一课、怎样开展地理课外活动、怎样制作地理教具等等，论文偏重实际感受与体会，篇幅较短。

（2）翻译评介型。主要是翻译、评介国外地理教育论文，这种论文要在“新”字上做文章，要让读者看后有耳目一新的感觉，犹如打开了一扇了解国外地理教育的“窗口”。译文可长可短，但必须要有所评介。

（3）调查统计型。这类论文大致分为基本事实、状况（调查素材、数字统计）与基本分析、结论三大部分。仅仅把前一部分写清楚是不够的，只有注意从理论上对调查的事实材料进

行统计分析，才能得出有效的结论。

(4)经验总结型。论文主要是对某校、某地区日常地理教育工作某一侧面或是全面的经验进行总结与推广。这类论文不是对所做工作的罗列与整理，而是力求在经验基础之上归纳、抽象出某些规律，使之成为具有指导意义的理论。

(5)实验研究型。主要指地理教学研究方面的实验报告，要求材料翔实、确凿，理论分析严密、科学，所下的结论实事求是，既要肯定成功的一面，又要指出问题的一面。由于内容比较多，这类论文的篇幅一般比较长。

(6)理论研究型。此类论文不同于实验报告，不受事实材料的制约，也不局限于谈一个单位一个地区的特殊问题与个别经验，而是运用某些理论，对地理教学具有共性的较大问题展开研究讨论，力求在理论与实际的结合上有所突破。这类文章要求有较高的理论水平，对正确观点的论证要严谨审慎，对错误观点的辩驳要有力度。

二、地理教学研究论文的基本结构和写作步骤

(一)地理教学研究论文的基本结构

地理教学研究论文的完整结构应该包括论文题目、作者、摘要、关键词、前言、论述、后记、注释与参考文献、致谢、附录等十大部分。具体论文撰写过程中，可作适当删减或调序，但主体结构不能缺失。

(1)论文题目。论文的题目就是简明扼要地阐明论文的研究内容。题目字数一般不超过 20 字，如“地理学科的美育价值”、“初中地理双线两本教学模式的构建”等，有时主标题外，还附一副标题，说明其特定性。

(2)论文完成者情况。通常包括撰写者的姓名、工作单位，邮编等。共同完成的论文，按贡献大小排序。

(3)摘要。有如下特点：①有独立性，即摘要是一篇完整的短文。②有自含性，即摘要的内容应含有该论文的主要信息，如研究工作的缘起、研究方法、结果和最终结论等，而重点是结果与结论。③不评论。摘要内容不是对论文的评论。④简短。摘要一般以 200～300 字为宜。置于论文之首自成一段。有“摘要”字样出现，用醒目字体与正文区别。⑤英文摘要多放在中文摘要后。⑥摘要一般不用图、表。等等。

(4)关键词。又叫主题词，是将论文中能表达论文内容特征和归属类别的关键性词语或术语选出来，列在正文开始之前，摘要之后，显示论文核心要点，也供信息检索。一篇论文的关键词多为 3～5 个。关键词多从论文题目提炼。其次序视含义大小或出现先后排列。

(5)前言。前言又叫引子或引言，起引入论述的作用。前言部分要将开展课题研究的原因、意义和课题的研究背景，即课题所研究问题在当前国内外的研究情况，以及存在的问题等作一个简短的说明，以便阅读者对该研究有一个大概的了解。

(6)论述。论述部分是地理教学研究论文中最重要的部分，是论文的主体，也是对科研课题展开论述并得出结论的过程。论述有先总后分、先分后总、总分结合等几种形式。在论述过程中，要有破有立，客观求实。论述部分的基本单元是论点和论据，论据是支持证明论点的，论点有总论点和分论点之分。

论述按照层次结构划分，有本论、分论和结论三部分。①本论部分。本论是对论文所要论述的问题总的论说，它先将整个科研需要解决的问题、要得出的结果作一个较为详尽的论说，作为分论的铺垫，也是总论点提出的部分。②分论部分。分论是对总论点的各个问题、

各个方面进行论述的部分。分论的针对性很强，它只对该部分所要承担的论述任务进行论述，相对独立。③结论部分。结论是对整个论述的结果的概括，也是对各个分论的综合和提炼。结论要力求准确、客观。

(7)后记(补记)。后记多是对论文所作成果的评价或对论文所没有完成的、尚未解决的问题作一些说明。

(8)注释、参考文献。参考文献也称参考书目，通常置于文末，包涵了全文注释中所征引的一切资料，是论文著作中所参考的范围与深度的重要标志。注释标明论文引用资料的出处，随文标示注于页脚。注释与参考文献两者都有的，要有一定对应。注释及参考文献应包括作者姓名、文献名及出版单位、时间等，一般注释参考正式出版物。

此外，重要教学研究报告、重要学术性论文等，论文后还有感谢(致谢)、附录(论文中未列出的相关材料及说明)等。

(二)地理教学研究论文的写作步骤

论文的撰写通常包括确定主题、拟写提纲、资料整理、完成初稿和修改完善等过程。

(1)拟定论文题目。论文题目的确定既要反映科研主题，又要遵循教学研究的客观事实，简明准确，言之有物。理论性较强、视野较宏观的地理教学论文题目通常较宏大。地理教学经验型文章的论文题目多、论题小而实践性强。无论题目大小，选题的科学性、导向性、实用性等是一致的。

(2)撰写论文提纲。拟写提纲在论文撰写中占有举足轻重的作用，科学合理的论文提纲确定了，论文也就等于完成了一半。提纲的拟定一般是先确定一级提纲，再确定二级、三级提纲。如果必要的话，还要把每一个提纲下所需引用的数据、例子、资料、摘引等内容的索引附上，以备查找。

(3)整理研究资料。地理教学研究论文撰写中所需要的资料与教学研究过程中所需要的资料不尽相同，特别是论文中的一些理论依据资料，往往需要进一步搜集与整理。理顺资料之后，再将各类资料或摘录的索引归纳在相应的论文提纲中。

(4)撰写论文初稿。以上几方面的工作准备就绪后，就可以进行初稿的撰写。初稿应尽可能将手头中的各项研究成果详尽地写进去，以便修改与删减。结构上，大体按照预先拟定的提纲框架，也可根据具体情况作适当调整。语言文字方面，要做到言简意赅、朴素通顺，不宜过分追求华丽的辞藻与修饰，这是科研论文与其他体裁文章的不同之处。

(5)修改初稿、完成定稿。初稿完成后，可从文章的观点、文章的结构、资料引用以及语言文字等几方面入手进行修改：如观点与主题是否吻合；表达是否准确；论证是否有逻辑；层次是否合理；资料数据是否正确；文字是否规范等。修改有“冷处理”和“热处理”两种。“冷处理”是指初稿完成后，放置一段时期，再以清醒的思路重新审视修改内容，这对于论文布局、结构等大的方面修改很有好处。“热处理”是指初稿完成之后立即进行的论文修改方法，它对完善、补充和拓展论文很有好处。

总之，比较理想的地理教学研究论文标准为：(1)论文观点要正确、新颖，做到言之有理；(2)论文材料要典型、可靠，做到言之有据；(3)论文结构要合理、规范，做到言之有序。

【案例及点评】

案例 1：一位中学教师进行的行动研究案例

1. **发现问题**：学校组织秋游，一路上同学们兴奋不已，在旅游车上大声说笑吵闹，使司机连车外的喇叭声都听不到了。由此该老师回想到：教室里、楼道内学生的喧哗打闹，不是经常淹没了上课的铃声吗？该解决“校园噪音”的问题了。

2. **表述问题**：关于“校园噪音”问题，具体分析为：来自学生的噪音强度有多大？校园噪音产生的原因是什么？我们应该如何降低“校园噪音”？教师和学生的一些心理问题是否由于“校园噪音”所导致的？我该采用什么方法来解决这些问题？

3. **制定研究计划**

教师在查阅文献的基础上，与研究人员、学生讨论之后，制定了如下研究计划：(1)引导学生通过查阅资料，了解噪音的危害。(2)召开“拒绝噪音，共享安宁”的主题班会。(3)由师生共同商讨、制定降低“校园噪音”的规则。(4)师生互相监督、实施制订的规则。(5)评价、改进与推广研究成果。

4. **实施行动**

(1)问卷调查，了解学生对噪音的认识。(2)全体学生共同查阅有关噪音的资料。(3)组织学生讨论校园内产生噪音的原因。(4)制定“降低校园噪音规则”。(5)召开“拒绝噪音，共享安宁”的主题班会。(6)师生互相监督、实施制定的规则，学会与他人沟通、交流。(7)将行动推广到全校。

5. **效果评估**

第一次主题班会是对前期工作的总结、评估与改进。主题班会之后，师生共同对先前制定的方案、规则进行修订，为下一步活动做好准备，同时寻找在行动过程中出现的新问题。

6. **继续“行动”与“研究”**

通过总结与反思，发现新的问题，开始新一轮的研究。行动研究就是这样一个循环往复、螺旋上升的动态过程。

案例点评：

通过上述案例，我们认为，教师要想较好地进行行动研究，需要注意以下几点：(1)对教育教学要有敏锐的问题意识。(2)要有科研意识，及时把问题转化为行动研究课题。(3)要有计划意识，使行动研究有序展开，及时评估，获得效果。(4)要有反思意识，不断推进行动研究的深入。

案例 2：“审美化地理教学促进学生人文素质发展的研究”①报告概览

一、课题的提出及意义

二、课题研究的指导理论

三、课题研究设计思路、运作模式及主要方法

四、课题主要成果与结论

(一)主要成果综述

历经三年实验研究，课题取得预期成果。形成专题研究报告；正式发表、交流相关论文及教案 14 篇及一批优质课录像。通过课题研究，形成了有特色的中学地理审美化教学模式；开发了一批相关教学软件；在优质课评比、论文撰写、指导学生研究课题等方面成效显著。一些成果在校、市乃至全国形成影响，如优质课比赛获重庆市、全国一等奖 3 人次。有 3 篇论文在全国地理教学论文评选中获一、二等奖。指导学生在市级以上报刊杂志发表论文 4 篇，指导学生研究课题获重庆市一、二等奖共 3 项及全国三等奖 2 项，指导学生完成了 2004 年中瑞合作环境小硕士学习课程，获中国国家环保总局和瑞典隆德大学颁发的结业证书，指导教师获市环境教育优秀教师、全国优秀指导教师等荣誉。

(二)学生的发展与评价

实验表明，“审美化地理教学对学生人文素质发展影响的实验”效果显著 。

1. 肯定了审美化地理教学对自身人文素质发展的重要影响

实验后期对实验班学生的问卷调查表明，学生们认为审美化地理课堂教学对自身情感、态度、价值观产生积极影响的优良认同度超过 90%(表 1 略)。对审美化地理课堂教学的课外延伸——研究性学习课题对自身情感、态度、价值观产生积极影响的比例超过 80%(表 2 略)。问卷还显示，超过 80%学生对地理学科感兴趣的重要原因是审美化地理教学。

2. 丰富了对地理人文素质的全面认识

学生们还从关心自然与社会，增强环保意识、社会责任感和忧患意识，明确责任、努力于人类与自然和谐相处，从身边做起等方面，从知、情、意、行等维度，以丰富、真实的感受回答了“地理学习中已形成的人文

---

① 付申珍，黄京鸿. 审美化地理教学促进学生人文素质发展研究[J]. 当代重庆论文大系，昆明：云南民族出版社，2007：198～201.

素质"(略)。

3.促进了学生积极探究的学习热情和良好行为

审美化地理教学的课堂，多由基于信息技术的探究性问题环境构成。自然地理融入人文情怀，人文地理渗透环境伦理。既有对认知的设疑问难，也有对情感态度价值观的追问、反思。生动启思的课堂对学生有很强的吸引力。调研表明，超过80%的学生乐于学习并愿意积极参与，课堂踊跃发言，课外积极行动。节水，节电，不破坏、污染环境，自觉使用绿色产品等，成为多数学生的共识(略)。

4.促进了地理课程学习质量的提高

审美化地理教学以其独到的"以人为本"、"和谐发展"思想指导教学，学生学习兴趣浓厚、对意义人生的向往、社会责任感的强化等人文素质的增强，必然促进其地理学习成绩的提高。实验分析表明，不仅实验班学生较非实验班学生成绩提高显著，实验班学生历经实验后的进步也很明显(实验班与对照班专题测试与前、后测比较图表，略)

(三)结论："审美化地理教学对学生人文素质发展影响的实验"效果显著 。

(四)教学策略总结及思考：①坚持"以人为本"、"和谐为美"的素质教育方向。②情为先导。以情融知，以情促知，激励学生人文素质与科学素质协调发展。③创设感知强烈、生动自由、设疑问难的问题情境，激励学生积极探究。④突出审美化地理教学的逻辑延伸，拓展、提升学生的文化视野。⑤重视审美化地理课堂教学的课外延伸，在实践活动中锤炼学生的人文精神与综合素质。

点评：该课题研究报告层次清晰，结构完整；成果综述后着重介绍学生的发展与评价，突出了重点；课题研究方法多样，注重定性和量化的结合；课题研究重视课堂学习与课外研究性学习的贯通。为课题研究提供了有益启示。

【思考、实践与交流】

1.地理教师进行地理教学研究有何重要意义？

2.地理教学研究课题有哪些基本类型？

3.选择地理教学研究课题要遵循哪些基本原则？

4.进行地理教学研究有哪些基本方法？

5.针对某项地理教学研究课题设计一份地理调查问卷。

6.结合某地理教学研究课题，设计一份实验研究方案。

7.谈谈对教学行动研究的理解和见解。

8.简述地理教学研究论文的基本结构及基本特征。

9.尝试撰写一篇地理教学研究论文的提纲或文稿与同学、老师交流。

10.选择一个你感兴趣的教改课题，并撰写一份课题立项申请书与同学、老师交流。

建设一支高素质的教师队伍是扎实推进素质教育的关键。
——《国务院关于基础教育改革与发展的决定》

第十章　不断超越：地理教师的专业发展

【提要与结构】

高质量的地理教育需要专业教师执教。地理教师是推进地理素质教育的关键。时代发展对地理教师专业化提出更高要求。地理教师要通过多种途径，全面发展自身专业素养，不断提升专业水平，为促进地理素质教育与社会发展做出更大贡献。

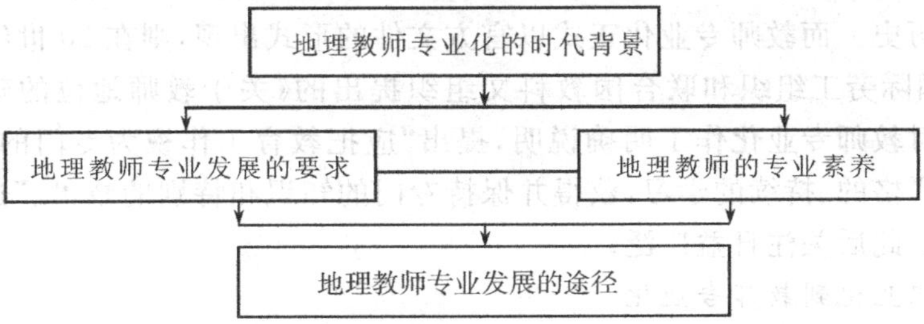

第一节　地理教师专业化的时代背景

20世纪80年代以来，教师专业化成为世界各国广泛关注的热点之一，亦是当今教师教育发展的潮流与趋势。地理教师专业化有宏大的时代背景。

一、教师专业化的理念及时代特征

(一)什么是教师专业化

专业化通常指一个普通职业群体在一定时间内，逐渐符合专业标准、成为专门职业并获得相应的专业地位的过程。

教师专业化，即教师职业符合专业标准，成为专门职业并获得相应专业地位的过程。①

教师专业化有如下基本含义：其一，教师专业化既包括学科专业性，也包括教育专业性，国家对教师任职既有规定的学历标准，也有必要的教育知识，教育能力和职业道德的要求。其二，国家有教师教育的专门机构、专门教育内容和措施。其三，国家有对教师资格和教师教育机构的认定制度和管理制度。其四，教师专业发展是一个持续不断的过程。有自身的理论武装，有自觉的职业规范和高度成熟的技能技巧，具有不可替代的独立特征。

① 教育部师范教育司. 教师专业化的理论与发展[M]. 北京：人民教育出版社，2003：45.

(二)教师专业化的主要内容

教师专业化主要包括两大内容:教师职业专业化与教师教育专业化。

教师职业专业化指一个个体成为教师职业群体的合格成员并且其教师职业素质日益提高的转变过程。

教师教育专业化指教师养成是一个专业化过程,包括有专门的机构和人员、专门的培养培训模式和课程计划、专门的教师教育评价标准等。

由此可见,教师专业化既是结果也是过程。作为结果,有教师专业素养的全面形成与提高。作为过程,教师专业化包括了“职前教育—上岗培训—在职训练—职后进修”这样一个脱产与不脱产的终生一体化过程。

(三)教师专业化的缘起与发展

1.教师专业化的缘起

教师职业伴随着人类社会的产生而产生,但作为专门培养学校教师的专业性教育却只有300多年的历史。而教师专业化正式以官方文件的形式出现,则在20世纪60年代以后。

1966年,国际劳工组织和联合国教科文组织提出的《关于教师地位的建议》,首次以官方文件的形式对教师专业化作了明确说明,提出“应把教育工作视为专门的职业,这种职业要求教师经过严格的、持续的学习,获得并保持专门的知识和特别的技术。”这即是教师专业化的正式缘起。此后关注日益广泛。

2.从教师职业化到教师专业化

从17世纪中后期第一所师资培训学校开办,300年来,从教师职业化到教师专业化,大致历经三阶段:经验化阶段——技术化阶段——专业化阶段。

“经验化”或“工匠型”的教师专业性教育,应工业化及教育普及的需要而诞生。1681年,拉萨尔在法国兰斯创立世界上第一所师资培训学校,此后逐渐推广。该阶段教师培训的突出特征是“学徒制”。视教师为工匠,年轻的受训者通过模仿“专家”的手艺、技术,遵循他的指导和建议来学习,使专业技术代代传递。这样虽然能使新教师获得一些感性的知识和个别的经验,却不能形成系统的理论和规律性认识,因此也就无法对以后的教学有普遍的指导意义,充其量是一种职业训练而非专业训练。

“技术化”或“技术型”的教师专业性教育,伴随现代科学技术及技术理性的发展。技术理性主义渐成教育领域的主导意识形态,教师教育的专业化也因而转向“技术化”。20世纪60年代以后,“能力本位”的师范教育理念将“胜任型”教师的培养推向高潮。教师职业被看做是学科知识与教育知识及技术的熟练应用。这种理念逐渐被扩展为师范培养模式。美国斯坦福大学教育学院依此创立的微格教学模式就是最为典型的例子。这种培养模式解决了师范教育扩展数量的问题,却也付出惨痛代价:“技术至上”的偏颇使师范生渐渐失去了批判地分析、思考复杂的教学背景和过程的愿望与能力,淡化了自主思考和行动的责任感,成为按照固定模式和方法操作的“技术员”。

“专业化”或“反思型”的教师专业教育,基于对“技术化”教师专业性教育的反思。人们日益认同教师的专业教育与专业发展应科学全面而不应失之偏颇、局限。20世纪60年代以后追求专业发展的教师专业化理念与20世纪后期兴起的后现代主义不谋而合。

后现代主义质疑:现代学校把人当做“工具”来制造,师范教育强调教师教学技术行为训练而忽视对教学行为的理性思考和价值批判。认为教育不应是冷冰冰的工具主义的技术操作，而应是充满爱心、平等对话、相互理解的过程；教师不再是知识权威的代表，而是各种教学理论和政策报告的解构者。在解构过程中与学生共同参与知识文化的建构与再建构。教师的专业性并不完全基于严格、科学、确凿的一般性原理，而是以教师个体化、缄默式的“实践性知识”来保障。这些教育理念，推动着教师专业化运动中“反思型”教师观的形成和确立。

3.发展中的教师观

对应以上三个历史阶段，也形成了三种有代表性的教师观，即“经验化”或“工匠型”的教师观、“技术化”或“技术型”教师观以及“专业化”或“反思型”的教师观。实践证明，成熟的教师应是研究型、反思型教师。他们不仅要有有效的经验行为，还要有理性的思考，应能解释、反思自己的教学实践。他们能以研究者的心态置于教育情景，以研究者的眼光审视已有的教育理论与教育实际问题，对教育理论与实践持有一种“健康”的怀疑，并及时把思想变成行动。而经验型教师在现实教学中是直觉的而非理性的，是例行的而非自觉的。现代教育呼唤“研究型”、“反思型”的教师。

4.20世纪中后期的教师专业化

20世纪中后期，长期对教师工作专业性质疑而造成的教育落后，与世界范围的经济竞争和科技竞争的需求矛盾更为加剧，与“和谐教育”的时代呼唤严重脱节，世界性的教师专业化也因此加速。

20世纪世界教师教育专业化运动经历了两个不同阶段。20世纪六七十年代，教师专业化更多地关注教师专业性职业地位的提升。20世纪80年代以后，教师专业化更多地关注教师的角色、任务与实践问题。1986年，美国卡内基工作小组和霍姆斯小组同时强调以确立教师的专业性作为教师教育改革和教师职业发展的目标。可见，教师专业化的目标从对外在条件的追求转向内在素质的完善。从追求教师职业的专业地位和权利转向对教师专业发展的追求。这种转变使得以发展教师专业素质为目标的取向逐渐清晰并成为教师专业化的方向和主题。只有不断提高教师的专业水平，才能使教学工作成为一种受人尊敬的专业，成为有较高社会地位的专业。

20世纪90年代起，我国不断加快了教师专业化的步伐。1994年1月1日，开始实施《中华人民共和国教师法》，其中明确规定“教师是履行教育教学职责的专业人员”。从法律上确立了教师职业的专业性。1995年，国务院颁布《教师资格条例》，开始实行教师资格证制度，从制度上对教师专业化作出了保证。1996年，国务院学术委员会通过决议设置教育硕士专业学位。北师大等师范院校开设了教育硕士专业学位班，为中学教师提升专业化水平铺设了道路。1998年，北师大召开“面向21世纪师范教育国际研讨会”，指出当前师范教育改革的核心是教师专业化问题。专业化水准的教师是国际教师教育改革的目标。1999年，教育部颁布《中小学教师继续教育》。2000年，教育部颁布《教师资格条例实施办法》。我国该年出版的《中华人民共和国职业分类大典》，教师属于“专业技术人员”一类。2001年4月1日起，国家首次开展全面实施教师资格认定。以上表明了我国教师专业化的迅速进程，这既是对教师教育专业化国际趋势的积极顺应，也是我国教师教育尽快适应现代化建设急切需要及素质教育全面深入开展的现实要求。

二、地理教师专业化的含义和意义

基于上述，地理教师专业化可理解为：地理教师职业符合专业标准、成为专门职业并获得相应专业地位的过程。其要点有三:(1)地理教师要达到国家认可的专业标准。(2)地理教育是一类专门职业并享有与其他教育同行及工程师、律师、医师等专业人员同等重要的应有地位。(3)地理教师专业发展是一个持续不断的过程。其中,地理教师的专业达标与发展是核心,应有的职业社会地位是重要保障。

地理教师专业化的意义主要表现在以下方面:

1.有利于地理教师及地理教育社会地位的提高

长期以来,地理教师及地理教育因种种偏见而难受重视,其应有作用很难发挥。《地理教育国际宪章》明确指出:"地理教育为今日和未来世界培养活跃而又负责任的公民所必须。"地理教育能"给人类以希望、信心和能力,以建设一个更美好世界"。地理教师专业化的时代驱动无疑会有效改善、提升地理教师及地理教育的社会地位,引起社会各方更多关注,吸引更多优秀人才投身其中。而地理教师及地理教育的社会地位的提高,必将有力提升地理教师信心,促进地理教育繁荣,促进美好世界的建设。

2.有利于地理教师专业发展及地理素质教育质量提高

毋庸讳言,地理教师与地理教育地位的长期低下,使地理教师专业发展及地理素质教育质量受到严重影响。从外部影响说,除了大背景的几起几落,似乎地理学科以外的任何教师甚至稍能识字的人都可以教地理。从内部因素说,不受重视的"恶劣生态"下,执教者也多心有旁骛或消极应付。内外消极之合力使地理教育质量及地理教师自身很难步出恶性循环怪圈。

地理教师专业化在从外部改善地理教师教育生态、社会生态的同时,也给其自身专业发展指明了方向。地理教师必须达到国家有关专业标准并持续不断地发展,才能有相应的职业资格认定并获得令人尊重的社会地位。《地理教育国际宪章》指出:"学校的地理课应由专业教师任教。教师是最重要的教育资源,基于此,也基于地理是一门复杂的学科,训练有素的专业教师是必不可少的。"一切非专业或专业水平低下的人将离开地理教师队伍。地理教师专业化不仅是一种认识,更是一个奋斗过程;不仅是一种职业资格的认定,更是一个终身学习、不断更新的自觉追求。这将促使地理教师不断向更高的专业素质发展奋斗,由此也将有力推动地理素质教育质量的提高。

3.有利于地理教师专业教育的制度化、规范化、一体化

长期以来,地理教师与地理教育的弱势地位也制约了地理教师专业教育的发展。除了师范院校的职前教育较为正规(也有规模受限、课程计划与人才培养模式尚不完善等问题),其他如上岗培训、在职训练、职后进修等,多未进入正常程序。这里既有制度不健全的问题,也有机构不健全的问题,当然根本上还是理念落后的问题。在深化改革进程中,教师专业化有关问题已在我国有关教育政策中明确体现。教育发展大背景转变的前提下,地理教师专业化不仅将有效促进师范院校地理教师教育专业化的改革进程,更能有效促进地理教师专业教育一体化的规范建设。

以上主要是地理教师专业化的直接意义。延展开去,地理教师专业化,对推进教师专业化、推进教育现代化、科教兴国等,都有重要意义。

第二节　地理教师专业发展的要求

"地理教师专业化"与"地理教师专业发展"，从广义上说，两概念相通，均指加强地理教师专业性的过程。但从狭义角度，两者也有一定区别。前者更多从社会学角度加以考虑，主要强调地理教师群体的、外在的专业性提升。后者则更多从教育学维度加以界定，主要指地理教师个体的内在的专业化提高。本节侧重"地理教师专业发展"，是为了凸显这个地理教师专业化的核心，

地理教师专业发展的要求，可以从达标要求和阶段性要求来理解。前者可以帮助地理教师理解其专业素质的构成，后者利于地理教师理解其专业发展是一个持续不断的追求。

一、地理教师专业发展的达标要求

目前我国还没有专门制定地理教师的职业标准。在高师院校，通常以学生所修课业成绩及实践活动表现予以资格认定。获得资格授权认定的其他教师教育培训机构，大致也是如此。但国家已制定的一些泛学科的教师教育标准及国外的相关标准为我们考虑地理教师的达标要求提供了有益启示。

（一）国内外教师教育有关标准举样

1. 国内教师教育有关标准（参见表 10-1）

表 10-1　（中国）中小学教师教育技术能力标准（试行）[①]

一级指标	二级指标	三级指标（略）
意识与态度	重要性的认识	
	应用意识	
	评价与反思	
	终身学习	
知识与技能	基本知识	
	基本技能	
应用与创新	教学设计与实施	
	教学支持与管理	
	科研与发展	
	合作与交流	
社会责任	公平利用。努力使不同性别、不同经济状况的学生在学习资源的利用上享有均等的机会	
	有效使用。努力使不同背景、不同性格和能力的学生均能利用学习资源得到良好发展	
	健康使用。促进学生正确地使用学习资源，以营造良好的学习环境	
	规范行为。能向学生示范并传授与技术利用有关的法律、法规知识和伦理道德观念	

（注：以上所引为"教学人员"部分。限于篇幅，未全文引用）

① 教育部. 中小学教师教育技术能力标准（试行）. 2004 年 12 月.

2. 国外有关教师专业标准(参见表 10-2)

表 10-2　国外教师专业标准举样

美国威斯康星州教师资格专业标准(概要)①	美国伊利诺伊州地理教师专业知识标准(摘要)②
1. 教师熟悉所教专业…… 2. 教师掌握儿童成长规律 3. 教师理解儿童学习差别 4. 教师掌握教学方法 5. 教师具有管理课堂能力 6. 教师具有良好沟通能力 7. 教师能够设计不同教学计划 8. 教师具有测验学生能力 9. 教师具备自我评价的能力 10. 教师应具备与其他教师、与社会密切联系通力合作的能力	1. 关于地图的知识 2. 关于地方和区域的知识 3. 关于自然系统的知识 4. 关于人文系统的知识 5. 关于人地关系的知识 6. 关于环境和社会的关系 7. 关于地理知识的应用 (以上每项各有其分标准、知识目标、行为目标)

(二)国内外教师教育有关标准的启示

以上有关泛学科或某学科教师专业标准给我们的重要启示是：

其一，教师专业《标准》都关注到教师素质的多个维度，涉及教师的情感态度、知识、能力等方面。充分关注创新精神、社会责任等具有鲜明时代特色的指标，尤其是我国的有关《标准》。

其二，针对某些单项《标准》，如《地理专业知识标准》则深入周到，彰显学科特色。

其三，较多《标准》都有不同层次的指标或细致描述，便于衡量、检测。

若检索更多的有关《标准》，与上述不乏相似。一般包括：(1)受过较长时间的专门训练，具有较强的专业基础；(2)具有专门的儿童发展与教育理论和实践知识，包括教育学、心理学等多个方面，树立正确的教育观念；(3)具备教育实践能力，包括教育活动组织能力，教育性反应意识，教育监控能力，对儿童的行为、学习、交往、情感的指导能力，创设有利于儿童发展的环境，特别是和谐的师生关系、支持性同伴关系和家园关系等；(4)具有专业责任感和服务精神等等。它们共同反映了教师专业教育标准的素质化、细致化等特征。

二、地理教师专业发展的阶段性要求

(一)地理教师专业成长的阶段

地理教师的专业成长可概括为两大阶段，即：职前阶段与职后阶段。职后阶段又可分为起步期、磨合期、成熟期、高创造期等，如图 10-1。

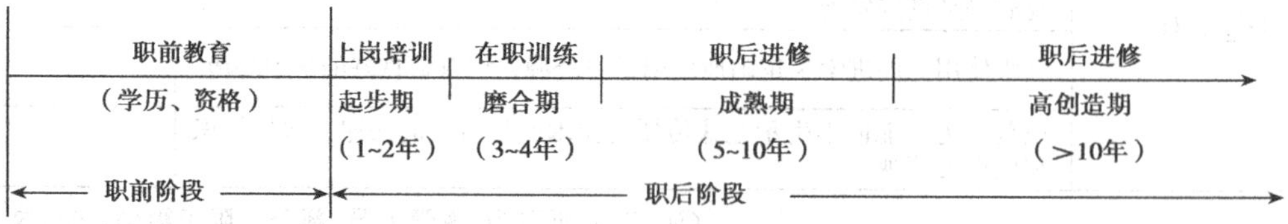

图 10-1　地理教师专业成长阶段

① 教育部师范教育司. 教师专业化的理论与发展[M]. 北京：人民教育出版社，2003. 168～169.

② 刘兰. 美国伊利诺伊州地理教师专业知识标准简析[J]. 课程 · 教材 · 教法，2005(12).

(二)地理教师专业发展的阶段性要求

地理教师在专业发展的阶段中，要尽快完成以下两个转变：

1. 从教学新手向合格型(成熟型)教师的转变

入职之初，从高等教育的学校走向基础教育的一线，地理新教师有诸多不适应。地理教学新手与合格(成熟)地理教师相比，在对中学地理教材的理解及运用上，在地理教学的多项技能上，在地理课堂教学多种情境创设及组织管理和随机应对等方面，都感到力不从心。为尽快适应中学地理素质教育的需要，地理新教师要认真接受上岗培训，参加多种形式的在职训练，并多深入课堂、课外观摩学习，向有经验的教师学习。更重要的是，不断通过自己的教学实践，积累经验，反思成长，缩短起步期和磨合期。这样，可加快从教学新手向合格型(成熟型)教师的转变。

2. 从合格型(成熟型)教师向研究型(专家型)教师的转变

当地理教师能熟练应对常规地理教学时，就由教学新手成为合格型(成熟型)教师，但这远远不够，只是满足了地理教学的基本要求。地理教学的对象同其他学科一样，面对的是千变万化的活生生的发展中的个体，地理学科还有其文理兼跨的复杂性、适应世界环境教育与国际理解教育的特殊性等，这些都要求地理教师工作中非凡的创造性，而非仅熟练教学所能应对。地理教师在专业教学经验较为丰富后，要不断学习提升，开阔视野，以高屋建瓴地随时敏锐发现地理教学中的问题，并有效开展相关研究，富有成效地解决这些问题，为地理素质教育开拓新路，这就开始了向研究型(专家型)教师的转变。这种转变极富活力和创造，将使地理教师的职业生涯更有建树，也更加精彩。

【多维解读】

教师专业成长的五个阶段①

1. **入职适应期。**两大转变：师范生向教师的角色转变；教学知识向能力的转变。适应性较强者此过程一般为3～5年。此阶段，新教师模仿学习先进教师的教学及管理的技能、技巧，积极参加听课观摩、备课研讨，思考及反馈甚为重要。

2. **成熟胜任期。**一般历程为5～10年，完全适应了教师工作。对学生学业成绩、学习兴趣、有效教学策略等有更多关注。一些教学思想开始萌芽。教师教育信念、职业理想与成就事业执著程度是顺利进入该期和继续发展的重要因素。

3. **高原平台期。**或“不成长期”、“重新评价期”、“职业危险期”。通常为8～10年，多数在35～45岁阶段。此阶段，教师常因工作熟悉顺手、少挑战性而心存满足，或因自身的经验及资历而自以为是，或因职称到顶而不思进取，产生“职业懈怠”心理，从而失去进一步发展的动力和可能。由于对教育理想的不断追求与实践是教师专业成长的根本动力，如不能及时突破“高原平台”，教师专业发展的高层次提升，将被严重延误甚至留下终生遗憾。

4. **成功创造期。**成长、成熟的终极意义在于成功。一个教育人生有突破性成就的名师，一般任职20～30年，年龄约40～55岁，属教师工作最佳状态阶段，即处于成功创造期。此阶段教师的突出特征是具有创新精神和能力，教学风格与模式个性化，开始总结、提炼自己的教学观点和理论，教学科研成果丰富而有分量，在校内外已产生了较大影响，实施自己的个性化教学，他们的心理需要主要是成就需要，希望发挥潜能，形成特色，成为同辈的佼佼者，孜孜不倦，乐此不疲。不断践行着如江苏名师李庾南总结的“将教师当做职业、当做事业、当做艺术”的境界提升。

5. **退职回归期。**这是教师的职业生涯后期。主要指教龄在30～40年之间的教师，接近退休年龄。该阶段的教师虽然教学经验丰富，但身体机能下降，甚至力不从心。站好最后一班岗，继续保持已有的职业成就，维护尊严，准备引退，是该阶段教师的主要心态。

你对以上教师成长的五个阶段，有何见解与感悟？

---

① 王铁军，方健华. 名师成功：教师专业发展的多维解读[J]. 课程·教材·教法，2005(12).

第三节 地理教师专业素养及发展途径

地理教师专业素养是其专业德操、学识、能力和个性品格的总和。按教育部师范教育司有关要求，从较概括性的维度，地理教师专业素养应包括专业知识、专业技能及专业情意三大方面。

一、地理教师的专业素养及多维视野

（一）地理教师专业素养的基本构成

地理教师专业素养的三大构成及其分维度，构成了一个紧密联系、协同融通的系统，见表 10-3。

表 10-3 地理教师的专业素养

主维度	分维度	基本要求
专业情意	专业理想	对地理教育事业及自我专业发展有明确向往、坚定追求
	专业情操	对地理教学工作有理智性的价值评价及光荣感、责任感等
	专业性向	热情、关心、合群，乐于为学生及社会服务，善于人际沟通与交流
	专业自我	对从事地理教育的自我肯定、自我效能感、对自我专业发展风格的认同与追求
专业知识	本学科知识（本体性知识）	对地理学科知识的精深理解、掌握与运用
	教育学科知识（条件性知识）	对教育学、心理学、地理课程与教学论等知识的雄厚基础及深入理解与掌握
	普通文化知识（素养性知识）	对相关自然科学、社会科学、美学、哲学等文化知识的广泛了解
	实践性知识（显性与缄默性；部分进入技能领域）	在教学实践中表现出正确的教学认识及操作性强的情景性、策略性知识等（实践性知识在教学理论与独特教学情境及教师自我体验、创造中产生）
专业技能	专业教学技巧	说、书、画；导课、发问、组织、沟通、媒体运用、变化、强化、结课等
	教学设计能力	了解学生；掌握课标教材；综合运用专业知识技能；制定教学计划、编制教案等
	教学实施能力	依据预设与实情，优化方法；有效组织，调控得力；灵活机智，因“生”施教
	教学检查评价能力	设定标准；多种方法；及时收集、分析反馈信息；及时调控矫正；激励为主
	教研科研能力	结合课改选择课题；掌握多种科研方法；科学组织全程研究；善于协作、交流
	自我发展能力	自我发展明确规划；目标明确勇于实践；行动自觉自我监控；主动争取外在帮助

地理教师的专业素养构成，还可参见第八章第二节“地理教师评价”的有关内容。限于篇幅，也基于有大量资料可供查询，不再逐一展开。以下侧重对与地理教师专业素养拓展有关的多维视野以及地理素质教育中亟待发展的美育素养两方面略作阐释，以期对地理教师专业素质的发展与完善有所裨益。

(二)课程改革中地理教师的多维视野与观念变革①

课程改革正持续深入地在全国推进。培养高素质人才的教育理想要求每一位地理教师加快完善并提升自己的专业素质，这是保证高质量地理教育的关键。

当教育的价值“作为和谐精神的一种表现”所推崇，当地理教学的所有现象需要从系统的角度去解读，当多元文化成为地理教学的宽广视野，当学生个性的整全与卓越成为教学的理想追求，一个重要的启示是：地理教师的专业视野即专业思想和知识领域需要广为拓展，否则很难对陈旧教学有重要突破。

地理教师的多维视野是审美视野、系统视野、生态视野、多学科视野、文化视野、人本视野、哲学视野等视野的集成，它关系着地理教师更为丰富的精神世界。

1. 地理教师的审美视野及观念变革

地理教师的审美视野主要指地理教师能自觉引导学生以正确的审美观欣赏、评价、表现地理美和地理教育美的思想和知识领域。美是真与善和谐统一的感性形象。用“美是和谐”的眼光去审美，美无处不在。

(1)地理世界处处有美

地理世界处处有美。青山绿水、碧海蓝天等，是地理自然美(天然生成的和谐地理事象)。星箭探空、国际交流等，是地理社会美(人为创造的及人际间的和谐地理事象)。玲珑园林、巍峨塔楼等，是地理艺术美(通过多样形式手段对和谐地理事象的典型表达)。板块构造图景、人地协调行动等，反映地理科学美(对地理事象和谐规律的揭示)。洋流韵律、生态金字塔序列等，体现出其基本形式因素及结构和谐态的形式美。“细雨鱼儿出，微风燕子斜”是优美；“大漠孤烟直，长河落日圆”是壮美。“为有牺牲多壮志，敢教日月换新天”是崇高之美；“小小寰球，有几个苍蝇碰壁”是喜剧之美。千姿百态的地理景观美，简洁、有序、精辟的地理理论美，恒新恒异的地理创造美等，构成生机勃勃地理世界的靓丽风景。

(2)地理教育处处有美

地理教育处处有美。“知、能、情”三维和谐的素质目标；自然与人文相融、科学与生活贯通的丰富内容；情境、案例、探究、自主、合作、研究性学习等促进学生发展的多种模式、方法；富有美感与创意的引入、启思、求解、导创、激励、调控、应变、评价等多种教学技术、艺术；师生教学相长、继承创新、两情相悦、和谐与共的“教学生态”等，体现新课程美好追求的地理教学一片春意盎然。

(3)地理教师要以地理美及地理教学美的欣赏、表现、创造为理想追求

然而，多年以来，“技术理性”的主导，地理世界的美大量被忽略、被冷漠，甚至被无知及贪婪粗暴摧残。以致“动植物灭绝、伐林、土壤侵蚀、荒漠化、自然灾害、气候变化、空气污染、臭氧洞、资源限制、增长限制等，我们面临一个灾难频发、创伤深重的世界。

多年以来，“主知主义”、“地理二元论”等错误思潮的影响，和谐的地理教育大量被忽略。重知轻能、重智轻情、重自然轻人文、重分科轻综合、重灌输轻探究、重传承轻创造、重应试轻应用、重课内轻课外、重划一轻个性等等，严重背离了全面和谐育人的根本宗旨。

显然，审美视野的缺失，无法“欣赏自然世界的美”、“鉴赏人类丰富的文化”，无法培养“活跃而又负责任的公民”、“建设一个更美好世界”。美育的长期荒疏使地理教师审美视野的构建更显迫切。

地理教师的审美视野以地理美及地理教学美的欣赏、表现、创造为理想追求。审美欣赏是审美主体凭借自己的审美感受、审美情趣、审美经验和文化素养(尤其艺术修养)，有意识、有目的地对审美对象进行观察、体验、品味、判断和评价。审美欣赏有助于地理教师自身并

① 黄京鸿. 课程改革中地理教师的多维视野及观念变革[J]. 西南师范大学学报(自然科学版)，2010(1).

引导学生更真切、深切地感知自然万物的活色生香，体味宇宙大地的生命律动，把握和谐为美的标准，评判人地关系、人际关系的善恶美丑。审美表现是审美主体在实践中按照美的规律，通过一定的物化形式，对内心审美感受的具体表达。审美创造是富有新意的美好事物的物化。审美表现和审美创造有助于地理教师自身并引导学生将对地理和谐生态的美好感受、期盼形象化、精粹化、公益化。无论色形俱佳、声情并茂的地理作品，或是为乡土建设服务的研究成果。而无论审美欣赏、表现或创造，必然基于健康高尚的审美观、丰富的美学美育知识及多样的审美能力。马克思曾指出，社会的进步就是人类对美的追求的结晶。这也是地理教师应有的审美追求。

2.地理教师的系统视野及观念变革

地理教师的系统视野主要指地理教师能自觉运用系统理论正确认识地理科学并有效指导地理教学的思想和知识领域。尽管系统理论问世已逾半个世纪，地理科学系统和地理教学系统的较深入研究还只是近二十年左右之事。钱学森等著《论地理科学》、刁传芳等著《系统理论在中学地理教育中的应用》等，是 20 世纪 90 年代阐述地理科学系统及地理教学系统的力作。但理论于实践的应用，还有明显距离。“地理二元论”及“分析重于综合”等观念，至今仍有较大影响，制约或局限了地理教师的系统视野。

借助贝塔朗菲“处处是系统”的思想，地理科学、地理教学无处不系统。

(1)地理科学无处不系统

宏观而论，地理科学是开放的复杂巨系统。其研究核心是人地关系地域系统。该系统是开放的系统，不断与环境交换能量与物质，借助形成的足够负熵远离平衡态产生有序稳定的结构。该系统又是复杂巨系统，下起岩石圈上部，上至对流层顶。内含了多组分、多层级的自然系统（地、土、气、水、生等）、人文系统（农、工、服、聚、交、社等）和生态系统（多种自然系统、人文系统的综合，如草原、湿地等）。

(2)地理教学无处不系统

地理教学也是一个开放而复杂的巨系统。从内部要素看，地理教学是有机协同的学生、教师、目标、内容、方法、环境、管理、评价等要素或子系统构成的系统。从外部关联看，该系统隶属于教育系统及社会系统，与共生的其他学科系统、各层级教育系统及社会系统不断交换物质与能量，由此欣欣向荣。地理教学系统内部又有各级系统。例如，地理教学内容系统中有地理教材系统，地理教材系统中有地理教科书系统，地理教科书系统中又有文字、图像、活动三系统。如此等等，形成互为关联的多层级的有序系统。

(3)地理教师要以促进系统协调运行的系统观为重要指导

地理教师的系统视野首先表现在能用系统的观念认识地理世界和地理教学世界的一切事物，能用多要素、关联性、整体性等系统重要特征解读有关系统。有此观点，种种地理事象、地理教学要素不再被理解为单独的个体，它们总相依相生，并融于不同层级的整体。例如，一片林地是地、气、水、土、生的特定组合，它融入绿色生态系统并影响其他相关系统。一种教学情境是教师、学生、媒体、环境、过程的特定组合，它融入教学系统并影响其他相关系统。因此，我们对地理世界和地理教学世界的认识就能整体把握，而非“一叶障目，不见泰山”。同时，能分清系统要素的主次关系而非机械地等量齐观。

地理教师的系统视野更注重研究相关系统的有序性、最优化，促进和谐系统的动态生成。有序性强调系统的任何联系无论时、空均按一定秩序进行。最优化强调系统要素在一定时、空条件下的最佳结构以发挥最佳功能。动态性强调系统的开放性，它必须与外部环境保持物质、能量、信息的密切交流才能充满活力，而且总是向更高级的平衡演进。当我们在探究某地理问题的种种解决方案时，当我们在研究有效教学的种种模式时，如果我们注重上述观点的指导，我们就能不仅正确解释、运作系统，更能推进系统。

3. 地理教师的生态视野及观念变革

地理教师的生态视野主要指地理教师善于运用生态学的思考方式与研究方法来认识地理科学并有效指导地理教学的思想和知识领域。

(1)地理学研究对象的重心是地球生态系统

地理学是研究地理环境以及人地关系的科学。其研究对象如著名科学家钱学森所概括是地理系统，这是一个人与自然相互密切关联的系统，其要义是地球生态系统。

从发生学上考察，地理系统已历经三大耗散结构的进化，即自然地理系统、天然生态系统和人类生态系统。自然地理系统是生态系统的环境，天然生态系统是人类生态系统的基础。尽管地理系统的内涵比一般提及的“生态系统”要广泛得多，但毫无疑问，地球生态系统是现当代地理学的重点关注。《地理教育国际宪章》明确指出，要“理解各生态系统内和彼此之间的相互作用”，“区域的综合系统导致地球生态系统”，要“通过学习生态系统内人文系统和自然系统的综合，进行探索”等。

(2)地理教学系统是教育生态系统的重要组成

教育生态系统是教育与其周围生态环境相互作用构成的统一整体，囊括各个学科。

地理教学系统要素中有重要的教学主体——教师与学生，有诸多与教学有关的生态环境要素：自然的、社会的、规范的、生理心理的等等，涉及地理教学的目标、内容、方法技术、反馈评价、物理心理环境等。地理教学系统要保障其功能的有效实现，不能不研究地理教学生态。

(3)地理教师要以生态学的观点研究地理科学和地理教学

从生态学的观点出发，地理教师要更多从促进生态系统进化的角度引导学生认识、调控地理系统。地理系统是生物与非生物环境间相互作用的统一体，无论天然生态系统或人类生态系统，其自组织、自适应或自我调节能力是一定的。当一条河流的自我调节能力被日益严重的污染所吞噬，这条河流便不可避免地走向死亡。当代人类社会的生产与消费高速发展，人类生态系统从其基础生态系统中索取的能量、物质猛增，同时又将惊人增长的巨量废弃物排放到周围环境，使其面临日益增长的总熵。人类若不能有效克服其熵增，不但不能提高生产力，反而会招致严重甚至不可逆转的灾难性后果。当今人类对自然界的影响空前，可以随心所欲上天下海扩散污染，可以兴建若干超大型水库，可以影响大气系统热量平衡，可以不断消灭物种，可以制造更多的生产力布局失衡等等，从生态学观点引导学生去认识、研究地理问题，已刻不容缓。

从生态学的观点出发，地理教师要按照教育生态有关规律分析、调控地理教学系统。例如，对于限制因子定律，要全面分析影响地理教学生态系统的自然、社会、生理、精神等方面的限制因子，不断排除其不利影响或将其降至最小。对于耐度、最适度定律，要认真探寻影响学生学习耐受程度及最适度的诸多生态因子及其变化条件，为学生创设最佳学习的心理、物理情境。对于教育节律定律，要努力使教学进程的节律与学生的心理、生理节律相匹配，从而张弛有致，教学相悦。教育生态规律还有富集规律，反映教育生态系统中所存在的智能流、物质流、能量流、信息流、人才流、价值流等的富集现象。如何指导学生着眼于未来发展进行今日有用智慧与健康情感的富集，以及教师专业素养、课程资源等富集，亦应高度关注。

从生态学的观点研究地理教学，唯师独尊，话语权控制，重优生轻差生重课堂轻课外等传统教学陋习，都是不良教学生态的反映。地理教学应成为师生共同参与的一个自组织、自适应、自更新的微生态系统，成为“生本”主旨下人一自和谐、人一社和谐、人一人和谐的开放、鲜活、愉悦的优化的地理教学生态。

4. 地理教师的多学科视野和观念变革

地理教师的多学科视野主要指地理教师善于从学科融合的视角认识地理科学并有效指导地理教学的思想和知识领域。无论从地理科学或是地理教学角度，多学科知识都是其不可缺少的基础。

(1)地理科学是自然科学和社会科学的汇合

地理学历史悠久，源远流长，即使在远古的萌芽，其意识、其思想都不是纯自然的表达。从远古先民的居所、圈栏、地窖、墓群等遗址，我们很容易看到自然条件的应用与其生产生活的密切结合。地理学发展到今天，其互为融合的自然科学与社会科学的内容更为丰富。涉及地质地貌、气候、水文、土壤、生物的自然地理学与涉及经济、人口、聚落、旅游、政治、军事、文化、历史、民族、行为等方面的人文地理学密切关联，并借助现代“3S”技术，使其研究的深度、广度前所未有。

(2)地理教学基于多学科知识的沃土

地理科学的特点也决定了地理教学的特点及地理教师专业素养的特点。凡有地理教学经历的人不难体会，缺乏对物理学中有关开普勒行星运动三定律、核聚变反应、角速度与线速度、力的合成与分解、万有引力定律、振动与波、压强、密度等基本概念、原理的理解，要清楚阐释地球及其物质的空间运动及基本性状几无可能。同理，化学中物质结构、化学反应等基本知识，生物学中光合作用、生物进化理论、生态系统与生态平衡理论等，数学中的比例、线面角与两面角、多种统计、计算方法等，对解读地理环境及其规律，都有重要作用。而与地理有关的大量历史知识、科技史实、文艺精品等，则不仅为地理学习、研究注入更多深邃思考与创新智慧，也融入了更多人文精神及丰富情趣。

(3)地理教师要融汇多学科知识促进地理教学

地理教师融汇多学科知识促进地理教学，首先要克服“地理二元论”的不良影响，在地理教学中让自然与人文水乳交融，以统一地理学的观点指导学生去认识、探究。其次，要全面充实与地理教学有关的数、理、化、生、文、史、哲、美及教育学、心理学、经济学、社会学、信息技术等方面的知识及素养，以更好指导学生整体而通透地认识地理世界及协调人地关系。同时注重指导学生基于多学科知识进行地理学核心问题的学习与研究，这样才不至失于肤浅或淡化了主题。

当今全球性诸多问题，即使是地理成分很强的问题，也远非一门地理科学可以解决。地理学正与越来越多的相关科学产生出新的综合学科、横断学科、边缘学科，这也提示了地理教师具多学科素养的重要性。

5. 地理教师的文化视野及观念变革

地理教师的文化视野主要指地理教师善于从多元文化视角认识地理科学并有效指导地理教学的思想和知识领域。广义文化指人类在社会历史发展过程中所创造的物质财富和精神财富的总和。一般有物质文化与非物质文化之分。从文化的视角解读，地理学与地理教学“无处不文化”。

(1)地理学蕴涵丰富的文化

从古到今，地理文化都是多元而丰富的。地理文化因不同地域，有寒带、温带、热带的异彩，又有大陆性与海洋性的区分。地理文化因不同民族，或开放，或封闭；或严谨，或粗犷；或博采，或守成；林林总总。“一为自然的，一为人为的；一为安息的，一为战争的；一为消极的，一为积极的；一为依赖的，一为独立的；一为苟安的，一为突进的；一为因袭的，一为创造的；一为保守的，一为进步的；一为直觉的，一为理智的；一为空想的，一为体验的；一为艺术的，一为科学的；一为精神的，一为物质的；一为灵的，一为肉的；一为向天的，一为立地的；一为自然支配人间的，一为人间征服自然的。”李大钊 20 世纪初对东西两种文化特征的对比，也显示了地理文化的差异。若按地理物质文化和非物质文化条分缕析，则地理文化浩如烟海，无比瑰丽。

(2)地理教学的深厚文化背景

地理教学的文化背景多元而深厚。地理教学有科学文化的广阔背景，因其兼跨文理。

地理教学还有教育文化的广阔背景,教育文化涉及教育科学、伦理学、美学等及其最高形式哲学,该背景同样广博而深厚。就较狭义地说,教育文化中的多种课程文化、学生文化、教师文化,学校文化,社区文化、文化变迁、文化冲突、文化整合与教育的关系等,都与地理教学密切相关。显然,肤浅了任何一种教育文化或缺失了其关联多元的有益互补,地理教学都难以理想优化。

(3)地理教师要以多元文化为深广依托

研究地理学要以深广的多元文化为依托。例如,不对比东西文化,难以深刻理解不同人地观的源流;不了解多元文化,难以实现对世界不同文化的鉴赏与尊重。不同文化有不同渊源及特质,不同文化互相尊重、交相辉映是世界和平发展的基础。所以,"了解和尊重所有民族,他们的文化、文明、价值观和生活方式",成为《地理教育国际宪章》的重要内容。显然,缺少了多元文化,就无法准确体现当代地理学。

研究地理教学同样以深广的多元文化为依托。例如,地理教学观念、模式等都需要吸收中外教育文化的精粹。当前课程改革中倡导的"生活地理"、探究教学、建构主义、学生为本、多元评价等都有其深厚的多元文化背景。再如,不了解课程文化,怎样明晰其多层次、有主从的关系?怎样进行显性课程、隐性课程的建设?不了解学生文化,如何适应、引导学生?如何凝聚积极,转化消极,构建和谐与共的学习共同体?不了解教师文化,如何博采众长,彰显个性?不了解学校及社区文化,又如何贯通两者,开放繁荣?

6. 地理教师的人本视野及观念变革

地理教师的人本视野主要指地理教师能用"以人为本"的核心理念来认识地理科学并指导地理教学的思想和知识领域。毫无疑问,无论研究地理科学或地理教学,人的因素都是第一而最重要的。

(1)地理学的研究核心是人地关系地域系统,其能动的主体是人

从古到今,东方的地理学从"天命论"、"地主宰论"、"天地人相关"的朴素辩证唯物论发展到"人地和谐"的当代辩证唯物论。近代以来,西方地理学也经历"地理环境决定论"、"或然论"、"调整论"、"二元论"等发展到"人地和谐论"。无论东、西,人类已共同认识到人地辩证关系。人地关系中,人对地具有依赖性,地是人赖以生存的物质基础和空间场所,经常影响人类活动的地域特性,制约其活动的深度、广度和速度。但人更有能动性,人是人地关系中居于主动地位的主体,地理环境可被人类认识、利用、改变。人地关系是否协调或矛盾激化,不决定于地而决定于人。

(2)地理教学以促进学生素养全面发展为宗旨,其能动的主体也是人

"为了中华民族的复兴,为了每位学生的发展","地理教育为今日和未来世界培养活跃而又负责任的公民所必需",无论课程改革总目标或地理教育宗旨,都无一例外强调了"人本"的时代理念,因为人的全面发展是实现民族复兴、社会进步的前提与关键。"以人为本"的教育,是对长期以来"重知轻人"、"重技轻人"的否定,是对教师、教材、课堂"三中心"的批判,是"让个人站立起来"的时代命题的教育变革,是教育研究重心由"教学客体"向"教学主体"的根本转变。

《地理教育国际宪章》强调"教育的目的在于充分发展人的个性","知识、理解力、技能、态度和价值观的发展共同组成了教育的整体过程",强调"学习地理应鼓励学生进行质疑和探究。学生必须发展有助于解决当前和未来空间组织问题的地理技能。"强调"学校的地理课应由专业教师任教,教师是最重要的教育资源"。这样,地理课程才得以"在政治、社会、道德、人道、审美和环境教育上发挥实质性的作用。"字里行间,充满对人本的关注和对人的能动因素的重视。

(3)地理教师要以"人本"的观点指导地理教学

以"人本"的观点指导地理教学，首先要引导学生以科学的人地协调观审视现实地理世界，并特别关注人的合规律性与合目的性统一的建设性能动作用的发挥。当今世界面临的诸多环境与发展问题，人类近乎疯狂的掠夺及破坏难辞其咎。人类必须深刻反思自身在人地关系恶化中的一系列错误及应承担的主要责任，才能为主动寻求人地关系优化、推动世界健康和谐发展做出贡献。

以"人本"的观点指导地理教学，要始终牢记学生是教师着力促进发展的第一主角。例如，教学目标上，始终坚持知、能、情三维目标发展的统一；教学方式上，采取多种方式鼓励学生质疑和探究；教学资源开发利用上，充分体现师生间、师生与多种教学资源间的积极交互；教学评价上，始终坚持激励性、发展性、综合性的评价原则等，全方位促进学生全面和谐发展。同时注重教师自身"人本"的不断丰富完善。

7. 地理教师的哲学视野及观念变革

地理教师的哲学视野主要指地理教师善于从对世界和对人自身总体的了解与把握上认识地理科学并有效指导地理教学的思想和知识领域。哲学是关于世界观的学说，是日臻完善的人对世界和自身的总体了解与把握，最终体现的是对人的日臻完善的终极关怀。

(1)地理学从来与哲学相通

从研究对象上说，地理学与哲学相通。哲学是关于世界观的学说，世界怎么样？未来怎样发展？而地理学正是研究地球整体或地球表层空间系统的宏观科学。"地理学"初义即"地球描述"。地理学对地球整体的认识为哲学奠定了重要基础。从历史源流上说，古代地理学包容在自然哲学中。无论古希腊推利斯的"扁盘说"，或是毕达哥拉斯的"地圆说"，更多是古代哲学家对世界的思考。从地理学的发展看，古代的自然哲学，近代康德的哲学"二元论"、黑格尔的辩证法原则、马克思主义的自然辩证法等都伴随着地理学的成长。尤其是现当代"人地协调"的科学人地观的形成，更体现了丰富的哲学意蕴。

哲学的重要任务是研究世界的本质和规律，要探寻自然界、人类社会及二者关系的未来发展。而地理学的自身特点决定了它有能力回答和解决哲学所关注的某些问题。地理学从来就具有一定的哲学价值。

显然，不了解哲学就不能透彻理解地理学，反之亦然。

(2)地理教学的最高形式是哲学

哲学归根结底是人学，因为它最终体现的是对人的日臻完善的终极关怀。教学的根本目标是人的完成，是引导个体人性不断臻于完善。教育也是人学。正是在促进人完美发展的根本旨归上，教育与哲学相通。

柏拉图曾言，教育的最高形式是哲学。地理教学能不如此吗？地理教学可以只重书本不重学生的情趣追求吗？可以只重记背不重对世界的探究、追问吗？可以只重沿袭不重师生对创造愉悦的"高峰体验"吗？可以安于现状不求诗意栖居吗？可以得过且过不知反思吗？如果可以这样，地理教学中就没有哲学。反之，哲学则无处不在。

(3)地理教师要引导地理教学走向哲学

哲学的视野是透彻认识地理世界及人地关系的视野，是通达地理教学终极目的和最高境界的视野，所以地理教师要引导地理教学走向哲学。

引导地理教学走向哲学，要坚持辩证唯物论的指导。不仅对其认识世界的基本观点了然于胸，如物质的、运动的、有规律的、普遍联系的观点；对立统一、质量互变、否定之否定规律；矛盾的普遍性和特殊性，内因与外因，主导要素的决定性意义，一分为二观点，发展的眼光，按客观规律办事等等。更重要的，是时时处处注意将这些观点、方法灵活运用于具体地理问题的认识与探究中。例如，对“厄尔尼诺和拉尼娜”，对“高纬度冻土大面积解冻”等地理事象，是就事论事？还是既普遍联系又突出主因？是“天人二分”？还是“天人合一”？指导思想的层次不一，认识问题的深度、广度就大相径庭。

引导地理教学走向哲学，要时时处处突出“以生为本”。促进学生整全而卓越的发展，有诸多需要思考和实践的问题。例如，教学理念，是否从“工具的人”转向“目的的人”？教学目标，是“双基”为本？还是三维”和谐？教学内容，是教材主导？还是科学与生活贯通？对学生思维引导，是限于技术的、平面的问题解决？还是应有价值层面的、立体多元的更丰富思考？对学生情感引导，是个人的？是族群的？还是人类的？对学生方法、能力引导，是以应试为方向，还是以终生整全美好发展为目标？等等。

引导地理教学走向哲学，更需要地理教师自身的境界提升。冯友兰先生曾谈到人的四种境界：自然境界、功利境界、道德境界、天地境界。天地境界是人与宇宙统一的境界，是人作为应该成为的人的最高境界，即哲学的境界。向此境界，必然视地理教学为造福全人类的事业而非仅仅谋生的手段；必然不会满足或受制于刻板、忙碌的“工具性”工作，而是随时奔涌着创造的激情与生气；必然更多对教学实践的反思、批判和对日常生活的超越，并以自身的深邃、澄明、忘我、和谐与最佳挥洒不断影响并提升学生。

正是在这样的地理教学过程中，在不断将师生视野引向对世界、对人生周遭最重要事情的关注，引向对日常生活的超越，在对地理知识及人生最高知识的追求中，获得人性的整全与卓越。地理教学走向了哲学。

地理教师的多维视野彼此相通。系统的、文化的、生态的、人本的视野有审美的意趣，审美视野亦有系统、文化、生态、人本的内容。多维视野的最高视野是哲学视野。地理教师有此视野，才能步出肤浅。“一个肤浅的教育工作者，可能是好的教育工作者，也可能是坏的教育工作者——但是好也好得有限，而坏则每况愈下。”对于每位想成为真正有造诣的研究型、专家型的地理教师，这段话无疑具有重要的启迪。

（三）地理教师的美育素养①

1. 地理教师美育素养及基本构成

地理教师美育素养是其积极的审美观、良好的美学美育学识、较强的审美能力与审美个性品格发展的总和。

地理教师的美育素养基于美育素养的一般构成，也有其独特品格。参见表 10-4。

表 10-4　地理教师美育素养的基本构成

审美观	和谐为美的审美价值观
	人生与社会和谐共进的审美人生观
	人与自然社会和谐发展的审美世界观
美学美育知识	具有欣赏、认识地理美的美学理论知识
	具有地理美育所需的美育理论知识

① 西南大学黄京鸿教授主持的全国教育科学“十五”规划教育部重点课题“高师地理教育学课程教材审美化设计理论与实践研究（DIBO10715）”的系列研究成果之一。

（续表）

审美能力	**一般审美能力：** 敏锐、综合的审美感知力；灵动、丰富的审美通感力；清晰、持久的审美记忆力 流畅、独特的审美联想力；活跃、新颖的审美想象力；健康、高尚的审美情感力 客观、准确的审美评价力；自由、丰富的审美表现力；变通、独特的审美创造力 **地理学科最基本审美能力：** 引导学生，充分地感受地理美的能力；深刻地鉴赏地理美的能力；有创意地表达地理美的能力
	审美化地理教学的能力： 地理教师教学基本功的审美转化能力（口语、态势语、板书板图、其它教学技术运用等的审美转化）； 地理教学目标的审美转化能力；地理教学内容的审美转化能力；地理教学方法的审美转化能力； 地理教学过程审美转化能力；地理教学评价审美转化能力；地理教学中师生关系的审美转化能力； 地理教学环境的审美转化能力；地理教学活动方式的审美转化能力；等等
	审美化社会交往的能力： 主动亲善的能力；融洽交谈的能力；善解人意的能力；协调争议的能力；化解僵局的能力；等等
	……
审美个性品格	能动、和谐、独特的审美人格
	坚定、公益的审美理想
	浓厚、独特的审美情趣
	积极、持久的审美需要
	愉悦、昂扬、幽默、豁达的心理素质
	健康、敏捷、精力充沛的身体素质
	端庄、活泼、热情、文雅的风度仪表
	……
突出美学品格①	**学高为师，以真为美：**博学之美（学识丰富，多才多艺，聪颖智慧）；善教之美（严谨，灵活，交融）；创新之美（希冀、探索、发现） **身正为范，以善为美：**诚意之美（纯净，坦荡，执著）；爱心之美（心灵慰籍，灵魂升华，珍爱生命）；童趣之美（纯真，纯净，单纯，同情） **展示真善，和谐为美：**健康之美（充沛，敏捷，轻松）；高雅之美（圣洁，精致，优雅）；独特之美（新颖，丰富，自由）

尽管地理教师美育素养的基本构成还不尽完善，但地理美育科研的实践表明，具有一定美育素养的地理教师，在用“美是和谐”的审美视野审视地理教学时，地理美与地理教学美无处不在，景象万千，充满生动与意趣。

2. 审美视野中的地理美②

千姿百态的地理景观美，人地和谐的地理思想美，简洁有序、系统和谐的地理规律美，恒新、恒异的地理探索美和地理创造美等，构成一个异彩纷呈的地理美的大世界。

（1）千姿百态的地理景观美

地理景观是地理科学内容外在于自然界及人造自然中的审美形态。

浩渺太空，广袤海陆，巍峨高山，滔滔江河，七彩资源，亿万生物……多姿多彩的自然地理景观，容纳天地万物。万物竞秀，生生不息；风云雨雪，变化无穷。星移斗转，四季更替，草木荣枯，富有节奏；洋流循环，大气运动，自然带谱，充满韵律。阿尔卑斯的雪，黄山的松，尼亚加拉瀑布的雷霆，桂林山水的奇秀……自然总是美的！无论奇异壮观的宇宙，壮丽多姿的河山，千姿百态的自然景物，包括地貌、气候、水文、土壤、生物等自然审美要素在内的自然地理景观总是以其鲜艳的色彩、悦耳的音响、生动的变化、摄人的的风貌等种种清晰鲜明的形象形式美首先展现出无限的生机与活力，给人以强烈的美的感染与愉悦享受。

---

① 余立新，贾世骞，王铁楠主编. 当代教师形象审美化塑造[M]. 长春：吉林人民出版社，2000：1～3.

② 黄京鸿主编. 中学地理教育中的美育[M]. 重庆：西南师范大学出版社，2001：30～42.

如画的田园，林立的高楼，连绵的工业带，发达的交通，繁华的商业区，沸腾的港口，灿若群星的名胜古迹，享誉世界的工程建筑……凝聚着人类智慧与劳动结晶的人文地理景观，内容十分丰富。万里长城，京杭运河，埃及金字塔，荷兰围海工程，是人类伟力的象征；北京颐和园，印度泰姬陵，希腊古建筑，巴黎卢浮宫，透射出典雅的艺术；埃菲尔铁塔，自由女神雕塑，莫斯科红场，人民英雄纪念碑，闪耀着人类自由与理想之美；大三峡工程，地球资源卫星，南极科考行动，人与生物圈网络，现代科技之美与人地协调理念相映生辉……包括资源、工业、农业、交通、旅游、人口、城市、科学考察、环境保护等人文审美要素在内的人文地理景观总是以至真至善的厚重内容及富有美感的形式反映出人类创造美的伟业与壮丽历程。

(2)简洁、有序、和谐统一的地理理论美

地理理论是反映地理科学内在本质联系的审美形态，广义的地理理论美即地理科学美。如果说地理景观美是地理事象外在形态的美，是趋于地理感性的美，地理理论美则是地理事象的内在规律的美，是地理理性之美。同其他科学美一样，地理科学美是其科学理论所具有的美的内容与美的形式的统一。

就美的内容而言，地理理论的美主要体现于地理科学理论是一个由概念公式、定律、规则或规律等揭示地理环境及人地关系本质属性和发展规律等理性认识所构成的和谐统一的理论体系。如北半球的气候分布模式，生态金字塔等原理。它们都是和谐的地理世界的客观规律即“真”的反映，因而也是美的反映。因为真是美的基础，“事物和现象要符合客观规律也就是符合真，才有可能是美的。”叶朗先生更直言道：“真即是美，真才是美”。

人地和谐论是地理理论内容美的精髓。人地关系向来是地理学研究的中心问题。长期以来，不同时期，观念不一。20世纪60年代以后，人地和谐论才逐步取代地理环境决定论、二元论、生产关系决定论等片面、狭隘的人地关系理论，成为地理学研究的指针。人地和谐论既反对视人为自然环境的奴仆，也批判人是自然环境的主宰，而倡导人地共生，和谐互惠，持续发展。人地和谐论反映了“天人合一”的宇宙和谐秩序的本质，是至真至善至美之论，给人类指出了解决当前严重环境灾难，创建更美好世界的根本途径。

人地和谐论的美育要素在改革以后的中学地理教学内容中得到较充分的反映。无论是学习地理的意义，自然资源的评价，人口控制的方针，产业布局的原理，环境问题的解决，可持续发展的前景，协调人地关系始终是地理学科内容的中心议题。从巴比伦的兴废到俄罗斯草原的“黑风暴”，从“象牙海岸”的名存实亡到巴西热带雨林的大片消失，从中华腹地的“动脉大出血”到“141”绿色工程，从伦敦雾都空气的洁净到新加坡花园城市的建设。中学地理中的大量案例使人地关系失调的警钟长鸣不断，使学生对人地协调充满强烈的期待和决心。就美的形式而言，地理科学理论主要具有简洁、和谐、新奇等美学特征。

①简洁。地理世界是纷繁复杂的，然而地理概念、公式、规则、定律等则从繁杂的地理事象中整理出简洁明了的规律与秩序，这无疑给人以美感。例如，恒星、大气环流、自然资源、生态系统等言简意赅的概念提取了丰富多彩、无穷变化的地理事象的本质特征；太阳高度角$h=90°-\varphi\pm\delta$，气温垂直递减律，生态系统能量流的1/10定律，水量平衡、热量平衡原理等简明的数学公式概括了复杂的地理事象之间的关系；地壳运动模式，大气环流模式，洋流模式，自然带分布模式，生态系统物质流和能量流模式，生产布局模式等洗练而直观地反映了不同地理事象发展变化的客观规律。

爱因斯坦曾言：“评价一个理论是不是美，标准正是原理上的简单性。”简洁的地理概念、公式、原理成为地理学理论美的鲜明特征。

②和谐。和谐指事物和现象的各方面、各要素、各部分配合得当，比例协调，结构匀称，秩序井然，多样的统一包含其中，均衡、守恒、对称等概念也与其密切相关。自然界通过漫长的进化，在本质上是最优化的，也是和谐的。自然界的和谐，决定了反映其客观规律的科学理论的和谐，地理科学理论也不例外。地理科学理论从以下几方面体现出和谐。

以有序美体现和谐。从天体系统的层级到地球同心圈层的结构，从生态金字塔到全球气候带、土壤带、植被带、自然带的演替，无不体现出有序之美，这由地理世界各种物质实体客观存在的秩序所决定。哥白尼曾用诗一样的语言赞美太阳与其行星家族的这种有序和谐："太阳被称为宇宙之灯、宇宙之心、宇宙的主宰……太阳好像是坐在王位上统率着围绕它转动的行星家族。""这种顺序显示出令人赞叹的对称性和轨道运动与太阳大小的和谐"。

以守恒美体现和谐。守恒表现了自然过程的一定关系的稳定性。地理科学理论中的水量平衡，热量平衡，生态系统平衡，太阳能、热能、动能、辐射能、化学能之间的相互转化等便是守恒美的反映。当然，守恒不是同一，而是一定变换下的不变。

以对称均衡美体现和谐。科学美的对称性包括自然界及物质运动的对称性和自然规律的对称性。较自由的对称是均衡与呼应。地理科学理论体系中概念、规律等的对称美不胜枚举。自然界有无机界和有机界，气流运动有气旋和反气旋，低纬和高纬的洋流运行方向相反，太阳辐射和地面辐射相互对应。季分春夏秋冬，方向有东西南北；气温有寒凉暖热，地壳有下降上升。经度纬度，极昼极夜，潮起潮落，月圆月缺，内力外力，冷锋暖锋，内地沿海，干旱湿润，山区平原，客运货运。冬季风夏季风，内流区外流区，蒸发量降水量，针叶林阔叶林……对称给人圆满和匀称的愉悦美感。

以多样统一美体现和谐。多样统一是形式美法则的高级形式，亦称和谐。"多样"体现了各个事物的个性的千差万别，"统一"则体现各个事物的共性或整体联系。多样统一体现了生活、自然界中差异统一、对立统一的规律。纷繁复杂的地理万象被层级不同的地理规律统一起来。大气运动规律把千变万化的阴、晴、冷、暖、风、云、雨、雪统一起来；生态系统的物质循环揭示出形形色色的绿色植物、动物、微生物与环境的内在联系；自然带谱将风采各异的地貌、气候、土壤、植被、生物等多种地理要素整理成绚丽的画卷；人地协调系统则显示出自然子系统、人类子系统、社会子系统、经济子系统、科技子系统之间的和谐。除了本学科的独特理论和方法，地理科学理论还融入了数学、物理、化学、生物、哲学、经济等多门学科的科学理论成果来解释、分析和预测地理事象。这在更广阔的时空反映出宇宙万物自身本质的和谐。

③新奇。新奇是科学美的重要特征。它反映了科学理论发展进程中不断求新求异臻美的创造性思维。培根曾说："没有一个极美的东西不是在匀称中有着某种奇异。"匀称总是相对的。匀称中的奇异，是科学理论的生命力之所在。它反映出旧观点、旧理论不能解决的新问题，提出出人意料的新假设，创造出前无古人的新成果。新的科学理论能向人们解答未知的自然之谜，从而满足人们的科学好奇心，令人产生科学审美感受。地理学思想发展史上，新奇之美，无处不在。古希腊学者毕达哥拉斯、柏拉图、亚里士多德等提出的"地圆说"曾被"天圆地方"论者视为异端；哥白尼创立的"日心说"曾被"地心说"长期非议并招致宗教势力的残酷迫害；牛顿关于"地球是扁球体"的观点曾为"地球是正球体"说质疑；魏格纳的"大陆漂移说"也曾长期为人们所不解……然而，反映物质世界客观规律的新奇思维最终总是为事实所证明，并取代错误陈旧的观念，成为更完美理论的新的生长点，成为人们破译自然之谜的光明之灯。从大陆一统到大陆漂移到板块构造，从景观描述到要素综合到地理系统思想，

从环境决定论到或然论、概然论、二元论到人地和谐论……每一次新奇构想都引导新思想观点的诞生，都引发更趋于和谐本质的新的地理理论的创造。正是在这个意义上，新奇成为地理理论美的极富生命活力的特征。

综上所述，简洁、和谐、新奇是地理理论美的显著特征，它们同时也反映出科学美区别于其他观念形态美如艺术美的重要特质——雅致、简洁有序、逻辑清晰、和谐统一的规律体系之美。

(3)恒新恒异的地理探索美与创造美

地理学以研究人类居住的地理环境及人地关系为对象。自古代、近代而至现代，地理探索由描述、解释到应用、预测，对地理环境和人地关系的认识不断扩大、深化、体系化。地理学的发展史即是一部恒新恒异的地理世界美的探索史与创造史。

古往今来，是无数志在探索自然和社会奥秘的中外使者、旅行者、探险家历尽艰险万难不辞，以其可歌可泣的壮举为人类打开了认识美丽地理世界的大门。

张骞二通西域，法显、玄奘南行，鉴真东渡扶桑，郑和七下西洋……古中国的地理视野由此扩及亚、欧、非。

地理大发现揭开了世界古典地理学发展的崭新一页。继哥伦布发现新大陆，达.伽马东越印度洋，是麦哲伦的首次环球航行以事实证明了人类的故乡是圆球体，并将美丽的东方世界与西方世界相联结。基于此伟大发现，哥白尼的“日心说”最终冲破神学的重重桎梏，取代了托勒密的“地心说”。和谐的太空秩序得以建立，宇宙鸣响天体的音乐。

地理大发现后飞速发展的技术进步更激发了人类探索地理世界的信心和能力。进军南极，挑战北极，攀登珠峰；飞向太空，遨游深海，探测密林；追因沙漠，解读火山，破译地震……更多奇异瑰丽的地理美展示在世人面前，也吸引更多有志者去探索无尽的奥秘。

探索美的过程也是创造美的过程。地理创造美首先表现在地理理论发展上的日臻完美，这在前面已有所述及。继近代地理学大师 A. 洪堡和 C. 李特尔构建了自然地理学基础理论体系及人文地理学基本思想后，又有不少杰出的地理科学家以创造性的劳动，丰富、更新、完善着地理理论。例如，为目前中学地理教学内容提供理论支持的就有李希霍芬的黄土风成假说，A. 彭克的第四纪冰川理论，W. P. 柯本的气候分类原理，A. 赫特纳的区域地理要素分析。麦金德的“心脏地带”理论，R. 哈特向的地域分异思想。V. V. 道库恰也夫的自然现象的地带性规律，N. N. 巴朗斯基的地域生产综合体思想，克里斯特勒的中心地理论，C. 索尔的景观学说，B. A. 阿努钦的统一地理学思想，D. 哈维的地理系统思想，巴罗斯的生态地理学观念，P. M. 罗士培的人地协调思想，以及我国著名地理学家李四光的地质力学理论，竺可桢的物候学与东亚季风体系，翁文灏的成矿规律、矿产分布原理等。这些理论性成果无一不是对种种传统观点的继承、扬弃与创新，正是这些不断发展的新观点、新学说、新理论使地理理论之树常青。

地理创造美还表现于人类在科学理论指导下合理开发利用自然资源，为人类造福的伟大实践。从古老的风车到太阳能电站，从传统的围海围湖、伐木开发到现代化的农业、工业生态园，从旖旎的运河到列车飞驰的新干线，从摩天的商贸大厦到仪态万千的悉尼歌剧院、卫星发射基地、海水淡化工程、高新工业园、南极科考站……人类家园在恒新恒异的创造中呈现出更美丽和谐的风采。

恒新恒异的地理探索美与创造美之源是人类追求真善美的精神之美、智慧之美、意志之美、情操之美。从布鲁诺的宁死不屈到魏格纳的以身殉职，从斯科特的至死不渝到尧茂书的英勇献身，无数科学家、探险家为寻求地理科学真谛，揭示地理科学奥秘而终生奋斗甚至献出生命，这些更是中学地理学科内容中美育要素之精粹。

3. 审美视野中的地理教育美①

地理教育美具有真实、生动形象、情感愉悦、乐中寓教、自由创造、和谐统一等学科美育基本特征。

地理教育美是一个系统。参见图 10-2。

- 地理教育美
  - 教育内容美
    - 地理景观美（自然、人文）
    - 地理理论美（人地和谐）
    - 地理创造美（学习实践、社会实践、人物品格）
  - 教育形式美
    - 地图美
    - 地理语言美
    - 地理教学方法美
    - 地理教学情境美
    - 地理教学流程美
    - 课内外教学结合形式美
    - 多样统一评价美
  - 教育环境美
    - 课堂教学环境美
    - 课外教学环境美
  - 教师美
    - 博学、善教、创新之美
    - 诚意、爱心、童趣之美
    - 健康、高雅、独特之美
  - 学生美
    - 积极进取之美
    - 主动勤学之美
    - 多疑善思之美
    - 勇于实践之美
    - 交流合作之美

图 10-2　地理教育美的构成

地理教育美还有其独特的地图教学美及地理课外活动美等。（“地图美”参见第四章地理教学方法之“欣赏法”案例）

与其他学科相比，地理课外教学及地理课外活动与地理课堂教学的紧密结合是其独特之美，这完全是由其特殊的研究对象——鲜活的地理环境及人地相关活动所决定的。地理课外教学与地理课外活动之美学特征及美育意义主要表现于②：

(1)地理直观美。“地理不是地理教科书，而是活生生的地理环境本身”，这是任何学地理的人都熟知的地理名言，它揭示了学好地理的真谛是走向真实的地理世界。地理课外教学和地理课外活动把学生从枯燥难懂的地理名词概念、规律法则中解放出来，把学生从沉闷呆板的说教中解放出来，让他们亲眼去观察大地的韵律，亲自去聆听江水的澎湃，亲身去感受森林的清新和生态农业的硕果，也亲身去体验烦人的噪音和空气的污染……如此，抽象的得以形象，模糊的转为清晰，肤浅的变得深刻，平淡的化为神奇。只有身临其境，才能真正欣赏、认识、读懂地理世界。

(2)探索真知美。古人云：“纸上得来终觉浅，绝知此事要躬行。”学习地理尤其如此。教科书上有真理但也有局限，远不如地理事物之丰富生动，还有教材编写之局限，认识的相对性之局限，甚至还有疏误。地理课外教学与地理课外活动为学生提供了探索科学真理和自

---

① 黄京鸿主编. 中学地理教学中的美育[M]. 重庆：西南师范大学出版社，2001：43.

② 黄京鸿主编. 中学地理教育中的美育[M]. 重庆：西南师范大学出版社，2001：46～47.

然奥秘的广阔空间,使学生能读"活书",做"活人",以"亲知"补"闻知"和"说知"之局限,纠其谬误,并由此领略探索之无穷乐趣。《地下博物馆——记姜家溶洞群》、《神奇的"三潮水"》等论文反映了学生的生动感受。

(3)服务社会美。自古以来,地理学就是一门经世致用之学。造福社会,是地理美之极致。地理课外教学和地理课外活动有利于学生理论联系实际,并通过对一些重点问题和课题的探究,让学生学以致用,为乡土建设出谋划策。《浅谈南泉旅游业的发展》、《巴南区小水电开发利用前景》等学生小论文,就是服务社会的有益尝试。

(4)怡情悦性美。地理课外教学与地理课外活动引导学生置身于气象万千、生机勃勃的地理世界,通过真切的感受,自由的体验,悉心的探究,真心的感动,在获得真知、增强能力、提高兴趣的同时丰富了情感,锻炼了意志,纯洁了道德,升华了认识,使学生对家乡、对祖国、对世界产生了更强烈的关心、热爱之情,并认识到自己肩负的时代责任。

地理美育正是通过其独特的地理美与地理教育美体现其美育价值:以美启真,完善智力,激发创造;以美促善,完美人格,陶冶情操;以美交融,五育共进,和谐发展。

二、地理教师专业发展途径

地理教师专业发展是一个需要统筹规划的系统工程,需要明确目标,内外要素联动,形成合力。当有关政策、体制、管理等外部条件已发生有利变化,就教师自身而言,既要借外力,更要练内功。

(一)地理教师专业发展的内在途径

1. 转变观念,及早规划

如果教师停留于传统观念,将教书视为谋生的手段或者将兴趣停留在"教书匠"的"技术兴趣"层面,就会缺少专业发展的欲望或降低专业发展的要求。所以地理教师专业发展的第一要务是与时俱进,转变教师发展观。在"我们无论怎样强调教学质量亦即教师质量的重要性都不会过分。""学生和整个社会有权期待教师以献身精神和敏锐的责任感来完成他们的职责"的当代,"工匠型"、"技术型"的教师已经落伍,只有"专业化"、"反思型"或"研究型"教师才能跟上时代步伐。地理教师要充分认识自身专业发展的重要性和紧迫性,要向"解放兴趣"(教师与学生的解放和自由)的目标高度,及早做好自身的专业发展规划,并从现在做起,才不至于被时代淘汰。

2. 坚持自修,深厚涵养

教师是相对独立自由的工作,课后或其他职责后的时间多由自己安排。即使"专业"出身,已学的也会很快过时,基于专业发展的需要,地理教师要有目的、有计划、有针对性地坚持自修,无论地理专业素养、教育科学素养,还是其他文化素养方面。例如,忙中偷闲静下心来有序列地研读一些重要著述。研读既是学习,也是对话。大师、专家们的远见卓识、深邃思想会使你心境澄明,智慧提升,拨云散雾。直面课程改革如火如荼的形势,还有一些刻不容缓的补课,如地理课程内容的拓展,现当代学习与教学论的重要理论、地理信息技术的高端发展等等,这些,大多要靠自修深入领会吸收。

3. 勇于实践,不畏困难

实践出真知,实践长才干。再好的理论不付诸实践,就毫无用处。地理教师必须把学得的理论充分运用于教学实践,才能获得效果、积累经验,同时也检验、发展理论,选择适合自身教学风格及学生特点的最爱。地理新课程倡导的多种教学模式或学习模式,都需要尝试、探索,这无疑比常规操作要花费更多精力、时间。特别是一些有创意的实验,往往会引起非议,尤其在进行不顺时。这些,都要求地理教师勇于坚持,不惧困难,激流勇进。

4.勤于反思,总结提高

适应时代需要的成熟的教师是"专业化"、"反思型"教师。20世纪80年代中期以来,学者们普遍认同:实践+反思=专业成长。反思理念与行动在当代的异军突起,一方面是教师专业化不断深入发展的需要,另一方面也因为当代整个人类文化普遍兴起的"反思文化潮流"。就地理教师专业发展而言,教学本是充满流动、复杂、不确定性的过程,有效教学的追求使教学的复杂、不确定性更为突出。缺失反思易使教师满足于狭隘的经验或陷入教学的惰性不能自拔,缺失反思无法构建适应学生发展所需的动态向上的课程文化。从更广义的层面说,缺失了对教学历程、生命历程的必要反思,缺失了对挫折失败的理智反省及对成功创造的欢乐体验,必然暗淡了人生的意义。地理教师要经常反思自己的教学实践,从中分析得失,获得改进、发展的真知和动力。学习、实践、反思、提升,循环不息,将使地理教师的教学之旅、生命之树长青。

(二)地理教师专业发展的外在途径

1.积极参加多种在职专业培训、学历提升

上岗培训是师范生或非师范生进入教学工作岗位的入门训练,要求基本,贴近实际,不能借口推脱或敷衍了事。定期或不定期的在职短训与考核,可以帮助在职地理教师更新观念,强化技能,坚定志趣。在职读研,可以使地理教师积累更深厚的学识素养应对未来的挑战。地理教师在入职以后,要积极参加或主动争取这些有助于自身专业发展的机会,不可错失良机。对于缺失地理专业培训经历者,对此更应重视。

2.主动争取必要离职进修、学历提升

离职进修较在职进修有更多优越性,最重要的是心无旁骛,专心致志,因而往往更有效率。当然相应会有经济等方面的一些损失。凡有需要及可能者,对此要抓大放小,从长远考虑。

3.坚持参加校本教研

校本教研是课程改革倡导的重要教研形式及专业发展平台。地理教师可以就近与同行交流切磋,增长教育智慧,强化敬业意识与专业发展意识。对青年地理教师而言,在校本教研中,不仅有更多机会向每位有经验的教师学习,博采众长,而且可以直接在经验丰富教师指导下迎接挑战,经受磨炼,促进专业成长。

4.广开途径拓展对外交流

校本教研以外还有更广阔的专业交流平台。如校际交流,各级地理教学研究会的学术年会,中国地理学会的学术年会,友好学校的国际交流,互联网上的教研互动等。这些平台有助于地理教师置身更广阔空间,扩展专业认知,熟悉专业前沿,了解世界教师专业化发展趋势,比较中外教师专业发展特点。利用各种可能拓展对外学习交流的途径,可以极大拓展地理教师的专业视野,进而更积极主动采取行动,应对教师专业化的种种挑战。

【案例研究】

让地理课堂教学充满美感①

一、平等民主，让师生关系洋溢和谐之美。

二、妙语连珠，让教学语言饱含幽默风趣之美。

三、合理设计，让课堂板书透出赏心悦目之美。

四、巧妙组合，让教学内容呈现生动活泼之美。

五、梳理升华，让课堂结尾留下回味无穷之美。

【专家指引】

教师的生命意义及提升策略②

· 教师生命意义的体现

1. 专业发展的目的性（价值观，自主愿望、能力，自主发展策略）

2. 专业发展的整体性（身、心、灵统一，与人和谐，与文化和谐）

3. 专业发展的实践性（理论与实践水乳交融，研究，反思，形成个人实践理论体系）

4. 专业发展的超越性（对文化环境的超越，对自身的超越）

· 教师专业发展中生命意义的提升策略

1. 提升教师生命意义的反省策略

反省从实质上来讲，就是对自己的重新再认识。“自觉修正自己的生活状态。”（海德格尔）

反省五层级：外在行为—内在观念—思维模式—模式取向—身份定位。

利用此反省层级，教师可从行为或现象入手，不断地进行深入的追问和思考，不断进入心灵中更为深层的东西，让生命的意义呈现出来，让自己的行为和观念变得更加透明，让自己内在的世界和外在的世界更加融合和统整，从而在提高实践水平的同时，提升生命的意义。

2. 提升教师生命意义的叙事策略

叙事就是讲故事，在故事中追溯自己经历过并留下深刻印象的、鲜活的教育事件（真实、独特、有意义）。通过叙述，使教师在过去的教育活动中所经历的事件得以再现，使那些曾经在教师记忆中被遮蔽的印象得以敞亮，使个体的教育经验得以与他人共享，使教育事件成为教育活动中最有价值的存在。

叙事一般经过事件外化（叙述）—例外事件（原教育事件的其他解释）—解构（原教育事件自我解释图式被解构）—重写故事（建立新的解释图式解释、理解原教育事件）四阶段进行。

通过上述过程，一个崭新的自我就出现了。教师获得了超越性的发展，生命意义也获得了很大的提升。在具体实践中，在叙事之后，教师还需要把叙事获得的智慧应用于实践之中，在实践之后再进行叙事重写，会进一步提升教师专业发展水平。

3. 提升教师生命意义的观想策略

观想就是把自我的“期望视觉化”，即在自己期望的事情发生之前，用眼睛看到，用耳朵听到，甚至用自己的皮肤感觉到。教师在日常实践中，常会自觉、不自觉地在内心里预演即将到来的课堂教学或与学生的谈话等，即是。与行为相比，观想具有全息、直觉、可修改和重演等特点。观想策略的主要方式：

(1) 自我为主的观想法：静心—观想教学环境—自我的浮现—场景及自我行动的修正—自动化阶段。

(2) 尊师观想法（选择一个和自己教学风格、语速乃至教学思想非常相近又自己非常尊敬的老师）：静心—观想教学环境—自我融入—演绎优秀教师—自动化阶段。

无论反省法、叙事法还是联想法，都避免了仅仅从认知的角度来对教师进行专业发展，相反，它们把教师的目的、情绪、动机、想象等与认知结合起来，并置于一定的文化背景中，很好地体现了教师专业发展的目的性和整体性。

这三种策略同时也把教师的理论和实践联结起来，内在和外在联结起来，意识和潜意识联结起来，不仅让其专业发展更具实践性，而且也为教师打破自我的束缚，走向自我超越创造了条件，可有力解决教师专业发展中信念难以转变的难题。

三种策略的这些特征，有助于实施这些策略的教师在生命意义的探索和提升方面走得更远，走得更好，发展得更为迅速。

---

① 凌锋. 让地理课堂教学充满美感[J]. 地理教学，2010(8).

② 于泽元，田慧生. 教师的生命意义及提升策略[J]. 课程 · 教材 · 教法，2008(4).

【思考、实践与交流】

1. 什么是教师专业化?
2. 地理教师专业发展有何意义?
3. 地理教师专业素养有哪些基本构成?
4. 检索有关美育与地理美育的信息,谈谈你对地理教师美育素养的见解。
5. 通过哪些途径方法,可以提升地理教师的美育素养?
6. 地理教师专业发展可以通过哪些途径?
7. 走访优秀地理教师,倾听他们对地理教师专业发展的见解及建议。
8. 信息检索,查找优秀地理教师的成长案例及有关著述,分析并吸取其有益经验。
9. 在学习实践中尝试运用促进教师专业发展的一些策略,并与老师同学交流。
10. 拟订一份专业发展的初步计划并与同学交流。

主要参考文献

1. 国际21世纪教育委员会. 学习——内在的财富[M]. 北京：教育科学出版社，1998.

2. 钟启泉等主编. 基础课程改革纲要解读[M]. 上海：华东师大出版社，2001.

3. 中华人民共和国教育部制定. 全日制义务教育地理课程标准(实验)[M]. 北京：北京师范大学出版社，2001.

4. 中华人民共和国教育部制定. 普通高中地理课程标准(实验)[M]. 北京：人民教育出版社，2003.

5. 陈澄、樊杰主编. 普通高中地理课程标准(实验)解读[M]. 南京：江苏教育出版社，2004.

6. 陈澄、樊杰主编. 全日制义务教育地理课程标准解读[M]. 武汉：湖北教育出版社，2002.

7. 课程教材研究所编. 20世纪中国中小学课程标准、教学大纲汇编 · 地理卷[M]. 北京：人民教育出版社，2001.

8. 顾明远等主编. 国际教育新理念[M]. 海口：海南出版社，2001.

9. 张华著. 课程与教学论[M]. 上海：上海教育出版社，2000.

10. 李秉德主编. 教学论[M]. 北京：人民教育出版社，2000.

11. 靳玉乐著. 新课程改革的理念与创新[M]. 北京：人民教育出版社，2003.

12. 邵瑞珍等主编. 中学百科全书，教育学 · 心理学卷[M]. 华东师范大学出版社、东北师范大学出版社、北京师范大学出版社，1994.

13. 顾明远主编. 教育大词典第一卷[M]. 上海：上海教育出版社，1990.

14. 皮连生，刘杰主编. 现代教学设计[M]. 北京：首都师范大学出版社，2005.

15. 杨心德，蔡维静著. 社会学科学习与教学设计[M]. 上海：上海教育出版社，2005.

16. R. M. 加涅等著，皮连生等译. 教学设计原理[M]. 上海：华东师范大学出版社，1999.

17. R. M. 加涅著，皮连生等译. 学习的条件与教学论[M]. 上海：华东师范大学出版社，1999.

18. A. 班杜拉著，林颖等译. 思想和行动的社会基础——社会认知论[M]. 上海：华东师范大学出版社，2001.

19. 尤. 克. 巴班斯基. 论教学过程最优化[M]. 北京：教育科学出版社，1982.

20. L. 迪金森. 近代地理学创建人[M]. 北京：商务印书馆，1980.

21. A. M 别尔良特著. 地图—地理学的第二语言[M]. 北京：中国地图出版社，1991.

22. 钱学森等著. 论地理科学[M]. 杭州：浙江教育出版社，1994.

23. 褚亚平，曹琦，周靖馨编著. 中学地理教学法[M]. 北京：人民教育出版社，1985.

24. 刁传芳主编. 中学地理教材教法[M]. 北京：北京师范大学出版社，1991.

25. 褚亚平等著. 地理教育学[M]. 上海：上海教育出版社，1992.

26. 孙大文主编. 地理教育学[M]. 杭州：浙江教育出版社，1992.

27. 王树声主编. 中学地理教材教法[M]. 北京：高等教育出版社，1995.

28. 陈尔寿主编. 地理教育与地理国情[M]. 北京：人民教育出版社，1998.

29. 陈澄主编. 地理教学论[M]. 上海：上海教育出版社，1999.

30. 袁书琪等主编. 地理教育学[M]. 北京：高等教育出版社，2001.

31. 王民主编. 地理新课程教学论[M]. 北京：高等教育出版社，2003.

32. 夏志芳主编. 地理课程与教学论[M]. 杭州：浙江教育出版社，2003.

33. 林宪生主编. 地理教学论[M]. 北京：中国科学文化出版社，2003.

34. 袁孝亭主编. 地理课程与教学论[M]. 长春：东北师范大学出版社，2006.

35. 李家清主编. 新理念地理教学论[M]. 北京:北京大学出版社,2009.
36. 蔡元培. 蔡元培美学文选[M]. 北京:北京大学出版社,1983.
37. 刘兆吉主编. 美育心理学[M]. 重庆:西南师范大学出版社,1990.
38. 蒋孔阳著. 美在创造中[M]. 南宁:广西师范大学出版社,1997.
39. 董学文主编. 美学概论[M]. 北京:北京大学出版社,2003.
40. 赵伶俐等主编. 审美化教学原理与实践[M]. 长春:吉林人民出版社,2000.
41. 赵伶俐等著. 视点结构教学操作技术[M]. 上海:百家出版社,2002.
42. 黄京鸿主编. 中学地理教育中的美育[M]. 重庆:西南师范大学出版社,2001.
43. 王泽普主编. 学习学概论[M]. 重庆:西南师范大学出版社,1993.
44. 施良方著. 学生认知与优化教学[M]. 北京:中国科学技术出版社,1991.
45. 高慎英等著. 有效教学论[M]. 广州:广东教育出版社,2004.
46. 袁振国主编. 当代教育学[M]. 北京:教育科学出版社,1998.
47. 张大均主编. 教与学的策略[M]. 北京:人民教育出版社,2003.
48. 张廷凯. 新课程设计的变革[M]. 北京:人民教育出版社,2003.
49. 夏志芳,李家清主编. 基于课程新理念的高中地理教科书编制研究[M]. 北京:地质出版社,2007.
50. 查有梁主编. 新教学模式之建构[M]. 南宁:广西教育出版社,2003.
51. 周勇等主编. 说课听课与评课[M]. 北京:教育科学出版社,2004.
52. 卢建筠主编. 高中新课程教学策略[M]. 广州:广东教育出版社,2004.
53. 郑金洲编著. 案例教学指南[M]. 上海 :华东师范大学出版社,2000.
54. 林培英等主编. 初中地理新课程案例与评析[M]. 北京:高等教育出版社,2003.
55. 关文信等著. 新课程理念与初中地理课堂教学实施[M]. 北京:首都师范大学出版社,2003.
56. 林成策,陈菊主编. 走进高中地理教学现场[M]. 北京:首都师范大学出版社,2008.
57. 广东省教育厅教研室编. 高中新课程地理优秀教学设计与案例[M]. 广州:广东教育出版社,2005.
58. 中央教育科学研究所编. 陶行知教育文选[M]. 北京:教育科学出版社,1981.
59. 宋济平编著. 简易地理教学板图板画板书基本功系列[M]. 北京:高等教育出版社,1993.
60. 段玉山主编. 信息技术辅助地理教学[M]. 北京:高等教育出版社,2003.
61. 方其桂主编. 多媒体 CAI 课件制作教程[M]. 北京:人民邮电出版社,2000.
62. 李如密,孙元涛著. 新世纪教师教学艺术策略[M]. 北京:中国青年出版社,2001.
63. 刘显国主编. 反馈教学艺术[M]. 北京:中国林业出版社,1999.
64. 陈旭远等主编. 新课程实用课堂教学艺术[M]. 长春:东北师范大学出版社,2006.
65. 郭清华主编. 创建教育基地地理课题研究[M]. 成都:四川人民出版社,2000.
66. 王海燕,杨光等著. 游京郊学地理[M]. 北京:首都师范大学出版社,2010.
67. 郭元祥主编. 综合实践活动课程[M]. 北京:首都师范大学出版社,2001.
68. 蔡清田主编. 教育行动研究[M]. 南京:南京师范大学出版社,2005.
69. 张哲江主编. 地理教学与学业评价[M]. 广州:广东教育出版社,2005.
70. 段玉山主编. 高中地理教学评价[M]. 长春:东北师大出版社,2006.
71. 李秉德主编. 教育科学研究方法[M]. 北京:人民教育出版社,1991.
72. 教育部师范教育司. 教师专业化的理论与发展[M]. 北京:人民教育出版社,2003.
73. 陈廷湘,敖依昌主编. 中国文化[M]. 重庆:重庆大学出版社,2001.
74. 郭元祥著. 教育逻辑学[M]. 北京:人民教育出版社,2002.
75. 郑金洲著. 教育文化学[M]. 北京:人民教育出版社,2000.
76. 范国睿著. 教育生态学[M]. 北京:人民教育出版社,2000.
77. 石中英著. 教育哲学导论[M]. 北京:北京师范大学出版社,2004.
78. 国际地理教育委员会. 冯以浤译. 地理教育国际宪章[J]. 地理学报,1993(4).

79.张华.论基础教育课程改革的价值取向[J].天津师范大学学报,2002(3).
80.姚利民.论有效教学的特征[J].教育评论,2004(11).
81.乔炳臣.中国学习理论的特色和科学性[J].教育研究,1989(5).
82.郭思乐.以生为本的教学观:教皈依学[J].课程·教材·教法,2005(12).
83.叶文梓.教育制度改革的时代命题:让个人站立起来[J].教育发展研究,2005(11).
84.陈望衡.生态中心主义视角下的自然审美观[J].美学,2004(8).
85.黄京鸿.积极探索课改策略,深化地理素质教育[J].中学历史、地理教与学(人大复印),2003(7).
86.黄京鸿.开设《板书与板图板画》课程的设计与实践[J].西南师范大学学报(自科版),1994(3).
87.黄京鸿.审美化地理教学的基本模式及教学策略[J].课程·教材·教法,2002(3).
88.黄京鸿.图式理论与地理教学[J].西南师范大学学报(自科版),2002(1).
89.黄京鸿.广采现代学习理论精华,促进地理学与教的变革[J].地理教育,2000(3).
90.黄京鸿.现代学习与教学论发展对地理素质教育的启示[J].中学地理教学参考,2001(5).
91.黄京鸿.把认知策略作为地理教学的重要目标[J].西南师范大学学报(自科版),2002(3).
92.黄京鸿,李辉.视点结构教学理论及其在地理教学中的应用[J].中学地理教学参考,2005(1).
93.黄京鸿.初中地理新教材改革特色的美学赏析[J].中学地理教学参考,2005(11).
94.张莉,黄京鸿,李维."雪域高原——西藏自治区"教学设计[J].地理教育,2006(2).
95.陈娟."气温和气温的变化"教学实录[J].地理教育,2009(4).
96.段春霞,黄京鸿."自然资源总量丰富,人均不足"教学设计[J].地理教育,2009(5).
97.黄京鸿.当代地理学与地理课程教学视野中的《世界自然地理》课程改革[J].西南师范大学学报(自科版),2008(5).
98.黄京鸿.地理教学论与地理教育学课程教材的和谐化建设研究[J].内蒙古师范大学学报(教科版),2009(5).
99.黄京鸿.课程改革中地理教师的多维视野及观念变革[J].西南师范大学学报(自科版),2010(1).
100.胡淑飞,黄京鸿.地理教学幽默艺术探微[J].中学地理教学参考,2007(3).
101.黄京鸿,苗静.论地理素质教育中的情感态度价值观[J].地理教学,2003(11).
102.黄京鸿,胡淑飞.有效教学理论及其对地理素质教育的思考[J].中学地理教学参考,2006(1).
103.黄京鸿.新课改视野中地理优质课堂教学评价的思考[J].中学地理教学参考,2010(1~2).
104.付申珍,黄京鸿.审美化地理教学促进学生人文素质发展研究[J].当代重庆论文大系,昆明:云南民族出版社,2007:198~201.
105.刘刚."兴趣选择,角色参与"地理教学模式的初步实验研究[J].首都师范大学学报(社科版),2001(5).
106.彭梅辉."俄罗斯——交通和工业"教学设计[J].地理教学,2008(7).
107.肖云好.有效开发教材,优化课堂教学[J].地理教学,2010(2).
108.王海萍.创设有利于学生发展的课堂[J].地理教学,2010(3).
109.侯嵘."环境问题产生的主要原因"——"双动两案"教学设计[J].中学地理教学参考,2009(3).
110.霍颖斯.地理课堂的有效提问[J].地理教学,2010(2).
111.李冬昕.北虹初级中学用电调查[J].地理教学,2010(4).
112.徐潇,陈胜庆.没有预约的精彩——浅析地理课堂教学中生成性资源的有效开发与利用[J].地理教育,2009(1).
113.戴资星.化尴尬为精彩——巧妙处理课堂上"非预设生成"[J].中学地理教学参考,2008(1~2).
114.雷鸣.新课程下实验教学程式的探讨[J].中学地理教学参考,2010(1~2).
115.吴照.基于演示与网络相结合的计算机辅助地理教学模式[J].中国多媒体教学学报·中学地理,2005(4).
116.赖才炎.多媒体地理教学课件的设计与制作[J].地理教学,2000(12).

117. 杨爱玲. 高中地理研究性学习内容生成方式、实施步骤和支持环境建设研究[J]. 中学地理教学参考,2004(3).
118. 范蔚. 实施综合实践活动对课程资源的开发利用[J]. 教育科学研究,2002(3).
119. 李晴. 地理课程资源:内涵与特征、类型与功能[J]. 重庆师范大学学报,2005(3).
120. 常学勤,季禾. 地理课程新理念与地理课程资源的开发[J]. 中小学教材教学,2005(5).
121. 李淑春. 三峡库区中学环境教育地方课程开发与实践[J]. 中国教育学刊,2009(7).
122. 李依铭. 市域高中地理校本课程系列化开发的探讨[J]. 地理教学,2010(4).
123. 蔡清辉. 例谈高中地理校本开发[J]. 地理教学,2010(4).
124. 叶澜. 评价一堂好课的标准[J]. 素质教育大参考,2004(1).
125. 卢小丽. 浅谈发展性高中地理学习评价[J]. 中学地理教学参考,2005(3).
126. 王文涛. 地理新教材八年级学习效果评价个性化试题设计[J]. 中学地理教学参考,2006(12).
127. 中地参编辑部. 2010 年高考地理试题解析精选[J]. 中学地理教学参考,2010(8).
128. 凌锋. 让地理课堂教学充满美感[J]. 地理教学,2010(8).
129. 王铁军,方健华. 名师成功:教师专业发展的多维解读[J]. 课程 · 教材 · 教法,2005(12).

后记

三易春秋，又见冬梅绽放枝头。竭尽心力之书稿即将付梓，几分释怀，更为激动。

多年以前，就曾萌生撰写地理教学论教材之愿望，为学生，为事业，也为理想追求。

早些年，对业内的地理教育老前辈们高山仰止，视虚心学习运用为第一要务。及至慢慢点滴积累，收获日多，又斟酌再三，唯恐疏误。而后大量科研项目投入及教学繁重，又无暇可顾。转眼离岗退休，多年最大愿望未了，竟也梦牵魂系，心境沉重。想起地理教育老前辈们的亲切勉励与几多嘱咐，想起多届毕业生告别时的殷切期盼与深情祝福，想到二十余年执教《地理教学论》等系列课程的辛勤耕耘与收获，确应为后来人的更大发展架桥铺路，不再延误。

《新课程地理教学论》基于笔者主持的多项教育部及市、校级地理教育科研项目，在全面构建地理教学论学科体系基础上，融入了富有特色的地理美育系列科研成果，在充分体现现当代课程教学理论与学习理论、地理素质教育理念、现当代地理教学设计思想、地理学习策略运用、审美化地理教学、地理情感教学方法及地理美育方法、地理教学技术与艺术的结合、地理课堂教学组织管理、地理课外资源开发与环境建设、地理教师美育素养及专业素质全面发展等方面不乏独到建树，较为集中地荟萃了笔者多年的教学科研成果。

《新课程地理教学论》也是一项多方参与合作的成果。感谢西南大学、南京师大、内蒙古师大、广西师院的地理同行们及研究生为本书所做的贡献。该教材具体分工、撰写如下：教材总体设计及全稿统筹、修改、定稿：黄京鸿、刁承泰。绪论：黄京鸿。第一章：王小丽、唐敏、仇奔波、黄京鸿。第二章：余承惠、黄京鸿。第三章：仇奔波、余映红、王小丽、黄京鸿。第四章：第 1、2、3、4、6 节，黄京鸿；第 5 节，刘桂侠。第五章：黄京鸿；部分案例，刘桂侠、胡淑飞。第六章：黄京鸿。第七章：徐宝芳、黄京鸿、李淑春。第八章：黄京鸿、刁承泰。第九章：徐宝芳、黄京鸿。第十章：黄京鸿。

《新课程地理教学论》是一本改革特色突出、视野宽广、风格独特的教材。感谢改革开放、课程改革催生了这本教材。感谢耀如星汉的先驱前辈的深邃智慧丰厚了这本教材。感谢诸多奋斗在课程教学改革一线的战友用生生不息的实践、创造活化了这本教材。

感谢西南大学将此教材列入学校首届优秀教材，感谢西南师范大学出版社为此教材出版辛勤付出的杨光明老师及所有为该书编辑、设计、校对、印刷等付出的心力奉献者！

向所有支持《新课程地理教学论》编写、出版的同仁、朋友再次深深致谢！

教材尚存之疏误及不足，期待指正与超越。

让我们所有同仁、朋友，更加努力奋斗，为地理素质教育之花，为地理教师专业化之花，为和谐教育之花、和谐社会幸福之花，更加璀璨！

黄京鸿

后记